ETUDE DES RAPPORTS ENTRE LE DROIT COMMUNAUTAIRE ET LA CONSTITUTION EN FRANCE

L'ordre juridique constitutionnel comme guide au renforcement de l'intégration européenne

Collection **Logiques Juridiques**
dirigée par Gérard MARCOU

Le droit n'est pas seulement un savoir, il est d'abord un ensemble de rapports et pratiques que l'on rencontre dans presque toutes les formes de sociétés. C'est pourquoi il a toujours donné lieu à la fois à une littérature de juristes professionnels, produisant le savoir juridique, et à une littérature sur le droit, produite par des philosophes, des sociologues ou des économistes notamment.
Parce que le domaine du droit s'étend sans cesse et rend de plus en plus souvent nécessaire le recours au savoir juridique spécialisé, même dans des matières où il n'avait jadis qu'une importance secondaire, les ouvrages juridiques à caractère professionnel ou pédagogique dominent l'édition, et ils tendent à réduire la recherche en droit à sa seule dimension positive. A l'inverse de cette tendance, la collection « Logiques juridiques » des Éditions L'Harmattan est ouverte à toutes les approches du droit. Tout en publiant aussi des ouvrages à vocation professionnelle ou pédagogique, elle se fixe avant tout pour but de contribuer à la publication et à la diffusion des recherches en droit, ainsi qu'au dialogue scientifique sur le droit. Comme son nom l'indique, elle se veut plurielle.

Dernières parutions

Françoise MICHAUT (textes traduits et introduits par), *Le droit dans tous ses états à travers l'œuvre de Robert M. Cover,* 2001.
Laure BAUSINGER-GARNIER, *La loi du pays en Nouvelle-Calédonie,* 2001.
Sophie NICINSKI, *L'usager du service public industriel et commercial,* 2001.
Marc LAHMER, *La constitution américaine dans le débat français : 1795-1848*, 2001.

Alain ONDOUA
Docteur en droit, ATER à la Faculté de droit et des sciences sociales de Poitiers

ETUDE DES RAPPORTS ENTRE LE DROIT COMMUNAUTAIRE ET LA CONSTITUTION EN FRANCE

L'ordre juridique constitutionnel comme guide au renforcement de l'intégration européenne

Préface de François Hervouët
Professeur à la Faculté de droit et des sciences sociales de Poitiers

L'Harmattan
5-7, rue de l'École-Polytechnique
75005 Paris
France

L'Harmattan Inc.
55, rue Saint-Jacques
Montréal (Qc) CANADA
H2Y 1K9

L'Harmattan Hongrie
Hargita u. 3
1026 Budapest
HONGRIE

L'Harmattan Italia
Via Bava, 37
10214 Torino
ITALIE

ISBN : 2-7475-0877-3

PRINCIPAUX SIGLES ET ABREVIATIONS

AUE : Acte unique européen
AJDA : Actualité juridique - droit administratif
ALD : Actualité législative Dalloz
Aff. : Affaire
AFDC : Association française des constitutionnalistes
AFDI : Annuaire français de droit international
AIJC : Annuaire international de justice constitutionnelle
APD : Archives de philosophie du droit
Ass. : Assemblée du contentieux du Conseil d'Etat
AN : Assemblée nationale
Bull. des CE : Bulletin des Communautés européennes (Bulletin de l'Union européenne depuis le 1er janvier 1994)
CDE : Cahiers de droit européen
CNRS : Centre national de la recherche scientifique
Chr. : Chronique
Coll. : Collection
C.E. : Communauté européenne
C.R. : Comptes rendus
CEE : Communauté économique européenne
CECA : Communauté européenne du charbon et de l'acier
CED : Communauté européenne de défense
CEEA : Communauté européenne de l'énergie atomique
Concl. : Conclusions
Cf. : Confer (se référer à)
CIG : Conférence intergouvernementale
CE : Conseil d'Etat
C/ : Contre
CEDH : Convention européenne de sauvegarde des droits de l'Homme et des libertés fondamentales
CJCE : Cour de justice des Communautés européennes
CPI : Cour pénale internationale (créée par le traité de Rome du 18 juillet 1998)
D. : Recueil Dalloz
Dact. : Dactylographié(e)
DA : Droit administratif
DDHC : Déclaration des droits de l'Homme et du citoyen du 26 août 1789
éd. : édition

EDCE : Etudes et documents du Conseil d'Etat

EJIL : European journal of international law (Journal européen de droit international)

Fasc. : Fascicule

Gaz. Pal. : Gazette du Palais

GDCC : Les grandes décisions du Conseil constitutionnel (MM. L. FAVOREU et L. PHILIP)

Infra : Ci-dessous

IDEDH : Institut de droit européen des droits de l'Homme (Montpellier I)

JAI : Justice et affaires intérieures (3e pilier du traité sur l'Union européenne)

JCP : Jurisclasseur périodique - La Semaine juridique

JDI : Journal de droit international (Clunet)

JOCE : Journal officiel des Communautés européennes

JORF : Journal officiel de la République française

LGDJ : Librairie générale de droit et de jurisprudence

LPA : Les Petites Affiches

Mél. : Mélanges

NED : Notes et études documentaires

Obs. : Observations

OPOCE : Office des publications officielles des Communautés européennes

PESC : Politique extérieure et de sécurité commune (2e pilier du traité sur l'Union européenne)

PFNSP : Presses de la Fondation nationale des sciences politiques

PPS : Problèmes politiques et sociaux

PUF : Presses universitaires de France

RCADE : Recueil des cours de l'Académie de droit européen

RCADI : Recueil des cours de l'Académie de droit international

Rec. : Recueil de la jurisprudence de la CJCE

Rec. D.C.C. : Recueil des décisions du Conseil constitutionnel

RJC : Recueil de jurisprudence constitutionnelle (M. L. FAVOREU)

RA : Revue administrative

RAE : Revue des affaires européennes

RBDI : Revue belge de droit international

RDIDC : Revue de droit international et de droit comparé

RDP : Revue de droit public et de science politique

REDP : Revue européenne de droit public

RFAP : Revue française d'administration publique

RFDA : Revue française de droit administratif

RFDC : Revue française de droit constitutionnel

RFSP : Revue française de science politique
RGDIP : Revue générale de droit international public
RIDC : Revue internationale de droit comparé
RIHPC : Revue internationale d'histoire politique et constitutionnelle
RJCO : Revue juridique du Centre Ouest
RMC : Revue du marché commun et de l'Union européenne
RMUE : Revue du marché unique européen
RPP : Revue politique et parlementaire
RQDI : Revue québécoise de droit international
RRJ : Revue de la recherche juridique - Droit prospectif
Rev. Sc. Crim. : Revue de science criminelle et de droit pénal
RTDCiv. : Revue trimestrielle de droit civil
RTDE : Revue trimestrielle de droit européen
RTDH : Revue trimestrielle des droits de l'Homme
RUDH : Revue universelle des droits de l'Homme
Supra : Ci-dessus
S. : Sénat
TDP : La Tribune du droit public
TUE : Traité sur l'Union européenne
UE : Union européenne
UEM : Union économique et monétaire
Vol. : Volume

PREFACE

Vouloir faire une *« Étude des rapports entre le droit communautaire et la Constitution en France »* est un projet ambitieux car le sujet soulève des problèmes théoriques dont la solution doit encore être trouvée, même si des accommodements évitant en pratique des conflits ont pu être avancés. C'est pourtant le choix qu'a effectué M. Alain Ondoua pour sa thèse en droit soutenue à la Faculté de Droit de Poitiers et présentée ici sous une forme à peine modifiée.

Certes, le thème n'était plus *terra incognita* au moment où le sujet a pris corps : depuis le célèbre arrêt *Costa* de la Cour de justice des Communautés européennes, il avait fait l'objet de décisions rendues tant par la juridiction communautaire que par le juge national ; les tribunaux étrangers avaient eux-mêmes eu l'occasion de se prononcer sur ces rapports, ce qui pouvait permettre d'alimenter, à titre de comparaison, la réflexion. La doctrine n'était pas restée indifférente à la question et avait immédiatement vu qu'il n'était pas envisageable de l'examiner comme on l'avait fait jusqu'alors, lorsque l'on s'intéressait aux rapports entre droit international et droit constitutionnel : l'effet direct de ce nouveau droit, la participation de plus en plus importante des citoyens à son élaboration empêchaient de le considérer seulement comme une branche du droit international. Bref, le sujet avait retenu l'attention de quelques chercheurs qui avaient déjà débroussaillé le terrain en étudiant tant l'originalité et le renouvellement du problème que celles des solutions, parfois proposées, parfois retenues par les différents systèmes juridiques.

Manquaient cependant une étude exhaustive et une synthèse sur le sujet et c'est l'une des qualités de fond de cet ouvrage que de s'y livrer. Cette manière de l'aborder était nécessaire ; pourtant elle n'était pas facile à mener car sa matière se trouvait sur un terrain mouvant et en constante évolution. En parcourant l'ouvrage, on aura ainsi l'occasion de découvrir des interrogations et des réflexions sur des notions essentielles et les conditions de leur mise en œuvre.

À titre d'exemple, on peut relever que, parce qu'ils déterminent l'examen de l'étude entreprise, de nombreux et riches développements sont consacrés à la notion de souveraineté nationale et à la recherche de l'existence d'une éventuelle « échelle » permettant son exercice ; autrement dit, le concept doit-il être considéré comme absolu ou faut-il désormais le relativiser ? Sont encore abordés des thèmes tels que ceux de la nature de l'Union européenne, ni organisation internationale, ni État, même fédéral ; de mûres réflexions amènent à s'interroger sur une possible "supraconstitutionnalité" communautaire ou à l'inverse sur la place des traités fondateurs dans le bloc de constitutionnalité : elles conduisent à se poser la question essentielle de la nature des actes fondateurs de l'Union européenne et surtout de la Communauté.

Le travail de M. Ondoua ne se limite cependant pas à cette synthèse qui aurait suffi à le justifier. Il développe en effet une véritable thèse sur le sujet choisi ; le sous-titre donné à ce livre en fournit l'orientation : *« L'ordre juridique constitutionnel comme guide au renforcement de l'intégration européenne »*. En prenant cette direction, l'auteur a l'ambition de revisiter une opinion souvent avancée : la Constitution est un obstacle ou au moins un garde-fou à l'intégration européenne ; certains le déplorent, tant est forte leur impatience à voir se mettre en place une Europe quasi-étatique ou même fédérale ; d'autres s'en réjouissent au nom de la souveraineté nationale.

M. Ondoua prend une option différente, en partant de l'idée que la Constitution n'a pas pour objet a priori de favoriser ou d'empêcher la construction européenne, mais que son rôle est plutôt de la guider ou de l'encadrer. Elle autorise, en particulier par les interprétations qui ont été suggérées par la doctrine ou utilisées par le juge, à résoudre les contradictions entre ordre juridique interne et ordre juridique communautaire. On recherche ainsi à chaque avancée dans l'intégration à vérifier si la conciliation entre transfert de compétences souveraines et respect de la souveraineté de l'État a effectivement été trouvée, ce qui nécessite une démarche prudente et mesurée.

L'auteur adopte une approche souvent convaincante car elle repose sur une méthode rigoureuse et exempte d'a priori. Certes, il est plus constitutionnaliste que communautariste et ne s'en cache d'ailleurs pas ; de ce fait, il part du point de vue du droit constitutionnel mais il ne le reprend pas tel quel pour autant. Toujours il le confronte avec celui du droit communautaire, relève les accords comme les oppositions et enrichit ses réflexions de l'apport du droit comparé. Ainsi les solutions proposées peuvent être discutables, mais elles ne sont jamais infondées ; c'est le propre d'un travail scientifique.

Celui-ci s'appuie en outre sur la rigueur d'une analyse qui ne se développe jamais sans avoir été argumentée et réfléchie ; cette dernière est alimentée par un riche appareil scientifique constitué principalement d'une importante bibliographie et par les profondes connaissances de M. Ondoua en la matière. C'est au point que l'on regrette parfois que l'analyse ne soit pas plus poussée ; le plaisir de suivre son déroulement peut être freiné par une frustration tenant à un manque d'approfondissement. De même aurait-on aimé que l'auteur de la thèse prenne davantage parti en certaines circonstances alors qu'il est victime d'un trop grand respect à l'égard des opinions diverses qu'il a présentées et que l'on devine pourtant dans quelle direction ses conclusions pourraient l'emmener. Ces petits défauts sont irritants, mais jamais au point d'occulter le contentement d'avoir perçu un esprit en mouvement suivant sa course intellectuelle et faisant part de sa découverte.

Enfin le style de la rédaction est l'occasion de découvrir une autre qualité du travail fourni. Il est constamment fluide et concis, faisant usage d'une remarquable économie de moyens. Il permet ainsi de lire des développements emplis de clarté et de précision malgré quelques imperfections apparaissant ici ou là ; la plus importante est sans doute contenue dans les intitulés qui ne font pas toujours preuve de ces qualités. Mais pour le reste, plan adopté et transitions, en reprenant les mêmes vertus, ont le même effet sur le lecteur.

Au total, entrer dans l'ouvrage de M. Ondoua est une source d'enrichissement multiple et l'on ne peut que se réjouir qu'un éditeur ait eu l'heureuse initiative de publier cette thèse, lui procure une occasion de diffusion et la fasse par là-même sortir de la confidentialité où elle aurait pu demeurer. Ce sont en définitive la discussion, la réflexion et, somme toute, la recherche juridique qui en bénéficient.

Professeur François Hervouët
Faculté de Droit de Poitiers
Institut de Droit public E.A. 2623

AVERTISSEMENT ET REMERCIEMENTS

Le présent ouvrage est tiré d'une thèse de doctorat en droit public, légèrement remaniée et actualisée, soutenue publiquement devant le jury de l'Université de Poitiers composé de MM. : François HERVOUËT (Professeur à la Faculté de droit et des sciences sociales de Poitiers, directeur de la recherche) ; Claude BLUMANN (Professeur à l'Université Paris II – Panthéon Assas) ; Jean ROSSETTO (Doyen de la Faculté de droit, d'économie et de sciences sociales de Tours) ; Dominique BREILLAT (Doyen honoraire de la Faculté de droit et des sciences sociales de Poitiers) ; Jean-François BRISSON (Professeur à l'Université Montesquieu – Bordeaux IV).

Je tiens ici à exprimer toute ma gratitude à M. le Professeur François HERVOUËT pour sa grande disponibilité et sa rigueur dans sa tâche de directeur de thèse. Son soutien constant et ses conseils ont été essentiels dans l'aboutissement de cette recherche.

A mes parents.

Le présent travail de recherche a bénéficié d'une bourse doctorale de la Région Poitou-Charentes, d'une durée de trois ans (1994-1997).

SOMMAIRE

[illegible]

INTRODUCTION GÉNÉRALE

PREMIÈRE PARTIE : [illegible] en France [illegible] du droit constitutionnel et [illegible]

TITRE 1 : [illegible] du droit communautaire [illegible] juridique constitutionnel français

CHAPITRE 1 : [illegible]

CHAPITRE 2 : [illegible] une situation [illegible]

TITRE 2 : [illegible] du droit communautaire dans la hiérarchie des normes en France

CHAPITRE 1 : La primauté du droit communautaire [illegible] principe [illegible] de la doctrine

CHAPITRE 2 : La suprématie de la Constitution [illegible] de l'ordre juridique communautaire

DEUXIÈME PARTIE : La confrontation du droit communautaire avec la Constitution : un point de conciliation entre [illegible] de la souveraineté [illegible] et poursuite de la construction européenne

TITRE 1 : [illegible] constitutionnel [illegible]

CHAPITRE 1 : La protection par le droit constitutionnel français d'une conception de la souveraineté compatible avec la [illegible] communautaire

CHAPITRE 2 : [illegible]

TITRE 2 : [illegible] de l'ordre constitutionnel [illegible] en vue de la sauvegarde de la souveraineté de l'État

CHAPITRE 1 : [illegible] par le pouvoir constituant

CHAPITRE 2 : [illegible]

CONCLUSION GÉNÉRALE

INTRODUCTION GENERALE

La question générale des rapports entre droit communautaire et droit français a longtemps été dominée par le problème de la primauté des normes communautaires sur les lois internes. Il s'agissait en effet de rendre effective la sanction de la primauté des traités et accords internationaux sur les lois françaises, posée par l'article 55 de la Constitution du 4 octobre 1958[1]. Cette situation a ainsi eu pour conséquence de masquer la question plus redoutable des incidences de l'intégration européenne sur la Constitution française. Cette question n'avait fait l'objet que de peu d'attention de la part de la doctrine[2]. Il faudra attendre le milieu des années 1970 pour voir apparaître les premières études générales sur la question des rapports entre engagements internationaux et ordre juridique constitutionnel français[3]. Ceci était dû, nous semble-t-il, à l'intervention des premières décisions du Conseil constitutionnel en matière européenne : les décisions du 19 juin 1970[4], du 30 décembre 1976[5] et du 30 décembre 1977[6]. Il convient tout de même de souligner que non seulement ces différentes études concernaient principalement le contrôle de constitutionnalité des traités par la Haute instance, mais aussi que la question des rapports entre droit communautaire et Constitution y fut traitée au sein du cadre plus général des relations entre engagements internationaux et

---

1 Sur cette question, voir notamment : MM. R. ABRAHAM : *Droit international, droit communautaire et droit français*, Paris, Hachette, 1989, pp. 103-123 et la mise à jour de 1990, pp. III-XIV ; F. HERVOUËT : « Politique jurisprudentielle de la Cour de justice et des juridictions nationales - Réception du droit communautaire par le droit interne des Etats », *RDP* 1992, pp. 1268-1272 ; J.-P. MARKUS : « Le contrôle de conventionnalité des lois par le Conseil d'Etat », *AJDA* 1999, p. 99.

2 Voir cependant l'étude générale de NGUYEN QUOC DINH : « La Constitution de 1958 et le droit international », *RDP* 1959, p. 515.

3 Cf. par exemple M. L. FAVOREU : « Le Conseil constitutionnel et le droit international », *AFDI* 1977, p. 95 ; M. C. BLUMANN : « L'article 54 et le contrôle de constitutionnalité des traités en France », *RGDIP* 1978, p. 537 ; M. M. de VILLIERS : « Norme constitutionnelle et norme internationale », *RA* 1981, p. 143.

4 Décision n° 70-39 DC, *Rec. D.C. C.*, p. 15 ; *RJC*-I, 15.

5 Décision n° 76-71 DC, *Rec. D.C.C.*, p. 15 ; *RJC*-I, 41.

6 Décisions n° 77-89 DC et n° 77-90 DC, *Rec. D.C.C.*, pp. 44 et 46 ; *RJC*-I, 54-55.

Constitution[1]. Il est vrai qu'une telle attitude était compréhensible eu égard à l'absence de différenciation, à cette époque, entre le droit international classique et le droit communautaire dans le texte constitutionnel de 1958.

Ce sont finalement les difficultés constitutionnelles engendrées en France par le *TUE*, signé à Maastricht le 7 février 1992, qui contribueront à remettre au goût du jour la question plus spécifique des rapports entre traités communautaires et Constitution. On pouvait en outre entrevoir une intensification de ces difficultés constitutionnelles car le traité de Maastricht lui-même prévoyait, dans son article N, paragraphe 2 (article 48, Nouvelle numérotation), une convocation d'une conférence intergouvernementale en 1996[2].

Au vu de ce qui vient d'être dit, il n'est pas exagéré d'avancer la proposition selon laquelle le problème des incidences de l'intégration communautaire sur les ordres juridiques constitutionnels nationaux est, à l'heure actuelle, l'une des questions juridiques les plus redoutables et cruciales. Il s'agit donc pour nous de faire le point sur le problème des rapports entre droit communautaire et Constitution, eu égard à cette mise à l'épreuve, perceptible et implacable, de l'ordre juridique constitutionnel français par les traités communautaires, notamment le traité de Maastricht. Autrement dit, l'intérêt de cette étude tient au « renouveau » des rapports entre droit communautaire et Constitution que semblent receler les implications constitutionnelles de la ratification du *TUE* par la France. Un tel intérêt ne saurait être démenti au regard des nombreux colloques et contributions contemporains à cette insertion du traité de Maastricht non seulement dans l'ordre juridique constitutionnel français mais également dans les ordres juridiques constitutionnels des autres Etats membres de l'Union européenne[3]. Il faut

---

[1] Voir par exemple les études plus récentes de : M. J. RIDEAU : « Constitution et droit international dans les Etats membres des Communautés européennes - Réflexions générales et situation française », *RFDC* 1990, p. 259 ; M. P. GAÏA : *Le Conseil constitutionnel et l'insertion des engagements internationaux dans l'ordre juridique interne - Contribution à l'étude des articles 53 et 54 de la Constitution*, éd. Economica, 1991, 406p.

[2] Cet article était ainsi libellé : « Une conférence des représentants des gouvernements des Etats membres sera convoquée en 1996, pour examiner, conformément aux objectifs énoncés aux articles A et B des dispositions communes, les dispositions du présent traité pour lesquelles une révision est prévue ». Cette *CIG*, convoquée à Turin en mars 1996, a abouti à l'adoption du traité d'Amsterdam du 2 octobre 1997. Par ailleurs, le traité d'Amsterdam étant entré en vigueur le 1er mai 1999, nous avons choisi de faire mention, tout au long de cette étude, de la nouvelle numérotation des traités telle qu'organisée par l'article 12 (Dispositions générales et finales) de ce traité modificatif. Cette renumérotation des traités peut néanmoins avoir, comme le démontre astucieusement Mme A. RIGAUX : « Petit exercice de gymnastique mentale pour occuper les périodes estivales : Les joies de la renumérotation des traités », *Europe*, juillet 1999, pp. 3-4, « de quoi désorienter… ».

[3] Sur des études concernant cette question, cf. notamment : M. T. de BERRANGER : *Constitutions nationales et construction communautaire - Essai d'approche comparative sur certains aspects constitutionnels nationaux de l'intégration européenne*, LGDJ, 1995, 564p ; M. J. RIDEAU : « La recherche de l'adéquation de la Constitution française aux exigences de l'Union européenne », *RAE* 1992/3, p. 7 ; M. L. FAVOREU : « Le contrôle de constitutionnalité du traité de Maastricht et le

dire pour ce qui concerne la plupart des Etats membres de l'Union, autres que la France, qu'ils ont dû adapter leurs ordres juridiques constitutionnels respectifs aux exigences de la construction communautaire. C'est ainsi que les textes constitutionnels de ces différents Etats ont été aménagés dans le sens d'une meilleure adéquation aux réalités du phénomène communautaire. De plus, dans les Etats disposant de juridictions constitutionnelles ou suprêmes, l'intégration européenne a très souvent engendré « ...de riches débats de théorie constitutionnelle, sur le concept de souveraineté nationale, la notion de citoyenneté ou les exigences de démocratie »[1]. Il sera ainsi intéressant de voir que, comme en France, la question des incidences de la construction de l'Union européenne sur l'ordre juridique constitutionnel national se pose également, et avec autant d'acuité, dans les autres Etats membres de l'Europe communautaire. Par ailleurs, le constat que l'on fait ici d'un « renouveau » des rapports entre Constitution et Europe a connu un prolongement et une confirmation avec les implications constitutionnelles de la ratification par la France du traité d'Amsterdam du 2 octobre 1997[2].

Une mise en perspective supplémentaire des interactions entre l'intégration européenne et l'ordre juridique constitutionnel français s'avérait donc nécessaire. Il fallait rechercher comment la Constitution française faisait face au défi que comportait, pour les principes fondamentaux de l'ordre juridique constitutionnel, l'intensification de cette intégration. Le droit constitutionnel français en matière internationale en sort-il fondamentalement bouleversé ? Il faut dire, par rapport à cette interrogation, que le droit constitutionnel français en matière internationale a sans nul doute évolué mais, nous semble-t-il, dans le sens d'une meilleure articulation entre la construction communautaire et l'ordre juridique constitutionnel

---

développement du « droit constitutionnel international », *RGDIP* 1993, p. 39 ; M. D. BREILLAT : « Les problèmes constitutionnels posés en France par la ratification du traité de Maastricht », dans Colloque franco-allemand (Marburg - Poitiers) : *Evolutions récentes du droit en France et en Allemagne*, Herausgegeben Von Haus G. Leser, Marburg 1993, p. 59 ; M. C. BLUMANN : « La ratification par la France du traité de Maastricht », *RMC* 1994, p. 393. Sur des colloques, voir notamment : Journée d'étude du 25 mars 1992 au Sénat : *La Constitution et l'Europe*, éd. Montchrestien, 1992, 372p ; MM. J.-C. MASCLET et D. MAUS(Sous la direction de) : *Les Constitutions nationales à l'épreuve de l'Europe*, colloque de Paris des 10 et 11 juin 1992, La Documentation française, 1993, 239p.

[1] Cf. sur l'ensemble de ces questions, Mme C. GREWE et M. H. OBERDORFF : « Introduction », dans *Les Constitutions des Etats de l'Union européenne*, La Documentation française, Paris, 1999, pp. 18-19.

[2] Cf. MM. D. MAUS et O. PASSELECQ(Sous la direction de) : *Le traité d'Amsterdam face aux Constitutions nationales*, Actes du Colloque organisé le 10 décembre 1997, La Documentation française, Paris, 1998, 133p ; plus récemment, Actes du Colloque de La Rochelle des 6 et 7 mai 1999, organisé par Mme H. GAUDIN : *Droit constitutionnel – Droit communautaire : vers un respect constitutionnel réciproque* ? (à paraître). Sur un plan plus général, voir la thèse de Mme F. CHALTIEL : *La souveraineté de l'Etat et l'Union européenne, L'exemple français – Recherches sur la souveraineté de l'Etat membre*, Paris, LGDJ, 2000, 606p.

national et, plus précisément, dans le sens d'une prise en compte appréciable du phénomène spécifique que constitue l'intégration européenne. Autrement dit, notre objectif dans cette étude est de montrer que, loin d'avoir « baissé la garde » vis-à-vis du droit communautaire, le droit constitutionnel français tient fondamentalement à concilier les exigences constitutionnelles nationales tenant à la préservation de certains principes fondamentaux et les nécessités liées à la poursuite de l'intégration communautaire.

Dans ce contexte, mettre en présence le droit communautaire et la Constitution française revient à rechercher les différentes interactions entre l'intégration européenne et la norme fondamentale de la Ve République. Il faut reconnaître que ces interactions sont multiples et complexes. Il pourrait même s'agir de part et d'autre d'un enjeu « vital » car seront confrontées, dans cette étude, les données fondamentales de chacun des systèmes juridiques en présence (Paragraphe 1). Après avoir défini, ou à tout le moins, recensé ce que recouvrent les notions de Constitution française et de droit communautaire, il faudra essayer de cerner le type de rapports qu'il conviendra de privilégier tout au long de cette étude (Paragraphe 2). Il ne nous restera plus qu'à déterminer la démarche qui sera retenue s'agissant de l'étude des rapports entre le droit communautaire et la Constitution en France (Paragraphe 3).

Paragraphe 1 : Constitution française et droit communautaire : des piliers fondamentaux respectifs de l'ordre juridique français et de l'ordre juridique communautaire

Il semble primordial de s'accorder sur le sens à donner aux deux systèmes juridiques à confronter, en l'occurrence la Constitution française et le droit communautaire. Du côté de l'ordre juridique français, il est clair que doit être mis en exergue le « caractère primaire » de la Constitution[1]. En effet, au sens du droit positif, la Constitution du 4 octobre 1958 doit être comprise comme la norme fondatrice de l'ordre juridique français. Pour autant, on ne saurait soutenir que seule importe, dans la mise en relation de l'ordre juridique constitutionnel avec le droit communautaire, la prise en compte du texte constitutionnel stricto sensu. On veut simplement dire ici qu'il convient de raisonner en termes de « bloc de constitutionnalité »[2]. Autrement dit, la Constitution française doit être prise au sens

[1] Voir en ce sens M. J. MEGRET : « La spécificité du droit communautaire », *RIDC* 1967, p. 575.

[2] Voir notamment sur cette notion, M. L. FAVOREU(Sous la direction de) : *Droit constitutionnel*, 3e éd., Dalloz, 2000, pp. 149-158 ; Mme C. DENIZEAU : *Existe-t-il un bloc de constitutionnalité* ?, Université Panthéon-Assas, Paris II, LGDJ, Paris, 1997, 152p ; M. J.-M. BLANQUER : « Bloc de constitutionnalité ou ordre constitutionnel ? », dans *Mél. J. ROBERT* : *Libertés*, éd. Montchrestien, 1998 ; pp. 227-238.

large, c'est-à-dire comme englobant tous les principes et normes de valeur constitutionnelle contenus dans la Déclaration des droits de l'Homme et du citoyen de 1789 et dans le préambule de la Constitution du 27 octobre 1946. Le premier alinéa de la Constitution de 1958 lui-même faisait déjà apparaître comme hautement envisageable une telle configuration du bloc de constitutionnalité. Il dispose en effet que : « Le peuple français proclame solennellement son attachement aux droits de l'Homme et aux principes de la souveraineté nationale tels qu'ils sont définis par la Déclaration de 1789, confirmée et complétée par le préambule de la Constitution de 1946 ». C'est finalement le Conseil constitutionnel qui viendra consacrer la valeur constitutionnelle de la Déclaration de 1789 et du préambule de la Constitution de 1946. En effet, à la fois la décision n° 70-39 DC du 19 juin 1970[1] et la décision n° 71-44 DC du 16 juillet 1971[2] contiennent dans leurs visas la mention suivante : « Vu la Constitution et notamment son préambule... ». Ceci revenait à dire, pour le juge constitutionnel, que la Déclaration de 1789 et le préambule de 1946, en tant qu'ils sont réaffirmés par le préambule de la Constitution de 1958, font partie, au même titre que les articles de la Constitution de la Ve République, du bloc de constitutionnalité[3]. Les rapports entre le droit communautaire et la Constitution concernent donc non seulement le texte constitutionnel de 1958 stricto sensu mais également les dispositions de la Déclaration de 1789 et du préambule de 1946[4]. Pour ce qui est du préambule de la Constitution de 1946, il convient de souligner que les principes fondamentaux reconnus par les lois de la République doivent également être intégrés dans les principes et normes de valeur constitutionnelle qui pourraient être opposés aux normes communautaires lors de leur insertion dans l'ordre juridique interne[5]. On peut, au soutien de cette affirmation, signaler par exemple que le Conseil d'Etat, dans l'arrêt *Moussa Koné* du 3 juillet 1996[6], a jugé qu'une convention internationale bilatérale devait être interprétée conformément au principe fondamental reconnu par les lois de la République selon lequel l'extradition d'un étranger doit être refusée lorsqu'elle est demandée dans un but politique. Il faut

---

[1] *Rec. D.C.C.*, p. 15 ; *RJC*-I, 21.
[2] *Rec. D.C.C.*, p. 29 ; *RJC*-I, 24.
[3] Voir sur cette considération, MM. T. S. RENOUX et M. de VILLIERS : *Code constitutionnel*, éd. Litec, 1994, p. 9.
[4] Cf. à titre d'illustration, la décision n° 98-408 DC du 22 janvier 1999, *Traité portant statut de la CPI*, *Rec.D.C.C.*, p. 29.
[5] Sur les principes fondamentaux reconnus par les lois de la République, M. B. GENEVOIS : « Une catégorie de principes de valeur constitutionnelle : les principes fondamentaux reconnus par les lois de la République », *RFDA* 1998, pp. 476-494.
[6] *Rec. Lebon*, p. 255.

ajouter, pour finir sur ce point, que le caractère de norme fondamentale de la Constitution française est garanti par le Conseil constitutionnel[1].

En ce qui concerne l'Europe communautaire, il apparaît indéniable que le droit communautaire reste « l'élément fédérateur et moteur de l'intégration européenne »[2]. Par ailleurs, ce droit communautaire est très composite. En effet, outre les trois traités fondateurs de 1951 (*CECA*) et de 1957 (*CEE* et *CEEA*), il faut citer les différents traités modificatifs dont les plus importants sont l'*A.U.E.* de 1986, le *TUE* de 1992 et le traité d'Amsterdam de 1997[3]. On ne saurait, dans ce recensement, mettre de côté l'importance et l'ampleur des règles de droit communautaire dérivé[4]. De plus, depuis le traité de Maastricht, il faut désormais parler du droit des Communautés européennes et de l'Union européenne, même s'il est vrai que, concernant notre étude, le droit des Communautés, et donc le pilier communautaire[5], est beaucoup plus porteur d'incidences sur la Constitution française, essentiellement du fait de son caractère intégrateur. Il est clair en effet que la dynamique d'intégration, représentée par le pilier communautaire, requiert de la part de l'Etat français un certain nombre de transferts de compétences au profit des institutions communautaires. A l'inverse, dans les deux piliers intergouvernementaux de l'Union européenne, il s'agit principalement d'une logique de coopération intergouvernementale : on pourrait parler d'exercice en commun de compétences demeurant nationales[6]. Il résulte donc que les principes fondamentaux de l'ordre juridique français, au premier rang desquels la souveraineté de l'Etat, sortent beaucoup plus affectés dans la première hypothèse

---

[1] Cf. l'article 54 de la Constitution de 1958 et le titre VII du même texte, Mme C. GREWE et M. H. OBERDORFF : *Les Constitutions des Etats de l'Union européenne*, *op. cit.*, pp. 248-249.

[2] M. L. COHEN-TANUGI : *L'Europe en danger*, Librairie Arthème Fayard, 1992, p. 94 ; voir aussi M. J.-P. JACQUE : « Le rôle du droit dans l'intégration européenne », *Philosophie politique*, n° 1/1991, pp. 123-124.

[3] Le traité de Paris du 18 avril 1951 est entré en vigueur le 23 juillet 1952 et a été publié au *JORF*, 5 septembre 1952, p. 8778. Les deux traités de Rome du 25 mars 1957 sont entrés en vigueur le 1er janvier 1958 et ont été publiés au *JORF*, 2 février 1958, p. 1188. Quant au traité de Luxembourg - La Haye des 17 et 28 février 1986, il est entré en vigueur le 1er juillet 1987 et a été publié par le décret n° 87-990 du 4 décembre 1987, *JORF*, 10 décembre 1987, p. 14361. S'agissant du traité de Maastricht du 7 février 1992, il est entré en vigueur le 1er novembre 1993 et a été publié par le décret n° 94-80 du 18 janvier 1994, *JORF*, 28 janvier 1994, p. 1521. Enfin, le traité d'Amsterdam du 2 octobre 1997 est entré en vigueur le 1er mai 1999 et a été publié par le décret n° 99-438 du 28 mai 1999, *JORF*, 30 mai 1999, p. 7988 (annexe spéciale).

[4] Il s'agit essentiellement des règlements et des directives communautaires.

[5] Les second et troisième piliers de l'Union européenne se rapportent respectivement à la *PESC* et à la coopération dans les domaines de la *JAI* (depuis le traité d'Amsterdam, cela ne concerne plus que la coopération policière et judiciaire en matière pénale).

[6] Cela étant, et comme le montre M. C. BLUMANN : « Quelques réflexions sur la notion de communautarisation dans le cadre de l'Union européenne », dans *Mél. Ph. ARDANT*, LGDJ, 1999, p. 76 : « ...Loin de reposer sur une césure tranchée, la séparation entre matières communautarisées et non – communautarisées résulte beaucoup plus d'une différence de degré que de nature ».

que dans la seconde. En parallèle avec ce qui a été dit plus haut pour l'ordre juridique constitutionnel, il faut souligner également que l'intégrité de l'ordre juridique communautaire est garantie par la CJCE qui, aux termes de l'article 164 du traité instituant la Communauté européenne (article 220, Nouvelle numérotation), « assure le respect du droit dans l'interprétation et l'application du présent traité ».

Le seul fait de mettre en évidence, à ce stade, le caractère fondamental des deux normes en présence apparaît déjà en lui-même comme une source potentielle de conflits. Comment en effet agencer deux ordres juridiques qui, l'un comme l'autre, revendiquent un statut de suprématie ? Ceci pose la question des rapports de cohérence entre l'ordre juridique constitutionnel français et l'ordre juridique communautaire. L'intérêt de cette question est d'autant plus criant que les relations entre droit communautaire et normes infraconstitutionnelles, notamment législatives, après une assez longue période de turbulences, ont désormais atteint leur point d'équilibre. Les solutions françaises dans ce domaine étant bien établies[1] dans leurs principes, on ne reviendra pas ici sur le problème de l'application du droit communautaire dans l'ordre juridique interne[2]. Il apparaît dès lors intéressant de faire ressortir les différents contours des rapports entre droit communautaire et Constitution française qu'il conviendra d'analyser dans cette étude.

---

[1] Cf. notamment *Cass.* Ch. mixte, 24 mai 1975, *Administration des douanes c/ Sté J. VABRE*, J. BOULOUIS, *AJDA* 1975, p. 567 ; M. D. RUZIE, *JDI* 1975, p. 802 ; M. R. KOVAR, CDE 1975, p. 655 ; *CE* - ass., 20 octobre 1989, *Nicolo, RFDA* 1989, concl. FRYDMANN, p. 813, avec les contributions de MM. B. GENEVOIS, p. 824, L. FAVOREU, p. 993, L. DUBOUIS, p. 1000 ; G. ISAAC, *RTDE* 1989, p. 771. Voir également les études citées *supra*, au début de cette introduction générale. Sur les derniers soubresauts de ce contentieux de la conventionnalité des lois, s'agissant du droit communautaire, cf. M. P. CASSIA et Mme E. SAULNIER : « La loi du 3 juillet 1998 sur la chasse et le droit communautaire : *« error communis facit juris » ?* », *Europe*, juillet 1999, p. 5. Cette dernière question a connu un épilogue devant le Conseil d'Etat, à travers deux arrêts de la Section du contentieux en date du 3 décembre 1999 : *Association ornithologique et mammalogique de Saône-et-Loire, Rassemblement des opposants de chasse et Association France Nature Environnement ; Association ornithologique et Rassemblement des opposants à la chasse*. Ces deux arrêts ont conclu respectivement à l'incompatibilité de la quasi-totalité des dispositions des lois du 3 juillet 1998 et du 15 juillet 1994 avec la directive communautaire n° 79-409/CEE du 2 avril 1979 relative à la conservation des oiseaux sauvages, cf. notamment *AJDA* 2000, p. 120, *chr.* M. GUYOMAR et P. COLLIN.

[2] On sait en effet qu'il s'agit beaucoup plus d'une question de conventionnalité des lois internes que d'un problème ayant trait directement aux rapports traités - Constitution.

Paragraphe 2 : Les rapports entre droit communautaire et Constitution française tels qu'envisagés dans cette étude

Les rapports entre le droit communautaire et la Constitution française sont autant, sinon plus, des rapports de normes que de systèmes juridiques. En l'effet, l'interpénétration normative apparaît nettement plus perceptible que l'interdépendance institutionnelle car chacun des systèmes juridiques concernés tient à préserver son autonomie institutionnelle. Autant dire qu'examiner les relations entre l'ordre juridique constitutionnel français et l'ordre juridique communautaire reviendra essentiellement à traiter des rapports normatifs qui peuvent exister entre eux. Il faudra donc mettre relativement de côté les implications institutionnelles de l'engagement européen de la France ; ou, plus précisément, l'examen des incidences de la construction communautaire sur la répartition interne des compétences. En effet, outre que cette question est déjà assez bien explorée[1], il faut constater qu'il s'agit beaucoup plus d'un problème de légitimation ou d'exigence démocratique de l'Union européenne. De plus, un certain nombre de solutions sont désormais exploitées tant au niveau national,

---

[1] Voir par exemple sur cette question, M. J.-C. GAUTRON : « Influence des Communautés européennes sur les structures du pouvoir politique français depuis 1958 », dans *Mél. offerts à G. BURDEAU : Le pouvoir*, Paris, LGDJ, 1977, pp. 421-440 ; Mme D. MEYER : *Le contrôle du Parlement français sur la politique communautaire sous la Ve République*, Thèse, Université d'Aix-Marseille III, novembre 1993, 519p dact. ; M. T. de BERRANGER : *Constitutions nationales et construction communautaire - Essai d'approche comparative sur certains aspects constitutionnels nationaux de l'intégration européenne, op. cit.*, pp. 396-428 ; M. H. ROUSSILLON(Sous la direction de) : *L'article 88-4 de la Constitution française : Le rôle du Parlement en matière européenne*, Presses de l'Université des sciences sociales de Toulouse, 1995, 292p ; M. J.-L. SAURON : *Droit communautaire et décision nationale - Le processus décisionnel national dans l'élaboration et la mise en œuvre du droit communautaire*, coll. « Systèmes », LGDJ, 1998, pp. 97-149 ; M. F. HOURQUEBIE : *Les organes spécialisés dans les affaires communautaires des parlementaires nationaux – les cas français et allemand*, L'Harmattan, coll. « Logiques Juridiques », 1999, 240p ; M. L. LEVOYER : *L'influence du droit communautaire sur le pouvoir financier du Parlement français*, Thèse, Université de Poitiers, juillet 2000, 538p dact.

notamment avec l'article 88-4 de la Constitution de 1958[1], qu'au niveau communautaire[2].

A fortiori, ne sera pas non plus traité dans cette étude le problème des incidences de l'intégration européenne sur les collectivités infraétatiques, à l'image des collectivités locales en France[3]. En effet, outre le fait que c'est une question institutionnelle[4], il nous semble que cet aspect de la question est beaucoup plus déterminant pour les Etats fédéraux ou encore pour les Etats dits autonomiques[5]. Il s'agit plus particulièrement dans les Etats fédéraux de rechercher la meilleure articulation possible entre les compétences reconnues dans la Constitution aux entités fédérées et les exigences tenant à la participation de l'Etat fédéral au processus de construction de l'Union européenne[6].

On s'efforcera donc principalement de mettre au clair les différentes interférences, et leurs conséquences entre la norme suprême de l'ordre juridique français et le droit communautaire, pilier de l'intégration européenne[7]. Ces diverses interférences mériteront d'autant plus d'être relevées que, bien qu'autonomes, ces

---

[1] Depuis la loi constitutionnelle n° 99-49 du 25 janvier 1999, *JORF*, 26 janvier 1999, p. 1343, cette disposition constitutionnelle est désormais rédigée comme suit : « Le gouvernement soumet à l'Assemblée nationale et au Sénat, dès leur transmission au Conseil de l'Union européenne, les projets ou propositions d'actes des Communautés européennes et de l'Union européenne comportant des dispositions de nature législative. Il peut également leur soumettre les autres projets ou propositions d'actes ainsi que tout document émanant d'une institution de l'Union européenne.
Selon des modalités fixées par le règlement de chaque assemblée, des résolutions peuvent être votées, le cas échéant en dehors des sessions, sur les projets, propositions ou documents mentionnés à l'alinéa précédent ». Faisant le point sur cet article, après la révision constitutionnelle préalable à la ratification du traité d'Amsterdam, M. J.-L. SAURON : « Le contrôle parlementaire de l'activité gouvernementale en matière communautaire en France », *RTDE* 1999, p. 171.

[2] Le traité d'Amsterdam contient en effet un protocole sur le rôle des Parlements nationaux dans l'Union européenne, annexé au TUE et aux traités instituant les Communautés européennes. Sur la portée de ce protocole, cf. notamment M. C. BLUMANN : « Le traité d'Amsterdam - Aspects institutionnels », *RTDE* 1997, pp. 739-741.

[3] Cf. Titre XII de la Constitution de 1958, dans Mme C. GREWE et M. H. OBERDORFF : *Les Constitutions des Etats de l'Union européenne, op. cit.*, p. 251.

[4] Pour une illustration, cf. M. J. RIDEAU : « Le système institutionnel communautaire et les formes des Etats membres », dans C. BIDEGARAY(Sous la direction de) : *L'Etat autonomique : forme nouvelle ou transitoire en Europe* ?, éd. Economica, 1994, pp. 157-183.

[5] Sur l'Espagne par exemple, cf. Mme L. BURGORGUE-LARSEN : *L'Espagne et la Communauté européenne - L'Etat des autonomies et le processus d'intégration européenne*, coll. « Etudes européennes », éd. de l'Université de Bruxelles, 1995, 471p.

[6] Concernant par exemple la situation en République fédérale d'Allemagne, voir M. X. VOLMERANGE : *Le fédéralisme allemand et l'intégration européenne*, L'Harmattan, coll. « Logiques Juridiques », 1994, 176p ; Mme O. TAMBOU : *Les rapports entre l'ordre juridique communautaire et les ordres juridiques français et allemand*, Thèse, Université Robert Schuman – Strasbourg III, 1997, pp. 407-464.

[7] Il suffit ici de renvoyer à la construction prétorienne de la *CJCE* des années 1963-1964, dans ses célèbres arrêts *Van Gend en Loos* et *Costa c/ ENEL* ; cf. respectivement aff. 26/62, *Rec.*, p. 1 ; aff. 6/64, *Rec.*, p. 1141.

deux ordres juridiques n'apparaissent pas étanches, en particulier du fait de la force de pénétration du droit communautaire dans les ordres juridiques nationaux[1]. La rencontre entre les deux ordres juridiques s'avère en effet inéluctable car « autonome dans ses sources, le droit communautaire insère ses effets dans les droits nationaux »[2]. Il ne peut en être autrement car le droit communautaire a pour caractères principaux sa primauté et son applicabilité immédiate et directe dans les ordres juridiques étatiques[3]. Il suffit pour le montrer de prendre deux exemples. Le premier est une illustration textuelle : l'article 189, alinéa 2 du traité instituant la Communauté européenne (article 249, Nouvelle numérotation) stipule que : « Le règlement a une portée générale. Il a une force obligatoire dans tous ses éléments et est directement applicable dans tout Etat membre ». Le second exemple est tiré de l'arrêt *Administration des finances de l'Etat c/ Simmenthal* du 9 mars 1978[4] dans lequel on peut lire que : les dispositions des traités et les actes des institutions directement applicables « ...font partie intégrante, avec rang de priorité, de l'ordre juridique applicable sur le territoire de chacun des Etats membres... ». La Cour de Luxembourg fait par conséquent obligation au juge national « ...d'assurer le plein effet de ces normes en laissant au besoin inappliquée, de sa propre autorité, toute disposition législative nationale, même postérieure... ». De ces deux illustrations, il ressort donc que « ...le droit communautaire possède une force spécifique de pénétration dans l'ordre juridique interne des Etats membres »[5]. Ceci n'empêche pas, à partir du moment où il est question dans cette étude de rapports normatifs, de se demander comment s'intègre la question des relations entre droit communautaire et Constitution française au sein de la question générale des relations entre le droit international et le droit interne. Il faut dire dès maintenant que l'ordre juridique communautaire tient à se démarquer des rapports de systèmes entre droit international et droits internes, tels qu'ils sont posés par les Constitutions nationales. En effet, le droit communautaire ne se sent pas lié par la distinction qui est souvent entreprise entre Etats dualistes et Etats monistes[6].

Cette distinction entre les doctrines dualistes et les théories monistes mérite néanmoins d'être brièvement présentée. En effet, la conception dualiste implique

---

[1] En ce sens, M. G. DRAGO : *Contentieux constitutionnel français*, PUF, 1998, p. 330. Sur la relation d'autonomie et de complémentarité qui lie le droit communautaire au droit interne, cf. M. L. DUBOUIS : « Le droit interne dans la jurisprudence de la CJCE », dans R. BEN ACHOUR et S. LAGHMANI(Sous la direction de) : *Droit international et droits internes, Développements récents*, colloque de Tunis des 16-17-18 avril 1998, éd. A. Pedone, 1998, p. 163.

[2] M. L. CONSTANTINESCO : « La spécificité du droit communautaire », *RTDE* 1966, p. 3 ; également M. R. KOVAR : *Le pouvoir réglementaire de la CECA*, LGDJ, Paris, 1964, p. 228.

[3] Cf. sur cette question, G. ISAAC : *Droit communautaire général*, 7e éd., A. Colin, Paris,1999, pp. 166-189.

[4] Aff. 106/77, *Rec.*, p. 609.

[5] G. ISAAC : *Droit communautaire général*, 7e éd., *op. cit.*, p. 166.

[6] Cf. *infra*, la suite des développements sur ce point.

un cloisonnement entre les deux systèmes juridiques : la règle internationale doit faire l'objet de mesures nationales de réception pour qu'elle puisse s'appliquer en droit interne. La doctrine moniste considère que la norme internationale s'intègre à l'ordre interne du seul fait de son existence, sans qu'il soit besoin de mesures de réception[1]. On peut néanmoins se demander si la distinction entre ces deux théories rend vraiment compte de la réalité de ce type de rapports[2], et surtout si elle est pertinente au cas communautaire. La seule certitude ici consiste à reconnaître que cette distinction entre les théories moniste et dualiste inspire toujours les différents ordres juridiques nationaux au moment de la ratification des traités communautaires. Le droit des traités impose une telle solution : les Etats membres procèdent à la ratification des engagements internationaux conformément à leurs règles constitutionnelles respectives[3].

Il semble indiscutable que l'ordre juridique constitutionnel français se rattache à l'approche moniste. Ce monisme qui était avéré et transparent sous la IVe République avec les articles 26 et 28 de la Constitution du 27 octobre 1946[4] est devenu « tempéré »[5] sous l'empire de la Constitution du 4 octobre 1958, au regard notamment de la condition de réciprocité posée à la primauté des traités sur les lois internes (article 55) et de la mise en place d'un contrôle de constitutionnalité des engagements internationaux à l'article 54[6]. Mais cette inspiration moniste du

---

[1] Voir pour une relativisation de toutes ces questions, l'étude, toujours pertinente, de M. VIRALLY : « Sur un pont aux ânes : les rapports entre droit international et droits internes », dans *Mél. offerts à H. ROLIN*, éd. A. Pedone, 1964, p. 488. Voir aussi, M. P. DAILLIER : « Monisme et dualisme : Un débat dépassé ? », dans R. BEN ACHOUR et S. LAGHMANI(Sous la direction de) : *Droit international et droits internes, Développements récents, op. cit.*, p. 9.

[2] Cf. notamment : P. BASTID : *Cours de droit international public*, Les Cours de droit, 1976-1977, pp. 623 et 642 ; Mmes C. GREWE - H. RUIZ FABRI : *Droits constitutionnels européens*, PUF, 1995, p. 102.

[3] On retrouve une semblable prescription à l'article 247 du traité instituant la Communauté européenne (article 313, Nouvelle numérotation).

[4] L'article 26 de la Constitution de 1946 disposait : « Les traités diplomatiques régulièrement ratifiés et publiés ont force de loi dans le cas où ils seraient contraires aux lois françaises ». Quant à l'article 28 du même texte, il prévoyait que : « Les traités diplomatiques régulièrement ratifiés et publiés ayant une autorité supérieure à celle des lois internes, leurs dispositions ne peuvent être abrogées, modifiées ou suspendues qu'à la suite d'une dénonciation régulière, notifiée par voie diplomatique... ».

[5] Voir par exemple M. F. HERVOUËT : « L'incidence de la jurisprudence de la *CJCE* sur la hiérarchie des normes en droit français », dans *Publications de la Faculté de droit et des sciences sociales de Poitiers*, tome XXI, p. 13 ; M. J.-C. GAUTRON : « Rapport de synthèse », dans H. ROUSSILLON(Sous la direction de) : *L'article 88-4 de la Constitution française : Le rôle du Parlement dans l'élaboration de la norme européenne, op. cit.*, p. 179, quant à lui, pense que « la France est un pays théoriquement moniste par le jeu des Constitutions de 1946 et de 1958, bien qu'elle demeure culturellement dualiste ».

[6] Voir la démonstration menée, à propos du caractère modéré du monisme de 1958, par M. P. GAÏA : *Le Conseil constitutionnel et l'insertion des engagements internationaux dans l'ordre juridique interne, op. cit.*, pp. 11-12.

système français implique-t-elle une meilleure ouverture à l'ordre juridique communautaire ? De manière générale, et nonobstant l'évolution consécutive à l'adoption des traités de Maastricht et d'Amsterdam, il faut reconnaître que le sort du droit communautaire est quelque peu solidaire de celui du droit international classique. A l'inverse, un pays dualiste, au regard du droit international, comme l'Irlande, adopte une attitude assez favorable à l'Europe communautaire[1]. C'est ainsi par exemple que l'ordre juridique communautaire y est protégé de toute contestation du point de vue constitutionnel[2]. Tout ceci pour montrer que la délimitation entre Etats monistes et Etats dualistes n'est pas forcément pertinente quant aux solutions apportées aux rapports entre droit communautaire et Constitution.

Au demeurant, il n'est pas certain que l'ordre juridique communautaire pourrait s'accommoder de raisonnements totalement dualistes. L'on sait en effet que l'effectivité des principes de primauté et d'effet direct du droit communautaire en droit interne ne laisse véritablement pas aux Etats « la faculté de choisir entre le dualisme et le monisme. Ce dernier s'impose »[3]. En d'autres termes, et comme l'exprime avec justesse G. ISAAC, le droit communautaire « postule le monisme et impose le respect par les Etats membres »[4].

Il faut dès lors centrer notre étude sur les interactions entre cette construction politique et juridique en perpétuelle évolution qu'est l'intégration communautaire[5] et les exigences tenant à la pérennité de l'ordre juridique constitutionnel français. A cet égard la nature du système communautaire n'est nullement indifférente quant aux solutions à apporter relativement aux rapports entre ledit système et la Constitution française. Il est largement admis que l'ordre juridique communautaire constitue un système original par rapport aux organisations internationales classiques. Ainsi s'explique en grande partie le recours à la notion d'organisation sui generis ou d'« objet politique non identifié »[6]. Ceci ne constitue pas pour autant

[1] Cf. Mme C. GREWE et M. H. OBERDORFF : *Les Constitutions des Etats de l'Union européenne*, *op. cit.*, p. 310.

[2] Cf. l'ex article 29-4-5° de la Constitution de la République d'Irlande du 1er juillet 1937, M. H. OBERDORFF(Textes rassemblés par) : *Les Constitutions de l'Europe des douze*, 2e éd., La Documentation française, Paris, 1994, p. 235.

[3] M. Ph. MANIN : *Les Communautés européennes - L'Union européenne*, 4e éd., A. Pedone - Paris, 1998, p. 312.

[4] G. ISAAC : *Droit communautaire général, op. cit.*, 1999, pp. 167-168.

[5] En lui-même, ce dynamisme de la construction européenne empêche de donner une qualification juridique définitive à l'ordre communautaire ; même si l'on peut soutenir que l'Union européenne est indiscutablement engagée dans un processus de « constitutionnalisation ».

[6] Expression attribuée à M. J. DELORS. Précisons que ce dernier privilégie dorénavant le concept de « Fédération d'Etats nations », cf. M. J.-L. QUERMONNE : « Une fédération d'Etats nations : un objet politique identifiable ? », *L'Année européenne*, 1997, pp. 73-75. Pour une contestation de cette nature *sui generis* de l'Europe communautaire, cf. M. O. BEAUD : « Propos sceptiques sur la

une qualification positive de l'Europe des quinze[1]. L'on fait souvent référence, de ce point de vue, aux catégories connues ; en l'occurrence, la confédération d'Etats et l'Etat fédéral. Mais présentement il est clair que les Communautés européennes sont à cheval entre ces deux qualifications : elles vont au-delà de la simple confédération et restent en-deçà de la Fédération[2]. Il reste tout de même que la logique communautaire s'inscrit difficilement dans la perspective de ces catégories préexistantes. Plus simplement, on pourrait soutenir que le système communautaire se démarque de l'organisation de coopération traditionnelle et constitue plutôt le type même de l'organisation d'intégration[3]. Une organisation intégrée qui « est dotée d'un appareil institutionnel élaboré et assez largement indépendant des Etats membres. Elle jouit de compétences propres qui induisent autant de dessaisissement pour les autorités nationales. Enfin elle génère ses propres normes, contraignantes tant pour les Etats que les particuliers »[4]. On constate à travers cette définition que l'organisation intégrée n'entraîne nullement un dessaisissement total des autorités nationales. Ceci veut dire a contrario que l'Europe communautaire a encore largement besoin de l'initiative, de la coopération ou de la collaboration des appareils institutionnels nationaux[5]. Il en résulte que la prise en compte des

---

légitimité d'un référendum européen ou plaidoyer pour plus de réalisme constitutionnel », dans A. AUER et J.-F. FLAUSS(éd.) : *Le référendum européen*, Bruylant, Bruxelles, 1997, pp. 163-178.

[1] Sur les différents essais de qualification juridique positive, cf. M. J. GERKRATH : *L'émergence d'un droit constitutionnel pour l'Europe. Modes de formation et sources d'inspiration de la Constitution des Communautés européennes et de l'Union européenne*, coll. « Etudes européennes », éd. de l'Université de Bruxelles, 1997, pp. 120-121.

[2] Voir par exemple sur cette question, M. Ph. MANIN : *Les Communautés européennes - L'Union européenne*, 4e éd., *op. cit.*, pp. 63-65 ; G. ISAAC : *Droit communautaire général*, *op. cit.*, pp. 324-326. Sur la nature juridique du système communautaire, cf. notamment : M. Ch. LEBEN : « A propos de la nature juridique des Communautés européennes », *Droits* - n° 14, 1991, p. 61 ; M. M. TELO : « Démocratie internationale et démocratie supranationale en Europe », dans M. TELO(Sous la direction) : *Démocratie et construction européenne*, éd. de l'Université de Bruxelles, 1995, pp. 3-4, 25-26 et 42. S'agissant plus particulièrement de l'Union européenne, voir M. A. PLIAKOS : « La nature juridique de l'Union européenne », *RTDE* 1993, p. 187.

[3] Sur la distinction entre organisation de coopération et organisation d'intégration, et son incidence sur la souveraineté des Etats, cf. M. T. de BERRANGER : *Constitutions nationales et construction européenne*, *op. cit.*, pp. 24-33. Pour une relativisation de cette distinction, cf. M. J.-C. GAUTRON : « L'Union européenne et le concept d'organisation internationale », dans D. DORMOY(Sous la direction de) : *L'Union européenne et les organisations internationales*, éd. Bruylant/éd. de l'Université de Bruxelles, 1997, p. 17. Cela étant, M. GAUTRON reconnaît malgré tout que les Communautés européennes sont, à travers certains caractères particuliers, la traduction d'« un degré d'intégration plus élevé que celui affectant toutes les autres organisations internationales existantes », p. 24.

[4] M. T. LARZUL : *L'essentiel sur les institutions communautaires*, 2e éd., L'Hermès, 1995, p. 16.

[5] On comprend dès lors mieux pourquoi la notion de « fédéralisme intergouvernemental » a été privilégiée par MM. M. CROISAT et J.-L. QUERMONNE : *L'Europe et le fédéralisme*, 2e éd., Montchrestien, 1999, pp. 9, 145 ; formule qui veut bien montrer que les gouvernements des Etats membres constituent encore « le principal moteur politique de l'Union ».

Constitutions des Etats membres, et donc de la Constitution française, ne peut être écartée lorsqu'il s'agit d'examiner le sort du droit communautaire dans l'ordre juridique interne. Le bien-fondé de notre étude réside justement dans le fait que l'Union européenne ne constitue pas encore un Etat fédéral. Autrement dit le « processus créant une Union sans cesse plus étroite entre les peuples de l'Europe » ayant encore besoin des ordres juridiques nationaux pour fonctionner et progresser, ne peut se faire sans heurts ni résistances.

A ce titre, le problème des rapports entre le droit communautaire et la Constitution française peut être circonscrit à une question de compatibilité. Parler de compatibilité entre l'Europe et l'ordre juridique constitutionnel français revient à envisager les implications constitutionnelles de l'appartenance de la France à l'Europe communautaire[1]. Dans cette perspective, l'on sait par exemple que les constituants de 1958 ont mis l'accent sur le caractère impérieux des principes essentiels de l'ordre juridique constitutionnel français que sont la souveraineté nationale et la garantie des droits et libertés des citoyens[2]. Comment concilier cet état des choses avec les attributions de compétences étatiques impliquées par la construction communautaire ; étant entendu que de tels transferts de compétences contribuent à limiter l'exercice des droits souverains de l'Etat français ? Se posera ainsi le problème de la compatibilité entre les exigences constitutionnelles françaises tenant notamment à la sauvegarde de la souveraineté de l'Etat et à la garantie des droits et libertés des citoyens et la perpétuation de la construction communautaire. Par ailleurs, la production normative qui en découle, en tant qu'elle bénéficie de la primauté absolue de l'ordre juridique communautaire, peut mettre à mal la hiérarchie normative posée par l'ordre juridique français. On pourra en quelque sorte se demander à quel niveau de cette hiérarchie s'insèrent les normes communautaires. Sont-elles de rang infraconstitutionnel, de valeur constitutionnelle ou de niveau supraconstitutionnel ? On retrouve essentiellement à travers cette interrogation deux questions délicates : celle de l'insertion ou non des normes européennes dans le bloc de constitutionnalité en France ; le problème de la primauté absolue de l'ordre juridique communautaire. Il faut préciser à ce niveau que le sort réservé aux normes communautaires de droit dérivé (règlements et directives notamment) s'avère solidaire du traitement accordé aux traités communautaires régulièrement et définitivement intégrés dans l'ordre juridique

---

[1] Sur cette question de compatibilité entre ordre juridique communautaire et ordres juridiques constitutionnels nationaux, cf. Mme C. GREWE et M. H. OBERDORFF : « Introduction », dans *Les Constitutions des Etats de l'Union européenne, op. cit.*, pp. 18-20.

[2] Voir notamment le préambule de la Constitution du 4 octobre 1958 (alinéa 1er) et l'article 3 du même texte.

français[1]. En tout état de cause, toute cette production normative ne va donc pas sans difficulté constitutionnelle à partir du moment où en France, il est indéniable que la Constitution nationale demeure le socle fondamental de référence[2]. En effet, l'autonomie constitutionnelle française, qui repose essentiellement sur le principe de souveraineté[3], ne peut, en dépit de l'interpénétration entre les ordres juridiques nationaux et communautaire, être entièrement subordonnée aux exigences d'un autre système juridique, lui aussi autonome, en l'occurrence l'ordre juridique communautaire. Ceci impose de toute évidence un certain nombre de limites au processus de transferts de compétences nationales à l'Europe communautaire.

On peut dès lors s'atteler à rechercher quel est le rapport de compatibilité qui existe entre le processus de construction communautaire et le droit constitutionnel français. L'intégration européenne et ses avancées sont-elles constitutionnellement recevables en France, et dans quelles limites ? En d'autres termes, il nous reviendra de vérifier si, et jusqu'à quel point, la Constitution française permet le principe de l'appartenance de l'Etat français à l'Europe communautaire avec ses principales implications, notamment le principe de primauté absolue du droit communautaire[4]. Il faudra en contrepoint savoir si l'état du droit constitutionnel en résultant est satisfaisant au regard desdites exigences de l'ordre juridique communautaire. Ces dernières considérations nous conduisent à aborder la démarche générale menée dans cette étude.

Paragraphe 3 : L'approche retenue quant à l'étude des rapports normatifs entre Constitution française et droit communautaire

Il semble intéressant de préciser d'emblée qu'il nous appartiendra dans cette étude d'examiner « les rapports dialectiques d'autonomie et d'interdépendance qu'entretiennent... »[5] le droit communautaire et la Constitution française. De façon plus précise, on s'attachera à rechercher les contours et la qualité de l'adéquation de l'ordre juridique constitutionnel français à l'ordre juridique communautaire. De ce point de vue, le cœur de notre démarche réside dans la nécessaire conciliation

---

[1] La seule nuance qu'il convient de faire ici est la suivante : les traités communautaires modificatifs peuvent être soumis au contrôle du Conseil constitutionnel alors que, en l'état actuel du droit positif français, les normes communautaires secondaires y échappent.

[2] Cf. M. T. de BERRANGER : *Constitutions nationales et construction communautaire, op. cit.*, p. 1.

[3] Sur le caractère impérieux de la préservation de l'indépendance souveraine de la France, voir *infra* titre II de la seconde partie de cette étude.

[4] Ne perdons pas de vue ici que le principe de primauté s'appuie principalement sur la nature spécifique originale de l'ordre juridique communautaire.

[5] M. D. SIMON : « Préface » de l'ouvrage de Mme V. GOESEL-Le BIHAN : *La répartition des compétences en matière de conclusion des accords internationaux sous la Ve République*, éd. A. Pedone, Paris, 1995, p. VII.

entre les exigences de l'ordre juridique constitutionnel national et la poursuite de l'intégration européenne[1]. Dans le prolongement de cette idée, il faut constater que l'identité constitutionnelle française ressort nécessairement affectée, mais pas annihilée, par le processus d'intégration européenne[2]. On pourra mesurer l'acuité de cette question lorsqu'on évoquera la recherche de l'adéquation de la Constitution de 1958 aux implications des deux derniers traités communautaires modificatifs que sont le traité sur l'Union européenne signé à Maastricht le 7 février 1992[3] et le traité d'Amsterdam signé le 2 octobre 1997[4].

Il a déjà été souligné que les dispositions du droit constitutionnel français en matière internationale sont marquées, de manière générale, par une absence de distinction entre la situation réservée au droit international et la place faite au droit communautaire[5]. Il est vrai qu'il est désormais possible de nuancer cette affirmation en raison notamment de l'insertion, par la loi constitutionnelle du 25 juin 1992[6], d'un nouveau titre dans la Constitution : « Des Communautés européennes et de l'Union européenne » (articles 88-1 à 88-4)[7]. Mais au-delà de ces dispositions constitutionnelles nouvelles, et bien que cette étude soit consacrée aux rapports entre le droit communautaire et la Constitution, il conviendra, presqu'à tout instant, de prendre en considération deux séries de dispositions relatives à la question générale des relations entre le droit international et le droit interne français. En d'autres termes, il est clair pour notre démarche que les normes communautaires, même si elles disposent désormais d'un titre spécifique dans la Constitution, sont encore dépendantes pour leur insertion dans l'ordre juridique français de certaines dispositions du bloc de constitutionnalité relatives aux rapports entre droit international et droit interne. La prise en compte d'un certain nombre de ces dispositions demeure, pour cette raison, incontournable[8]. Il s'agit

---

[1] Pour un tel constat au regard de la jurisprudence internationale du Conseil constitutionnel, cf. M. P. GAÏA : *Le Conseil constitutionnel et l'insertion des engagements internationaux dans l'ordre juridique interne, op. cit.*, p. 340.

[2] Cf. M. R. KOVAR : « Ordre juridique communautaire », *Jurisclasseur Europe*, tome 1, *fasc.* 430.

[3] Traité entré en vigueur le 1er novembre 1993, cf. *JOCE*, L 293, 27 novembre 1993, p. 61.

[4] Le traité d'Amsterdam est entré en vigueur le 1er mai 1999, cf. *JOCE*, L 114, 1er mai 1999, p. 56. Cf. sur cette question, les développements *infra* point A, paragraphe 2, section II, chapitre II du titre II de la seconde partie.

[5] Cf. M. W. J. GANSHOF VAN DER MEERSCH : « Le droit communautaire et ses rapports avec le droit des Etats membres », dans *Droit des Communautés européennes*, Larcier éditeurs, Bruxelles, 1969, p. 72.

[6] *JORF*, 26 juin 1992, p. 8406.

[7] Les articles 88-2 et 88-4 ont été modifiés par la loi constitutionnelle n° 99-49 du 25 janvier 1999 visant à mettre la Constitution française en adéquation avec les implications du traité d'Amsterdam, *JORF*, 26 janvier 1999, p. 1343.

[8] Il ne faut néanmoins pas perdre de vue que la différenciation entre les dispositions constitutionnelles en matière internationale et les articles de la Constitution de 1958 relatifs à la construction communautaire est de plus en plus notable.

tout d'abord des dispositions des quatorzième et quinzième alinéas du préambule de la Constitution du 27 octobre 1946, auquel renvoie celui de la Constitution de 1958, prévoyant respectivement que :

- « La République française, fidèle à ses traditions, se conforme aux règles du droit public international » ;

- « Sous réserve de réciprocité, la France consent aux limitations de souveraineté nécessaires à l'organisation et à la défense de la paix ». Ces deux dispositions du préambule de la Constitution de 1946 ont en quelque sorte servi de fondement à l'insertion et à l'ancrage du droit communautaire dans l'ordre juridique constitutionnel français. S'agissant tout d'abord de l'alinéa 14, il faut dire qu'il constitue, en tant qu'il postule le respect de la règle *pacta sunt servanda*, l'un des fondements déterminants, avec l'article 55 de la Constitution de 1958, de l'incontestabilité constitutionnelle du droit communautaire définitif[1]. En ce qui concerne ensuite l'alinéa 15, il a été et reste le fondement constitutionnel principal de l'insertion du droit communautaire en France en général et du transfert de certaines compétences étatiques à l'Europe communautaire en particulier[2].

On trouve ensuite les dispositions du titre VI de la Constitution elle-même qui sont consacrées, tout entières, aux traités et accords internationaux. L'accent sera plus particulièrement mis sur les articles 53, 53-1[3] et 54 du texte constitutionnel de 1958. Avec ce dernier article on retrouve le rôle du Conseil constitutionnel en matière internationale. Ce rôle apparaît d'autant plus important pour notre étude que les dispositions constitutionnelles précitées n'ont pas toujours levé toute ambiguïté quant aux rapports entre les traités et la Constitution. C'est ainsi qu'on a pu affirmer, à juste titre, que « leur portée dépend, dans une large mesure, de l'interprétation de leur signification par le Conseil constitutionnel... »[4]. Autant dire que la jurisprudence constitutionnelle sera une donnée importante à prendre en compte afin de tenter de démêler la complexité des rapports entre le droit communautaire et la Constitution française.

Par ailleurs, on ne manquera pas d'avoir recours à des raisonnements et positions adoptés dans certains Etats membres de l'Union européenne[5] lorsque

---

[1] Cf. *infra*, paragraphe 1, section II , chapitre II du titre II de la première partie.

[2] Cf. *infra*, chapitre I du titre I de la première partie.

[3] Article introduit par la loi constitutionnelle du 25 novembre 1993 relative aux accords internationaux en matière d'asile, *JORF*, 26 novembre 1993, p. 16296. Précisons qu'un article 53-2 a été inséré au titre VI de la Constitution. Cet article, relatif à la Cour pénale internationale (*CPI*), est ainsi rédigé : « La République française peut reconnaître la juridiction de la *CPI* dans les conditions prévues par le traité signé le 18 juillet 1998 », cf. loi constitutionnelle n° 99-568 du 8 juillet 1999, *JORF*, 9 juillet 1999, p. 10175.

[4] M. J. RIDEAU : « Problématique générale entre droit constitutionnel et droit international », dans *Droit constitutionnel et droits de l'Homme*, éd. Economica, 1987, p. 232.

[5] On pourra logiquement mettre de côté le cas du Royaume-Uni, pays qui ne dispose pas d'une Constitution formelle, telle qu'on l'entend par exemple dans les autres Etats membres de l'Union

ceux-ci permettent d'apporter un certain éclairage à la situation française. Le droit communautaire étant par essence un droit uniforme et commun à plusieurs Etats, il est bien évident qu'une approche comparée de certaines analyses pertinentes s'avérera indispensable[1]. La position française est-elle en décalage ou fait-elle figure d'exception par rapport à la solution donnée, dans d'autres Etats membres de l'Union européenne, aux interférences entre droit communautaire et Constitution ? A l'inverse, peut-on déceler des analogies entre l'état de ces rapports dans ces différents autres ordres juridiques et la situation française ? On utilisera pour ce faire des dispositions constitutionnelles de certains Etats membres de l'Union européenne ainsi que les raisonnements et interprétations adoptés par les Cours suprêmes ou constitutionnelles de ces différents Etats membres. Il ne sera nullement question d'un recours systématique à l'approche comparative. Il s'agira, pour certaines questions (bases constitutionnelles, bloc de constitutionnalité et primauté notamment) de savoir si l'attitude française face au droit communautaire est isolée ou largement partagée au sein de l'Europe communautaire. Des enseignements peuvent en effet être tirés de la comparaison entre les différents Etats originaires (Allemagne, Belgique, Luxembourg, Italie, Pays-Bas et France), entre la France, Etat originaire et certains Etats adhérents (Espagne et Irlande notamment), et enfin entre la France, Etat moniste et certains Etats dualistes au regard du droit international (Allemagne, Irlande et Italie notamment).

De plus, il faut rappeler que le Conseil constitutionnel et la *CJCE* se posent en gardiens de leurs ordres juridiques respectifs. Pour la Haute instance, sa mission de gardien consiste à opérer, par le truchement du contrôle de constitutionnalité, un certain filtrage constitutionnel à l'égard des engagements communautaires. Quant à la *CJCE*, l'on sait qu'elle a pour principale tâche de garantir l'effectivité de l'ordre juridique communautaire à travers son rôle d'interprétation et d'application des traités. Il conviendra dès lors de prendre en compte leurs différentes interprétations concernant les rapports entre l'ordre juridique communautaire et l'ordre juridique constitutionnel national. Autrement dit, la dialectique entre juge communautaire et juge(s) constitutionnel(s) méritera donc également d'être mise en évidence.

---

européenne. Précisons néanmoins que les transferts de compétences au profit des Communautés européennes ont été reçus dans l'ordre juridique britannique par l'*European Communities Act* de 1972, cf. notamment M. A. ARNULL : « La primauté du droit communautaire au Royaume-Uni », *RFDA* 1990, p. 985 ; Mme J. DUTHEIL de la ROCHERE et M. M. JARVIS : « Royaume-Uni », dans J. RIDEAU(Sous la direction de) : *Les Etats membres de l'Union européenne. Adaptations - Mutations - Résistances*, LGDJ, 1997, pp. 409-438.

[1] Le caractère incontournable d'une telle approche comparative ressort clairement d'un certain nombre d'études récentes, parmi lesquelles : M. T. de BERRANGER : *Constitutions nationales et construction communautaire - Essai d'approche comparative sur certains aspects constitutionnels nationaux de l'intégration européenne*, LGDJ, 1995, 564p ; M. J. RIDEAU(Sous la direction de) : *Les Etats membres de l'Union européenne : Adaptations - Mutations - Résistances, op. cit.*, 540p.

La ligne de conduite principale sera, au total, de montrer que le droit constitutionnel français émet des positions fermes et traditionnelles à l'égard du droit communautaire. Ceci n'empêche pas de constater que, finalement, l'intégration du droit communautaire dans l'ordre juridique français n'a véritablement jamais été remise en cause. Autrement dit, le constat dominant est le suivant : le droit constitutionnel français a toujours marqué le souci de mettre en avant la sauvegarde de l'autonomie constitutionnelle tout en veillant à ne pas compromettre la poursuite de la construction communautaire. Les raisonnements et principes de l'ordre juridique constitutionnel français restent fortement présents et fermement établis. Il n'en reste pas moins que certaines atténuations ont été mises en place, que certaines évolutions ont vu le jour afin de tenir compte des particularités du phénomène communautaire. De manière générale, il est donc possible de soutenir que la trajectoire de l'insertion du droit communautaire dans l'ordre juridique français est assez étroitement balisée par des considérations tenant à marquer la prégnance de l'ordre juridique constitutionnel. En toute hypothèse, le droit constitutionnel français demeure un obstacle, mais un obstacle surmontable au renforcement de la construction européenne.

Cet état de choses peut, à certains égards, paraître contradictoire voire ambivalent[1]. Mais il ne pourrait en être autrement à partir du moment où l'ordre juridique communautaire ne peut, à l'heure actuelle et du point de vue interne, être considéré comme un ordre surplombant l'ordre juridique constitutionnel national. Dans cette perspective, il nous faut montrer que le droit positif français concernant les rapports entre ordre juridique communautaire et ordre juridique constitutionnel est à la fois soucieux de conciliation et empreint d'une certaine évolution. A cet égard, il est permis de soutenir que de quelque bout que l'on prenne lesdits rapports, il apparaît que le processus d'adéquation de la Constitution française aux exigences de l'Union européenne a constitué un véritable révélateur de l'attitude conciliatrice et pragmatique de l'ordre juridique constitutionnel français face à la construction communautaire. Ce constat nous a paru incontournable car les exigences tenant à la pérennité des deux ordres juridiques en présence sont encore fortement présentes et perpétuellement mises en avant. Ceci ne pouvait que se satisfaire d'une démarche faisant ressortir, autour des deux idées ci-dessous énoncées, le souci qu'a le droit positif français de veiller à une articulation harmonieuse, et peu conflictuelle, entre Constitution et Europe :

- L'étude du statut du droit communautaire dans l'ordre constitutionnel français permettra de constater une attitude en demi-teinte de ce dernier par rapport aux exigences de l'ordre juridique communautaire (Partie I) ;

[1] Voir à ce sujet M. P. GAÏA : « L'unification européenne et le droit constitutionnel : la Constitution française face à l'Union européenne », dans *La coopération franco-allemande à l'aube du XXIe siècle*, Colloque du quarantième anniversaire du jumelage Aix-Tübingen (Aix-en-Provence, 26/27 juin 1997), PUAM-1998, p. 263.

- L'analyse de la confrontation du droit communautaire avec la Constitution française donnera l'occasion de prendre la mesure de la recherche perpétuelle d'équilibre entre sauvegarde de l'indépendance souveraine de la France et poursuite de l'intégration communautaire (Partie II).

PREMIERE PARTIE

LE STATUT DU DROIT COMMUNAUTAIRE EN FRANCE : UNE OUVERTURE MAITRISEE DU DROIT CONSTITUTIONNEL A L'ORDRE JURIDIQUE COMMUNAUTAIRE

L'articulation de la construction européenne avec le droit constitutionnel français pose, de prime abord, la question de la qualité de l'intégration de la première dans le second. En effet, il s'agit de se demander si l'insertion dans l'ordre constitutionnel français du droit communautaire s'est faite de manière adéquate ou, du moins, satisfaisante. Autrement dit, le droit communautaire dispose-t-il d'un fondement spécifique dans la Constitution française ? Peut-on parler d'une sorte de «constitutionnalisation » de ce droit dans l'ordre juridique français ? A ceci s'ajoute logiquement le problème de la place du droit de l'intégration dans la hiérarchie des normes en France. Cette question délicate (voire insoluble ?) mérite d'être amplement présentée car il s'agit d'un enjeu vital pour les deux ordres juridiques confrontés dans la présente étude. En d'autres termes la solution à donner à cette question est autant « existentielle » pour l'ordre juridique communautaire que pour l'ordre juridique constitutionnel français.

Notre démarche consistera donc tout d'abord à analyser la situation apparemment ambivalente qui découle de l'insertion du droit communautaire dans l'ordre constitutionnel français (Titre I). Ensuite, nous examinerons la position française à l'égard la primauté absolue du droit communautaire soutenue par la Cour de justice des Communautés européennes (*C.J.C.E.*) (Titre II).

TITRE I

L'INSERTION MITIGEE DU DROIT COMMUNAUTAIRE DANS L'ORDRE JURIDIQUE CONSTITUTIONNEL FRANCAIS

Parler d'une intégration mitigée du droit communautaire dans l'ordre juridique constitutionnel français revient à constater que la solution à laquelle on aboutit n'est pas exempte de toute ambiguïté ou d'incertitudes. Autrement dit, il est permis d'observer qu'il s'agit d'une insertion en demi-teinte. On peut en effet relever des logiques différentes concernant en premier lieu les bases constitutionnelles de l'appartenance de la République française à l'Europe communautaire. D'un côté il peut être permis de constater leur caractère assez inadapté aux exigences de l'intégration européenne. Mais d'un autre côté, une interprétation légèrement différente semble également pertinente : que penser par exemple de l'incidence de l'adoption de l'article 88-1 de la Constitution sur cette question sujette à débat [1] ? Ceci autorise tout simplement à penser que le fondement constitutionnel du droit communautaire en France apparaît nuancé et réservé (Chapitre I). Une telle difficulté d'interprétation ou d'approche se retrouve en second lieu lorsqu'il s'agit d'analyser les rapports entre le droit communautaire et le bloc de constitutionnalité. A côté de la proclamation du statut « extra-constitutionnel » du droit international et européen, il semble y avoir place pour une amorce d'évolution (Chapitre II). En tout état de cause, la situation en apparence ambivalente qui ressort d'un tel état des choses est révélatrice de la nécessaire mise en avant des principes et normes de valeur constitutionnelle dans l'accueil du droit communautaire en France.

---

[1] L'article 88-1 a été inséré dans le texte de 1958 par la loi constitutionnelle n° 92-554 du 25 juin 1992, *JORF*, 26 juin 1992, p. 8406. Aux termes de cette nouvelle disposition constitutionnelle : « La République participe aux Communautés européennes et à l'Union européenne, constituées d'Etats qui ont choisi librement, en vertu des traités qui les ont instituées, d'exercer en commun certaines de leurs compétences ».

CHAPITRE I

LE CARACTERE MESURE DES BASES CONSTITUTIONNELLES DE L'ENGAGEMENT EUROPEEN DE LA FRANCE

Le préambule de la Constitution du 4 octobre 1958 renvoie expressément à celui de la Constitution du 27 octobre 1946. Il n'est pas inutile d'en rappeler les termes : « Le Peuple français proclame solennellement son attachement aux droits de l'Homme et aux principes de la souveraineté nationale tels qu'ils ont été définis par la Déclaration de 1789, confirmée et complétée par le préambule de la Constitution de 1946 ». En ce qui concerne plus particulièrement le préambule de 1946, il faut souligner l'existence d'un principe politique particulièrement nécessaire à notre temps. Ce principe, contenu à l'alinéa 15 dudit préambule, a trait aux relations internationales et est formulé dans les termes suivants : « Sous réserve de réciprocité, la France consent aux limitations de souveraineté nécessaires à l'organisation et à la défense de la paix ». Le rappel des termes de cet alinéa 15 est d'autant plus important pour notre propos qu'il fait partie intégrante des normes de référence du contrôle de constitutionnalité des engagements internationaux[1]. Il apparaît en outre que cette disposition fait figure d'autorisation constitutionnelle des limitations à l'exercice de la souveraineté française[2]. Cela étant, on est tout de même conduit à se demander si la formulation et la teneur de l'alinéa 15 du préambule de 1946 répondent bien « aux exigences de [la] construction [européenne] et surtout de son évolution »[3] . Il s'agit indéniablement d'une disposition aux contours assez vagues au regard des exigences ci-dessus énoncées (Section I).

Par ailleurs, la révision du 25 juin 1992[4] apporte un article 88-1 qui peut être assimilé à une base constitutionnelle de la participation de la France à l'Europe

---

[1] Le Conseil constitutionnel a, en effet, dans sa décision du 9 avril 1992 - *Maastricht I*, et dans plusieurs autres décisions, fait référence dans ses visas au préambule de 1946, *RJC*-I, 497. Pour une première référence audit préambule, cf. décision n° 70-39 DC du 19 juin 1970, *RJC*-I, 21.

[2] Ceci va à l'encontre de l'opinion de M. J. BOITREAUD selon laquelle l'alinéa 15 ne serait qu'une « déclaration de bonne volonté internationale », Le Monde du 24 novembre 1976, p. 11.

[3] M. J. RIDEAU : *Droit institutionnel de l'Union et des Communautés européennes*, 3e éd., LGDJ, 1999, p. 975.

[4] Cette loi constitutionnelle instituait un nouveau titre (XIV devenu XV) dans la Constitution de 1958 intitulé : « Des Communautés européennes et de l'Union européenne ».

communautaire. De ce point de vue, il conviendra de rechercher, à travers une comparaison de leur contenu, comment pourraient s'articuler l'alinéa 15 du préambule de 1946 et l'article 88-1 de la Constitution de 1958. Au demeurant, la question essentielle consiste à savoir si cette nouvelle disposition appréhende bien « le fait européen comme un fait spécifique... »[1]. S'agit-il d'un fondement constitutionnel approprié pour des transferts de compétences aux institutions communautaires ? Ou faut-il plutôt parler, de façon modeste, d'une relative individualisation de la construction communautaire dans la Constitution française ? (Section II).

Section I : Le fondement constitutionnel de l'intégration du droit communautaire en France : une solution à certains égards peu pertinente

Instruits par les atrocités de la Seconde guerre mondiale, un certain nombre de pays européens, dont la France, ont décidé de prévoir dans leurs Constitutions des clauses autorisant des restrictions à l'exercice de leur souveraineté[2]. A titre d'exemple on peut mentionner l'article 11 de la Constitution italienne de 1947 et l'article 24-1 de la Loi fondamentale de Bonn de 1949[3]. Dans cette perspective, il s'agissait pour les constituants de 1946 d'un souci de « faciliter l'insertion de la France dans une société internationale en voie de reconstruction... »[4]. A cet égard, il faut déjà marquer le fait que l'alinéa 15 du préambule de la Constitution de 1946 a été adopté quelques années avant l'aboutissement des premiers traités communautaires[5]. Ceci devra, à coup sûr, être pris en compte dans l'appréciation du caractère insuffisamment précis, souvent attribué à la disposition susvisée

[1] Voir M. J.-C. MASCLET, « Rapport introductif », dans MASCLET J.-C. et MAUS D. (Sous la direction de) : *Les Constitutions nationales à l'épreuve de l'Europe*, La Documentation française, 1993, p. 5.

[2] Sur une telle approche, voir notamment MM. A. CASSESE : « Modern Constitutions and international law », *RCADI* 1985-III, n° 192, p. 414 ; H. LESGUILLONS : *L'application d'un traité-fondation : le traité instituant la C.E.E.*, Paris, LGDJ, 1968, p. 68.

[3] Cf. Mme C. GREWE et M. H. OBERDORFF : *Les Constitutions des Etats de l'Union européenne*, La Documentation française, Paris, 1999, pp. 323 et 30. Aux termes de l'article 11 de la Constitution italienne : L'Italie « consent, dans les conditions de réciprocité avec les autres Etats, aux limitations de souveraineté nécessaires à un ordre qui assure la paix et la justice entre les nations... ». Quant à l'article 24-1 de la Loi fondamentale de Bonn, il prévoit que : « La Fédération peut transférer, par voie législative, des droits de souveraineté à des institutions internationales ».

[4] M. J. RIDEAU : « Problématique générale des rapports entre droit constitutionnel et droit international », dans *Droit constitutionnel et droits de l'Homme*, Economica, 1987, p. 208.

[5] Cf. M. J.-C. MASCLET : « Rapport introductif », dans *Les Constitutions nationales à l'épreuve de l'Europe, op. cit.*, p. 9.

« dans la perspective de transferts de compétences importants aux [Communautés européennes] »[1] (Paragraphe 1).

On constate, en sens contraire, que certains Etats membres originaires des Communautés européennes ont révisé leurs Constitutions dans les premières années de la construction communautaire afin de les adapter à cette dernière. Il s'agit principalement de la Belgique, du Luxembourg et des Pays-Bas[2]. Il est donc utile, nous semble-t-il, de rechercher, à la lumière des solutions adoptées dans ces pays si, de la plupart des Etats membres originaires, la France ne disposait pas d'une situation singulière s'agissant des clauses d'autorisation de transfert de certaines prérogatives étatiques à l'Europe communautaire (Paragraphe 2).

Paragraphe 1 : L'imprécision de l'alinéa 15 du préambule de 1946 au regard des exigences de la construction européenne

Comme pour toute disposition constitutionnelle, il apparaît primordial d'entreprendre un examen des circonstances précises qui ont présidé à l'adoption de l'alinéa 15 du préambule de la Constitution de 1946. Une telle recherche permet de dégager l'inspiration historique de cette disposition. Inspiration qui n'est pas sans incidence sur l'interprétation originelle de cet alinéa du préambule de la Constitution de la IVe République (A). Cette première et rapide interprétation, littérale en partie, pousse à conclure au caractère quelque peu inadapté ou imprécis de l'alinéa 15 vis-à-vis de la construction européenne (B). Mais signalons dès à présent qu'une analyse plus approfondie permettra de nuancer cette première impression[3].

A/- L'inspiration historique précise de l'alinéa 15 du préambule de 1946

Il convient de montrer ici que l'origine historique de l'alinéa 15 apparaît déterminante quant au constat d'un léger décalage par rapport aux implications de l'intégration européenne. Dans cet ordre d'idées, il était prévu dans le titre Ier : « De la souveraineté et de l'Assemblée nationale » du projet de Constitution du 19 avril 1946 (rejeté par référendum négatif), un article 46 ayant la même formulation que les alinéas 14 et 15 du préambule de la Constitution de 1946[4]. On peut soutenir

---

[1] M. J. RIDEAU : *Droit institutionnel de l'Union et des Communautés européennes*, 3e éd., *op. cit.*, p. 975.

[2] Voir M. A. CASSESE, *RCADI* 1985-III, *op. cit.*, p. 414.

[3] Cf. point A du paragraphe 2 de cette Section.

[4] Cf. M. Y. GAUDEMET et Mme F. MENDEL RICHE : *Les Institutions de la IVe République*, Documents d'études, n° 110, La Documentation française, 1985, p. 9.

en outre que les dispositions prévues par l'article 46 du projet d'avril 1946 ont été adoptées sans modification ni véritable débat par la Commission de la Constitution instituée par l'Assemblée nationale constituante élue le 2 juin 1946[1]. Cette adoption presque inconditionnelle de l'article 46 avait été proposée par M . FAJON dans les termes suivants : « Adoptons l'article [46]. Nous verrons plus tard à quel endroit il devra être mis »[2]. On ne trouve par ailleurs nulle part dans ces travaux la justification de l'introduction, par les constituants de 1946, des dispositions en cause dans le préambule du texte instituant la IVe République. Ainsi, pour déterminer quelle a été la véritable inspiration de l'alinéa 15, demeure-t-il essentiel de se référer aux travaux de la Commission de la Constitution instituée par l'Assemblée nationale constituante élue le 21 octobre 1945[3].

L'examen de ces travaux montre que la clause qui allait devenir l'alinéa 15 « avait été inscrite dans le texte de 1946 par référence à l'Organisation des Nations Unies »[4]. Dès lors MM. J. COMBACAU et S. SUR, de leur côté, estiment que cette formule devait permettre « notamment de donner efficacité aux restrictions que comporte la Charte des Nations Unies »[5]. Cette référence est transparente lorsque l'on examine les travaux de la Commission de la Constitution, en particulier lors de sa séance du 19 février 1946. En effet, la première rédaction de l'article 46 du projet d'avril 1946 était la suivante : « La souveraineté nationale appartient au Peuple français. Elle n'a d'autres limites que celles qui sont inscrites dans la Constitution et dans la Charte internationale qui pourrait être garantie par la nation pour la sauvegarde de la paix ». M. P. COT proposera de substituer à cette rédaction assez maladroite la formulation suivante : « Elle [la souveraineté nationale] s'exerce conformément à la Constitution. Elle n'a d'autres limites que celles qui résulteraient d'une Charte internationale adoptée par la communauté des

[1] Pour un rappel succinct de cette procédure d'adoption, cf. P.-H. TEITGEN : « Le préambule de la Constitution de 1946 », dans F. LUCHAIRE et G. CONAC (Sous la direction de) : *La Constitution de la République française*, 2e éd., Economica, 1987, p. 104.

[2] *Comptes rendus analytiques imprimés des séances de la Commission de la Constitution* (Assemblée nationale constituante élue le 2 juin 1946), vol. II, octobre 1946, p. 126. Les travaux de cette Commission allaient déboucher sur l'adoption de la Constitution du 27 octobre 1946 instituant la IVe République.

[3] Il faut rappeler que ces travaux ont été à l'origine de l'adoption par cette Assemblée du projet de Constitution du 19 avril 1946.

[4] R. PELLOUX : « Quelques réflexions sur le préambule de la Constitution française de 1946 », dans *Mél. BASDEVANT*, éd. A. Pedone, 1960, p. 399. Dans le même sens, M. B. GENEVOIS : « Le traité sur l'Union européenne et la Constitution », *RFDA* 1992, p. 383, estime qu'à travers la formulation retenue à l'alinéa 15, les constituants de 1946 visaient essentiellement à se référer au nouveau système de l'Organisation des Nations Unies.

[5] MM. J. COMBACAU et S. SUR : *Droit international public*, 4e éd., Montchrestien, Paris, 1999, p. 182. Egalement, M. P. GAÏA : *Le Conseil constitutionnel et l'insertion des engagements internationaux dans l'ordre juridique interne*, éd. Economica, 1991, p. 11.

peuples pour l'organisation et la sauvegarde de la paix »[1]. Il s'agit pour lui, à travers une telle clause, « d'insérer dans la Constitution une disposition interdisant, par exemple, un nouveau Munich », même s'il faut reconnaître qu'un tel objectif aurait mérité l'introduction d'une disposition beaucoup plus précise dans le texte constitutionnel. Mais le lien avec les nécessités du système onusien, nouvellement mis en place, reste présent. Ainsi M. P. COT, toujours désireux de renvoyer implicitement à un système de sécurité collective, va proposer une formulation très proche de l'alinéa 15 du préambule de la Constitution de 1946 : « Sous réserve de réciprocité, la France consent aux limitations de souveraineté qui seraient jugées nécessaires pour l'organisation et la défense de la paix »[2]. De plus, des membres de la Commission apporteront des justifications à l'insertion d'une telle disposition dans le texte constitutionnel. Guy MOLLET estimera par exemple que : « ... Ce sera un mérite pour la Constitution d'affirmer, [...], que la France est prête à renoncer à une part de sa souveraineté pour tenir compte des décisions prises par les Nations Unies... »[3]. Cette référence souhaitée au système des Nations Unies se traduira par une proposition de FONLUPT-ESPERABER : « Le Peuple français proclame sa volonté d'exercer sa souveraineté dans les limites qui seront fixées par la volonté commune des Nations Unies »[4].

Bien que le texte définitivement retenu n'y fasse pas expressément allusion, on constate tout de même une nette volonté, de la part des constituants de 1946, de favoriser la mise en place d'un système de sécurité collective à l'échelle mondiale. A cet égard, il est important de noter que cette situation n'est pas exclusive au cas français. En effet, il ne fait aucun doute que : «L'article 11, [en Italie], concerne le problème de la sécurité collective et se réfère - comme le démontre son origine historique - essentiellement aux Nations Unies. Ce fut pour faciliter, dans la proche après guerre, l'admission de l'Italie aux Nations Unies, que cette disposition fut inscrite dans la nouvelle Constitution, comme témoignage de la volonté pacifique de la République italienne »[5]. Les constituants français et italien ont donc été nettement influencés, dans l'édiction de ces dispositions, par le contexte politique de l'immédiate après guerre.

En bref, l'inspiration historique de l'alinéa 15 du préambule de la Constitution de 1946 montre, nous semble-t-il, son caractère assez indifférent à l'égard des exigences du phénomène communautaire. Autrement dit, aucune

---

[1] *Comptes rendus analytiques imprimés des séances de la Commission* (Assemblée nationale constituante élue le 21 octobre 1945), Vol. I, avril 1946, p. 407.

[2] *Ibid.*

[3] *Comptes rendus analytiques imprimés des séances de la Commission de la Constitution, op. cit.*, p. 410.

[4] *Ibid.*, p. 411.

[5] L. FERRARI BRAVO : « L'issue de l'affaire Costa C. ENEL devant le conciliatore de Milan », *CDE* 1967, p. 208.

allusion ou aucune ouverture ne pouvait être faite, à cette époque, à un système régional d'intégration. Le but premier de cette disposition n'était donc pas d'assurer l'adéquation à l'Europe communautaire de l'ordre constitutionnel français (B). Par ailleurs, l'imprécision de cet alinéa 15 a engendré diverses interprétations doctrinales.

B/- La relative inadéquation de l'alinéa 15 à l'Europe communautaire

Le droit communautaire a la caractéristique principale d'être un droit de l'intégration[1]. Autrement dit, il s'agit d'un droit élaboré par des institutions faisant l'objet d'une assez forte centralisation et bénéficiant de transferts de pouvoirs de la part des Etats membres. Ainsi, la *CJCE*, dans son célèbre arrêt *Flaminio Costa c/ ENEL* du 15 juillet 1964, dans un de ses attendus, mettra-t-elle en exergue la nature sui generis de l'ordre juridique communautaire :

« Attendu qu'à la différence des traités internationaux ordinaires, le traité de la C.E.E. a institué un ordre juridique propre, intégré au système juridique des Etats membres... ;

Qu'en effet, en instituant une Communauté de durée illimitée, dotée d'institutions propres, [...] et plus particulièrement de pouvoirs réels issus d'une limitation de compétence ou d'un transfert d'attributions des Etats à la Communauté, ceux-ci ont limité, bien que dans des domaines restreints, leurs droits souverains... »[2].

Au vu de cette position de la Cour de Luxembourg, il convient de se demander si l'alinéa 15 du préambule de la Constitution de 1946 constitue une base constitutionnelle adéquate à la participation de la France à l'Europe communautaire. Les « transferts d'attributions des Etats à la Communauté » dont parle la *C.J.C.E.* sont-ils assimilables à des limitations de la souveraineté de la France, nécessaires à l'organisation et à la défense de la paix ? Autrement dit, la construction européenne y trouve-t-elle une habilitation constitutionnelle suffisamment claire et opérationnelle ? Il est clair en tout cas que la position de la *CJCE*, s'agissant de la spécificité de l'ordre juridique communautaire, ne peut pas être reprise comme telle par l'ordre juridique constitutionnel. Ce serait avaliser la subordination du droit constitutionnel français à l'ordre juridique propre qu'est le système communautaire.

Cela étant, l'antériorité de la clause constitutionnelle contenue à l'alinéa 15 et son lien avec des circonstances historiques précises ne permettent pas d'apporter

---

[1] Voir en ce sens l'ouvrage de M. P. PESCATORE : *Le droit de l'intégration*, A. W. SIJTHOFF - LEIDEN, 1972, 99p.

[2] Aff. 6/64, *Rec.* pp. 1158-1159.

une réponse résolument positive aux interrogations ci-dessus énoncées. Il est vrai que des interprétations, assez ambitieuses, ont trouvé dans l'alinéa 15 une habilitation constitutionnelle en totale adéquation avec ce phénomène d'« intégration des souverainetés »[1] qu'est la construction européenne. Ainsi pour J. MONNET : « La référence au préambule de la Constitution de 1946 confirme la possibilité de déléguer la souveraineté française à des institutions communes »[2]. Il en est de même en ce qui concerne l'interprétation donnée officiellement par R. SCHUMAN devant l'Assemblée générale de l'*O.N.U.*, le 10 novembre 1952, selon laquelle : « La France, comme le lui permet la Constitution, accepte pour elle-même, sous la seule condition de réciprocité, l'idée d'un transfert et d'un partage de souveraineté librement consentis au profit d'organismes supranationaux »[3]. A l'inverse, on peut dire que ces interprétations volontaristes de l'alinéa 15 du préambule de 1946 vont bien au-delà des intentions immédiates des constituants de l'époque. Il convient plutôt de se résoudre à considérer que les inspirateurs des institutions de la IVe République ont eu en ligne de mire beaucoup plus la catégorie de l'organisation internationale universelle que le phénomène de l'organisation régionale intégrée. Cet état des choses relativise quelque peu le constat d'inadéquation de la formule de l'alinéa 15 avec l'intégration européenne. Au demeurant, les interprétations de J. MONNET et R. SCHUMAN ont, nous semble-t-il, largement été inspirées par leur engagement en faveur de la mise en place progressive « d'une Fédération européenne indispensable à la préservation de la paix »[4]. En cela, elles ont eu le mérite de montrer, dès les débuts de la construction européenne, qu'il n'était pas du tout inconcevable que l'alinéa 15 du préambule de 1946, malgré son lien avec des circonstances historiques précises, puisse être interprété dans le sens de sa compatibilité avec l'Europe communautaire.

Il n'en demeure pas moins qu'on ne peut malgré tout qu'inférer à la relative imprécision de cette disposition du préambule de 1946. Les diverses interprétations, pas toujours concordantes, relevées plus haut en sont le reflet. Ceci porte donc à croire qu'elle ne constitue pas une base constitutionnelle suffisamment adéquate à la participation de la France à la construction européenne. Ce diagnostic peut néanmoins bénéficier d'une justification : l'alinéa 15 a été

---

[1] Formule utilisée par NGUYEN QUOC DINH : «La Constitution de 1958 et le droit international », *RDP* 1959, p. 515.

[2] Position prise dans le journal Le Monde du 11 septembre 1958, p. 3. M. L. DELBEZ : *La C.E.D. et les principes du droit public*, Paris, avril 1954, pp. 10-11, estimera, de son côté, que : « ... Il faut bien admettre que non seulement le préambule n'interdit pas les abandons de souveraineté consentis en vue de la paix, mais encore qu'il les souhaite et les commande ».

[3] Cité par M. M. DUVERGER : « Une victoire à la Pyrrhus », Le Monde du 4 janvier 1977, p. 1.

[4] Extrait de la Déclaration de R. SCHUMAN en date du 9 mai 1950, dans P. GERBET, F. de la SERRE et G. NAFILYAN : *L'Union politique de l'Europe. Jalons et textes*, La Documentation française, Paris, 1998, pp. 54-55.

élaboré bien avant la conclusion des traités communautaires de base. Mais ceci n'enlève rien au fait que la Constitution de la Ve République, rédigée et adoptée après la conclusion et l'entrée en vigueur des trois traités institutifs, n'a pas expressément tiré les conséquences de l'apparition des institutions communautaires[1]. On ne pouvait donc que logiquement constater « l'absence d'insertion dans le droit positif français d'une formule plus opérationnelle que cette disposition conçue pour répondre à d'autres besoins que ceux de la construction européenne »[2].

Mais au-delà de cette première approche influencée en toute logique par l'« inspiration [...] pacifiste [de l'alinéa 15], liée au contexte des années d'après-guerre... »[3], il faut reconnaître que le renvoi au préambule de 1946 effectué par celui de la Constitution de 1958 le fut en toute connaissance de cause[4]. Autant dire que s'agissant de la construction communautaire, il n'était pas totalement invraisemblable de se référer à l'alinéa 15. Autrement dit, le fait pour le droit constitutionnel français de n'avoir pas conçu de norme appréhendant spécifiquement le phénomène communautaire ne pousse pas forcément à conclure à son inadéquation totale aux exigences de la construction européenne. Mais cette solution est nécessairement perfectible en raison notamment du fait que certains Etats membres originaires (Belgique, Luxembourg et Pays-Bas) ont révisé leurs Constitutions afin de mieux prendre en compte le système communautaire. En clair, il convient de montrer que bien que nécessitant une certaine amélioration, l'alinéa 15 n'est pas totalement réfractaire à la participation de la République française à l'Europe communautaire (Paragraphe 2).

Paragraphe 2 : Une solution peu singulière au vu de la situation dans certains Etats membres de l'Union européenne

Rappelons tout d'abord que le préambule de la Constitution de 1958 se réfère notamment au préambule du texte de 1946. Il va sans dire que cette reprise n'est pas dénuée de toute signification. Ainsi pourra-t-on voir qu'implicitement les

---

[1] Ceci est peut-être dû au fait que les traités communautaires de base étaient implicitement considérés comme étant compatibles avec le droit constitutionnel, l'Etat français devant respecter ses obligations internationales conformément à la règle *Pacta sunt servanda.*

[2] M. J. RIDEAU : *Droit institutionnel de l'Union et des Communautés européennes*, 3e éd., *op. cit.*, p. 975. M. P. GAÏA : « L'unification européenne et le droit constitutionnel : La Constitution française face à l'Union européenne », dans *La coopération franco-allemande en Europe à l'aube du XXIe siècle, op. cit.*, p. 265.

[3] MM. T. S. RENOUX - M. de VILLIERS : *Code constitutionnel*, éd. Litec, 1994, p. 210.

[4] M. J.-L. QUERMONNE : « L'adaptation de l'Etat à l'intégration européenne », *RDP* 1998 – n° spécial : *Les 40 ans de la Ve République*, p. 1405, affirme ainsi que l'alinéa 15 « a été repris à son compte par la Ve République... ».

constituants de 1958 évoquaient, quoique très rarement, l'alinéa 15 du préambule de 1946 dans le but de donner une certaine assise à l'intégration européenne. On peut ajouter à cela le fait que la disposition française mérite, à l'image de l'article 11 de la Constitution italienne[1], de faire l'objet d'une « ré interprétation » de façon à mieux répondre aux exigences de la construction communautaire[2]. De ce point de vue, la situation française devient beaucoup moins singulière que ne pouvait le laisser penser une première approche rapide (A). Cela étant, il faut reconnaître ensuite que la rédaction de l'alinéa 15 du préambule de la Constitution de 1946 reste relativement moins satisfaisante que celle des clauses constitutionnelles de certains Etats membres de l'Union européenne. A cet égard nous avons choisi de retenir le cas des trois pays du Benelux car ils ont entrepris de modifier leurs Constitutions de façon à répondre de manière assez appropriée aux implications de l'intégration européenne[3]. Il a également semblé instructif d'analyser la position irlandaise dans la mesure où l'exercice de certaines compétences étatiques y est concédé de façon explicite aux institutions communautaires. La disposition française apparaîtra dès lors beaucoup moins expressive que les normes constitutionnelles de certains de ses partenaires européens (B).

A/- Le recadrage compréhensible du champ d'application de l'alinéa 15 : une solution à l'italienne

Les trois traités communautaires de base (*C.E.C.A.* en 1951, *C.E.E.* et *C.E.E.A.* en 1957) ont été conclus sous l'empire de la Constitution de la IVe République. On peut donc légitimement penser que cette conclusion s'est opérée sur le fondement de l'alinéa 15 du préambule de ladite Constitution[4]. Ceci d'autant plus que lors de la querelle constitutionnelle sur la *C.E.D.* qui s'est déroulée en France entre 1952 et 1954, certains auteurs ont invoqué le caractère suffisant de la légitimation contenue dans l'alinéa 15[5]. Ainsi, faute de clause plus pertinente ou mieux adaptée, cette disposition a pu servir de fondement constitutionnel à l'engagement européen de la République française.

---

[1] Cité *supra.*

[2] C'est ce que pour sa part, et en relation cette fois avec la politique jurisprudentielle du Conseil constitutionnel, M. P. GAÏA : « L'unification européenne et le droit constitutionnel : la Constitution française face à l'Union européenne », *op. cit.*, p. 267, qualifie de « valorisation optimale de l'habilitation contenue dans l'alinéa 15 du préambule de la Constitution de 1946 ».

[3] En ce sens, G. ISAAC : *Droit communautaire général*, 7e éd., *op. cit.*, pp. 197-199.

[4] Cf. P.-H. TEITGEN : « Le préambule de la Constitution de 1958 », *op. cit.*, p. 109.

[5] Voir notamment le point de vue de M. G. VEDEL, dans *Droits* 1992, n° 16 : « La querelle constitutionnelle sur la *C.E.D.* », p. 101 ; également, R. PELLOUX : « Quelques réflexions sur le préambule de la Constitution française de 1946 », *op. cit.*, p. 400.

De plus, les préoccupations européennes n'étaient pas totalement absentes des « travaux préparatoires » des institutions de la Ve République. Il convient de le vérifier à travers les conditions dans lesquelles il a été fait expressément référence, dans le préambule de la Constitution de 1958, à celui de la Constitution de 1946. Au-delà du problème de la valeur juridique dudit préambule, la question qui pouvait se poser était celle de la reprise ou non de l'alinéa 15 par le texte constitutionnel de 1958. Il est vrai que cette disposition a très rarement été évoquée lors des débats constitutionnels de 1958. Mais il est indéniable que la formule de l'alinéa 15 fut, ne serait-ce qu'implicitement, intégrée dans la Constitution de 1958, par le biais du renvoi fait dans son préambule « aux principes de la souveraineté nationale »[1]. Ainsi peut-on citer cette mise au point de R. CASSIN aux termes de laquelle : on a repris « tout le préambule de la Constitution - je dis tout... »[2]. En outre, il ne fait pas de doute que cette « question a été soulevée devant le Comité consultatif constitutionnel, [...], avec la préoccupation évidente d'éviter une remise en cause de la construction européenne »[3]. On en veut pour preuve cette mise en garde de P. COSTE-FLORET : « ...Il y a dans le préambule de la Constitution de 1946 des dispositions extrêmement importantes telles que celle-ci [citation de l'alinéa 15]. Je considérerais comme une régression manifeste que la valeur juridique d'une telle disposition pût être discutée »[4]. En d'autres termes, revenir sur cette disposition équivaudrait à priver de toute base constitutionnelle l'engagement communautaire de la France. Implicitement ceci revient à dire que l'alinéa 15 a constitué, par défaut de mieux, une habilitation constitutionnelle à la délégation de certains pouvoirs étatiques aux institutions communautaires.

Une autre interprétation peut également être avancée au soutien de la nécessaire relativisation du caractère insuffisamment adéquat de l'alinéa 15 du préambule de la Constitution de 1946. Elle consiste à combiner la notion de « limitations de souveraineté » avec la catégorie des « traités relatifs à l'organisation internationale ». Une telle interprétation combinée de l'alinéa 15 et de l'article 53 de la Constitution de 1958 a été entreprise par Mme V. GOESEL-Le BIHAN[5]. Elle revient à affirmer que « les seules limitations de souveraineté visées par la Constitution de 1946 sont [...] celles qui, par leur ampleur inédite, distinguent l'organisation internationale en devenir ». Et cette organisation

---

[1] Voir en ce sens, M. L. FAVOREU : « Le droit international », dans *L'écriture de la Constitution de 1958*, éd. Economica, 1992, p. 581 ; *contra* R. PELLOUX, *op. cit.*, p. 490.

[2] *Documents pour servir à l'histoire de l'élaboration de la Constitution de 1958*, vol. III, La Documentation française, Paris, 1991, p. 289.

[3] M. B. GENEVOIS : « Le préambule et les droits fondamentaux », dans *L'écriture de la Constitution de 1958, op. cit.*, p. 489.

[4] *« Travaux préparatoires » des institutions de la Ve République*, vol. II, La Documentation française, Paris, 1988, p. 255.

[5] Mme V. GOESEL-Le BIHAN : *La répartition des compétences en matière de conclusion des accords internationaux sous la Ve République*, éd. A. Pedone, Paris, 1995, pp. 128-134.

internationale en devenir est caractérisée notamment par l'émergence de « véritables fonctions d'intégration ». Cet auteur conclut dès lors que : « ...C'est justement le pressentiment de la nécessité pour les Etats de se soumettre à l'avenir à un droit hiérarchisé et autoritaire élaboré par des institutions supraétatiques qui inspire tout à la fois l'alinéa 15 du préambule et la catégorie des traités relatifs à l'organisation internationale »[1]. Bien qu'elle soit assez audacieuse une telle « ré interprétation » de l'alinéa 15 n'est pas très éloignée de l'esprit des constituants de 1946 qui avaient à cœur « de prévoir la participation de la France à toute organisation internationale utile au maintien de la paix... »[2]. Au demeurant, c'est une conception assez proche que le Conseil constitutionnel retiendra finalement dans le considérant de principe de sa décision *Maastricht I* du 9 avril 1992.

La possibilité d'un recadrage du champ d'application de l'alinéa 15 du préambule de 1946 se confirme également à travers l'interprétation qu'a faite la Cour constitutionnelle italienne de l'article 11 de la Constitution ; disposition à tous égards semblable à la clause française. En effet la Cour, dans sa sentence n° 183 *Frontini e Pozzani* du 27 décembre 1973, va considérer que l'expression « limitations de souveraineté », contenue dans l'article 11, vise « les limitations des pouvoirs de l'Etat quant à l'exercice des fonctions législatives, exécutives et juridictionnelles, rendues nécessaires par l'institution d'une nouvelle organisation interétatique, de type supranational, à caractère permanent, dotée de la personnalité juridique et de la capacité de représentation internationale »[3]. Outre le fait que cette prise de position est très proche de la conception retenue par la *C.J.C.E.* en 1964 dans l'arrêt *Costa*, il faut surtout remarquer que l'on voit apparaître de façon nette la possibilité d'envisager comme fondement constitutionnel aux transferts de compétences à l'Europe communautaire, des dispositions, à l'exemple de l'article 11 de la Constitution italienne et de l'alinéa 15 du préambule de 1946, conçues pour une toute autre circonstance que celle de la construction européenne.

Malgré ce recadrage de l'alinéa 15, on retrouve toujours l'idée selon laquelle cette disposition ne répond pas convenablement aux exigences de la construction communautaire. Il convient donc de faire ressortir, en s'inspirant de certaines solutions étrangères, le caractère nécessairement perfectible de l'habilitation française (B). Le fait d'avoir retenu dans la rédaction de cet alinéa la notion de « limitations de souveraineté » peut révéler en lui-même le peu de pertinence de cette disposition constitutionnelle au contact du phénomène communautaire. Il

---

[1] Mme GOESEL-Le BIHAN, *op. cit.*, pp. 130-132 ; voir également pour une prise de position plus éclairante, *RFDA* 1998, p. 1256.

[2] P.-H. TEITGEN, *ibid.* Une interprétation « utile » de l'alinéa 15 a également été retenue par M. C. BLUMANN : « L'article 54 de la Constitution et le contrôle de constitutionnalité des traités en France », *RGDIP* 1978, pp. 595-596.

[3] *Gazzetta ufficiale*, 2/01/1974, n° 2. Cf. notamment MM. P. de CATERINI, *CDE* 1975, p. 131 ; S. NERI, *RTDE* 1974, p. 155.

suffit pour l'heure de dire qu'il aurait mieux valu, pour les constituants de 1946, parler par exemple de « restrictions à l'exercice de la souveraineté de l'Etat »[1]. Il est vrai que rétrospectivement, et pour la Communauté européenne, la formule de 1946 veut simplement exprimer que la souveraineté de l'Etat se trouve nécessairement limitée lorsqu'est opéré un transfert de certaines compétences aux institutions communautaires[2].

B/- La marge d'amélioration de l'alinéa 15 du préambule de la Constitution de 1946

L'insuffisante adéquation de l'alinéa 15 à l'intégration européenne se trouve mise à nu à partir du moment où est opérée une comparaison entre la disposition française et le contenu des normes constitutionnelles de certains Etats membres qui ont su conférer une assise plus ou moins incontestable à leur participation à cette intégration. Ainsi la Belgique, le Luxembourg et les Pays-Bas ont-ils modifié leurs Constitutions en y insérant des clauses faisant figure d'habilitations constitutionnelles à conclure des traités ayant pour objet de transférer certaines de leurs compétences à des institutions internationales, notamment communautaires. Il faut également évoquer le cas de certains pays, l'Irlande notamment, qui ont su adapter leur ordre juridique dans la perspective de leur adhésion à l'Europe communautaire[3].

1)- Les dispositions habilitantes des Etats du Benelux

a)- Parmi ces pays, la Belgique a été l'un des derniers à avoir modifié sa Constitution en vue de poser une base constitutionnelle adéquate aux transferts de

---

[1] Sur la question de la pertinence de la notion de « limitations de souveraineté » en France, cf. *infra* chapitre II du titre II de la Seconde partie. On peut également renvoyer à l'utilisation de la notion de « restriction de l'exercice des droits souverains » par la Cour permanente de justice internationale, cf. M. T. de BERRANGER : *Constitutions nationales et construction communautaire*, *op. cit.*, p. 17.

[2] Cf. M. J. ROUX : *Le principe de la souveraineté de l'Etat dans la jurisprudence du Conseil constitutionnel*, Thèse, Université de Montpellier I, tome I, janvier 1998, p. 28.

[3] Il en a été ainsi par exemple de la Grèce (articles 28-2 et 28-3 de la Constitution) et de l'Espagne (article 93 de la Constitution), cf. Mme C. GREWE et M. H. OBERDORFF : *Les Constitutions des Etats de l'Union européenne*, La Documentation française, Paris, 1999, pp. 266 et 194. Il faut noter que l'article 28-3 de la Constitution de la République hellénique du 9 juin 1975 utilise la notion de « restrictions à l'exercice de la souveraineté nationale » évoquée plus haut. S'agissant de l'exemple, instructif, d'un pays candidat à l'adhésion à l'Union européenne, en l'occurrence la Pologne, voir M. W. CZAPLINSKI : « L'intégration européenne dans la Constitution polonaise », *RMC* 2000, pp. 170-171.

compétences nécessaires à la réalisation de l'intégration européenne. A l'origine, et de façon logique[1], la Constitution belge ne comportait aucune disposition relative à de tels transferts de compétences. Rappelons en outre que les institutions du Royaume de Belgique reposent notamment sur un principe fondamental énoncé clairement à l'article 25 de la Constitution du 7 février 1831 (actuel article 33, depuis la révision du 17 février 1994)[2] : « Tous les pouvoirs émanent de la Nation. Ils sont exercés de la manière établie par la Constitution ». C'est cette disposition qui légitima, semble-t-il, le contenu d'un avis du Conseil d'Etat belge à propos du projet instituant la *C.E.D.* Cet avis indiquait en substance que : « La Constitution confère aux autorités qu'elle désigne des compétences déterminées. Dans la mesure où un traité international transfère à des autorités supranationales l'exercice de prérogatives essentielles reconnues aux diverses autorités nationales, ce traité est contraire à la norme constitutionnelle »[3]. Comme l'indique M. E. CEREXHE[4], il est probable que les constituants ont voulu, quoique de façon tardive, tirer les conséquences d'un tel état des choses en adjoignant, le 20 juillet 1970, un article 25 bis au texte constitutionnel (actuel article 34).

Aux termes de cet article : « L'exercice de pouvoirs déterminés peut être attribué par un traité ou par la loi à des institutions de droit international public ». Cette formule peut ainsi être considérée comme une dérogation à l'ancien article 25 de la Constitution belge. La signification de la nouvelle norme constitutionnelle a été convenablement mise en exergue par une lettre, en date du 14 avril 1970, adressée à la Commission de révision de la Constitution de la Chambre par le ministre des Affaires étrangères : « Sous les termes généraux de l'article 25 bis sont compris des transferts de pouvoirs de l'ordre de ceux qui sont consacrés par les traités instituant les Communautés européennes... »[5]. Le lien avec l'intégration européenne était ainsi parfaitement établi. Une telle interprétation de l'actuel article 34 de la Constitution belge est en effet retenue par la doctrine belge la plus autorisée. A ce titre, M. J.-V. LOUIS estime que : « Il faut y voir l'affirmation de la volonté de la Belgique de participer, en conformité avec ses traditions d'ouverture internationale, à la construction d'un ordre européen et universel »[6]. De façon beaucoup plus précise, M. F. DELPEREE affirme qu'il s'agit d'« une disposition particulière qui autorise les transferts d'attributions à des institutions internationales et, en particulier, aux institutions européennes »[7]. On en déduit

[1] En raison de la date ou de la période de son adoption.

[2] Cf. Mme C. GREWE et M. H. OBERDORFF : *Les Constitutions des Etats de l'Union européenne, op. cit.*, p. 145.

[3] Avis cité dans M. E. CEREXHE : *Le droit européen - Les institutions*, éd. Neuwalaerts, Leuven, 1979, pp. 293-294.

[4] *Ibid.*

[5] Cité par M. J.-V. LOUIS : « L'article 25 bis de la Constitution belge », *RMC* 1970, p. 413.

[6] M. J.-V. LOUIS, *RMC* 1970, *op. cit.*, p. 416.

[7] M. F. DELPEREE : « La Belgique et l'Europe », *RFDC* 1992, p. 646.

aisément que cette habilitation constitutionnelle belge apparaît en phase avec le phénomène communautaire. A cet égard est éclairant le fait que, d'après les travaux préparatoires, le constituant espagnol de 1978 se « soit directement inspiré de l'article 25 bis de la Constitution belge tel qu'il a été introduit en 1970 ». Or l'on sait que l'article 93 de la Constitution[1] « a été rédigé dans la perspective d'une prochaine entrée de l'Espagne dans le Marché commun »[2]. Il prévoit donc dans cette optique « l'attribution aux Communautés de compétences appartenant aux institutions nationales »[3]. Au demeurant peut-on ajouter que l'article 34 de la Constitution belge constitue, dans cette perspective, une justification a posteriori de la ratification des traités instituant les Communautés européennes.

b)- L'article 32 de la Constitution du Grand Duché de Luxembourg du 17 octobre 1868, introduit par une révision du 15 mai 1919[4], dispose notamment que : « La puissance souveraine réside dans la Nation. Le Grand-Duché l'exerce conformément à la présente Constitution et aux lois du pays... ». L'existence de cette disposition rendait la constitutionnalité du traité de Paris de 1951 et du projet de traité relatif à la *C.E.D.* quelque peu discutable. C'est sans doute la raison pour laquelle la Constitution luxembourgeoise a été adaptée aux réalités nouvelles de l'Europe naissante. En effet, comme l'affirme M. M. THEWES, la révision constitutionnelle du 27 octobre 1956 a eu pour principal but de « faire face aux difficultés constitutionnelles qu'avait occasionnées l'adhésion à la *C.E.C.A.*... »[5]. Il a donc été inséré dans la Constitution un article 49 bis aux termes duquel : « L'exercice d'attributions réservées par la Constitution aux pouvoirs législatifs, exécutifs et judiciaires peut être temporairement dévolu par traité à des institutions de droit international ». De même inspiration que la formule belge, cette

---

[1] L'article 93 est ainsi rédigé : « Une loi organique pourra autoriser la conclusion des traités attribuant à une organisation ou à une institution internationale l'exercice de compétences dérivées de la Constitution... ». La suite de cet article montre bien que les « organismes internationaux ou supranationaux » sont expressément désignés comme étant les bénéficiaires « de ce transfert de compétences », cf. Mme C. GREWE et M. H. OBERDORFF : *Les Constitutions des Etats de l'Union européenne*, *op. cit.*, p. 194.

[2] Cf. M. A. M. ARONOWITZ, dans M. B. COTTIER (Sous la direction de) : *Conséquences institutionnelles de l'appartenance aux Communautés européennes*, Schulthess Polygraphicher Verlag, Zurich, 1991, p. 190. Egalement, Mme M. Le BARBIER-Le BRIS : *Le juge espagnol face au droit communautaire*, éd. Apogée, 1998, p. 54.

[3] M. J. M. SOBRINO HEREDIA : « La réception et la place dans l'ordre juridique espagnol des normes conventionnelles internationales et des actes normatifs des organisations internationales » *RFDA* 1990, pp. 965 et 967. Dans le même sens, Mme M. Le BARBIER-Le BRIS : *Le juge espagnol face au droit communautaire, op. cit.*, p. 171.

[4] Mme C. GREWE et M. H. OBERDORFF, *op. cit.*, p. 346.

[5] M. M. THEWES : « Luxembourg », dans *Recueil des Constitutions européennes*, Bruylant, Bruxelles, 1994, p. 586. Voir également Mme S. BEISSEL MERTEN : « Luxembourg », dans J. RIDEAU (Sous la direction de) : *Les Etats membres de l'Union européenne. Adaptations - Mutations - Résistances*, LGDJ, 1997, pp. 338-339.

disposition constitue certainement une base constitutionnelle incontestable pour le droit communautaire au Luxembourg. Il suffit à cet égard d'observer que « la doctrine estime que le constituant de 1956 a ainsi autorisé le « transfert » de pouvoirs aux organes supranationaux et singulièrement aux Communautés... »[1].

c)- « La Constitution des Pays-Bas est incontestablement celle qui manifeste le plus d'ouverture aux règles internationales »[2]. Cette affirmation de M. J. RIDEAU se fonde entre autres sur l'énoncé de l'article 90 de la Constitution du Royaume des Pays-Bas selon lequel : « Le gouvernement favorise le développement de l'ordre juridique international ». Cette disposition constitutionnelle montre bien la logique d'ouverture internationale de la Constitution néerlandaise, dans la mesure où cette dernière a été indiscutablement modifiée en 1953 et en 1956 pour tenir compte de l'adhésion de l'Etat aux Communautés européennes[3]. Ainsi l'article 92 autorise-t-il l'attribution « par traité ou en vertu d'un traité », à des organisations de droit international public, de « compétences législatives, administratives ou judiciaires ». L'analogie plus ou moins directe avec les clauses pertinentes belge et luxembourgeoise ressort clairement. Il ne fait en effet aucun doute que cette disposition, comme celles de ses deux partenaires, autorise le transfert de certains pouvoirs à des institutions internationales en général et à l'Europe communautaire en particulier. Le gouvernement néerlandais ne s'y était d'ailleurs pas trompé quand il expliquait, lors de la révision de 1983, que « le système proposé comport[ait] la reconnaissance de la possibilité d'une évolution plus poussée dans le cadre des Communautés européennes »[4].

Les dispositions qui viennent d'être évoquées ne vont pas sans une certaine atténuation. En premier lieu, il est vrai qu'en Belgique l'assentiment donné aux traités conclus en vertu de l'article 34 n'exige aucune condition de majorité spéciale[5]. Mais seul le transfert de l'exercice de certaines compétences nationales (déterminées) est prévu et non la translation du titre même de la souveraineté à

---

[1] M. T. de BERRANGER : *Constitutions nationales et construction communautaire*, LGDJ, 1995, p. 96.

[2] M. J. RIDEAU : « Constitution et droit international dans les Etats membres des Communautés européennes. Situation dans les Etats membres autres que la France », *RFDC* 1990, p. 450. Dans le même sens, voir M. B. de WITTE : « Pays-Bas », dans *Les Etats membres de l'Union européenne*, *op. cit.*, p. 367.

[3] En ce sens, M. T. de BERRANGER, *ibid.*, pour qui : « Les révisions de 1953 et 1956 avaient comme objectif de tenir compte de l'évolution européenne ».

[4] Cité par M. T. de BERRANGER, *ibid.* Pour un prolongement de cette idée, voir M. B. de WITTE, *op. cit.*, p. 368.

[5] De telles conditions de majorité avaient été prévues en 1970 ; mais la modification envisagée n'a pu aboutir, cf. M. N. VALTICOS : « Expansion du droit international et Constitutions nationales, un cas significatif : le transfert de pouvoirs à des organisations internationales et la Constitution belge », dans *Hommage à P. de VISSCHER*, éd. A. Pedone, Paris, 1984, pp. 18-20.

l'Europe communautaire[1]. La nation belge reste donc le dépositaire exclusif de la souveraineté. Quant au Luxembourg, en second lieu, il faut préciser que les traités visés à l'article 49 bis doivent obtenir l'approbation de la Chambre des députés selon des conditions de majorité spécifiques. En effet l'article 37, alinéa 2 prévoit que la loi d'approbation doit réunir une majorité des deux tiers, les trois quart au moins de la Chambre devant être présents (conditions de majorité fixées à l'article 114, alinéa 5 de la Constitution)[2]. La conciliation entre la Constitution et l'intégration européenne s'effectue donc selon les canons belges : seul l'exercice de certaines attributions nationales est conféré aux institutions supranationales, et non le titre de la souveraineté. Pour ce qui est en troisième lieu des Pays-Bas, il est possible qu'un traité « inconstitutionnel » soit introduit dans l'ordre juridique interne s'il est adopté dans les mêmes conditions de majorité que celles prévues pour réviser la Constitution. En effet il est prévu à l'article 91, paragraphe 3 de la Constitution néerlandaise (ex article 63 de la Constitution, dans son texte de 1972) que : « Lorsqu'un traité comporte des dispositions qui dérogent à la Constitution ou contraignent à y déroger, les Chambres ne peuvent donner leur approbation qu'aux deux tiers au moins des voix exprimées »[3]. Par rapport à la situation française, et notamment l'article 54 de la Constitution, la procédure est moins lourde et moins exigeante : une étape suffit aux Pays-Bas, alors qu'il en faut deux en France (la déclaration d'incompatibilité ou de non contrariété par le Conseil constitutionnel et la révision de la Constitution consécutive à cette déclaration).

Nonobstant toutes ces observations, on peut dire que les pays du Benelux disposent de bases constitutionnelles assez adaptées aux exigences de l'intégration communautaire. La notion de « limitations de souveraineté » de l'alinéa 15 du préambule de la Constitution de 1946 est en effet beaucoup moins expressive et plus en retrait que les formules précédemment étudiées. Il est de ce point de vue plus satisfaisant de parler d'une « attribution de pouvoirs déterminés » ou encore d'un transfert de « compétences législatives, administratives et judiciaires » à des institutions internationales. En tout état de cause, ces formulations mettent en lumière la marge d'amélioration de la disposition ambiguë qu'est l'alinéa 15 du préambule de 1946. L'adoption d'une disposition prévoyant expressément la cession de certaines compétences étatiques à des organisations internationales

[1] Sur une telle analyse, voir MM. N. VALTICOS, *op. cit.*, p. 17 ; J.-V. LOUIS, *op. cit.*, p. 412.

[2] Cf. Mme C. GREWE et M. H. OBERDORFF, *op. cit.*, p. 347.

[3] A rapprocher de la situation en Finlande, cf. M. A. JYRÄNKI : « La Finlande, le Danemark et la Suède », dans D. MAUS et O. PASSELECQ(Sous la direction de) : *Le traité d'Amsterdam face aux Constitutions nationales*, La Documentation française, Paris, 1998, p. 32. Sur ces hypothèses de révisions constitutionnelles implicites, voir également l'article 20,&2 de la Constitution du royaume du Danemark du 5 juin 1953 et l'article 5 du chapitre X de la Constitution du royaume de Suède du 27 février 1974, dans Mme C. GREWE et M. H. OBERDORFF, *op. cit.*, pp. 170 et 464.

aurait ainsi eu le mérite de poser un fondement constitutionnel plus clair à l'engagement européen de la France.

La situation en Irlande a été, à certains égards, révélatrice des insuffisances du système français. Cet Etat a en effet modifié sa Constitution dans la perspective de son adhésion aux Communautés européennes.

2)- L'Irlande : des transferts de compétences à un destinataire expressément désigné dans la Constitution

Au regard du droit international, la République d'Irlande est un pays de tradition dualiste. L'article 29-6 de la Constitution du 1er juillet 1937 prévoit en effet que : « Aucun accord international ne fera partie de la loi interne de l'Etat sauf dans les cas déterminés par l'Oireachtas ». Il faut également mentionner l'article 5 selon lequel : « L'Irlande est un Etat souverain, indépendant, démocratique ». Il était donc indispensable pour l'Irlande d'adapter son système juridique aux nécessités de l'intégration européenne[1]. Autrement dit l'adhésion de l'Irlande à l'Europe communautaire nécessitait, pour qu'elle fût exempte de toute irrégularité constitutionnelle, l'adoption d'un amendement au texte de 1937. C'est ainsi que fut adopté par référendum du 8 juin 1972 le troisième amendement insérant un article 29-4-3° à la Constitution irlandaise[2]. Cette modification constitutionnelle visait à permettre à l'Irlande de devenir membre des trois traités communautaires institutifs. La portée de ce troisième amendement a en outre été dégagée par la Cour suprême d'Irlande[3] dans le sens d'une habilitation constitutionnelle donnée aux délégations de pouvoirs impliquées par la construction européenne. En effet, « la Cour observe, en ce qui concerne la première phrase de l'article 29-4-3° autorisant l'Irlande à « devenir membre de la Communauté européenne », que cela « pouvait être interprété comme une autorisation donnée à l'Etat non seulement de se joindre à la Communauté, comme il l'a fait en 1973, mais également d'adhérer aux amendements des traités, tant que

---

[1] Voir en ce sens M. B. M. E. Mc MAHON, dans *Les Constitutions nationales à l'épreuve de l'Europe*, La Documentation française - Paris, 1993, pp. 144-145.

[2] Selon cet article : « L'Etat peut devenir membre de la *C.E.C.A.* (établie par le traité de Paris, signé le 18 avril 1951), de la *C.E.E.* (établie par le traité de Rome, signé le 25 mars 1957) et de la *C.E.E.A.* (établie par le traité de Rome, signé le 25 mars 1957) ». Il faut en outre noter que l'Acte Unique Européen (ci-après, *A.U.E.*) a été intégré dans l'ordre juridique irlandais par le dixième amendement du 6 mai 1987 ; le traité sur l'Union européenne (ci-après, *T.U.E.*) par le onzième amendement du 18 juin 1992 (cf. article 29-4-4° de la Constitution). S'agissant du traité d'Amsterdam, l'actuel article 29-4-5° de la Constitution prévoit désormais que : « L'Etat peut ratifier le traité d'Amsterdam modifiant le traité sur l'Union européenne, les traités instituant les Communautés européennes et certains autres actes, signés à Amsterdam le 2 octobre 1997 ».

[3] Dans l'affaire *CROTTY* du 9 avril 1987.

ces amendements n'altéraient pas l'économie du traité ou les objectifs de la Communauté »[1]. Il ne s'agit pas ici de considérer le caractère minimaliste de ces modifications comme un modèle pour la France. On veut tout simplement montrer que les institutions communautaires sont considérées comme étant les bénéficiaires exclusifs des transferts de compétences résultant de l'adhésion de l'Irlande aux Communautés et à l'Union européenne. En d'autres termes, la République irlandaise a accepté de déroger à sa tradition dualiste, du point de vue du droit international, afin de répondre aux exigences de l'intégration européenne. On pouvait, dans cette optique, envisager de désigner expressément les Communautés et l'Union européenne, dans la Constitution, comme faisant partie des destinataires des limitations de la souveraineté de la République française. Nous verrons que l'évolution souhaitée ici a peut-être été amorcée par la loi constitutionnelle du 25 juin 1992 ajoutant à la Constitution de 1958 un titre XV intitulé « Des Communautés européennes et de l'Union européenne »[2].

Par ailleurs, au risque de considérer les différents amendements à la Constitution comme des dispositions purement formelles, il était nécessaire de garantir les conséquences découlant de l'adhésion de l'Irlande à l'Europe communautaire. En d'autres termes, « l'ampleur de la nature de la Communauté et les pouvoirs conférés à ses institutions avaient nécessité un amendement plus général de la Constitution irlandaise que l'insertion d'une simple « autorisation » d'adhérer à la Communauté, telle qu'elle figure dans la première phrase du troisième amendement »[3]. D'où l'insertion d'un alinéa 5 à l'article 29-4 de la Constitution[4] ; alinéa qui « protège » le droit communautaire du droit

---

[1] Passage de l'arrêt cité par M. D. MORGAN : « Les institutions politiques irlandaises », dans Y. GUCHET : *Les systèmes politiques des pays de l'Union européenne*, Armand Colin éditeur, Paris, 1994, p. 277. Voir également Mme F. ASTENGO : « L'Irlande et l'intégration européenne », *RIDC* 1997, p. 666 ; et l'explication de M. J. RIDEAU : « Les référendums nationaux dans le contexte de l'intégration européenne », dans A. AUER et J.-F. FLAUSS(éd.) : *Le référendum européen*, Bruylant, Bruxelles, 1997, p. 90.

[2] *J.O.R.F.*, 26 juin 1992, p. 8406.

[3] Cf. M. J. O'CONNOR : « L'A.U.E. et la Cour suprême irlandaise (l'affaire CROTTY) », *AFDI* 1987, p. 766.

[4] L'article 29-4-5° de la Constitution de 1937 est rédigé dans les termes suivants : « Aucune disposition de la présente Constitution n'annule les lois promulguées, des actes accomplis, ou des mesures adoptées par l'Etat et qui sont rendues nécessaires par les obligations découlant de l'adhésion à l'Union européenne ou aux Communautés ou n'empêche que des lois promulguées, des actes accomplis ou des mesures adoptées par l'Union européenne ou par les Communautés, ou par les institutions de ces dernières, ou par des organes compétents en vertu des traités instaurant les Communautés, aient force de loi dans l'Etat ». Cette disposition a subitement disparu de la version de la Constitution irlandaise présentée par Mme C. GREWE et M. H. OBERDORFF : *Les Constitutions des Etats de l'Union européenne, op. cit.*, p. 310. Mais, à notre avis, cela ne change rien à la question car l'on pourrait toujours se fonder sur l'interprétation faite par la Cour suprême d'Irlande de l'article 29-4-3° pour considérer que le droit communautaire définitif est couvert du point de vue de sa constitutionnalité par cet amendement à la Constitution irlandaise.

constitutionnel[1]. En effet, cette disposition de la Constitution irlandaise écarte toute possibilité de conflit entre le droit communautaire définitif et le droit constitutionnel. Dès lors, les transferts de compétences « rendus nécessaires par les obligations découlant de l'adhésion à l'Union européenne ou aux Communautés... », comme les textes communautaires (conventionnels ou de droit dérivé) entrant dans le champ d'application desdits transferts de compétences, deviennent exempts de toute contestation constitutionnelle. Cet amendement permet donc de pallier le caractère minimaliste de l'autorisation constitutionnelle irlandaise. Elle offre en outre un ancrage constitutionnel indiscutable à la construction communautaire et à l'ordre juridique qui en découle.

Conclusion de la Section I

L'examen de l'alinéa 15 du préambule de la Constitution de 1946 a montré que cette formule n'est pas tout à fait réfractaire à l'engagement européen de la France. Mais au-delà de cette nécessaire nuance, il apparaît que les transferts de compétences à l'Europe des quinze ne disposent pas, en ce texte, d'un fondement constitutionnel satisfaisant. En outre, les tergiversations du Conseil constitutionnel[2] concernant l'interprétation à donner à cette disposition sont le reflet évident de son manque de clarté et de son caractère relativement ambigu. A l'opposé, les situations autres que celles de la France qui ont été ci-dessus analysées prouvent que des habilitations constitutionnelles fort larges en faveur de l'Europe communautaire sont hautement concevables. On peut donc en déduire que la solution française, adoptée à « une époque où l'Europe était encore au berceau, [avait] besoin d'une sérieuse adaptation aux réalités contemporaines... »[3].

Dans le prolongement de cette remarque, il nous semble important de retranscrire ici le constat fait par M. J. LARCHE, rapporteur au Sénat du projet de loi constitutionnelle relatif à l'insertion dans la Constitution d'un titre consacré aux Communautés européennes et à l'Union européenne, en mai 1992 : « Il semble paradoxal d'une part qu'en dépit de l'ancienneté de l'engagement français dans la construction communautaire, et des incidences chaque jour croissantes que celle-ci entraîne dans l'ordre juridique interne, le système communautaire ne tire finalement sa force en droit interne que des dispositions très générales de la

---

[1] M. M. RONAYNE : «La primauté du droit communautaire en Irlande », *RFDA* 1990, p. 973 ; voir également M. B. M. E. Mc MAHON, *op. cit.*, p. 147.

[2] Pour simplifier, le Conseil est passé de la distinction entre les limitations et les transferts de souveraineté à la complémentarité entre les limitations de souveraineté et les transferts de compétences ; Voir *infra*. Chapitre II du titre II de la Seconde partie.

[3] Cf. M. B. CHANTEBOUT : *Droit constitutionnel et science politique*, 13e éd., Armand Colin/Masson éditeurs, Paris, 1996, p. 637.

Constitution en matière de traités internationaux ». Et il ajoutait : « D'autre part, le système communautaire revêt lui-même des spécificités telles que les références [...] aux dispositions du préambule de la Constitution de 1946 sont tout à fait insuffisantes pour signifier à la fois l'étendue de l'engagement français, et la finalité exacte de celui-ci »[1]. On ne pouvait trouver meilleur plaidoyer en faveur d'une nécessaire adaptation du fondement constitutionnel du droit communautaire en France (Section II).

Section II : La relative individualisation de la construction communautaire par l'article 88-1 de la Constitution de 1958

Le Conseil constitutionnel avait, dans le dispositif de sa décision n° 92-308 DC du 9 avril 1992[2], précisé que « l'autorisation de ratifier en vertu d'une loi le traité sur l'Union européenne ne peut intervenir qu'après la révision de la Constitution ». Il considérait en effet que trois clauses du traité de Maastricht étaient contraires à la Constitution : le droit de vote et d'éligibilité des ressortissants communautaires aux élections municipales ; la politique monétaire et de change uniques ; la politique commune des visas. Le projet de révision constitutionnelle présenté par le gouvernement à l'Assemblée nationale le 22 avril 1992 visait donc à répondre à cette exigence du juge constitutionnel. Mais la solution proposée consista simplement à lever les obstacles constitutionnels à la ratification du traité de Maastricht. Ainsi, les articles 88-1 et 88-2 du projet gouvernemental prévoyaient-ils des « transferts de compétences nécessaires à l'établissement de l'union économique et monétaire ainsi qu'à la détermination des frontières extérieures des Etats membres de la Communauté ». Il s'agissait également de poser le principe du droit de vote et d'éligibilité des citoyens de l'Union aux élections municipales en France.

Cela étant, de la discussion du projet de révision constitutionnelle devant le Parlement va se dégager une certaine évolution concernant les bases constitutionnelles du droit communautaire en France. En effet, l'Assemblée nationale ajoutera au projet du gouvernement « un article introductif à la fois symbolique et normatif »[3]. L'actuel article 88-1 de la Constitution de 1958, aux termes duquel : « La République participe aux Communautés européennes et à l'Union européenne, constituées d'Etats qui ont choisi librement, en vertu des traités qui les ont instituées, d'exercer en commun certaines de leurs

---

[1] Voir M. J. LARCHE : *Rapport fait au nom de la Commission des lois du Sénat*, n° 375, mai 1992, p. 70.

[2] *RJC*-I, 497.

[3] Cf. Mme C. GREWE : « La révision constitutionnelle en vue de la ratification du traité de Maastricht », *RFDC* 1992, p. 431.

compétences », trouve donc son origine dans un amendement parlementaire (Paragraphe 1). Mais s'agit-il là d'une habilitation constitutionnelle véritablement opérationnelle ? Ou faut-il se résoudre à constater la timidité ou la prudence de cette avancée constitutionnelle française ? (Paragraphe 2). A ce sujet, il faut mentionner dès à présent que la décision n° 97-394 DC du 31 décembre 1997 (*Traité d'Amsterdam*)[1], a apporté un certain éclairage (nouveau) à propos de la valeur ou de la portée de la nouvelle norme constitutionnelle[2].

Paragraphe 1 : La genèse de l'article 88-1 de la Constitution

L'intergroupe de l'opposition, sous l'impulsion de M. Alain LAMASSOURE, avait proposé un amendement n° 88-1 A au projet de révision présenté par le gouvernement BEREGOVOY. A ce propos, les travaux parlementaires relatifs à cette révision font ressortir la volonté, pour M. LAMASSOURE, de faire entrer l'Europe par la grande porte dans la Constitution française. Il défendra par conséquent l'amendement proposé en ces termes : « ...Puisque c'est la première fois que nous avons l'occasion de faire entrer l'ordre juridique européen dans les institutions de la République française, ne le faisons pas de manière honteuse... »[3]. Il précisera en outre : « Nous proposons de faire entrer plus nettement l'Europe dans la Constitution, à la fois dans l'intitulé du titre XIV [devenu titre XV] puis en définissant cette Europe... »[4]. Il ressort assez nettement de ces propos que cet amendement était destiné à faire le départ, même de manière symbolique et modeste, entre le droit communautaire et le droit international classique. On reconnaissait ainsi implicitement et indirectement l'absence de prise en compte du phénomène communautaire par les institutions de la Ve République. Autrement dit, « l'intégration européenne s'étant opérée dans le droit interne français uniquement par référence aux règles du droit international général, le franchissement d'une étape supplémentaire dans la construction européenne mérite qu'on la mentionne dans la Constitution... »[5].

L'amendement LAMASSOURE, après avoir été adopté par l'Assemblée nationale, sera avalisé sans aucune modification par le Sénat. Ceci n'empêche nullement que l'on puisse relever une certaine ambivalence dans la formulation de l'article 88-1 de la Constitution. En effet on peut y voir à la fois la reconnaissance du phénomène communautaire par le texte constitutionnel français et l'affirmation de l'autonomie constitutionnelle française. C'est en ce sens, nous semble-t-il, que

[1] *RJC*-I, 727.
[2] Cf. M. J. RIDEAU, dans Le traité d'Amsterdam face aux Constitutions nationales, *op. cit.*, p. 110.
[3] Voir *JORF*, année 1992, n° 24 (2) A.N. (C.R.), p. 927.
[4] Cf. *JORF*, année 1992, n° 26 (3) A.N. (C.R.), p. 1074.
[5] Cf. Mme C. GREWE, *RFDC* 1992, *ibid.*

l'on doit comprendre l'observation selon laquelle l'article 88-1 manifeste « la difficulté de trouver une formule qui soit une reconnaissance constitutionnelle de la construction européenne, tout en marquant le seuil à ne pas dépasser dans cette construction... »[1].

Nonobstant cette difficulté, nous nous proposons dans les développements qui vont suivre d'analyser, en substance, le premier membre de phrase de l'article 88-1[2] selon lequel : « La République participe aux Communautés européennes et à l'Union européenne... ». On veut par là rechercher l'impact de cette entrée de l'Europe dans les institutions françaises. En effet, la mention de cette participation dans la Constitution conduit à s'interroger sur le caractère suffisant ou non du fondement constitutionnel du droit communautaire en France. Dans cette optique, cette disposition ne peut, à notre avis, être considérée comme une simple déclaration d'intention de la part du constituant français. Pour autant, va-t-elle au-delà d'une simple reconnaissance constitutionnelle de la participation de la France à l'Europe communautaire ? (Paragraphe 2).

Paragraphe 2 : La consécration constitutionnelle de l'engagement européen de la France

En première analyse, l'article 88-1 de la Constitution de 1958 vise à situer le cadre général de la participation de la République française à la construction communautaire[3]. Il nous semble en outre qu'il ne faut pas dissocier l'examen de cette disposition avec les conclusions éventuelles que l'on pourrait tirer de l'intitulé du nouveau titre relatif à l'Europe[4]. En d'autres termes, la conception à l'origine de notre constat est la suivante : on serait en présence d'une certaine consécration de la spécificité de l'intégration européenne par le constituant français. Néanmoins il faut reconnaître que, de par la généralité du premier membre de phrase de l'article 88-1, plusieurs interprétations sont concevables. Une chose est certaine : depuis la décision n° 97-394 DC, l'article 88-1 de la Constitution doit être considéré comme une norme de référence du contrôle de constitutionnalité des engagements communautaires. Mais toute la question est de savoir quelle est la portée de cette

---

[1] MM. T. S. RENOUX - M. de VILLIERS : *Code constitutionnel*, *op. cit.*, p. 612. M. T. de BERRANGER : *Constitutions nationales et construction communautaire, op. cit.*, p. 90, estime également qu'il s'agit d'une disposition « à double tranchant, pouvant de par sa formulation constituer aussi bien un encouragement qu'un frein à la construction européenne ».

[2] L'autre membre de phrase, concernant la qualification juridique de la construction européenne, sera étudié infra dans la deuxième partie (Section II du Chapitre I du Titre I).

[3] Cf. M. R. ETIEN, *RA* 1992, p. 220.

[4] Voir en ce sens le lien qu'a entrepris de faire M. A. LAMASSOURE dans une de ses déclarations citée *supra*.

nouvelle norme de référence. Il convient donc d'abord de passer en revue un certain nombre d'interprétations doctrinales de l'article 88-1 de la Constitution (A), pour ensuite constater qu'il s'agit, peut-être, d'une actualisation limitée ou, plus précisément, d'un complément restreint à l'alinéa 15 du préambule de la Constitution de 1946 (B).

A/- La difficile interprétation de la valeur de l'article 88-1 de la Constitution

La difficulté d'interprétation provient, on l'a déjà mentionné, du caractère ambivalent de l'article 88-1 de la Constitution. Ainsi à côté de la reconnaissance constitutionnelle de l'appartenance de la France à l'Europe communautaire, trouve-t-on un effort de définition du processus communautaire d'où il ressortirait que les Etats maîtrisent encore largement l'évolution de ce système. Cette difficulté se manifeste en outre par le fait que plusieurs positions ont été émises quant à l'interprétation à conférer à l'affirmation constitutionnelle selon laquelle : « La République participe aux Communautés européennes et à l'Union européenne ». Ces différentes interprétations apparaissent beaucoup plus complémentaires que contradictoires. Ceci d'autant plus qu'elles partagent entre elles le constat selon lequel la formule de l'article 88-1 peut difficilement être comprise comme une habilitation constitutionnelle autonome et à part entière de l'insertion du droit de l'intégration en France.

Les premières analyses se contentent de tirer les conséquences de l'introduction dans la Constitution de 1958 d'un titre consacré aux Communautés et à l'Union européenne[1]. Il s'agit ici de la thèse de la constitutionnalisation de la participation de la République française à l'Europe communautaire[2]. Ainsi que l'affirme M. F. LUCHAIRE, la participation prévue à l'article 88-1 du texte de 1958 « a donc valeur constitutionnelle ; elle ne pourrait donc prendre fin sans qu'il soit contrevenu à la Constitution »[3]. Ceci veut dire en d'autres termes qu'aucune incertitude juridique ne peut dorénavant entacher tout le processus d'intégration communautaire entrepris depuis le début des années 1950.

Dans le prolongement de cette idée, d'autres points de vue relèvent, à juste titre, la valeur plus rétrospective que prospective de la formulation de l'article 88-1 de la Constitution. Autrement dit cette disposition est autant, sinon plus, tournée

---

[1] Voir par exemple M. H. OBERDORFF : « Les incidences de l'Union européenne sur les institutions françaises », *Pouvoirs*, n° 69, 1994, p. 98.

[2] En ce sens, Mme J. DUTHEIL de la ROCHERE, *RIDC* 1998/2, p. 590, constate que : « L'article 88-1 nouveau fournit une base constitutionnelle expresse, qui n'existait pas jusque-là, à la participation de la France aux Communautés européennes et à l'Union européenne ».

[3] M. F. LUCHAIRE : « Commentaire de la loi constitutionnelle du 25 juin 1992 », *RDP* 1992, p. 957.

vers le passé que vers l'avenir[1]. Autant dire qu'il convient de parler simplement d'une consécration a posteriori par la Constitution française de l'existence de l'intégration européenne. C'est ainsi en tout cas qu'il faut comprendre l'observation selon laquelle : « L'article 88-1 a, [...], une portée générale : l'ensemble de la construction européenne est enfin consacré par la Constitution alors que la participation de la France aux institutions européennes et l'exercice « en commun de certaines compétences » date de longtemps »[2]. On retrouve dans cette conception de l'article 88-1 l'influence des pesanteurs politiques liées au caractère hautement controversé, surtout depuis 1992, de la question européenne en France. Certains parlementaires ont, à cet égard, bien tenu à circonscrire la portée juridique de cette disposition. Il en est ainsi par exemple du rapporteur du projet de révision constitutionnelle de 1992 au Sénat, pour qui : « De fait, l'affirmation dans le corps même de la Constitution que « la République participe aux Communautés européennes et à l'Union européenne » ne peut que constituer un témoignage solennel de l'attachement de la France à un effort commun en vue de l'Europe ». Il poursuit en affirmant que « cette rédaction n'a pas en elle-même une portée normative, dès lors que cette participation résulte de la ratification des traités institutifs, et non d'une disposition unilatérale de droit interne, fût-elle inscrite dans la Constitution »[3]. En d'autres termes, il est difficile d'accorder un quelconque effet juridique à la formulation retenue dans l'article 88-1 de la Constitution. Une telle conception peut paraître discutable car la ratification des traités communautaires de base s'est effectuée conformément aux normes constitutionnelles françaises même si ces dernières étaient beaucoup plus tournées vers le droit international classique que vers le droit communautaire. Il est donc louable que le constituant français ait, à travers l'article 88-1, entendu marquer de façon solennelle l'ancrage du phénomène communautaire dans l'ordre constitutionnel[4]. Autrement dit, l'intégration de la France dans l'Europe communautaire constitue désormais un acquis constitutionnellement garanti.

---

[1] Cf. MM. J. COMBACAU et S. SUR : *Droit international public*, 4e éd., *op. cit.*, p. 183.

[2] M. S.-L. FORMERY : *La Constitution commentée article par article*, 4e éd., Hachette Livre, Paris, 1998, p. 145 ; *idem* MM. C. EMERI - C. BIDEGARAY : *La Constitution en France de 1789 à nos jours - Etudes de droit politique et constitutionnel*, A. Colin/Masson, Paris, 1997, p. 150.

[3] M. J. LARCHE : Rapport n° 375, *op. cit.*, pp. 70-71 ; M. GOUZES : *Rapport fait au nom de la Commission des lois de l'Assemblée nationale*, n° 2676, mai 1992, p. 48, ne disait pas autre chose lorsqu'il considérait que cet article avait une « une portée plus politique que juridique », ou encore lorsqu'il jugeait l'amendement de M. LAMASSOURE comme étant largement inutile, cf. p. 69 du même rapport.

[4] Ainsi, M. NGUYEN VAN TUONG, *ALD* 1993, p. 93, estime-t-il à juste titre que : « Juridiquement, l'adhésion de la France [à l'Europe] devient une obligation constitutionnelle. Logiquement donc, sera considéré contraire à la Constitution toute abrogation ou dénonciation de leurs traités institutifs ».

Par ailleurs, on ne peut dénier toute portée à l'article 88-1 de la Constitution. C'est tout du moins l'enseignement que l'on peut tirer du considérant n° 5 de la décision « *traité d'Amsterdam* » du 31 décembre 1997. L'une des nouveautés contenues dans cette décision, par rapport à la décision *Maastricht I* du 9 avril 1992, a été d'intégrer l'article 88-1 dans les normes de référence applicables au contentieux de la constitutionnalité des engagements communautaires. Cet ajout logique aux normes de référence[1] signifie de prime abord que « le Conseil constitutionnel prend [...] acte de la constitutionnalisation de l'appartenance française à l'Union européenne »[2]. Il semble ainsi considérer que la construction européenne est devenue un objectif hautement impérieux pour l'Etat français. Cet objectif est d'autant plus impérieux que la participation de la France aux Communautés et à l'Union européenne, pour être remise en cause, nécessite désormais une révision en bonne et due forme du texte constitutionnel[3]. Tout autre est la question de l'articulation de cet article avec les autres normes de référence du contrôle, en particulier l'alinéa 15 du préambule de la Constitution de 1946. Qu'apporte l'article 88-1 par rapport à cette dernière disposition ? En procédant à une consécration constitutionnelle de l'intégration européenne, l'article 88-1 vient sans nul doute conforter, voire compléter, le rôle joué jusque-là par l'alinéa 15 du préambule de 1946 comme fondement constitutionnel de cette intégration. L'alinéa 15 devrait donc désormais être interprété à la lumière de l'article 88-1 de la Constitution (B).

B/- L'article 88-1 de la Constitution : un complément limité à l'alinéa 15 du préambule de 1946

A la lecture de la décision n° 97-394 DC, il est clair que l'article 88-1 de la Constitution doit être considéré comme l'un des éléments du « faisceau de principes » sur lesquels le Conseil constitutionnel s'appuie lorsqu'il lui revient de procéder à l'examen d'un engagement communautaire. Mais parmi ces principes, seul l'article 88-1 fait expressément référence aux Communautés européennes et à l'Union européenne. Ainsi, c'est la reconnaissance constitutionnelle de la participation de la France à ces dernières qui constitue la nouveauté, ou plutôt la relative évolution, par rapport à l'état du droit positif antérieur. En effet, pour la première fois, un sort particulier est réservé à l'intégration communautaire dans la

---

[1] Cf. M. J.-E. SCHOETTL, *AJDA* 1998, p. 144.

[2] Mme F. CHALTIEL, *RMC* 1998, p. 77 ; également M. F. LUCHAIRE : « Le traité d'Amsterdam et la Constitution », *RDP* 1998, p. 337.

[3] Cf. M. F. LUCHAIRE : *Le Conseil constitutionnel. Tome III - Jurisprudence. Deuxième et troisième parties : l'Etat*, 2e éd. refondue, Economica, 1999, p. 47.

Constitution française[1]. Il suffit pour s'en convaincre de renvoyer à l'intitulé du nouveau titre introduit dans le texte de 1958 par la loi constitutionnelle du 25 juin 1992. On comprend dès lors pourquoi certains auteurs ont vu dans la formule utilisée à l'article 88-1 « une consécration de la mise en œuvre des possibilités ouvertes par le quinzième alinéa en faveur des Communautés européennes, dont la spécificité est partiellement reconnue »[2]. Ce constat nous semble assez fondé lorsqu'il met en exergue l'amorce d'une individualisation, d'une singularisation, dans la Constitution française du phénomène spécifique que représente l'intégration européenne[3].

Toutefois l'utilité de l'alinéa 15 du préambule de 1946 en tant que disposition pouvant permettre, faute de mieux, le transfert de certaines compétences de l'Etat français aux institutions communautaires demeure déterminante. En effet l'article 88-1 ne peut être, à notre avis, assimilé à une clause générale de transferts de compétences. Tout au plus peut-on le concilier avec l'alinéa 15 : la France peut donner son consentement à des limitations de souveraineté (transferts de compétences) lorsque ces dernières sont impliquées par sa participation aux Communautés européennes et à l'Union européenne[4]. Ceci réduit d'autant plus l'éventuelle portée habilitante que certains pouvaient être tentés de conférer à l'article 88-1[5]. Dans cette perspective il est permis de soutenir que « l'article 88-1 vaut [...] pour l'avenir, mais il n'a pas une portée aussi large que les dispositions habilitantes contenues dans les Constitutions d'autres Etats membres »[6].

A l'appui d'une telle affirmation il convient de se référer aux normes constitutionnelles relatives à la construction européenne insérées respectivement dans la Loi fondamentale allemande et dans la Constitution portugaise, en 1992, à l'occasion de la ratification du traité sur l'Union européenne. Ainsi depuis sa

---

[1] Voir en ce sens, M. O. B. DORD : *Cours constitutionnelles nationales et normes européennes*, Thèse, Université de Paris-X Nanterre, 1996, vol. I, p. 334. Il faut préciser que la France n'est pas le seul Etat membre de l'Union européenne à avoir en 1992 inscrit le principe de l'appartenance à l'Europe communautaire. Sur les cas de l'Allemagne, de l'Irlande et du Portugal, cf. M. J. GERKRATH : *L'émergence d'un droit constitutionnel pour l'Europe*, éd. de l'Université de Bruxelles, 1997, p. 21 et pp. 59-60.

[2] M. T. de BERRANGER, *op. cit.*, p. 90 ; Mme C. GREWE, *RFDC* 1992, *op. cit.*, p. 421.

[3] Cf. M. J. RIDEAU, *RAE* 1992/3, p. 37.

[4] Voir par ailleurs l'interprétation qu'avance M. J. ROUX, dans *Le traité d'Amsterdam face aux Constitutions nationales, op. cit.*, pp. 114-115, à propos de la portée de l'article 88-1 de la Constitution, en rapport avec l'alinéa 15 du préambule de 1946.

[5] Voir par exemple M. D. RICHARD , *Gaz Pal*, n° 168-169, 17 et 18 juin 1998, p. 4, pour qui l'article 88-1 «donne un fondement constitutionnel à l'exercice de certaines compétences jusqu'alors nationales... ». Ce qui, de son point de vue, aurait dû conduire le Conseil constitutionnel à accorder une couverture constitutionnelle à tout traité visant à transférer certaines compétences nationales aux institutions communautaires.

[6] M. J.-V. LOUIS : *L'ordre juridique communautaire*, 6e éd., Luxembourg : OPOCE, 1993, p. 178.

modification en date du 21 décembre 1992, la Loi fondamentale de Bonn contient désormais un article 23, alinéa 1er aux termes duquel : « Pour l'édification d'une Europe unie, la République fédérale d'Allemagne concourt au développement de l'Union européenne [...]. A cet effet, la Fédération peut transférer des droits de souveraineté par une loi approuvée par le Bundesrat... »[1]. Quant à la République portugaise, un paragraphe 6 a été adjoint à l'article 7 de la Constitution par la révision du 25 novembre 1992. Ce paragraphe prévoit que : « Dans des conditions de réciprocité, dans le respect du principe de subsidiarité et en vue de la réalisation de la cohésion économique et sociale, le Portugal peut passer des conventions sur l'exercice en commun des pouvoirs nécessaires à la construction de l'Union européenne ». Il est d'abord possible de remarquer qu'à la fois l'article 88-1 de la Constitution française, l'article 23 de la Loi fondamentale allemande et l'article 7-6 de la Constitution portugaise sont susceptibles d'être qualifiés d'« articles Europe ». En effet il s'agit de clauses constitutionnelles ayant trait spécifiquement à l'intégration européenne. En outre, toutes ces trois dispositions posent des limites à l'approfondissement de cette intégration ; limites qui tournent, plus ou moins, autour du nécessaire respect de l'autonomie constitutionnelle des Etats membres[2].

Mais au-delà de ces relatives similitudes, il convient de constater qu'il existe une différence de degré plutôt que de nature entre l'article 88-1 et les autorisations constitutionnelles allemande et portugaise. Autrement dit, ces dernières font plus qu'autoriser l'Etat à participer à la construction européenne. On se trouve plutôt devant des habilitations constitutionnelles explicites destinées à servir de fondement aux transferts de compétences aux Communautés européennes et à l'Union européenne. Ainsi peut-on observer que l'article 23-1 de la Loi fondamentale assimile la construction communautaire à un « objectif d'Etat ». Et plus fondamentalement, il admet le transfert de certaines compétences de l'Etat allemand au profit de l'Europe communautaire[3]. En ce qui concerne la situation

---

[1] On peut dire que cette disposition actualise, au bénéfice des institutions communautaires, la clause contenue dans l'article 24-1 aux termes de laquelle : « La Fédération peut transférer, par voie législative, des droits de souveraineté à des institutions internationales ». Sur cette question, cf. M. C. D. CLASSEN : « Allemagne », dans *Les Etats membres de l'Union européenne, op. cit.*, p. 14 ; voir également l'opinion de M. R. ARNOLD : « La Loi fondamentale de la République fédérale d'Allemagne et l'Union européenne : Le nouvel article 23 de la Loi fondamentale », *RIDC* 1993, p. 674.

[2] En ce qui concerne le cas allemand, voir notamment M. C. AUTEXIER, *RFDC* 1992, P. 631 ; M. H. J. HAHN, *RGDIP* 1994, p. 109 ; M. J. SCHWRAZE, *RMC* 1994, pp. 295-296 ; M. X. VOLMERANGE : *Le fédéralisme allemand et l'intégration européenne*, L'Harmattan, coll. « Logiques Juridiques », 1994, p. 46.

[3] Voir en ce sens, MM C. AUTEXIER, *ibid.* ; R. ARNOLD, *RDP* 1998, pp. 649-650 ; H. J. HAHN, *op. cit.*, p. 112 ; J. SCHWRAZE, *op. cit.*, p 295. De plus, M. J. GERKRATH : *L'émergence d'un droit constitutionnel pour l'Europe, op. cit.*, p. 280, estime que, contrairement à l'article 88-1, « l'article 23 de la Loi fondamentale exprime une toute autre ambition. Tourné vers l'avenir, ce

portugaise, l'utilisation de l'expression « exercice en commun des pouvoirs » pourrait conduire à l'assimiler au cas français, l'article 88-1 parlant du choix fait par les Etats membres « d'exercer en commun certaines de leurs compétences ». Mais l'article 7-6 n'habilite expressément les autorités diplomatiques portugaises à conclure des conventions ayant un tel objet que pour les nécessités de la « construction européenne ». En d'autres termes, il faut y voir l'«introduction pour la première fois [dans la Constitution portugaise], d'une autorisation expresse de transfert [...] qui vise toute la construction européenne et est donc susceptible de dépasser les termes du traité sur l'Union européenne »[1]. Il est clair en effet que « la construction de l'Union européenne » repose simultanément sur des transferts de compétences nationales (compris implicitement dans la formulation de la disposition portugaise) et sur l'exercice en commun des compétences qui, de façon littérale, renvoie aux deux piliers intergouvernementaux de l'Union européenne[2].

Cela étant, en faisant une interprétation combinée et assez audacieuse de l'article 88-1 de la Constitution de 1958 et de l'alinéa 15 du préambule de 1946, on pourrait considérer que l'Union européenne, dans toutes ses composantes, y trouve un fondement certain quoique peu transparent. En faisant allusion à la participation de la France aux Communautés européennes, l'article 88-1 reconnaît implicitement la validité des transferts de compétences aux institutions communautaires qui ont conduit à « limiter » la souveraineté française sur la base de l'alinéa 15. On retrouve ainsi la ligne de conduite principale désormais adoptée par le Conseil constitutionnel depuis sa décision *Maastricht I* du 9 avril 1992[3]. La pertinence de l'article 88-1 se réduit dès lors aux deux piliers intergouvernementaux de l'Union européenne. Cette nouvelle disposition constitutionnelle, en ceci qu'elle renvoie à l'exercice en commun de certaines compétences par les Etats membres, apparaît donc comme un fondement beaucoup plus adapté à la logique de coopération impliquée par les second (*PESC*) et troisième (*JAI*) piliers du traité sur l'Union européenne.

---

texte autorise explicitement le «développement de l'Union européenne » dans la perspective de « l'édification d'une Europe unie ».

[1] Mmes C. GREWE - H. RUIZ FABRI : *Droits constitutionnels européens, op. cit.*, p. 118.

[2] Il s'agit en effet plus d'une logique de coopération que d'intégration. Cette dernière, représentée essentiellement par le pilier communautaire, implique des transferts de compétences de la part des Etats membres.

[3] Cf. l'interprétation adoptée par M. J. ROUX : « Commentaire de la décision du 31 décembre 1997 », dans *Le traité d'Amsterdam face aux Constitutions nationales, op. cit.*, p. 115.

Conclusion de la Section II

Il ressort de tout ceci que l'article 88-1 de la Constitution de 1958, examiné seul, est très sensiblement en retrait par rapport à l'article 23 de la Loi fondamentale allemande et un peu moins par rapport à l'article 7-6 de la Constitution portugaise. Il est vrai pourtant que l'exercice en commun de certaines compétences nationales par les institutions communautaires résulte nécessairement et directement d'un transfert desdites compétences par les Etats membres[1]. En adoptant une telle interprétation, l'article 88-1 devient implicitement ou indirectement une autorisation de transfert. Cela étant, la conception intergouvernementale de la construction européenne qui découle de cette disposition conduit à grever toute tentative d'y déceler une disposition habilitant expressément les autorités diplomatiques françaises à transférer certaines compétences aux institutions communautaires. De ce point de vue, l'article 88-1 est loin de constituer une actualisation achevée de l'alinéa 15 du préambule de la Constitution de 1946. Il aurait fallu pour le constituant de 1992 aller au-delà d'une simple reconnaissance constitutionnelle de l'engagement communautaire de la France et prévoir, au profit des institutions européennes, une clause expresse d'autorisation de transfert. Ceci aurait été largement plus satisfaisant que la formule relativement ambiguë et « datée » de l'alinéa 15 et, l'évolution en demi-teinte orchestrée par l'article 88-1.

Conclusion du Chapitre I

Au total, l'article 88-1 de la Constitution ne peut, à lui seul, faire œuvre de base constitutionnelle des engagements communautaires futurs de la France. En effet, nonobstant le caractère limité de l'alinéa 15 du préambule de 1946 au regard des exigences de la construction européenne, il ne fait pas de doute qu'il demeure l'un des fondements principaux de l'insertion du droit communautaire en France. Seule l'adoption, en 1992, par le constituant français d'une clause habilitante se rapprochant de celles existant dans les Constitutions de certains Etats membres de l'Europe des Quinze aurait pu modifier, de façon radicale, l'état du droit positif pertinent en la matière. Il n'est donc pas surprenant que le Conseil constitutionnel, dans sa décision « *traité d'Amsterdam* » du 31 décembre 1997, ait mentionné l'article 88-1 dans l'énoncé des normes de référence de son contrôle sans qu'aucun changement n'ait été apporté à son considérant de principe de la décision

---

[1] Un tel raisonnement est utilisé par M. F. LUCHAIRE, *RDP* 1998, *op. cit.*, p. 337.

Maastricht I du 9 avril 1992[1]. La nouvelle disposition constitutionnelle venait donc uniquement se greffer sur les paramètres de constitutionnalité préexistants à son adoption , sans fondamentalement en modifier l'architecture. Au demeurant on peut penser que le Conseil ne fera mention de l'article 88-1, là réside, semble-t-il, la novation sinon l'intérêt de cette disposition, que lorsque sera exclusivement en cause un engagement communautaire[2]. En tout état de cause, cette clause doit être perçue comme la marque de l'évolution prudente et mesurée du droit constitutionnel français en matière internationale, dans le sens d'une meilleure prise en compte du phénomène communautaire.

L'étude des rapports entre le droit international et communautaire et le bloc de constitutionnalité montrera à nouveau la difficulté qu'il y a à interpréter certaines solutions successives adoptées par le droit constitutionnel français. Il s'agit en l'occurrence de savoir si la place « extra-constitutionnelle »[3] conférée aux engagements internationaux en France conserve une portée absolue lorsqu'on se trouve en présence d'une norme communautaire (Chapitre II).

---

[1]Notons que le considérant n° 6 de la décision n° 97-394 DC reprend mot pour mot le contenu du considérant n° 13 de la décision n° 92-308 DC. Dès lors, la mention de l'article 88-1 de la Constitution au considérant n° 5 de la décision du 31 décembre 1997 signifierait que cette disposition fait œuvre d'habilitation constitutionnelle à la participation de la France aux deux piliers intergouvernementaux de l'Union européenne.

[2] C'est ainsi en tout cas qu'il faut comprendre le fait que le Conseil constitutionnel ait intégré l'article 88-1 dans les normes de référence applicables au contrôle de la constitutionnalité du traité d'Amsterdam (considérant n° 5 de la décision n° 97-394 DC du 31 décembre 1997), et non dans celles concernant l'examen du traité portant statut de la Cour pénale internationale (ci-après *CPI*), décision n° 98-408 DC du 22 janvier 1999, *JORF* 24 janvier 1999, p. 1317 ; *Rec. D.C.C.*, p. 29. Précisons qu'il s'agit de la septième saisine du Conseil constitutionnel au titre de l'article 54 de la Constitution, et de la seconde saisine conjointe du Président de la République et du Premier ministre (saisine en date du 24 décembre 1998).

[3] Expression utilisée par Mmes C. GREWE - H. RUIZ FABRI, *op. cit.*, p. 114.

CHAPITRE II

LE DROIT COMMUNAUTAIRE ET LE BLOC DE CONSTITUTIONNALITE : UNE SOLUTION SUJETTE A EVOLUTION ?

Depuis une décision du Conseil constitutionnel de 1975[1], il est généralement admis que le droit international, comme le droit communautaire, ne fait pas automatiquement partie des normes de référence du contrôle de constitutionnalité en France. Autrement dit, ni les lois internes ni d'ailleurs les engagements internationaux ne peuvent voir leur constitutionnalité subordonnée à leur conformité à des normes internationales ou européennes. Cette solution de principe résulte d'une jurisprudence constante et bien établie du juge constitutionnel français (Section I). Cela étant, certaines positions récentes du constituant et du Conseil constitutionnel ne manquent pas de susciter quelques interrogations. En effet, assiste-t-on depuis 1992[2] à une amorce d'inclusion de certains engagements internationaux, principalement européens[3], dans le bloc de constitutionnalité ? (Section II). L'incertitude qui pouvait transparaître de telles interrogations méritait d'être relevée même si, à notre avis, elle fut quelque peu amplifiée. En tout état de cause, la décision n° 98-400 DC du 20 mai 1998[4] est venue conforter l'interprétation dominante, prudente et logique, qui pouvait être tirée de la formulation de l'article 88-3 de la Constitution et de la décision *Maastricht II* du 2 septembre 1992[5].

Section I : L'absence d'intégration globale du droit communautaire dans le bloc de constitutionnalité en France

Une précision préliminaire mérite d'être effectuée : le droit communautaire ne bénéficie pas ici d'un traitement particulier par rapport au droit international

[1] Il s'agit de la décision n° 74-54 DC du 15 janvier 1975, dite *Interruption volontaire de grossesse*.

[2] Un lien doit en effet être établi entre ces interrogations et les problèmes constitutionnels relatifs à la ratification du traité de Maastricht par la France.

[3] Nous faisons essentiellement allusion ici au droit communautaire, à travers le traité sur l'Union européenne, et à certaines dispositions de la Convention d'application des Accords de Schengen, conclue en 1990.

[4] *Rec. D.C.C.*, p. 251.

[5] Décision du Conseil constitutionnel n° 92-312 DC.

classique. Le système français de contrôle de constitutionnalité exclut de manière générale le droit international et communautaire du bloc de constitutionnalité. Autrement dit, le Conseil constitutionnel ne se réfère pas ou ne prend pas en compte les engagements internationaux lorsqu'il statue comme juge de la constitutionnalité des normes (Paragraphe 1). Par ailleurs, il ne fait aucun doute que cette position de la Haute instance est constante et solidement établie. De plus, elle ne fait nullement figure d'exception par rapport à la tendance dominante qu'il est possible de relever dans la plupart des autres Etats membres de l'Union européenne[1]. La position de la jurisprudence constitutionnelle espagnole est, à cet égard, assez instructive (Paragraphe 2).

Paragraphe 1 : Le refus de considérer le droit communautaire comme une norme de référence du système français de contrôle de constitutionnalité

L'origine de ce refus découle du fait que le Conseil constitutionnel a décliné sa compétence dans deux hypothèses :

- Lorsqu'un texte international était invoqué à l'appui de la contestation de la constitutionnalité d'une loi ;
- lorsqu'un engagement international était avancé comme moyen d'inconstitutionnalité à l'encontre d'une autre norme internationale ou encore d'un texte européen.

Autrement dit, le point de départ du constat qui est fait ici réside dans des déclarations d'incompétence successives de la part du juge constitutionnel français (A). En cela, l'exclusion du droit international et communautaire du bloc de constitutionnalité n'est que la conséquence de positions de principe prises par la Haute instance (B). Ces positions de principe, qui recouvrent les deux hypothèses ci-dessus avancées, ont fait l'objet de confirmations de la part de la juridiction constitutionnelle française (C).

A/- La voie ouverte par des déclarations d'incompétence du Conseil constitutionnel

Deux décisions du Conseil peuvent être considérées comme importantes en la matière : la décision du 15 janvier 1975 concernant la « loi VEIL » sur l'interruption volontaire de grossesse (ci-après, *I.V.G.*) et celle du 17 juillet 1980 relative à la Convention franco-allemande d'entraide judiciaire. Elles concernent le refus d'utiliser les normes européennes comme paramètres de référence du contrôle

---

[1] A l'exception notable de l'Autriche, cf. *infra*.

de la constitutionnalité d'une loi d'une part et de l'examen de la non contrariété à la Constitution d'un engagement international d'autre part.

1)- La décision n° 74-54 DC du 15 janvier 1975[1]

Le conflit entre les traités et les lois internes constitue l'une des questions les plus classiques des rapports entre le droit international et le droit interne en France. Il en est de même de la solution adoptée par le Conseil constitutionnel dans sa décision du 15 janvier 1975 à propos de la loi sur l'*I.V.G.* Cette décision ayant déjà été largement commentée[2], on se contentera ici de mettre en relief les passages qui apparaissent importants pour nos développements. Le juge constitutionnel français avait en effet été saisi par quatre-vingt-un députés du problème de la conformité de la loi relative à l'*I.V.G.* avec, pour ce qui nous concerne ici, l'article 2 de la Convention européenne de sauvegarde des droits de l'Homme et des libertés fondamentales (ci-après, *C.E.D.H.*)[3]. Pour les requérants, « puisque la Constitution affirme la supériorité du traité sur la loi, une loi contraire à un traité méconnaît la hiérarchie des normes imposée par l'article 55[4], et partant, cette disposition elle-même : elle est donc contraire à la Constitution »[5].

---

[1] *Rec. D.C.C.*, p. 19 ; *RJC*-I, 30.

[2] Voir notamment : MM. E. M. BEY, *JCP* 1975, II, 18030 ; G. DRUESNE, *RMC* 1975, p. 285 ; L. FAVOREU et L. PHILIP, *RDP* 1975, p. 185 ; C. FRANCK, *RGDIP* 1975, p. 1070 ; L. HAMON, *D.* 1975, p. 530 ; NGUYEN QUOC DINH, *AFDI* 1975, p. 859 ; A. PELLET, *Gaz Pal* 1976, I, p. 25 ; J. RIDEAU, *CDE* 1975, p. 608 ; J. RIVERO, *AJDA* 1975, p. 134 ; J. ROBERT, *RIDC* 1975, p. 873 ; D. RUZIE, *JDI* 1975, p. 249. Voir plus récemment, s'agissant du débat sur la pertinence du maintien de la jurisprudence *IVG*, les contributions de MM. O. CAYLA, G. CARCASSONNE et B. GENEVOIS aux *Cahiers du Conseil constitutionnel*, n° 7/1999, respectivement pp. 77-86, pp. 93-100 et pp. 101-108.

[3] Cette disposition prévoit en substance que « le droit de toute personne à la vie est protégé par la loi ».

[4] Aux termes de l'article 55 de la Constitution : « Les traités ou accords régulièrement ratifiés ou approuvés ont, dès leur publication, une autorité supérieure à celle des lois, sous réserve, pour chaque accord ou traité, de son application par l'autre partie ».

[5] Argumentation résumée par J. RIVERO : « Note sur la décision du Conseil constitutionnel du 15 janvier 1975 », *AJDA* 1975, p. 135 ; voir également M. A. PELLET : « Qui est juge constitutionnel en France ? », *Gaz Pal*, 1976, p. 26 ; M. D. de BECHILLON : « De quelques incidences du contrôle de la conventionnalité internationale des lois par le juge ordinaire (Malaise dans la Constitution) », *RFDA* 1998, pp. 234-235. Voir aussi plus récemment, le point de vue de M. D. ROUSSEAU : « Chronique de jurisprudence constitutionnelle 1998-1999 », *RDP* 2000, pp. 29-31. Cet auteur affirme notamment que : « ...Le traité a un rang supralégislatif, le principe de la supériorité du traité sur la loi a valeur constitutionnelle ; contrôler son respect par le législateur implique nécessairement de vérifier la conformité d'une loi au traité pour éviter la promulgation d'une loi contraire à un principe constitutionnel ».

La Haute instance adoptera, pour sa part, une position inverse dans le cinquième considérant de sa décision : « Considérant qu'une loi contraire à un traité ne serait pas, pour autant, contraire à la Constitution ». Cette affirmation repose sur la différence de nature entre le contrôle du respect de la primauté du droit international et communautaire et l'examen de la constitutionnalité des lois prévu à l'article 61 de la Constitution. En effet, le juge constitutionnel considère que « les décisions prises en application de l'article 61 de la Constitution revêtent un caractère absolu et définitif », alors que la supériorité des traités sur les lois « présente un caractère relatif et contingent ». Le contrôle de constitutionnalité des lois n'est donc pas adapté au contrôle visant à confronter une loi à un traité. La conclusion qu'en tire le Conseil constitutionnel sera déterminante quant aux rapports entre le droit international et communautaire et le bloc de constitutionnalité : « ...Dans ces conditions, il n'appartient pas au Conseil constitutionnel, lorsqu'il est saisi en application de l'article 61 de la Constitution, d'examiner la conformité d'une loi aux stipulations d'un traité ou d'un accord international ». Pour autant, mentionnons à titre de rappel que cette conclusion a fait l'objet de critiques de la part d'une frange de la doctrine. Ainsi très récemment, M. D. de BECHILLON a-t-il considéré que : « ...Toute loi violant un traité viole la Constitution en ceci que cette dernière fait obligation au législateur de respecter le traité [...]. La loi inconventionnelle viole la Constitution par cela même que la Constitution contraint le législateur au respect de la convention »[1]. En adoptant un tel raisonnement, on veut montrer que contrôler la conformité d'une loi à un traité revient indirectement à assurer la primauté du second sur la première, telle qu'elle est prévue par l'article 55 de la Constitution. Autrement dit, le constituant aurait implicitement invité la Haute instance à intégrer les traités et accords internationaux régulièrement ratifiés ou approuvés dans les normes de référence du contrôle de la constitutionnalité des lois. Une telle argumentation conduirait à conférer une valeur constitutionnelle par ricochet aux engagements internationaux alors que l'article 55 vise plutôt à assurer l'effectivité de leur place supralégislative dans la hiérarchie des normes. De plus, ce raisonnement ne pourrait valoir que pour la confrontation d'une loi à un traité. Qu'en serait-il de la conformité d'un traité à une autre convention internationale ? Si habilitation implicite il y a, elle ne saurait exister pour ce type d'examen de conformité. Ce serait solliciter à l'excès l'article 55 de la Constitution de 1958. A ce stade, on en vient donc à considérer que même si la position retenue par le Conseil constitutionnel en 1975 peut être discutable sur le plan de la logique juridique, elle est justifiable du point de vue de l'opportunité jurisprudentielle[2]. Il aurait en effet été difficilement concevable d'intégrer au bloc

---

[1] M. D. de BECHILLON, *RFDA* 1998, *op. cit.*, p. 234 ; contra M. L. FAVOREU : « La prise en compte du droit international et communautaire dans la jurisprudence du Conseil constitutionnel », dans *Etudes offertes à A. PLANTEY*, éd. A. PEDONE, Paris 1995, p. 41.

[2] Voir notamment en ce sens, M. A. PELLET, *op. cit., Gaz Pal* 1976, p. 27.

de constitutionnalité un ensemble aussi vaste et disparate que celui des traités et accords ratifiés ou approuvés par la France[1].

Il est donc aisément compréhensible que cette jurisprudence de 1975 ait été étendue aux engagements internationaux lorsqu'est en cause une loi d'autorisation de ratification ou d'approbation. En effet, le Conseil constitutionnel va refuser d'apprécier la conformité d'un engagement international à une autre norme internationale ou européenne.

2)- La décision n° 80-116 DC du 17 juillet 1980[2]

Le Conseil constitutionnel avait été saisi par quatre-vingt-cinq députés communistes d'un recours contre la loi autorisant la ratification de la Convention franco-allemande additionnelle à la Convention européenne d'entraide pénale du 20 avril 1959[3]. Les requérants soutenaient notamment que la Convention franco-allemande du 24 octobre 1974 était contraire à la Constitution en tant qu'elle dérogeait à une Convention européenne d'entraide en matière pénale du 20 avril 1959.

Dans sa décision du 17 juillet 1980[4], le Conseil constitutionnel écartera ce moyen en refusant de l'examiner au fond. Sa déclaration d'incompétence sera formulée dans les termes suivants : « Qu'il n'appartient pas au Conseil constitutionnel, lorsqu'il est saisi en application de l'article 61 de la Constitution, d'apprécier la conformité d'un engagement international aux stipulations d'un traité ou d'un accord international ; que dès lors, il n'y a pas lieu d'examiner la conformité de la Convention franco-allemande aux stipulations de la Convention européenne ». Ce passage montre clairement la filiation entre la décision *I.V.G.* de 1975 et cette décision de juillet 1980. Elles font incontestablement partie du même courant jurisprudentiel : on ne saurait confondre contrôle de constitutionnalité et

---

[1] Sur la force de cette justification pratique, cf. notamment M. J. ROUX : *Le principe de la souveraineté de l'Etat dans la jurisprudence du Conseil constitutionnel*, Thèse, Université de Montpellier I, janvier 1998, tome II, pp. 508-509. Pour une justification plus fournie de la décision *IVG* de 1975, cf. MM. L. FAVOREU/L. PHILIP : *Les GDCC*, 10e éd., Dalloz, 1999, pp. 324-328.

[2] *Rec. D.C.C.*, p. 36 ; RJC-I, 80.

[3] En réalité, les députés communistes avaient dirigé leur recours contre la Convention franco-allemande elle-même. Afin de rendre ce recours recevable, le Conseil estimera « qu'une telle demande doit s'entendre comme concernant la loi d'autorisation de ratification et entraîne, par voie de conséquence, l'examen de la Convention franco-allemande signée le 24 octobre 1974 ». Incontestablement la Haute instance adopte là une interprétation assez audacieuse de l'article 61, alinéa 2 de la Constitution.

[4] Voir M. L. FAVOREU : « Analyse de la décision du 17 juillet 1980 relative à la Convention franco-allemande d'entraide judiciaire », *RDP* 1980, p. 1640 ; C. VALLEE : « A propos de la décision du Conseil constitutionnel du 17 juillet 1980 », *RGDIP* 1981, p. 202.

contrôle de conventionnalité. Mais la question essentielle pour notre propos reste de savoir quelles sont les principales implications de cette jurisprudence sur les rapports entre le droit international et communautaire et le bloc de constitutionnalité en France. La question avait été, en l'occurrence, remarquablement posée par MM. FAVOREU et PHILIP : « En réalité, la difficulté tenait, [...], à la détermination de la norme de référence : fallait-il ajouter aux normes contenues dans la Constitution, les Préambules et la Déclaration des droits, celles contenues dans les traités et accords ratifiés ou approuvés ? »[1].

Force est de reconnaître que malgré certaines critiques, notamment à l'encontre de la solution retenue en 1975, les fins de non recevoir évoquées plus haut ont abouti « à exclure les traités du bloc de la « supralégalité » que le Conseil constitutionnel est amené à faire respecter »[2] (B).

B/- La non prise en compte directe du droit international et communautaire dans le contentieux de constitutionnalité

Pour le Conseil constitutionnel le caractère « relatif et contingent » des normes contenues dans les engagements internationaux s'oppose à ce que ces derniers puissent faire partie de la supralégalité constitutionnelle ou du bloc de constitutionnalité. Cette solution va à l'encontre du raisonnement, déjà mentionné plus haut, selon lequel : « Une loi qui méconnaît un [...] engagement [international] méconnaît par là même la hiérarchie des normes instituée par l'article 55. Elle est donc contraire à la Constitution, puisqu'elle est contraire à l'article 55 qui, jusqu'à nouvel ordre, fait partie de la Constitution »[3]. Une telle argumentation, qui s'apparente à un syllogisme, ne tient aucun compte du fait qu'il n'existe aucun indice dans la Constitution qui puisse conduire à reconnaître compétence au Conseil constitutionnel quant à l'examen de la conformité d'une loi interne au droit international et communautaire. En effet, la Haute instance est chargée, dans le contentieux de la constitutionnalité, du contrôle de certains actes fondamentaux

---

[1] MM. L. FAVOREU et L. PHILIP : « Chronique constitutionnelle et parlementaire française. La décision du 15 janvier 1975 », *RDP* 1975, p. 188.

[2] Cf. M. D. RUZIE : « La Constitution française et le droit international (A propos de la décision du Conseil constitutionnel du 15 janvier 1975) », *JDI* 1975, p. 264.

[3] Voir M. R. ABRAHAM : *Droit international, droit communautaire et droit français*, Hachette, Paris, 1989, p. 113 ; dans le même sens, M. J. ROBERT : « La décision du Conseil constitutionnel du 15 janvier 1975 sur l'I.V.G. », *RIDC* 1975, p. 876. A l'inverse, NGUYEN QUOC DINH : « La jurisprudence française actuelle et le contrôle de la conformité des lois aux traités », *AFDI* 1975, p. 872, estimera que : « Au regard du Conseil constitutionnel, « une loi contraire à un traité ne serait pas, pour autant, contraire à la Constitution », pour la double raison que sa méconnaissance du principe de l'article 55 ne constitue pas une inconstitutionnalité d'une part, et que, d'autre part, le traité qu'elle transgresse n'a pas valeur constitutionnelle ».

(notamment les lois ordinaires et les engagements internationaux). Au vu de ce qui a été dit plus haut sur les difficultés pratiques de la solution inverse à celle retenue en 1975, on ne pourrait véritablement se satisfaire de l'argument d'une habilitation constitutionnelle implicite visant à donner plein effet à la règle posée à l'article 55 de la Constitution. Par ailleurs, il nous paraît difficile de voir dans la décision dite « *ressources propres* » du 19 juin 1970[1] un fondement de l'inclusion de « tout le droit international » dans « ...la supralégalité que le Conseil pourrait être amené à faire appliquer »[2]. On pouvait en effet douter de la pertinence d'un tel raisonnement : la référence au préambule de la Constitution de 1946 (et donc à ses alinéas 14 et 15) pouvait-elle être assimilée, en conjonction avec l'article 55 de la Constitution de 1958, à une intégration du droit communautaire dans le bloc de constitutionnalité ? A dire vrai, la déduction que faisait ainsi M. F. LUCHAIRE était discutable : de norme de référence du contrôle de constitutionnalité des engagements internationaux, l'alinéa 15 ne pouvait être compris comme une disposition constitutionnalisant l'ensemble du droit communautaire. Au demeurant la décision du 19 juin 1970 ne pose que le principe de l'incontestabilité constitutionnelle du droit communautaire définitif[3].

En sa qualité de juge de la constitutionnalité des actes fondamentaux, le Conseil constitutionnel ne peut donc pas opérer de contrôle de l'applicabilité ou de la conventionnalité de la loi[4]. Le Doyen FAVOREU en a tiré la conclusion suivante : « ...Le bloc de constitutionnalité ne s'identifie pas au bloc de supralégalité ; il est moins large »[5]. Au demeurant, on pouvait justifier la position du Conseil constitutionnel par deux autres considérations. Un argument de pure logique, pouvait d'abord être avancé : « Le pouvoir constituant ne peut « reprendre la parole » au cas d'annulation par le juge constitutionnel de normes législatives pour violation de normes internationales, ce qui confère alors audit juge un pouvoir considérable et même sans limites »[6]. Il faut y ajouter, à titre de rappel, une considération pratique qui vient en quelque sorte en complément de l'argument

---

[1] *Rec. D.C.C.*, p. 15 ; RJC-I, 21.

[2] Opinion émise par M. F. LUCHAIRE : « Le Conseil constitutionnel et la protection des droits et libertés du citoyen », dans *Mél. M. WALINE*, tome 2, LGDJ, 1974, p. 571.

[3] Il faut, à ce titre, rapprocher le considérant 5 de la décision n° 70-39 DC des considérants 5 à 8 de la décision *Maastricht I* du 9 avril 1992.

[4] A titre d'exception, il faut souligner qu'en tant que juge électoral, donc juge ordinaire et d'application de la loi, le Conseil a accepté de vérifier si l'article L. 169 du Code électoral était compatible avec l'article 3 du Protocole n° 1 additionnel à la *C.E.D.H.* qui garantit la liberté de choix de l'électeur, décision du 21 octobre 1988 - *5e circonscription du Val-d'Oise*, *Rec. D.C.C.*, p. 183.

[5] M. L. FAVOREU : « La prise en compte du droit international et communautaire dans la jurisprudence du Conseil constitutionnel », *op. cit.*, p. 34.

[6] M. L. FAVOREU, *ibid.*, p. 40. Argumentation à certains égards reprise, à propos du droit communautaire, par Mme C. DENIZEAU : *Existe-t-il un bloc de constitutionnalité ?*, *op. cit.*, p. 115.

précédent : « Intégrer la totalité des traités conclus par la France à la super-légalité constitutionnelle dont le Conseil est le gardien eût été donner à celle-ci un contenu, non seulement démesuré, mais encore difficilement concevable »[1]. De plus, au plan strictement communautaire, une autre difficulté pouvait poindre : qu'aurait décidé le Conseil constitutionnel en présence d'une difficulté d'interprétation d'une norme communautaire ? Aurait-il été obligé de saisir la *C.J.C.E.* d'une question préjudicielle en application de l'article 177 du traité instituant la Communauté européenne (article 234, Nouvelle numérotation des traités) ? Les délais stricts de l'article 61 de la Constitution (huit jours ou un mois) et les réticences du juge constitutionnel lui-même incitent à y apporter une réponse négative[2]. Même en jugeant qu'il n'y avait pas de difficulté, le Conseil constitutionnel aurait toujours été confronté à l'ampleur de « ce droit naturellement foisonnant » qu'est le droit communautaire[3].

Il faut dire au total que la Haute instance refuse de manière constante de faire entrer les normes internationales et européennes dans le bloc de constitutionnalité. Cette position a en outre été réaffirmée de façon régulière depuis 1975. Et en ce qui concerne plus particulièrement le droit communautaire, deux décisions de 1991 permettent de soutenir que cette solution est bien ancrée dans la jurisprudence internationale du juge constitutionnel français (C).

C/- Une construction bien ancrée dans la jurisprudence internationale du Conseil constitutionnel

Il nous a paru significatif de prendre comme exemple de cet ancrage deux décisions de juillet 1991 dans lesquelles le Conseil constitutionnel refuse de confronter, une loi interne pour l'une et un engagement international pour l'autre, au droit communautaire. Ces deux décisions apparaissent ainsi comme l'exact

---

[1] J. RIVERO, *op. cit.*, p. 136. M. G. DRUESNE : « *Le Conseil constitutionnel et le droit* communautaire. A propos de la décision du 15 janvier 1975 », *RMC* 1975, p. 287, avait lui aussi admis que « les problèmes que poserait la décision inverse [auraient été] difficiles à résoudre ». Cet argument a peut-être été le plus déterminant dans la solution retenue par le Conseil constitutionnel ; en ce sens, M. R. ABRAHAM : *Droit international, droit communautaire et droit français, op. cit.*, pp. 113-114. Notons enfin que M. D. de BECHILLON, *RFDA* 1998, *op. cit.*, pp. 236-237, se montre « beaucoup plus compréhensif et circonspect quant aux paramètres stratégiques et/ou d'opportunité de la décision d'incompétence du Conseil constitutionnel... ».

[2] Sur cet aspect de la question, cf. M. B. GENEVOIS : « Le droit de vote des citoyens de l'Union aux élections municipales : un contrôle à quadruple détente ? A propos de la décision du Conseil constitutionnel n° 98-400 DC du 20 mai 1998 », *RFDA* 1998, p. 677.

[3] Sur ce stock normatif considérable, voir le *Rapport public du Conseil d'Etat 1992*, *EDCE*, n° 44, La Documentation française - Paris, 1993, spécialement pp. 16-20.

prolongement des décisions n° 74-54 DC du 15 janvier 1975 et n° 80-116 DC du 17 juillet 1980.

1)- La décision n° 91-293 DC du 23 juillet 1991[1]

Le Conseil constitutionnel avait été saisi par plus de soixante sénateurs de la question de la conformité à la Constitution de la loi portant diverses dispositions relatives à la fonction publique. Il faut préciser que l'article 2 de cette loi[2] était destiné à ouvrir aux ressortissants communautaires l'accès à des emplois publics «dont les attributions sont soit séparables de l'exercice de la souveraineté, soit ne comportent aucune participation directe ou indirecte à l'exercice de prérogatives de puissance publique de l'Etat ou des autres collectivités publiques » (article 5 bis du Statut général de la fonction publique de l'Etat). Mais pour les auteurs de la saisine, cette disposition était contraire à l'article 48 du traité instituant la Communauté européenne (article 39, Nouvelle numérotation des traités)[3], et par conséquent, elle violerait le principe de la supériorité des traités sur les lois prévu à l'article 55 de la Constitution. Le juge constitutionnel y répondra en utilisant une formule très proche de celle contenue dans la décision de principe du 15 janvier 1975[4]. La conséquence du rejet de cette argumentation sera, une fois de plus, le refus d'intégrer la disposition communautaire (de droit originaire) en cause dans le bloc de constitutionnalité.

2)- La décision n° 91-294 DC du 25 juillet 1991[5]

Le Haut conseil fut saisi le 28 juin 1991 à l'initiative de certains députés de la loi autorisant l'approbation de la Convention d'application de l'Accord de Schengen du 19 juin 1990, relatif à la suppression graduelle des contrôles aux frontières communes à certains Etats membres de l'Union européenne. Les requérants estimaient notamment que la conformité de la Convention d'application au droit communautaire n'était pas établie[6]. Il était donc demandé au juge

---

[1] *Rec. D.C.C.*, p. 77 ; RJC-I, 453.
[2] Loi du 26 juillet 1991, *JORF*, 27 juillet 1991, p. 9952.
[3] Notons que l'article 48 est relatif à la libre circulation des travailleurs à l'intérieur de la Communauté. Et son paragraphe 4 stipule que : « Les dispositions du présent article ne sont pas applicables aux emplois dans l'administration publique ».
[4] Cf. supra.
[5] *Rec. D.C.C.* , p. 91 ; *RJC*-I, 455.
[6] Il faut noter que l'acquis Schengen est désormais intégré au dispositif de l'Union européenne par le Protocole n° 2 introduit par le traité signé à Amsterdam le 2 octobre 1997, cf. notamment M.

constitutionnel français de confronter ces différentes normes européennes entre elles. Le Conseil constitutionnel était ainsi confronté au même type de difficulté que celui rencontré dans la décision du 17 juillet 1980. Le droit communautaire pouvait-il servir de norme de référence en vue de l'examen de la constitutionnalité de la Convention d'application de l'Accord de Schengen ; examen rendu possible par la soumission au Conseil constitutionnel de la loi d'autorisation d'approbation de cette Convention ? Dans cette perspective, la Haute instance aurait bien pu utiliser les termes de l'article 134 de la Convention[1] pour déclarer l'irrecevabilité de ce moyen ou du moins, son caractère non fondé. Or elle ne fera que l'évoquer au début du 59e considérant de la décision[2] pour considérer à la suite qu'« il n'y a pas lieu d'examiner si la Convention dont la loi déférée autorise l'approbation serait contraire au traité instituant la Communauté économique européenne ou aux actes pris par les institutions communautaires sur le fondement de ce traité ». Autrement dit, ni le droit communautaire originaire ni le droit communautaire dérivé ne font partie du bloc de constitutionnalité.

Au vu de ces deux décisions de juillet 1991, il ne fait aucun doute que le droit communautaire reste exclu de la grille de référence du Conseil constitutionnel en matière de contentieux de la constitutionnalité des lois (ordinaires ou d'autorisation de ratification ou d'approbation). On retrouve un résultat semblable dans la jurisprudence constitutionnelle espagnole. En effet, nonobstant des motivations différentes, le Tribunal constitutionnel espagnol exclut expressément sa compétence concernant les conflits entre les traités et les lois internes, conflits dont la responsabilité incombe finalement aux juridictions ordinaires de ce pays. Une telle position reflète largement la tendance dominante au sein des juridictions suprêmes ou constitutionnelles de l'Union européenne (Paragraphe 2). Cela étant, la jurisprudence constitutionnelle française n'est pas demeurée intangible. En effet, les implications constitutionnelles de la ratification du traité sur l'Union européenne ont montré que le droit constitutionnel français pouvait être conduit à constitutionnaliser certaines dispositions communautaires (conventionnelles et de droit dérivé).

K. POLLET : « L'intégration de l'acquis Schengen dans le cadre de l'Union européenne : impact et perspectives après Amsterdam », dans M. DONY(Sous la direction de) : *L'Union européenne et le monde après Amsterdam*, éd. de l'Université de Bruxelles, 1999, p. 143.

[1] Aux termes de cet article 134 du titre VIII (Dispositions finales) de la Convention : « Les dispositions de la présente Convention ne sont applicables que dans la mesure où elles sont compatibles avec le droit communautaire ».

[2] Le premier membre de phrase de ce considérant est ainsi rédigé : «Considérant que les auteurs de la saisine, sans prendre en compte les stipulations de l'article 134 de la Convention... ».

Paragraphe 2 : Une situation analogue : le conflit traité-loi devant le Tribunal constitutionnel espagnol

L'article 10-2 de la Constitution espagnole[1] conduit le Tribunal constitutionnel à adopter, dans son interprétation des normes relatives aux droits de l'Homme, une position conforme aux engagements internationaux de l'Espagne ayant un tel objet[2]. Par ailleurs, l'article 96-1 de la Constitution espagnole[3] aurait pu servir de fondement à la résolution des conflits traités-lois. Mais ces deux dispositions ne sont pas très claires en ce qui concerne le fait de savoir si le Tribunal constitutionnel est compétent pour se prononcer sur une éventuelle contrariété entre une norme communautaire et une loi interne. L'appréciation sera dès lors menée principalement au regard du contentieux de la constitutionnalité en Espagne[4]. A ce propos, on peut dire que le juge constitutionnel espagnol adopte une position proche de celle du Conseil constitutionnel français. La seule nuance pourrait concerner le renvoi, de manière expresse, du conflit traité-loi aux juridictions ordinaires par le Tribunal constitutionnel espagnol[5]. A cette réserve près, la solution espagnole se résume de la manière suivante : « ...L'éventuelle contradiction entre une loi et un traité se pose toujours dans le domaine de l'applicabilité où, conformément à la Constitution, la seule compétence résolutoire est celle du juge ordinaire »[6]. Autrement dit, et comme le constate M. J. ROBERT : « ...Le Tribunal a jugé que les questions portant sur l'application du droit interne ou des traités entraient dans la compétence du juge ordinaire et non du juge

---

[1] Aux termes de cet article : « Les normes relatives aux droits fondamentaux et aux libertés seront interprétées conformément à la Déclaration universelle des droits de l'Homme et aux traités et accords internationaux portant sur les mêmes matières ratifiés par l'Espagne ».

[2] Sur cette question, voir notamment : M. J. R. FERNANDEZ : « Contrôle du droit interne contraire au droit communautaire européen et portée de l'article 10-2 de la Constitution espagnole dans la jurisprudence du Tribunal constitutionnel », *REDP*, vol. 5 - n° 1, 1993, p. 177.

[3] Selon cet article : « Les traités internationaux valablement conclus, une fois publiés officiellement en Espagne, font partie de l'ordre juridique interne... ».

[4] Le Tribunal constitutionnel est par exemple compétent pour connaître « du recours en inconstitutionnalité contre des lois et des dispositions normatives ayant force de loi... » : article 161-1-a de la Constitution espagnole.

[5] Il est vrai que dans sa décision n° 86-216 DC du 3 septembre 1986, *Rec. D.C.C.*, p. 135 ; *RJC*-I, 281, le Conseil a également incité les « divers organes de l'Etat de veiller à l'application [des] conventions internationales [régulièrement ratifiées ou approuvées] dans le cadre de leurs compétences respectives... » (considérant 6 de la décision). Les juridictions ordinaires, organes de l'Etat français, étaient ainsi appelées à exercer le contrôle de la conventionnalité des lois. Il n'en reste pas moins qu'une telle incitation est beaucoup moins directe que le renvoi effectué par le juge constitutionnel espagnol.

[6] M. J. L. REQUEJO PAGES : « Rapport espagnol sur le rang du droit international dans la hiérarchie des normes internes », dans P. BON (Sous la coordination de) : *Etudes de droit constitutionnel franco-espagnol*, éd. Economica, 1994, pp. 256-257.

constitutionnel »[1]. Plusieurs sentences du Tribunal constitutionnel espagnol peuvent servir d'illustration à cette affirmation[2]. Malgré une certaine fluctuation quant aux motivations avancées, le juge constitutionnel espagnol n'a pas varié s'agissant de la solution retenue à savoir, son incompétence à connaître de la conventionnalité d'une loi interne. En d'autres termes, le conflit entre le droit communautaire et les lois espagnoles ne comporte aucun caractère constitutionnel.

La première sentence 18/1991 du 14 février 1991 a été rendue à propos de la loi organique de 1987 qui adapte le droit espagnol aux exigences des élections au Parlement européen et de l'Acte portant élection des représentants à l'Assemblée au suffrage universel direct. Après avoir considéré que la violation du droit communautaire par une disposition de droit espagnol ne constitue pas nécessairement une violation de la Constitution[3], le Tribunal constitutionnel déclare : « En somme, l'éventuelle infraction de la législation communautaire européenne par des lois ou des normes étatiques ou autonomiques postérieures ne transforme pas en litige constitutionnel ce qui est uniquement un conflit de normes infraconstitutionnelles qui doit se résoudre au niveau des juridictions ordinaires ». Le Tribunal évacuait donc l'argumentation qui consistait à « considérer qu'une loi incompatible avec le droit communautaire, violait également indirectement les dispositions de la Constitution [articles 93 et 96-1] qui rendaient possibles l'intégration du droit communautaire dans l'ordre juridique interne »[4]. Une solution assez identique sera retenue dans la sentence *APESCO* du 22 mars 1991 : « La tâche de garantir l'application correcte du droit communautaire européen par les pouvoirs publics nationaux est une question de caractère infraconstitutionnel qui se trouve par là-même exclue du domaine du recours d'*amparo* comme des autres voies de recours constitutionnel ». Il faut noter que dans ces deux décisions de 1991, le Tribunal constitutionnel espagnol utilise la formule assez catégorique de « question de caractère infraconstitutionnel ». Cette motivation va évoluer avec la sentence *FOGASA*, 180/1993 du 31 mai 1993 dans laquelle le juge constitutionnel confirmera de façon plus nette et claire sa jurisprudence antérieure. Il considère en effet que le conflit entre les lois étatiques ou autonomiques et le droit communautaire ne transforme pas en litige constitutionnel ce qui est un simple

---

[1] M. J. ROBERT : « Rapport général de la IXe Conférence des Cours constitutionnelles européennes (Paris, 10-13 mai 1993) », *Conseil constitutionnel : Protection constitutionnelle et protection internationale des droits de l'Homme : concurrence ou complémentarité* ?, vol. II, p. 963.

[2] Ces exemples ont été tirés des ouvrages de Mmes L. BURGORGUE-LARSEN : *L'Espagne et la Communauté européenne*, éd. de l'Université de Bruxelles, 1995, pp. 254 à 257 et M. Le BARBIER-Le BRIS : *Le juge espagnol face au droit communautaire*, éd. Apogée, 1998, pp. 229-232.

[3] A rapprocher de la formule du Conseil constitutionnel selon laquelle : « Une loi contraire à un traité ne serait pas, pour autant, contraire à la Constitution ».

[4] Cf. Mme M. Le BARBIER-Le BRIS : *Le juge espagnol face au droit communautaire, op. cit.*, p. 230.

conflit de normes non constitutionnelles qui doit être résolu par la juridiction ordinaire[1]. On ne pouvait être plus ferme dans l'exclusion du droit communautaire des normes de référence du contentieux de la constitutionnalité en Espagne. Au surplus, on pourrait se demander si l'article 10-2 de la Constitution espagnole qui invite le juge, lorsqu'il s'agit de droits fondamentaux et de libertés, à prendre en compte les conventions internationales et donc le droit communautaire dans le cadre de son contrôle ne devrait pas conduire le juge constitutionnel à modifier sa jurisprudence. Il ne nous semble pas : il s'agit beaucoup plus de prendre les conventions internationales relatives aux droits fondamentaux comme des sources privilégiées d'interprétation et non comme des normes de référence à part entière du contentieux de constitutionnalité. En cas d'interprétation conforme, il est vrai que la différence avec un véritable contrôle est ténue. Cela étant, il est difficile de conclure que le Tribunal constitutionnel espagnol sera, à l'avenir et sur la base de l'article 10-2 de la Constitution, amené à opérer un contrôle direct de la législation interne par rapport aux normes de droit international et communautaire[2].

En définitive, on peut estimer avec les Pr. L. LOPEZ GUERRA et R. BEREIJO que « Le Tribunal [constitutionnel] se prononce au regard des seules normes du droit interne (Constitution et bloc de constitutionnalité) : de ce fait, une loi nationale ne pourrait être déclarée inconstitutionnelle du seul fait qu'elle enfreint les dispositions d'un traité... »[3]. Ceci revient à dire que le juge constitutionnel espagnol, à l'image du Conseil constitutionnel et, semble-t-il, de façon plus nette que ce dernier, s'interdit d'effectuer un contrôle de la conventionnalité des lois internes. On rejoint ainsi la position dominante au sein des Cours constitutionnelles des Etats membres de la Communauté[4].

---

[1] A rapprocher de la décision n° 213/1994 du 14 juillet 1994 et de la formule selon laquelle : « Ni le traité d'adhésion aux Communautés ni le droit de ces dernières ne constituent des paramètres de constitutionnalité à l'aune desquels devraient être examinées les lois de l'Etat espagnol », cf. Mme M. Le BARBIER-Le BRIS, *op. cit.*, pp. 230-232.

[2] Voir à ce sujet, l'interprétation éclairante adoptée par M. J. R. FERNANDEZ : « Contrôle du droit interne contraire au droit communautaire européen et portée de l'article 10-2 de la Constitution espagnole dans la jurisprudence du Tribunal constitutionnel », *op. cit.*, pp. 190-194. Il en ressort que ni les conventions internationales ni le droit communautaire ne constituent des « critères autonomes » de constitutionnalité. Et en tout état de cause, « ce sont les juges ordinaires qui, de par leur propre autorité, ont en main le pouvoir d'écarter l'application des lois internes postérieures contraires à une norme communautaire, y compris dans le domaine des droits fondamentaux », *ibid.*, p. 196.

[3] *Rapport de la délégation espagnole à la IXe Conférence des Cours constitutionnelles européennes*, *op. cit.*, vol. I, p. 298 ; également Mme Le BARBIER-Le BRIS, *op. cit.*, p. 231.

[4] Sur un tel point de vue, cf. M. L. FAVOREU : « La prise en compte du droit international et communautaire dans la jurisprudence du Conseil constitutionnel », *op. cit.*, p. 42 ; Mme Le BARBIER-Le BRIS, *op. cit.*, pp. 229-230 et 232. Concernant la Belgique par exemple, une jurisprudence constante de la Cour d'arbitrage pose comme principe : L'incompétence de la Cour « pour connaître de moyens qui sont pris directement de la violation de dispositions du droit international ou du droit communautaire ». Même combinées avec des dispositions

On n'en veut pour exemple que l'évolution de la jurisprudence de la Cour constitutionnelle italienne en la matière. En effet, le juge constitutionnel italien demeurait l'une des rares Cours constitutionnelles européennes à considérer que le conflit entre droit communautaire et loi interne devait être assimilé à une question de légitimité constitutionnelle. Fidèle à la logique dualiste du système constitutionnel italien, la Cour va, dans un premier temps, estimer que la contrariété d'une loi nationale au droit communautaire équivaut à une violation de l'article 11 de la Constitution, cette dernière disposition constituant le fondement de la loi d'incorporation du traité de Rome[1]. La Cour constitutionnelle italienne a ainsi reconnu sa compétence dans la sentence n° 232 du 30 octobre 1975 - *Industrie chimiche Italia centrale*[2]. Ceci devrait se traduire par une obligation pour les juridictions ordinaires de surseoir à statuer sur tout litige concernant un conflit entre une loi et le droit communautaire. En somme, le droit communautaire, à travers l'article 11 de la Constitution italienne, faisait partie du bloc de constitutionnalité. Le juge constitutionnel italien reconnaissait ainsi sa compétence là où le Conseil constitutionnel ou encore le Tribunal constitutionnel espagnol la réfutaient.

L'occasion de revenir sur cette jurisprudence initiale lui sera fournie par une saisine, à l'initiative d'un tribunal de Gênes, de la question de la constitutionnalité de l'article 3 d'une loi du 22 septembre 1978 contraire au droit communautaire. Le juge constitutionnel rejettera le renvoi préjudiciel, en refusant d'examiner la question au fond dans une sentence n° 170, *Granital* du 8 juin 1984[3]. Selon cet arrêt, le juge ordinaire « ne peut plus le saisir, au moins lorsque le motif de l'inconstitutionnalité se trouve dans la contrariété entre la loi et la norme communautaire »[4]. En invitant ainsi les juridictions ordinaires à écarter, de leur propre initiative, les lois nationales contraires au droit communautaire, la Cour

---

constitutionnelles (articles 10 et 11 de la Constitution belge), les normes internationales et communautaires sont neutralisées par le juge constitutionnel belge et ne produisent donc aucun effet quant au contrôle des lois internes ; parmi de nombreux arrêts, voir notamment les décisions n° 11/94 du 27 janvier 1994, n° 5/95 du 2 février 1995 et n° 35/95 du 25 avril 1995, dans MM. J. SAROT, P. VANDERNOOT et E. PEREMANS : *Dix ans de jurisprudence de la Cour d'arbitrage (5 avril 1985 - 31 août 1995)*, 2 vol., Bruylant, Bruxelles, 1995, pp. 25-29. Voir aussi l'interprétation adoptée à ce propos par M. F. DELPEREE : « Les rapports de cohérence entre le droit constitutionnel et le droit international public. Développements récents en Belgique », *RFDC* 1998, pp. 731-732.

[1] Cf. M. F. HERVOUËT : « Politique jurisprudentielle de la Cour de justice et des juridictions nationales », *RDP* 1992, pp. 1272-1273 ; M. B. de WITTE : « Retour à « Costa ». La primauté du droit communautaire à la lumière du droit international », *RTDE* 1984, p. 452 ; M. D. CARREAU : « Droit communautaire et droits nationaux : concurrence ou primauté ? », *RTDE* 1978, pp. 386-387.

[2] *Gazzetta ufficiale*, 5 novembre 1975, n° 293.

[3] *Gazzetta ufficiale*, 20 juin 1984, n° 169. Sur cette décision, voir M. J.-V. LOUIS, *CDE* 1986, p. 185.

[4] M. F. HERVOUËT, *RDP* 1992, *op. cit.*, pp. 1273-1274.

constitutionnelle italienne s'aligne sur les solutions des juridictions constitutionnelles française et espagnole.

Néanmoins cette jurisprudence de la Cour italienne n'est pas dénuée de quelque retour en arrière ou de certaines nuances. Ainsi a-t-elle accepté dans deux sentences n° 384 de 1994 et n° 94 de 1995 d'effectuer un contrôle abstrait des dispositions nationales(lois provinciales ou régionales, loi nationale qui empiète sur les compétences régionales) contraires au droit communautaire[1]. Ce qu'elle refuse désormais de faire par voie d'exception depuis la décision *Granital*, devient possible à l'occasion d'un contrôle abstrait de constitutionnalité[2]. Pour Mme F. ASTENGO, cette solution serait justifiée par la nécessité « d'écarter à la racine le risque de ne pas respecter les obligations communautaires ». Elle ajoute qu'en particulier dans la décision n° 384, la Cour constitutionnelle italienne a confirmé le principe selon lequel le conflit entre une loi nationale et une norme communautaire « ne pouvait donner lieu à une question de légitimité constitutionnelle »[3]. En dépit de toutes ces précautions, il faut dire que le juge constitutionnel italien s'est en quelque sorte démarqué non seulement de la solution de l'arrêt *Granital* mais également de la ligne tracée par ses homologues européens, notamment français et espagnol. En effet, accepter d'opérer un contrôle abstrait de constitutionnalité des lois, par hypothèse, contraires aux normes communautaires revient à conférer un caractère constitutionnel à un tel conflit et donc à intégrer, pour cette circonstance, lesdites normes au bloc de constitutionnalité. Par ce contrôle, la Cour constitutionnelle italienne s'attache peut-être à éliminer en amont toute violation potentielle de ses obligations communautaires par l'Etat italien. Une telle position viserait donc à éviter les hypothèses dans lesquelles une loi italienne serait amenée « à empêcher ou à préjuger le respect des principes essentiels des traités communautaires »[4]. Au demeurant, au-delà de ce cas de figure particulier, il ne faut pas perdre de vue que la Cour constitutionnelle italienne, dans son ordonnance n° 244 du 19 juin 1994, a posé « le principe général du caractère préalable de l'appréciation de la compatibilité avec le droit communautaire des dispositions législatives nationales

---

[1] Cf. M. J. RIDEAU : *Droit institutionnel de l'Union et des Communautés européennes, op. cit.*, p. 949.

[2] Il s'agit peut-être de ce que M. HERVOUËT, *RDP* 1992, *op. cit.*, p. 1275, qualifiait de « porte de sortie » laissée par la Cour constitutionnelle italienne dans le point 7 de l'arrêt *Granital.* En effet, elle s'était reconnue « le pouvoir de vérifier la constitutionnalité d'une loi dans la mesure où ses dispositions aboutiraient à empêcher ou à perturber le respect durable du traité.. ».

[3] Mme F. ASTENGO, dans *Les Etats membres de l'Union européenne, op. cit.*, p. 335.

[4] M. V. di BUCCI : « L'application du droit communautaire en Italie », *RFDA* 1990, p. 976. Sur les motivations de cette solution retenue par la Cour constitutionnelle italienne en 1994 et en 1995, cf. Mme F. ASTENGO, *ibid.* Cette solution a enfin été explicitée par M. R. GRANATA(Président de la Cour constitutionnelle italienne) à l'occasion d'un entretien avec M. B. GENEVOIS, *Les Cahiers du Conseil constitutionnel*, n° 6/1999, p. 42.

par rapport à l'appréciation de la conformité de celles-ci avec les règles de la Constitution et ceci par « tout juge » italien... »[1].

Conclusion de la Section I

Les développements qui précèdent ont montré que le droit international et communautaire en France, au regard de la jurisprudence du Conseil constitutionnel, dispose d'une place « extra-constitutionnelle ». En effet, en France comme en Espagne notamment, les juges constitutionnels se refusent à trancher les conflits entre une loi interne et une norme internationale ou européenne, sur le motif qu'ils ne disposent d'aucun caractère constitutionnel. Le droit constitutionnel autrichien est le seul, à notre connaissance, qui accepte d'intégrer certaines normes internationales dans le bloc de constitutionnalité[2]. Il s'agit en effet du cas des traités d'Etats modifiant ou complétant la Constitution. Pour Mme S. PEYROU-PISTOULEY , ces traités sont « expressément désignés en tant que « textes modifiant le droit constitutionnel », ils sont pleinement intégrés à la Constitution, [...]. Intégrés par là même au bloc de constitutionnalité, ils deviennent des normes de référence pour les lois fédérales ordinaires et toutes les lois de Land... »[3].

Avec la position autrichienne, on se trouve devant un exemple d'intégration sectorielle et volontaire de normes européennes (ici, la *C.E.D.H.* et ses Protocoles additionnels) dans le bloc de constitutionnalité. Une telle configuration des choses pourrait-elle se retrouver en France ? Autrement dit, s'achemine-t-on en France vers une situation à l'autrichienne, c'est-à-dire vers une inclusion parcellaire des normes européennes dans le bloc de constitutionnalité ? Un tel débat a été suscité par les problèmes constitutionnels qui ont entouré la ratification par la République française du *TUE*. Il apparaît comme étant désormais tranché depuis la décision du Conseil constitutionnel n° 98-400 DC du 20 mai 1998 (Section II).

---

[1] Sur l'analyse de cette ordonnance n° 244, voir Mme C. BLONDIAU, *CDE* 1996, pp. 93-95.

[2] Il faut bien évidemment y exclure la situation britannique. En effet, la Grande-Bretagne ne dispose pas d'une Constitution formelle à l'exemple de ses partenaires européens. Mentionnons cependant que la CEDH a été récemment incorporée dans l'ordre juridique britannique par le *Human Rights Act 1998*, cf. M. J. BELL : « La révolution constitutionnelle au Royaume-Uni », *RDP* 2000, pp. 427-431.

[3] Cf. Mme S. *PEYROU-PISTOULEY : La Cour constitutionnelle et le contrôle de constitutionnalité des* lois en Autriche, éd. Economica, 1993, p. 191 ; Voir également M. P. JAHN : « Rapport de la délégation autrichienne à la IXe Conférence... », vol. I, *op. cit.*, p. 115, pour qui : « La *C.E.D.H.* et ses protocoles additionnels, comme toute autre disposition constitutionnelle, sont pris comme référence pour le contrôle de constitutionnalité des lois... » ; dans le même sens, M. L. ADAMOVITCH : « Intervention à la IXe Conférence... », vol. II, *op. cit.*, pp. 970-971. Une telle valeur constitutionnelle peut également être conférée au *TUE* puisqu'il modifie la Constitution, cf. Mme C. GREWE et M. H. OBERDORFF : « Introduction », dans *Les Constitutions des Etats de l'Union européenne, op. cit.*, p. 14.

Section II : La discussion sur une éventuelle inclusion de certaines normes européennes au bloc de constitutionnalité

La loi constitutionnelle n° 92-554 du 25 juin 1992 a introduit un nouveau titre dans la Constitution de 1958 : « Des Communautés européennes et de l'Union européenne ». De plus certaines dispositions de cette loi constitutionnelle, notamment celles qui allaient devenir les articles 88-2 et 88-3 de la Constitution, précisent que les transferts de compétences consentis aux institutions européennes le sont « selon les modalités prévues par le traité sur l'Union européenne signé le 7 février 1992 »[1]. Cette référence, en elle-même, pouvait déjà susciter un certain nombre d'interprétations quant à la valeur constitutionnelle ou non du traité de Maastricht. S'y ajoute l'interprétation faite par le Conseil constitutionnel de l'article 88-3 de la Constitution[2], dans sa décision *Maastricht II* du 2 septembre 1992. Celle-ci contribuait indéniablement à alimenter le débat sur une éventuelle introduction du traité sur l'Union européenne dans le bloc de constitutionnalité (Paragraphe 1). Le Haut Conseil lui-même apportera, à la suite de la doctrine dominante, une réponse beaucoup plus nuancée et circonstanciée. Par ailleurs, avec la loi constitutionnelle n° 93-1256 du 25 novembre 1993[3], provoquée par une décision de non-conformité partielle du Conseil constitutionnel, on se trouve, semble-t-il, devant un exemple d'intégration volontaire dans la Constitution d'une clause conventionnelle (Paragraphe 2). En effet, cette révision insère dans la Constitution un article 53-1 qui reprend, à quelque chose près, le contenu d'une disposition conventionnelle. Il faut d'emblée préciser que la ligne de conduite principale du droit constitutionnel français en matière internationale, qui vise à exclure les engagements internationaux du bloc de constitutionnalité ne nous paraît pas être remise en cause.

---

[1] Semblable référence à un traité communautaire est faite également par la loi constitutionnelle n° 99-49 du 25 janvier 1999 modifiant les articles 88-2 et 88-4 de la Constitution, *JORF*, 26 janvier 1999, p. 1343. En effet, l'article 1er, alinéa 2 de cette loi ajoute un alinéa supplémentaire à l'article 88-2 de la Constitution ; alinéa dans lequel il est précisé que la France peut consentir à certains transferts de compétences déterminés « selon les modalités prévues par le traité instituant la *C.E.*, dans sa rédaction résultant du traité signé le 2 octobre 1997 ».

[2] Aux termes de cette disposition : « Sous réserve de réciprocité et selon les modalités prévues par le traité sur l'Union européenne signé le 7 février 1992, le droit de vote et d'éligibilité aux élections municipales peut être accordé aux seuls citoyens de l'Union résidant en France. Ces citoyens ne peuvent exercer les fonctions de maire ou d'adjoint ni participer à la désignation des électeurs sénatoriaux et à l'élection des sénateurs. Une loi organique votée dans les mêmes termes par les deux assemblées détermine les conditions d'application du présent article ».

[3] *JORF*, 26 novembre 1993, p. 16296.

Paragraphe 1 : L'article 88-3 de la Constitution, le TUE et le bloc de constitutionnalité

Dans sa décision n° 92-308 DC du 9 avril 1992 (considérants 26 et 27)[1], le Conseil constitutionnel avait considéré que la reconnaissance du droit de vote et d'éligibilité aux élections municipales en France au profit des citoyens de l'Union était contraire à la Constitution. Il se fondait notamment sur le fait que la désignation des conseillers municipaux avait une incidence sur l'élection des sénateurs : le Sénat assurant non seulement la représentation des collectivités locales mais participant également et surtout à l'exercice de la souveraineté nationale. Cet obstacle constitutionnel fut finalement levé par la révision constitutionnelle de juin 1992, à travers l'article 88-3 de la Constitution. La portée de la dernière phrase de cette disposition[2] fit l'objet d'une précision de la part du juge constitutionnel français dans la décision n° 92-312 DC. Et c'est principalement au regard de cette interprétation du Conseil constitutionnel que va naître une controverse doctrinale concernant les (nouveaux ?) rapports entre le droit européen et le bloc de constitutionnalité (A). Mais le Haut Conseil fera justice, dans sa décision n° 98-400 DC du 20 mai 1998, de certaines thèses doctrinales qui concluaient à l'insertion du *TUE*, et même de l'ensemble du droit communautaire, dans le bloc de constitutionnalité. Pour la Haute instance en effet, il s'agit d'une exception à sa jurisprudence *IVG*, exception expressément autorisée par l'article 88-3 de la Constitution (B).

A/- La décision *Maastricht II* du 2 septembre 1992 et la discussion sur l'inclusion éventuelle du traité sur l'Union européenne au bloc de constitutionnalité

Il convient en premier lieu de présenter la prise de position du Conseil constitutionnel concernant le dernier membre de phrase de l'article 88-3 de la Constitution, résultant d'un amendement sénatorial. Il sera dès lors possible dans un second temps d'évoquer la controverse doctrinale proprement dite qui s'en est suivie.

---

[1] *Rec. D.C.C.*, p. 55 ; *RJC*-I, 497.

[2] Il y est prévu qu'« une loi organique votée dans les mêmes termes par les deux assemblées détermine les conditions d'application du présent article ».

1)- L'article 88-3 de la Constitution et la décision *Maastricht II*

Le droit de vote et d'éligibilité aux élections municipales prévu à l'article 8 B, paragraphe 1 du traité de Rome, introduit par le traité de Maastricht (article 19, Nouvelle numérotation des traités)[1] fut la principale pierre d'achoppement du processus de révision constitutionnelle nécessaire à la ratification de ce traité[2]. M. L. COHEN-TANUGI fera, à cet égard, allusion à une « ...guérilla d'arrière-garde [...] contre la citoyenneté européenne... »[3]. Nous évoquerons essentiellement ici l'amendement sénatorial qui visait à encadrer la mise en œuvre du droit de vote et d'éligibilité aux élections municipales dans l'ordre juridique français. A ce titre il est intéressant de rapporter à nouveau les termes de la dernière phrase de l'article 88-3 de la Constitution : « Une loi organique votée dans les mêmes termes par les deux assemblées détermine les conditions d'application du présent article ». Cette initiative de la Commission des lois du Sénat comporte une conséquence essentielle : elle élargit le domaine d'application des lois organiques relatives au Sénat[4]. Or une difficulté pouvait se poser : en sus des conditions d'application de l'article 88-3 de la Constitution, il faut souligner que le traité sur l'Union européenne avait lui-même prévu les modalités d'application du droit de vote et d'éligibilité aux élections municipales, dans son article 8 B, paragraphe 1 : « ...Ce droit sera exercé sous réserve des modalités à arrêter avant le 31 décembre 1994 par le Conseil, statuant à l'unanimité sur proposition de la Commission et après consultation du Parlement européen... »[5]. Tout le problème résidait donc dans l'articulation entre les conditions d'application prévues à l'article 88-3 de la Constitution et les modalités fixées à l'échelon communautaire. En effet, il était possible de penser que l'article 88-3 revenait à donner un pouvoir considérable ou à réserver aux parlementaires français, et notamment au Sénat, la détermination de ces modalités d'application de l'article 8 B, paragraphe 1 du traité instituant la

---

[1] Selon cet article : « Tout citoyen de l'Union résidant dans un Etat membre dont il n'est pas le ressortissant a le droit de vote et d'éligibilité aux élections municipales dans l'Etat membre où il réside, dans les même conditions que les ressortissants de cet Etat... »

[2] Voir notamment M. F. LUCHAIRE, *RDP* 1992, p. 933.

[3] M. L. COHEN-TANUGI : *Le choix de l'Europe*, Fayard, 1995, p. 63.

[4] Cette catégorie de lois organiques est prévue au quatrième alinéa de l'article 46 de la Constitution de 1958 : « Les lois organiques relatives au Sénat doivent être votées dans les mêmes termes par les deux assemblées ».

[5] Ce qui fut fait grâce à la directive n° 94-80 du Conseil du 19 décembre 1994 fixant les modalités de l'exercice du droit de vote et d'éligibilité aux élections municipales par les citoyens de l'Union résidant dans un Etat membre dont ils n'ont pas la nationalité, *JOCE*, L 368, 31 décembre 1994, p. 38. Suite à l'adhésion de l'Autriche, de la Finlande et de la Suède à l'Union européenne, ce texte a été modifié par une nouvelle directive du Conseil n° 96-30 en date du 13 mai 1996, *JOCE*, L 122, 22 mai 1996, p. 12.

Communauté européenne. Cette incertitude sera levée par le Conseil constitutionnel dans sa décision n° 92-312 DC du 2 septembre 1992[1].

La Haute instance avait été saisie, sous l'impulsion de M. C. PASQUA, par soixante-dix sénateurs au titre du nouvel article 54 de la Constitution[2]. Il lui était demandé de contrôler la conformité du *TUE* à la Constitution révisée. Etant invité « à examiner d'office toute incompatibilité entre l'article 8 B [...] et l'article 88-3 de la Constitution », le juge constitutionnel français sera conduit à apporter une précision sur la portée véritable de la dernière phrase de l'article 88-3. Il estimera tout d'abord que toute éventuelle incompatibilité entre l'article 8 B-1 du traité et la Constitution avait été levée par la nouvelle disposition constitutionnelle[3]. Il indiquera ensuite que « le renvoi, pour la détermination des conditions d'application de l'article 88-3, à une loi organique postule que ce dernier texte soit lui-même conforme aux modalités d'exercice du droit de vote et d'éligibilité aux élections municipales des ressortissants autres que les nationaux français, prévues par le traité sur l'Union européenne ; qu'ainsi la loi organique devra respecter les prescriptions édictées à l'échelon de la Communauté européenne pour la mise en œuvre du droit reconnu par l'article 8 B, paragraphe 1 »[4]. En d'autres termes le Parlement français, et donc le Sénat, ne disposera pas d'une marge de manœuvre déterminante dans la fixation des modalités d'application de cette disposition conventionnelle communautaire puisqu'il devra respecter les prescriptions de la directive du Conseil de l'Union européenne du 19 décembre 1994. MM. R. KOVAR et D. SIMON peuvent donc très logiquement affirmer que : « L'interprétation du Conseil constitutionnel, tout à fait irréprochable du point de vue de l'orthodoxie communautaire, relativise ainsi la portée des prétendus verrous constitutionnels introduits lors des débats parlementaires sur la révision constitutionnelle »[5].

Nonobstant cet aspect du problème, la véritable question pour notre propos est de savoir quelles sont les conséquences à tirer de l'affirmation du Conseil constitutionnel selon laquelle : « ...La loi organique devra respecter les

---

[1] *Rec. D.C.C.*, p. 76 ; *RJC*-I, 506.

[2] Depuis la révision de juin 1992 en effet, soixante députés ou soixante sénateurs peuvent désormais saisir le Conseil constitutionnel de la constitutionnalité d'un engagement international.

[3] Le fait que le droit de vote et d'éligibilité des ressortissants communautaires aux élections municipales soit prévu à titre facultatif et non obligatoire par l'article 88-3, n'enlevait rien à la pertinence de cette conclusion (considérants 25 et 26).

[4] Considérant n° 27 de la décision. La position du Conseil constitutionnel est à rapprocher de la phrase ajoutée à l'article 28-1 de la Loi fondamentale allemande par la révision constitutionnelle du 21 décembre 1992 : « ...Pour les élections dans les arrondissements et les communes, les personnes possédant la nationalité d'un Etat membre de la Communauté européenne sont également électrices et éligibles dans les conditions du droit de la Communauté européenne ».

[5] MM. R. KOVAR - D. SIMON : « La citoyenneté européenne », *CDE* 1993 p. 305 ; dans le même sens, M. NGUYEN VAN TUONG qui considère que la « conquête sénatoriale n'est pas de taille », *LPA* 8 décembre 1993, n° 147, p. 25.

prescriptions édictées à l'échelon de la Communauté européenne pour la mise en œuvre du droit reconnu par l'article 8 B, paragraphe 1 ». Or l'on sait que, comme les règlements des assemblées parlementaires, les lois organiques sont obligatoirement soumises pour examen à la Haute instance avant leur promulgation[1]. Ceci revient à dire qu'elle se prononcera automatiquement sur la constitutionnalité de la loi organique mettant en œuvre la directive communautaire de décembre 1994[2]. Toute la difficulté consiste à savoir si cet examen de conformité, à partir du moment où y seront intégrées les prescriptions édictées à l'échelon communautaire, équivaudra à intégrer, à travers l'article 8 B, paragraphe 1, le traité sur l'Union européenne au bloc de constitutionnalité. La doctrine divergera quant à la solution à donner à cette interrogation.

2)- La controverse doctrinale sur les implications de la décision *Maastricht II* au regard du bloc de constitutionnalité

Dans son rapport général sur la IXe Conférence des Cours constitutionnelles européennes tenue à Paris en mai 1993, M. J. ROBERT posa ainsi le problème des rapports entre le droit international et communautaire et le bloc de constitutionnalité en France : la solution de l'exclusion des engagements internationaux du bloc de constitutionnalité « a aujourd'hui valeur de principe mais la doctrine se demande si le Conseil constitutionnel n'y apportera pas le moment venu une exception justifiée par les termes de l'article 88-3 ajouté à la Constitution par la loi constitutionnelle du 25 juin 1992 »[3]. Ainsi certains auteurs voient-ils dans la décision n° 92-312 DC et dans la référence faite « au traité sur l'Union européenne signé le 7 février 1992 », une sorte de consécration par le droit constitutionnel français, et notamment par le Conseil constitutionnel, de la valeur constitutionnelle de cet engagement communautaire. Cette thèse milite donc plus ou moins pour une inclusion de ce dernier dans le bloc de constitutionnalité. Cela étant, il est permis, à l'image d'autres auteurs, de pencher pour une conception beaucoup plus circonspecte et moins catégorique que cette première thèse. En effet il ne s'agirait pas d'une intégration globale du traité de Maastricht dans les normes de référence du contrôle de constitutionnalité, mais uniquement d'une

---

[1] En effet, aux termes du premier alinéa de l'article 61 de la Constitution : « Les lois organiques, avant leur promulgation, et les règlements des assemblées parlementaires, avant leur mise en application, doivent être soumis au Conseil constitutionnel, qui se prononce sur leur conformité à la Constitution ».

[2] Ce sera le cas avec la décision du 20 mai 1998 ; décision à propos de laquelle nous reviendrons au point B de ce paragraphe.

[3] *Protection constitutionnelle et internationale des droits de l'Homme...*, vol. II, *op. cit.*,p. 808.

constitutionnalisation circonstanciée de certaines dispositions communautaires (conventionnelles et de droit dérivé).

a)- Il faut rappeler que, dans sa décision du 2 septembre 1992, le Conseil constitutionnel a considéré en substance que « ...la compétence de l'autorité nationale pour l'application de l'article 8 B, paragraphe 1 sera tout à la fois seconde et subordonnée par rapport aux dispositions arrêtées sur le plan communautaire »[1]. Or contrairement à cette opinion, une partie de la doctrine a estimé que le contrôle du respect de ces dispositions par la loi organique prévue à l'article 88-3 impliquera une intégration du traité de Maastricht dans le bloc de constitutionnalité. Ceci d'autant plus qu'il est fait formellement référence dans la Constitution de 1958 non seulement à ce traité mais également aux « Communautés européennes et à l'Union européenne ».

Rappelons que la thèse de la nécessaire constitutionnalisation de certains traités européens remonte à la contestation de la pertinence de la réserve de réciprocité à l'égard des conventions humanitaires, notamment la *C.E.D.H.*, et même vis-à-vis du droit communautaire[2]. Pour ce faire, il convenait de faire entrer de telles conventions au sein des paramètres de la constitutionnalité des lois. De telles considérations doctrinales réapparaîtront dès 1992 à la faveur de la mention dans la Constitution française des « modalités prévues par le traité sur l'Union européenne signé le 7 février 1992 » et de la prise de position du Conseil constitutionnel s'agissant plus particulièrement de la référence qui en est faite à l'article 88-3 de la Constitution.

Dans un premier temps, certains auteurs considèrent de manière générale que la révision du 25 juin 1992 a conféré une valeur constitutionnelle au traité de Maastricht et, peut-être, à l'ensemble du droit communautaire[3]. Ainsi la simple mention formelle du traité sur l'Union européenne dans le texte constitutionnel aurait-elle entraîné l'intégration de cet engagement communautaire dans la « grille de constitutionnalité » du Conseil constitutionnel. Une telle position était par exemple soutenue par le doyen Y. MADIOT pour qui la loi constitutionnelle, en particulier son article 88-1, « fait entrer le droit communautaire des traités dans la

---

[1] M. B. GENEVOIS : « Le traité sur l'Union européenne et la Constitution révisée », *RFDA* 1992, p. 949.

[2] Voir par exemple, M. D. ROUSSEAU : « L'intégration de la *C.E.D.H.* au bloc de constitutionnalité », dans D. ROUSSEAU et F. SUDRE(Sous la direction de) : *Conseil constitutionnel et Cour européenne des droits de l'Homme*, les éd. STH, 1990, pp. 120-121. M. S. BRACONNIER : *Jurisprudence de la Cour européenne des droits de l'Homme et droit administratif français*, éd. Bruylant, Bruxelles, 1997, pp. 128-130, souligne, quant à lui, les nombreux problèmes que pourraient poser les modalités pratiques d'une intégration de la *C.E.D.H.* dans la Constitution.

[3] Pour une proposition tendant à reconnaître valeur constitutionnelle aux traités communautaires passés et futurs, cf. M. G. DRAGO : *Contentieux constitutionnel français*, *op. cit.*, p. 363.

Constitution. Le contrôle de constitutionnalité des lois [...] peut donc être exercé par rapport à ces dispositions »[1].

Une autre approche « maximaliste » de la question consiste tout simplement à se focaliser sur le renvoi, dans les articles 88-2 et 88-3, aux « modalités prévues par le traité sur l'Union européenne signé le 7 février 1992 », pour inférer à l'inclusion dans le bloc de constitutionnalité des dispositions relatives au droit de vote et d'éligibilité des ressortissants communautaires aux élections municipales, et concernant l'union économique et monétaire et la politique commune des visas. Pour les tenants de cette thèse, les dispositions correspondantes « ont acquis en droit interne, valeur constitutionnelle par la référence qui s'y trouve dans la Constitution »[2]. Cela étant, il est difficile, pour notre part, de dire que le traité sur l'Union européenne a valeur constitutionnelle. En effet, la référence que l'on trouve notamment aux articles 88-2 et 88-3 de la Constitution participe seulement du caractère minimaliste ou ponctuel de la révision constitutionnelle de juin 1992[3]. Elle sert donc à sauvegarder l'autonomie constitutionnelle française, entendue comme la nécessaire maîtrise par le constituant du processus d'approfondissement de la construction communautaire. On en a eu confirmation avec la révision du 25 janvier 1999 modifiant les articles 88-2 et 88-4 de la Constitution ; révision dans laquelle le constituant réitère la référence à un traité communautaire, en l'occurrence le traité d'Amsterdam signé le 2 octobre 1997. Nul ne pourrait en effet soutenir que l'on serait là en présence d'un processus de constitutionnalisation du traité d'Amsterdam. Tout au contraire, il s'est agi, pour le constituant français, de se situer dans le prolongement de la révision constitutionnelle du 25 juin 1992 et donc, d'ajuster au plus près les termes de la modification de l'article 88-2 aux exigences de la ratification du traité d'Amsterdam. Au total, les rédacteurs de l'article 88-2, alinéa 2 de la Constitution ont voulu « maintenir l'intervention du pouvoir constituant pour tous nouveaux transferts de compétences, lorsque ceux-ci

---

[1] Y. MADIOT : « La protection internationale de la personne : point de vue français », dans *La personne, sujet de droit*, PUF, 1994, pp. 194-195. Il estime de surcroît que « la Convention européenne est entrée dans le bloc français de constitutionnalité avec le droit communautaire ou par le détour du droit communautaire ». Dans une moindre mesure, M. J. BOULOUIS, *CDE* 1994, p. 14.

[2] Cf. notamment M. B. MATHIEU, *LPA* 8 mars 1995, n° 29, p. 14 ; M. J.-F. LACHAUME, *AFDI* 1994, p. 966 ; MM. T. S. RENOUX - M. de VILLIERS : *Code constitutionnel, op. cit.*, p. 455 ; M. J.-P. DUPRAT : « Les actes internationaux devant le Conseil constitutionnel », dans D.G. LAVROFF(Sous la direction de) : *La conduite de la politique étrangère de la France sous la Ve République*, Presses universitaires de Bordeaux, 1995, p. 25. Ce dernier auteur considère par ailleurs que le « principe interprétatif » que devrait constituer l'article 88-1 « pourrait même être sollicité comme une disposition de portée générale constitutionnalisant le droit communautaire ».

[3] Voir infra Section II, du Chapitre I, du Titre II de la Seconde partie. Il faut également souligner que le non danois au traité, par un référendum de mai 1992, a certainement joué un rôle dans cette évolution des débats parlementaires sur la révision constitutionnelle.

s'avéreront nécessaires et affecteront les conditions essentielles d'exercice de la souveraineté nationale »[1].

En second lieu, on peut déceler une certaine tendance à vouloir utiliser le principe *pacta sunt servanda*, composante des « règles du droit public international » auxquelles la France doit, en application de l'alinéa 14 du préambule de la Constitution de 1946, se conformer comme un argument impliquant l'insertion des engagements internationaux définitifs dans le bloc de constitutionnalité[2]. Plus précisément, cette argumentation se fonde sur la décision *Maastricht I* du 9 avril 1992 (considérant n° 8) dans laquelle le Conseil constitutionnel indique qu'il prendra en compte les engagements communautaires antérieurs pour « déterminer la portée du traité soumis à son examen ». Est-ce pour autant dire que les textes communautaires définitifs font désormais partie des normes de référence du contrôle de constitutionnalité des traités en phase de ratification ? Pour M. D. ROUSSEAU, on peut légitimement penser qu'« indirectement, les traités existants entrent dans l'ensemble de référence du Conseil puisque la constitutionnalité ou non d'un traité nouveau s'évalue « en fonction » des modifications qu'il leur apporte »[3]. Mais il est largement admis que ce passage de la décision de la Haute instance apporte une confirmation solennelle au principe de l'immunité constitutionnelle du droit communautaire définitif[4]. Au demeurant convient-il de soutenir que les traités communautaires définitifs « constituent [...] des aides à l'interprétation, aides qui s'imposent en raison du caractère obligatoire de ces engagements »[5]. Il s'agit là de tout autre chose que d'un paramètre de constitutionnalité à part entière.

Enfin, un certain nombre d'autres auteurs partent de la décision n° 92-312 DC pour souhaiter ou prévoir, de façon inéluctable, l'intégration dans le bloc de constitutionnalité, au moins, du traité de Maastricht. En effet ces auteurs, à l'exemple de M. E. PICARD, perçoivent bien l'exacte portée de la décision *Maastricht II* mais pensent qu'il serait difficile que la Haute instance maintienne ladite solution. En d'autres termes, M. PICARD exclut toute « portée immédiate fondamentalement révolutionnaire » à la décision du 2 septembre 1992 dans le sens

---

[1] Voir par exemple, *J.O.* - n° 109, A.N. (C.R.), 2e séance du 24 novembre 1998, pp. 9429 et 9451.

[2] Argument déjà avancé en 1975 par M. J. ROBERT, *RIDC* 1975, p. 886.

[3] M. D. ROUSSEAU : *Droit du contentieux constitutionnel*, 4e éd., Montchrestien, 1999, p. 105. Contra, M. J. RIDEAU : « France », dans *Les Constitutions nationales à l'épreuve de l'Europe, op. cit.*, p. 70.

[4] M. F. LUCHAIRE : *Le Conseil constitutionnel. Tome I - Organisation et Attributions*, 2e éd., Economica, 1997, p. 248.

[5] Mme C. HAGUENAU : *L'application effective du droit communautaire en droit interne - Analyse comparative des problèmes rencontrés en droit français, anglais et allemand*, éd. Bruylant - éd. de l'Université de Bruxelles, 1995, p. 66 ; dans le même sens, M. G. DRAGO : *Contentieux constitutionnel français, op. cit.*, pp. 342-343 ; Mme V. GOESEL-Le BIHAN : « Sur quelques aspects récents du droit constitutionnel français des relations extérieures », *AFDI* 1997, pp. 64-65.

où, « si l'on s'en tient à la stricte formule de la décision, le reste du traité de Maastricht et du droit communautaire, originaire ou dérivé, devrait rester en dehors de ce contrôle... ». Devraient donc être considérés comme intégrés au bloc de constitutionnalité, uniquement l'article 8 B, paragraphe 1er du traité instituant la Communauté européenne et l'ensemble des « prescriptions édictées à l'échelon de la Communauté européenne pour la mise en œuvre du droit reconnu par (cet article)... »[1]. L'exception que le Conseil constitutionnel pourrait apporter à sa jurisprudence apparaîtrait donc limitée[2]. Il n'en reste pas moins que, pour cet auteur, la Haute instance serait peut-être amenée, au regard de la rédaction des articles 88-1 et 88-2 de la Constitution, à opérer un changement radical de sa jurisprudence dans le sens d'une intégration du droit communautaire, dans son ensemble, au bloc de constitutionnalité[3]. Pour cette partie de la doctrine, l'interprétation de la portée de l'article 88-3 qu'effectue le Conseil constitutionnel dans la décision du 2 septembre 1992 constitue un signe précurseur d'une inclusion des engagements communautaires dans les normes de référence du contrôle de constitutionnalité des lois[4]. Cette opinion est traduite par M. H. ROUSSILLON dans les termes suivants : « On ne voit pas par quel raisonnement le juge constitutionnel limiterait au seul cas de cette loi organique un contrôle qui découle du caractère « constitutionnel » du traité de Maastricht, modifiant les traités antérieurs ; donc, c'est l'ensemble du droit communautaire, en amont et en aval de « Maastricht », qui rentre dans le bloc de constitutionnalité... »[5]. Ainsi, partis d'un raisonnement qui intègre la portée circonscrite de la solution retenue dans la décision *Maastricht II*, la plupart de ces auteurs aboutissent à une conclusion assez favorable à un renversement partiel de la jurisprudence *IVG* ou d'une évolution notable vers une inclusion des normes internationales et européennes dans le bloc de constitutionnalité.

b)- A notre avis, il convient de réfuter en grande partie ces différents points de vue car il apparaît que le Haut Conseil a, dans la décision n° 92-312 DC, voulu tout simplement déterminer l'exacte portée de l'article 88-3 de la Constitution. De ce point de vue, il nous semble difficile de suivre l'affirmation selon laquelle : « ... La décision du 2 septembre 1992 ouvre une brèche dont il sera difficile d'empêcher

[1] Sur ce raisonnement, M. E. PICARD : « Vers l'extension du bloc de constitutionnalité au droit européen ? », *RFDA* 1993, pp. 48-51. A rapprocher de l'analyse de M. D. G. LAVROFF : *Le droit constitutionnel de la Cinquième République*, 3e éd., Dalloz, 1999, pp. 215-217.

[2] M. D. ROUSSEAU : « Chronique de jurisprudence constitutionnelle 1991-1992 », *RDP* 1993, p. 16.

[3] M. E. PICARD, *RFDA* 1993, *op. cit.*, pp. 52-53.

[4] M. D. ROUSSEAU : *Droit du contentieux constitutionnel*, 5e éd., Montchrestien, 1999, p. 112.

[5] M. H. ROUSSILLON : *Le Conseil constitutionnel*, 3e éd., Dalloz, 1996, pp. 56-57.

l'élargissement »[1]. Pour cela, il suffit en effet de préciser que la jurisprudence constitutionnelle, postérieure à la décision *Maastricht II*, montre que la ligne de conduite fondamentale du Conseil constitutionnel demeure celle de l'exclusion du droit international et communautaire des normes de référence du contrôle de constitutionnalité des lois. Plusieurs décisions de la Haute instance ont ainsi confirmé la jurisprudence constante initiée par la décision *« IVG »* du 15 janvier 1975. Tout d'abord, dans sa décision n° 93-325 DC du 13 août 1993 - *Maîtrise de l'immigration*[2], la Haute instance indique que « l'appréciation de la constitutionnalité des dispositions que le législateur estime devoir prendre ne saurait être tirée [...] de la conformité de la loi avec les stipulations de conventions internationales mais résulte de la confrontation de celle-ci avec les seules exigences de caractère constitutionnel »[3]. Le juge constitutionnel adoptera la même démarche dans la décision n° 93-335 DC du 21 janvier 1994 - *Urbanisme et construction*[4]. Les requérants invoquaient notamment à l'appui de leur saisine contre la disposition législative incriminée les stipulations de la *CEDH* et du *TUE* qui garantissent l'accès à la justice. Dans le considérant n° 6 de la décision, le Conseil va repousser cette argumentation dans les mêmes termes que l'affirmation contenue dans la décision n° 93-325 DC (citée ci-dessus). Le traité de Maastricht demeurait dès lors extérieur aux paramètres du contrôle de la constitutionnalité des lois en France. On ne peut donc que souscrire au constat que le doyen L. FAVOREU tire des deux décisions susévoquées : « Ceci ressemble fort à une mise au point destinée à préciser à ceux qui croient encore pouvoir trouver dans certaines décisions du Conseil constitutionnel comme des signes d'évolution vers une extension du bloc de constitutionnalité aux normes internationales, qu'ils font fausse route »[5].

---

[1] M. D. ROUSSEAU : *Droit du contentieux constitutionnel*, 4e éd., *op. cit.*, p. 106. Voir pour la même affirmation, cette fois en rapport avec la décision du Conseil constitutionnel n° 98-400 DC du 20 mai 1998, la 5e édition du même ouvrage, p. 114.

[2] *Rec. D.C.C.*, p. 224 ; *RJC*-I, 539.

[3] Sur l'analyse de ce passage de la décision du Conseil constitutionnel, voir notamment : M. B. GENEVOIS, *RFDA* 1993, p. 874 ; Mme C. TEITGEN-COLLY, *AJDA* 1994, p. 104.

[4] *Rec D.C.C.*, p. 40 ; *RJC*-I, 576. Sur cette décision, cf. notamment MM. F. MELIN-SOUCRAMANIEN, *RFDC* 1994, p. 368.

[5] M. L. FAVOREU : « La prise en compte du droit international et communautaire dans la jurisprudence du Conseil constitutionnel », *op. cit.*, p. 36. Il faut ajouter à cela que deux décisions récentes ont permis de conforter le caractère d'exception de l'interprétation arrêtée par le Conseil constitutionnel en 1992. Premièrement, dans la décision n° 96-375 DC du 9 avril 1996, *Rec. D.C.C.*, p. 60 ; *RJC*-I, 668, le Conseil refuse d'examiner la conformité d'une disposition de la loi portant diverses dispositions d'ordre économique et financier à deux stipulations de la *CEDH* (articles 6-1 et 13) ; sur cette décision, cf. M. J.-F. LACHAUME, *AFDI* 1997, p. 875. En second lieu, la Haute instance a une nouvelle fois fait application de la jurisprudence *IVG* dans la décision n° 98-399 DC du 5 mai 1998, cf. MM. J.-E. SCHOETTL, *AJDA* 1998, p. 490 ; E. PICARD, *RFDA* 1998, p. 621 ; Mme L. BAGHESTANI-PERREY, *LPA* 30/11/1998, n° 143, p. 18 ; Mme V. GOESEL-Le BIHAN, *RFDA* 1998, p. 1255.

En tout état de cause, l'état du droit positif à la suite de la décision *Maastricht II* incitait à considérer la décision, à venir, du Conseil constitutionnel comme une exception ponctuelle à la ligne de conduite générale adoptée depuis 1975. Autrement dit seule l'existence de l'article 88-3 et, pour ainsi dire, d'une autorisation constitutionnelle préalable pouvait faire dévier le Haut conseil de sa logique traditionnelle. C'est dans ce sens en tout cas qu'il s'est prononcé dans la décision n° 98-400 DC du 20 mai 1998 (B).

B/- Une exception constitutionnellement autorisée : la décision n° 98-400 DC du 20 mai 1998

Du contenu de certaines analyses doctrinales, il était déjà possible d'entrevoir la solution qu'allait adopter le Conseil constitutionnel lors de l'examen de la constitutionnalité de la loi organique destinée à fixer les conditions d'application de l'article 88-3 de la Constitution. Autrement dit, à travers cette disposition constitutionnelle, pouvait transparaître l'obligation pour le législateur organique de respecter les « prescriptions édictées à l'échelon de la Communauté européenne pour la mise en œuvre du droit reconnu par l'article 8 B, paragraphe 1 ». En tout cas, telle fut l'interprétation du Conseil constitutionnel dans la décision *Maastricht II*, interprétation parachevée par la décision n° 98-400DC.

1)- La voie ouverte par certaines interprétations doctrinales

On veut tout simplement montrer ici qu'une partie de la doctrine a, à la suite de la décision n° 92-312 DC, adopté des positions préfigurant la solution de 1998. Rappelons que dans les considérants n° 26 et 28 de la décision *Maastricht II*, le Conseil interpréta la référence aux « modalités prévues par le traité sur l'Union européenne », contenue à l'article 88-3, comme prescrivant la nécessaire conformité de la future loi organique aux « modalités à arrêter avant le 31 décembre 1994 par le Conseil statuant à l'unanimité sur proposition de la Commission après consultation du Parlement européen ». De telles modalités, en rapport avec l'article 8 B-1 du traité de Rome, se trouveraient donc intégrées dans l'ensemble de référence devant servir à apprécier la constitutionnalité de ladite loi organique. En d'autres termes, la Haute instance ne prendra en compte les prescriptions édictées à l'échelon communautaire qu'en raison de l'existence d'une disposition constitutionnelle : l'article 88-3 de la Constitution[1]. C'est en ce sens

[1] Cf. *Rapport français présenté lors de la Conférence des 25 et 26 septembre 1997*, organisée par le Conseil constitutionnel, *op. cit.*, p. 62 ; M. F. LUCHAIRE : *Le Conseil constitutionnel, op. cit.*,

que se prononce notamment M. B. GENEVOIS lorsqu'il considère que « ...si la loi organique prévue par l'article 88-3 est contraire soit à l'article 8 B - 1 du traité de Rome, soit à la directive du Conseil prise sur son fondement le 19 décembre 1994, elle méconnaîtrait par là même la Constitution »[1]. Ainsi circonscrite, l'hypothèse consacrée par l'article 88-3 de la Constitution correspond donc à une exception constitutionnellement autorisée au principe de l'exclusion du droit international et européen du bloc de constitutionnalité[2]. C'est ainsi que peut être résumée la solution retenue par le juge constitutionnel au printemps 1998.

2)- Le contenu de la décision n° 98-400 DC du 20 mai 1998[3]

L'article 8 B, paragraphe 1er du traité instituant la Communauté européenne prévoyait, pour sa mise en oeuvre, la fixation par le Conseil « statuant à l'unanimité sur proposition de la Commission et après consultation du Parlement européen », des modalités de l'exercice du droit de vote et d'éligibilité des citoyens de l'Union aux élections municipales dans leur Etat de résidence. Ces modalités furent déterminées par la directive n° 94-80 du Conseil de l'Union européenne en date du 19 décembre 1994[4]. Conformément à son article 14, alinéa 1er, cette directive devait être transposée par les Etats membres avant le 1er janvier 1996. Néanmoins, la France fut l'un des derniers pays à avoir adopté une législation destinée à se conformer aux objectifs du texte communautaire de décembre 1994[5].

---

p. 178 ; MM. T. S. RENOUX - M. de VILLIERS : *Code constitutionnel*, *op. cit.*, p. 617 ; Mme M.-F. VERDIER, *RDP* 1994, p. 1159.

[1] M. B. GENEVOIS : « Normes de référence du contrôle de constitutionnalité et respect de la hiérarchie en leur sein », dans *Mél. en l'honneur de G. BRAIBANT*, éd. Dalloz, 1996, p. 328.

[2] M. L. FAVOREU : « La prise en compte du droit international et communautaire dans la jurisprudence du Conseil constitutionnel », *op. cit.*, p. 35 ; M. O. B. DORD : *Cours constitutionnelles nationales et normes européennes*, Thèse, 1996, *op. cit.*, pp. 297-301, se prononce, lui, dans le sens du nécessaire « respect de la mise en œuvre d'une stipulation communautaire constitutionnalisée ».

[3] *Rec. D.C.C.*, p. 251.

[4] Le texte de cette directive a été reproduit notamment dans *ALD* 1995, p. 220.

[5] En l'état actuel des choses, seule la Belgique se trouverait en situation de non-transposition de la directive, cf. M. J -E SCHOETTL : « Commentaire de la décision n° 98-400 DC du 20 mai 1998 », *AJDA* 1998, p. 487. De toute manière, la Belgique a été condamnée en manquement pour non-transposition de la directive du 19 décembre 1994, par un arrêt de la CJCE en date du 9 juillet 1998 (*Commission c/ Belgique*, aff. C-323/97), *Rec.*-I, 4286. La Cour n'a en effet pas été sensible à l'argument de la Belgique qui « invoquait le besoin de réviser la Constitution avant de pouvoir procéder à la transposition et annonçait la publication de la loi de transposition pour le quatrième trimestre 1998 », cf. *Europe*, août/septembre 1998, p. 7. Il faut signaler que le Royaume de Belgique a finalement révisé sa Constitution par un vote de la Chambre des représentants du 29 octobre 1998 et par celui du Sénat du 10 décembre 1998. L'article 8, alinéa 3 de la Constitution belge prévoit désormais que : « La loi peut organiser le droit de vote des citoyens de l'Union européenne n'ayant

Ce dernier fut finalement transposé en France par la loi organique n° 98-404 du 25 mai 1998[1]. Il est important, à ce stade, de rappeler que le Conseil constitutionnel, dans la décision *Maastricht II* du 2 septembre 1992, avait estimé que cette loi organique d'application de l'article 88-3 de la Constitution devait se conformer ou respecter les prescriptions communautaires, en l'occurrence la directive de 1994, prévues à l'article 8 B, paragraphe 1er du traité de Rome. Il apparaît dès lors instructif quant à l'étendue du bloc de constitutionnalité d'examiner la manière avec laquelle le juge constitutionnel français a effectué cet examen de conformité entre une loi nationale et certaines dispositions communautaires.

Auparavant, il faut dire que la loi organique du 25 mai 1998 a parfaitement pris en compte certaines exigences posées en 1992 par la Haute instance d'une part et le constituant d'autre part. On pense notamment aux éléments concernant la preuve de la jouissance des droits civiques dans l'Etat d'origine, la durée ou la réalité de la résidence dans l'Etat dont l'intéressé n'est pas le ressortissant ; ou encore à l'interdiction pour les ressortissants communautaires d'exercer des fonctions exécutives communales et de participer à l'élection des sénateurs[2]. Au-delà de toutes ces questions, il faut savoir comment le juge constitutionnel français a concrétisé l'opération de contrôle sous-tendue en 1992 dans sa décision *Maastricht II*[3].

Conformément à l'article 61, alinéa 1er de la Constitution, le Conseil est obligatoirement saisi avant leur promulgation de la constitutionnalité des règlements des assemblées parlementaires et des lois organiques. C'est au titre de ce contrôle qu'il a été saisi le 23 avril 1998 par le Premier ministre de la loi organique relative à l'exercice par les citoyens de l'Union européenne résidant en

---

pas la nationalité belge ». Voir à ce sujet, MM. C. FRANCK et X. MABILLE : « La Belgique en 1998 – Tensions et incertitudes », dans A. GROSSER(Sous la direction de) : *Les pays d'Europe occidentale (éd. 1999)*, *NED*, n° 5097-98, La Documentation française, Paris, 1999, pp. 104-105.

[1] *JORF*, 26 mai 1998, p. 7975. Sur l'analyse du processus ayant abouti à l'adoption de cette loi organique et concernant les premiers commentaires de cette dernière, voir notamment : M. J.-M. PONTIER, *RA* 1998, p. 510 ; MM. B. MATHIEU et M. VERPEAUX, *LPA* 30/11/1998, n° 143, pp. 22-24.

[2] Il convient de mettre en rapport ici le considérant 22 de la décision *Maastricht I*, la deuxième phrase de l'article 88-3 de la Constitution avec les considérants 8, 13, 18, 25 et 27 de la décision *Droit de vote et d'éligibilité des ressortissants communautaires aux élections municipales en France.* S'agissant plus particulièrement de l'élection des sénateurs, reste toujours la réserve selon laquelle la participation des citoyens de l'Union à l'élection des conseillers municipaux n'est pas dénuée d'incidence (indirecte) sur le processus conduisant à la désignation des membres de la chambre haute ; cf. l'analyse qui avait été faite par le Conseil constitutionnel dans les considérants 21 à 23 de la décision *Maastricht II.* A propos du caractère insuffisant des réserves contenues dans l'article 88-3 de la Constitution, cf. Mme L. BAGHESTANI-PERREY : *Le titulaire de la souveraineté nationale et son exercice dans la jurisprudence du Conseil constitutionnel*, Thèse, Université de Bourgogne, décembre 1996, pp. 287-293.

[3] Sur les autres points de la décision, voir M. B. GENEVOIS, *RFDA* 1998, *op. cit.*, pp. 679-684 ; Mme C. HOUTEER, *Gaz Pal* 26 au 28 décembre 1999, pp. 10-14.

France, autres que les nationaux français, du droit de vote et d'éligibilité aux élections municipales. La nouveauté dans la décision du Haut Conseil concerne l'étendue des normes de référence du contrôle exercé sur cette loi organique d'application de l'article 88-3. En effet, la Haute instance mentionne tout d'abord dans les visas de sa décision, la Constitution telle que modifiée en juin 1992 (renvoi implicite à l'article 88-3), l'article 8 B-1 du traité instituant la Communauté européenne et la directive du Conseil de l'Union européenne du 19 décembre 1994. Il en tire ensuite les conséquences dans les considérants 2 à 4 de la décision n° 98-400 DC : seule la volonté expresse du constituant[1], matérialisée à l'article 88-3 de la Constitution par la référence aux « modalités prévues par le traité sur l'Union européenne », a pu conduire à ce que la constitutionnalité de la loi organique d'application de cet article soit subordonnée « à sa conformité aux normes communautaires ». Autrement dit, c'est l'existence préalable d'une disposition constitutionnelle (l'article 88-3) qui a permis de conférer à l'article 8 B-1 du traité instituant la Communauté européenne et à la directive du 19 décembre 1994 la qualité de « normes communautaires de référence » applicables au contrôle, « en l'espèce », de la constitutionnalité de la loi organique en cause. Ainsi, pour la première fois, le Conseil constitutionnel accepte, contrairement à sa jurisprudence constante depuis 1975, de confronter une loi interne avec certaines prescriptions conventionnelles, en l'espèce une disposition d'un traité communautaire et un texte communautaire de droit dérivé[2]. Cette intégration de certaines normes communautaires (limitativement déterminées) au bloc de constitutionnalité s'effectue, il est vrai, de façon médiate, c'est-à-dire par la volonté du constituant[3].

---

[1] Ceci confirme, nous semble-t-il, a contrario que seule une invitation expresse et non une habilitation implicite, telle qu'elle est souvent tirée de la rédaction de l'article 55 de la Constitution (voir l'analyse faite plus haut, dans le paragraphe 1 de la section I de ce chapitre) peut conduire le Conseil constitutionnel à utiliser des normes européennes comme paramètres de son contrôle de constitutionnalité.

[2] Voir à ce sujet, le dernier considérant (n° 34) de la décision du 20 mai 1998.

[3] Voir à ce propos, MM. J.-M. FAVRET : « Le Conseil constitutionnel et le droit de vote et d'éligibilité des ressortissants communautaires aux élections municipales », *Europe*, juillet 1998, p. 4 ; J.-E. SCHOETTL, *AJDA* 1998, op. cit., pp. 485-486 ; M. H. FAUPIN : « Note sur la décision du Conseil constitutionnel n° 98-400 DC du 20 mai 1998 », *JCP* 1998, II, 10154 ; MM. B. MATHIEU et M. VERPEAUX, *LPA* 30/11/1998, n° 143, p. 21 ; M. D. ROUSSEAU : *Droit du contentieux constitutionnel*, 5e éd., *op. cit.*, pp. 114-115. M. B. GENEVOIS, *op. cit.*, p. 675, estime, de façon plus subtile, que « ...dans le cas particulier de l'article 88-3, les exigences constitutionnelles sont étendues au respect du droit communautaire pertinent, de par la volonté du constituant. Mais il s'agit toujours d'exigences constitutionnelles ». Ce qui lui fait dire que « ...le contrôle exercé [...] demeure, sur un plan formel, un contrôle de constitutionnalité ». MM. E. AUBIN et P.-Y. MONJAL, *LPA* 12 mai 1999, n° 94, p. 14, concluent, eux, à la coexistence de « deux types de contrôle : un classique de constitutionnalité et un spécifique de conventionnalité... ».

On confirme donc ainsi l'idée selon laquelle cette exception à la jurisprudence *IVG* découle d'une autorisation constitutionnelle préalable[1].

Pour autant, une dernière discussion mérite d'être menée. En effet, l'article 88-3 n'est pas la seule disposition constitutionnelle qui fait allusion aux « modalités prévues par le traité sur l'Union européenne ». Un tel renvoi existe également à l'article 88-2 de la Constitution. Est-ce à dire que toutes les dispositions internes, notamment législatives, sont susceptibles d'être confrontées, au titre de leur constitutionnalité, aux stipulations relatives à l'union économique et monétaire et à la politique commune des visas ? Autrement dit, ces dernières font-elles désormais partie du bloc de constitutionnalité[2] ? Certains auteurs ont perçu une indication en ce sens dans la décision n° 93-324 DC du 3 août 1993[3]. En effet le Conseil constitutionnel avait refusé, comme l'indiquaient d'ailleurs les requérants, de contrôler la constitutionnalité de la loi relative au statut de la Banque de France « au regard des dispositions de l'article 88-2 de la Constitution », en prétextant que le traité de Maastricht n'était pas entré en vigueur[4]. En utilisant un raisonnement identique à celui de la décision n° 98-400 DC, on pourrait soutenir que de par la volonté du constituant, et une fois que le traité sera entré en vigueur[5], les stipulations concernant l'union économique et monétaire et la politique commune des visas seraient intégrées aux normes de référence du contrôle de constitutionnalité des lois. C'est en tout cas en faveur d'une telle intégration que se prononcent notamment MM. T. S. RENOUX et M. de VILLIERS ou encore M. D. ROUSSEAU[6]. Sans doute l'analyse du Conseil constitutionnel n'est-elle pas exempte de tout reproche car une disposition constitutionnelle doit être considérée comme étant applicable dès sa publication au Journal officiel de la République française. En cela, faire dépendre ainsi l'effectivité d'une norme constitutionnelle de l'entrée en vigueur d'un engagement communautaire n'est pas faire œuvre d'orthodoxie constitutionnelle. Par ailleurs, il aurait été difficile pour le juge constitutionnel d'avancer une interprétation concluante alors que le traité communautaire en cause n'était pas encore entré en vigueur. Au demeurant faut-il

---

[1] On renvoie notamment ici aux analyses de MM. B. GENEVOIS : « Normes de référence du contrôle de constitutionnalité et respect de la hiérarchie en leur sein », *op. cit.* ; L. FAVOREU : « La prise en compte... », *op. cit.*

[2] Pour une réponse affirmative à cette question, cf. notamment Mme F. CHALTIEL : *La souveraineté de l'Etat et l'Union européenne, L'exemple français, op. cit.*, pp. 248-251 ; M. J. ROUX : *Le principe de la souveraineté de l'Etat dans la jurisprudence du Conseil constitutionnel*, Thèse, Université de Montpellier I, janvier 1998, tome II, pp. 519-523. Cet auteur indique néanmoins que l'ensemble des traités communautaires n'est pas inclus dans le bloc de constitutionnalité, *ibid.*, pp. 524-526.

[3] *Rec. D.C.C.*, p. 208 ; *RJC*-I, 537.

[4] Voir considérants 3 à 4 de la décision.

[5] Le *TUE* est entré en vigueur le 1er novembre 1993.

[6] M. T. S. RENOUX - M. de VILLIERS, *op. cit.*, p. 615 ; M. D. ROUSSEAU, *RDP* 1994, p. 118 ; également M. J.-F. LACHAUME, *AFDI* 1994, pp. 966-967.

souligner une fois de plus que le juge constitutionnel a été conditionné dans son raisonnement par le caractère minimal et ponctuel de l'habilitation constitutionnelle accordée à l'article 88-2[1]. Au surplus, l'adoption de la loi relative au statut de la Banque de France ne constituait qu'une adaptation du droit interne aux exigences impliquées par le transfert, par la France, de compétences nécessaires à l'établissement de l'union économique et monétaire. Une fois le traité de Maastricht entré en vigueur, le consentement de la France à de tels transferts serait considéré comme valablement acquis, car remplissant la condition de réciprocité. Les griefs de constitutionnalité soulevés à l'encontre de ladite loi par la décision n° 93-324 DC seraient dès lors couverts par la dérogation à certaines normes constitutionnelles, notamment les articles 20 et 21 de la Constitution, posée par l'article 88-2 du texte de 1958[2].

Il est donc difficile de soutenir qu'il existe d'autres « normes communautaires de référence », hors l'article 8 B, paragraphe 1er du traité de Rome et la directive du 19 décembre 1994. Autant dire alors que l'intégration de normes communautaires au bloc de constitutionnalité est circonscrite au seul cas de l'examen de la loi organique d'application de l'article 88-3[3]. Ceci confirme le caractère notable mais néanmoins ponctuel et particulièrement limité de cette exception à la jurisprudence constante résultant de la décision *IVG* du 15 janvier 1975[4]. Par contre, la révision constitutionnelle du 25 novembre 1993 relative au droit d'asile ouvre un cas de figure empreint d'une certaine originalité : une

---

[1] Pour une telle conception, voir M. P. GAÏA, *RFDC* 1993, p. 846. Rappelons qu'une telle approche minimale a été maintenue par la loi constitutionnelle du 25 janvier 1999 modifiant les articles 88-2 et 88-4 de la Constitution, cf. ce qui a été dit plus haut.

[2] A la suite de l'entrée en vigueur du TUE, toutes les dispositions de la loi qui avaient été censurées par la décision du 3 août 1993 ont été rétablies par une nouvelle loi n° 93-1444, en date du 31 décembre 1993, portant diverses dispositions relatives à la Banque de France, à l'assurance, au crédit et aux marchés financiers, *JORF*, 5 janvier 1994, p. 231. Voir notamment M. J.-P. DUPRAT : « L'indépendance de la Banque de France : aspects constitutionnels et européens (première partie) », *LPA* 20 avril 1994, n° 7, p. 4.

[3] Il faut tout de même signaler que, fidèle à la logique d'interprétation adoptée au sujet de la décision *Maastricht II*, M. D. ROUSSEAU : « Chronique de jurisprudence constitutionnelle 1997-1998 », *RDP* 1999, pp. 57-60, voit dans certaines décisions récentes du Conseil constitutionnel (n° 97-397 DC du 18 décembre 1997 et n° 98-402 DC du 25 juin 1998) des indices « d'une turbulence » jurisprudentielle qui pourrait annoncer un réaménagement de la règle de conduite juridictionnelle adoptée en 1975 », et ce en faveur du droit communautaire. Voir cependant le rappel récent de la jurisprudence *IVG* dans la décision n° 99-416 DC du 23 juillet 1999, *Couverture maladie universelle*, cf. Mme M. FATIN-ROUGE, *AIJC*, XV-1999, pp. 599-600.

[4] Cf. M. B. GENEVOIS, *RFDA* 1998, *op. cit.*, p. 674. Voir également, concluant dans le sens d'un simple « ajustement circonstanciel de la jurisprudence *IVG* », M. E. AUBIN : *La France face à la construction de la citoyenneté européenne*, Thèse, Université François Rabelais de Tours, janvier 1999, pp. 538-550. Notons cependant que pour Mme M.-F. VERDIER : « Le droit de vote et d'éligibilité des citoyens de l'Union européenne aux élections municipales. Nouvelle manifestation concrète de la citoyenneté », *RTDE* 1999, pp. 75-76, il ne s'agirait pas d'une exception à la jurisprudence *IVG*.

disposition d'un engagement international est matériellement intégrée dans la Constitution de 1958 (Paragraphe 2).

Paragraphe 2 : La transcription constitutionnelle d'une stipulation conventionnelle par la loi constitutionnelle du 25 novembre 1993

On trouve, au centre de notre réflexion ici, les différentes péripéties constitutionnelles qui ont émaillé le processus d'insertion dans l'ordre juridique français des stipulations des Accords de Schengen relatives au droit d'asile. En effet, afin de prolonger les principes posés par l'Accord de Schengen du 14 juin 1985 concernant la libre circulation des personnes, les Hautes parties contractantes avaient, le 19 juin 1990, adopté une Convention d'application[1]. Cette dernière était appelée à concrétiser la suppression des contrôles aux frontières intérieures des Etats parties, de tels contrôles étant maintenus à leurs frontières extérieures. S'agissant plus particulièrement des dispositions relatives au droit d'asile, un principe commandait tout le dispositif : celui de l'unicité du traitement des demandes d'asile. En effet, et comme le prévoyait l'article 29, paragraphe 3 de la Convention d'application du 19 juin 1990, seul l'Etat membre responsable, selon les critères de l'article 30 du même texte, devait examiner les demandes d'asile déposées par les ressortissants d'un Etat tiers. De telles demandes sont donc traitées conformément au droit national de la partie responsable. Cela étant, une réserve de compétence nationale était maintenue au quatrième paragraphe de l'article 29 de la Convention. Ce paragraphe prévoyait en substance que : « ...Toute partie contractante conserve le droit, pour des raisons particulières tenant au droit national, d'assurer le traitement d'une demande d'asile, même si la responsabilité au sens de la présente Convention incombe à une autre partie contractante ». Par deux fois, notamment le 13 août 1993, le Conseil constitutionnel sera amené à rechercher l'articulation entre cette réserve de souveraineté et les exigences constitutionnelles relatives au droit d'asile. En effet, dans cette décision, le juge constitutionnel français censurera diverses dispositions relatives au droit d'asile, et renvoyant au mécanisme de l'article 29, paragraphe 4 de la Convention, contenues dans la loi relative à la maîtrise de l'immigration. Considérant que l'application effective de ce dispositif conventionnel était compromise, le gouvernement décida d'entreprendre une révision constitutionnelle. Aussi la loi constitutionnelle intervint-elle principalement pour « valider » les dispositions législatives (relatives au droit d'asile) ; dispositions qui furent censurées par la Haute instance dans sa

---

[1] Sur ces Accords de Schengen, voir notamment Mme B. NEEL : « L'Accord de Schengen », *AJDA* 1991, p. 659 ; M. J. ROBERT : « Les Accords de Schengen », *RAE* 1992/1, p. 5.

décision du 13 août 1993 (A)[1]. Par ailleurs, la conséquence essentielle de cette modification de la Constitution consiste en l'introduction dans le texte fondateur de la Ve République d'une clause conventionnelle (en l'occurrence, la réserve de souveraineté de l'article 29, paragraphe 4 de la Convention d'application de l'Accord de Schengen) (B).

A/- La décision du Conseil constitutionnel du 13 août 1993 et l'article 53-1 de la Constitution de 1958

La Haute instance avait été saisie le 15 juillet 1993 à la fois par des sénateurs et des députés socialistes de la conformité à la Constitution de la loi relative à la maîtrise de l'immigration et aux conditions d'entrée, d'accueil et de séjour des étrangers en France. Dans le paragraphe 88 de la décision du 13 août 1993[2], le Conseil précisera la portée de la réserve de l'article 29, paragraphe 4 de la Convention de l'Accord de Schengen au regard des exigences constitutionnelles concernant le droit d'asile[3]. De ce point de vue, il est important de souligner que, déjà dans sa décision n° 91-294 DC du 25 juillet 1991[4], le juge constitutionnel avait relevé que la France conservait la faculté de traiter elle-même la demande d'asile « pour des raisons particulières tenant au droit national » (en l'occurrence, l'alinéa 4 du préambule de la Constitution de 1946)[5]. La précision de 1993 réside dans le fait que le Conseil constitutionnel considère désormais « que le quatrième alinéa du préambule de la Constitution de 1946 fait obligation aux autorités administratives et judiciaires françaises, de procéder à l'examen de la situation des demandeurs d'asile qui relèvent de cet alinéa [...] ; que le droit souverain de l'Etat à l'égard d'autres parties contractantes à des Conventions doit être entendu comme ayant été réservé par le législateur pour assurer le respect intégral de cette obligation... »[6]. Ceci revient à dire que « l'article 29-4 se borne [...] à réserver le

---

[1] M. L. FAVOREU : « Révision de la Constitution et justice constitutionnelle - France », *AIJC*, X-1994, pp. 105 et 111, la qualifie de « révision dérogatoire » puisqu'elle consiste à « adopter par voie constitutionnelle une réforme législative censurée par le Conseil constitutionnel... ».

[2] Décision n° 93-325 DC, *Rec. D.C.C.*, p. 224 ; *RJC*-I, 539.

[3] Voir à ce propos Mme A. LEVADE : « Commentaire sur *C.E.* - Assemblée générale, Avis du 23 septembre 1993 - Droit d'asile », dans *Les grands avis du Conseil d'Etat*, éd. Dalloz, 1997, p. 376.

[4] *Rec. D.C.C.*, p. 91 ; *RJC*-I, 455. Le considérant n° 31 de la décision précise que les stipulations du paragraphe 4 de l'article 29 de la Convention de Schengen « sont appelées à recevoir application au profit des personnes susceptibles de bénéficier du droit d'asile en vertu du quatrième alinéa du préambule de la Constitution de 1946 ».

[5] Aux termes de cette disposition : « Tout homme persécuté en raison de son action en faveur de la liberté a droit d'asile sur les territoires de la République ».

[6] Voir le résumé de la démarche du Conseil constitutionnel fait par M. F. LUCHAIRE : « Le droit d'asile et la révision de la Constitution », *RDP* 1994, p. 13. M. H. ROUSSILLON : « Traités, Constitution, lois : la pyramide infernale », dans *Mél. P. VELLAS*, Pedone, 1995, p. 432, estime,

droit des Etats de se prévaloir de leur droit national mais il ne préjuge pas du contenu de ce droit lequel peut aussi bien comporter une faculté qu'une obligation pour l'Etat de traiter nationalement les demandes d'asile... »[1]. La décision de 1993 se situe donc, par voie de conséquence, dans l'exact prolongement ou dans la continuité de la décision n° 91-294 DC[2]. En tout état de cause, la position du Conseil constitutionnel remet plus ou moins en question l'esprit du texte de Schengen s'agissant du principe de l'unicité de l'Etat responsable[3]. En effet, la décision de 1993 créait à la charge de l'Etat français une obligation de traitement de la demande d'asile ouvrant un droit de séjour provisoire au bénéfice des demandeurs. Cette situation aurait conduit à libérer de ses obligations la partie contractante responsable en vertu des alinéas 1 et 2 de l'article 30 de l'Accord de Schengen. Ce fut là l'une des justifications fondamentales ayant conduit le gouvernement français à solliciter la mise en route de la procédure de modification de la Constitution[4]. Ainsi que l'exprimait l'exposé des motifs du projet de loi constitutionnelle, l'objectif était « d'affirmer dans la Constitution les principes posés par (les) Accords (de Schengen) afin de les rendre applicables à notre pays dans les mêmes conditions qu'aux autres Etats européens... »[5]. Au demeurant, on peut soutenir que cette attitude était conditionnée à la fois par le nécessaire respect des engagements internationaux de la France et par des considérations politiques[6].

Il est donc clair qu'il s'agit d'«... entreprendre de modifier la Constitution pour surmonter les obstacles que la décision prise par le Conseil constitutionnel le

---

s'agissant de cette décision, qu'« une loi peut très bien être conforme [aux] Accords de [Schengen] et être déclarée non conforme à la Constitution... ».

[1] Mme C. TEITGEN-COLLY : « Le droit d'asile : la fin des illusions », *AJDA* 1994, p. 111 ; voir également la position de M. J. ROSSETTO : « Les restrictions contemporaines apportées au droit d'asile », dans *Mél. offerts à J. CAMPINOS*, PUF, Paris - 1996, p. 93.

[2] Sur une telle conclusion, cf. notamment : Mme A. LEVADE : « Commentaire sur l'avis du 23 septembre 1993 », *op. cit.*, pp. 379 et 383 ; M. D. ALLAND, *RGDIP* 1994, *op. cit.*, pp. 225-226 ; M. H. LABAYLE, *RFDA* 1997, pp. 254-255 ; M. F.-J. LAFERRIERE : « Evolutions récentes du *droit du réfugié en France* », dans J.-P. THERON (Sous la direction) : *Evolutions récentes du droit du réfugié en Europe*, Presses de l'IEP de Toulouse, 1995, pp. 132-133.

[3] Voir en ce sens, Mme C. TEITGEN-COLLY, *op. cit.*, p. 100. Mme A. LEVADE, *op. cit.*, p. 384, parle à ce titre d' « une contradiction dans l'esprit, [qui], aboutit à nier le principe essentiel du système Schengen en matière de droit d'asile : le principe de la détermination de l'Etat responsable ». Voir également M. F. MODERNE : *Le droit constitutionnel d'asile dans les Etats de l'Union européenne*, éd. Economica, 1997, p. 171.

[4] Cf. M. S.-L. FORMERY : *La Constitution commentée article par article*, 4e éd., *op. cit.*, p. 110.

[5] Cité dans le rapport de M. J.-P. PHILIBERT fait au nom de la commission des lois de l'Assemblée nationale, n° 646, octobre 1993, p. 44. A rapprocher des déclarations du ministre de l'intérieur de l'époque, M. C. PASQUA, cité dans M. D. MAUS : « La pratique institutionnelle française (1er juillet - 30 septembre 1993) », *RFDC* 1993, p. 792.

[6] Voir à ce sujet, M. P. KERAUDREN, cité par M. D. FONTANAUD : « Les Accords de Schengen », *PPS*, n° 763-764, 15 mars 1996, p. 41 ; également Mme C. TEITGEN-COLLY, *ibid.* et M. J. ROSSETTO, *ibid.*

13 août 1993 a mis à la réalisation d'une politique européenne d'accueil des demandeurs d'asile »[1]. Pour ce faire, le gouvernement fut contraint de solliciter un avis auprès du Conseil d'Etat le 7 septembre 1993[2]. Il s'agissait de savoir si une loi ordinaire pouvait faire disparaître les obligations posées par la Haute instance dans sa décision du 13 août 1993. Or, les décisions du Conseil ayant force de chose jugée aux termes de l'article 62 de la Constitution, le Conseil d'Etat n'a pu que conclure, dans son avis du 23 septembre 1993, à l'inadaptation d'une loi ordinaire pour passer outre l'obstacle que constituait la décision du Conseil[3]. C'est la raison pour laquelle l'exposé des motifs accompagnant le projet gouvernemental établira un lien entre l'avis du Conseil d'Etat et la nécessité d'une révision constitutionnelle : « ...Ainsi que l'a estimé le Conseil d'Etat dans son avis du 23 septembre, seule une loi constitutionnelle est de nature à donner plein effet aux Accords de Schengen ». La loi constitutionnelle relative au droit d'asile sera promulguée le 25 novembre 1993[4]. C'est de cette situation originale, une « validation » d'une législation sanctionnée par le Conseil constitutionnel[5], que découle l'article 53-1 de la Constitution[6]. Et elle apparaît d'autant plus originale qu'elle « permettrait de constitutionnaliser les mécanismes de la Convention de Schengen et, notamment, le principe de responsabilité de l'Etat de premier accueil »[7].

Afin d'en mesurer l'exacte portée, il convient d'analyser cette nouvelle disposition constitutionnelle et surtout de rechercher quelles sont les incidences sur le bloc de constitutionnalité de la transcription dans la Constitution d'une clause conventionnelle (B).

---

[1] Cf. Rapport de M. J.-P. PHILIBERT, n° 646, *op. cit.*, p. 5.

[2] Le Premier ministre avait, semble-t-il, saisi le Conseil d'Etat sur la demande du Président de la République, cf. Le Monde du 7 septembre 1993, p. 24.

[3] Voir T. BREHIER : « La réponse est dans la question », Le Monde du 9 septembre 1993, p. 7 : « Force est de constater que [la] formulation [de la question] limite considérablement le champ de réflexion des juristes jusqu'à sembler leur dicter leur réponse » ; également M. F. LUCHAIRE : « Le droit d'asile et la révision de la Constitution », *op. cit.*, p. 22. Sur l'avis du Conseil d'Etat, voir M. NGUYEN VAN TUONG, *LPA* 23 février 1994, n° 23, p. 12.

[4] *JORF*, 26 novembre 1993, p. 16296.

[5] Cf. M. E. PICARD : « Constitution et droit d'asile », *RA* 1994, p. 156 ; dans le même sens, Mme C. TEITGEN-COLLY, *op. cit.*, p. 110.

[6] Aux termes de cet article : « La République peut conclure avec les Etats européens qui sont liés par des engagements identiques aux siens en matière d'asile et de protection des droits de l'Homme et des libertés fondamentales, des accords déterminant leurs compétences respectives pour l'examen des demandes d'asile qui leur sont présentées.

Toutefois, même si la demande n'entre pas dans leur compétence en vertu de ces accords, les autorités de la République ont toujours le droit de donner asile à tout étranger, en raison de son action en faveur de la liberté ou qui sollicite la protection de la France pour un autre motif ».

[7] Cf. M. P. MASSON : *Rapport fait au nom de la commission des lois du Sénat*, n° 74, novembre 1993, p. 22 ; également M. E. AUBIN : *La France face à la construction de la citoyenneté européenne*, Thèse précitée, pp. 453 et s.

B/- La portée au regard du bloc de constitutionnalité de l'article 53-1 de la Constitution

A titre de rappel, l'exposé des motifs du projet de loi constitutionnelle prévoyait que la révision envisagée avait « pour objectif d'affirmer dans la Constitution les principes posés par (les) Accords de (Schengen) afin de les rendre applicables à notre pays dans les mêmes conditions qu'aux autres Etats européens... »[1]. L'affirmation de ces principes est contenue dans les deux alinéas de l'article 53-1 de la Constitution. En effet, le premier alinéa, « sans le nommer, [...] vise les Conventions de Schengen et de Dublin »[2]. Ce texte est donc relatif aux compétences respectives des parties contractantes d'un traité pour l'examen des demandes d'asile[3]. Ainsi pour le sénateur P. MASSON, s'agit-il d'une « autorisation constitutionnelle de conclure des engagements internationaux du type Schengen » ; on « confère [ainsi] une base constitutionnelle incontestable à la Convention de Schengen ou à toute autre convention équivalente »[4]. Ceci équivaut, nous semble-t-il, à une certaine constitutionnalisation d'un dispositif

---

[1] Notons que les Accords de Schengen sont entrés en vigueur le 26 mars 1995, uniquement pour sept des treize Parties à ces Accords (Allemagne, France, les trois pays du Benelux, l'Espagne et le Portugal). La Grèce, l'Italie et l'Autriche ont rejoint ce premier groupe en 1997-1998. Ce devrait être le cas en 1999-2000 pour le Danemark, la Finlande et la Suède. Ne font pas partie de cet « acquis Schengen » : le Royaume-Uni et l'Irlande. Cf. M. C. DEGRYSE : *Dictionnaire de l'Union européenne*, 2e éd., De Boeck & Larcier, S.A., 1998, pp. 640-645.

[2] M. J. ROSSETTO : « Le droit d'asile : évolution contemporaine », *AFDI* 1993, p. 933 ; également M. T. de BERRANGER : *Constitutions nationales et construction communautaire, op. cit.*, p. 272. La Convention de Dublin, signée le 15 juin 1990 par les douze Etats membres de la Communauté, reprend les dispositions de l'Accord de Schengen, en particulier le dispositif relatif à la détermination de l'Etat responsable de l'examen d'une demande d'asile présentée auprès d'un Etat membre des Communautés européennes. Cette Convention est entrée en vigueur le 1er septembre 1999. Elle s'est substituée au chapitre VII de la Convention d'application de Schengen relatif à la « responsabilité pour le traitement des demandes d'asile ».

[3] A rapprocher de l'article 16 a, paragraphe 5 introduit dans la Loi fondamentale allemande par la loi fédérale du 28 juin 1993 : « Les alinéas 1 à 4 ne font pas obstacle à l'application des traités internationaux conclus par des Etats membres des Communautés européennes entre eux ou avec des Etats tiers fixant des règles de compétences pour l'examen des demandes d'asile, y compris des règles de reconnaissance mutuelle des décisions prises en matière d'asile... ». Pour M. A. DUMASY, il s'agit de « la possibilité pour l'Allemagne de participer à des accords internationaux, comme les Accords de Schengen et de Dublin, destinés à harmoniser le droit d'asile européen et à fixer compétences et responsabilités », dans M. F. GUERAUD : « L'évolution des forces politiques en Allemagne », *PPS*, n° 762, 23 février 1996, pp. 47-48.

[4] M. P. MASSON, Rapport n° 74, *op. cit.*, pp. 23-24 ; dans le même sens, M. D. MAUS : « La pratique institutionnelle française (1er octobre - 30 décembre 1993) », *RFDC* 1994, pp. 88-89.

conventionnel, en l'occurrence les dispositions des Conventions de Schengen et de Dublin relatives aux compétences en matière d'asile[1].

De plus et surtout, l'alinéa 2 de l'article 53-1 « ne fait que transcrire dans la Constitution la clause de souveraineté édictée à l'article 29-4 de la Convention de Schengen »[2]. Cette transcription résulte d'une volonté clairement affichée lors des débats parlementaires sur la révision constitutionnelle. Ainsi, à M. P. MAZEAUD qui s'interrogeait sur l'opportunité de faire figurer cette disposition dans la Constitution, le Garde des Sceaux, M. P. MEHAIGNERIE apporta la réponse suivante : « Le deuxième alinéa de l'article unique institue une réserve de souveraineté qui a pour effet de faire en quelque sorte que la France ne pourra passer aucun accord dans ce domaine qui ne comporte une clause similaire »[3]. En outre, M. P. MASSON ne pouvait être plus expressif lorsqu'il affirmait dans son rapport que : l'alinéa 2 de l'article 53-1 « est la consécration constitutionnelle du mécanisme de l'article 29, paragraphe 4 de la Convention de Schengen : il constitutionnalise le « droit d'évocation » par la France de toute demande d'asile relevant normalement d'un autre Etat signataire »[4]. On peut donc légitimement s'interroger sur les incidences d'une telle situation sur une éventuelle extension du bloc de constitutionnalité[5].

En effet, l'intégration matérielle d'une clause conventionnelle dans la Constitution apparaît, en l'espèce, incontestable. Il n'en demeure pas moins que le constituant de novembre 1993 était en quelque sorte guidé par les circonstances particulières à l'origine de cette révision sur le droit d'asile. Autrement dit, il fallait surmonter les conséquences engendrées par la décision du Conseil constitutionnel du 13 août 1993 et permettre l'application effective du dispositif conventionnel, s'agissant notamment du principe de l'unicité de l'Etat responsable[6]. La reprise

---

[1] En ce sens, MM. B. MATHIEU et M. VERPEAUX, *REDP*, vol. 7, n° 3, automne 1995, p. 773 ; également M. C. LECLERCQ : « La Constitution de 1958 face au droit international », dans *Etudes offertes à A. PLANTEY*, éd. A. Pedone, 1995, p. 2.

[2] M. J. ROSSETTO : « La Convention de Schengen : controverses et incertitudes françaises sur le droit d'asile », *RMC* 1994, p. 322 ; dans le même sens, M. A. LAMASSOURE (alors ministre délégué aux affaires européennes) : « Le deuxième alinéa consiste à reprendre dans la Constitution ce qui est écrit dans l'article 29 alinéa 4 de la Convention de Schengen », *JORF*, n° 71 [2], A.N. (C.R.), p. 5013 ; également M. H. LABAYLE, *RFDA* 1997, op. cit., p. 248 ; M. D. MAUS, *RFDC* 1994, *op. cit.*, p. 89 ; M. F. MODERNE *: Le droit constitutionnel de l'asile dans les Etats de l'Union européenne, op. cit.*, p. 60.

[3] Déclarations contenues dans le Rapport de M. J.-P. PHILIBERT, *op. cit.*, pp. 53 et 55 ; dans le même sens, MM. T. S. RENOUX et M. de VILLIERS : *Code constitutionnel, op. cit.*, p. 423.

[4] M. P. MASSON, *op. cit.*, p. 25.

[5] M. R. DRAGO : « Conclusion », dans *Etudes offertes à A. PLANTEY, op. cit.*, p. 354, pense que cette extension s'applique désormais aux engagements européens visés à l'article 53-1.

[6] Le Garde des Sceaux, M. J. TOUBON : « Constitution : s'adapter sans heurts », Le Monde du 24 février 1996, p. 16, estime que la Constitution de 1958 a dû être adaptée en novembre 1993 « pour concilier le respect des engagements pris par la France en application des Accords de Schengen et l'interprétation faite par le Conseil constitutionnel de la portée du droit d'asile... ».

d'une disposition conventionnelle dans la Constitution était donc destinée à donner une base constitutionnelle à une nouvelle intervention du législateur ordinaire[1]. Au regard de cette finalité précisément circonscrite de la révision constitutionnelle sur le droit d'asile, on peut conclure ici à une extension purement formelle du bloc de constitutionnalité ; en ceci qu'elle n'entraînerait aucune incidence véritable, immédiatement appréciable, sur le contentieux de la constitutionnalité[2]. Nous inclinons donc à considérer que la révision du 25 novembre 1993 avait pour principal but d'« élever au niveau constitutionnel » les dispositions législatives relatives au droit d'asile censurées par la Haute instance dans sa décision du 13 août 1993. Il est vrai que cette opération s'est faite par le biais d'une constitutionnalisation de certaines dispositions internationales[3]. De ce point de vue, il s'agit désormais d'une disposition constitutionnelle dérogatoire à l'obligation constitutionnelle posée par l'alinéa 4 du préambule de la Constitution de 1946 ; obligation selon laquelle : les autorités françaises doivent, lorsqu'est invoquée une persécution dans le cadre d'une action en faveur de la liberté, traiter la demande et accorder un droit de séjour provisoire à la personne concernée. En dépit de ce qui précède, on suit sans grande difficulté l'affirmation selon laquelle : « Le procédé utilisé étant à la fois indirect et ponctuel, les normes internationales demeurent, en tant que telles, exclues du bloc de constitutionnalité »[4]. On est donc loin d'assister à un renversement qui serait fatal à la jurisprudence mise en route par le Conseil constitutionnel dans sa décision du 15 janvier 1975.

---

[1] La loi n° 93-1417 du 30 décembre 1993 vient en effet appliquer l'article 53-1 de la Constitution ; cf. article 31 bis de l'ordonnance du 2 novembre 1945 relative aux conditions d'entrée et de séjour des étrangers en France.

[2] M. P. BONNECARRERE fait allusion au caractère limité de l'extension du bloc de constitutionnalité, cf. Rapport de M. J.-P. PHILIBERT, *op. cit.*, pp. 59-60. Pour un élargissement du bloc de constitutionnalité du fait de la constitutionnalisation de certaines dispositions internationales, cf. M. J. ROSSETTO : « Les restrictions contemporaines au droit d'asile », *op. cit.*, p. 103.

[3] Rappelons que ces dispositions internationales ont vocation, en application du protocole n° 2 annexé au traité d'Amsterdam, à être intégrées au droit des Communautés et de l'Union européenne. Ce qui nous rapproche sensiblement de la question du bloc de constitutionnalité et du droit communautaire car ces normes européennes font désormais partie du corpus constitutionnel français. Il faut noter que par deux décisions 1999/435/CE et 1999/436/CE en date du 20 mai 1999, le Conseil de l'Union européenne a ventilé les dispositions de l'acquis Schengen entre le pilier communautaire et le troisième pilier de l'Union européenne, cf. M. D. RITLENG, *Europe*, août/septembre 1999, p. 10.

[4] M. P. PACTET : *Institutions politiques/Droit constitutionnel*, 18e éd., A. Colin, Paris, 1999, p. 509.

Conclusion du Chapitre II

La « ...tendance à la constitutionnalisation de certains engagements internationaux... »[1], ou tout au moins de certaines clauses conventionnelles, n'a pas bouleversé de manière fondamentale les rapports entre le droit européen et le bloc de constitutionnalité. En effet, les normes internationales et européennes restent, comme telles et de manière générale, exclues des normes de référence du contentieux de la constitutionnalité en France. Les cas de figure particuliers et circonstanciels[2] analysés ci-dessus ne permettent pas de dire que l'on s'achemine, en France, vers une situation à l'autrichienne[3]. Ceci est d'autant plus vrai que certains auteurs proposent, comme cela fut le cas en Autriche s'agissant de la *C.E.D.H.*, d'intégrer certains engagements internationaux dans la Constitution. Ainsi, pour M. D. BREILLAT : « ...Il conviendrait d'intégrer dans notre Constitution les « chartes internationales » et européennes... »[4]. Une telle intégration, qui vise à supprimer le problème à la racine, peut néanmoins présenter une difficulté majeure. Pour le démontrer, il apparaît judicieux de reprendre les propos de M. R. BADINTER dans son rapport de synthèse au cours de la IXe Conférence des Cours constitutionnelles européennes : « Comme la norme internationale est devenue une norme constitutionnelle [...], il demeure qu'à la faveur de l'interprétation peut apparaître la divergence, [...], au niveau constitutionnel, [...] entre ce qui sera pris comme position par le juge constitutionnel et ce qui sera pris comme position par le juge international... »[5]. En d'autres termes, l'intégration dans la Constitution de la *C.E.D.H.* ou, pour ce qui nous concerne, du droit communautaire ne constituerait pas, de manière évidente, une meilleure garantie de leur respect. Au demeurant, le contrôle de conventionnalité des lois exercé, en France, par les juridictions ordinaires permet déjà, à certains égards, de pallier cette absence d'inclusion de certaines chartes européennes dans le bloc de constitutionnalité. Il faut ajouter à cela que le Conseil

[1] M. T. de BERRANGER, *op. cit.*, p. 113.

[2] Pour Mme G. GONDOUIN, dans *Mél. en l'honneur du Pr. G. PEISER*, Presses universitaires de Grenoble, 1995, p. 308, il faut parler d'une « situation exceptionnelle ne remet[tant] nullement en cause la jurisprudence *IVG* ».

[3] Il faut pour cela rappeler que la plupart des partenaires européens de la France considèrent les conflits entre les lois et les traités non comme des litiges constitutionnels mais comme des questions visant, pour les juges ordinaires, à rechercher la norme applicable dans un cas d'espèce.

[4] M. D. BREILLAT : « Les droits de l'Homme déclarés solennellement », *op. cit.*, p. 126 ; voir également M. H. ROUSSILLON, dans *Mél.* P. VELLAS, *op. cit.*, p. 435.

[5] *Protection constitutionnelle et internationale des droits de l'Homme..., op. cit.*, vol. II, p. 1072 ; M. S. BRACONNIER : *Jurisprudence de la Cour européenne des droits de l'Homme et droit administratif français, op. cit.*, p. 129, à propos de la *C.E.D.H.*, observe que : « Reste bien sûr que les modalités pratiques d'une telle intégration posent de nombreux problèmes. On songe notamment aux risques, réels, de contrariété de jurisprudence qui pourraient naître entre les juges de Strasbourg et ceux de la rue de Montpensier ».

constitutionnel, dans la décision *Maastricht I* du 9 avril 1992, a tenu à mettre en exergue le rôle non moins négligeable de ces différentes juridictions dans la garantie des droits et libertés des citoyens ; rôle qui devrait se conjuguer, le cas échéant, avec les mécanismes européens (en particulier, communautaires) de protection des droits fondamentaux[1]. En tout état de cause, et en rapport avec ce qui a été dit plus haut, les inconvénients d'une éventuelle constitutionnalisation de certains textes internationaux ou européens montrent, par défaut, la pertinence et la persistance de la jurisprudence *IVG* de 1975.

Conclusion du Titre I

Au terme de la réflexion qui a été menée dans ce titre, il convient de faire deux observations principales :

- En premier lieu, il est permis de dire que l'insertion du droit communautaire dans l'ordre constitutionnel français n'autorise nullement une double lecture. En effet, on aurait pu penser que les amorces d'évolution constatées à partir de 1992 (processus de ratification du traité de Maastricht) marquaient le début d'un mouvement relativement opposé ou en rupture avec les positions traditionnelles du droit constitutionnel relatif au droit international. Or, au total, les bases constitutionnelles du droit communautaire en France et les rapports entre ce droit et le bloc de constitutionnalité n'ont pas subi un bouleversement fondamental par rapport à l'état du droit positif antérieur à 1992. Autrement dit, la situation n'est ambivalente qu'en apparence car on ne se trouve ni devant une rupture ni face à un changement de tendance. A tout le moins se trouve-t-on en face d'une certaine prise en compte des incidences réelles du processus d'intégration européenne sur l'ordre constitutionnel français ;
- En second lieu, et dans le prolongement de la remarque précédente, il faut dire que le droit communautaire n'en sort pas pour autant affecté. En effet, malgré le caractère nuancé et réservé de son fondement constitutionnel, « ce droit *sui generis* a cessé d'être un droit lointain et marginal : il représente une partie importante, et rapidement croissante, de l'ordonnancement juridique français »[2]. Au demeurant, on peut ajouter que le constituant, en consacrant la participation de la France à l'Europe communautaire, a contribué, d'une façon ou d'une autre, à consolider l'emprise du droit communautaire sur l'ordre juridique interne. En outre, l'effectivité du droit communautaire en France ne se trouve absolument pas compromise du fait de son exclusion, de manière générale du bloc de

[1] Cf. considérant n° 18 de la décision n° 92-308 DC.

[2] *Rapport public 1992 : Considérations générales sur le droit communautaire*, *EDCE*, n° 44, La Documentation française - Paris, 1993, pp. 15-17.

constitutionnalité. Bien au contraire elle en sort assez renforcée à partir du moment où il est possible de revenir de façon ponctuelle sur cette exclusion lorsqu'existe une relative hypothèque sur les conditions d'application d'un principe communautaire (voir ci-dessus l'interprétation faite par le Conseil constitutionnel de l'article 88-3 de la Constitution).

On retrouvera la même configuration des choses dans l'examen de la place du droit communautaire dans la hiérarchie des normes en France. En effet, la réalité et la pertinence des principes constitutionnels en la matière apparaîtront en grande partie incontestables. Il n'en reste pas moins que les aménagements qui leur sont apportés ont pour principal résultat de poser des solutions largement respectueuses de l'orthodoxie communautaire (Titre II).

TITRE II

LA DELICATE QUESTION DE LA PLACE DU DROIT COMMUNAUTAIRE DANS LA HIERARCHIE DES NORMES EN FRANCE

Situer le rang du droit communautaire dans la hiérarchie des normes en France n'est pas chose aisée. Autrement dit, aucune solution radicale ne peut paraître satisfaisante ni pour l'ordre juridique constitutionnel français ni pour l'ordre juridique communautaire. Ainsi que le reconnaît M. L. DUBOUIS : « La difficulté de solution tient à ce que les conflits affectent les bases essentielles des deux ordres en présence... »[1]. En outre, on peut dire que l'effectivité du droit communautaire en droit interne dépend, plus ou moins, de la place qui lui est réservée dans l'ordre juridique interne[2], en l'occurrence par rapport à la Constitution. Ceci d'autant plus que, pour la *CJCE*, le droit communautaire s'insère dans l'ordonnancement juridique interne avec la prétention d'y imposer sa suprématie. Et cette supériorité, présentée comme étant en décalage avec les solutions classiques retenues par le droit international public, s'avère absolue car elle s'exerce également à l'encontre des normes constitutionnelles (Chapitre I). Mais force est de reconnaître que, dans l'ordre juridique français comme dans la plupart des Etats membres de l'Union européenne, la Constitution demeure la norme suprême de l'ordonnancement juridique. Et ce facteur reste déterminant car nul ne peut affirmer qu'à l'heure actuelle la construction européenne a atteint le stade fédéral. Il en ressort donc que la position de principe en France demeure celle de la prééminence du droit constitutionnel sur le droit communautaire (Chapitre II). Ceci n'exclut nullement, de part et d'autre, l'existence de certaines atténuations ou de certains aménagements aux diverses démarches de départ.

---

[1] Cf. M. L. DUBOUIS : « Le juge français et le conflit entre norme constitutionnelle et norme européenne », dans *Mél. en hommage à J. BOULOUIS*, éd. Dalloz, 1991, pp. 211-212.

[2] M. J.-F. LACHAUME : *La hiérarchie des actes administratifs exécutoires en droit public français*, LGDJ, 1966, p. 2, affirmait déjà que : « ...Les rapports entre l'ordre juridique international et l'ordre juridique interne sont tributaires de la hiérarchie des normes ».

CHAPITRE I

LA PRETENTION DE L'ORDRE JURIDIQUE COMMUNAUTAIRE A LA PRIMAUTE ABSOLUE DE SON DROIT

Selon l'article 164 du traité instituant la Communauté européenne (article 220, Nouvelle numérotation des traités), la Cour de Luxembourg « assure le respect du droit dans l'interprétation et l'application du présent traité ». C'est dans ce rôle que la *CJCE* a élaboré une construction jurisprudentielle visant à mettre en place le principe de la primauté du droit communautaire sur le droit interne, même constitutionnel. Le fondement de cette position ne réside nullement dans le fait qu'en droit international, un Etat ne peut se soustraire à ses obligations en invoquant sa législation interne ou sa Constitution[1]. La juridiction de Luxembourg « se détermine en fonction des exigences du droit communautaire et des objectifs de la Communauté »[2]. Il est clair que la Communauté poursuit notamment un objectif d'intégration. Et cet objectif implique que le droit communautaire puisse recevoir application de façon uniforme dans tous les Etats membres de l'Union européenne. Il en ressort donc que la construction jurisprudentielle de la Cour de Luxembourg doit être comprise comme une consolidation de cette idée d'unité qui est inhérente à l'ordre communautaire. Il s'agit là d'une considération qui « est à la fois nécessaire pour l'existence et le fonctionnement des Communautés... »[3] car « ...l'exigence d'uniformité ne saurait être ignorée sans que le caractère communautaire de ce droit disparaisse[4] ». Il faut donc considérer que le principe de primauté, qui ne relève pas du droit constitutionnel mais découle du droit communautaire lui-même, n'est que la traduction par la *CJCE* de cette aspiration fondamentale de l'ordre communautaire. De ce point de vue, la suprématie inconditionnelle du droit communautaire ne serait essentiellement qu'une conséquence de sa nature juridique propre (Section I).

---

[1] Voir par exemple l'article 27 de la Convention de Vienne sur le droit des traités, aux termes duquel : « Une partie ne peut invoquer les dispositions de son droit interne comme justification de la non-exécution du traité ».

[2] M. R. KOVAR : « Rapports entre le droit communautaire et les droits nationaux », dans *Trente ans de droit communautaire*, Luxembourg : O.P.O.C.E., 1982, p. 116.

[3] M. M. BLANQUET : *L'article 5 du traité CEE. Recherche sur les obligations de fidélité des Etats membres de la Communauté*, LGDJ, Paris, 1994, pp. 176-177.

[4] MM. J.-D. MOUTON et C. SOULARD : *La Cour de justice des Communautés européennes*, Paris, PUF, coll. « Que sais-je ? », 1998, p. 106.

A côté de cet aspect classique du principe de primauté, il existe une question qui n'a souvent pas été suffisamment, et de façon aussi nette, mise en exergue mais qui apparaît, à notre sens, assez déterminante. En effet, il nous semble que la protection des droits fondamentaux par la *CJCE* a en quelque sorte contribué à éviter une certaine remise en cause de l'effectivité du droit communautaire. En d'autres termes, la question des droits fondamentaux a été considérée par certaines Cours constitutionnelles européennes comme étant l'une des pierres d'achoppement potentielles à l'intégrité d'application du droit communautaire. Nous pensons dès lors qu'un lien plus ou moins direct existe entre la protection communautaire des droits fondamentaux et le souci de sauvegarder la suprématie absolue du droit communautaire (Section II).

Section I : Une prééminence inconditionnelle du droit communautaire découlant de sa nature propre

La primauté du droit communautaire a très souvent été présentée par la *CJCE* comme une nécessité pour la construction européenne. En effet se trouvant face à une lacune des traités institutifs[1], la Cour de Luxembourg, dans son rôle de gardien du droit communautaire, a entrepris d'élaborer une doctrine de la primauté. Cette dernière serait basée sur l'autonomie de l'ordre juridique communautaire, notamment par rapport au droit international. En invoquant la nature juridique propre de l'ordre communautaire afin de justifier le principe de primauté, la *CJCE* a voulu se démarquer, voire réfuter les solutions classiques applicables en droit international (Paragraphe 1). Cette construction, qui vient prolonger l'idée d'effectivité du droit communautaire, fait figure de proclamation de principe de la prééminence absolue et inconditionnelle de ce droit de l'intégration. Ceci implique la subordination du droit national, y compris constitutionnel, au droit des Communautés européennes et de l'Union européenne (Paragraphe 2).

Paragraphe 1 : Les distances prises à l'égard de la solution de droit international classique

La doctrine de la primauté, dégagée par la Cour de Luxembourg dans la première moitié des années 1960, se fonde-t-elle sur les solutions classiques de

[1] Compte tenu de ce qui a été dit ci-dessus, il ne faut pas perdre de vue que les traités fondateurs, dans leur esprit comme dans le contenu de certaines de leurs stipulations (voir infra, ce qui est dit à propos des articles 5-2 et 189 du traité de Rome), impliquaient déjà l'idée d'uniformité dans l'application du droit consubstantielle à tout ordre juridique qui se veut commun à plusieurs Etats.

droit international ou sur les nécessités propres à l'ordre juridique communautaire ? Autrement dit le raisonnement applicable à la primauté du droit international général sur le droit interne est-il transposable au droit communautaire ? Afin d'y répondre, il convient successivement mais succinctement de rappeler les contours de la question des rapports hiérarchiques entre droit international et droit interne (A), d'exposer (B) et d'expliquer (C) le rejet par la *CJCE* de la solution de droit international classique.

A/- Rappel de la solution de droit international classique

Il est de jurisprudence constante que le droit international l'emporte sur le droit interne des Etats dans son ensemble. En effet, il est possible de relever quelques arrêts de juridictions internationales ou certaines solutions arbitrales qui concluent à la supériorité du droit international sur le droit interne, notamment constitutionnel[1]. S'agissant tout d'abord des solutions arbitrales, il faut mentionner *l'affaire de l'Alabama* (1872) dans laquelle le Tribunal arbitral estima que la Grande Bretagne ne pouvait invoquer des motifs constitutionnels pour s'exonérer de ses obligations internationales. De plus, dans *l'affaire du Montijo* (1875) il était affirmé que les stipulations d'un traité en vigueur entre les Etats Unis et la Colombie devaient prévaloir sur les dispositions constitutionnelles de cette dernière. Concernant ensuite les décisions des juridictions internationales, mentionnons tout simplement l'avis de la Cour permanente de justice internationale (*C.P.J.I.*) sur le *traitement des nationaux polonais à Dantzig* en date du 4 février 1932. En effet, la *C.P.J.I.* a décidé que : « D'après les principes généralement admis...un Etat ne saurait invoquer vis-à-vis d'un autre Etat sa propre Constitution pour se soustraire aux obligations que lui imposent le droit international ou les traités en vigueur ». On le voit donc, le principe de primauté est très présent dans les rapports entre le droit international et le droit interne. Toute la question est de savoir si de telles solutions sont apparues suffisantes ou pertinentes pour la CJCE en ce qui concerne les relations entre le droit communautaire et le droit interne des Etats membres.

---

[1] Sur cette question, voir notamment M. D. CARREAU : *Droit international*, 5e éd., A. Pedone, Paris, 1997, pp. 42-44. Les exemples présentés ci-dessous ont été tirés de cet ouvrage. Voir également MM. (NGUYEN QUOC DINH), P. DAILLIER et A. PELLET : *Droit international public*, 6e éd., LGDJ, Paris, 1999, p. 275.

B/- Confrontation de cette solution avec les considérations tenant à l'ordre juridique communautaire

A la lecture de l'arrêt *Van Gend en Loos* du 5 février 1963 dans lequel la Cour de Luxembourg déclarait que : « ...La Communauté constitue un nouvel ordre juridique de droit international... »[1], on aurait pu penser que la position ci-dessus présentée était globalement transposable au droit communautaire. Au vu de ce passage on pouvait estimer que les solutions nationales apportées aux rapports classiques entre droit international et droit interne étaient applicables à l'ordre juridique communautaire. Mais une précision dans le sens opposé à cette interprétation sera avancée dans l'arrêt *Costa c/ ENEL* du 15 juillet 1964 ; arrêt dans lequel il est dit : « ...A la différence des traités ordinaires, le traité de la *C.E.E.* a institué un ordre juridique propre... », et le droit né de ce traité bénéficie d'une « nature spécifique originale »[2]. Cette nature juridique propre du droit communautaire justifie-t-elle que la *CJCE* se démarque de la théorie classique de droit international public et proclame ainsi l'autonomie de sa doctrine de la primauté ? Une telle interrogation s'impose d'autant plus qu'il peut être également soutenu que le « principe de supériorité [...] se trouve au fondement même de l'existence du droit international... »[3]. En effet, comme l'avait exposé il y a quelques années M. VIRALLY : « Le droit international est inconcevable autrement que supérieur aux Etats, ses sujets. Nier sa supériorité revient à nier son existence... ». Cette appréciation avait pour principal fondement la « nature propre du droit international »[4]. Il fallait donc rechercher ailleurs la justification de la réfutation par le juge communautaire de la solution de droit international classique et, par voie de conséquence, le fondement de la primauté du droit communautaire.

C/- Justification de la réfutation par la CJCE de la solution de droit international

Cette justification réside, semble-t-il, sur le fait que la primauté du droit international se limiterait à l'ordre international. Autrement dit, le droit des gens « confie aux droits nationaux la responsabilité de la mise en œuvre de la « primauté interne », c'est-à-dire la définition des modalités réglant la pénétration hiérarchique

[1] Aff. 26/62, *Rec.*, p. 1.
[2] Aff. 6/64, *Rec.*, p. 1141.
[3] Cf. M. D. CARREAU : *Droit international*, *op. cit.*, p. 42.
[4] M. VIRALLY : « Sur un pont aux ânes : les rapports entre droit international et droits internes », dans *Mél. offerts à H. ROLIN*, éd. A. Pedone, 1964, p. 497. Sur la relativisation de l'argumentation de la *CJCE* dans l'arrêt *Costa*, cf. M. B. de WITTE : « Retour à Costa... », *RTDE* 1984, *op. cit.*, pp. 427-442.

du droit international dans l'ordre interne... »[1]. Pour ainsi dire, il y aurait là un danger de dislocation de l'ordre juridique communautaire, ordre juridique qui ne se concevrait autrement qu'invariablement ou uniformément appliqué dans les ordres juridiques nationaux. C'est la raison pour laquelle, au plan communautaire, « ...l'affirmation de la « primauté internationale » est complétée par la « communautarisation » de la « primauté interne », c'est-à-dire par l'encadrement communautaire de la mission du juge interne en sa qualité de juge communautaire de droit commun »[2]. La *CJCE* a donc été sensible aux limites sinon aux faiblesses de la solution classique de droit international. En effet, elle ne voulait en aucun cas laisser aux ordres juridiques nationaux le soin de régler la question des rapports hiérarchiques entre droit communautaire et droit interne[3]. De ce point de vue, la solution retenue par la Cour de Luxembourg constitue, nous semble-t-il, un prolongement de la solution de droit international mais dans le sens d'une meilleure consolidation et d'une complète effectivité de l'application interne du droit communautaire. La démarcation avec le droit international n'apparaît donc pas aussi radicale qu'on aurait pu le penser. Au surplus pourrait-on dire que la *CJCE* adopte clairement un profil pragmatique en ceci qu'« en rendant son jugement dans l'affaire *Costa*, [elle] ait été sensible au danger de morcellement et de désintégration que ce traitement généralement insatisfaisant des normes de droit international infligeait à la construction communautaire »[4]. On mesure ainsi l'importance de la démarche de la Cour dans l'affirmation de la suprématie absolue du droit communautaire sur le droit interne des Etats membres. Il convient donc maintenant d'examiner les tenants et les aboutissants de ce « véritable credo » de la Cour de Luxembourg (Paragraphe 2).

Paragraphe 2 : Une construction visant à conforter la nécessaire constance d'application du droit communautaire

L'une des raisons d'être de la démarche pragmatique et finaliste de la *CJCE* réside dans le silence des traités de base concernant la suprématie du droit communautaire, et ceci malgré la présence en leur sein d'indices textuels indirects

---

[1] M. D. SIMON : *Le système juridique communautaire*, 2e éd., PUF, 1998, p. 282 ; également M. Ph. MANIN : *Les Communautés européennes - L'Union européenne, op. cit.*, p. 329 ; M. VIRALLY, *op. cit.*, pp. 498-500.

[2] M. D. SIMON : *Le système juridique communautaire, op. cit.*, p. 289 ; pour l'une des premières systématisations de cette idée, M. B. de WITTE, *RTDE* 1984, *op. cit.*, p. 427. Pour une concrétisation juridictionnelle de ce cas de figure, cf. *CJCE* - 9 mars 1978 - *Simmenthal*, aff. 106/77, *Rec.*, p. 629.

[3] Mme C. CONSTANTINIDES-MEGRET : *Le droit de la C.E.E. et l'ordre juridique des Etats membres*, LGDJ, Paris, 1967, p. 92.

[4] M. B. de WITTE, *op. cit.*, p. 444.

(A). Précisons au surplus que les traités modificatifs, y compris les traités de Maastricht et d'Amsterdam, n'ont en aucune manière bouleversé cet état des choses. Dès lors, utilisant un raisonnement en grande partie téléologique, la *CJCE* s'attachera à parachever la logique impliquée par ces indices textuels : se basant sur la logique ou l'effet utile des traités institutifs, elle s'attachera à assurer l'effectivité et l'efficacité du droit communautaire dans le droit interne des Etats, par l'entremise de l'affirmation du principe de primauté (B). Ce principe est censé couvrir l'ensemble des normes communautaires et s'imposer à toutes les dispositions internes, y compris constitutionnelles (C). Ces questions étant largement connues, le traitement qui en sera fait ici ne pourra être que relativement succinct.

A/- L'absence d'une proclamation de principe de cette prééminence dans les traités de base

L'objet originel des traités communautaires de base semble être l'une des causes de l'inexistence d'une proclamation textuelle explicite du principe de primauté. On trouve en effet dans les articles 1er du traité de Paris du 18 avril 1951 et des deux traités de Rome du 25 mars 1957 une similitude de rédaction : « Par le présent traité, les Hautes Parties contractantes instituent entre elles une Communauté européenne du charbon et de l'acier » ; « ...une Communauté économique européenne » ; « ...une Communauté européenne de l'énergie atomique ». Les compétences de ces trois Communautés s'avèrent donc largement à caractère économique[1] : les dispositions du traité *C.E.E.* consacrant la compétence générale de la Communauté, et celles des deux autres traités le caractère sectoriel de ces derniers. Il en résulte qu'une hiérarchie entre les dispositions de ces traités et les Constitutions nationales aurait été difficilement concevable. Il n'y avait donc pas lieu, en raison de l'objet principal des traités de base, de prévoir une clause générale de primauté de ces dispositions conventionnelles sur les droits nationaux[2]. Pour autant, il est soutenu que « la primauté du droit communautaire, bien qu'elle ne résulte d'aucune disposition

---

[1] M. W. GANSHOF VAN DER MEERSCH : « L'ordre juridique des Communautés européennes et le droit international », *RCADI* 1975-V, tome 148, p. 161, considère en ce sens que « les compétences et les actes de la Communauté se situent principalement sur le plan économique... ».

[2] L'insertion d'une telle clause paraît souhaitable pour Mme C. CONSTANTINIDES-MEGRET : *Le droit de la C.E.E. et l'ordre juridique des Etats membres, op. cit.*, pp. 111 et 177. Elle se demandait s'il « ne sera[it] pas opportun, voire nécessaire, d'insérer dans le traité l'affirmation explicite, précise et indiscutable de cette nécessaire primauté » ; voir également M. H. LESGUILLONS : *L'application d'un traité-fondation : le traité instituant la C.E.E.*, LGDJ, 1968, pp. 281-282.

expresse du traité, ressort de la volonté des auteurs du traité »[1]. Une telle conclusion, tirée de l'esprit des « promoteurs des traités européens » ne tient aucun compte des réticences de certains Etats membres lors de l'élaboration des traités. En effet, pour ces Etats, jaloux de leur souveraineté, il était difficilement envisageable d'inscrire dans les traités de base une clause de primauté qui aurait immédiatement fait penser à la mise en place d'une structure fédérale. On en veut pour preuve, a posteriori, le fait que dans les divers projets de Constitution européenne adoptés par le Parlement européen, projets à vocation fédérale, il a été prévu une clause générale de primauté du droit communautaire sur le droit interne des Etats[2]. On perçoit donc aisément la justification de l'inexistence d'une clause expresse et générale de primauté dans les traités communautaires : le droit communautaire n'est pas censé « briser » le droit des Etats membres.

Il faut en outre constater que la solution retenue par les rédacteurs des traités de 1951 et de 1957 nous semble logique. En effet, il s'agissait non pas de créer une structure fédérale mais de mettre en marche une intégration assez poussée dans certains domaines et entre quelques partenaires européens. Au surplus, l'Acte Unique Européen de 1986 et le traité de Maastricht de 1992 n'ont fait qu'ajouter une coopération politique européenne pour l'un et des « politiques et formes de coopération » pour l'autre, aux Communautés existantes[3]. Au demeurant les différents projets de Constitution européenne adoptés par le Parlement européen, respectivement en 1984 et en 1994, montrent, a contrario, l'absence à l'heure actuelle d'une construction fédérale au niveau communautaire. En tout état de cause, cette lacune (compréhensible) des traités institutifs quant à la proclamation explicite du principe de primauté n'a pas dissuadé la *CJCE* de percevoir dans certaines de leurs dispositions un fondement secondaire mais tangible de la suprématie du droit communautaire sur les différents droits étatiques[4].

En effet, certains indices textuels peuvent servir de base indirecte mais réelle à la prééminence du droit communautaire. Il en est ainsi des indicateurs de primauté que l'on trouve aux articles 169, 170, 171 et 177 du traité instituant la

[1] Mme C. CONSTANTINIDES-MEGRET, *ibid.*, p. 99.

[2] Ainsi l'article 42 du projet de 1984 (*JOCE*, C 77, 19 mars 1984, p. 33) prévoyait-il que : Le droit de l'Union [...] « prévaut sur les droits nationaux... ». De plus l'article 1-6 du projet de 1994 (*JOCE*, C 61, 28 février 1994, p. 155) disposait que : « Le droit de l'Union a la primauté sur le droit des Etats membres ».

[3] Cf. article 1er de *l'A.U.E.* des 17 et 28 février 1986 et article A du *TUE* du 7 février 1992 (article 1, Nouvelle numérotation des traités). En ce qui concerne le traité d'Amsterdam, il a essentiellement procédé à la communautarisation partielle du troisième pilier du traité de Maastricht, Justice et affaires intérieures (*J.A.I.*).

[4] Nous avons choisi de dissocier l'étude des fondements textuels de la jurisprudence de la *CJCE* sur le principe de primauté de l'examen de cette dernière parce qu'ils sont utilisés, nous semble-t-il, par le juge communautaire comme des arguments d'appoint à sa solution. Or l'on sait que la Cour n'a fait que traduire l'aspiration de l'ordre juridique communautaire à la primauté absolue de son droit.

Communauté européenne (articles 226, 227, 228 et 234, Nouvelle numérotation des traités). Ces dispositions mettent en place des procédures juridictionnelles (notamment l'action en manquement et le renvoi préjudiciel) impliquant l'uniformité d'interprétation et d'application du droit communautaire, et partant sa suprématie sur les droits nationaux. Cela dit, nous avons choisi d'insister sur deux éléments textuels (articles 189 et 5-2 du traité *C.E.*) auxquels la *CJCE*, dans son arrêt *Costa c/ ENEL* du 15 juillet 1964, a accordé une place non négligeable. En effet, le juge communautaire indique que « la prééminence du droit communautaire est confirmée par l'article 189 (article 249, Nouvelle numérotation des traités) aux termes duquel les règlements ont valeur « obligatoire » et sont « directement applicables dans tout Etat membre ». L'objectif ici consiste à empêcher que des actes nationaux puissent « annihiler » les effets des textes communautaires, en l'occurrence les règlements communautaires. Ce qui par conséquent priverait de toute portée la disposition précitée. En d'autres termes, la *CJCE* prend appui sur un texte clair, l'article 189 *C.E.*, qui prévoit l'application directe et immédiate dans les Etats membres d'une catégorie d'actes communautaires, afin de donner une base solide au principe de primauté. On peut tout de même se demander si l'immédiateté d'application accordée aux règlements implique automatiquement la supériorité sur toutes les normes internes, notamment sur la Constitution. Il semble pourtant que l'applicabilité immédiate d'une norme n'éclaire pas forcément sur le rang auquel elle s'insère dans la hiérarchie des normes de l'ordre juridique concerné. En tout cas, dans l'esprit de la *CJCE*, valeur obligatoire des règlements dans l'ordre interne des Etats membres signifie invariabilité dans leur application ; invariabilité qui ne saurait être assurée que par le biais de l'affirmation du principe de primauté du droit communautaire[1].

De plus, l'article 5-2 du traité *C.E.* (article 10, Nouvelle numérotation des traités) suivant lequel les Etats membres « s'abstiennent de toutes mesures susceptibles de compromettre la réalisation des buts... » du traité met en place une obligation de bonne foi à la charge des Etats, dans l'introduction et dans l'exécution du droit communautaire dans l'ordre juridique interne. C'est ainsi que pour la Cour de Luxembourg, « la force exécutive du droit communautaire ne saurait, [...], varier d'un Etat à l'autre à la faveur des législations internes ultérieures, sans mettre en péril la réalisation des buts du traité visée à l'article 5 (2)... ». Pour M. M. BLANQUET cette obligation est « ...très voisine du problème de la primauté »[2]. Il montre en outre le lien effectif qui existe entre l'article 5 et la supériorité du droit communautaire : « La relation entre l'article 5-2 et la primauté, effectivement, n'est [...] pas directe mais médiate en ce sens que l'article 5-2

---

[1] Sur la complémentarité entre effet direct et primauté, cf. M. J.-P. PUISSOCHET : *L'élargissement des Communautés européennes*, éd. techniques et économiques, 1974, p. 102.

[2] M. M. BLANQUET : *L'article 5 du traité C.E.E. Recherches sur les obligations de fidélité des Etats membres de la Communauté*, *op. cit.*, p. 199.

comprend l'obligation de ne pas porter préjudice à l'application pleine et entière du droit communautaire, ce qui impose l'invariabilité, dont la primauté est l'outil majeur »[1]. Cela étant, il est permis de constater que les articles 189 et 5-2 font figure, pour la juridiction de Luxembourg, d'arguments accessoires ou confirmatifs de l'affirmation du principe de primauté du droit communautaire[2]. Mais de tels indices textuels sont de nature à mettre en exergue l'aspiration vitale du droit communautaire à s'intégrer de façon uniforme et sans obstacle dans les ordres juridiques nationaux. Autrement dit, c'est principalement de cette vocation de l'ordre juridique communautaire à l'invariabilité d'application de son droit, eu égard à sa nature propre, que la *CJCE* construira sa doctrine de la primauté (B).

B/- L'effectivité du droit communautaire comme soubassement à la position de la CJCE

A l'origine de l'affaire *Costa c/ ENEL* se trouve un litige sur le montant d'une facture d'électricité opposant M. Costa (avocat à Milan) à l'« Ente nazionale per l'energia elettrica (E.N.E.L.). M. Costa invoquait la contrariété de la loi du 6 février 1962 portant nationalisation de l'industrie électrique en Italie à la fois à un certain nombre de dispositions du traité de Rome et à la Constitution de 1947. Le juge de paix de Milan fut par voie de conséquence poussé à renvoyer l'affaire à titre préjudiciel concurremment devant la Cour constitutionnelle italienne et devant la CJCE. Le juge constitutionnel, conformément à la tradition dualiste en vigueur en Italie, va résoudre le problème selon le principe de la succession des lois dans le temps *(« Lex posterior derogat priori »).* En effet, dans une sentence du 7 mars 1964, la Cour constitutionnelle considéra qu'« il n'y a pas lieu de rechercher si la loi dénoncée viole les obligations assumées avec ce traité »[3]. En d'autres termes, la Cour fait prévaloir la loi nationale postérieure même si cette dernière entre en contradiction avec les engagements communautaires de l'Italie. Nonobstant cette sentence, la *CJCE* adoptera une position inverse, s'inspirant de la nature spécifique originale de l'ordre juridique communautaire.

---

[1] M. B. BLANQUET : *L'article 5 du traité C.E.E., op. cit.*, p. 202.
[2] Un tel raisonnement est également adopté par M. M. BLANQUET, *ibid.*, p. 204.
[3] Sur cette question, voir notamment M. R. SAINT-ESTEBEN : *Droit communautaire et droits nationaux*, PUF, 1967, p. 3.

1)- Le raisonnement de la Cour de Luxembourg : l'arrêt *Costa*

Nous nous contenterons, dans les développements sur l'arrêt *Costa* du 15 juillet 1964, de rappeler de façon assez rapide le raisonnement et l'apport essentiels de la prise de position de la *CJCE*[1]. Il faut également préciser que, bien avant cet arrêt, la Cour avait fait référence dans la décision *Humblet contre Etat belge* du 16 décembre 1960 au « traité [*C.E.C.A.*] et [au] protocole [sur les immunités et privilèges] qui ont force de loi dans les Etats à la suite de leur ratification et qui l'emportent sur le droit interne »[2]. Mais c'est dans l'arrêt *Costa* qu'a été mise en place ce que M. GANSHOF VAN DER MEERSCH qualifiera de « véritable théorie générale du droit communautaire et des relations de celui-ci avec le droit interne »[3]. Ainsi est-il possible de relever dans l'argumentation de la *CJCE* une série d'éléments qui permettent de fonder sa doctrine de la primauté[4] :

- L'argument de l'intégration juridique : la Cour met l'accent sur le fait que les traités communautaires sont intégrés aux systèmes juridiques des Etats dès leur entrée en vigueur. Il s'ensuit qu'il devient impossible pour les Etats « de faire prévaloir contre un ordre juridique accepté par eux une mesure unilatérale postérieure » ;

- le traité *C.E.E.* ayant institué un ordre juridique propre, les Etats ont par conséquent délégué certaines de leurs attributions aux institutions communautaires. Ils ont ainsi « limité, bien que dans des domaines restreints, leurs droits souverains... » ;

- l'invariabilité et l'effectivité du droit communautaire : « que les obligations contractées dans le traité instituant la Communauté ne seraient pas inconditionnelles mais seulement éventuelles, si elles pouvaient être mises en cause par les actes législatifs futurs des signataires ».

La principale raison d'être de cette argumentation consiste donc à assurer l'effectivité du droit communautaire. La juridiction de Luxembourg en déduit par

---

[1] Pour les études consacrées à la primauté du droit communautaire, voir notamment : M. A. BARAV : « Primauté », dans *Dictionnaire juridique des Communautés européennes*, PUF, 1993, p. 855 ; G. ISAAC : « Primauté du droit communautaire », dans *Répertoire de droit communautaire*, tome III ; M. R. KOVAR : « Ordre juridique communautaire », dans *Jurisclasseur Europe*, tome I, fasc. 430.

[2] Aff. 6/60, *Rec.*, p. 1146.

[3] M. W. J. GANSHOF VAN DER MEERSCH : « Le droit communautaire et ses rapports avec le droit des Etats membres », dans *Droit des Communautés européennes*, Larcier éditeurs, Bruxelles, 1969, p. 52.

[4] Voir par exemple M. J.-C. GAUTRON : *Droit européen*, Mémentos Dalloz, 9e éd., 1999, p. 182. Il relève comme fondement de la primauté trois caractéristiques de l'ordre juridique communautaire : la nature de la Communauté, l'autonomie et l'unité du droit communautaire ; cf. aussi G. ISAAC : *Droit communautaire général*, 7e éd., *op. cit.*, pp. 185-187.

conséquent un principe fondamental quant aux rapports entre l'ordre juridique communautaire et les droits nationaux.

2)- La conclusion tirée de cette argumentation

Au terme de son raisonnement, la *CJCE* va affirmer : « Attendu qu'il résulte de l'ensemble de ces éléments, qu'issu d'une source autonome, le droit né du traité ne pourrait donc, en raison de sa nature spécifique originale, se voir judiciairement opposer un texte interne quel qu'il soit, sans perdre son caractère communautaire et sans que soit mise en cause la base juridique de la Communauté elle-même ». Il apparaît clairement dans ce passage de l'arrêt *Costa* que c'est en raison de sa nature propre que le droit communautaire impose sa supériorité. En outre, l'existence de ce droit de l'intégration, commun à l'ensemble des Etats membres de la Communauté, serait mise en cause si un acte national pouvait le tenir en échec[1]. M. P. PESCATORE a dès lors pu indiquer que : « Le droit communautaire porte en lui une exigence « existentielle » de primauté : s'il n'est pas capable de l'emporter en toutes circonstances sur le droit national, il est inefficace, et donc, pour autant, inexistant. L'idée même d'un ordre commun serait battue en brèche »[2]. Ainsi la primauté du droit communautaire constitue-t-elle une des caractéristiques majeures, avec l'effet direct, de la construction spécifique originale qu'est l'ordre juridique communautaire[3]. Revenant au raisonnement de la Cour de Luxembourg, il convient, à notre avis, de dire de manière insistante que la véritable justification de la doctrine de la primauté réside, autant sur la nature propre de l'ordre juridique communautaire, que sur la nécessaire application uniforme de ce droit de l'intégration[4]. En effet, le credo intégrationniste de la Cour[5] ne peut se comprendre

---

[1] Pour M. R. SAINT-ESTEBEN : *Droit communautaire et droits nationaux*, *op. cit.*, p. 28 : « ...Un degré d'effectivité uniforme doit être attribué au droit communautaire dans les divers Etats membres ».

[2] M. P. PESCATORE : *L'ordre juridique des Communautés européennes - Etude des sources du droit communautaire*, Presses universitaires de Liège, 1975, p. 227.

[3] On en trouve une affirmation remarquable dans l'avis 1/91 du 14 décembre 1991, rendu par la *CJCE* sur le projet d'accord portant sur la création de l'Espace Economique Européen (*E.E.E.*), Rec., I-6102. En revanche pour M. B. de WITTE, *op. cit.*, p. 445, ce raisonnement s'avère peu convaincant. Il estime en substance, et de manière assez sévère à notre avis, qu'« il y aurait [...] en quelque sorte une double logique dans l'arrêt *Costa* : une logique apparente, qui déduit la primauté du droit communautaire de sa nature propre et une logique intérieure, exactement inverse, qui déduit la nature spécifique du droit communautaire de la nécessité de lui assurer la priorité au plan interne ».

[4] Cf. Mme J. DUTHEIL de la ROCHERE : *Introduction au droit de l'Union européenne*, 2e éd., Hachette Livre, 1998, p. 123.

[5] Pour une étude s'interrogeant sur la circonspection des différents interlocuteurs de la *CJCE* face à un tel « tour de force » : M. J. H. H. WEILER : « Une révolution tranquille : la CJCE et ses interlocuteurs », *Politix*, n° 32, 1995, p. 119.

que si l'on garde à l'esprit l'exigence selon laquelle : « ...Les normes [communautaires doivent avoir] dans tous les Etats membres la même signification, la même force obligatoire, et le même contenu invariable, ce qui ne peut se concevoir en l'absence de primauté absolue du droit communautaire sur le droit interne »[1]. Nonobstant le « caractère « fédéraliste », et peu regardant pour l'autonomie structurelle des Etats membres, d'une telle conception, il faut bien reconnaître que la logique pragmatique de la Cour de Luxembourg s'avère compréhensible eu égard à la nécessaire viabilité du processus d'intégration européenne[2].

Malgré tout, on pouvait légitimement se demander si l'expression « un texte interne quel qu'il soit », utilisée dans l'arrêt *Costa* englobait les normes constitutionnelles[3]. Autrement dit, et pour ce qui concerne principalement notre réflexion, le droit communautaire l'emporte-t-il également sur le droit constitutionnel des Etats membres ? On se retrouve dès lors devant l'une des plus délicates questions concernant les rapports entre le droit communautaire et la Constitution. En effet, la construction jurisprudentielle postérieure à *Costa* a abouti à considérer, de manière explicite et fort audacieuse à notre sens, le principe de la primauté comme étant d'application absolue et inconditionnelle[4] (C).

C/- La subordination du droit constitutionnel au droit communautaire dans son ensemble

L'arrêt *Costa c/ ENEL* revenait à dire en substance que l'intérêt communautaire, représenté essentiellement par l'indispensable application uniforme du droit communautaire, devait prévaloir sur les considérations juridiques nationales. Dans le prolongement de cette conception des rapports entre le droit communautaire et les droits nationaux, la *CJCE* estimera que la supériorité du premier ne souffre d'aucune exception. En effet, elle bénéficie à toutes les normes communautaires et s'exerce à l'encontre de toutes les normes nationales, y compris et surtout constitutionnelles.

---

[1] M. D. SIMON : *Le système juridique communautaire, op. cit.*, p. 284 ; également M. P.-H. TEITGEN : *Cours de droit institutionnel communautaire*, Les Cours de droit, Paris-V^{e}, 1970-1971, p. 244.

[2] Voir M. L. CONSTANTINESCO : « La spécificité du droit communautaire », *RTDE* 1966, p. 30.

[3] Ceci d'autant plus qu'en l'espèce le conflit opposait une loi ordinaire à certaines dispositions du traité de Rome.

[4] Cf. M. R. KOVAR : « Rapports entre le droit communautaire et les droits nationaux », *op. cit.*, p. 118.

1)- La non opposabilité du droit constitutionnel au droit communautaire

Il a déjà été mentionné qu'on pouvait légitimement déduire la suprématie absolue du droit communautaire de l'expression, « un texte interne quel qu'il soit », utilisée par la *CJCE* en 1964 dans son arrêt *Costa*. Il n'en demeure pas moins que subsistait une incertitude quant à la solidité de la solution retenue. Cette relative ambiguïté sera levée par l'arrêt *Internationale Handelsgesellschaft* du 17 décembre 1970[1]. Dans cette affaire, la société Internationale Handelsgesellschaft contestait la validité du régime de cautionnement mis en place par le règlement n° 120/67/CEE du Conseil du 13 juin 1967, portant organisation commune des marchés dans le secteur des céréales. Selon elle, en effet, la charge de cautionnement en cause apparaissait excessive et portait atteinte aux droits fondamentaux garantis par la Constitution allemande, notamment au principe de proportionnalité. Le Tribunal financier de Francfort, devant lequel l'affaire avait été portée, la renvoya à titre préjudiciel à la *CJCE* pour appréciation de la validité du règlement communautaire.

Pour la juridiction de Luxembourg, des dispositions constitutionnelles internes ne sauraient être utilisées pour mettre en échec le droit communautaire. En effet, après avoir rappelé la nécessité de sauvegarder l'unité et l'efficacité du droit communautaire, à l'image de ce qui avait été avancé dans l'attendu principal de l'arrêt *Costa*, la *CJCE* apporta la conclusion suivante à son raisonnement : « Que, dès lors, l'invocation d'atteintes portées, soit aux droits fondamentaux tels qu'ils sont formulés par la Constitution d'un Etat membre, soit aux principes d'une structure constitutionnelle nationale, ne saurait affecter la validité d'un acte de la Communauté ou son effet sur le territoire de cet Etat »[2]. En d'autres termes, l'autorité des normes communautaires ne peut être subordonnée à leur compatibilité avec les principes constitutionnels fondamentaux des Etats membres. On ne peut mieux affirmer la suprématie absolue du droit communautaire sur les Constitutions nationales, et donc sur le droit constitutionnel français. Il n'est donc pas surprenant que la *CJCE* ait, dans un arrêt *Variola* du 10 juillet 1973, affirmé l'existence d'un « principe fondamental de la primauté de l'ordre juridique communautaire »[3].

De plus, la Cour de Luxembourg a confirmé, dans deux arrêts récents, le principe de l'inopposabilité des normes constitutionnelles internes au droit communautaire. Il s'agissait en effet de deux arrêts de manquement *Commission c/*

---

[1] Aff. 11/70, *Rec.*, p. 1125.

[2] Ainsi, pour M. P. PESCATORE : *Le droit de l'intégration*, A. W. SIJTOFF - LEIDEN, 1972, p. 86 : « ...La prise de position de la Cour est sans équivoque : on ne saurait opposer à la pleine efficacité du droit communautaire même des dispositions ou conceptions d'ordre constitutionnel » ; dans le même sens, M. P.-H. TEITGEN, *ibid.*

[3] Aff. 34/73, *Rec.*, p. 982.

Luxembourg et *Commission c/ Grèce* du 2 juillet 1996[1]. Dans ces deux affaires, la Commission contestait les obstacles constitutionnels (articles 11-2 de la Constitution luxembourgeoise et 4, paragraphe 4 de la Constitution grecque)[2] opposés par ces deux Etats membres à l'action en constatation de manquement engagée pour violation de l'article 48 du traité *CE* (article 39, Nouvelle numérotation) relatif à l'accès aux emplois dans l'administration publique. La Cour suivra les conclusions de l'avocat général P. LEGER pour qui il suffisait « de rappeler que, selon une jurisprudence bien établie, la primauté du droit communautaire existe à l'égard de toute norme nationale, même d'ordre constitutionnel »[3]. Etait ainsi réaffirmée l'application prioritaire du droit communautaire sur toute norme juridique interne. Il faut par ailleurs noter que ce principe de primauté a pour vocation d'irriguer toutes les normes communautaires : dans l'affaire 11/70 était en cause un règlement communautaire et dans les deux arrêts de 1996, on se trouvait en présence d'une disposition d'un traité communautaire de base.

2)- Une primauté bénéficiant à l'ordre juridique communautaire dans son ensemble

La vision de la Cour de Luxembourg concernant la primauté du droit communautaire peut être qualifiée d'englobante : les normes communautaires, y compris certains éléments tirés de sa jurisprudence, sont considérées comme étant supérieures à toutes les règles des ordres juridiques nationaux. Autrement dit, la prééminence du droit communautaire sur les Constitutions nationales bénéficie tout d'abord aux normes de droit originaire[4], ces dernières comprenant les trois traités de base de 1951-1957, et tous les actes et traités modificatifs. Notons par exemple que dans l'arrêt *Commission c/ République italienne* du 13 juillet 1972 était en cause une taxe interne italienne à l'exportation de certains produits, contraire à l'article 16 du traité *CEE* (abrogé) (suppression des droits de douane et taxes d'effet équivalent). Afin de justifier son retard dans l'abrogation de cette taxe, le gouvernement italien invoquait les difficultés qu'il aurait rencontrées à l'occasion

---

[1] Aff. C-473/93 et C-290/94, *Rec.* I-3207 et I-3317.

[2] Cf. Mme C. GREWE et M. H. OBERDORFF : *Les Constitutions des Etats de l'Union européenne*, La Documentation française, Paris, 1999, pp. 345 et 259.

[3] Cf. *Rec.* I-3236-3237 et I-3311-3312 ; voir notamment le point 8 de l'arrêt *Commission c/ Luxembourg*. Voir aussi le Rapport de la *CJCE* à la Conférence des 25 et 26 septembre 1997, organisée par le Conseil constitutionnel, sur « Contrôle de constitutionnalité et droit communautaire dérivé », *Les Cahiers du Conseil constitutionnel*, n° 4/1998, pp. 79 et 81.

[4] Rappelons que dans l'arrêt *Costa* de 1964 était notamment en cause l'interprétation des articles 37, 53 (abrogé), 93 et 102 du traité *CEE* (articles 31, 88 et 97, Nouvelle numérotation des traités).

de la procédure parlementaire. En d'autres termes, les mesures envisagées devaient «nécessairement être adoptées dans les formes et selon les procédures prévues par son droit constitutionnel». Mais il semble clair pour la *CJCE* que : « ...L'attribution, opérée par les Etats membres, à la Communauté des droits et pouvoirs correspondant aux dispositions du traité, entraîne, en effet, une limitation définitive de leurs droits souverains, contre laquelle ne saurait prévaloir l'invocation de dispositions de droit interne de quelque nature qu'elles soient »[1].

Le droit constitutionnel des Etats se trouve également subordonné au droit communautaire dérivé (notamment aux règlements et directives communautaires). En effet, dans l'arrêt *Commission des Communautés européennes c/ République italienne* du 8 février 1973 (primes à l'arrachage d'arbres fruitiers), la *CJCE* avait indiqué qu'«un Etat membre ne saurait exciper de dispositions ou pratiques de son ordre interne pour justifier le non-respect des obligations et délais résultant des règlements communautaires »[2]. Ainsi, priorité devait être donnée aux règlements communautaires par rapport au droit national constitutionnel. La juridiction de Luxembourg a appliqué la même logique aux directives communautaires. Ainsi avait-elle estimé, dans l'arrêt *Commission c/ République italienne* du 11 avril 1978 (*Métrologie*), que : la République italienne « ne saurait exciper de difficultés internes ou de dispositions de son ordre juridique national, même constitutionnel, pour justifier le non-respect des obligations et délais résultant de directives communautaires »[3]. Mme CONSTANTINIDES-MEGRET pouvait donc logiquement considérer que : « Le traité a fait du droit communautaire dérivé un droit autonome dont l'élaboration est déterminée par les règles propres à l'ordre communautaire. Les Etats, dessaisis de cette compétence, n'ont plus, dès lors, à appliquer à son égard les procédures constitutionnelles internes... »[4]. On ajouterait

---

[1] Aff. 48/71, *Rec.*, p. 535.

[2] Aff. 30/72, *Rec.*, p. 172. A rapprocher de l'arrêt *Leonesio* du 17 mai 1972, aff. 93/71, *Rec.*, p. 297. Voir également l'arrêt du 4 avril 1974, *Commission des Communautés européennes c/ République française* où étaient en cause à la fois l'article 48 *CEE* et le règlement n° 1612/68 du Conseil du 15 octobre 1968 relatif à la libre circulation des travailleurs au sein de la Communauté, aff. 167/73, *Rec.*, p. 371.

[3] Aff. 100/77, *Rec.*, p. 887. Jurisprudence confirmée par l'arrêt *Commission c/ Royaume de Belgique* du 6 mai 1980, aff. 102/79, *Rec.*, p. 1487. Pour une confirmation récente, voir l'arrêt de la *CJCE* du 9 juillet 1998, *Commission des Communautés européennes c/ Royaume de Belgique - « Droit de vote et d'éligibilité aux élections municipales »*, aff. C - 323/97, *Rec.* I, 4286. Dans cet arrêt en effet, la Cour rappelle conformément aux conclusions de l'avocat général G. COSMAS que : « ...Selon une jurisprudence constante, un Etat membre ne saurait exciper de dispositions, pratiques ou situations de son ordre juridique interne pour justifier l'inobservation des obligations et des délais prescrits par une directive ». En l'espèce, la Belgique invoquait les difficultés liées à la révision de la Constitution, nécessaire à la mise en œuvre de la directive n° 94-80 du Conseil du 19 décembre 1994 dans son ordre juridique. Voir en dernier lieu, l'arrêt de la *CJCE* du 11 janvier 2000, *Tanja Kreil*, cf. M. A. HAQUET : « Les directives prévalent-elles sur les règles constitutionnelles ? », *DA*, février 2000, pp. 22-24 ; M. J. GERKRATH, *Europe*, décembre 2000, pp. 5-7.

[4] Mme C. CONSTANTINIDES-MEGRET, *op. cit.*, p. 81.

à la limite que les Etats membres seraient mal fondés à remettre en cause des actes de droit dérivé qui sont simplement impliqués par des traités qu'ils ont préalablement et régulièrement conclus.

Les exemples jurisprudentiels que nous avons fait ressortir visent à montrer de manière éclatante le caractère « conquérant » de la doctrine de la primauté mise en place par la *CJCE.* Une conception d'autant plus solide et constante que la Cour de Luxembourg considère désormais que « ...la *C.E.E.* est une Communauté de droit en ce sens que ni ses Etats membres ni ses institutions n'échappent au contrôle de la conformité de leurs actes à la charte constitutionnelle de base qu'est le traité... »[1]. On se trouve là encore devant une affirmation très audacieuse de la part de la juridiction suprême communautaire. Pour autant, à travers cette affirmation, le juge communautaire veut notamment réaffirmer la nécessité pour les Etats de respecter le droit qui leur est commun au risque de porter préjudice à la « Communauté de droit ». En définitive, pareille conception s'assimile une fois de plus à une volonté de la part des juges de Luxembourg de promouvoir et de veiller à la consolidation de l'application uniforme du droit communautaire.

Conclusion de la Section I

La construction jurisprudentielle de la *CJCE* examinée ci-dessus adopte comme fil conducteur : l'exigence de l'effectivité d'application uniforme du droit communautaire. Une exigence qui, pour elle, découle naturellement de la nature juridique originale de l'ordre communautaire. Cela étant il ne serait pas exagéré de parler, en ce qui concerne le caractère absolu conféré par la Cour au principe de primauté, d'une position quelque peu « axiomatique ». En effet, peut-on concevoir comme allant de soi le fait de subordonner les Constitutions nationales, notamment la Constitution de 1958 (loi fondamentale de la République), à l'ordre juridique communautaire ? Et à ce titre, peut-on sérieusement éviter l'émergence de résistances nationales ayant trait à la nécessaire sauvegarde de certains principes constitutionnels essentiels ? En tout cas la matérialisation de toutes ces interrogations s'est retrouvée sous la forme d'un dialogue entre les ordres juridiques communautaire et nationaux, s'agissant de la protection des droits fondamentaux[2]. Cette « face cachée » du débat sur la primauté absolue du droit communautaire a été remarquablement perçue par M. C. PHILIP lorsqu'il

[1] Arrêt *Parti écologique « Les Verts » c/ Parlement européen* du 23 avril 1986, aff. 294/83, *Rec.*, p. 1365 ; *idem* avis du 14 décembre 1991, op. cit., *Rec.* I-6102 et les obs. de M. J. BOULOUIS, *RTDE* 1992, p. 457.

[2] Voir sur cette question : M. J. RIDEAU : « Le rôle de l'Union européenne en matière de protection des droits de l'Homme », *RCADI* 1997, tome 265, pp. 29-60 et 315-337 ; M. J.-F. RENUCCI : *Droit européen des droits de l'Homme*, LGDJ, 1999, pp. 14-22 et 253-313.

indiquait : « Le problème de la protection des droits fondamentaux dans l'ordre juridique communautaire est une question capitale aussi bien du point de vue politique (elle fonde une légitimité démocratique) que juridique (elle permet la primauté et l'application uniforme du droit communautaire) »[1]. Il s'agit en quelque sorte de montrer que la jurisprudence de la *CJCE* relative aux droits fondamentaux vise à compléter, à consolider voire à sauvegarder l'uniformité d'application du droit communautaire dans les ordres juridiques nationaux. Ceci est une autre manière d'assurer la prééminence absolue de ce droit tout en lui conférant un « supplément d'âme » (Section II).

Section II : La protection communautaire des droits fondamentaux : une volonté de sauvegarde de l'effectivité du droit communautaire

Notre réflexion consiste ici à mettre en relief la « face cachée » du principe de primauté absolue du droit communautaire ; autrement dit à étudier les incidences dudit principe sur l'objectif de sauvegarde des droits fondamentaux. Nous pensons qu'il existe un certain lien entre la protection juridictionnelle des droits de l'Homme par la *CJCE* et la prééminence du droit communautaire sur les ordres constitutionnels nationaux. En effet, face au risque de voir remise en cause la supériorité de la règle communautaire, à travers la question des droits fondamentaux, la Cour de justice de Luxembourg a en quelque sorte élaboré une « charte non écrite des droits de l'Homme dans la Communauté »[2]. A ce niveau, il n'est pas inintéressant de rappeler tout simplement que la doctrine de la primauté et la protection communautaire des droits fondamentaux sont le produit d'une seule et même démarche : une construction prétorienne de la *CJCE* destinée à garantir l'effectivité et l'uniformité d'application du droit communautaire sur le territoire de la Communauté[3]. La matérialisation de ce lien réside ainsi dans la réponse jurisprudentielle constante apportée par la juridiction de Luxembourg aux réserves établies par certains juges constitutionnels à l'applicabilité totale et inconditionnelle du droit communautaire dans leur ordre interne (Paragraphe 1). Les interventions successives de la *CJCE* ont ainsi conduit les juridictions

---

[1] M. C. PHILIP : « La CJCE et la protection des droits fondamentaux dans l'ordre juridique communautaire », *AFDI* 1975, p. 406. Voir également M. M. WAELBROECK : « Le rôle de la Cour de justice dans la mise en œuvre du traité CEE », *CDE* 1982, p. 377.

[2] Mme C. DUPARC : *La Communauté européenne et les droits de l'Homme*, Luxembourg : O.P.O.C.E., 1993, p. 13.

[3] Voir en ce sens, M. R. DEHOUSSE : *La CJCE*, 2e éd., Montchrestien, 1997, p. 61. Il estime que c'est pour défendre la primauté « que la Cour a développé sa propre politique de protection des droits de l'Homme », *idem* pp. 73 et 94.

constitutionnelles concernées à lever, (pour l'heure ?), les hypothèques qui pesaient sur la primauté absolue du droit communautaire (Paragraphe 2).

Paragraphe 1 : La CJCE et les droits de l'Homme : une construction destinée à neutraliser les réticences de certaines Cours constitutionnelles

Il convient de souligner que cette question de la protection communautaire des droits de l'Homme mérite d'être étudiée dans le cadre des rapports entre le droit communautaire et la Constitution française pour toute une série de raisons, dont deux peuvent être relevées ici :

- La question des droits fondamentaux est devenue en France, depuis la décision *Maastricht I* du 9 avril 1992, une réserve de constitutionnalité à part entière du droit communautaire. Dans cette décision en effet, le Conseil constitutionnel considère que le respect des droits fondamentaux au sein de l'Union européenne (droits fondamentaux qui sont partie intégrante des principes généraux du droit communautaire) « est assuré par la *CJCE* notamment à la suite d'actions engagées à l'initiative des particuliers ». Il juge par voie de conséquence « que les stipulations du paragraphe 2 de l'article F, conjuguées avec l'intervention des juridictions nationales statuant dans le cadre de leurs compétences respectives, sont à même de garantir les droits et libertés des citoyens ; qu'à cet égard, l'engagement international [qui lui est] soumis [...] ne porte pas atteinte aux règles et principes de valeur constitutionnelle »[1]. Ces différents passages de la décision *Maastricht I* font implicitement apparaître que le droit constitutionnel français tient pour impérieuse la garantie des droits et libertés des citoyens ; réserve qui pourrait constituer un obstacle à la pérennisation de la construction européenne. Aussi est-il évident d'affirmer que, pour le droit français, « ...l'exigence d'une protection communautaire efficace des droits fondamentaux constitue en même temps une nécessité du droit constitutionnel national... »[2] ;

- En liaison avec cette première idée, il faut dire que cette question pourrait devenir l'une des justifications majeures de l'instauration en France d'un contrôle de constitutionnalité du droit communautaire dérivé. Une telle configuration des choses serait beaucoup plus dangereuse pour la primauté absolue du droit communautaire, prise en tant que garantie de l'application uniforme de ce droit sur l'ensemble du territoire de la Communauté.

En dépit de tout ce qui vient d'être souligné, il est clair que ce sont principalement les juges constitutionnels allemand et italien qui ont conduit la

---

[1] Cf. considérants 17 et 18 de la décision n° 92-308 DC.

[2] M. M. A. DAUSES : « La protection des droits fondamentaux dans l'ordre juridique des Communautés européennes. Position du problème, état actuel et tendances », *RAE* 1992/4, p. 19.

juridiction de Luxembourg à préciser sa doctrine de la primauté absolue du droit communautaire dans ses rapports avec les droits fondamentaux constitutionnellement garantis au niveau national[1]. Au demeurant, la préférence affichée par ces deux Cours constitutionnelles à l'égard du respect des droits fondamentaux, et au léger détriment de la prééminence du droit communautaire, n'apparaît pas totalement étrangère au juge constitutionnel français. Il convient donc d'examiner les interactions entre les résistances allemande et italienne fondées sur la nécessaire protection des droits fondamentaux (A) et la réponse jurisprudentielle apportée par la *CJCE* (B).

A/- La « conditionnalité » instituée à l'encontre de l'application effective de la règle communautaire par les juges constitutionnels allemand et italien

L'Allemagne et l'Italie disposent d'un contrôle étendu de la constitutionnalité des normes juridiques, notamment par voie d'exception. C'est à l'occasion de ce type de contrôle que s'est posée la question de la compatibilité du droit communautaire avec certains principes essentiels de l'ordonnancement constitutionnel, en l'occurrence les droits fondamentaux. On peut sans doute observer qu'on se trouve là beaucoup plus en présence de réserves à la constitutionnalité du droit communautaire[2]. Il n'en demeure pas moins que la question des droits fondamentaux, soulevée par les juges constitutionnels allemand et italien, est apparue comme un danger vis-à-vis de la nécessaire application uniforme du droit communautaire qu'implique la doctrine de la primauté défendue par la *CJCE*. Il convient donc d'examiner la première facette des échanges « dialectiques »[3] entre ces deux Cours constitutionnelles et la Cour de Luxembourg. En effet, face aux résistances du Tribunal de Karlsruhe et de la Cour constitutionnelle italienne et dans le but de sauvegarder l'effectivité du droit communautaire, la juridiction de Luxembourg a été contrainte d'évoluer en ce qui concerne la protection des droits fondamentaux[4].

---

[1] Cf. Mme J. DUTHEIL de la ROCHERE : *Introduction au droit de l'Union européenne*, 2e éd., *op. cit.*, pp. 102-104.

[2] Cf. M. J. RIDEAU : *Droit institutionnel de l'Union et des Communautés européennes, op. cit.*, p. 185.

[3] Sur ces rapports « dialectiques », voir M. J. RIDEAU : « Le rôle de l'Union européenne en matière de protection des droits de l'Homme », *RCADI* 1997, *op. cit.*, pp. 315-337 ; l'ouvrage de M. T. OJANEN : *The European Way - The structure of National Court Obligation under EC Law*, Gummerus Kirjapaino Oy, Saarijärvi 1998, spéc. pp. 97-106, 291-302 et 313-320.

[4] Voir notamment à ce propos : MM. S. BRACONNIER : *Jurisprudence de la Cour européenne des droits de l'Homme et droit administratif français, op. cit.*, p. 292 ; J. GERKRATH : « La critique de la légitimité démocratique de l'Union européenne selon la Cour constitutionnelle fédérale de

Il est intéressant à cet égard de partir d'une jurisprudence de la *CJCE* dans laquelle cette dernière refusait d'être juge des règles du droit interne des Etats membres tout en assurant l'unité du droit communautaire. Par ailleurs, la Cour avait exclu toute appréciation de la validité des textes communautaires au regard des droits fondamentaux constitutionnellement garantis au niveau national[1]. A travers cette « attitude défensive », la Cour marquait son souci de préserver l'unité et l'efficacité de l'ordre juridique communautaire. Il s'agissait en effet d'affaires dans lesquelles étaient invoqués des droits fondamentaux figurant dans une Constitution nationale afin d'écarter l'application du droit communautaire et donc, sa primauté. Mais la *CJCE*, dans l'arrêt *Stork* du 4 février 1959 et concernant les affaires *Comptoirs de vente du charbon de la Ruhr* du 15 juillet 1960 va respectivement affirmer qu'« ...elle ne saurait examiner le grief selon lequel, en prenant sa décision, la Haute Autorité aurait violé des principes du droit constitutionnel allemand [notamment les articles 2 et 12 de la Loi fondamentale] »[2] ; « ...il n'appartient pas à la Cour, [...], d'assurer le respect des règles de droit interne, même constitutionnelles, en vigueur dans l'un ou l'autre des Etats membres »[3]. Ces formules reflètent, de façon perceptible, la volonté de sauvegarder l'autonomie et la prééminence du droit communautaire[4]. Cela étant, des difficultés allaient apparaître car cette jurisprudence « déniait à l'individu le droit d'invoquer sa Constitution mais sans le faire bénéficier d'une protection comparable au plan communautaire. Il en résultait un véritable « déni de justice »[5]. Là réside l'une des principales raisons d'être des réticences des Cours constitutionnelles en Allemagne et en Italie[6] ; réticences dont il convient brièvement de présenter les contours.

Karlsruhe », dans M. G. DUPRAT(Sous la direction de) : *L'Union européenne - Droit, politique, démocratie*, PUF, 1996, p. 211.

[1] Cf. M. C. TOMUSCHAT : « Les rapports entre le droit communautaire et le droit interne allemand dans la jurisprudence récente de la Cour constitutionnelle allemande », *CDE* 1989, p. 165. M. TOMUSCHAT fait allusion à « une jurisprudence malheureuse de la Cour de justice selon laquelle la Cour n'avait pas à se soucier des dispositions constitutionnelles des Etats membres ».

[2] Aff. 1/58, *Rec.* 1958-1969, vol. V, p. 63. Il faut préciser que cette affaire concernait le traité *CECA* de 1951.

[3] *Rec.*, vol. VI, p. 890.

[4] En ce sens M. P. PESCATORE : *L'ordre juridique des Communautés européennes, op. cit.*, p. 168 ; M. R. DEHOUSSE : *La CJCE, op. cit.*, p. 57.

[5] Cf. M. G. COHEN-JONATHAN : « Les droits de l'Homme dans les Communautés européennes », dans *Recueil d'études en hommage à C. EISENMANN*, éd. Cujas, 1975, p. 408. Pour justifier la position des juges de Luxembourg, MM. F. MANCINI et V. DI BUCCI, *RCADE* 1990 - Vol. I-1, p. 36, estiment que : « ...En l'absence d'une doctrine de la primauté clairement établie, ils pouvaient craindre que la protection des droits fondamentaux ne devienne le cheval de Troie par lequel le droit communautaire et l'activité des institutions seraient subordonnés aux dispositions constitutionnelles, voire législatives des Etats membres ».

[6] Voir l'analyse de M. H. LABAYLE : « Droits fondamentaux et droit européen », *AJDA* 1998 – n° spécial : *Les droits fondamentaux, une nouvelle catégorie juridique* ?, p. 80.

Ainsi, dès son arrêt du 18 octobre 1967, le Tribunal constitutionnel fédéral allemand réservait sa position sur la possibilité d'apprécier le respect par le droit communautaire des droits fondamentaux garantis par la Constitution allemande : « Il n'est pas statué ici sur la question de savoir si la Cour constitutionnelle fédérale pouvait apprécier, dans le cadre d'une instance valablement introduite devant elle, la conformité du droit communautaire aux droits fondamentaux garantis par la Loi fondamentale ». En d'autres termes, la Cour de Karlsruhe n'exclut pas la possibilité de subordonner l'applicabilité du droit communautaire en Allemagne au respect des droits fondamentaux, élément essentiel sinon irréductible de la structure constitutionnelle de l'Etat. Le principe en sera posé par la deuxième chambre du Tribunal constitutionnel fédéral dans une ordonnance du 29 mai 1974 (dite *Solange I)*. Pour la Cour, tant que les Communautés ne seraient pas dotées d'un Parlement démocratiquement élu, doté de pouvoirs législatifs et tant que ses institutions n'auraient pas l'obligation de respecter un catalogue de droits fondamentaux, il lui appartient de continuer à assurer la protection des droits fondamentaux garantis par la Loi fondamentale. Autrement dit, les droits fondamentaux constituent un obstacle éventuel à l'effectivité du droit communautaire dérivé en Allemagne. Ce qui, par voie de conséquence, pourrait mettre en échec la primauté absolue de ce dernier.

La Cour constitutionnelle italienne adoptera pour sa part une position assez analogue. Ainsi dans sa sentence n° 98 du 27 décembre 1965, *Acciairie San Michele*, la Cour énonce que les dispositions communautaires ne peuvent en aucun cas déroger aux principes fondamentaux de la Constitution italienne ; et, dans une telle hypothèse, elle se réserve le droit de déclarer inconstitutionnelles les lois ordinaires italiennes ayant autorisé la ratification et l'exécution des traités communautaires. Interrogée directement sur la constitutionnalité de la loi d'approbation du traité *CEE*, la Cour constitutionnelle, dans la décision n° 138 *Frontini e Pozzani* du 27 décembre 1973, va réitérer sa réserve. Elle considère en effet que les institutions communautaires ne disposent nullement d'un « pouvoir inadmissible de violer les principes fondamentaux de [l']ordre juridique constitutionnel [italien] ou les droits inaliénables de la personne humaine ». Dans le cas contraire, « ...la garantie du contrôle juridictionnel de (la) Cour (constitutionnelle) sur la compatibilité constante du traité avec les principes fondamentaux susdits serait, [...], toujours assurée ».

En définitive, les différentes décisions ci-dessus évoquées montrent que le Tribunal constitutionnel fédéral allemand semble beaucoup plus ferme et déterminé que la Cour constitutionnelle italienne[1]. Pour autant, le constat fondamental reste le

[1] Il est clair en effet que contrairement au juge constitutionnel allemand, la Cour constitutionnelle italienne a émis des réserves à la primauté absolue du droit communautaire sans toutefois entrer en conflit avec la juridiction de Luxembourg.

suivant : ces deux Cours constitutionnelles semblent exclure l'applicabilité du droit communautaire qui s'opérerait au détriment des droits fondamentaux. La primauté de ce droit ne peut donc, dans ce cas, apparaître absolue et inconditionnelle. Une telle situation ne pouvait laisser insensible la gardienne des traités communautaires, en l'occurrence la *CJCE.* La réaction de cette dernière consistera dès lors à apporter une réponse aux préoccupations exposées par ces juridictions suprêmes, avec pour objectif sous-jacent : la nécessaire application uniforme du droit communautaire[1] (B).

B/- La réaction pragmatique de la CJCE à ce phénomène de résistance

Au caractère limité des arrêts précités de la *CJCE* de 1959-1960, correspondait une carence des traités de base dans le domaine des droits fondamentaux. En effet, aucune charte écrite des droits de l'Homme ne figurait dans ces textes de 1951-1957. M. W. J. GANSHOF VAN DER MEERSCH a, de ce point de vue, remarquablement fait ressortir la raison d'une telle carence : « Si le problème n'est pas apparu aux Etats signataires des traités de Paris et de Rome, il paraît certain que c'est en raison du fait que les compétences et les actes de la Communauté se situent principalement sur le plan économique, dont les problèmes relatifs à la protection des droits fondamentaux de l'Homme paraissent assez éloignés »[2]. Comme en matière de primauté absolue du droit communautaire, la *CJCE* allait combler de façon pragmatique cette omission des traités fondateurs. L'évolution jurisprudentielle (1969-1974) étant bien connue[3], nous nous contenterons d'en rappeler les principaux termes, tout en n'omettant pas d'insister sur la place singulière du débat concernant les droits fondamentaux et relativement à la question de la primauté absolue du droit communautaire.

---

[1] Voir en ce sens, M. P. HESTCH, *CDE* 1982, p. 535.

[2] M. W. GANSHOF VAN DER MEERSCH : « L'ordre juridique des Communautés européennes et le droit international », *RCADI* 1975-V, tome 148, p 161. Voir également M. K. LENAERTS : *Le juge et la Constitution aux Etats-Unis d'Amérique et dans l'ordre juridique européen*, Bruylant, Bruxelles, 1988, p. 567. Pour lui, les traités de base ont situé la protection des droits des individus « sur le plan économico-technique, qui concerne les compétences attribuées à la Communauté ». Notons tout de même l'existence des grandes libertés économiques concernant notamment la libre circulation des personnes, des biens, des services et des capitaux, cf. M. J.-P. JACQUE : « Communauté européenne et CEDH », dans L.-E. PETTITI, E. DECAUX et P.-H. IMBERT(Sous la direction de) : *La CEDH, commentaire article par article*, 2e éd., Economica, 1999, p. 83. Il convient de souligner la similarité des justifications de l'absence, dans les traités de base, à la fois d'une clause générale de primauté et d'une charte des droits fondamentaux.

[3] Pour un exposé des grandes lignes de la jurisprudence de la Cour européenne, voir notamment M. G. RASQUIN : « La jurisprudence de la CJCE en matière de protection des droits fondamentaux », dans *Cahiers de l'I.D.E.D.H.*, 1992-1, Université de Montpellier I, p. 97.

La Cour de justice de Luxembourg initiera sa construction jurisprudentielle par une décision admettant l'existence de principes généraux du droit communautaire. En effet, dans l'arrêt *Stauder* du 12 novembre 1969 (point 7), la *CJCE* ne relève à l'encontre de la disposition litigieuse « aucun élément susceptible de mettre en cause les droits fondamentaux de la personne compris dans les principes généraux du droit communautaire, dont la Cour assure le respect »[1]. Il restait néanmoins à préciser la manière dont ces droits fondamentaux allaient être protégés par la *CJCE*. L'occasion lui en fut donnée par un renvoi préjudiciel pour appréciation de validité du régime de cautionnement mis en place par le règlement n° 120/67/*CEE* du Conseil en date du 13 juin 1967, portant organisation commune des marchés dans le secteur des céréales. Il faut noter, pour la circonstance, que, dans sa décision de renvoi, le Tribunal administratif de Francfort estimait que les règlements communautaires devaient respecter les droits fondamentaux élémentaires, garantis par la Constitution allemande. Et en cas de contrariété avec ces droits, la primauté du droit supranational se heurterait aux principes de la Loi fondamentale. Au passage, cette argumentation montre bien le lien entre la protection des droits fondamentaux dans la Communauté et la non remise en cause de la primauté du droit communautaire. En d'autres termes, la réalisation de la première conditionne l'effectivité de la seconde. On comprend dès lors pourquoi, dans sa réponse, la *CJCE* réaffirmera le principe de l'inopposabilité du droit constitutionnel à l'égard du droit communautaire (donc, primauté absolue de ce dernier) avant de formuler les principes gouvernant la protection communautaire des droits de l'Homme. En effet, aux termes de l'arrêt du 17 décembre 1970, *Internationale Handelsgesellschaft* : « ...Le respect des droits fondamentaux fait partie intégrante des principes généraux du droit communautaire dont la Cour assure le respect ; [...] la sauvegarde de ces droits, tout en s'inspirant des traditions constitutionnelles communes aux Etats membres, doit être assurée dans le cadre de la structure et des objectifs de la Communauté »[2]. Les droits fondamentaux constitutionnellement garantis au niveau national trouvent donc ici une « garantie analogue, inhérente au droit communautaire ». Autrement dit, la sauvegarde de la prééminence absolue du droit communautaire passe par une meilleure prise en compte, au niveau communautaire, des préoccupations constitutionnelles nationales relatives à la garantie des droits et libertés des citoyens.

La juridiction de Luxembourg s'attachera à compléter et à étendre sa jurisprudence dans l'arrêt *Nold* du 14 mai 1974. En effet, après avoir rappelé les

---

[1] Aff. 29/69, *Rec.*, vol. XV, p. 425. Notons que, déjà dans ses conclusions sur l'affaire des *Comptoirs de vente du charbon de la Ruhr* (15 juillet 1960), *Rec.*, vol. VI, p. 910, l'avocat général M. LAGRANGE indiquait que : la Cour « peut s'[...] inspirer des principes constitutionnels internes éventuellement pour y voir l'expression d'un principe général de droit susceptible d'être pris en considération pour l'application du traité ».

[2] Aff. 11/70, *Rec.*, p. 1135.

principes posés dans sa décision de 1970, la *CJCE* va en préciser la portée : la Cour « ne saurait, [...], admettre des mesures incompatibles avec les droits fondamentaux reconnus et garantis par les Constitutions des Etats » ; « que les instruments internationaux concernant la protection des droits de l'Homme auxquels les Etats membres ont coopéré ou adhéré peuvent également fournir des indications dont il convient de tenir compte dans le cadre communautaire »[1]. Ici la prise en compte des considérations constitutionnelles nationales est beaucoup plus nette et tranchée. En outre on perçoit aisément que la *CJCE* fait principalement référence, lorsqu'elle renvoie aux « instruments internationaux concernant la protection des droits de l'Homme », à la Convention européenne de sauvegarde des droits de l'Homme et des libertés fondamentales de 1950[2].

Au total, la reconnaissance jurisprudentielle des droits de l'Homme dans la Communauté a fait suite aux menaces de remise en cause de la primauté absolue du droit communautaire. Des menaces fondées sur le nécessaire respect des droits fondamentaux par les institutions communautaires[3]. Pour autant, les Cours constitutionnelles allemande et italienne allaient-elles, après avoir fait évoluer la *CJCE*, adapter leur jurisprudence aux nécessités de l'effectivité et de l'application uniforme du droit communautaire ? (Paragraphe 2).

Paragraphe 2 : L'effet salutaire de l'évolution de la CJCE sur les menaces pesant sur la doctrine de la primauté

L'un des objectifs affichés par la jurisprudence de la *CJCE* étant de mieux garantir l'application uniforme du droit communautaire, par le biais de sa doctrine de primauté, il restait à savoir si l'évolution ci-dessus envisagée avait pu avoir une quelconque influence sur les attitudes nationales. Autrement dit, a-t-on observé un effet de retour : une évolution des juges constitutionnels allemand et italien consécutive à la reconnaissance jurisprudentielle d'une nécessaire garantie des droits de l'Homme par la juridiction de Luxembourg ? Afin de répondre à cette interrogation, il convient d'abord de souligner que la construction prétorienne de la *CJCE* est désormais constante et bénéficie de surcroît d'une consécration et d'une légitimation de la part du « constituant » et des institutions communautaires (A). On recherchera ensuite les effets de cet affermissement de la protection communautaire des droits fondamentaux sur l'effectivité du principe de primauté absolue du droit communautaire (B).

---

[1] Aff. 4/73, *Rec.*, p. 508.

[2] Pour une référence expresse à la Convention européenne des droits de l'Homme (*C.E.D.H.*), voir l'arrêt *Rutili* du 28 août 1975, aff. 36/75, *Rec.*, p. 1219.

[3] Cf. M. M. FROMONT : « Le droit constitutionnel national et l'intégration européenne », *RAE* 1997/2, p. 198.

A/- La confirmation et la consolidation de la construction prétorienne de la CJCE

La succession dans le temps de l'arrêt *Nold* de la *CJCE* de 1974 et de la décision *Solange I* du Tribunal constitutionnel fédéral allemand est en quelque sorte représentative de l'interaction qui existe notamment entre la jurisprudence communautaire et les interventions de certaines Cours constitutionnelles européennes, plus particulièrement les juridictions constitutionnelles allemande et italienne. En effet, outre le fait que la décision de la Cour allemande a été prise quinze jours après l'arrêt de la Cour de Luxembourg[1], il faut noter que le Tribunal de Karlsruhe n'a pas saisi l'occasion de cette évolution notable (de *Stauder* en 1969 à *Nold* en 1974, en passant par *Internationale Handelsgesselschaft* en 1970) de son homologue européen pour donner un satisfecit au système communautaire. Bien au contraire, il est plus vraisemblable, comme l'affirme M. C. TOMUSCHAT, que : « ...La Cour [constitutionnelle allemande] était déjà trop avancée dans la rédaction de son arrêt, et ne souhaitait plus laisser s'échapper l'occasion unique de lancer un avertissement solennel et dur à la Communauté »[2]. Les institutions communautaires, avec en premier lieu la *CJCE*, étaient donc invitées à prendre davantage en considération dans leur action les préoccupations nationales tenant à la préservation des principes constitutionnels essentiels de l'ordre juridique interne, au premier rang desquels figurent les droits fondamentaux. On peut dès lors raisonnablement penser que cette prise de position de la juridiction suprême allemande fut l'un des facteurs ayant incité les trois plus hautes instances communautaires à réagir[3]. Ainsi le 5 avril 1977, fut adoptée une Déclaration commune dont la teneur mérite d'être reproduite : « 1. Le Parlement européen, le Conseil et la Commission soulignent l'importance primordiale qu'ils attachent au respect des droits fondamentaux tels qu'ils résultent notamment des Constitutions des Etats ainsi que de la Convention européenne de sauvegarde des droits de l'Homme et des libertés fondamentales.

2. Dans l'exercice de leurs pouvoirs et en poursuivant les objectifs des Communautés européennes, ils respectent et continueront à respecter ces droits »[4].

---

[1] Rappelons que l'arrêt *Nold* est intervenu le 14 mai 1974 et la décision *Solange I* le 29 mai de la même année.

[2] M. C. TOMUSCHAT, *CDE* 1989, *op. cit.*, p. 166. Pour M. G. COHEN-JONATHAN, *RMC* 1978, p. 85, on pouvait légitimement se demander si l'arrêt *Nold* n'aurait « pas dû inciter la Cour constitutionnelle allemande à mûrement réfléchir avant de rendre la trop célèbre ordonnance du 29 mai 1974... ».

[3] Voir en ce sens, M. K. LENAERTS : *Le juge et la Constitution aux Etats Unis d'Amérique et dans l'ordre juridique européen*, *op. cit.*, p. 590.

[4] Il faut également mentionner la Déclaration des droits et libertés du Parlement européen adoptée le 12 avril 1989, cf. M. S. E. PERRAKIS, *RMC* 1990, p. 467 et la Résolution du même Parlement en date du 18 janvier 1994, *JOCE*, C 44, 14 février 1994.

Un tel engagement solennel, de la part des différentes parties prenantes à la législation communautaire, méritait d'être souligné car, à n'en pas douter, ce document était doté d'une réelle portée politique, à défaut de disposer d'une quelconque valeur juridique.

Plus déterminante fut la consolidation textuelle de la garantie communautaire des droits fondamentaux contenue, pour la première fois, dans un traité communautaire modificatif. En effet, dans une disposition du préambule de l'*AUE* de 1986, il était précisé que les chefs d'Etats de l'Union sont «décidés à promouvoir ensemble la démocratie en se fondant sur les droits fondamentaux reconnus dans les Constitutions et les lois des Etats membres, dans la Convention européenne de sauvegarde des droits de l'Homme et des libertés fondamentales et la Charte sociale européenne, notamment la liberté, l'égalité et la justice sociale ». Cette prise de position du « constituant » européen va de pair avec la confirmation, à plusieurs reprises de la jurisprudence de la *CJCE* en matière des droits de l'Homme. Pour ce faire, il suffit de relever les arrêts *Wachauf* du 13 juillet 1989[1] et *Elliniki Radiophonia* du 18 juin 1991. Dans cette dernière décision en particulier, fut remarquablement résumée la doctrine de la Cour de Luxembourg relativement à la protection des droits fondamentaux : « Selon une jurisprudence constante, les droits fondamentaux font partie intégrante des principes généraux du droit dont la Cour assure le respect. A cet effet, la Cour s'inspire des traditions constitutionnelles communes aux Etats membres ainsi que des indications fournies par les instruments internationaux concernant la protection des droits de l'Homme auxquels les Etats membres ont coopéré ou adhéré. La Convention européenne de sauvegarde des droits de l'Homme et des libertés fondamentales revêt, à cet égard, une signification particulière »[2].

Par ailleurs, un appui beaucoup plus net et solennel sera apporté à cette jurisprudence par le traité de Maastricht du 7 février 1992. En effet son titre 1er relatif aux dispositions communes contient un article F-2 aux termes duquel : « L'Union respecte les droits fondamentaux tels qu'ils sont garantis par la Convention européenne de sauvegarde des droits de l'Homme et des libertés fondamentales, signée à Rome le 4 novembre 1950, et tels qu'ils résultent des traditions constitutionnelles communes aux Etats membres, en tant que principes généraux du droit communautaire »[3]. Bien que cet article soit exclu de la compétence exclusive de la *CJCE* par l'article L du traité sur l'Union européenne (article 46, Nouvelle numérotation), il faut reconnaître qu'il constitue une consécration manifeste de la protection jurisprudentielle des droits fondamentaux au sein de la Communauté. Aussi M. J. VERGES estime-t-il, à juste titre, que

[1] Aff. 5/88, point 7, *Rec.*, p. 2639.
[2] Aff. C-260/89, *Rec.* I, 2951, point 41.
[3] Disposition intégralement reprise par le traité d'Amsterdam du 2 octobre 1997, article 6-2 de la Version consolidée du traité sur l'Union européenne.

l'article F-2 « confirme et synthétise vingt-cinq années de lente élaboration jurisprudentielle efficace de protection des droits fondamentaux à partir des bases tout à fait exiguës contenues dans les traités de Paris et de Rome »[1]. Indices textuels et éléments traditionnels de la jurisprudence de la *CJCE* vont donc désormais de pair pour consolider le système communautaire de protection des droits fondamentaux.

En tout état de cause, la compétence de la *CJCE* pour contrôler en dernier ressort le respect, par les institutions communautaires, des droits fondamentaux apparaît sauvegardée de façon implicite mais nette par l'Avis 2/94 du 28 mars 1996[2]. En effet, en y affirmant qu'«en l'état actuel du droit communautaire, la Communauté n'a pas compétence pour adhérer à la Convention de sauvegarde des droits de l'Homme et des libertés fondamentales », la Cour de Luxembourg tient à marquer de façon implicite la nécessaire autonomie de l'ordre juridique communautaire. Autrement dit, sauf révision (improbable ?) des traités, elle demeure la seule garante de la protection des droits de l'Homme au sein de l'Europe communautaire. Au demeurant le traité d'Amsterdam n'a rien changé à une telle configuration des choses. Tout au plus a-t-il contribué à renforcer le rôle de la *CJCE* en incluant dans le domaine de compétence de cette dernière l'article 6-2 du traité sur l'Union européenne (ex article F-2) et notamment en étendant, bien que de manière timide, le contrôle de la Cour à la partie communautarisée du troisième pilier dudit traité[3]. Tout ceci pousse à dire que la soumission des institutions communautaires aux droits fondamentaux est désormais reconnue et bien établie au plus haut niveau de l'échiquier communautaire. C'est en dernier ressort la construction jurisprudentielle engagée dans les années 1969-1974 qui en sort affermie.

L'important pour notre propos reste tout de même de savoir si cette construction prétorienne constante a contribué, de façon plus ou moins directe, à atténuer ou à lever les risques de remise en cause de la primauté du droit

---

[1] M. J. VERGES : « Droits fondamentaux et droits de citoyenneté dans l'Union européenne », *RAE* 1994/4, p. 7.

[2] Sur cet Avis, voir notamment : Mme F. CHALTIEL, *RMC* 1997, p. 34 ; MM. J.-F. RENUCCI, *D.* 1996, p. 449 ; D. SIMON, *Europe*, juin 1996, p. 4 ; P. WASCHMANN, *RTDE* 1996, p. 467.

[3] Sur l'apport du traité d'Amsterdam s'agissant de la question des droits fondamentaux, voir notamment M. P. WASCHMANN, *RTDE* 1997, p. 883 ; M. F. SUDRE, *JCP* 1998, I, 100 ; M. H. LABAYLE, *AJDA* 1997, p. 934 ; M. J.-F. FLAUSS, E. LAMBERT et C. SCIOTTI, *RDIDC* 1999/2, pp. 121-132 ; M. O. de SCHUTTER : « Les droits fondamentaux dans le traité d'Amsterdam », dans Y. LEJEUNE(Etudes coordonnées par) : *Le traité d'Amsterdam – Espoirs et Déceptions*, éd. Bruylant, 1998, p. 153. Aux termes de l'article 46-d du traité sur l'Union européenne : « Les dispositions [des traités fondateurs] qui sont relatives à la compétence de la *CJCE* et à l'exercice de cette compétence ne sont applicables qu'aux dispositions suivantes du présent traité : « L'article 6, paragraphe 2, en ce qui concerne l'action des institutions, dans la mesure où la Cour est compétente en vertu des traités instituant les Communautés européennes et du présent traité ».

communautaire. En d'autres termes, peut-on considérer les réserves de certaines Cours constitutionnelles, notamment allemande et italienne, comme étant désormais inopportunes ou de pure forme[1] ? Ceci ferait, de toute évidence, naître un climat favorable à l'objectif recherché par la doctrine de la primauté c'est-à-dire, l'application uniforme du droit communautaire (B).

B/- Le résultat obtenu : l'absence de véritable remise en cause de la doctrine de la primauté

Notre objectif est de montrer que les différents obstacles et réserves rencontrés notamment en Italie et en Allemagne par la primauté absolue du droit communautaire ont été au fur et à mesure assouplis. Il faudrait en ce sens parler de leur caractère désormais formel. Par ailleurs, la présentation successive qui est faite de la situation dans ces deux pays ne préjuge nullement de la relative similarité entre les jurisprudences du Tribunal constitutionnel fédéral allemand et de la Cour constitutionnelle italienne. Elle se justifie tout simplement par l'existence d'une légère différence de situation : la Cour constitutionnelle allemande ayant eu une position beaucoup plus frontale et conflictuelle avec la *CJCE* que la juridiction constitutionnelle italienne.

En ce qui concerne en premier lieu l'Allemagne, rappelons que dans son ordonnance de 1967, le Tribunal constitutionnel allemand avait reconnu l'autonomie de l'ordre juridique communautaire. De plus, cinq après sa décision *Solange I,* la Cour de Karlsruhe va rendre sa « décision peut-être » *(« Vielleicht Beschluss* ») dans laquelle elle « laissait ouverte » la possibilité de revenir sur la solution dégagée dans son ordonnance du 29 mai 1974, ceci au regard des progrès accomplis dans la protection des droits de l'Homme au sein de l'Europe communautaire : élection des parlementaires européens au suffrage universel direct, arrêt *Nold*, Déclaration commune de 1977...C'est finalement dans une décision du 22 octobre 1986 (dite *Solange II*) que la deuxième chambre de la Cour constitutionnelle allemande constatera que les changements intervenus dans l'ordre juridique communautaire permettaient désormais d'assurer une garantie suffisante des droits fondamentaux. Elle considéra en effet que : « Aussi longtemps que (*Solange*) les Communautés européennes, en particulier la jurisprudence de la Cour de Luxembourg, garantissent de façon générale une protection efficace des droits fondamentaux à l'égard de la puissance publique des Communautés, protection qui est essentiellement équivalente à celle prescrite comme impérative par la Loi fondamentale, et qui assure de façon générale la substance même des droits

---

[1] Pour une première réponse à cette question, cf. M. R. LECOURT : « Le rôle unificateur du juge dans la Communauté », dans *Mél. offerts à P.-H. TEITGEN*, éd. A. Pedone, Paris, 1984, p. 234.

fondamentaux, le Tribunal constitutionnel s'abstiendra d'exercer sa juridiction sur l'applicabilité du droit communautaire dérivé et ne contrôlera donc plus ce droit au regard des droits fondamentaux de la Loi fondamentale ». Le Tribunal constitutionnel de Karlsruhe inverse ainsi le raisonnement utilisé en 1974. En effet, en 1974, il jugeait qu'il était fondé à exercer son contrôle sur le droit dérivé tant que le droit communautaire n'assurerait pas la garantie des droits fondamentaux. En 1986, il reconnaît désormais que cette garantie est assurée au niveau communautaire et, aussi longtemps que tel restera le cas, il n'exercera plus son contrôle. Au vu de ce constat, il est permis de penser que la juridiction constitutionnelle a pris acte, entre autres, de la maturation jurisprudentielle intervenue, au niveau communautaire, dans le début des années 1970 et de la prise de position à la fois des institutions et du « constituant » communautaires, respectivement dans la Déclaration commune de 1977 et dans le préambule de l'*A.U.E.* de 1986. C'est ce qu'exprime de manière autrement plus synthétique M. V. CONSTANTINESCO lorsqu'il affirme que : « Si en 1974 « l'aussi longtemps que » (*Solange I*) était une mise en évidence et une critique du déficit démocratique existant, aujourd'hui, cette même expression (*Solange II*) atteste du changement intervenu et exprime l'espoir qu'il se maintiendra dans le futur : tant que cela sera le cas, la norme communautaire ne sera pas contrôlée par rapport à la Constitution nationale »[1]. Autant dire qu'en l'état actuel des choses, la menace qui pesait sur la primauté du droit communautaire, au nom de la nécessaire garantie des droits fondamentaux, s'avère désormais assez hypothétique[2]. En complément de cet assouplissement, différents arrêts postérieurs viendront poser de manière plus ou moins exigeante la nécessaire coopération entre le Tribunal constitutionnel fédéral et la *CJCE* au sujet des droits fondamentaux. Il en est notamment ainsi de l'ordonnance du 12 mai 1989[3] et surtout de la décision du 12 octobre 1993 à propos du traité de Maastricht. La Cour de Karlsruhe affirme dans cette ordonnance de 1993 qu'elle agit, en matière de droits fondamentaux, « dans le cadre d'un rapport de coopération avec la *CJCE* ». Dans ce partage des rôles, la

[1] M. V. CONSTANTINESCO : « Cour constitutionnelle allemande, droits fondamentaux et droit communautaire : une musique nouvelle sur un air ancien », *RTDE* 1987, p. 552..

[2] Cf. M. C. WALTER : « Le contrôle de constitutionnalité des actes de droit communautaire dérivé par la Cour constitutionnelle fédérale allemande », *RDP* 1997, p. 1296. M. F. HERVOUËT : « Politique jurisprudentielle de la Cour de justice et des juridictions nationales », *RDP* 1992, p. 1263, est beaucoup plus explicite. Il estime en effet que le Tribunal constitutionnel « se réserve, en droit, la possibilité d'exercer un examen de conformité si les droits fondamentaux n'étaient plus sauvegardés, mais comme précisément il estime qu'ils le sont et que selon toute probabilité ils le demeureront, en fait il renonce à son contrôle. Il semble simplement chercher à conserver son quant à soi ».

[3] Il est dit dans cette décision que : « Dans la mesure *(« Soweit »)* où la directive violerait le standard des droits fondamentaux du droit communautaire, la Cour de justice assurerait sa protection juridictionnelle. Si de cette façon n'est pas assuré le niveau de protection des droits fondamentaux impératifs au sens de la Constitution, la Cour constitutionnelle peut être saisie ».

CJCE s'occuperait de la protection des droits de l'Homme dans chaque cas d'espèce et dans l'ensemble de l'Union européenne ; alors que la Cour constitutionnelle allemande se bornerait « pour sa part à n'assurer que la garantie générale du standard intangible des droits fondamentaux nationaux »[1]. L'application uniforme du droit communautaire, soubassement indispensable à la doctrine de la primauté, ne s'en trouve pas pour autant directement affectée. La compétence ultime de la Cour constitutionnelle allemande en la matière n'est que le reflet, en l'état actuel des choses, de la mainmise des Etats sur le processus de construction communautaire (les Etats demeurant les « maîtres des traités »). Plutôt que d'affirmer la suprématie du droit constitutionnel allemand, les juges de Karlsruhe ont, semble-t-il, voulu rappeler, en des termes beaucoup plus forts, la perspective définie par la décision *Solange II* de 1986. On se souvient que, dans cette ordonnance, le Tribunal constitutionnel avait jugé que les droits fondamentaux bénéficiaient désormais d'une protection efficace au sein de l'ordre juridique communautaire. Et seule une diminution du niveau de cette garantie contribuerait à réactiver son contrôle. A cet égard, on serait logiquement amené à penser que la différence d'approche entre l'ordonnance de 1986 et la décision *Maastricht* du 12 octobre 1993 « pourrait n'être que superficielle »[2]. Au demeurant, M. C. WALTER souligne, à juste titre, que la solution de 1993 « maintient le principe du contrôle tout en assumant qu'il ne sera pas exercé, sauf hypothèses extrêmes et peu probables »[3].

Une évolution favorable à l'application uniforme du droit communautaire peut également être relevée en Italie. Tout d'abord, dans son arrêt *Frontini* de 1973, la Cour constitutionnelle italienne avait indiqué que l'article 189 du traité instituant la Communauté européenne[4] n'autorisait pas les institutions communautaires à violer le noyau des principes fondamentaux garantis par la Constitution italienne. Dans le cas d'une « interprétation aussi aberrante », son contrôle juridictionnel serait toujours assuré. Le contrôle par la Cour du droit communautaire dérivé restait donc toujours envisageable, mais uniquement dans

---

[1] Voir en ce sens, Mme I. SCHÜBEL, *RMC* 1997, p. 627. Notons en outre que depuis la révision constitutionnelle du 21 décembre 1992, il a été introduit un article 23 dans la Loi fondamentale, qui prévoit que l'Union européenne doit garantir une protection des droits fondamentaux substantiellement comparable à celle de la Loi fondamentale. Est mentionnée également l'applicabilité de l'article 79, alinéas 2 et 3 relatif à l'intangibilité des droits fondamentaux.

[2] Cf. Commentaire MEGRET : *Le droit de la CEE*, vol. 10, éd. de l'Université de Bruxelles, 1993, p. 604.

[3] M. C. WALTER, *RDP* 1997, *op. cit.*, p. 1300 ; voir aussi M. D. GRIMM, *Les Cahiers du Conseil constitutionnel*, n° 4/1998, pp. 72-73. Sur toutes ces réserves tenant à l'identité de l'ordre juridique constitutionnel allemand, cf. Mme O. TAMBOU : *Les rapports entre l'ordre juridique communautaire et les ordres juridiques français et allemand*, Thèse précitée, pp. 284-296.

[4] Cette disposition définit la portée des différents actes pouvant être adoptés par les institutions communautaires (notamment les règlements et les directives).

cette dernière hypothèse. L'approche ainsi adoptée est proche de la solution retenue par le Tribunal constitutionnel fédéral allemand. Comme l'exprime avec justesse M. F. HERVOUËT, le juge constitutionnel italien « reconnaît en effet que le droit communautaire dispose de ses propres garanties qui équivalent à celles du droit italien et que s'il devait en aller autrement, la Cour constitutionnelle pourrait assurer son contrôle sur la compatibilité des traités avec les principes fondamentaux de l'ordre constitutionnel... »[1]. C'est ce que confirmera par la suite la décision *Granital* du 8 juin 1984 dans laquelle le juge constitutionnel italien rappelle que le droit communautaire ne saurait méconnaître les principes constitutionnels fondamentaux et les droits de l'Homme garantis par la Constitution italienne. Mais pour la Cour, une telle hypothèse est devenue hautement « improbable ». Tout au plus, précise-t-elle dans la sentence n° 232 *Fragd* des 13-21 avril 1989 que « ce qui est extrêmement improbable n'en reste pas moins possible » et « qu'au moins d'un point de vue théorique et général, on ne saurait affirmer avec certitude que tous les principes fondamentaux de notre ordre constitutionnel se retrouvent parmi les principes communs aux ordres juridiques des Etats et sont donc compris dans l'ordre juridique communautaire »[2]. Autrement dit, comme en Allemagne, la Cour constitutionnelle italienne se réserve toujours la possibilité de contrôler le droit communautaire portant atteinte aux droits fondamentaux. Mais dans les faits, la réalisation d'un tel contrôle s'est considérablement amenuisée. On comprend dès lors que, pour la juridiction suprême italienne, le système communautaire de protection des droits de l'Homme s'avère « large et efficace ». Remettre en cause l'effectivité et l'application uniforme du droit communautaire en Italie, sur ce fondement, devient donc difficilement recevable.

Il a déjà été mentionné que ces échanges entre *CJCE* et juridictions constitutionnelles nationales à propos des droits fondamentaux ne sont pas totalement étrangers à la situation française. Notre propos ici étant principalement d'examiner la relative consolidation de la primauté du droit communautaire par la *CJCE*, à travers la protection des droits fondamentaux, il nous est possible de souligner tout simplement que : dans sa décision du 9 avril 1992 (*Maastricht I),* le Conseil constitutionnel avait estimé que le respect des droits de l'Homme, en tant que principes généraux du droit, « est assuré par la *CJCE* notamment à la suite d'actions engagées à l'initiative des particuliers ». De plus, la garantie des droits et libertés des citoyens se trouve confortée par l'alliance entre le système communautaire de protection (consacré par l'article F-2 du traité sur l'Union

---

[1] M. F. HERVOUËT, *op. cit., RDP* 1992, pp. 1263-1264.

[2] Passage extrait de Commentaire MEGRET, *op. cit.*, p. 568 ; voir également M. O. B. DORD : « Contrôle de constitutionnalité et droit communautaire dérivé : de la nécessité d'un dialogue entre les juridictions suprêmes de l'Union européenne », *Les Cahiers du Conseil constitutionnel*, n° 4/1998, p. 102.

européenne) et par « l'intervention des juridictions nationales statuant dans le cadre de leurs compétences respectives »[1]. La question du contrôle du droit communautaire, au regard de la nécessaire garantie des droits fondamentaux, pourrait se poser en France au même titre que ce qui a été relevé pour les cas allemand et italien. Mais il faut dire que, pour l'instant en France, les droits fondamentaux ne constituent nullement un obstacle dirimant à la primauté absolue du droit communautaire[2]. Ceci découle de la reconnaissance, par le Conseil constitutionnel, du caractère satisfaisant au vu des exigences constitutionnelles françaises, du système communautaire de protection des droits de l'Homme.

Conclusion du Chapitre I

Le caractère opérationnel de la doctrine de la primauté mise en place par la *CJCE* a été assez longtemps dépendant de l'appréciation par certains juges constitutionnels du niveau de protection des droits fondamentaux au sein de la Communauté européenne. A ce titre la jurisprudence de la Cour de Luxembourg relative aux droits de l'Homme a contribué d'une part à éviter des conflits ouverts avec ces juridictions constitutionnelles[3], d'autre part et surtout à assurer l'unité et l'efficacité du droit communautaire[4]. Le débat sur le déficit démocratique ou sur une nécessaire légitimation démocratique de la Communauté pouvait dès lors être porté sur un autre terrain[5]. A partir de tous ces constats on peut donc affirmer que la reconnaissance jurisprudentielle des droits fondamentaux visait, de manière plus ou moins transparente, à consolider la primauté absolue du droit communautaire. Pour autant il nous semble que cette dernière n'est pas totalement acquise ni exempte de toute contestation de principe. Le constat effectué par M. J. VERGES apparaît pour ce faire particulièrement pertinent : « L'incorporation des droits fondamentaux d'origine constitutionnelle dans les principes généraux du droit

---

[1] Nous reviendrons plus amplement sur cette question lorsqu'il s'agira d'évoquer l'ancrage du phénomène communautaire dans l'ordre juridique constitutionnel français (cf. la Section II du Chapitre II du titre I de la Deuxième partie).

[2] Ceci est d'autant plus vrai que l'on peut constater, avec M. H. LABAYLE : « Droits fondamentaux et droit européen », *op. cit.*, p. 80, que « ...le juge constitutionnel français s'est contenté sur ce terrain d'un satisfecit rapide... ».

[3] Voir M. F. CHEVALLIER : « L'exception d'inconstitutionnalité, l'Etat de droit et la construction européenne », *D.* 1989, *chr.*, p. 257. Dans la même optique, M. J. VERGES, *RAE* 1994/4, *op. cit.*, p. 80.

[4] Voir par exemple l'approche adoptée par M. C. STEPHANOU : *Réformes et mutations de l'Union européenne*, Bruylant - Bruxelles, LGDJ - Paris, 1997, p. 163.

[5] Nous pensons essentiellement au fonctionnement du système institutionnel communautaire. S'agissant des droits de l'Homme, on reprendra ici le constat de M. J.-F. RENUCCI : *Droit européen des droits de l'Homme, op. cit.*, pp. 251-252, selon lequel : « ...Il serait désormais excessif de parler d'un déficit communautaire en matière de droits fondamentaux... ».

communautaire occulte, mais ne supprime pas le problème fondamental : celui de la primauté du droit communautaire sur les normes constitutionnelles nationales là où la Constitution ne le prévoit pas expressément, primauté qui trouve alors sa limite, même lorsque des aménagements pratiques et provisoires peuvent être trouvés »[1]. En d'autres termes, et pour conforter notre réflexion, la prééminence absolue du droit communautaire reste une doctrine quelque peu « prétentieuse », au plan des principes, au vu du stade actuel de la construction européenne. Cette seule considération permet, a contrario, de mettre en exergue l'autonomie constitutionnelle française. En effet, l'ordre juridique français, en principe, ne prévoit pas, à l'heure actuelle, qu'une norme, même internationale ou communautaire, puisse transcender la Constitution (Chapitre II).

[1] M. J. VERGES : « Droits fondamentaux de la personne et principes généraux du droit communautaire », dans *L'Europe et le droit - Mél. en hommage à J. BOULOUIS*, éd. Dalloz, 1991, p. 521.

CHAPITRE II

LA SUPREMATIE DE LA CONSTITUTION EN FRANCE : UNE OPPOSITION DE PRINCIPE A LA PREEMINENCE DE L'ORDRE JURIDIQUE COMMUNAUTAIRE

Le rang auquel doit être placée la norme internationale ou communautaire dans la hiérarchie des normes internes constitue l'une des questions les plus épineuses des rapports entre le droit international et communautaire et la Constitution en France. Dès à présent, il convient d'intégrer le fait que le Conseil constitutionnel, à la différence du juge communautaire, ne distingue pas de façon systématique le droit communautaire du droit international[1]. Procéder à une telle distinction aurait signifié pour la Haute instance et, de manière générale pour le droit constitutionnel français, avaliser purement et simplement la théorie de la spécificité de l'ordre juridique communautaire chère à la Cour de Luxembourg. Théorie à partir de laquelle fut principalement tiré le principe de la primauté absolue du droit communautaire. Or il est permis de soutenir, qu'à l'opposé de la conception de la *CJCE*, l'ordre juridique français place la Constitution au sommet de l'ordonnancement juridique interne[2]. Il n'en demeure pas moins que la délicatesse du problème envisagé ici prohibe toute solution tranchée[3]. C'est ainsi qu'à côté de la prééminence de principe de la Constitution sur le droit communautaire (Section I), il conviendra de constater l'existence de certains

---

[1] Ceci n'empêche pas de percevoir des signes tangibles d'évolution dans le sens d'une certaine prise en compte par le droit constitutionnel français de la singularité de l'ordre juridique communautaire. Il en est par exemple ainsi de la relative individualisation des Communautés européennes et de l'Union européenne par la loi constitutionnelle du 25 juin 1992 (notamment son article 88-1), cf. ce qui a été dit *supra* section II du chapitre I du titre Ier de cette partie. Il en va aussi ainsi de l'admission progressive mais parcellaire de la spécificité de l'ordre juridique communautaire, voir *infra* paragraphe 2 de la section I du chapitre II du titre I de la seconde partie.

[2] Voir M. D. de BECHILLON : *Hiérarchie des normes et hiérarchie des fonctions normatives de l'Etat*, éd. Economica, 1996, p. 267. Il estime en effet que cette question est « résolu[e] dans l'ordre où [elle] se situe, et selon la logique propre de cet ordre ».

[3] Cf. M. G. C. CARLOS RODRIGUEZ IGLESIAS : « Tribunales constitucionales y derecho comunitario », en *Homenaje al profesor M. D. de VELASCO*, éd. Tecnos, S.A., 1993, p. 1200 ; Rapport de la *CJCE* à la Conférence des 25 et 26 septembre 1997 organisée par le Conseil constitutionnel, *op. cit.*, p. 81. Mme J. DUTHEIL de la ROCHERE : « Les fondements internationaux et européens du droit public moderne et leur formation », *REDP*, vol. 10 - n° 3, automne 1998, p. 605, parle quant à elle de « l'insoluble problème de la hiérarchie entre ordre externe et ordre interne et de sa sanction ».

aménagements à cette dernière (Section II). Atténuations qui sont dues principalement à la singularité de la pénétration du droit communautaire dans l'ordre juridique interne.

Section I : La primauté de principe du droit constitutionnel français sur le droit communautaire

La doctrine de la primauté absolue du droit communautaire prônée par la CJCE ne reflète en aucune manière la réalité de la situation du droit positif français. En effet, bien que la France soit un pays moniste[1], il faut reconnaître que ce monisme « cède devant la suprématie constitutionnelle »[2]. Ce constat se trouve conforté par le fait que les Communautés européennes et l'Union européenne dépendent encore, pour leur perpétuation, des Etats membres, soucieux de leur identité constitutionnelle. En d'autres termes, à partir du moment où aucun Etat fédéral européen n'a encore vu le jour, la logique juridique implique nécessairement la suprématie du droit constitutionnel (Paragraphe 1). En outre, la position française dans ce domaine n'apparaît pas isolée. On peut en effet constater une tendance générale dans la plupart des Etats membres de l'Union européenne autres que la France à la préservation, même théorique, du primat de la Constitution (Paragraphe 2). Sur le plan strictement juridique, la position française n'apparaît donc pas dénuée de toute pertinence.

Paragraphe 1 : Une position logique au vu du stade actuel de l'intégration communautaire

En France le débat sur la place du droit communautaire dans la hiérarchie des normes repose essentiellement sur la signification à donner à l'article 54 de la Constitution de 1958. Aux termes de cette disposition : « Si le Conseil constitutionnel, saisi par le Président de la République, le Premier ministre, par le Président de l'une ou l'autre assemblée ou par soixante députés ou soixante sénateurs, a déclaré qu'un engagement international comporte une clause contraire à la Constitution, l'autorisation de ratifier ou d'approuver l'engagement

---

[1] Voir pour illustration notamment, l'article 55 de la Constitution de 1958 qui consacre la primauté des engagements internationaux sur les lois internes, sous réserve de réciprocité.

[2] Cf. Mmes C. GREWE - H. RUIZ FABRI : *Droits constitutionnels européens, op. cit.*, p. 106. De manière générale il ne fait aucun doute que le constituant de 1958 a voulu tempérer le monisme « militant » de la IVe République, cf. M. J.-F. FLAUSS : « Le rang du droit international dans la hiérarchie des normes en droit français (1ère partie) », *LPA* 10/07/1992, n° 83, p. 16.

international en cause ne peut intervenir qu'après la révision de la Constitution »[1]. Il s'avère en effet que plusieurs positions doctrinales ont été avancées quant au caractère opérationnel ou non, à la pertinence ou non, de l'article 54 à l'égard de la question du rang du droit communautaire dans la hiérarchie des normes en droit français. Une telle division de la doctrine montre dès lors la difficulté qu'il y a à retenir une solution, en la matière, qui soit à l'abri de toute contestation (A). Il n'en reste pas moins que la conception dominante, caractérisée par la suprématie de la Constitution, demeure la plus convaincante ; même si, à notre avis, elle devrait se justifier principalement par la prégnance de l'identité constitutionnelle française (B).

A/- La persistance de la controverse doctrinale à propos de l'article 54 de la Constitution

Il convient de rassembler les différentes positions doctrinales en matière de hiérarchie des normes en trois groupes respectifs. S'appuyant sur l'article 54 de la Constitution, les premiers considèrent que le droit international et communautaire a valeur supra constitutionnelle. A l'inverse, les seconds, sur le fondement de la même disposition constitutionnelle, penchent pour la valeur infra constitutionnelle du droit communautaire[2]. Une troisième catégorie d'auteurs affirme quant à elle qu'on ne peut tirer aucun enseignement de l'article 54, relativement à la hiérarchie des normes.

1)- Les divergences sur l'incidence de l'article 54 sur la hiérarchie des normes

Comme il a été dit plus haut, deux positions s'affrontent ici : la première qui place les engagements internationaux au-dessus de la Constitution et la seconde qui subordonne le droit international et communautaire au primat de la Constitution.

---

[1] La faculté offerte à soixante députés ou soixante sénateurs de pouvoir saisir le Conseil constitutionnel a été ouverte par la loi constitutionnelle n° 92-554 du 25 juin 1992.

[2] Pour ces deux premiers groupes, on peut reprendre la remarque de NGUYEN QUOC DINH, *RGDIP* 1976, p. 1004, selon laquelle : « Adversaires et partisans de la supériorité du droit international paraissent satisfaits de l'article 54 où ils n'y veulent trouver que ce qui est favorable à leurs thèses respectives » ; pour une présentation de ces différentes thèses, cf. M. D. de BECHILLON : *Hiérarchie des normes et hiérarchie des fonctions normatives de l'Etat, op. cit.*, p. 271 ; également M. D. ALLAND : « Le droit international « sous » la Constitution de la Ve République », *RDP* 1998 - n° spécial : *Les 40 ans de la Ve République*, p. 1661.

a)- Les « internationalistes » et les « communautaristes »[1]

Ces auteurs mettent en avant le fait qu'en cas de contrariété d'un engagement international avec la Constitution, c'est à cette dernière de s'adapter au premier par le biais d'une révision constitutionnelle. Il s'agirait donc là d'« une confirmation de la supériorité du droit international auquel la Constitution doit s'adapter »[2]. La « mise au pas de la Constitution » écarte dès lors une quelconque supériorité de celle-ci sur le droit international et communautaire. C'est ainsi que dans une contribution récente M. S. ARNE indique : « On peut estimer que la Constitution doit s'incliner devant la convention ou le traité afin de devenir « conforme », de devenir « compatible ». On est très près de soutenir que l'acte international devient supérieur à la Constitution »[3]. Toute cette argumentation est fondée sur la prétendue obligation de réviser la Constitution lorsque l'engagement international lui est contraire. Or il faut tout simplement dire à ce propos que la seule véritable obligation réside dans le lien temporel instauré entre la révision constitutionnelle (facultative) et l'approbation ou la ratification de l'engagement international contraire. En d'autres termes, la première constitue une condition préalable et obligatoire à la réalisation de la seconde[4].

Toujours en faveur de la valeur supra constitutionnelle des normes internationales, il faut évoquer la position beaucoup plus subtile de G. BERLIA. Pour ce dernier, l'article 54 de la Constitution de 1958 est respectueux de la primauté de la norme internationale. Il considère en effet que « ...se trouvent confrontées en l'espèce, d'une part les dispositions de la Constitution et d'autre part celles d'un simple projet d'accord international... »[5]. Il est vrai que certains

---

[1] Formules empruntées à M. J.-F. FLAUSS : « Le rang du droit international dans la hiérarchie des normes en droit français », *op. cit.*, p. 18.

[2] M. L. TROTABAS : « L'attribution des compétences à caractère international dans la Constitution du 4 octobre 1958 », dans *Mél. BASDEVANT*, éd. A. Pedone, 1960, p. 496.

[3] M. S. ARNE, *RDP* 1993, p. 495 ; pour un auteur étranger allant dans le même sens : M. E. CEREXHE : *Le droit européen*, éd. Nauwelaerts, Leuven, 1979, p. 300. Pour la doctrine française, voir notamment M. C. ROUSSEAU, dans *Mél. BASDEVANT*, *op. cit.*, pp. 468-469 ; M. D. RUZIE, *JCP* 1970, I, 2354 ; NGUYEN QUOC DINH, *RGDIP* 1976, p. 1004 ; M. R. PINTO, dans *La Constitution de la République française*, 2e éd., Economica, 1987, p. 1069 ; cf. l'intervention de M. P.-H. TEITGEN lors des « travaux préparatoires » de la Constitution de la Ve République, dans *Documents pour servir à l'histoire de l'élaboration de la Constitution du 4 octobre 1958*, La Documentation française, Paris, 1988, vol. II, p. 133.

[4] En ce sens M. R. ABRAHAM : *Droit international, droit communautaire et droit français*, Hachette, Paris, 1989, p. 36.

[5] G. BERLIA : « Le juge et la politique étrangère », dans *Mél.* M. WALINE, tome 1, LGDJ, 1974, pp. 147-148. Voir également la position singulière et discutable de M. D. CARREAU : *Droit international*, 5e éd., A. Pedone, 1997, pp. 56 et 59. Il estime en effet que l'exclusion du droit conventionnel du bloc de constitutionnalité en France implique sa valeur supraconstitutionnelle. Dans le même sens que G. BERLIA, cf. NGUYEN QUOC DINH, *AFDI* 1975, p. 873. M. D. TURPIN : *Contentieux constitutionnel*, 2e éd., PUF, 1994, pp. 117-118, penche lui aussi pour la

traités, pour être parfaits et applicables dans l'ordre juridique français, doivent satisfaire à la condition de la ratification. Il n'en demeure pas moins que le débat sur la place du droit communautaire dans la hiérarchie des normes devrait, nous semble-t-il, se situer sur le plan des principes et non sur le caractère valable ou pas, applicable ou pas, d'une des normes en cause. Au demeurant, M. J. COMBACAU, qui part des mêmes prémisses que G. BERLIA, aboutit à une conclusion différente : « Aucune relation hiérarchique [n'existe] entre les deux textes en présence [Constitution et engagement international] dont un seul est normatif, l'autre étant sans portée légale actuelle au moment où se situe l'intervention du Conseil constitutionnel »[1]. Il faut dire malgré tout que la thèse ici présentée prend prétexte d'un simple élément de procédure, de surcroît totalement facultatif, en l'occurrence la révision de la Constitution pour cause d'engagement international contraire, pour inférer de la nécessaire suprématie du droit international et communautaire. Elle apparaît donc de ce fait comme étant, moins l'exact reflet du droit positif français en la matière que l'expression, plus ou moins voilée, d'un souhait ou d'une pétition de principe en faveur de la primauté des normes internationales et communautaires. Au demeurant, une telle position serait logiquement fondée si l'on considérait la question uniquement du point de vue de l'ordre international et communautaire.

Prenant l'exact contre-pied de la thèse de la supraconstitutionnalité du droit international et communautaire, une seconde catégorie d'auteurs insiste sur le contrôle de la constitutionnalité de l'article 54, en tant que garantie du respect de la primauté de la Constitution.

b)- Les « internistes »[2]

Pour la plupart de ces auteurs, il faut considérer que le droit international et communautaire a une valeur infraconstitutionnelle et supralégislative. L'argumentation principale à la base de cette thèse repose sur l'hypothèse selon laquelle l'intervention du pouvoir constituant, en cas de non contrariété d'un engagement international avec la Constitution, n'est guère obligatoire. M. B. STIRN estime en ce sens que « ...la formulation de l'article 54 est prévenante à l'égard des traités puisqu'elle envisage une révision des normes constitutionnelles en cas de contrariété entre celles-ci et un traité. Mais une révision de la

---

supériorité des conventions sur la Constitution ; idem M. J. ROUX : *Le principe de la souveraineté de l'Etat dans la jurisprudence du Conseil constitutionnel*, Thèse précitée, tome II, pp. 474-476.

[1] M. J. COMBACAU : *Le droit des traités*, Paris, PUF, coll. « Que sais-je ? », 1991, p. 52.

[2] Expression de M. J.-F. FLAUSS, *ibid.*

Constitution n'est jamais obligatoire[1]. L'article 54 marque bien par conséquent la primauté de la Constitution »[2]. Même dans l'hypothèse où on considère qu'il existe une obligation de réviser la Constitution, M. L. DUBOUIS constate que l'article 54 consacre néanmoins la supériorité de la Constitution car il « signifie clairement qu'on ne saurait modifier par traité la Constitution »[3]. La révision préalable de la Constitution étant soumise à l'appréciation du constituant français, il est donc envisageable que l'engagement international litigieux ne produise jamais d'effet dans l'ordre juridique français. Par ailleurs, l'autorité diplomatique dispose de deux autres possibilités à côté de la révision : la renégociation du traité ou la renonciation pure et simple à cet engagement. Il est vrai que ces deux dernières possibilités apparaissent, soit dépendantes des autres Etats parties au traité, soit délicates d'un point de vue politique et de bonne conduite des relations internationales de la France. Pour autant l'argument reposant sur le caractère facultatif d'une révision constitutionnelle préalable à l'approbation ou à la ratification d'un engagement international demeure fondamental pour les tenants de cette doctrine, favorables à la suprématie de la Constitution[4].

Cette thèse dominante a trouvé un certain écho auprès des autorités gouvernementales françaises. Ainsi, en avril 1989, à une question écrite de M. X. DENIAU, le Premier ministre (à l'époque, M. M. ROCARD) a-t-il en substance, répondu que : « ...Les traités occupent, dans la hiérarchie des normes juridiques françaises, un rang inférieur à celui de la Constitution. Cette règle

---

[1] On peut le vérifier avec le refus opposé par le Président de la République au Premier ministre concernant l'initiative de la révision constitutionnelle impliquée par la décision du Conseil constitutionnel n° 99-412 DC en date du 15 juin 1999 déclarant que : « La Charte européenne des langues régionales ou minoritaires comporte des clauses contraires à la Constitution », *JORF*, 18 juin 1999, p. 8964 ; *Rec. D.C.C.*, p. 71. Sur les motivations de ce refus, cf. M. P. PACTET : *Institutions politiques/Droit constitutionnel*, 18e éd., *op. cit.*, p. 539. Voir en dernier lieu, le point de vue de Mme F. CHALTIEL : « Le pouvoir constituant, marque contemporaine de souveraineté – A propos du refus présidentiel de révision constitutionnelle », *D.* 2000, *chr.*, pp. 225-228.

[2] M. B. STIRN : *Les sources constitutionnelles du droit administratif – Introduction au droit public*, 3e éd., LGDJ, 1999, p. 24. Dans le même sens, M. X. PRETOT : « Le principe constitutionnel de la souveraineté nationale et l'Europe », dans *La Constitution et l'Europe*, éd. Montchrestien, 1992, p. 35 ; M. R. ABRAHAM : *Droit international, droit communautaire et droit français*, *op. cit.*, p. 33 ; M. T. de BERRANGER : *Constitutions nationales et construction communautaire*, *op. cit.*, p. 336. Pour une critique de cette thèse, voir M. J. RIDEAU, *RFDC* 1990, pp. 266-267.

[3] M. L. DUBOUIS : « Le juge français et le conflit entre norme constitutionnelle et norme européenne », dans *l'Europe et le droit*, *Mél.* J. BOULOUIS, éd. Dalloz, 1991, p. 213.

[4] Des argumentations différentes permettent également d'aboutir au même résultat. Ainsi le rapporteur français à la IXe Conférence des Cours constitutionnelles européennes (Paris, mai 1993) avait-il indiqué que le contrôle préalable de la constitutionnalité des engagements internationaux « implique que le texte constitutionnel a, à ce stade particulier, une primauté sur la norme internationale », Conseil constitutionnel : *Protection constitutionnelle et protection internationale des droits de l'Homme..., op. cit.*, vol. I, 1994, p. 337 ; voir aussi le Doyen G. VEDEL, *Pouvoirs*, n° 2, 1977, p. 24, qui fonde cette supériorité sur la combinaison des articles 11 et 54 de la Constitution de 1958.

s'applique au droit communautaire... »[1]. Une telle conclusion, même si elle mérite d'être nuancée, semble la plus logique au vu de l'état du droit positif français. Il n'en demeure pas moins que déduire de l'absence d'obligation pour réviser la Constitution une valeur infraconstitutionnelle du droit international et communautaire paraît, pour certains, contestable. En effet, des auteurs pensent que l'article 54 de la Constitution n'instaure nullement un rapport hiérarchique. Tout au plus devrait-il être considéré comme un élément incontournable de la procédure d'introduction des engagements internationaux dans l'ordre juridique interne.

2)- Les partisans du caractère non opérationnel ou non pertinent de l'article 54 de la Constitution

Cette catégorie d'auteurs dénie à l'article 54 de la Constitution de 1958 une quelconque conséquence décisive quant au rang des normes internationales et européennes par rapport aux normes constitutionnelles. Il s'agirait plutôt d'un principe de procédure servant soit à prévenir les conflits éventuels entre ces différentes normes[2], soit à « définir la procédure par laquelle un engagement contraire à la Constitution peut être ratifié par la France... »[3]. Par ailleurs, Mme C. BLAIZOT-HAZARD considère que l'article 54 ne définit pas « ...des relations hiérarchiques de norme à norme, mais des relations processuelles complexes en vue d'élaborer une nouvelle norme encore en gestation [projet de norme internationale]. [Il] n'exprime aucune hiérarchie des normes »[4].

Une autre variante de cette thèse analyse beaucoup plus les implications pratiques de l'application de l'article 54. Ainsi, M. J. RIDEAU estime-t-il fondée la position du Doyen FAVOREU selon laquelle : « ...Mieux vaut considérer que le problème de hiérarchie des normes constitutionnelles et internationales ne se pose pas, même dans le cas français où la procédure de l'article 54 semble pourtant impliquer une relation hiérarchique. Il y a coexistence de deux systèmes de normes sans interpénétration, du moins au niveau constitutionnel »[5]. Il n'en demeure pas

---

[1] Sur le contenu intégral de la question et de la réponse, cf. M. J. RIDEAU, *RFDC* 1990, pp. 263-264.

[2] Cf. M. P. GAÏA : *Le Conseil constitutionnel et l'insertion des engagements internationaux dans l'ordre juridique interne*, éd. Economica, 1991, p. 270.

[3] M. F. LUCHAIRE : Intervention lors de la Journée d'étude de mars 1992 au Sénat sur *La Constitution et l'Europe*, éd. Montchrestien, 1992, p. 267.

[4] Mme C. BLAIZOT-HAZARD : « Les contradictions des articles 54 et 55 face à la hiérarchie des normes », *RDP* 1992, pp. 1302, 1304, 1306 et 1317. De plus MM. J. COMBACAU et S. SUR : *Droit international public*, 4e éd., Montchrestien, Paris, 1999, p. 123, estiment qu'« il s'agit d'un ajustement ou d'une recherche de cohérence plus que d'une hiérarchie ».

[5] M. J. RIDEAU, *RFDC* 1990, pp. 267-268 ; M. L. FAVOREU : « Le contrôle de constitutionnalité du traité de Maastricht et le développement du « droit constitutionnel international », *RGDIP* 1993, p. 62 ; *idem* M. J. RIDEAU, dans *La Constitution et l'Europe, op. cit.*, pp. 84-85. En mentionnant

moins que ces deux auteurs, malgré leur approche conciliatrice, ont à un moment ou à un autre pris position relativement au débat sur la place du droit international et communautaire dans la hiérarchie des normes. Il convient ainsi de relever une évolution du Doyen FAVOREU affirmant tout d'abord que « les normes de droit international sont supérieures à la Constitution... »[1] même si leur supériorité n'aura pas lieu de s'exercer ; et soulignant dans un deuxième temps qu'« en France, [...], les normes internationales n'ont pas de rang supérieur aux normes constitutionnelles... »[2]. De même, M. J. RIDEAU considère-t-il que la modification de la Constitution préconisée par l'article 54 constitue un « ...hommage symbolique à la primauté du droit international »[3]. Il convient peut-être de mentionner que ces deux éminents auteurs privilégient « l'analyse « positiviste » : la supériorité du droit international est assurée par la présomption de sa compatibilité à la Constitution »[4]. On se retrouve dès lors sur un autre terrain qui est celui de la place des engagements internationaux définitifs de la France, notamment les traités communautaires de base et le droit communautaire dérivé, par rapport à la Constitution[5].

La position reposant sur la non pertinence de l'article 54 n'est donc pas exempte de toute allusion à l'égard de la hiérarchie des normes[6]. Par ailleurs, il nous semble qu'il existe un certain lien entre l'article 54 et la place des engagements internationaux dans la hiérarchie des normes en France. Ce constat se déduit de l'interprétation a contrario de l'article 55 de la Constitution combinée avec le dispositif de l'article 54 du même texte. M. L. DUBOUIS estime ainsi à juste titre que « ...le jeu combiné de l'obstacle constitutionnel qu'institue clairement l'article 54 pour les traités comportant une clause contraire à la Constitution, joint au terme « loi » utilisé dans l'article 55, démontre la volonté du constituant de situer la Constitution au-dessus du traité, même si ce rang n'est pas conforme aux principes appliqués dans l'ordre international... »[7].

---

l'absence d'interpénétration entre les normes constitutionnelles et internationales, cette position s'apparente, semble-t-il involontairement, à une illustration du dualisme.

[1] M. L. FAVOREU : « Le Conseil constitutionnel et le droit international », *AFDI* 1977, p. 115.

[2] *RGDIP* 1993, *op. cit.*, p. 62.

[3] *RFDC* 1990, p. 267.

[4] M. J.-F. FLAUSS, *LPA* 10/07/1992, *op. cit.*, p. 19.

[5] Sur cette question, voir *infra* Section II.

[6] Pour conforter ce constat, voir M. D. de BECHILLON : *Hiérarchie des normes et hiérarchie des fonctions normatives de l'Etat, op. cit.*, pp. 241 et 267 et pp. 458-461. Ce dernier estime que « l'article 54 n'induit pas plus la primauté du traité qu'il n'entraîne celle de la Constitution ». Il conclut néanmoins à la validité de la primauté constitutionnelle du point de vue du droit interne. Il se fonde, semble-t-il, sur la logique de l'ordre juridique français.

[7] M. L. DUBOUIS : « L'arrêt *Nicolo* et l'intégration de la règle internationale et communautaire dans l'ordre juridique français », *RFDA* 1989, p. 1006. On retrouve un raisonnement similaire chez M. F. HERVOUËT : « L'incidence de la jurisprudence de la CJCE sur la hiérarchie des normes en droit français », *op. cit.*, p. 15 ; *idem* M. R. ABRAHAM : *Droit international, droit communautaire et*

En définitive, on peut affirmer que la solution la plus convaincante consiste à placer le droit international et communautaire au-dessous de la Constitution. Mais pour y aboutir, nous pensons qu'il faut privilégier l'argumentation reposant sur la logique de l'ordre juridique français, au regard du stade actuel de l'intégration communautaire. Nous tenons à préciser que cette argumentation vient en complément de la thèse qui lie les articles 54 et 55 de la Constitution.

B/- La suprématie de la Constitution comme garantie de l'autonomie constitutionnelle française

Dans la tradition juridique française, « la Constitution incarne la souveraineté au plus haut degré »[1]. Ceci traduit une certaine conception de l'identité constitutionnelle. On conçoit dès lors aisément que, dans la théorie juridique française, « ...un texte ne dispose d'autorité en droit qu'en fonction de la valeur et de la portée que lui attribue la Constitution »[2]. Or, concernant plus particulièrement les normes internationales et européennes, rien n'indique de manière expresse dans la Constitution française qu'elles sont supérieures à cette dernière[3].

En relation avec la construction communautaire, on peut dire que la République française ne fait pas encore partie d'un Etat fédéral. En effet, il paraît difficile, en l'état actuel des choses, de voir dans l'Union européenne une entité étatique de forme fédérale. Ceci revient à dire a contrario que, la France conservant son indépendance souveraine, on ne peut que pencher vers la soumission du droit communautaire au droit constitutionnel. On peut dès lors logiquement affirmer que cette soumission « ...est évidente car c'est [le droit constitutionnel national] qui

---

droit français, op. cit., pp. 36-37 et 185-186 ; M. J.-F. LACHAUME : *Les grandes décisions de la jurisprudence - Droit administratif*, 11e éd., PUF, 1997, pp. 58-59.

[1] M. C. BLUMANN : « L'article 54 de la Constitution et le contrôle de constitutionnalité des traités en France », *RGDIP* 1978, p. 538. Cf. également M. B. MATHIEU : « La supra constitutionnalité existe-t-elle ? Réflexions sur un mythe et quelques réalités », *LPA* 8/03/1995, n° 29, p. 14. Il affirme avec pertinence que : « A lire et à interpréter la Constitution, dans la logique de la notion de la souveraineté, il est incontestable que les traités ont en droit interne une valeur infraconstitutionnelle ». Voir en outre la position de M. R. CHAPUS : *Droit administratif français*, tome 1, 14e éd., Montchrestien, 2000, p. 137.

[2] M. F. HERVOUËT : « L'incidence de la jurisprudence de la CJCE... », *op. cit.*, p. 28 ; également M. J.-M. FAVRET : *Droit et pratique de l'Union européenne*, 2e éd., Gualino éditeur, Paris, 1999, pp. 260-261.

[3] Comme l'affirme M. P. LARDY : *La force obligatoire du droit international en droit interne*, LGDJ, Paris, 1966, p. 157 : « Ni la Constitution de 1946 ni celle de 1958 n'énoncent expressément la primauté des traités sur les dispositions constitutionnelles contraires ».

fournit le fondement juridique de l'engagement européen de l'Etat membre »[1]. Ainsi, au risque pour la France de « détruire les piliers de son organisation » ou encore les « fondations de l'Etat »[2], le droit communautaire doit, en toute logique, s'inscrire au niveau infraconstitutionnel[3]. Ceci est d'autant plus plausible que le Conseil constitutionnel, dans son contrôle de constitutionnalité des engagements internationaux, exerce implicitement le rôle de garant de la suprématie constitutionnelle.

La doctrine de la Haute instance constitutionnelle en la matière transparaît clairement dans l'intervention orale de M. R. BADINTER (à l'époque, Président de cette institution) lors de la IXe Conférence des Cours constitutionnelles européennes tenue à Paris en mai 1993. Il affirmait : « ...L'étage auquel nous inscrivons aisément la convention internationale, c'est le niveau intermédiaire, supra-législatif, infra-constitutionnel. Nous disons alors : « Ainsi est respectée la souveraineté nationale »[4]. De plus, une illustration de la position implicite du Conseil constitutionnel concernant la hiérarchie des normes a été relevée, dans une période récente, par MM. J.-F. LACHAUME et D. ALLAND. En effet, à propos de la décision du 13 août 1993 relative à la loi sur la maîtrise de l'immigration, le premier auteur affirme que : « ...Le Conseil constitutionnel refuse de reconnaître une primauté de la norme internationale sur les principes constitutionnels internes... ». Il ajoute : « ...La consécration constitutionnelle du droit d'asile par le quatrième alinéa du préambule de la Constitution du 27 octobre 1946, fait obstacle à une quelconque restriction de ce droit, par un engagement international auquel la France est partie.. »[5]. Quant au second, il y voit également un exemple de sanction du respect de la primauté de la Constitution française : « ...Le Conseil a posé que la garantie constitutionnelle en faveur des « combattants de la liberté » ne doit pas pouvoir être atteinte par un engagement international, que le droit conventionnel ne

---

[1] M. T. de BERRANGER : *Constitutions nationales et construction communautaire, op. cit.*, p. 339. Le même raisonnement est tenu par Mme BUFFET-TCHAKALOFF : *La France devant la CJCE*, éd. Economica, 1985, p. 330 ; Conseil d'Etat : *Droit communautaire et droit français*, *EDCE*, n° 33, 1981-1982, p. 238. Il est indiqué dans cette étude que : « ...On ne peut que s'interroger au stade actuel du développement politique de l'Europe sur le réalisme d'une position qui consiste à vouloir que le droit communautaire puisse transcender le droit constitutionnel national de chacun des Etats membres ».

[2] Cf. Mme C. HAGUENAU : *L'application effective du droit communautaire en droit interne, op. cit.*, pp. 32, 35 et 37.

[3] Cf. l'argumentation convaincante de MM. B. MATHIEU - M. VERPEAUX : « A propos de l'arrêt du Conseil d'Etat du 30 octobre 1998, Sarran et autres : le point de vue du constitutionnaliste », *RFDA* 1999, p. 75.

[4] Conseil constitutionnel : *Protection internationale et protection constitutionnelle des droits de l'Homme...*, vol. II, *op. cit.*, p. 1071.

[5] M. J.-F. LACHAUME, *AFDI* 1994, *op. cit.*, p. 966.

peut ni altérer ni modifier le droit constitutionnel... »[1]. En d'autres termes, le droit constitutionnel français en matière internationale ou européenne reste attaché à la préservation de l'autonomie constitutionnelle. Il convient dès lors de constater que le rôle du Conseil constitutionnel est, à cet égard, loin d'être neutre ou insignifiant.

Conclusion du Paragraphe 1

Malgré la diversité des points de vue en la matière, il faut dire que la plupart des indicateurs utilisés poussent à conclure que les normes communautaires demeurent subordonnées à la Constitution française. Il s'agit là, nous semble-t-il, d'une solution d'autant plus fondée que la création d'une entité étatique européenne s'avère, pour le moment, hautement improbable[2]. On ne sera dès lors pas surpris de constater que l'approche adoptée par la plupart des partenaires européens de la France revient de manière générale à préserver leur identité constitutionnelle, par le biais de la soumission de principe du droit communautaire au droit constitutionnel (Paragraphe 2).

Paragraphe 2 : Le reflet de la tendance générale dans la plupart des Etats membres à la préservation de leur identité constitutionnelle

Il a été le plus souvent soutenu qu'« aucune Constitution nationale, même parmi les plus favorables au droit international, n'affirme la primauté du droit international sur le droit constitutionnel »[3]. Ce constat nous paraît exact dans la mesure où il est possible, sous diverses modalités, de contrôler la constitutionnalité des engagements communautaires dans la plupart des Etats membres de l'Union européenne. L'une des seules exceptions habituellement relevée, en dehors du Royaume-Uni, concerne le statut du droit communautaire aux Pays-Bas. Il est clair tout d'abord que, dans ce pays, les juges ne sont pas autorisés à porter « de jugement sur la constitutionnalité des lois et des traités », ainsi que le prévoit

---

[1] M. D. ALLAND : « Note sur Conseil constitutionnel n° 93-325 DC du 13 août 1993 », *RGDIP* 1994, p. 227 ou encore *RFDA* 1998, pp. 1096 et 1098 ; dans le même sens, M. T. de BERRANGER, *op. cit.*, p. 270.

[2] Voir par exemple, M. J. RIDEAU : « Les référendums nationaux dans le contexte de l'intégration européenne », dans A. AUER et J.-F. FLAUSS(éd.) : *Le référendum européen*, Bruylant, Bruxelles, 1997, pp. 112-113.

[3] M. J. RIDEAU : « Aspects constitutionnels comparés de l'évolution vers l'Union européenne », dans La *Constitution et l'Europe, op. cit.*, p. 84. Sur une telle position, mais par rapport à la jurisprudence de certaines Cours constitutionnelles, cf. M. G. C. RODRIGUEZ IGLESIAS : « Tribunales constitucionales y derecho comunitario », *op. cit.*, p. 1191.

l'article 120 de la Constitution[1]. Ensuite et surtout, l'article 91-3 de la Constitution néerlandaise dispose que : « Lorsqu'un traité comporte des dispositions qui dérogent à la Constitution ou contraignent à y déroger, les chambres ne peuvent donner leur approbation qu'aux deux tiers au moins des voix exprimées »[2]. Cette disposition a parfois été interprétée comme consacrant la suprématie absolue du droit communautaire sur le droit néerlandais[3]. C'est ainsi qu'il est affirmé qu'existe « ...une convergence de vue entre la conception des rapports entre le droit international et le droit interne consacrée par la Constitution néerlandaise et celle développée par la Cour de justice à propos de la primauté du droit communautaire »[4]. Il faut néanmoins relativiser cette affirmation. En effet, l'article 91-3 de la Constitution néerlandaise est surtout destiné à prévoir une procédure de ratification, plus imposante qu'à l'accoutumée, d'un engagement international, lorsque celui-ci déroge à la Constitution[5]. M. J. H. F. VAN PANHUYS observe ainsi à juste titre que cette procédure « est une simplification de la procédure prévue pour la modification de la Loi fondamentale... ». Il s'agit donc d'une « modification détournée de la Constitution »[6].

Ainsi présentée, la situation des Pays-Bas apparaît beaucoup moins en décalage d'avec celle de la France. Ceci n'autorise néanmoins pas à y voir une illustration de la primauté des normes constitutionnelles sur le droit communautaire. Il est clair en tout cas que le principe de compatibilité entre ces deux types de normes est largement admis aux Pays-Bas. Seul l'examen du cas

---

[1] Cf. Mme C. GREWE et M. H. OBERDORFF : *Les Constitutions des Etats membres de l'Union européenne, op. cit.*, p. 367. Pour M. G. SCHERMERS, dans *Les Constitutions nationales à l'épreuve de l'Europe*, La Documentation française, Paris, 1993, p. 205 : « Cela veut dire qu'il [le juge] doit appliquer les traités, même s'il pense qu'ils sont en conflit avec la Constitution elle-même » ; voir aussi M. B. de WITTE : « Pays-Bas », dans *Les Etats membres de l'Union européenne, op. cit.*, p. 370.

[2] Mme C. GREWE et M. H. OBERDORFF, *op. cit.*, p. 365.

[3] Voir par exemple M. G. SCHERMERS, *op. cit.*, p. 206 ; Conseil d'Etat : *Droit communautaire et droit français, op. cit.*, p. 39 ; M. P. AKKERMANS, dans *Recueil des Constitutions européennes, op. cit.*, p. 107.

[4] M. S. PRECHAL : « La primauté du droit communautaire aux Pays-Bas », *RFDA* 1990, p. 981.

[5] Voir en ce sens M. J. RIDEAU, dans *Les Constitutions à l'épreuve de l'Europe, op. cit.*, p. 84 ; M. F. HERVOUËT : « Politique jurisprudentielle de la Cour de justice et des juridictions nationales. Réception du droit communautaire par le droit interne », *op. cit.*, pp. 334-335 ; M. B. de WITTE : « Les Pays-Bas », *op. cit.*, p. 368.

[6] M. J. H. F. VAN PANHUYS : « Pays-Bas. La révision récente des dispositions constitutionnelles relatives aux relations internationales », *RDP* 1955, p. 344. A rapprocher de la situation finlandaise, cf. MM. M. SCHEININ - T. OJANEN : « Finland », dans *Les Etats membres de l'Union européenne, op. cit.*, pp. 186-187 ; M. A. JYRÄNKI, dans *Le traité d'Amsterdam face aux Constitutions nationales, op. cit.*, p. 32. Sur les modalités de révision de la Constitution néerlandaise, cf. article 137-4, dans Mme C. GREWE et M. H. OBERDORFF, *op. cit.*, p. 369. Voir également les articles 20-2 de la Constitution danoise et 5 du chapitre X de la Constitution suédoise, *ibid.*, pp. 170 et 464.

significatif de l'Espagne (A) et de la situation de certains autres Etats membres de l'Union européenne (B) peut permettre de faire des rapprochements avec la position française relative à la primauté de principe du droit constitutionnel sur le droit communautaire.

A/- La situation caractéristique de l'Espagne

Cette situation est significative parce que, comme en France, existe dans l'ordre juridique espagnol un contrôle préventif (direct ou indirect) de la constitutionnalité des traités internationaux[1]. En effet, aux termes de l'article 95 de la Constitution espagnole : « La conclusion d'un traité international contenant des dispositions contraires à la Constitution devra être précédée d'une révision de celle-ci. Le gouvernement ou l'une ou l'autre chambre peut faire appel au Tribunal constitutionnel pour qu'il déclare s'il y a ou non contradiction »[2]. Par ailleurs, il a été clairement établi que l'Espagne, en ce domaine, s'est directement inspirée de l'article 54 de la Constitution de 1958[3]. En effet, une révision constitutionnelle y est indispensable préalablement à la ratification d'un engagement international dont certaines dispositions ont été déclarées contraires au texte constitutionnel de 1978. Il convient de préciser qu'il s'agit d'une révision expresse telle qu'elle est régie par le titre X de la Constitution, notamment son article 167[4]. Mais l'essentiel réside dans la portée qui doit être reconnue au dispositif de l'article 95. Pour MM. BON, MODERNE et RODRIGUEZ, la volonté du constituant espagnol fut, à travers cet article, « de donner la primauté à la Constitution dans la hiérarchie des normes... »[5]. Néanmoins ces prises de position doctrinales étaient plus fondées sur

---

[1] Il faut néanmoins mentionner qu'à la différence de la France, la Constitution espagnole de 1978 prévoit un contrôle de constitutionnalité a posteriori et ce « dans les trois mois suivant la publication du traité », cf. M. J. ROBERT : « Rapport général de la IXe Conférence des Cours constitutionnelles européennes », *op. cit.*, vol. II, p. 803.

[2] Mme C. GREWE et M. H. OBERDORFF, *op. cit.*, p. 194. Sur un possible contrôle des lois d'autorisation de ratification, voir l'article 161-1-a, p. 207.

[3] Cf. notamment : MM. P. BON, F. MODERNE, Y. RODRIGUEZ : *La justice constitutionnelle en Espagne*, éd. Economica, 1984, pp. 98, 252-253 et 262 ; M. A. TRUYOL Y SERRA : « L'adhésion de l'Espagne aux Communautés européennes. Problèmes constitutionnels », dans *L'Espagne et les Communautés européennes*, éd. de l'Université de Bruxelles, 1979, p. 117.

[4] Concernant le titre X de la Constitution espagnole, voir Mme C. GREWE et M. H. OBERDORFF, *op. cit.*, pp. 208-209. Pour une réfutation de la thèse de la révision constitutionnelle implicite qui découlerait d'une interprétation combinée des articles 93 et 95 de la Constitution espagnole, cf. M. F. RUBIO LLORENTE, *RFDC* 1992, p. 659 ; Mme M. Le BARBIER-Le BRIS : *Le juge espagnol face au droit communautaire, op. cit.*, pp. 182-184.

[5] MM. P. BON, F. MODERNE, Y. RODRIGUEZ : *La justice constitutionnelle en Espagne, op. cit.*, pp. 258-259. Cette opinion est partagée par M. A. MANGAS MARTIN : *Derecho comunitario y derecho español, op. cit.*, p. 139.

la logique de l'instauration d'un contrôle de constitutionnalité des traités que sur une doctrine effective du Tribunal constitutionnel espagnol.

Avant d'aborder l'étude de la position du Tribunal constitutionnel en application de l'article 95, il faut souligner que cette juridiction avait déjà donné des indications intéressantes sur la place du droit communautaire dans la hiérarchie des normes. Il en a notamment été ainsi lorsque respectivement en 1991, 1993 et 1996, le Tribunal a refusé d'ériger le droit communautaire au rang de norme de référence du contrôle de constitutionnalité des lois[1]. Il faut en effet rappeler que la juridiction constitutionnelle espagnole qualifiait les litiges entre les lois internes et le droit communautaire de « conflit opposant des normes infraconstitutionnelles » ou encore de « conflit de normes non constitutionnelles »[2]. Le juge constitutionnel espagnol semblait donc indiquer que les normes communautaires avaient une valeur infraconstitutionnelle. Une telle affirmation de la suprématie de la Constitution apparaîtrait donc beaucoup plus explicite dans les sentences du Tribunal constitutionnel espagnol que dans la doctrine du Conseil constitutionnel en la matière.

Cette appréciation du droit positif espagnol en ce qui concerne la hiérarchie des normes sera confortée à la suite de la première et unique saisine du juge constitutionnel espagnol au titre de l'article 95 ; saisine qui a donné lieu à la déclaration du 1er juillet 1992 à propos du traité de Maastricht. En effet, l'article 8 B-1 du traité instituant la Communauté européenne avait été soumis au Tribunal constitutionnel par le gouvernement espagnol. Dans sa déclaration, le juge constitutionnel va considérer que cette disposition (instituant le droit de vote et d'éligibilité des citoyens de l'Union aux élections municipales) est contraire, en partie, à l'article 13-2 de la Constitution[3]. Ce dernier octroyait le droit de vote aux élections municipales à tous les étrangers résidant en Espagne, à l'exclusion du droit d'éligibilité. C'est une révision de la Constitution espagnole du 27 août 1992 qui a permis d'adjoindre à ce droit de vote actif un droit de suffrage passif[4].

Mais l'important pour notre réflexion est de dire que, selon le Tribunal constitutionnel espagnol, on ne peut ratifier des traités internationaux dont certaines clauses sont contraires à la Constitution, par le biais de l'article 93[5]. Il apparaît également que la Haute juridiction constitutionnelle espagnole, dans sa

---

[1] Voir *supra* l'étude des rapports entre le droit communautaire et le bloc de constitutionnalité en Espagne.

[2] Cf. notamment, Mme M. Le BARBIER-Le BRIS, *op. cit.*, pp. 186-200.

[3] Mme C. GREWE et M. H. OBERDORFF, *op. cit.*, p. 182.

[4] M. J. RIDEAU : « Les procédures de ratification du traité sur l'Union européenne », *RFDC* 1992, p. 616 ; M. F. RUBIO LLORENTE, *RFDC* 1992, pp. 659-661.

[5] L'article 93 de la Constitution espagnole concerne la possibilité de transferts de compétences à des organisations internationales. Sur le point de vue du Tribunal constitutionnel concernant les relations entre les articles 93 et 95, voir notamment MM. E. ALBERTI, P. BON et F. MODERNE : « Chronique de jurisprudence constitutionnelle. Espagne », *AIJC*, VIII-1992, p. 423.

déclaration, « s'est référé[e] explicitement et clairement à la suprématie de la Constitution »[1]. Ainsi le droit constitutionnel espagnol en matière européenne adopte-t-il une approche favorable à la suprématie normative de la Constitution sur le droit communautaire. Ceci a été remarquablement exprimé par les Pr. C. GREWE et H. RUIZ FABRI : « ...Tant la pratique des contrôles préalables que la force attractive de la Constitution tendent à transformer l'harmonisation préventive en règle de primauté constitutionnelle... »[2]. Dans ces propos transparaît le caractère nettement similaire des positions française et espagnole quant à la place du droit international et communautaire par rapport à la Constitution. On y considère en effet que le contrôle préalable de la constitutionnalité des engagements internationaux contribue, de manière implicite pour la France et explicite pour l'Espagne, à garantir le respect de la suprématie constitutionnelle. Ce qui constitue une certaine manifestation de leur autonomie constitutionnelle face à une construction politique européenne encore embryonnaire. Au demeurant, on pourrait également, comme ce fut le cas en France avec les articles 54 et 55 de la Constitution, soutenir que l'interprétation combinée des articles 95 (contrôle de constitutionnalité des traités) et 96-1 de la Constitution (autorité des traités dans l'ordre interne)[3] conduit à conférer aux normes communautaires un rang infraconstitutionnel et supralégislatif dans la hiérarchie des normes en droit espagnol. Soutenir un autre raisonnement reviendrait en quelque sorte à remettre en cause l'autonomie structurelle de l'Etat espagnol et, en dernier ressort, le rôle souverain et ultime du pouvoir constituant.

Au-delà du cas espagnol, la présentation de la position de quatre autres Etats membres de l'Union européenne (Allemagne et Italie d'un côté, Belgique et Luxembourg de l'autre) permettra de montrer que le principe de la suprématie des normes constitutionnelles sur les normes communautaires y est, comme en France, largement reconnu (B).

B/- La prééminence de principe de la Constitution : une option retenue par la plupart des Etats membres de l'Union européenne

Le choix porté sur les quatre pays ci-dessus mentionnés résulte de diverses considérations. Concernant l'Allemagne et l'Italie, il est généralement admis que

---

[1] « Rapport espagnol à la IXe Conférence des Cours constitutionnelles européennes », *op. cit.*, p. 291. Il y est également mentionné que : « La clarté et la netteté de l'article 95 sont telles que la doctrine a été unanime à estimer que les normes internationales se trouvaient en position d'infériorité par rapport à la Constitution » ; opinion confirmée par M. L. GUERRA, Président du Tribunal constitutionnel, *ibid.*, vol. II, p. 962.

[2] Mmes C. GREWE - H. RUIZ FABRI : *Droits constitutionnels européens, op. cit.*, pp. 109 et 113.

[3] Cf. Mme C. GREWE et M. H. OBERDORFF, *op. cit.*, p. 194.

l'existence d'un contrôle de constitutionnalité approfondi (notamment a posteriori) peut s'avérer préjudiciable à la norme communautaire. Ce constat mériterait d'être nuancé car la subordination du droit communautaire au droit constitutionnel de ces deux pays ne comporte pas un caractère radical ou absolu. Quant à la Belgique et au Luxembourg, ils sont souvent classés dans la catégorie des Etats membres les plus attachés ou les plus favorables à la construction européenne[1]. Il n'en demeure pas moins, comme nous le verrons, que la logique de leur système juridique incite à considérer que la Constitution s'y trouve, par principe, au sommet de la hiérarchie des normes.

1)- La situation en Allemagne et en Italie

Au regard du droit international, il s'agit de deux Etats de tradition dualiste. Il n'en reste pas moins que les Constitutions allemande et italienne sont ouvertes à la construction européenne. En effet, l'article 24 de la Loi fondamentale dispose : « La Fédération peut transférer, par voie législative, des droits de souveraineté à des institutions internationales »[2]. En outre, cette clause générale d'autorisation de transferts de compétences a été complétée par une disposition ayant trait de manière spécifique à l'Europe communautaire. Ainsi l'article 23 de la Constitution allemande prévoit-il la possibilité de transférer des droits de souveraineté à cette dernière moyennant le respect des « principes de la démocratie, de l'Etat de droit, de l'Etat social et fédératif ainsi que [du] principe de subsidiarité... ». Cette disposition précise également que l'Europe communautaire à laquelle participe l'Allemagne se doit de garantir « ...une protection des droits fondamentaux substantiellement comparable à celle de la Loi fondamentale »[3]. A cela il faut ajouter l'opposabilité à l'Union européenne de l'article 79, notamment son alinéa 3 qui marque les limites matérielles à toute révision de la Loi fondamentale allemande, en l'occurrence les principes énoncés dans ses articles 1er et 20[4].

La combinaison de l'ensemble de ces éléments avec le contrôle a posteriori (notamment le contrôle concret des normes de l'article 100 de la Loi fondamentale[5]) permet de parler d'une mise sous surveillance extrême du droit communautaire en Allemagne. Ceci revient, d'une certaine manière, à dire que le droit communautaire est subordonné aux principes fondamentaux essentiels de la Loi fondamentale. Aussi M. P. KIRCHHOF, juge à la Cour constitutionnelle de Karlsruhe, affirmait-il lors de la IXe Conférence des Cours constitutionnelles

---

[1] Voir notamment G. ISAAC : *Droit communautaire général*, 6e éd., *op. cit.*, pp. 197-199.
[2] Mme C. GREWE et M. H. OBERDORFF, *op. cit.*, p. 30.
[3] L'article 23 a été introduit par la révision constitutionnelle du 21 décembre 1992.
[4] Mme C. GREWE et M. H. OBERDORFF, *ibid.*, p. 43.
[5] *Ibid.*, p. 50.

européennes que : « Ce droit supranational peut [...] être l'objet par la Cour constitutionnelle fédérale d'un contrôle de constitutionnalité ; cependant ce contrôle n'est pas exercé au regard de tous les articles de la Loi fondamentale mais uniquement au regard des quelques dispositions qui restent intangibles même en cas de réforme de la Constitution [...]. Quant au reste le droit constitutionnel est primé par le droit communautaire de caractère supranational »[1]. En d'autres termes, le statut du droit communautaire en Allemagne varie suivant les normes constitutionnelles en cause. La primauté du droit constitutionnel allemand sur le droit communautaire mérite donc d'être atténuée car elle tient compte des exigences particulières de la construction européenne ; aussi peut-on lui reconnaître un caractère partiel[2]. Au total, seuls les principes constitutionnels essentiels et intangibles de l'ordre juridique allemand se voient reconnaître une autorité supérieure à celle des normes communautaires[3].

L'ordre juridique italien répond approximativement aux mêmes caractéristiques que le système allemand. En effet, l'article 11 de la Constitution italienne dispose : « ...[L'Italie] consent, dans des conditions de parité avec les autres Etats, aux limitations de souveraineté nécessaires à un ordre qui assure la paix et la justice entre les nations... »[4]. Par ailleurs, un contrôle de constitutionnalité, exercé par la Cour constitutionnelle italienne, est prévu à l'article 134 de la Constitution[5]. Il a également déjà été mentionné[6] que la Cour constitutionnelle considère comme intangibles les éléments essentiels de l'ordre constitutionnel, en l'espèce les principes fondamentaux et les droits inaliénables de la personne humaine. Le droit communautaire peut donc difficilement passer outre ces éléments, qui ne peuvent être altérés par une modification de la Constitution italienne. M. M. LUCIANI estime dès lors que « selon la Cour constitutionnelle, cette disposition [article 11] attribue aux Communautés européennes une force particulière [...] capable, en substance, de déroger à la Constitution, mais cependant

---

[1] Cf. Conseil constitutionnel : *Protection constitutionnelle...*, vol. II, p. 1001. Dans le même sens M. D. HANF : « Le jugement de la Cour constitutionnelle allemande sur la compatibilité du traité de Maastricht », *RTDE* 1994, p. 400.

[2] Au surplus, convient-il de considérer qu'une telle suprématie peut se fonder sur la nécessaire autonomie constitutionnelle de l'Allemagne car, comme l'a précisé le Tribunal de Karlsruhe dans son arrêt du 12 octobre 1993, les Etats membres demeurent les « maîtres des traités ». Ceci sous-entend en toute vraisemblance le primat de la Constitution.

[3] Cf. Mme C. HAGUENAU : *L'application effective du droit communautaire en droit interne, op. cit.*, p. 122 ; « Rapport de la délégation allemande à la IXe Conférence des Cours constitutionnelles européennes », vol. I, *op cit.*, p. 44. On comprend dès lors pourquoi Mme O. TAMBOU, Thèse précitée, pp. 307-317, soutient que la primauté du droit communautaire reste fragile en Allemagne.

[4] Cf. MM. F. DELPEREE, M. VERDUSSEN, K. BIVER : *Recueil des Constitutions européennes, op. cit.*, p. 530.

[5] Mme C. GREWE et M. H. OBERDORFF, *op. cit.*, p. 338.

[6] Cf. *supra* paragraphe 1 de la section II du chapitre I de ce titre.

dans les limites du respect des principes fondamentaux... »[1]. On peut donc estimer a contrario que le droit communautaire prime sur les autres normes constitutionnelles. Il s'agit là, comme en Allemagne, d'une position variable. Au total, les intangibilités constitutionnelles en Allemagne et en Italie marquent la persistance de l'identité constitutionnelle de ces deux pays. Identité qui se manifeste par une relative suprématie constitutionnelle, d'où le rapprochement avec la position française.

Un tel rapprochement est également possible avec la Belgique et le Luxembourg au regard notamment de la logique de leur ordre juridique.

2)- Le cas de la Belgique et du Luxembourg

La question des rapports entre le droit international et communautaire et la Constitution en Belgique a fait l'objet d'une actualité récente, en raison de l'intervention de la Cour d'arbitrage. Il convient de préciser tout d'abord que la composition, la compétence et le fonctionnement de cette instance constitutionnelle furent déterminés par la loi spéciale du 6 janvier 1989, en application de l'article 142 de la Constitution belge[2]. L'article 26 de cette loi prévoit, de manière implicite, la possibilité de mise en cause des engagements internationaux par le biais de l'examen de la constitutionnalité des textes législatifs d'assentiment de ces engagements[3]. C'est ce que reconnaîtra la Cour d'arbitrage dans son arrêt n° 12/94 du 3 février 1994 : elle se déclare compétente pour examiner de manière préjudicielle la compatibilité de deux lois d'assentiment avec la norme constitutionnelle relative au droit à un enseignement gratuit jusqu'à la fin de l'obligation scolaire. Au fond, aucune incompatibilité ne sera relevée. Pour justifier sa compétence, la Cour indique que le législateur ne peut nullement adopter, par le biais de l'assentiment donné à un traité international, des dispositions contraires à la Constitution[4]. Elle ajoute : « Aucune norme de droit international - lequel est une création des Etats - même pas l'article 27 de la Convention de Vienne de 1969 sur

---

[1] M. M. LUCIANI, dans *Recueil des Constitutions européennes, op. cit.*, p. 521. Dans le même sens, M. R. GRANATA, Entretien avec M. B. GENEVOIS, *Les Cahiers du Conseil constitutionnel*, n° 6/1999, pp. 41-42.

[2] Mme C. GREWE et M. H. OBERDORFF, *op. cit.*, pp. 158-159.

[3] Cf. Mme A. S. RIEBEN : « Belgique », dans B. COTTIER(Sous la direction de) : *Conséquences institutionnelles de l'appartenance aux Communautés européennes*, Schulthess Polygraphischer Verlag, Zürich, 1991, p. 26. Cette dernière avait envisagé une telle possibilité bien avant l'intervention de la Cour d'arbitrage. Voir aussi MM. J. SAROT, P. VANDERNOOT et E. PEREMANS : *Dix ans de jurisprudence de la Cour d'arbitrage (5 avril 1985 - 31 août 1995), op. cit.*, pp. 8-9.

[4] Voir MM. Ph. BROUWERS et H. SIMONART : « Le conflit entre la Constitution et le droit international et conventionnel dans la jurisprudence de la Cour d'arbitrage », *CDE* 1995, p. 11.

le droit des traités, ne donne aux Etats le pouvoir de faire des traités contraires à la Constitution »[1].

On retrouve là un argument fondé sur la nécessaire autonomie constitutionnelle des Etats face à la centralisation de plus en plus croissante du droit international. Mais on peut s'interroger sur le fait de savoir si cette position de la Cour d'arbitrage est applicable au droit communautaire. A notre avis, une telle assimilation est concevable car aucune disposition de la Constitution belge ne fait véritablement le départ entre le droit international classique et le droit communautaire[2]. Ceci d'autant plus que pour MM. MELCHIOR (Président de la Cour d'arbitrage de Belgique) et De GREVE, on ne trouve aucune indication d'une quelconque primauté du droit international et communautaire sur les dispositions constitutionnelles dans le droit positif belge. Ils considèrent en effet que de par l'existence d'un contrôle restreint de la constitutionnalité des actes législatifs d'assentiment des traités « ...il a été estimé [implicitement, mais de façon certaine] que le principe de la primauté des traités ne valait pas à l'égard des dispositions internes de nature constitutionnelle »[3].

La Constitution du Grand-Duché de Luxembourg du 17 octobre 1868 ne prévoit aucune possibilité de contrôle de constitutionnalité des textes internationaux par les juridictions internes[4]. On considère dès lors que « de fait, l'hypothèse d'un conflit entre des normes communautaires et des dispositions constitutionnelles reste théorique... »[5]. Il faut néanmoins indiquer qu'une partie de

---

[1] *Ibid.*, pp. 11-12. Egalement M. H. BRIBOSIA : « Applicabilité directe et primauté des traités internationaux et du droit communautaire », *RBDI* 1996-1, p. 76.

[2] Pour une exception notable, cf. l'article 168 relatif à l'information des chambres législatives sur le processus de révision des traités communautaires, Mme C. GREWE et M. H. OBERDORFF, *op. cit.*, p. 162.

[3] Cf. « Rapport de la délégation belge », dans Conseil constitutionnel : *Protection constitutionnelle et protection internationale des droits de l'Homme*, vol. I, *op. cit.*, p. 176 ; également M. F. DELPEREE : « Les rapports de cohérence entre le droit constitutionnel et le droit international public. Développements récents en Belgique », *RFDC* 1998, p. 733. Pour une conception inverse, voir M. J.-V. LOUIS : « La primauté, une valeur relative », *CDE* 1995, p. 26. Il faut également mentionner certaines études qui penchent en faveur d'une « reconnaissance plus aisée de la primauté du droit communautaire sur la Constitution », M. H. BRIBOSIA, *RBDI* 1996-1, *op. cit.*, pp. 69 et 82-84.

[4] Il est néanmoins important de préciser que la révision constitutionnelle du 12 juillet 1996 a introduit un article 95 *ter* dans la Constitution luxembourgeoise. Cette disposition institue une Cour constitutionnelle, cf. Mme C. GREWE et M. H. OBERDORFF : *Les Constitutions des Etats de l'Union européenne, op. cit.*, pp. 351-352. Il y est cependant expressément indiqué que la Cour constitutionnelle ne connaît pas « des lois d'approbation à un traité » (article 95 *ter*, paragraphe 2) ; Voir pour une présentation de cette institution : M. F. DELPEREE et Mme C. FREMAULT-de CRAYENCOUR : « La Cour constitutionnelle luxembourgeoise », *AIJC*, XIV-1998, p. 11. Il est clair en tout cas que le droit communautaire est, pour l'instant ?, exclu du champ d'intervention de cette Cour, cf. *AIJC*, XIV-1998, pp. 16-17.

[5] Mme A. S. RIEBEN : « Luxembourg », dans B. COTTIER, *op. cit.*, p. 329.

la doctrine estime qu'il est assez prétentieux, à l'heure actuelle, de prôner une primauté absolue du droit communautaire. Ainsi, M. R. BIEVER considère-t-il qu'« on ne peut [...] que difficilement concevoir que des normes, même si elles trouvent leur source dans un traité international, peuvent prévaloir à l'encontre des dispositions constitutionnelles puisque cela signifierait que les traités en question ont été introduits en droit luxembourgeois tout en étant contraires à la Constitution »[1].

Malgré le caractère quelque peu controversé du débat sur le rang du droit communautaire dans la hiérarchie des normes en Belgique[2] et au Luxembourg, on incline à penser que la tendance dominante considère ce droit comme étant subordonné, par principe, à la Constitution ; résultat qui n'est nullement étranger à la position française. Nonobstant des différences de raisonnement qui sont inhérentes à chaque structure constitutionnelle nationale, il faut se résoudre à considérer que la plupart des Etats membres de l'Union européenne estiment qu'en l'état actuel de la construction européenne, il serait prématuré de reconnaître au droit communautaire, dans les ordres juridiques internes, un statut supraconstitutionnel.

Conclusion de la Section I

La Constitution française, comme les lois fondamentales de la plupart des Etats membres de l'Union européenne, demeure en principe le dernier rempart juridique à la primauté absolue du droit communautaire sur le droit interne. En effet, il apparaît que la suprématie de principe du droit constitutionnel sur le droit communautaire constitue, en quelque sorte, l'une des manifestations de l'identité constitutionnelle française. Cette position est d'autant moins isolée qu'elle se rapproche nettement de la solution espagnole ; et qu'il existe une similarité partielle ou relative, mais néanmoins affirmée avec la situation en Allemagne et en Italie d'une part, en Belgique et au Luxembourg d'autre part.

De ce point de vue, il est exact d'affirmer que « la thèse de la Cour [de justice des Communautés européennes] est fort éloignée, dans le principe, de celle [du droit positif français] »[3]. Ceci veut dire implicitement que la primauté absolue

---

[1] « Rapport de la délégation luxembourgeoise », dans *Protection constitutionnelle...*, *op. cit.*, p. 430. *Contra* M. M. THEWES : « Luxembourg », dans *Les Constitutions nationales à l'épreuve de l'Europe*, *op. cit.*, p. 197.

[2] Dans une contribution récente, M. F. DELPEREE, *RFDC* 1998, *op. cit.*, pp. 733-740, estime que : « La Cour d'arbitrage et le Conseil d'Etat entendent rendre à la Constitution sa valeur éminente [...] ». Il ajoute : elles « contribuent à replacer [...] la Constitution au sommet des règles juridiques qui s'imposent dans un Etat ».

[3] Cf. Conseil d'Etat : *Droit communautaire et droit français*, *op. cit.*, p. 238.

du droit communautaire peut trouver à s'appliquer, ne serait-ce que de manière latente. Autrement dit, certaines normes communautaires ne seraient pas soumises au primat de la Constitution française. M. F. HERVOUËT constate ainsi avec pertinence que dans l'ordre juridique français, le contrôle exercé sur le respect du principe de la primauté de la Constitution « ...ne porte pas sur la conformité de l'ensemble du droit communautaire au droit constitutionnel mais seulement sur celle du droit nouveau... »[1]. On en déduit a contrario que les engagements communautaires définitifs bénéficient, en France notamment, d'un statut particulier (section II).

Section II : L'existence d'aménagements à cette primauté : le respect des engagements communautaires antérieurs de la France

Contrairement à la situation en Allemagne ou en Italie notamment, la Constitution française ne prévoit pas de contrôle a posteriori de la constitutionnalité des engagements internationaux. En effet les articles 54 et 61, alinéa 2 de la Constitution de 1958[2] posent la possibilité d'un contrôle a priori, et donc avant l'entrée en vigueur des normes en cause. Ainsi peut-on avancer en guise de prémisse que : le Conseil constitutionnel n'est pas compétent pour contrôler par voie d'exception les normes internationales et communautaires déjà en vigueur dans l'ordre juridique français. Il convient donc d'examiner la jurisprudence constitutionnelle concernant le principe de l'incontestabilité de « l'acquis » communautaire (Paragraphe 1). Incontestabilité qui serait synonyme d'une atténuation ou d'un aménagement au principe de la primauté de la Constitution. Par ailleurs, la situation constitutionnelle du droit communautaire en Irlande dénote comme en France, et même de façon plus imposante, du souci d'éliminer toute contestation constitutionnelle éventuelle de « l'acquis » communautaire (Paragraphe 2).

Paragraphe 1 : La présomption de compatibilité à la Constitution de « l'acquis communautaire »

L'immunité constitutionnelle dont bénéficient certains textes communautaires repose sur l'absence d'un contrôle de constitutionnalité par voie d'exception en France. Autrement dit, et comme l'exprime fort justement M.

[1] M. F. HERVOUËT : « L'incidence de la jurisprudence de la CJCE sur la hiérarchie des normes en droit français », *op. cit.*, p. 30.
[2] L'article 61, alinéa 2 a trait au contrôle de la constitutionnalité des lois.

F. HERVOUËT, « ...dans certains cas, il n'existe pas de moyen de faire respecter la primauté de la Constitution, même si celle-ci existe par principe, parce qu'il n'y a pas de procédure permettant de déclarer la règle communautaire contraire à la Constitution... »[1]. Par ailleurs, il s'agit également pour le droit français d'adopter une attitude respectueuse de l'un des principes fondamentaux du droit international : la règle *pacta sunt servanda*. Cela étant, une partie de la doctrine s'accordait à penser que le Conseil constitutionnel avait exercé une sorte de contrôle postérieur à l'égard de certains principes contenus dans les traités communautaires pour l'essentiel. Ce qui par voie de conséquence aurait pu contribuer à les remettre en cause. Malgré cette controverse, le droit positif français, à l'heure actuelle, considère que les traités de base et leurs textes confirmatifs sont incontestables (A). Cette incontestabilité s'étend, par ricochet, au droit communautaire dérivé, notamment aux règlements communautaires (B). Il reste qu'il faut signaler dès à présent que le Conseil d'Etat et la Cour de cassation, dans une jurisprudence récente[2], se démarquent quelque peu de cette position traditionnelle du juge constitutionnel français.

A/- L'incontestabilité constitutionnelle des engagements communautaires définitifs de la France

Le problème s'est surtout posé à l'occasion de l'examen par le Conseil constitutionnel de certaines décisions du Conseil des Communautés européennes, de traités modificatifs ou de certains actes d'application de mesures communautaires. Il fallait savoir si, à travers cet examen, on était en présence d'une remise en cause des traités communautaires institutifs conclus et entrés en vigueur sous la IVe République (et donc avant l'adoption de la Constitution du 4 octobre 1958). Bien que controversée avant 1992, la réponse à cette interrogation apparaît désormais bien établie depuis la décision du Conseil constitutionnel n° 92-308 DC (*Maastricht I*).

---

[1] M. F. HERVOUËT : « L'incidence de la jurisprudence de le CJCE... », *op. cit.*, p. 31 ; voir dans le même sens, et s'agissant particulièrement de la situation du droit communautaire dérivé, M. R. ABRAHAM : *Droit international, droit communautaire et droit français, op. cit.*, p. 186 ; C'est ce qui fait dire à M. R. RICCI, *LPA* 8 octobre 1999, n° 201, p. 5 que : « ...Il existe un décalage, fort important dans l'ordre juridique français, entre la nécessité théorique et pratique d'une hiérarchie des normes, et les procédés permettant de rendre cette hiérarchie effective ».

[2] On pense à deux arrêts importants de l'Assemblée du contentieux du Conseil d'Etat : l'un du 3 juillet 1996 - *Moussa Koné* et l'autre du 30 octobre 1998 - *M. Sarran, M. Levacher et autres,* et à la décision de l'assemblée plénière de la Cour de cassation, *Mlle Pauline Fraisse* du 2 juin 2000.

1)- Une incontestabilité quelque peu discutée avant 1992

La réflexion peut être menée à partir de trois des premières décisions de la Haute instance en matière internationale et européenne : 70-39 DC du 19 juin 1970[1], 76-71 DC du 30 décembre 1976[2] et 78-93 DC du 29 avril 1978[3]. Seules les deux premières ont trait directement à la construction européenne alors que la troisième est relative au Fonds monétaire international (ci-après, *F.M.I.*). Il faut préciser ici que, outre le problème de l'incontestabilité ou non des engagements internationaux antérieurs, il pouvait être également et essentiellement question de « l'étendue et [de] la portée de la compétence du Conseil constitutionnel »[4]. Le Conseil était-il compétent pour exercer un contrôle a posteriori des normes communautaires ?

a)- En application de l'article 54 de la Constitution, le Premier ministre avait soumis, en 1970, au Conseil constitutionnel à la fois le traité du 22 avril 1970 portant modification de certaines dispositions budgétaires et la décision du Conseil des Communautés européennes du 21 avril 1970 relative au remplacement des contributions financières des Etats membres par des ressources propres. On pouvait en toute logique voir dans ces textes une consécration des possibilités contenues notamment à l'article 201 du traité *CEE* (article 269, Nouvelle numérotation des traités)[5]. Tout le problème consistait à savoir si le Conseil constitutionnel était en mesure de contrôler la constitutionnalité de ces actes communautaires, au risque de remettre en cause un principe déjà énoncé dans les traités fondateurs. Concernant le traité de Luxembourg, la Haute instance pouvait légitimement exercer son contrôle car il s'agissait à n'en pas douter d'un engagement communautaire nouveau. Autre chose était de déterminer la nature juridique de la décision du 21 avril 1970 créant des ressources propres. Fondée sur l'article 201 du traité de Rome, il apparaissait logique de se demander si le juge constitutionnel avait compétence pour rechercher si cette décision portait ou non atteinte aux conditions essentielles d'exercice de la souveraineté nationale ; et donc si elle était ou pas contraire à la Constitution française.

---

[1] *Rec. D. C. C.*, p. 15 ; *RJC*-I, 21.
[2] *Rec. D. C. C.*, p. 15 ; *RJC*-I, 41.
[3] *Rec. D. C. C.*, p. 23 ; *RJC*-I, 58.
[4] M. J. ANDRIANTSIMBAZOVINA : *L'autorité des décisions de justice constitutionnelles et européennes sur le juge administratif français - Conseil constitutionnel, CJCE et Cour européenne des droits de l'Homme*, LGDJ, 1998, p. 303.
[5] Cette disposition évoquait l'éventualité de remplacer les contributions financières des Etats membres par des ressources propres. Remplacement qui devait s'opérer par le biais d'une décision du Conseil prise à l'unanimité ; décision dont l'entrée en vigueur nécessitait l'approbation par les Etats membres selon leurs règles constitutionnelles respectives.

La plupart des analyses convergent pour conclure à l'inexistence en l'espèce d'un contrôle postérieur, même indirect, de l'article 201[1]. Ainsi pour M. C. BLUMANN, l'emploi du conditionnel dans cette disposition montre que « l'acte communautaire du 21 avril 1970 conduisait à un engagement international nouveau, que le Conseil constitutionnel pouvait donc examiner sans revenir sur une obligation déjà souscrite »[2]. Par ailleurs M. GAÏA estime pour sa part qu'il ne s'agit que « ...de la simple observation des obligations prévues dès l'origine par des traités actuellement en vigueur. En déclarant par conséquent, la mesure non contraire à la Constitution, le Conseil constitutionnel n'a fait qu'appliquer les conditions auxquelles les traités subordonnent eux-mêmes sa validité et son application »[3]. Il fait certainement référence ici à la formule recommandant « l'adoption [des dispositions prévues à l'article 201 du traité *CEE*] par les Etats membres conformément à leurs règles constitutionnelles respectives ». A y regarder de près, il apparaît que l'argumentation de M. BLUMANN est assimilable à une justification de la compétence du Conseil constitutionnel[4]. En effet, le Haut Conseil a considéré que la décision du 21 avril 1970 avait « ...le caractère d'une mesure d'application... » des traités communautaires de base, tout en concluant, par hypothèse après examen, à la non contrariété à la Constitution de cet acte. Mais comment qualifier cette situation dans laquelle le juge constitutionnel français déduit la non contrariété à la Constitution de la décision communautaire en cause de son absence de caractère nouveau au regard du droit communautaire préexistant ? La Haute instance n'a-t-elle pas, à travers l'examen de la décision du 21 avril 1970, vérifié la constitutionnalité du principe posé à l'article 201 du traité de Rome ? A notre avis, il semble que l'explication fournie par M. P. GAÏA contribue à relativiser ce paradoxe. Autrement dit, à partir du moment où le contrôle du juge constitutionnel fait partie de la procédure d'adoption définitive de certains textes internationaux et communautaires, on peut affirmer que la décision du 19 juin 1970 n'équivaut nullement à une remise en cause de l'incontestabilité des traités une fois introduits dans l'ordre juridique français. Au demeurant, on en trouve une illustration dans la décision du Conseil constitutionnel elle-même : « ...Que lesdits traités [de base] ont été régulièrement ratifiés et publiés et sont, dès lors, entrés dans le champ d'application de l'article 55 de la Constitution ». La Haute instance estime de ce point de vue et implicitement que, conformément aux règles du droit public international auxquelles la France se conforme (alinéa 14 du préambule de la Constitution de 1946) au rang desquelles figure la règle *pacta sunt*

---

[1] Concluant à l'existence d'un contrôle (indirect ou larvé), M. D. de BECHILLON : *Hiérarchie des normes et hiérarchie des fonctions normatives de l'Etat, op. cit.*, pp. 462-466 et 468-473.

[2] M. C. BLUMANN, *RGDIP* 1978, p. 571.

[3] M. P. GAÏA : *Le Conseil constitutionnel et l'insertion des engagements internationaux dans l'ordre juridique interne, op. cit.*, p. 76.

[4] Voir en ce sens, M. C. BLUMANN, *op. cit.*, pp. 557-558.

servanda, il serait inconcevable que la République française revienne sur des engagements européens régulièrement introduits dans l'ordre juridique interne. La France, comme n'importe quel Etat, est en effet tenue d'exécuter de bonne foi les engagements souscrits sur le plan international. Sur cette base, les traités de base et leurs décisions confirmatives s'avèrent donc constitutionnellement inattaquables[1].

b)- La question d'un éventuel contrôle a posteriori, et de façon indirecte, de certains principes contenus dans les traités communautaires originaires s'est posée avec un peu plus d'acuité s'agissant de la décision du Conseil constitutionnel du 30 décembre 1976 (*Assemblée européenne*). Dans cette affaire, le Président de la République, sur la base de l'article 54 de la Constitution, avait soumis au Conseil constitutionnel la décision du Conseil des Communautés européennes du 20 septembre 1976 et l'Acte qui y était annexé. Ces deux textes, comme l'affirmait la Haute instance, avaient « pour seul objet de stipuler que les représentants à l'Assemblée des peuples des Etats réunis dans la Communauté sont élus au suffrage universel direct et de fixer certaines conditions de cette élection ». On aurait pu penser, au vu de cette affirmation, qu'il s'agissait de simples mesures d'application du traité de Rome. En effet l'article 138-1 du traité *CEE* (article 190, Nouvelle numérotation des traités) prévoyait déjà le principe d'une telle élection des membres de l'Assemblée européenne au suffrage universel direct. En outre, l'article 138-3 du même texte concerne l'éventuelle mise en place d'une procédure électorale uniforme pour les élections européennes. Or on constate que, dans sa décision, le Conseil constitutionnel recherche bien si l'élection au suffrage universel direct des représentants des peuples des Etats membres à l'Assemblée des Communautés européennes n'est pas contraire à la Constitution. Il considère en effet que ni l'engagement international du 20 septembre 1976 ni les termes de « procédure électorale uniforme » contenus dans l'Acte annexé à la décision du Conseil des Communautés « ne sauraient être interprétés comme pouvant permettre qu'il soit porté atteinte... » au principe d'indivisibilité de la République prévu à l'article 2 de la Constitution de 1958. Il existe dès lors une certaine ambiguïté car comme l'affirme M. BLUMANN, l'Acte interétatique du 20 septembre 1976 est compatible avec l'article 138-3 du traité *CEE* dans la mesure où il se borne à mettre en œuvre le principe de l'élection au suffrage universel du Parlement européen[2]. Aussi, en s'en tenant à des questions de principe, c'est-à-dire en examinant si cette élection risquait de porter atteinte à des principes aussi fondamentaux que celui de la souveraineté nationale ou celui de l'indivisibilité de la République, « le Conseil constitutionnel, [selon le même auteur], a donc bien

---

[1] Cf. Mme F. CHALTIEL : *La souveraineté de l'Etat et l'Union européenne, L'exemple français, op. cit.*, p. 155, qui parle de la conformité implicite des traités fondateurs.

[2] M. C. BLUMANN, *op. cit.*, p. 572. Sur l'ensemble de son argumentation, voir pp. 571-576.

examiné la conformité du principe même de l'élection au suffrage universel à la Constitution française, se livrant ainsi à un contrôle a posteriori de l'article 138 du traité *CEE* »[1]. M. P. GAÏA, comme l'auteur précédent, estime qu'on se trouve bien en présence d'un engagement international, employant à cet égard l'expression de « décision des représentants des Etats membres réunis au Conseil »[2]. Il pense en outre qu'il s'agit d'un accord communautaire nouveau car son application effective est subordonnée à l'adoption de ses dispositions par les Etats membres, conformément à leurs règles constitutionnelles respectives. De plus, il apparaît que l'Acte du 20 septembre 1976 modifiait le traité de 1957 sur deux points : en augmentant le nombre des représentants respectifs de chaque Etat membre ; en substituant, en principe temporairement, à la procédure électorale uniforme, une procédure électorale régie dans chaque Etat membre par les dispositions nationales[3]. Ce dernier auteur conclut donc à l'inexistence d'un contrôle postérieur en l'espèce. Au surplus, il relève, à juste titre, que l'environnement immédiat de la décision du 30 décembre 1976 a été déterminant : « ...Face à l'attente pressante et parfois inquiète de la classe politique comme de l'opinion publique à l'approche de son « verdict », on a fait justement observer qu'il était difficile pour le juge de fuir ses responsabilités en s'abstenant de répondre complètement sur le fond »[4]. Il n'en reste pas moins que l'attitude du Conseil constitutionnel en 1976, s'agissant de l'immunité constitutionnelle de « l'acquis communautaire », crée un certain flou à l'égard de la position de principe, explicite et claire, adoptée en 1970[5]. Cette ambiguïté n'a pas contribué, nous semble-t-il, à conforter l'incontestabilité nécessaire et logique des engagements communautaires régulièrement ratifiés ou approuvés en France[6].

c)- On retrouve une ambiguïté comparable, mais de moindre ampleur, à propos de la décision rendue dans l'affaire de l'augmentation de la quote-part de la

---

[1] *Ibid.*, p. 575 ; voir dans le même sens M. D. de BECHILLON, *op. cit.*, p. 476. Pour Mme F. CHALTIEL : *La souveraineté de l'Etat et l'Union européenne..., op. cit.*, pp. 211-217, il s'agit là d'une porte ouverte, de façon implicite, à une saisine indirecte et a posteriori des traités communautaires définitifs. *Contra* M. J. ROUX : *Le principe de la souveraineté de l'Etat dans la jurisprudence du Conseil constitutionnel*, Thèse, *op. cit.*, tome II, pp. 494-498.

[2] M. P. GAÏA, *op. cit.*, p. 39.

[3] *Ibid.*, pp. 76-80.

[4] *Ibid.*, p. 78.

[5] S'agissant des positions concluant à l'incompétence en l'espèce du Conseil constitutionnel et donc, favorables à l'application stricte du précédent de 1970, voir notamment : M. L. PHILIP : « Parlement européen et Conseil constitutionnel », Le Monde du 17 décembre 1976, p. 8 ; M. G. VEDEL : « Bilan d'une controverse », Le Monde du 25 décembre 1976, p. 5 ; M. C. DEBBASCH : « De l'Europe des technocrates à l'Europe populaire », Le Monde du 29 décembre 1976, p. 5.

[6] Voir par ailleurs les dangers d'une application de l'exception d'inconstitutionnalité au droit international et communautaire définitif, cf. M. F. CHEVALLIER, *D.* 1989, *op. cit.*, p. 256.

France au *F.M.I.* Précisons qu'il s'agit là de la première application de la possibilité ouverte par le Conseil constitutionnel dans la décision de 1976 : le contrôle de la constitutionnalité des lois d'autorisation de ratification ou d'approbation des normes internationales dans le cadre de l'article 61, alinéa 2[1]. La Haute instance avait été saisie par des parlementaires du groupe communiste à l'Assemblée nationale de la loi autorisant l'augmentation de la quote-part de la France au *F.M.I.* A travers ce recours, les députés communistes contestaient la constitutionnalité de la modification des statuts du *F.M.I.* adoptée le 30 avril 1976 par le Conseil des gouverneurs au motif qu'une telle révision nécessitait l'application de l'article 53 de la Constitution (autorisation de ratification ou d'approbation de certains engagements internationaux, en l'occurrence ceux relatifs à l'organisation internationale et ceux qui engagent les finances de l'Etat). Il est important de mentionner que cette réforme des statuts était entrée en vigueur le 1er avril 1978 après que les 3/5e des Etats membres disposant des 4/5e des voix l'eurent approuvée. Dans la décision n° 78-93 DC du 29 avril 1978, le Conseil indique, à juste titre, que « la participation de la France à l'augmentation des quotes-parts est une mesure distincte de l'adoption du second amendement aux statuts du *F.M.I.* et pouvait être approuvée sans qu'il soit besoin de se prononcer en même temps sur celui-ci »[2]. Elle considère en effet qu'à partir du moment où les conditions de majorité requises par l'article XVII des Statuts ont été satisfaites, le second amendement s'impose à la France car il a été adopté conformément aux engagements qu'elle a souscrits en adhérant régulièrement, à la suite de la loi du 26 décembre 1945, à l'accord relatif au *F.M.I.* L'impasse sur les compétences législatives d'autorisation de ratification du Parlement découlait donc en l'espèce de dispositions d'un texte international définitivement entré en vigueur en France[3]. Cela étant, en appréciant le bien fondé de l'utilisation de la procédure simplifiée d'amendement des statuts du *F.M.I.* et en invoquant la sauvegarde de la souveraineté (monétaire) des Etats membres, le Conseil constitutionnel va, à notre avis, au-delà de la logique inhérente à un contrôle a priori[4].

Au terme de cette réflexion, on peut dire que les ambiguïtés relevées dans les décisions de 1976 et 1978 ont entaché la solution adoptée de manière explicite par le Conseil dans sa décision du 19 juin 1970, d'une relative incertitude. Il est vrai

---

[1] Le Conseil affirmait en effet dans sa décision n° 76-71 DC (considérant n° 4) : « Que toutes transformations ou dérogations ne pourraient résulter que d'une nouvelle modification des traités, susceptible de donner lieu à l'application tant des articles figurant au titre VI que de l'article 61 de la Constitution ».

[2] Cf. deuxième considérant de la décision.

[3] Voir M. L. PHILIP : « Chronique constitutionnelle française », *RDP* 1979, p. 497.

[4] Voir en ce sens, M. P. GAÏA, *op. cit.*, pp. 81-82. Il estime notamment que le Conseil « semble s'être institué en censeur de la régularité de la procédure de révision des statuts d'une organisation internationale ». Il explique l'incohérence de la décision par la rapidité avec laquelle elle avait été rendue.

qu'aucun élément tangible et décisif ne permet de conclure à l'existence d'un contrôle de « l'acquis communautaire » (ou international, pour le *F.M.I.*). Il apparaît malgré tout que le caractère linéaire et indiscutable de l'incontestabilité des engagements internationaux antérieurs de la France, et à travers elle, celle de leurs actes confirmatifs ou d'application n'était pas véritablement établi. Il faudra attendre le processus de ratification du traité de Maastricht pour avoir une confirmation nette de la position initiée en 1970.

2)- La clarification apportée par la décision du 9 avril 1992 (*Maastricht I*)

L'incertitude évoquée ci-dessus fut accentuée par la décision du Conseil constitutionnel n° 85-187 DC du 25 janvier 1985 (*Etat d'urgence en Nouvelle Calédonie*)[1]. Dans cette décision, le Conseil déclare que : « Considérant que si la régularité au regard de la Constitution des termes de la loi promulguée peut être utilement contestée à l'occasion de l'examen de dispositions législatives qui la modifient, la complètent ou affectent son domaine, il ne saurait en être de même lorsqu'il s'agit de la simple mise en application d'une telle loi ». En appliquant ce raisonnement au droit communautaire, la constitutionnalité des engagements communautaires déjà ratifiés ou approuvés et publiés pourrait être recherchée à l'occasion notamment du contrôle de leurs actes modificatifs. M. R. ABRAHAM pouvait donc légitimement s'interroger sur le point de « ...savoir si cette jurisprudence nouvelle, [...], [allait] être étendue au contrôle des engagements internationaux »[2]. La réponse à cette interrogation fut apportée sept ans plus tard dans la décision n° 92-308 DC du 9 avril 1992 (*Maastricht I*). Dans cette affaire, le Conseil constitutionnel avait été saisi le 11 mars 1992 par le Président de la République, en application de l'article 54 de la Constitution, du traité sur l'Union européenne signé à Maastricht le 7 février 1992 et de tous les documents annexes (protocoles et déclarations). Ayant été invité à se prononcer « compte tenu des engagements souscrits par la France », le Conseil va s'appuyer sur la règle *pacta sunt servanda* déduite de l'alinéa 14 du préambule de la Constitution de 1946 selon lequel : « La République française, fidèle à ses traditions, se conforme aux règles du droit public international ». En plus de cette obligation d'exécuter de bonne foi tout traité en vigueur[3], la Haute instance complète sa démonstration par le rappel

---

[1] *Rec. D. C. C.*, p. 43 ; *RJC*-I, 223.

[2] M. R. ABRAHAM : *Droit international, droit communautaire et droit français, op. cit.*, pp. 55-56.

[3] Précisons que dans une décision n° 98-399 DC du 5 mai 1998, *Rec. D.C.C.*, p. 245, le Conseil constitutionnel a admis la possibilité pour le législateur de déroger à un principe constitutionnel, dans l'hypothèse où la loi envisagée serait nécessaire au plein effet ou à la mise en œuvre d'un engagement international, cf. M. E. PICARD, *RFDA* 1998, pp. 622-623 ; M. J.-E. SCHOETTL, *AJDA* 1998, p. 491 ; M. F. LUCHAIRE, *RDP* 1998, pp. 1025-1027 ; Mme L. BAGHESTANI-

du contenu de l'article 55 de la Constitution de 1958. Par ailleurs elle souligne la nécessité d'une référence aux engagements antérieurs pour interpréter la portée du traité examiné : « Considérant qu'il appartient au Conseil constitutionnel, saisi, au titre de la procédure instituée par l'article 54 de la Constitution, d'un traité qui modifie ou complète un ou plusieurs engagements internationaux déjà introduits dans l'ordre juridique interne de déterminer la portée du traité soumis à son examen en fonction des engagements que ce traité a pour objet de modifier ou compléter »[1]. La reprise d'une formule à peu près identique à celle de 1985 (concernant les lois) n'implique nullement l'existence d'un contrôle de validité du droit communautaire définitif. Bien au contraire, et comme l'affirment avec pertinence MM. FAVOREU et GAÏA, on peut tirer deux conséquences de cette jurisprudence :

- « ...Le traité soumis à l'examen du Conseil constitutionnel doit être entrepris, pour ce qui concerne sa compatibilité avec la Constitution, sans que puissent être remis en cause les engagements précédemment souscrits... ;
- « ...Le contrôle actuellement opéré ne peut porter que sur les seules dispositions nouvelles de l'engagement en cause c'est-à-dire sur celles qui modifient ou complètent les engagements précédemment souscrits, et ce, à l'exclusion de celles qui confirment, reprennent ou appliquent les normes internationales antérieures déjà entrées en vigueur »[2].

Il apparaît donc que la décision du 9 avril 1992 contribue à confirmer celle du 19 juin 1970. En d'autres termes, il est désormais clairement établi que les engagements internationaux, notamment communautaires, déjà entrés en vigueur dans l'ordre interne et tous les actes qui entrent dans la droite ligne de ceux-ci sont constitutionnellement inattaquables[3]. Le Conseil constitutionnel ne peut donc, par hypothèse, contrôler la constitutionnalité d'un engagement antérieur à l'occasion de l'examen d'un accord communautaire nouveau[4].

On ne peut cependant s'empêcher de se demander si cette position ferme du Conseil constitutionnel est partagée par les autres juridictions suprêmes françaises.

PERREY, *LPA* 30/11/1998, *op. cit.*, p. 19. Pour une interprétation allant dans le sens du caractère peu pertinent de cette solution au regard de la hiérarchie entre le traité et la Constitution, cf. Mme V. GOESEL-Le BIHAN, *RFDA* 1998, pp. 1255-1256 et M. D. ALLAND, *RFDA* 1998, pp. 1098-1099.

[1] Considérant n° 8 de la décision n° 92-308 DC du 9 avril 1992.

[2] MM. L. FAVOREU et P. GAÏA : « Les décisions du Conseil constitutionnel relatives au traité sur l'Union européenne », *RFDC* 1992, pp. 404-405. Voir également, M. T. de BERRANGER : *Constitutions nationales et construction communautaire, op. cit.*, p. 132.

[3] Cf. M. J. ROUX : *Le principe de la souveraineté de l'Etat dans la jurisprudence du Conseil constitutionnel, op. cit.*, pp. 477-478, en tant qu'il s'appuie sur la règle *pacta sunt servanda.*

[4] Cette immunité constitutionnelle couvre également des traités communautaires qui, à l'exemple de l'*A.U.E.* de 1986, n'ont pas été soumis à l'examen du Conseil constitutionnel ; en ce sens, Mme F. CHALTIEL : *La souveraineté de l'Etat et l'Union européenne..., op. cit.*, pp. 155-156, qui parle de la conformité présumée de l'*A.U.E.*

En effet, deux importants arrêts de la Haute juridiction administrative de 1996 et de 1998 et un arrêt de la Cour de cassation de juin 2000 vont peut-être contribuer à apporter une entorse à l'incontestabilité constitutionnelle des engagements internationaux définitifs de la France.

3/- Une immunité constitutionnelle mise en danger par la jurisprudence récente du Conseil d'Etat et de la Cour de cassation ?

Il faut partir de la position initiale du Conseil d'Etat fixée dans l'arrêt *André* du 3 mars 1961[1] ; arrêt dans lequel il refuse de contrôler la constitutionnalité des engagements internationaux (nouveaux ou définitifs). Dans cette décision en effet, la Haute juridiction administrative déclare irrecevable, sur la base de la théorie des actes de gouvernement, un recours en inconstitutionnalité de la loi d'autorisation de ratification des traités de 1957 : « ...Que le moyen tiré de ce que la loi du 2 août 1957, serait contraire à la Constitution du 27 octobre 1946, n'est pas de nature à être utilement présenté devant la juridiction administrative »[2]. Cette position rejoignait indirectement la solution de l'immunité constitutionnelle des engagements communautaires définitifs, posée quelques années plus tard par le Conseil constitutionnel. Mais cette solution du Conseil d'Etat de 1961 demeure-t-elle solide au regard des arrêts *Moussa Koné* du 3 juillet 1996 et *Sarran* du 30 octobre 1998, ou encore de l'arrêt *Mlle Pauline Fraisse* du 2 juin 2000[3] ? Cette question est d'autant plus pertinente qu'il sera permis de constater que ces trois

---

[1] *Rec. Lebon* 1961, p. 154 ; *RGDIP* 1961, concl. HENRY, p. 426. Concernant le juge judiciaire, voir la solution implicite arrêtée par C. Cass., Assemblée plénière, 11 mars 1953 - *Gambino c/ consorts Arcens*, *Bull. des arrêts de la Cour de cassation* (chambres civiles), 1953, n° 1. Sur cette question, cf. notamment M. R. ABRAHAM, *op. cit.*, pp. 37-43.

[2] On ne saurait tout de même omettre de signaler l'arrêt du *CE, ass., 18 décembre 1998, SARL du parc d'activités de Blotzheim et SCI Haselaecker*, cf. M. F. RAYNAUD et Mme P. FOMBEUR, *AJDA* 1999, pp. 127-134, dans lequel la Haute juridiction administrative accepte dorénavant d'examiner le moyen tiré de l'irrégularité de la ratification ou de l'approbation d'un engagement international. En d'autres termes, les traités ou accords relevant de l'article 53 de la Constitution ne peuvent être considérés comme régulièrement ratifiés ou approuvés, et donc applicables en droit interne, en application de l'article 55, si leur ratification ou leur approbation est intervenue en dehors de toute autorisation législative. Au total, et concernant cet arrêt, il faut souscrire à la conclusion de M. F. RAYNAUD et de Mme P. FOMBEUR, *op. cit.*, p. 134, selon laquelle : « Plus que l'affirmation des règles de droit constitutionnel au détriment des engagements internationaux souscrits par la France, il faut y voir le souci de respecter les équilibres entre législatif et exécutif dans la production de normes applicables sur notre territoire ».

[3] Sur la « suprématie de la Constitution dans la jurisprudence du Conseil d'Etat », cf. Mme L. POTVIN-SOLIS : *L'effet des jurisprudences européennes sur la jurisprudence du Conseil d'Etat français*, LGDJ, 1999, pp. 431-437.

arrêts des deux juridictions suprêmes françaises font partie du même courant jurisprudentiel.

a)- Dans l'arrêt *Moussa Koné* du 3 juillet 1996, la juridiction administrative suprême a subordonné la légalité d'un décret d'extradition à l'interprétation d'une convention bilatérale, sur le fondement duquel il a été pris, conformément au principe fondamental reconnu par les lois de la République (ci-après, *PFRLR*) selon lequel l'Etat doit refuser l'extradition d'un étranger lorsqu'elle est demandée dans un but politique[1]. En dehors de la question de l'opportunité pour le Conseil d'Etat de découvrir l'existence d'un *PFRLR* avant le Conseil constitutionnel[2], il faut s'interroger sur l'incidence de cet arrêt sur les rapports entre normes internationales et normes constitutionnelles[3]. Le Conseil d'Etat a-t-il contrôlé a posteriori la constitutionnalité d'une convention internationale[4] ? On n'est pas très loin de soutenir que la « règle d'interprétation spécifique »[5] utilisée en l'espèce équivaut quelque peu à un contrôle de l'appréciation de validité[6]. Il faut dire néanmoins que le Conseil d'Etat a peut-être eu le souci de combler un « vide juridique » dans une matière (le droit de l'extradition) où sont très directement en jeu les droits fondamentaux de la personne. En tout cas, on ne pense pas que le Conseil ait voulu revenir sur son incompétence à contrôler la constitutionnalité, que ce soit a priori ou a posteriori, des engagements internationaux[7]. Une autre question

---

[1] Sur cet arrêt, voir notamment : *RFDA* 1996 : « Principes fondamentaux reconnus par les lois de la République, principes généraux du droit et convention d'extradition », pp. 870-908, avec les concl. du commissaire du gouvernement J.-M. DELARUE et les contributions de MM. L. FAVOREU, P. GAÏA, H. LABAYLE et P. DELVOLVE. Voir également, Mme C. BRAUD, *RDP* 1996, p. 1751 ; MM. D. CHAUVAUX et T.-X. GIRARDOT, *AJDA* 1996, p. 722 ; MM. B. MATHIEU et M. VERPEAUX, *D.* 1997, *chr.*, p. 219 ; G. PELLISSIER, *LPA* 20/12/1996, n° 153, p. 19 ; M. G. GUIHEUX, *LPA* 27/12/1996, n° 156, p. 12 ; M. D. ALLAND, *RGDIP* 1997, p. 237 ; M. F. JULIEN-LAFERRIERE, *D.* 1996, p. 509 ; M. X. PRETOT, *JCP* 1996, II, 22720 ; M. C. PIERUCCI : « Extradition dans un but politique et norme conventionnelle internationale – Observations sur *CE*, ass., 3 juillet 1996, Moussa Koné », *RTDH* 1997, p. 762 ; M. O. CAYLA : « Le coup d'Etat de droit ? », *Le Débat*, n° 100, mai-août 1998, pp. 118-120 ; M. E. PICARD : « Les rapports entre le droit international public et la Constitution dans la jurisprudence du Conseil d'Etat », *RA* 1999, n° spécial : *Evolutions et révolution du contentieux administratif*, p. 15 ; MM. M. LONG, P. WEIL, G. BRAIBANT, P. DELVOLVE et B. GENEVOIS : *Les grands arrêts de la jurisprudence administrative*, 12e éd., Dalloz, 1999, pp. 792-798.

[2] Voir notamment M. L. FAVOREU, *RFDA* 1996, p. 882 ; M. D. ALLAND, *RGDIP* 1997, pp. 237-241.

[3] Sur cet aspect de la question, M. P. GAÏA, *RFDA* 1996, p. 885.

[4] Voir à ce propos, M. J. ROUX : *Le principe de la souveraineté de l'Etat dans la jurisprudence du Conseil constitutionnel, op. cit.*, pp. 485-494.

[5] MM. D. CHAUVAUX et T.-X. GIRARDOT, *AJDA* 1996, p. 728.

[6] M. P. GAÏA, *op. cit.*, p. 888 et M. D. ALLAND, *op. cit.*, p. 246.

[7] M. P. DELVOLVE, *RFDA* 1996, p. 908 ; M. J. ANDRIANTSIMBAZOVINA : *L'autorité des décisions de justice constitutionnelles et européennes sur le juge administratif français, op. cit.*,

est celle de savoir si, dans cette confrontation directe entre un principe à valeur constitutionnelle et une convention bilatérale, le Conseil d'Etat a subordonné, par le biais de la technique de l'interprétation conforme, la seconde au premier. En toute hypothèse, l'interprétation conforme aboutit « au même résultat que si la Haute assemblée avait déclaré cet accord inapplicable pour méconnaissance du principe fondamental précité, puisqu'en fait la norme constitutionnelle prévaut sur la norme internationale »[1]. Peut-être la Haute juridiction a-t-elle voulu tout simplement privilégier, en l'espèce, « la règle la plus favorable à la protection des [droits fondamentaux], quelle que soit la source »[2]. En tout état de cause, l'arrêt *Koné* du 3 juillet 1996 n'est pas dénué, comme on vient de le voir, de toute incidence sur les principes qui gouvernent, en France, les rapports entre les normes constitutionnelles et les normes internationales.

Il semble bien également que des considérations européennes n'ont pas été étrangères à la solution arrêtée par le Conseil d'Etat en 1996. En effet, en vue de renforcer la coopération judiciaire dans les matières pénales entre les Etats membres de l'Union européenne, le législateur communautaire avait prévu de conclure un certain nombre de conventions ayant trait à la matière de l'extradition[3]. Le juge administratif a, semble-t-il, voulu anticiper sur ces négociations européennes « en marquant [son] attachement [...] à certains principes français que rien ne saurait transgresser... »[4]. L'on sait que l'une de ces conventions, celle du 27 septembre 1996 relative à l'extradition entre les Etats membres de l'Union européenne, avait pour principal objectif de faciliter également l'extradition portant sur des infractions considérées comme politiques. Le Conseil d'Etat aurait donc voulu conforter voire compléter l'avis du 9 novembre 1995 aux termes duquel : « ...Le principe selon lequel l'Etat doit refuser l'extradition pour des infractions à caractère politique constitue un *PFRLR*, ayant à ce titre valeur constitutionnelle en vertu du préambule de la Constitution de 1946 ». On peut néanmoins se demander si une telle position est de quelque utilité s'agissant du contexte européen. Autrement dit, il est clair que les Etats membres de l'Union européenne partagent

---

pp. 301-305. Sur les dangers ou les conséquences d'un tel contrôle, M. J. RIDEAU, *RFDC* 1990, p. 289 ; M. H. LABAYLE, *RFDA* 1996, p. 902.

[1] Mme C. BRAUD, *RDP* 1996, p. 1751 ; dans le même sens, M. P. GAÏA, *op. cit.*, p. 889 ; M. D. ALLAND, *op. cit.*, p. 246 ; M. L. DUBOUIS : « Le contrôle de la compatibilité des décisions de l'Union européenne avec la Constitution française », dans *Recueil d'études à la mémoire de J. SCHWOB, op. cit.*, pp. 337-338.

[2] MM. B. MATHIEU - M. VERPEAUX, *op. cit.*, p. 224 ; *idem* M. J.-F. LACHAUME, *AFDI* 1997, p. 874 ; M. S. BRACONNIER : *Jurisprudence de la Cour européenne..., op. cit.*, pp. 444 et 457 ; voir sur le contexte jurisprudentiel général de cette décision au regard des droits fondamentaux, M. E. PICARD, *op. cit.*, *RA* 1999, n° spécial, pp. 20-25.

[3] Deux conventions ont en effet été conclues : l'une du 10 mars 1995 et l'autre du 27 septembre 1996 ; voir respectivement M. F. R. PAULINO PEREIRA, *RMC* 1995, p. 521 et *RMC* 1996, p. 769.

[4] M. D. ALLAND, *op. cit.*, pp. 246-247 ; M. H. LABAYLE, *op. cit.*, pp. 905-907.

un certain nombre de valeurs en commun au rang desquelles, les principes inhérents à toute société démocratique[1]. Au vu de cette considération, il faut admettre en définitive que le droit communautaire, en l'occurrence les conventions européennes d'extradition, puisse rester à l'abri de la « règle d'interprétation spécifique » appliquée en 1996, par le Conseil d'Etat à une convention franco-malienne. Le principe de l'immunité constitutionnelle du droit communautaire définitif ne semble donc pas en cause ici. Mais peut-on légitimement soutenir une telle conclusion après l'arrêt *Sarran* de 1998, confirmé par l'arrêt *Fraisse* de la Cour de cassation ; arrêts qui peuvent être considérés, concernant cette fois très clairement les rapports Constitution - traité, comme le prolongement ou la concrétisation de la position timidement initiée dans l'arrêt *Koné* ?

b)- L'arrêt d'Assemblée du Conseil d'Etat du 30 octobre 1998 - *M. Sarran, M. Levacher et autres*[2], qui concerne explicitement le problème de la place respective de la Constitution et des conventions internationales dans la hiérarchie des normes, viendrait, semble-t-il, confirmer « la solution qui était implicitement contenue dans l'arrêt *Koné* »[3]. Le décret du 20 août 1998 portant organisation de la consultation des populations de la Nouvelle Calédonie en application de l'article 76 de la Constitution[4], avait été déféré au Conseil d'Etat par des personnes résidant dans ce territoire d'outre-mer. Ce décret, à travers ses articles 3 et 8, reproduisait le contenu des conditions fixées par l'article 76 de la Constitution (introduit par la loi

---

[1] On pourrait rapprocher cette assertion de l'esprit et de la formulation du Protocole (n° 29) sur le droit d'asile pour les ressortissants des Etats membres de l'Union européenne, adopté à Amsterdam en 1997, cf. MM. L. DUBOUIS et C. GUEYDAN : *Grands textes de l'Union européenne*, 5e éd., 1999, pp. 151-152.

[2] *AJDA* 1998, p. 1039.

[3] M. F. RAYNAUD et Mme P. FOMBEUR : « Chronique générale de jurisprudence administrative », *AJDA* 1998, p. 962. M. E. AUBIN : « Le Conseil d'Etat, l'application de l'Accord de Nouméa et les limites de l'exception d'inconstitutionnalité (CE, 30 octobre 1998) », *LPA* 23 juillet 1999, n° 146, pp. 16-17, estime ainsi que la Haute juridiction administrative, dans la décision *Sarran*, a exploité toutes les virtualités de l'arrêt *Koné*. Voir aussi sur cet arrêt M. D. ALLAND : « Consécration d'un paradoxe : primauté du droit interne sur le droit international (Réflexions sur le vif à propos de l'arrêt du *CE*, Sarran, Levacher et autres du 30 octobre 1998) », *RFDA* 1998, p. 1094 ; M. L. DUBOUIS : « Les trois logiques de la jurisprudence Sarran », *RFDA* 1999, p. 57 ; MM. B. MATHIEU et M. VERPEAUX : « A propos de l'arrêt du conseil d'Etat du 30 octobre 1998, Sarran et autres : le point de vue du constitutionnaliste », *RFDA* 1999, p. 67 ; M. D. SIMON : « L'arrêt Sarran : dualisme incompressible ou monisme inversé ? », *Europe*, mars 1999, p. 4 ; M. J.-F. FLAUSS : « Contrôle de conventionnalité et contrôle de constitutionnalité devant le juge administratif (*CE*, ass., 30 octobre 1998, MM. Sarran et Levacher et autres) », *RDP* 1999, p. 919 ; M. J.-C. RICCI : « La Constitution, le traité et le juge... », *RRJ* 1999/2, p. 285 ; M. N. MOLFESSIS : « La hiérarchie des normes ressuscitée par le Conseil d'Etat – Observations sur *CE*, ass., 30 octobre 1998, Sarran, Levacher et autres », *RTDCiv.* 1999, p. 232 ; *Les grands arrêts de la jurisprudence administrative*, 12e éd., Dalloz, 1999, pp. 831-839.

[4] Disposition introduite dans le texte de 1958 par la loi constitutionnelle n° 98-610 du 20 juillet 1998.

constitutionnelle du 20 juillet 1998) s'agissant de la limitation du corps électoral. Cette nouvelle disposition constitutionnelle réservait en effet le droit de participer à la consultation populaire envisagée en Nouvelle Calédonie aux populations résidant sur ce territoire depuis le 6 novembre 1988. De ce point de vue, invoquer notamment comme moyen de la requête le fait que le décret incriminé était incompatible avec certaines stipulations du pacte international relatif aux droits civils et politiques et de la *CEDH*[1], c'était mettre en cause la « conventionnalité » de la Constitution elle-même. Ce moyen conduisait donc inévitablement le Conseil d'Etat à se prononcer sur la question du rapport hiérarchique entre la Constitution et ces stipulations conventionnelles.

La réponse de la juridiction suprême de l'ordre administratif à cette question mérite d'être intégralement rapportée. En effet, dans le 12e considérant de son arrêt[2], elle considère que : « ...L'article 55 de la Constitution dispose que « les traités ou accords régulièrement ratifiés ou approuvés ont, dès leur publication, une autorité supérieure à celle des lois, sous réserve, pour chaque accord ou traité, de son application par l'autre partie », la suprématie ainsi conférée aux engagements internationaux ne s'applique pas, dans l'ordre interne, aux dispositions de nature constitutionnelle ; qu'ainsi le moyen tiré de ce que le décret attaqué, en ce qu'il méconnaîtrait les stipulations d'engagements internationaux régulièrement introduits dans l'ordre interne, serait par là même contraire à l'article 55 de la Constitution, ne peut [...] qu'être écarté ». Par cette solution, le Conseil d'Etat refuse de contrôler la conformité de la Constitution aux traités internationaux. Le fait qu'il s'agisse d'engagements internationaux déjà en vigueur en France ne retient nullement la Haute juridiction administrative. En effet, et comme l'affirment M. F. RAYNAUD et Mme P. FOMBEUR : « ...Il nous semble que l'arrêt du 30 octobre 1998 lève toute ambiguïté [par rapport à l'arrêt *Koné*] en consacrant clairement la supériorité de la Constitution. Pour le Conseil d'Etat, les traités et accords régulièrement ratifiés ou approuvés ont donc, pour le juge interne, une valeur supra-législative mais infra-constitutionnelle »[3]. On ne saurait pervertir la

---

1 Sur les termes de cette affaire, cf. M. F. RAYNAUD et Mme P. FOMBEUR, *AJDA* 1998, *op. cit.*, pp. 962-963 ; les concl. de Mme C. MAUGÜE, *RFDA* 1998, pp. 1081 et s.

2 Considérant qualifié de « très doctrinal » à l'égard de la hiérarchie des normes juridiques en droit français par C.M., *DA* janvier 1999, p. 23. Dans le même ordre d'idées, M. J.-F. FLAUSS, *op. cit.*, *RDP* 1999, p. 919 pense, quant à lui, que l'arrêt *Sarran* « …se présente […] comme l'un des arrêts les plus importants de la Cinquième République en matière de hiérarchie des normes ».

3 *AJDA* 1998, pp. 965-966 et 969 ; M. D. ALLAND, *RFDA* 1998, p. 1100. Cette solution est d'autant plus plausible que le Conseil d'Etat se place uniquement « dans l'ordre interne ». Or l'on sait que le juge administratif, en tant que juge interne, est « garant de la primauté de la Constitution sur le traité », car ce dernier occupe dans la hiérarchie des normes la place que lui assigne la Constitution, cf. M. L. DUBOUIS, *op. cit., RFDA* 1999, pp. 58-61 ; M. J.-C. RICCI : « La Constitution, le traité et le juge… », *RRJ* 1999/2, pp. 286-287 ; M. J.-F. FLAUSS : « Contrôle de conventionnalité et contrôle de constitutionnalité devant le juge administratif », *op. cit.*, *RDP* 1999, pp. 925-932. C'est la raison pour laquelle M. F. LUCHAIRE : *Le Conseil constitutionnel. Tome III - Jurisprudence...*,

réalité si l'on soutenait que la position de la Haute juridiction administrative dans l'arrêt *Sarran et autres* est le reflet d'une conception dualiste des rapports entre ordre juridique international et ordre juridique constitutionnel[1]. Autrement dit, le monisme juridique ne saurait, dans l'ordre juridique français, faire céder les prescriptions constitutionnelles. Le raisonnement et la solution adoptés par la Haute juridiction administrative ont été remarquablement repris par la Cour de cassation dans son arrêt *Mlle Pauline Fraisse* du 2 juin 2000. La Cour y refuse en effet de confronter l'article 188 de la loi organique n° 99-209 du 19 mars 1999, en tant qu'il a été constitutionnalisé par le renvoi qui y est fait à l'article 77 de la Constitution, avec des stipulations internationales et européennes. La Haute juridiction de l'ordre judiciaire considère ainsi que : « La suprématie conférée aux engagements internationaux ne s'appliqu[e] pas dans l'ordre interne aux dispositions de valeur constitutionnelle... »[2].

Mais toute la question est de savoir si cette solution peut être étendue à l'ordre juridique communautaire ; étant entendu que pour le Conseil constitutionnel, les engagements communautaires définitivement entrés en vigueur en France sont incontestables du point de vue constitutionnel.

Il est possible de penser que la notion générique d'engagement international utilisée par le Conseil d'Etat et par la Cour de cassation dans leurs arrêts respectifs englobe le droit communautaire[3]. Mais, en tout état de cause, la position des deux juridictions suprêmes est quelque peu en contradiction avec celle du Conseil

---

op. cit., p. 45, estime que : « ...Si une loi constitutionnelle venait à faire obstacle à l'application d'un traité antérieur, le juge serait bien obligé d'appliquer cette loi constitutionnelle et d'écarter le traité puisque dans l'ordre interne les rapports entre le droit international et la Constitution sont déterminés par celle-ci... ».

[1] Cf. notamment la démonstration stimulante de M. D. ALLAND, *op. cit.*, *RFDA* 1998, p. 1104 ; également M. J. DEHAUSSY : « La Constitution, les traités et les lois : A propos de la nouvelle jurisprudence du Conseil d'Etat sur les traités », *JDI* 1999, pp. 700-701 ; MM. J. COMBACAU / S. SUR : *Droit international public*, 4e éd., *op. cit.*, pp. 195-196.

[2] Voir sur cet arrêt, M. J.-F. FLAUSS, *Gaz Pal*, 24-28 décembre 2000, pp. 7-15 ; Mme A.-C. de FOUCAULD, *JCP* 2001, II, 10453 ; M. P. JAN, *LPA* 11 décembre 2000, n° 246, pp. 11-16 ; B. De LAMY et P. DEUMIER, *LPA* 9 octobre 2000, n° 201, pp. 8-13 ; M. R. LIBCHABER, *RTDCiv.* 2000, pp. 672-676 ; MM. B. MATHIEU et M. VERPEAUX, *D.* 2000, pp. 865-868 ; A. ONDOUA, *RGDIP* 2000, pp. 985-1001 ; Mme F. POIRAT, *RGDIP* 2000, pp. 821-824 ; M. X. PRETOT, *RDP* 2000, pp. 1037-1049 ; Mme A. RIGAUX et M. D. SIMON, *Europe*, août-septembre 2000, pp. 3-6.

[3] On sait en effet qu'en règle générale, le Conseil d'Etat ne fait pas un sort particulier au droit communautaire par rapport au droit international dans son activité contentieuse, voir par exemple, MM. T. S. RENOUX et M. de VILLIERS : *Code constitutionnel, op. cit.*, p. 435. Pour un point de vue plus prudent, voir G. ISAAC : *Droit communautaire général*, 7e éd., *op. cit.*, p. 190, qui estime que : « ...En tout état de cause, rien ne permet d'anticiper que le Conseil d'Etat assimilerait les traités communautaires à des traités internationaux classiques ». Pour une position limitant la décision *Sarran* aux rapports entre droit constitutionnel et droit international classique, cf. P. CASSIA et E. SAULNIER, *RDP* 2000, pp. 306-307.

constitutionnel, telle qu'elle a été rappelée notamment dans sa décision *Maastricht I* du 9 avril 1992. On pourrait cependant soutenir que le contrôle qu'opèrent les juges ordinaires « sur la constitutionnalité du traité en vigueur est [...] nécessaire à la résolution du litige dont il est saisi »[1]. Ceci n'enlève rien pour autant à la complexité supplémentaire qu'introduisent les arrêts *Sarran* et *Fraisse* concernant la place respective de la Constitution et des normes internationales et communautaires dans la hiérarchie des normes en France[2]. En effet, et comme l'expriment assez clairement M. F. RAYNAUD et Mme P. FOMBEUR à propos du Conseil d'Etat, « il peut paraître paradoxal que le juge administratif accepte de contrôler la constitutionnalité d'un traité alors qu'il refuse de le faire pour la loi, laquelle pourtant a un rang inférieur au traité... »[3].

Cette volonté qu'ont le Conseil d'Etat et la Cour de cassation d'affirmer la primauté interne, et « par nature », de la Constitution est porteuse de dangers potentiels quant au nécessaire respect des engagements internationaux définitifs de la France. De ce point de vue, il convient de rester circonspect quant à une éventuelle extension des solutions *Sarran* et *Fraisse* au droit communautaire (originaire comme dérivé) définitif[4]. Une telle extension conduirait en tout cas la *CJCE* à condamner la France pour manquement à son obligation de loyauté communautaire[5]. Ce serait en outre ouvrir une véritable boîte de Pandore au sein de l'Europe communautaire car, même dans les Etats qui, comme l'Allemagne et l'Italie connaissent un contrôle a posteriori des actes communautaires, il est reconnu que « ...jamais une disposition constitutionnelle [n'y a] provoqué une non-application du droit communautaire »[6]. Dès lors, même si les solutions *Sarran* et *Fraisse*, comme il est logique et compréhensible[7], visent à préserver l'expression

[1] M. F. RAYNAUD et Mme P. FOMBEUR, *AJDA* 1998, pp. 966-967. En tout état de cause, il s'agit bien d'une sorte de contrôle de constitutionnalité des traités par le Conseil d'Etat, cf. M. J.-F. FLAUSS : « Contrôle de conventionnalité et contrôle de constitutionnalité devant le juge administratif », *op. cit., RDP* 1999, pp. 937-940.

[2] Mme F. CHALTIEL, *RMC* 1999, p. 237, estime en ce sens que l'arrêt *Sarra*n « n'en contribue pas moins à une forme de flou juridique persistant sur la hiérarchie des normes aujourd'hui ». Sur la discontinuité générale ou la complexité de la hiérarchie des normes dans l'ordre juridique français, cf. M. E. PICARD : « Les rapports entre le droit international public et la Constitution selon la jurisprudence du Conseil d'Etat », *op. cit.*, pp. 31-37.

[3] *AJDA* 1998, p. 967. Voir dans le même sens, M. L. DUBOUIS, *RFDA* 1999, *op. cit.*, pp. 65-68.

[4] Voir en ce sens, M. G. TEBOUL : « Ordre juridique international et ordre juridique interne», *RDP* 1999, pp. 715-716.

[5] Cf. M. L. DUBOUIS : « Le contrôle de la compatibilité des décisions de l'Union européenne avec la Constitution française », *op. cit.*, p. 338.

[6] M. Ph. MANIN : *Les Communautés européennes - L'Union européenne*, 4e éd., *op. cit.*, p. 347.

[7] Sur le caractère prévisible de la solution *Sarran*, cf. M. D. ALLAND, *RFDA* 1998, pp. 1101-1102.

constitutionnelle de la souveraineté française[1], il reste qu'elles « serai[en]t en contradiction flagrante avec la règle de la primauté du droit communautaire... »[2].

Cette seule considération nous conduit à donner une préférence à la position du Conseil constitutionnel selon laquelle, une fois qu'un engagement communautaire est entré en vigueur en France, aucun recours en inconstitutionnalité à son encontre ne doit bénéficier d'un sort favorable. Il en va du respect à la fois des principes internationaux les plus clairement établis (notamment le principe *pacta sunt servanda*) et de l'orthodoxie communautaire. En tout état de cause, la jurisprudence du Conseil constitutionnel reste valable que l'engagement ait passé le contrôle de constitutionnalité ou qu'il n'ait simplement jamais fait l'objet d'un tel contrôle. On en veut pour exemple le cas de l'Acte unique européen de 1986 qui n'a pas été soumis pour examen de constitutionnalité à la Haute instance. Cette immunité constitutionnelle s'étend également aux normes secondaires prévues par les traités communautaires de base (B). Mais il n'est pas inenvisageable que cette immunité soit remise en cause par un éventuel prolongement de la jurisprudence *Sarran* et *Fraisse*.

B)- L'immunité constitutionnelle du droit communautaire dérivé (la théorie du « traité-écran ») : une solution difficilement acceptée

L'article 189 du traité de Rome stipule dans son alinéa 1er (article 249, Nouvelle numérotation) que : « Pour l'accomplissement de leur mission et dans les conditions prévues au présent traité, le Parlement européen, conjointement avec le Conseil [modification apportée par le traité de Maastricht] et la Commission arrêtent des règlements et des directives, prennent des décisions et formulent des recommandations ou avis ». Les institutions communautaires sont donc habilitées à prendre des mesures destinées à mettre en œuvre les traités fondateurs. Pour celles d'entre elles qui sont obligatoires (le règlement, la directive, la décision), il est logique de penser que leur constitutionnalité ne devrait pas être mise en cause, étant entendu qu'elles ne constituent que la conséquence de traités originaires qui

---

1 Cf. M. F. RAYNAUD et Mme P. FOMBEUR, *op. cit.*, p. 964.

2 M. L. DUBOUIS, *ibid.*, p. 334. Cette dernière considération est également bien perçue par M. D. SIMON, *op. cit.*, *Europe*, mars 1999, pp. 5-6. Cet auteur soutient par ailleurs, de façon assez stimulante, que l'arrêt *Sarran* ne concernerait pas le problème de la hiérarchie Constitution - traité mais uniquement la question de « la non-applicabilité de l'article 55 à un conflit Constitution - traité ». Le Conseil d'Etat aurait tout simplement, en application de la théorie de la « Constitution-écran », indiqué qu'il n'était « pas autorisé à écarter l'application d'une disposition à caractère constitutionnel au nom de la primauté des traités internationaux, faute d'un quelconque titre à faire prévaloir sa propre interprétation sur celle du pouvoir constituant ». Pour des réserves à l'égard de cette position, cf. M. J. DEHAUSSY, *op. cit.*, *JDI* 1999, pp. 703-704.

ont été régulièrement introduits dans l'ordre juridique interne[1]. Le principe de cette immunité constitutionnelle, s'agissant des règlements communautaires, a été posé par le Conseil constitutionnel en 1977. En ce qui concerne les directives, aucun motif d'inconstitutionnalité sérieux n'a encore véritablement été soulevé en France à leur encontre et ce, par le biais de leur loi de transposition. Il n'empêche que l'exclusion du droit communautaire dérivé du contrôle de constitutionnalité fait de plus en plus l'objet de contestation. Cette contestation, qui est de plus en plus nourrie, fait fi en règle générale de l'existence d'un contrôle des actes communautaires de droit dérivé par la *CJCE* au regard notamment des droits fondamentaux, en tant que principes généraux du droit communautaire[2].

1)- La position adoptée par le Conseil constitutionnel en 1977

Les décisions n° 77-89 DC et 77-90 DC du 30 décembre 1977[3] furent consécutives à une double saisine du Conseil constitutionnel par des députés du groupe socialiste à l'Assemblée nationale. La première saisine concernait la loi de finances pour 1978, notamment ses articles 1er et 38 ainsi que l'état A annexé à cette loi. Dans la seconde, les députés socialistes contestaient la constitutionnalité de la dernière loi de finances rectificative pour 1977, notamment son article 6. Ces dispositions législatives avaient pour objet d'autoriser ou de fixer les modalités de recouvrement de divers prélèvements mis en place par trois règlements communautaires. Il s'agissait du règlement n° 1079/77 du Conseil des Communautés européennes du 17 mai 1977 complété par le règlement n° 1822/77 de la Commission des Communautés européennes, et du règlement n° 1111/77 du Conseil du 17 mai 1977. Ces actes communautaires visaient à établir un prélèvement à l'importation et une cotisation sur la production d'isoglucose, un prélèvement de coresponsabilité dans le secteur du lait et des produits laitiers. Les requérants fondaient principalement leurs recours en inconstitutionnalité sur la méconnaissance des compétences parlementaires en matière d'impositions.

Dans sa réponse, la Haute instance précisera tout d'abord la portée des règlements communautaires dans l'ordre juridique interne. A ce titre, elle prend à son compte la teneur d'une disposition du traité du 25 mars 1957, régulièrement

---

[1] Voir en ce sens, M. R. SAINT-ESTEBEN : *Droit communautaire et droits nationaux, op. cit.*, p. 58 ; M. M. GAUDET : « Conflits du droit communautaire avec les droits nationaux », *Publications du Centre européen universitaire de Nancy*, n° 4, 1967, p. 28.

[2] Sur l'étude approfondie des voies de droit permettant de protéger les droits et libertés garantis au niveau communautaire, cf. notamment : M. J. RIDEAU : « Le rôle de l'Union européenne en matière de protection des droits de l'Homme », *op. cit.*, pp. 190-257 ; M. J.-F. RENUCCI : *Droit européen des droits de l'Homme, op. cit.*, pp. 459-486.

[3] *Rec. D. C. C.*, pp. 44 et 46 ; *RJC*-I, 54-55.

ratifié et publié en France. En effet, reprenant les termes de l'article 189, alinéa 2 du traité instituant la Communauté européenne, le juge constitutionnel français indique que : « Les règlements communautaires sont obligatoires dans tous leurs éléments et directement applicables dans tout Etat membre »[1]. On en déduit donc aisément que le Conseil constitutionnel reconnaît pleinement la spécificité des règlements communautaires et, par là même, rappelle implicitement le caractère définitif des traités communautaires de base. De plus, les prélèvements instaurés entrent dans la catégorie des ressources propres des Communautés. Ils ne constituent donc que la confirmation de la décision communautaire du 21 avril 1970 déclarée non contraire à la Constitution par le juge constitutionnel dans sa décision du 19 juin 1970 ; texte communautaire définitivement entré en vigueur à la suite de sa publication, consécutive à l'adoption de la loi d'autorisation d'approbation du 7 juillet 1970.

Du fait de l'immédiateté d'application des règlements en cause, le Parlement français ne disposait d'aucune compétence pour en assurer l'exécution. Au surplus, son intervention ne pouvait être que résiduelle, et limitée à « l'adoption des modalités d'application laissées à [son] initiative par les règlements communautaires ». Ainsi les autorités parlementaires demeuraient-elles compétentes par exemple pour fixer les modalités de recouvrement de la cotisation à la production d'isoglucose dont l'assiette et le taux avaient été déterminés par le règlement n° 1111/77. A partir du moment où le Conseil ou la Commission des Communautés européennes agissent dans le cadre des pouvoirs ou attributions prévues par le traité de Rome, il en résulte « ...que les répercussions de la répartition des compétences ainsi opérée entre les institutions communautaires et les autorités nationales au regard tant des conditions d'exercice de la souveraineté nationale que du jeu des règles de l'article 34 de la Constitution relatives au domaine de la loi ne sont que la conséquence d'engagements internationaux souscrits par la France qui sont entrés dans le champ de l'article 55 de la Constitution... »[2]. En d'autres termes, entre les dispositions législatives attaquées et la Constitution s'interposent des traités communautaires définitifs. On se trouve là devant « ...une sorte de théorie du « traité-écran » : tout acte conforme à l'un des traités fondateurs est réputé conforme à la Constitution puisque ceux-ci ne sont pas contestables »[3]. La présomption de constitutionnalité des traités de base conduit le Conseil constitutionnel à exclure tout examen de la constitutionnalité des règlements communautaires (en tant qu'actes d'application de ces traités)[4].

---

[1] Considérants n° 6 de la décision n° 77-89 DC et n° 3 de la décision n° 77-90 DC.

[2] Considérant n° 4 de la décision n° 77-90 DC.

[3] M. F. HERVOUËT : « L'incidence de la jurisprudence de la CJCE... », *op. cit.*, p. 35. Pour l'une des premières formulations de cette théorie, cf. M. R. ABRAHAM, *op. cit.*, p. 53.

[4] Sur la nécessaire immunité constitutionnelle du droit communautaire dérivé, cf. notamment : M. D. SIMON : *Le système juridique communautaire*, 2e éd., *op. cit.*, pp. 318-319 ; Mme

On en vient en l'espèce à neutraliser l'applicabilité de l'article 34 de la Constitution qui prévoit notamment que « la loi fixe les règles concernant [...] l'assiette, le taux et les modalités de recouvrement des impositions de toutes natures... ». Ainsi les règlements communautaires, en ce qu'ils sont constitutionnellement inattaquables, bouleversent-ils les règles de répartition des compétences au niveau interne. D'où l'affirmation pertinente selon laquelle : « La soustraction du droit communautaire dérivé - en particulier des règlements du Conseil ou de la Commission des Communautés - à tout contrôle de constitutionnalité implique potentiellement la reconnaissance au profit de ces actes d'une capacité autonome de modification des règles ou principes de valeur constitutionnelle dans leur portée... »[1].

Il est entendu qu'il faudrait tout de même réserver ici le sort des directives communautaires. On peut en effet se demander si, à travers le contrôle de leur loi transposition, le Conseil constitutionnel ne sera pas amené, indirectement, à examiner la constitutionnalité des directives communautaires. En l'état actuel des choses, les décisions du Conseil ne sont pas d'un grand enseignement à ce sujet. S'agissant tout d'abord de la décision n° 78-99 DC du 29 décembre 1978[2], il faut reconnaître que seul un moyen tiré de la régularité de la procédure législative était avancé à l'encontre de la loi adaptant le droit français à la sixième directive du Conseil des Communautés européennes, en date du 17 mai 1977, relative à la *TVA*. Quant à la décision n° 94-348 DC du 3 avril 1994[3], aucun grief d'inconstitutionnalité n'avait été opposé à la loi transposant en droit interne des directives sur les assurances. En indiquant, notamment dans sa décision n° 78-99 DC, qu'aucun autre moyen d'inconstitutionnalité n'avait à être soulevé d'office en l'espèce, le Conseil constitutionnel n'a-t-il pas implicitement reconnu que les directives ne peuvent être mises en cause du point de vue constitutionnel, car elles sont la conséquence d'une disposition communautaire antérieure et en vigueur (article 189 *C.E.*) ? Il faut cependant, par précaution, se résoudre à considérer que : « ...A partir du moment où il ne s'interdit pas, [...], de contrôler la conformité à la Constitution de la loi de transposition d'une directive communautaire, il pourrait, par ce biais, être invité à se prononcer indirectement sur la constitutionnalité de la

---

L. BAGHESTANI-PERREY : *Le principe de la souveraineté nationale et son exercice dans la jurisprudence du Conseil constitutionnel*, Thèse, *op. cit.*, pp. 54-59 ; M. L. DUBOUIS : « Le contrôle de la compatibilité des décisions de l'Union européenne avec la Constitution française », *op. cit.*, pp. 340-341.

[1] M. P. GAÏA : *Le Conseil constitutionnel et l'insertion des engagements dans l'ordre juridique interne, op. cit.*, p. 57 ; également MM. F. LUCHAIRE - P.-H. TEITGEN, dans *La Constitution de la République française, op. cit.*, p. 102.

[2] *Rec. D. C. C.*, p. 38 ; *RJC*-I, 64.

[3] *Rec. D. C. C.*, p. 128 ; *RJC*-I, 602.

directive elle-même »[1]. Cette prudence dénote malgré tout de l'inexistence en France d'une procédure de contrôle de la constitutionnalité du droit communautaire dérivé. Les normes communautaires secondaires pourraient donc, de ce fait, plus ou moins affecter le champ d'application de certaines règles constitutionnelles. C'est notamment sur cet état des choses que portera la contestation, plus politique que juridique, de l'immunité constitutionnelle du droit communautaire dérivé. Avant d'aborder la contestation proprement dite de cette immunité, il convient d'envisager l'hypothèse d'un prolongement possible des arrêts *Sarran* d'octobre 1998 et *Fraisse* de juin 2000 ; prolongement qui viendrait porter un coup sérieux à l'immunité constitutionnelle du droit dérivé.

2)- Les incidences potentielles de la jurisprudence *Sarran* et *Fraisse* sur l'immunité constitutionnelle du droit dérivé

Les développements qui suivent sont de nature prospective[2]. Le prolongement possible des arrêts *Sarran* et *Fraisse* qu'il s'agit ici d'envisager est en effet le suivant : ces deux arrêts du Conseil d'Etat et de la Cour de cassation préfigureraient peut-être une solution qui consisterait à accepter qu'à l'occasion d'un recours contre une décision exécutoire (notamment réglementaire[3]), décision par hypothèse conforme à un acte communautaire de droit dérivé, que l'on puisse soulever l'exception d'inconstitutionnalité de ce dernier[4]. La norme communautaire de droit dérivé ne ferait donc pas écran entre la décision administrative exécutoire attaquée et la Constitution[5]. L'acte de droit dérivé serait donc écarté en l'espèce et la décision exécutoire annulée pour défaut de base légale. Le résultat de cette exception d'inconstitutionnalité s'assimilerait ainsi à une reconnaissance indirecte, a posteriori mais réelle, de l'inconstitutionnalité de l'acte communautaire de droit dérivé. Les deux juridictions suprêmes pourraient,

---

[1] Cf. « Rapport français à la Conférence des 25 et 26 septembre 1997 au Conseil constitutionnel », Les *Cahiers du Conseil constitutionnel*, *op. cit.*, pp. 65-66 ; M. P. GAÏA, *RFDC* 1994, p. 833. Il convient également de mentionner la décision n° 80-126 DC du 30 décembre 1980, à propos d'une loi faisant application d'un arrêt de la *CJCE*, *Rec. D. C. C.*, p. 53 ; *RJC*-I, 89.

[2] Pour un approfondissement de ces développements prospectifs, cf. A. ONDOUA : « La Cour de cassation et la place respective de la Constitution et des traités dans la hiérarchie des normes », *RGDIP* 2000, pp. 994-1001.

[3] Ce pourrait être par exemple un décret d'application d'un règlement communautaire.

[4] Sur d'autres virtualités de la décision *Sarran*, cf. M. J.-F. FLAUSS : « Contrôle de conventionnalité et contrôle de constitutionnalité devant le juge administratif », *op. cit.*, pp. 941-945 ; également M. O. GOHIN : « Le Conseil d'Etat et le contrôle de constitutionnalité de la loi », *RFDA* 2000, p. 1184.

[5] L'on sait que le Conseil constitutionnel lui-même, dans sa décision n° 93-325 DC (considérant n° 86), a pu considérer qu'une loi française mettant en œuvre certaines stipulations de la Convention d'application des Accords de Schengen était contraire à la Constitution. Une loi conforme à un traité peut donc être contraire à un principe ou à une norme de valeur constitutionnelle.

dans ce cadre, s'inspirer par exemple de la jurisprudence *Solange* de la Cour constitutionnelle fédérale allemande. Elles subordonneraient ainsi l'activation de leur contrôle à une garantie efficiente, par la *CJCE*, de la protection des droits et libertés fondamentaux de la personne humaine[1]. On en viendrait par ce biais à remettre en cause l'immunité constitutionnelle du droit communautaire dérivé[2]. Ceci équivaudrait, par là même, à battre en brèche l'accord quasi général qui s'est toujours constitué autour de l'idée selon laquelle : « Le droit communautaire en vigueur doit être tenu pour régulier et définitivement régulier... »[3].

Compte tenu de l'autorité relative de la chose jugée que comporterait un tel arrêt du Conseil d'Etat ou de la Cour de cassation, la solution serait forcément peu satisfaisante tant qu'un pareil cas d'inconstitutionnalité n'aurait pas été définitivement purgé. Or la voie de l'abrogation de l'acte de droit dérivé est exclue car il ne s'agit nullement d'un acte unilatéral de l'administration française. Une modification de l'acte au niveau communautaire apparaîtrait difficilement envisageable à la fois sur le plan juridique et au niveau politique. Par ailleurs, rien ne pourrait exclure une action engagée auprès de la *CJCE* par la Commission pour manquement de l'Etat français à ses obligations communautaires.

Resterait alors la voie de la révision de la Constitution qui mettrait cette dernière en conformité avec l'acte communautaire de droit dérivé. Ce serait, pour le coup, rendre un hommage très clair au principe de la primauté absolue du droit communautaire. On s'éloignerait ainsi de la logique impliquée par la jurisprudence *Sarran* et *Fraisse*.

Pour problématiques que puissent apparaître les conséquences d'un tel prolongement des deux célèbres arrêts d'octobre 1998 et de juin 2000, on ne saurait pour autant minimiser l'hypothèse selon laquelle ces derniers prépareraient une certaine remise en cause de l'immunité constitutionnelle du droit dérivé[4].

En tout état de cause, la volonté de remise en cause de l'état du droit positif en la matière est beaucoup plus vivace et actuelle concernant les tentatives

---

[1] On pourrait également invoquer l'hypothèse d'un acte communautaire *ultra vires* qui n'aurait pas été censuré par la Cour de Luxembourg. Voir par exemple à ce sujet, la position adoptée par la Cour suprême danoise dans son arrêt du 6 avril 1998, cf. M. J. RIDEAU : *Droit institutionnel de l'Union et des Communautés européennes*, 3e éd., *op. cit.*, pp. 525 et 948.

[2] Il faut rappeler qu'il s'agit d'une immunité par ricochet. En effet, c'est la présomption irréfragable de constitutionnalité des traités fondateurs qui vient irriguer leurs actes d'application. Notons par ailleurs que M. J.-F. FLAUSS, *op. cit.*, pp. 931-932, se demande si « …le Conseil d'Etat ne dispose [pas] désormais d'une base justificative l'autorisant à faire voler en éclats « l'immunité constitutionnelle », qui profiterait, en l'état actuel de la jurisprudence du Conseil constitutionnel, aux actes de droit communautaire dérivé… ».

[3] M. O. GOHIN, *op. cit.*, *RFDA* 1999, p. 80.

[4] En application de la théorie du traité-écran, les traités communautaires seraient, bien entendu, exclus du champ d'application de cette jurisprudence.

parlementaires d'introduction, en France, d'un contrôle de constitutionnalité du droit communautaire dérivé.

3)- Une immunité de plus en plus contestée

La contestation du caractère inattaquable au regard de la Constitution du droit communautaire dérivé provient principalement du monde parlementaire[1]. Elle se traduit en effet dans la volonté manifestée par certains parlementaires de contrôler la constitutionnalité des normes communautaires secondaires[2]. Une des propositions a consisté par exemple, lors des débats concernant la révision de la Constitution préalable à la ratification du traité de Maastricht, à vouloir « introduire dans notre Constitution la possibilité de saisir par voie de question préjudicielle le Conseil constitutionnel chaque fois qu'il existera un doute sur la conformité d'un acte de droit dérivé - règlement, directive ou autre décision - et notre Constitution »[3]. Ainsi pour Mme N. CATALA, le Conseil pourrait, le cas échéant, se prononcer « sur la conformité à la Constitution des traités, accords et des actes dérivés introduits dans l'ordre juridique interne que l'engagement ou l'acte qui lui a été déféré a pour objet de modifier ou de compléter »[4]. Ce qui aurait pour conséquence de remettre en cause des engagements communautaires antérieurs de la France par le biais de l'exception d'inconstitutionnalité. Ce serait également une remise en cause de la jurisprudence du Conseil constitutionnel relative au respect de « l'acquis communautaire ». Nonobstant l'existence de ces premières propositions, il faut dire que la contribution la plus élaborée et la plus récente à ce débat réside dans les suggestions de M. P. MAZEAUD, ancien Président de la Commission des lois de l'Assemblée nationale ; propositions qu'il convient de présenter dans leurs grandes lignes préalablement à toute discussion sur leur éventuelle pertinence.

M. MAZEAUD, dans un Rapport d'information sur les rapports entre le droit communautaire dérivé et les Constitutions nationales propose de mettre en

---

[1] Cette question connaît néanmoins un regain d'intérêt au sein de la doctrine et même auprès des membres des différentes Cours constitutionnelles, ainsi que le montre la dernière Conférence des Cours ayant compétence constitutionnelle de l'Union européenne, cf. *Les Cahiers du Conseil constitutionnel*, n° 4/1998, p. 51. Pour une discussion approfondie sur cette question, cf. *infra* la discussion sur la pertinence ou l'utilité de l'institution d'un tel contrôle (2e partie, titre II, chapitre I, Section I, point B du paragraphe 2).

[2] C'est ce que M. T. de BERRANGER, *op. cit.*, p. 338, qualifie de « fantasme récurrent chez certains parlementaires français ». Sur la discussion de ces propositions parlementaires, voir notamment Mme D. MEYER : *Le contrôle du Parlement français sur la politique communautaire sous la Ve République*, Thèse précitée, pp. 241-249.

[3] *J.O.* - n° 26 [2] A.N. (C.R.), 2e séance du mardi 12 mai 1992, p. 1037.

[4] *Ibid.* Pour une position semblable chez certains sénateurs (notamment MM. PASQUA, MASSON...), cf. *J.O.* n° 45 S. (C.R.), séance du mercredi 10 juin 1992, p. 1543.

place « ...un système qui permette d'exercer un contrôle de constitutionnalité préventif et exhaustif »[1]. Son objectif majeur est de garantir la suprématie de la Constitution et donc de préserver la souveraineté nationale. Pour lui, « ...il existe dans notre Etat de droit une véritable « brèche » qui place l'ensemble du droit communautaire dérivé dans une situation de quasi impunité en ce qui concerne le respect de la norme suprême, alors même qu'il « imprègne » de plus en plus le droit applicable dans notre pays »[2]. Dans le souci d'éviter toute « inconstitutionnalité insidieuse » des textes de droit communautaire dérivé (situation qu'il qualifie lui-même de cas extrêmes donc rares[3]), M. MAZEAUD propose, au niveau national, d'étendre le contrôle de constitutionnalité aux projets d'actes de l'Union européenne et, au niveau communautaire, de reconnaître le droit d'invoquer le « compromis de Luxembourg », lorsque se pose un conflit constitutionnel insurmontable[4]. Il estime dès lors qu'il faut ajouter un article 88-5 à la Constitution de 1958.

Il faut d'abord préciser que la position de principe du droit constitutionnel français en matière internationale ou européenne est celle de la primauté de la Constitution sur le droit communautaire. De ce point de vue, le nouveau membre du Conseil constitutionnel propose un système, inexistant jusqu'ici, qui consiste à sanctionner le non respect de ce principe de suprématie constitutionnelle par le droit communautaire dérivé. Au-delà il s'agit aussi d'un problème d'exercice de la souveraineté nationale : peut-on concevoir que des textes élaborés par des autorités qui sont, pour une large part, non françaises l'emportent sur certaines règles constitutionnelles ou en neutralisent l'exercice ? Par ailleurs, le système proposé est fidèle au contrôle de constitutionnalité a priori. Cela étant le contrôle préventif proposé serait exercé sur des « mesures préparatoires », ou plus précisément sur des actes n'ayant aucun caractère définitif ni décisionnel. En effet, les projets ou propositions d'actes communautaires ne font pas partie de la nomenclature prévue à l'article 189 du traité instituant la Communauté européenne. Le parallèle avec la procédure de ratification ou d'approbation de certains engagements internationaux en France ne serait pas probant. En effet, les textes internationaux susceptibles d'être soumis à l'examen du Conseil constitutionnel dans le cadre de l'article 54 sont considérés comme étant déjà adoptés dans la sphère internationale, sous réserve des procédures de ratification du droit interne. Dès lors, les mesures communautaires en cause n'étant pas encore définitives, il y aurait un risque

---

[1] M. P. MAZEAUD : *Droit communautaire et Constitutions nationales*, Rapport d'information n° 2630, mars 1996, p. 30.

[2] M. P. MAZEAUD : *Rapport d'information, op. cit.*, p. 24.

[3] Idem M. J.-M. FAVRET : *Droit et pratique de l'Union européenne*, 2e éd., *op. cit.*, p. 265.

[4] M. P. MAZEAUD, *op. cit.*, p. 27. Sur toutes ces propositions, cf. pp. 30-31 et 39.

d'alourdissement voire de blocage du processus institutionnel communautaire[1]. On peut dire de manière plus déterminante que les actes pris par ces institutions ne sont que la conséquence d'engagements communautaires antérieurs, déjà en vigueur en France. Le contrôle proposé contreviendrait au principe fondamental d'exécution de bonne foi des normes internationales en vigueur, ou concernant la construction européenne, à l'obligation de loyauté communautaire. De plus, le nouveau dispositif constitutionnel pourrait affecter le quasi-monopole de l'exécutif sur la conduite des relations extérieures (articles 20 et 52 de la Constitution de 1958)[2]. Au total, un impératif de sécurité juridique voudrait que ne soit pas remise en cause la présomption de constitutionnalité des traités communautaires définitifs et, par voie de conséquence, celle de leurs actes d'application, pris dans le cadre des procédures prévues par ces derniers. Au demeurant, le Conseil a implicitement confirmé, dans la décision n° 97-394 DC du 31 décembre 1997 (considérant n° 24), son incompétence à connaître de la constitutionnalité des actes communautaires de droit dérivé, lorsqu'il affirme que : « ...Un tel passage de la règle de l'unanimité à celle de la majorité qualifiée et à la procédure de « codécision » ne nécessitera, le moment venu, aucun acte de ratification ou d'approbation nationale, et ne pourra ainsi faire l'objet d'un contrôle de constitutionnalité sur le fondement de l'article 54 ou de l'article 61, alinéa 2, de la Constitution »[3]. En tout état de cause, il conviendra de revenir plus longuement sur cette question lorsqu'il s'agira de réfléchir sur la pertinence de l'institution d'un contrôle du droit communautaire dérivé comme moyen de préservation de l'indépendance souveraine de la France.

Conclusion du Paragraphe 1

En définitive, l'étude qui vient d'être menée pousse fortement à penser que le droit communautaire définitif bénéficie (pour l'instant ?) en France d'une présomption irréfragable de non contrariété à la Constitution française. Et comme l'indique M. HERVOUËT, « c'est tout le socle du droit communautaire qui, [...], doit être appliqué sans que l'on puisse invoquer son éventuelle inconstitutionnalité »[4]. Il est indéniable que cette situation résulte à la fois du

---

[1] En ce sens, voir la contribution présentée par M. C. JOSSELIN au nom du groupe socialiste, dans *Rapport d'information n° 2630, op. cit.*, p. 79. Pour une autre critique, cf. M. M. FROMONT, *RAE* 1997/2, p. 206.

[2] Cf. Mme C. GREWE et M. H. OBERDORFF : *Les Constitutions des Etats de l'Union européenne, op. cit.*, pp. 243, 247-248.

[3] Voir sur cette question, M. J. RIDEAU, dans *Le traité d'Amsterdam face aux Constitutions nationales, op. cit.*, pp. 111-112.

[4] M. F. HERVOUËT : « Politique jurisprudentielle de la Cour de justice... », *RDP* 1992, p. 1265. Par ailleurs, dans le « Rapport de la délégation française à la IXe Conférence des Cours constitutionnelles européennes », *op. cit.*, vol. I, p. 337, il était indiqué que : « ...Une fois

caractère préventif du système français de contrôle de constitutionnalité et du souci de respecter les engagements communautaires antérieurs de la France et toutes les conséquences qui en découlent. De fait, cette incontestabilité influe nécessairement sur le débat concernant la place du droit communautaire dans la hiérarchie des normes en France. Mais avant d'évoquer une telle incidence, il convient d'examiner une position proche de celle du juge constitutionnel français : la protection dont bénéficie le droit communautaire définitif dans la Constitution de la République d'Irlande (Paragraphe 2).

Paragraphe 2 : Une incontestabilité analogue à la situation constitutionnelle du droit communautaire en Irlande

Comme en France, le contrôle du respect de l'autonomie constitutionnelle, et donc de la primauté de la Constitution irlandaise, s'effectue uniquement à l'égard du droit communautaire nouveau[1]. Il faut rappeler que la base constitutionnelle du droit communautaire originaire en Irlande réside dans le troisième amendement adopté le 10 mai 1972 par référendum, en vue de l'adhésion de ce pays à l'Europe communautaire. En effet, aux termes du premier alinéa de l'article 29-4-3° de la Constitution irlandaise : « L'Etat peut devenir membre de la *CECA* (établie par le traité de Paris, signé le 18 avril 1951), de la *CEE* (établie par le traité de Rome, signé le 25 mars 1957) et de la *CEEA* (établie par le traité de Rome, signé le 25 mars 1957) »[2]. C'est donc à partir de cette autorisation constitutionnelle minimaliste que sont appréciées les diverses modifications apportées à ces traités fondateurs. Seules les modifications de grande ampleur nécessitent une révision de la Constitution irlandaise, dont l'adoption définitive requiert un référendum ; à l'exclusion des réformes mineures ou de celles qui se situent dans le prolongement des traités de base. On en trouve une illustration dans l'arrêt *Crotty* de la Cour suprême d'Irlande du 9 avril 1987[3]. Dans cette affaire un recours avait été intenté

---

l'engagement international introduit dans l'ordre interne, il déploie la plénitude de ses effets et ne peut en principe se voir opposer une norme nationale ». L'existence de propositions tendant à introduire en France un contrôle de constitutionnalité du droit communautaire dérivé témoigne déjà en elle-même du caractère bien établi de cette position. Ne perdons pas de vue cependant qu'un prolongement de la jurisprudence *Sarran* et *Fraisse* tel que celui envisagé plus haut se poserait en contradiction avec cette position du Conseil constitutionnel.

[1] Pour la situation en Belgique et en Espagne par exemple, cf. respectivement M. J.-V. LOUIS, *CDE* 1995, p. 28 ; « Rapport de la délégation espagnole à la IXe Conférence des Cours constitutionnelles européennes », vol. I, op. cit., p. 275.

[2] Cf. Mme C. GREWE et M. H. OBERDORFF : *Les Constitutions des Etats de l'Union européenne*, *op. cit.*, p. 310.

[3] Sur cette affaire, voir notamment : M. P. BRADLEY : « L'Acte unique et la Constitution irlandaise », *RMC* 1988, p. 87 ; M. J. O' CONNOR : « L'Acte unique européen et la Cour suprême

par M. CROTTY le 24 décembre 1986. Celui-ci soutenait qu'une nouvelle approbation populaire était indispensable à la ratification de l'*A.U.E.* Pour lui en effet, cette nouvelle avancée de la construction européenne allait au-delà de l'autorisation constitutionnelle contenue dans l'article 29-4-3° de la Constitution. La Cour suprême précisera tout d'abord la portée de cette disposition : « La première phrase de l'article 29-4-3° de la Constitution doit être interprétée comme une autorisation donnée à l'Etat non seulement d'adhérer aux Communautés européennes telles qu'elles se présentaient en 1973 mais aussi d'adhérer aux amendements des traités aussi longtemps que de tels amendements n'altèrent pas les objectifs ou le champ d'application essentiels des Communautés »[1]. La Cour va ensuite vérifier si l'*A.U.E.* répond bien à ces critères. Elle décidera que les engagements de politique extérieure prévus par le titre III de l'*A.U.E.* auraient « pour effet d'obliger l'Etat à abandonner une partie de sa souveraineté dans la conduite des relations extérieures... »[2]. Un nouvel amendement à la Constitution irlandaise était donc indispensable préalablement à la ratification de ce traité. Il fut adopté par référendum le 6 mai 1987, entraînant ainsi l'adjonction d'un second alinéa à l'article 29-4-3° : « L'Etat peut ratifier l'*A.U.E.* (signé au nom des Etats membres des Communautés à Luxembourg le 17 février 1986 et à La Haye le 28 février 1986) ». Notons enfin que l'importance des modifications contenues dans le traité de Maastricht a conduit le gouvernement irlandais à soumettre au peuple un nouvel amendement à la Constitution, le 18 juin 1992 ; amendement ajoutant un article 29-4-4° au texte constitutionnel[3]. Nous avons voulu retracer toute cette évolution pour montrer que l'autonomie constitutionnelle irlandaise demeure exigeante à l'égard du droit communautaire nouveau. A ce stade on peut parler d'une garantie du respect du caractère théoriquement prioritaire de la Constitution sur le droit communautaire modificatif (contenant, par hypothèse, des avancées majeures de la construction européenne). Une fois les textes communautaires en vigueur en Irlande (en principe après un référendum de ratification), ceux-ci et leurs actes confirmatifs ou d'application deviennent constitutionnellement inattaquables.

Cette affirmation est renforcée par une disposition de la Constitution irlandaise qui écarte toute possibilité de conflit entre le droit communautaire définitif et le droit constitutionnel. En effet, l'ex article 29-4-5° disposait :

---

d'Irlande », *AFDI* 1987, p. 762 ; MM. F. MURPHY et A. CRAS : « L'affaire *Crotty* : la Cour suprême d'Irlande rejette l'Acte unique européen », *CDE* 1988, p. 276.

[1] Extrait cité par M. E. Mc MAHON : « Irlande », dans *Les Constitutions nationales à l'épreuve de l'Europe, op. cit.*, p. 149.

[2] MM. F. MURPHY et A. CRAS, *CDE* 1988, p. 289.

[3] Mme C. GREWE et M. H. OBERDORFF, *ibid.* Le référendum sur la ratification du traité d'Amsterdam du 2 octobre 1997 s'est tenu en Irlande, le 22 mai 1998. Il s'agit désormais de l'article 29-4-5° de la Constitution, cf. Mme C. GREWE et M. H. OBERDORFF, *ibid.*

« Aucune disposition de la présente Constitution n'annule des lois promulguées, des actes accomplis, ou des mesures adoptées par l'Etat et qui sont rendus nécessaires par les obligations découlant de l'adhésion à l'Union européenne et aux Communautés européennes ou n'empêche que des lois promulguées, des actes accomplis ou des mesures adoptées par l'Union européenne ou par les Communautés, ou par des institutions de ces dernières, ou par des organes compétents en vertu des traités instituant les Communautés, aient force de loi »[1]. Cette disposition, quelque peu redondante, vise à interdire tout contrôle de constitutionnalité postérieur à l'entrée en vigueur des engagements européens de l'Irlande. Il en est de même des actes étatiques nécessités par les exigences de l'adhésion de l'Irlande à l'Europe communautaire et des actes communautaires de droit dérivé[2]. C'est ainsi que les Pr. C. GREWE et H. RUIZ FABRI estiment : « De ce fait, tant le droit communautaire primaire que le droit dérivé et le droit national d'application se trouvent à l'abri de toute contestation relative à leur constitutionnalité... »[3]. Aussi peut-on dire que cette situation contribue largement à répondre aux exigences découlant de la primauté absolue du droit communautaire proclamée par la *CJCE*.

Cette situation conduit, selon toute vraisemblance, à mettre en exergue les approches convergentes de la France et de l'Irlande. Dans ces deux pays, le droit communautaire originaire et dérivé ainsi que les actes nationaux d'application de ce droit sont exclus du contrôle de constitutionnalité[4]. Il faut simplement préciser qu'en France il s'agit d'une conséquence de l'entrée en vigueur des traités fondateurs ; en Irlande, cette situation résulte de l'acte d'adhésion de cet Etat aux Communautés européennes. L'une des seules différences se trouve dans le fait qu'en France cette incontestabilité est l'œuvre d'une jurisprudence du Conseil

---

[1] Bien que cette disposition ait subitement disparu de la version de la Constitution irlandaise présentée par Mme C. GREWE et M. H. OBERDORFF, *ibid.*, nous pensons que l'état du droit positif sur la question n'en sort pas modifié. En effet, l'ex article 29-4-5° tirait tout simplement les conséquences de l'engagement européen de l'Etat irlandais : les traités communautaires définitifs, leurs actes d'application ou confirmatifs aussi bien communautaires que nationaux devaient être protégés contre toute contestation du point de vue constitutionnel. Cette conclusion rejoint de toute manière l'interprétation de l'article 29-4-3° de la Constitution adoptée par la Cour suprême d'Irlande dans son arrêt *Crotty* du 9 avril 1987, cf. *supra*.

[2] Ainsi pour M. HERVOUËT, *RDP* 1992, p. 1259 : « La Constitution irlandaise pour sa part, admet explicitement la primauté du traité CEE sur le droit constitutionnel mais exige cependant l'organisation d'un référendum pour modifier ce traité ».

[3] Mmes C. GREWE - H. RUIZ FABRI : *Droits constitutionnels européens*, *op. cit.*, p. 117. Voir aussi M. M. RONAYNE : « La primauté du droit communautaire en Irlande », *RFDA* 1990, p. 973 ; également M. B. M. E. Mc MAHON, *op. cit.*, pp. 146-147.

[4] Sur le caractère voisin des deux approches, cf. M. J. RIDEAU : « La recherche de l'adéquation de la Constitution française aux exigences de l'Union européenne », *RAE* 1992/3, p. 37. Il faudrait peut-être réserver l'ouverture, même si elle est minime, laissée par le Conseil constitutionnel s'agissant de l'éventuel contrôle de la constitutionnalité des directives communautaires à l'occasion de l'examen de leur loi de transposition, cf. *supra* point B-1 du paragraphe 1.

constitutionnel alors qu'en Irlande cette protection découle de la volonté explicite du constituant. Il est important d'ajouter, au vu de ce qui a été dit plus haut notamment à propos de la décision *Sarran* du Conseil d'Etat et de l'arrêt *Fraisse* de la Cour de cassation[1], que l'immunité constitutionnelle du droit communautaire est beaucoup plus fragile en France qu'en Irlande s'agissant du droit dérivé. Il n'en reste pas moins que le résultat auquel on aboutit apparaît largement semblable : seul le droit communautaire nouveau peut faire l'objet d'un contrôle du respect de l'autonomie constitutionnelle, et donc du respect de la primauté de la Constitution. Une fois ce contrôle franchi par le texte nouveau, ce dernier devient par voie de conséquence protégé contre toute contestation du point de vue constitutionnel.

Conclusion du Chapitre II

Nous avons vu que le droit constitutionnel français, à la différence de la position adoptée par la *CJCE* (s'agissant de la primauté absolue du droit communautaire), place en principe la Constitution au sommet de la hiérarchie des normes. De ce fait, il est logique d'affirmer que « la thèse de la Cour [de justice des Communautés européennes] est [...] fort éloignée, dans le principe, de celle [du droit positif français] »[2]. En elle-même cette constatation appelle des nuances. Nuances qui résultent essentiellement de l'incontestabilité, posée par le Conseil constitutionnel, de « l'acquis communautaire ». A partir de ces éléments on peut logiquement dire que « ...la supériorité de la Constitution sur le droit communautaire est plus théorique que réelle »[3]. Il s'agit là d'une attitude compréhensive à l'égard des exigences d'effectivité du droit communautaire. Cette position se justifie par l'inexistence en France (l'interdiction en Irlande) d'une procédure permettant de sanctionner le non-respect de la primauté de la Constitution, lorsqu'est en cause le droit communautaire définitif[4]. Concernant plus

---

[1] Voir *supra* point 2 du B du paragraphe 1 de cette section.

[2] *EDCE*, n° 33, 1981-1982, *op. cit.*, p. 238.

[3] M. R. ABRAHAM, *op. cit.*, p. 186. Dans le même sens M. B. STIRN : *Les sources constitutionnelles du droit administratif, op. cit.*, p. 38. Certains y voient même une certaine consécration de la primauté absolue du droit international et communautaire, cf. M. F. LUCHAIRE : « Le contrôle de constitutionnalité des engagements internationaux et ses conséquences relatives à la Communauté européenne », *RTDE* 1979, p. 392 ; MM. J. COMBACAU et S. SUR : *Droit international public*, 2e éd., *op. cit.*, p. 195. De manière relativement nuancée, M. P. LARDY : *La force obligatoire du droit international..., op. cit.*, p. 249, considère que « ...les Constitutions néerlandaise et française confèrent aux traités une primauté sur l'ensemble du droit interne, à condition que la procédure d'approbation constitutionnelle prévue ait été respectée ».

[4] Voir notamment M. F. HERVOUËT : « L'incidence de la jurisprudence de la CJCE... », *op. cit.*, p. 31. Egalement M. T. de BERRANGER : *Constitutions nationales et construction communautaire*, *op. cit.*, p. 495. Il convient, bien entendu, de réserver l'hypothèse d'une violation flagrante de la

particulièrement l'immunité constitutionnelle de « l'acquis communautaire » proclamée par le Conseil constitutionnel, « force est de constater que, même si le raisonnement n'est pas celui du juge des Communautés, il a cependant tout lieu de le satisfaire puisque le résultat poursuivi par la juridiction de Luxembourg est obtenu : faire en sorte qu'une disposition constitutionnelle ne puisse remettre en cause l'effectivité du droit communautaire »[1]. Cette attitude finalement accueillante du juge constitutionnel français ne heurte pas de front la primauté absolue du droit communautaire proclamée par la *CJCE*. Au demeurant, il faut dire que le caractère délicat du débat sur la place du droit communautaire ne peut se satisfaire que d'une telle position conciliatrice[2]. En effet sont en jeu ici une position nécessaire à l'effectivité du droit communautaire (proclamée par la *CJCE*) d'un côté et la Constitution nationale, traduction juridique de la souveraineté nationale de l'autre. Au risque d'apparaître insoluble, une telle situation nécessitait des approches conciliantes de part et d'autre : la protection jurisprudentielle des droits fondamentaux par la *CJCE* et l'incontestabilité de « l'acquis communautaire » posée par le Conseil constitutionnel.

Conclusion de la Partie I

Au terme de la réflexion menée dans la première partie de cette recherche, il faut dire que le statut du droit communautaire en France reste encore assez dépendant des considérations relatives à l'ordre juridique constitutionnel. Il ne peut vraisemblablement en être autrement à partir du moment où la construction communautaire est encore très loin de surclasser les souverainetés nationales des différents Etats membres de l'Union européenne. De ce point de vue, l'ouverture de l'ordre juridique constitutionnel français à l'ordre juridique communautaire ne peut encore être absolue. Ceci s'est vérifié concernant les bases constitutionnelles du droit communautaire en France, dont on a constaté la « tiédeur ». De même le droit international et communautaire demeure-t-il exclu de manière générale du bloc de constitutionnalité. Par ailleurs, la Constitution française prime, par principe ou de façon latente, sur le droit communautaire.

Cela étant, ces prémisses, destinées à préserver l'autonomie constitutionnelle française, n'ont pas engendré de véritable retentissement négatif sur l'ordre

---

Constitution par un acte communautaire définitif ; violation qui serait sanctionnée par le Conseil d'Etat et la Cour de cassation conformément à leurs arrêts *Sarran* de 1998 et *Fraisse* de juin 2000.

[1] M. F. HERVOUËT, *RDP* 1992, pp. 1265 et 1268. Dans le même sens, M. G. C. RODRIGUEZ IGLESIAS : « Tribunales constitucionales y derecho comunitario », *op. cit.*, p. 1197.

[2] Voir à ce propos l'expression assez éclairante utilisée par M. O. GOHIN : « La Constitution française et le droit d'origine externe », *RFDA* 1999, p. 83. Il parle en effet de la « suprématie maintenue du droit constitutionnel dans la soumission admise au droit communautaire ».

juridique communautaire : les exigences de cet ordre apparaissent sauvegardées[1]. Il faut noter en effet que ni la relative inadaptation du fondement constitutionnel du droit communautaire ni l'exclusion de ce droit du bloc de constitutionnalité n'ont empêché la consolidation de la construction européenne dans l'ordre juridique français. On a plutôt constaté que le droit européen pouvait influer, et donc faire évoluer le droit constitutionnel français[2] : l'intégration communautaire est désormais relativement individualisée dans la Constitution française (article 88-1 notamment) et le Conseil constitutionnel a été conduit, quoique par le constituant, à ouvrir le bloc de constitutionnalité de manière ponctuelle et exceptionnelle à certaines normes européennes (décisions du 2 septembre 1992 et du 20 mai 1998). De plus, il convient de rappeler que l'incontestabilité constitutionnelle de « l'acquis communautaire » s'avère respectueuse des bases fondatrices de l'Europe des quinze. Tout ceci nous permet d'affirmer que le droit constitutionnel français en matière européenne prend simultanément en considération les exigences de l'ordre juridique constitutionnel et celles de la poursuite de la construction européenne, afin de les concilier. C'est ce souci ou cette volonté de conciliation qu'il convient maintenant de faire ressortir dans l'examen de la confrontation du droit communautaire avec la Constitution française (PARTIE II).

[1] Voir M. B. STIRN, *op. cit.*, p. 29.
[2] Pour une illustration de cette attitude accueillante du droit constitutionnel à l'égard du droit communautaire, cf. M. HERVOUËT : « L'incidence de la jurisprudence... », *op. cit.*, p. 35.

DEUXIEME PARTIE

LA CONFRONTATION DU DROIT COMMUNAUTAIRE AVEC LA CONSTITUTION : UN SOUCI DE CONCILIATION ENTRE SAUVEGARDE DE LA SOUVERAINETE FRANCAISE ET POURSUITE DE LA CONSTRUCTION EUROPEENNE

La construction communautaire s'est trouvée confrontée, de par le caractère très poussé de l'intégration qu'elle implique, à la charte fondamentale de l'ordre juridique français qu'est la Constitution du 4 octobre 1958. A cet égard, la recherche d'une certaine adéquation entre l'autonomie constitutionnelle et le renforcement de l'intégration européenne est apparue comme étant la préoccupation essentielle de l'ordre juridique constitutionnel français. Ceci semble découler de l'existence de procédures de contrôle de la constitutionnalité des engagements internationaux (articles 54 et 61, alinéa 2 de la Constitution) et de la possibilité de limitations de la souveraineté française, nécessaires à l'organisation et à la défense de la paix (alinéa 15 du préambule de la Constitution de 1946). De ce point de vue, le rôle du Conseil constitutionnel s'avère important : le texte de la Constitution de 1958 laisse à son appréciation le soin de déterminer les conditions dans lesquelles se produit l'articulation entre le droit communautaire et la Constitution française. En effet, la compétence qui lui est reconnue notamment à l'article 54 de la Constitution lui permet de dire dans quelle mesure un engagement communautaire peut être régulièrement inséré dans l'ordre juridique français sans heurter la Constitution en général et le principe de souveraineté en particulier. L'étude de la jurisprudence de la Haute instance demeure donc fondamentale lorsqu'il s'agit d'apprécier la portée du principe de la souveraineté nationale au contact de l'intégration communautaire. A cette activité du juge constitutionnel s'ajoute, depuis 1992[1], une certaine précision apportée par le constituant français

[1] C'est-à-dire depuis la loi constitutionnelle du 25 juin 1992, complétée par celle du 25 janvier 1999.

s'agissant de l'équilibre entre l'approfondissement de la construction européenne et la préservation de « l'orthodoxie constitutionnelle française »[1]. Au total, la protection de l'identité constitutionnelle ne devrait pas apparaître comme compromettant le renforcement de l'intégration communautaire. De plus, cette identité constitutionnelle tourne essentiellement autour du principe cardinal de l'ordre constitutionnel français qu'est le principe de la souveraineté étatique. Il suffit, à ce stade, d'indiquer que les inspirateurs de la Constitution de 1958 ont largement mis l'accent sur l'exigence de préservation de la souveraineté et de l'indépendance nationales de la France[2]. Cette exigence se retrouve également, comme on le verra par la suite[3], dans la jurisprudence du Conseil constitutionnel concernant les réserves posées à la constitutionnalité du droit communautaire. Ceci nous amène donc à considérer que l'ancrage du phénomène communautaire en France ne s'effectue pas au détriment de la souveraineté française (Titre I). En effet, l'autonomie constitutionnelle demeure très largement préservée (Titre II).

[1] L'analyse de ce souci constant d'équilibre constitue l'une des pistes essentielles de notre réflexion. M. COHEN-TANUGI : *Le choix de l'Europe*, Fayard, 1995, p. 174, parle ainsi, en termes généraux, de la « ...contradiction française entre le souhait d'une « Europe forte » et la vigueur de l'affirmation nationale... ». Dans une même perspective, voir Mmes N. CATALA et N. AMELINE : *Quelles réformes pour l'Europe ?*, Rapport d'information fait au nom de la Délégation de l'Assemblée nationale pour l'Union européenne, n° 1939, p. 49. Elles estiment que l'Europe est perçue « dans la perspective d'un équilibre entre une mise en commun volontaire de certaines compétences et la préservation de l'identité nationale ».

[2] Voir en ce sens, M. F. LUCHAIRE : *Le Conseil constitutionnel. Tome III – Jurisprudence. Deuxième et troisième parties: l'Etat*, 2e éd. refondue, Economica, 1999, p. 24.

[3] Cf. notamment chapitre II du titre II de cette partie.

TITRE I

L'ANCRAGE DU PHENOMENE COMMUNAUTAIRE DANS L'ORDRE JURIDIQUE CONSTITUTIONNEL FRANCAIS

Il s'agit ici d'examiner le retentissement des exigences communautaires sur certaines solutions adoptées par l'ordre juridique constitutionnel français. En effet, la mise à l'épreuve du droit communautaire par la Constitution française ne l'a pas empêché de disposer d'une assise désormais reconnue dans l'ordre juridique interne. Il faut noter en outre que le phénomène communautaire a, de manière plus ou moins perceptible, pesé sur l'interprétation donnée à certaines exigences du droit constitutionnel français en matière internationale. La traduction concrète de cette affirmation apparaît tout d'abord dans l'adoption d'une conception dite souple de la souveraineté de l'Etat[1] (chapitre I). Conception souple qui peut être représentée par l'idée de « souveraineté-compétence » ; la souveraineté étant conçue comme un « faisceau de compétences »[2]. Une telle approche peut être considérée comme désormais prévalente en ce qui concerne les rapports entre le droit communautaire et la Constitution en France. De plus, le caractère notable de l'assise du droit communautaire en France se manifeste également par l'existence de certaines solutions ou interprétations constitutionnelles largement compatibles avec l'appartenance à l'Europe communautaire (Chapitre II).

---

[1] Mme F. CHALTIEL : *La souveraineté de l'Etat et l'Union européenne, L'exemple français, op. cit.*, p. 47, adopte une conception très proche lorsqu'elle parle de l'aspect concret de la souveraineté qui, lui, est divisible contrairement à son aspect abstrait qui est « relatif au caractère suprême et perpétuel d'une puissance ».

[2] Sur cette conception, voir notamment M. F. LUCHAIRE : *Le Conseil constitutionnel. Tome III, op. cit.*, pp. 26-27 et 55.

CHAPITRE I : LA PROMOTION PAR LE DROIT CONSTITUTIONNEL FRANCAIS D'UNE CONCEPTION DE LA SOUVERAINETE COMPATIBLE AVEC LA LOGIQUE COMMUNAUTAIRE

Le principe de la souveraineté nationale constitue à n'en pas douter un principe fondamental voire incontournable du droit public français[1]. A cela s'ajoute le fait que ce principe apparaît comme étant l'un des concepts les plus complexes[2], et de surcroît des plus discutés de l'ordre juridique français. Certains auteurs évoquent à ce titre son caractère « polysémique »[3], « polémique »[4], ou encore affirment la « plurivocité du terme [de souveraineté nationale] »[5]. Pour autant, avant d'aborder l'analyse proprement dite des contours du concept réaliste de « souveraineté-compétence », il nous semble intéressant de rechercher le fondement du principe de souveraineté dans les institutions françaises.

1)- Notons que la conception actuelle ou moderne de la souveraineté nationale résulte de plusieurs dispositions constitutionnelles, et ce, depuis la Révolution française[6]. Ainsi, suivant l'article 3 de la Déclaration des droits de l'Homme et du citoyen du 26 août 1789 : « Le principe de toute souveraineté réside essentiellement dans la nation. Nul corps, nul individu ne peut exercer d'autorité qui n'en émane expressément ». Les premiers alinéas de l'article 3 de la Constitution du 4 octobre 1958 peuvent dans ce cadre être considérés comme constituant le prolongement de cette disposition : « La souveraineté nationale appartient au peuple qui l'exerce par ses représentants et par la voie du référendum. Aucune section du peuple ni aucun individu ne peut s'en attribuer l'exercice ». On

---

[1] Voir en ce sens Mme M.-J. AGLAE : « La souveraineté transfigurée », *RRJ* 1995-3, p. 930.

[2] Cf. M. P. BRUNET : « A travers les débats parlementaires : le concept de souveraineté entre différences et répétitions », *RRJ* 1992-3, p. 614. Pour M. S. P. CAPS : « Débat sur la Ve République et la souveraineté » avec M. B. BADIE, *RDP* 1998 - n° spécial : *Les 40 ans de la Ve République*, p. 1475, « ...la souveraineté n'est pas un concept juridiquement saisissable ».

[3] M. M. M. SALAH : « Mondialisation et souveraineté de l'Etat », *JDI* 1996, pp. 613-614. Il estime, à la suite, que la notion de souveraineté « se situe à la frontière du politique et du juridique ».

[4] G. JELLINEK : *L'Etat moderne et son droit. IIe partie : Théorie juridique de l'Etat*, éd. M. GIARD - E. BRIERE, Paris (V[e]), 1913, p. 80.

[5] M. O. BEAUD : « La souveraineté de l'Etat, le pouvoir constituant et le traité de Maastricht », *RFDA* 1993, p. 1047.

[6] Sur cette conception, cf. Mme M.-J. AGLAE : « La souveraineté transfigurée », *op. cit.*, pp. 927-930.

en trouve la preuve dans la formulation du préambule de la Constitution de la Ve République : « Le Peuple français proclame son attachement aux droits de l'Homme et aux principes de la souveraineté nationale tels qu'ils sont définis dans la Déclaration de 1789, confirmée et complétée par le préambule de la Constitution de 1946 ». Concernant plus particulièrement le préambule de la Constitution du 27 octobre 1946, son alinéa 15 consacre l'ouverture des institutions françaises à une coopération internationale, au sortir de la deuxième guerre mondiale. Aux termes de cette disposition : « Sous réserve de réciprocité, la France consent aux limitations de souveraineté nécessaires à l'organisation et à la défense de la paix ». Il résulte de l'ensemble de ces dispositions que la souveraineté demeure un attribut exclusif de la nation française. Tout le problème est de savoir comment concilier cette exclusivité nationale de la souveraineté avec la participation de la France aux organisations internationales, et plus particulièrement à l'Europe communautaire. La réponse à cette interrogation dépend en grande partie de la signification que l'on donne ou de la conception que l'on retient du principe de la souveraineté nationale.

2)- Les contours de ce principe cardinal de l'ordre juridique français sont difficiles à cerner. Il convient malgré tout de partir de l'approche arrêtée par Raymond CARRE de MALBERG ; approche désormais bien connue. Il est tout d'abord indéniable que « la souveraineté, c'est le caractère suprême d'un pouvoir : suprême en ce que ce pouvoir n'en admet aucun autre ni au-dessus de lui, ni en concurrence avec lui »[1]. En plus de cette définition de la souveraineté, l'éminent juriste strasbourgeois va dégager trois significations principales et distinctes de ce mot : « ...Dans son sens originaire, il désigne le caractère suprême d'une puissance pleinement indépendante, et en particulier de la puissance étatique. Dans une seconde acception, il désigne l'ensemble des pouvoirs compris dans la puissance d'Etat, et il est par suite synonyme de cette dernière. Enfin il sert à caractériser la position qu'occupe dans l'Etat le titulaire suprême de la puissance étatique, et ici la souveraineté est identifiée avec la puissance de l'organe »[2]. On retrouve approximativement cette triple signification de la notion de souveraineté dans la

[1] Cf. R. CARRE de MALBERG : *Contribution à une théorie générale de l'Etat, spécialement d'après les données fournies par le droit constitutionnel français*, tome I, rééd. CNRS, 1962, p. 70.

[2] R. CARRE de MALBERG : *Contribution à la théorie générale de l'Etat, op. cit.*, p. 79. A rapprocher des trois acceptions du mot souverain dégagées par G. BURDEAU : *Traité de science politique*, tome II : l'Etat, 3e éd., LGDJ, 1980, p. 304. Pour une critique, voir M. O. BEAUD : *La puissance de l'Etat*, PUF, 1994, pp. 17-19. Il conçoit tout de même que le terme « peut revêtir plusieurs acceptions », M. O. BEAUD : « La souveraineté dans la « Contribution à la théorie générale de l'Etat » de CARRE de MALBERG », *RDP* 1994, p. 1255. Critique également de M. S. RIALS : « La puissance étatique et le droit dans l'ordre international. Eléments d'une critique de la notion usuelle de « souveraineté externe », *APD*, tome 32, 1987, pp. 197 et s.

doctrine actuelle[1]. En effet, M. G. COTTEREAU estime qu'« on peut donner trois définitions de la souveraineté : une souveraineté pure qui correspond au comble de la puissance ; une souveraineté organique qui correspond à l'attribution de l'autorité supérieure à un organe, le monarque ; enfin, une souveraineté fonctionnelle [qui renvoie aux compétences qui s'exercent traditionnellement dans une société étatique] »[2]. Néanmoins, sans dénier l'importance de la troisième acception du terme (le titulaire suprême de la puissance étatique), il nous semble plus intéressant pour la démonstration de retenir les deux premières[3]. A ce propos, il apparaît que R. CARRE de MALBERG utilise les mots de puissance étatique et de puissance d'Etat lorsqu'il évoque le « caractère d'une puissance pleinement indépendante » et « l'ensemble des pouvoirs compris dans cette puissance ». Néanmoins on pourrait être amené à penser que cette distinction est susceptible d'être relativisée, voire surmontée. En effet, les deux acceptions considérées peuvent se compléter : une puissance, bien qu'ayant un caractère suprême, se traduit, nous semble-t-il, concrètement par la possession d'un certain nombre de prérogatives déterminées[4]. De ce point de vue, G. BURDEAU préfère, à juste titre et concernant la puissance étatique, utiliser deux variables assez compréhensibles : le caractère d'une puissance et le contenu de cette puissance[5].

Ceci étant posé, nous estimons que le droit constitutionnel, dans ses rapports avec le droit communautaire, opte désormais pour une conception de la souveraineté consistant en un ensemble de pouvoirs déterminés dont la jouissance appartient à la puissance étatique. Il suffit en effet, pour s'en convaincre, de renvoyer à la notion de « transfert de compétences » utilisée par le Conseil constitutionnel depuis sa décision n° 92-308 DC du 9 avril 1992[6], et authentifiée par le constituant en 1992 et en 1999[7]. Au-delà de toute considération de « dogmatique constitutionnelle », il convient donc d'analyser le phénomène de promotion de la « souveraineté-compétence » au travers de la jurisprudence du

---

[1] Pour une reprise récente de cette triple acception de la notion de souveraineté, cf. Mme L. BAGHESTANI-PERREY : *Le titulaire de la souveraineté nationale et son exercice dans la jurisprudence du Conseil constitutionnel*, Thèse, décembre 1996, *op. cit.*, pp. 13-18.

[2] M. G. COTTEREAU : « La souveraineté dans les mailles du filet européen », *Géopolitique*, n° 53, printemps 1996, pp. 112 et 114.

[3] Il est fait allusion à cet égard aux notions de « souveraineté-essence » et « souveraineté-contenu », cf. M. G. BERTRAND : « Que reste-t-il de notre souveraineté ? », *Géopolitique*, n° 49, printemps 1995, p. 16.

[4] Comme l'affirme à juste titre M. O. BEAUD, *RDP* 1994, *op. cit.*, p. 1262 : « La puissance étatique et la souveraineté au sens courant du terme (souveraineté-puissance publique) sont deux notions équivalentes ». Pour une critique de la distinction entre souveraineté et puissance publique, voir pp. 1258-1264.

[5] G. BURDEAU : *Traité de science politique*, *op. cit.*, p. 305.

[6] Cf. considérant n° 13 de la décision *Maastricht I*, *RJC*-I, 499.

[7] Voir par exemple l'article 88-2 de la Constitution de 1958 introduit par la loi constitutionnelle du 25 juin 1992 et modifié par celle du 25 janvier 1999.

Conseil constitutionnel (qui en est l'initiatrice) (Section I) et au regard de la prise de position récente du constituant français (Section II). Il faut souligner que, tout au long de nos développements, nous essayerons de faire ressortir la portée du principe de la souveraineté de l'Etat au regard des implications de la construction européenne.

Section I : Une notion de « souveraineté-compétence » mise en avant par la jurisprudence européenne du Conseil constitutionnel

L'examen de la compatibilité à la Constitution du *TUE*, signé à Maastricht le 7 février 1992, fut l'occasion pour le Conseil constitutionnel d'une clarification ou d'un infléchissement de sa jurisprudence. En effet, dans sa décision n° 92-308 DC du 9 avril 1992 (*Maastricht I*), la Haute instance va procéder à une lecture souple de l'alinéa 15 du préambule de la Constitution de 1946, traduisant ainsi une évolution notable dans l'approche qu'elle a du phénomène communautaire. Autrement dit, elle s'appuie désormais sur la notion plus compréhensible de « transferts de compétences » ; notion dont la non contrariété de principe avec la Constitution française est affirmée (Paragraphe 1). Cette analyse positive de l'articulation de la souveraineté de l'Etat avec l'ordre juridique communautaire a bénéficié par ailleurs d'un assentiment assez large au sein de la doctrine (Paragraphe 2).

Paragraphe 1 : La constitutionnalité de principe des transferts de compétences à l'Europe communautaire

Dans sa décision du 9 avril 1992, le juge constitutionnel français a d'abord tenu à spécifier les normes de référence de son contrôle de constitutionnalité[1]. Il affirme que « le Peuple français, a par le préambule de la Constitution de 1958, proclamé solennellement son attachement aux droits de l'Homme et aux principes de la souveraineté nationale tels qu'ils ont été définis par le préambule de la Constitution de 1946 ». C'est ainsi qu'il relève tout particulièrement les articles 3 de la Déclaration de 1789 et de la Constitution de 1958, les alinéas 14 et 15 du préambule de la Constitution de 1946, et l'article 53 de la Constitution qui consacre l'existence des « traités ou accords relatifs à l'organisation internationale »[2]. L'ensemble de ces principes va servir de base à l'affirmation par la Haute instance de la constitutionnalité de principe des transferts de compétences. Il convient donc

---

[1] Voir considérants 9 à 12 de la décision n° 92-308 DC.
[2] Cf. considérants n° 10 à 12 de la décision *Maastricht I*.

tout d'abord de préciser quelle a été l'approche retenue par le Conseil constitutionnel (A) avant d'en faire, ensuite, l'analyse (B).

A/- L'affirmation explicite et positive de la compatibilité avec la Constitution des transferts de compétences aux institutions communautaires

Il faut rappeler que la jurisprudence du Conseil constitutionnel en matière internationale ou européenne, avant 1992, était basée essentiellement sur une interprétation a contrario de l'alinéa 15 du préambule de 1946. En effet, aux termes du considérant de principe de la décision du 30 décembre 1976 : « Si le préambule de la Constitution de 1946, confirmé par celui de la Constitution de 1958, dispose que, sous réserve de réciprocité, la France consent aux limitations de souveraineté nécessaires à l'organisation et à la défense de la paix, aucune disposition de nature constitutionnelle n'autorise les transferts de tout ou partie de la souveraineté nationale à quelque organisation internationale que ce soit »[1]. Il en ressort que les limitations de souveraineté sont autorisées alors que les transferts de souveraineté sont interdits. L'objet n'étant pas ici de porter une appréciation sur cette célèbre distinction[2], il apparaît que la compatibilité des limitations de souveraineté avec la Constitution découle, en l'espèce, d'une logique interprétative a contrario de la décision de 1976. En d'autres termes, la Haute instance constitutionnelle utilise l'alinéa 15 du préambule de 1946 beaucoup plus pour mettre en valeur le contenu de l'interdit constitutionnel, en l'occurrence la proscription de tout transfert de souveraineté. Tout ceci sert à montrer que l'approche adoptée par le Conseil constitutionnel en 1976 concernant les limitations de souveraineté autorisées diffère de manière notable de celle retenue pour affirmer la constitutionnalité des transferts de compétences : en 1992 la Haute instance raisonne de façon positive et non a contrario. Ce qui aboutit à la reconnaissance explicite et claire de la non contrariété de principe des transferts de compétences à la Constitution.

Cette affirmation de principe est contenue dans le point 13 de la décision *Maastricht I* : « Considérant qu'il résulte de ces textes de valeur constitutionnelle [évoqués dans les considérants 9 à 12] que le respect de la souveraineté nationale ne fait pas obstacle à ce que, sur le fondement des dispositions précitées du préambule de la Constitution de 1946, la France puisse conclure, sous réserve de réciprocité des engagements internationaux en vue de participer à la création ou au développement d'une organisation internationale permanente, dotée de la personnalité juridique et investie de pouvoirs de décision par l'effet de transferts de

[1] *Rec. D. C. C.*, p. 15 ; *RJC*-I, 41.

[2] On y reviendra plus longuement dans le second titre de cette partie, à propos de l'analyse des réserves françaises de constitutionnalité.

compétences consentis par les Etats membres ». Ceci équivaut à dire qu'une organisation internationale, dont certaines caractéristiques sont précisées ci-dessus, peut bénéficier de transferts de compétences de la part de la République française[1]. La nouvelle doctrine du Conseil constitutionnel a été confirmée par la décision n° 97-394 DC du 31 décembre 1997 (*Traité d'Amsterdam*)[2]. En effet, le considérant n° 6 de cette décision reprend purement et simplement les termes du considérant de principe de la décision *Maastricht I*. L'insertion de l'article 88-1 de la Constitution dans les normes de référence applicables au contrôle de constitutionnalité des engagements communautaires vient confirmer a posteriori l'importance des considérations communautaires dans l'évolution notable amorcée en 1992. Autrement dit, le Conseil constitutionnel a été plus ou moins soucieux de parvenir à une meilleure articulation entre la souveraineté française et les exigences inhérentes à la construction européenne. Ainsi la Constitution et, en l'espèce, le respect de la souveraineté de l'Etat, ne s'oppose pas par principe à ce que certaines prérogatives étatiques soient concédées à l'Europe communautaire. La non-opposition par principe entre la souveraineté de l'Etat et la construction communautaire s'effectue à travers « ...la notion moins polémique et plus facilement circonscrite, de transferts de compétences... »[3]. Une telle notion conduit à reconsidérer le sens à donner au principe de la souveraineté de l'Etat. Quelle est l'exacte portée de ce principe, en relation avec l'engagement européen de la France ? (B).

B/- Une affirmation synonyme d'émergence d'une conception souple de la souveraineté

Il faut remarquer que le Conseil constitutionnel, dans la même décision *Maastricht I*, met en application sa nouvelle « doctrine ». En effet, pour fonder la contrariété à la Constitution de la politique monétaire et de change uniques et de certaines mesures relatives à la libre circulation des personnes, le juge constitutionnel français relève respectivement la privation de « compétences propres dans un domaine où sont en cause les conditions essentielles d'exercice de la souveraineté nationale » et le fait d'« affecter l'exercice par l'Etat de

---

[1] La question de la consolidation constitutionnelle de l'appartenance de la France à l'Europe communautaire sera étudiée dans le chapitre II de ce titre.

[2] *JORF*, 3 janvier 1998, p. 165 ; *Rec. D.C.C.*, p. 344 ; *RJC*-I, 727.

[3] M. F. HERVOUËT : « Politique jurisprudentielle de la Cour de justice et des juridictions nationales », *op. cit.*, p. 1268.

compétences qui relèvent des conditions essentielles de la souveraineté »[1]. De plus dans la décision n° 97-394 DC, le Conseil parle de « compétences », de « domaines » ou encore de « matières » dont le transfert pourrait affecter ou porter atteinte aux conditions essentielles d'exercice de la souveraineté nationale[2]. En d'autres termes, on ne peut que porter atteinte à ces conditions essentielles du moment où cette notion englobe un certain nombre de compétences souveraines importantes de la République française. Dans ce contexte, il paraît possible de parler de « souveraineté-compétence » ; qualification qui se démarque de la « conception dogmatique de la souveraineté »[3], ou encore de la « notion traditionnelle quasi métaphysique et abstraite de la souveraineté inaliénable »[4]. C'est ainsi que pour le Pr. J.-C. GAUTRON, cette conception réaliste et strictement juridique de la souveraineté est synonyme de « faisceau de compétences »[5]. Une telle conception souple de la souveraineté avait déjà été bien perçue par M. GAÏA lorsqu'il évoquait la « situation dans laquelle [un Etat] a renoncé à exercer ses compétences ou ses pouvoirs dans un ou plusieurs domaines précis et particuliers »[6].

A ce stade, il apparaît que le principe de la souveraineté de l'Etat, vu à travers le prisme d'une logique positiviste, ne constitue pas un obstacle à l'ouverture internationale[7] ou européenne de la France. On peut également voir dans la prise de position du Conseil constitutionnel en 1992 une évolution, se rapprochant de plus en plus des conceptions en vigueur au niveau communautaire.

---

[1] Il faut noter tout de même que le phénomène d'attribution de compétences aux institutions communautaires ne constitue pas une nouveauté. Seule la reconnaissance explicite de ce phénomène par le Conseil constitutionnel l'est.

[2] Voir par exemple les considérants n° 9 et 27 de la décision du 31 décembre 1997 - *traité d'Amsterdam*.

[3] M. F. LUCHAIRE : « L'Europe et la souveraineté des Etats », dans *Cahiers juridiques franco-allemands*, 1994, vol. 19, Université de la Sarre, pp. 12-13.

[4] M. P.-Y. MONJAL : « La nature juridique de l'Union européenne : en attendant Godot (ou le droit institutionnel de l'Union à la recherche de son objet) », *LPA* 12 mai 1995, n° 57, p. 18.

[5] M. J.-C. GAUTRON : « L'ordre juridique communautaire et la Constitution française », dans *Le constitutionnalisme aujourd'hui*, Economica, 1984, p. 168. MM. LUCHAIRE et MONJAL, *op. cit.*, parlent respectivement d'« addition de compétences » et d'« exercice de compétences concédées ». De même pour M. J. COMBACAU : « Pas une puissance, une liberté : la souveraineté internationale de l'Etat », *Pouvoirs*, n° 67, 1993, p. 54, au regard de la jurisprudence du Conseil constitutionnel, « le mot de souveraineté ne peut désigner que la somme des compétences et des pouvoirs inclus dans la puissance étatique... ». Voir néanmoins les réticences de M. BOURJOL, dans *Jurisclasseur Collectivités territoriales*, fasc. 22, p. 3, sur un tel « glissement doctrinal et jurisprudentiel ».

[6] M. P. GAÏA : *Le Conseil constitutionnel et l'insertion des engagements internationaux dans l'ordre juridique interne, op. cit.*, p. 317.

[7] Voir pour une consécration de cette ouverture internationale, la décision du Conseil constitutionnel n° 98-408 DC du 22 janvier 1999 - *traité portant statut de la CPI* (considérant n° 12) ; l'analyse de M. B. GENEVOIS : « Le Conseil constitutionnel et le droit pénal international », *RFDA* 1999, p. 307.

L'une des illustrations de ce propos se trouve dans une décision arrêtée par les chefs d'Etat et de gouvernement de l'Union européenne lors du Conseil européen d'Edimbourg des 11 et 12 décembre 1992. Ce dernier était notamment destiné à résoudre les problèmes soulevés par le référendum négatif danois du 2 juin 1992 sur la ratification du TUE. Parmi les dispositions s'appliquant exclusivement au Danemark, il avait été convenu que : « ...Le Danemark ne participera pas à la monnaie unique, [...] conservera ses compétences actuelles dans le domaine de la politique monétaire conformément à ses lois et réglementations nationales... »[1]. Le Conseil européen utilisait ainsi la notion de compétence pour décider de cette exception tenant à la souveraineté économique et monétaire de l'Etat danois. Par ailleurs, la conception souple de la souveraineté de l'Etat est déterminante dans la qualification donnée à la construction européenne par les participants au Conseil européen d'Edimbourg. En effet, pour ces « maîtres » des traités, leur participation à l'Europe communautaire équivaut à « exercer en commun certaines de leurs compétences... »[2]. On est déjà loin de la vision classique de la souveraineté, synonyme de « bloc inaltérable »[3]. Il est vrai que cette notion d'exercice en commun des compétences, prise à la lettre, rend plutôt compte d'une logique de coopération telle qu'elle transparaît dans les « missions nouvelles de l'Union européenne en matière de Politique extérieure et de sécurité commune d'une part, de coopération dans les domaines de Justice et des affaires intérieures de l'autre »[4]. Mais il est dit dans cette décision du Conseil européen que ces compétences sont exercées en commun « en vertu des traités en vigueur ». Les chefs d'Etat ou de gouvernement de l'Union européenne ont donc sans doute, à travers l'expression utilisée, volontairement minimisé la réalité communautaire. Ceci nous pousse à dire que le renvoi aux traités en vigueur (notamment aux traités fondateurs) contient implicitement le principe, prédominant dans le pilier communautaire, d'une gestion des compétences nationales transférées par des institutions communes et ce, par hypothèse, pour le bien commun. On rejoint ainsi logiquement le point de vue de M. H. LESGUILLONS selon lequel : « La gestion commune n'est [...] possible que si les Etats acceptent, au moment de la fondation [adoption du traité-fondation d'intégration] de renoncer à l'exercice de certaines

---

[1] *Bull. des C.E.*, n° 12, 1992, p. 27.

[2] *Ibid.*, p. 26 ; également *Bull. des C.E.*, n° 6, 1994, p. 8. Voir aussi M. S. VAN RAEPENBUSCH : *Droit institutionnel de l'Union et des Communautés européennes*, 2e éd., *op. cit.*, p. 394.

[3] Voir ainsi M. J.-P. JACQUE : « La Constitution de l'Union européenne », *RUDH*, 29/12/1995, vol. 7, n° 11-12, pp. 400-401. Cette vision avait été bien perçue par M. F. LUCHAIRE, *RTDE* 1979, p. 417, lorsqu'il affirmait que « ...la souveraineté, dans la conception classique du droit constitutionnel, est un bloc qui ne peut se laisser entamer ».

[4] M. J. ROUX : *Le principe de la souveraineté de l'Etat dans la jurisprudence du Conseil constitutionnel*, Thèse, *op. cit.*, p. 74.

compétences souveraines dans les domaines correspondants »[1]. Il en résulte que la position d'une institution communautaire, en l'occurrence le Conseil européen, même si les expressions utilisées sont volontairement euphémiques, conforte la conception prévalente au sein du droit constitutionnel français en matière européenne selon laquelle : « ...La souveraineté peut être aménagée par la participation à des institutions bénéficiant de transferts de pouvoirs... »[2].

Une démarche analogue fut adoptée par certaines Cours constitutionnelles européennes. Il convient ici de prendre comme exemples les positions des juges constitutionnels de deux Etats membres originaires que sont l'Allemagne et l'Italie, positions arrêtées entre la fin des années 1960 et le début des années 1970[3]. Il ne faut, semble-t-il, pas écarter l'idée selon laquelle les diverses positions ci-dessous présentées ont pu servir d'indicateurs à la nouvelle politique jurisprudentielle du Conseil constitutionnel en matière européenne. En des termes différents mais exprimant néanmoins la même réalité, le Tribunal constitutionnel fédéral allemand et la Cour constitutionnelle italienne ont reconnu, comme le juge constitutionnel français, la constitutionnalité de principe des transferts de compétences. Ainsi la Cour de Karlsruhe a-t-elle considéré dans sa décision *Neumann* du 17 octobre 1967 : « Les organes de la *CEE* exercent des droits souverains auxquels les Etats membres ont renoncé au profit de la Communauté qu'ils ont créée... ». Et elle ajoute qu'il s'agit d'une « Communauté de nature particulière, en voie d'intégration progressive, une « institution interétatique » au sens de l'article 24 paragraphe 1 de la Loi fondamentale, à laquelle la République fédérale d'Allemagne, tout comme les autres Etats membres, a transféré certains droits souverains... »[4]. Une précision est, ici, nécessaire : il nous semble que les expressions d'exercice ou de transfert de droits ou pouvoirs souverains sont voisines du concept de « transferts de compétences » arrêté par le Conseil constitutionnel en 1992. Elles servent toutes à matérialiser la même réalité qui est celle d'une délégation de certains attributs plus ou moins essentiels de leurs souverainetés à l'Europe communautaire[5]. En ce qui concerne la Cour

---

[1] M. H. LESGUILLONS : *L'application d'un traité-fondation : le traité instituant la CEE*, Paris, LGDJ, 1968, p. 97.

[2] Cf. M. T. de BERRANGER : *Constitutions nationales et construction communautaire, op. cit.*, p. 253. Voir en dernier lieu, les études de M. J.-M. FAVRET : « L'intégration européenne et la France : quelques réflexions sur la divisibilité de la souveraineté », *RDP* 1999, pp. 1741-1764, et de M. A. HAQUET : « La (re)définition du principe de souveraineté », *Pouvoirs* – 94, 2000, pp. 141-153.

[3] Il faut souligner que dans sa célèbre décision du 30 décembre 1976, le Conseil constitutionnel évoquait déjà « ...les compétences et pouvoirs limitativement attribués dans le texte des traités aux Communautés européennes [...] par les Etats membres... ».

[4] *RTDE* 1968, p. 204.

[5] Sur la notion de « droits souverains » dans l'ordre juridique allemand, cf. Mme C. HAGUENAU : *L'application effective du droit communautaire en droit interne, op. cit.*, p. 102.

constitutionnelle italienne, elle affirme dans sa sentence *Frontini* du 27 décembre 1973, qu'« en créant la Communauté [...], l'Italie et les autres Etats fondateurs ont conféré et reconnu des pouvoirs souverains déterminés à la Communauté économique... ». Elle précise qu'il s'agit de « limitation de pouvoirs de l'Etat, quant à l'exercice des fonctions législative, exécutive et juridictionnelle... »[1]. De toutes ces formulations il ressort que la souveraineté ne s'oppose pas par principe au transfert de « certains droits souverains » (Cour constitutionnelle allemande), à la délégation de « pouvoirs souverains déterminés » (Cour constitutionnelle italienne), ou encore au « transfert de compétences » (Conseil constitutionnel français) aux institutions communautaires. La constatation évidente à laquelle conduit la mise en relief de ces termes analogues est la suivante : « ...La souveraineté connaît un sort particulier dans la construction communautaire... »[2]. Il convient dès lors de montrer qu'à la fois la nouvelle « doctrine » de la Haute instance et son caractère désormais compréhensif à l'égard des implications de l'intégration européenne ont reçu un accueil favorable au sein de la doctrine (Paragraphe 2).

Paragraphe 2 : Une position de principe largement approuvée par la doctrine

Il vient d'être précisé que la souveraineté, d'un point de vue positiviste, ne fait pas obstacle à la mise en commun de certaines compétences étatiques au sein de l'Europe communautaire. Il s'agit là d'une conséquence du mouvement de promotion de la notion de « souveraineté-compétence »[3] amorcé par le juge constitutionnel français. Pour ce dernier cela revient incontestablement, à dire que : les transferts de compétences constituent la manifestation tangible des limitations de souveraineté (alinéa 15 du préambule de la Constitution de 1946) consenties dans le cadre des « traités ou accords relatifs à l'organisation internationale » (article 53 de la Constitution de 1958), plus particulièrement des traités communautaires[4]. Autrement dit, il est permis de voir dans les transferts de

---

[1] *RTDE* 1974, p. 150.

[2] Mme M.-J. AGLAE : « La souveraineté transfigurée », *op. cit.*, p. 943 ; Mme J. DUTHEIL de la ROCHERE : « La souveraineté de l'Etat et l'Union européenne », dans R. DRAGO(Sous la direction de) : *Souveraineté de l'Etat et interventions internationales*, éd. Dalloz, 1996, p. 52 ; M. D. VIGNES : « L'amenuisement de la souveraineté des Etats membres des Communautés européennes et l'intégration régionale européenne », *Studia Diplomatica*, 1994, n° 2, p. 53.

[3] Les sénateurs, auteurs de la seconde saisine du Conseil constitutionnel à propos du dossier Maastricht, le 14 août 1992, parlent de manière imagée sinon caricaturale de la « souveraineté-artichaut », *JORF*, 3 septembre 1992, p. 12107.

[4] Pour une analyse combinée de l'alinéa 15 du préambule de 1946 et l'article 53 de la Constitution actuelle, voir Mme V. GOESEL-Le BIHAN : *La répartition des compétences en matière de conclusion des accords internationaux sous la Ve République*, éd. A. Pedone, Paris, 1995, p. 128.

compétences, une actualisation bienvenue du concept ambigu de « limitations de souveraineté ». C'est ainsi que pour les Pr. C. GREWE et H. RUIZ FABRI, on peut voir dans la complémentarité proclamée entre les limitations de souveraineté et les transferts de compétences une certaine « clarification conceptuelle »[1]. Pour ces deux auteurs, cette complémentarité se traduit par le fait qu'« à tout le moins, le concept de transfert de compétences permet d'exprimer comment se modalisent les limitations de souveraineté »[2]. Cette évolution positive de la jurisprudence constitutionnelle en matière européenne, en particulier à travers la complémentarité ci-dessus relevée, fait également l'objet d'une appréciation favorable de la part de MM. FAVOREU et GAÏA. La souplesse du nouveau critère est ainsi reconnue : la distinction entre le permis (limitations de souveraineté - transferts de compétences) et l'interdit (transferts de compétences importants ; conditions essentielles d'exercice de la souveraineté nationale) « s'accorde mieux avec les réalités de la vie internationale, répond mieux aux exigences de la construction européenne, et surtout, apparaîtra à chacun comme beaucoup plus simple à mettre en œuvre »[3]. Le fait pour les transferts de compétences d'apparaître comme le prolongement des limitations de souveraineté[4] rend donc plus lisible, d'un point de vue juridique, les caractéristiques de la participation de la France à l'intégration communautaire[5]. On comprend dès lors mieux pourquoi la notion de transfert de compétences a été qualifiée de « moins polémique et plus facilement circonscrite... »[6]. Ceci revient à dire de façon plus concrète que ce concept apparaît plus compréhensif et plus transparent à l'analyse ou à l'appréciation.

Cela étant, l'évolution terminologique de la Haute instance a été critiquée par M. M. BOURJOL. Pour lui, tout incline à penser que le mimétisme constitutionnel européen a conduit le juge constitutionnel à transformer la souveraineté en « prérogatives » de l'Etat. Or il apparaît que : « Contrairement à la doctrine fédéraliste allemande [notamment JELLINEK], la souveraineté n'est pas dans la doctrine française une addition de compétences juridiques hiérarchisées,

---

[1] Mmes C. GREWE - H. RUIZ FABRI : « Le Conseil constitutionnel et l'intégration européenne », *RUDH*, 30/09/1992, vol. 4, n° 8-9, p. 283.

[2] *Ibid.*, p. 282. Elles évoquent, dans la même perspective, le « glissement terminologique et conceptuel » opéré par le juge constitutionnel français, p. 281.

[3] MM. L. FAVOREU et P. GAÏA : « Les décisions du Conseil constitutionnel relatives au TUE», *op. cit.*, p. 406. Dans le même sens, M. C. BLUMANN : « La ratification par la France du traité de Maastricht », *RMC* 1994, p. 396.

[4] Cf. notamment M. D. ROUSSEAU : *Droit du contentieux constitutionnel*, 5e éd., Montchrestien, 1999, p. 318.

[5] M. J. ROUX : *Le principe de la souveraineté de l'Etat dans la jurisprudence du Conseil constitutionnel, op. cit.*, p. 72, estime ainsi, à juste titre que : « Le terme de « transfert de compétences » employé par le Conseil constitutionnel désigne [...] plus fidèlement la naturelle réelle des instruments juridiques de la construction communautaire ».

[6] M. F. HERVOUËT, *RDP* 1992, *op. cit.*, p. 1268.

mais un ensemble indivisible reposant sur la volonté générale »[1]. A notre avis, il semble que le Pr. BOURJOL fait allusion ici plutôt à la capacité de pouvoir déterminer le contenu de sa propre compétence ; ce qui est le propre d'un Etat souverain comme la France. Ceci n'exclut nullement la possibilité, pour la République française, d'exercer sa souveraineté en déléguant certaines de ses prérogatives souveraines dans le but de créer ou de développer un certain type d'organisation internationale. Au surplus peut-on dire que pour JELLINEK lui-même, « il n'existe [...] pas de souveraineté partagée, fragmentaire, diminuée, limitée, relative »[2]. Au total, le « basculement de la doctrine française » en faveur de la thèse de la « souveraineté-compétence » découle tout simplement d'une « relecture » des textes constitutionnels pertinents, de sorte à montrer que le respect de la souveraineté de l'Etat n'empêche pas de mieux répondre aux exigences de la construction communautaire. Il est logique de ce point de vue d'estimer que « le recours à la notion de transfert de compétences rend compte de manière plus exacte du phénomène communautaire »[3].

Un parallèle peut par conséquent être effectué entre la notion de « transfert de compétences » et les diverses formules utilisées, indistinctement, par la *CJCE* en sa qualité de gardienne de l'effectivité de l'ordre juridique communautaire. En effet, afin de garantir l'application uniforme du droit communautaire, la Cour de Luxembourg use notamment, à l'appui de sa démonstration, d'expressions telles que « limitation de compétence » ou « transfert d'attributions des Etats à la Communauté » ; Etats qui ont, par hypothèse, « limité, bien que dans des domaines restreints, leurs droits souverains »[4]. De telles attributions de compétences bénéficient logiquement à l'ordre juridique dont la Cour assure le respect dans l'interprétation et l'application des traités communautaires[5]. Or il est indéniable que le Conseil constitutionnel a utilisé l'expression de « transfert de compétences » à l'occasion de l'examen de la constitutionnalité d'un texte approfondissant l'intégration européenne, en l'occurrence le traité de Maastricht. Il est donc permis, nous semble-t-il, de relever le lien assez étroit qui existe entre la mise en œuvre de la notion de « transfert de compétences » et les exigences du phénomène communautaire.

Ce lien est d'autant plus plausible, sinon exclusif, que dans le considérant de principe de sa décision n° 98-408 DC du 22 janvier 1999 à propos du traité de

---

[1] M. M. BOURJOL, *Jurisclasseur Collectivités territoriales*, fasc. 22, *op. cit.*, p. 2.

[2] G. JELLINEK : *L'Etat moderne et son droit*, IIe partie, *op. cit.*, p. 157.

[3] M. J.-P. JACQUE : « Commentaire de la décision du conseil constitutionnel n° 92-308 DC du 9 avril 1992 », *RTDE* 1992, p. 256. Dans le même sens, MM. T. S. RENOUX - M. de VILLIERS : *Code constitutionnel*, éd. Litec, 1994, p. 214, considèrent que le concept de transfert de compétences est « peut-être plus proche des mécanismes de la construction européenne... ».

[4] Arrêt *Costa c/ ENEL* du 15 juillet 1964, *Rec.*, pp. 1158 à 1160.

[5] Cf. article 164 du traité instituant la Communauté européenne (article 220, Nouvelle numérotation des traités).

Rome du 17 juillet 1998 portant statut de la *CPI*[1], le Conseil constitutionnel n'a pas repris le concept de transfert de compétences. En d'autres termes, cette notion doit être entendue comme étant, (pour l'instant ?), liée très étroitement aux engagements internationaux, tels les traités fondateurs et modificatifs (Maastricht et Amsterdam notamment), conclus « en vue de participer à la création ou au développement d'une organisation internationale permanente, dotée de la personnalité juridique et investie de pouvoirs de décision par l'effet de transferts de compétences consentis par les Etats membres »[2].

Par ailleurs, il apparaît que les formulations de la *CJCE* et du Conseil constitutionnel sont assez analogues[3]. En effet, on ne voit pas très bien ce qui différencierait véritablement les concepts de « transfert de compétences », de « limitation de compétence » ou encore de « transfert d'attributions ». Ceci d'autant plus qu'il a été évoqué plus haut la complémentarité limitation de souveraineté - transfert de compétences et le rapprochement entre les termes utilisés d'un côté par le juge constitutionnel français et de l'autre par les Cours constitutionnelles italienne et allemande. Tout ceci contribue à conforter l'idée d'une atténuation voire d'une remise en cause de la doctrine classique de la souveraineté, au contact de l'Europe communautaire. Autrement dit, on peut noter une certaine influence de la construction européenne dans la promotion d'une conception de la souveraineté, à l'inverse d'une notion abstraite de souveraineté, s'analysant en une attribution de compétences nationales à l'Europe communautaire, compétences dont l'exercice est confié à des institutions d'une organisation internationale dont la personnalité juridique est distincte de celle des Etats membres. On n'est donc pas éloigné de la réalité lorsqu'on affirme que la logique communautaire n'est pas étrangère à la promotion par le Conseil constitutionnel de la notion de « souveraineté-compétence ».

Conclusion de la Section I

Le Conseil constitutionnel, avec sa décision *Maastricht I* du 9 avril 1992, a inauguré une nouvelle ère dans la conception que se fait le droit constitutionnel français de la construction communautaire et de son ordre juridique. Ceci est consécutif à l'évolution de la terminologie utilisée pour caractériser de façon concrète les « limitations de souveraineté nécessaires à l'organisation et à la défense de la paix ». Cette nouvelle « doctrine » est d'autant plus notable et

---

[1] *JORF*, 24 janvier 1999, p. 1317 ; *Rec. D.C.C.*, p. 29.

[2] Comparer les considérants 13 de la décision *Maastricht I* et 6 de la décision *Traité d'Amsterdam* avec le considérant n° 12 de la décision n° 98-408 DC.

[3] Sur une telle congruence juridique, cf. M. D. ROUSSEAU : *Sur le Conseil constitutionnel. La doctrine Badinter et la démocratie*, Descartes et Cie, 1997, p. 159.

significative qu'elle a été entérinée par les autorités habilitées à réviser la Constitution de 1958 (Section II).

Section II : L'authentification de cette démarche par le pouvoir constituant dérivé

Aux termes du dispositif de la décision *Maastricht I* du 9 avril 1992 : « L'autorisation de ratifier en vertu d'une loi le traité sur l'Union européenne ne peut intervenir qu'après révision de la Constitution ». De ce fait, si le pouvoir constituant institué français considérait comme hautement impérieuse l'entrée en vigueur du traité de Maastricht, il convenait donc au préalable d'engager une révision constitutionnelle. C'est ce qu'il fit au printemps 1992 avec l'adoption de la loi constitutionnelle n° 92-554 du 25 juin de la même année[1]. Dans ce cadre, le constituant français a développé une vision de la souveraineté de l'Etat qui va dans le droit fil, dans le prolongement, de la position adoptée par la Haute instance. En effet, de l'adéquation de la Constitution française au *TUE* il ressort que l'engagement européen de la France nécessite des attributions de compétences aux institutions communautaires (Paragraphe 1). Ce transfert ne contribue nullement à faire perdre sa qualité d'Etat souverain à la République française. Il s'agit tout simplement de la reconnaissance constitutionnelle de l'existence d'un mode d'exercice partagé de certains attributs relevant traditionnellement de la souveraineté de l'Etat (Paragraphe 2).

Paragraphe 1 : Le consentement du constituant français à l'attribution de certaines compétences souveraines à l'Europe communautaire

La révision constitutionnelle du 25 juin 1992 a introduit un titre spécifique dans la Constitution française de 1958 : « Des Communautés européennes et de l'Union européenne ». On y trouve une prise de position de principe sur l'exercice de certains pouvoirs souverains au sein de l'Europe communautaire à travers la formulation ambiguë de l'article 88-1 et la rédaction beaucoup plus éclairante de l'article 88-2 de la Constitution de 1958. Il en ressort que l'habilitation constitutionnelle à l'exercice de compétences souveraines par les institutions communautaires est sous-jacente dans la première disposition (A) et transparente dans la seconde (B). Il faut souligner en outre que cette démarche a connu un prolongement, pour ce qui est de l'article 88-2, avec la réforme constitutionnelle

---

[1] *JORF*, 26 juin 1992, p. 8406.

nécessaire à la ratification du traité d'Amsterdam[1]. Par ailleurs, la position du constituant français est très loin d'être isolée en la matière.

A/- Un consentement ambigu dans l'article 88-1 de la Constitution

Il convient de montrer ici que même si l'habilitation à transférer des compétences à l'Europe communautaire n'est pas transparente dans l'article 88-1, elle y est belle et bien présente et ce, de façon implicite. Il est permis de relever en outre qu'une telle configuration des choses a été, dans une certaine mesure, retenue par le constituant portugais.

1)- Le choix implicitement opéré en faveur du concept de « souveraineté-compétence »

Le pouvoir constituant dérivé a, en 1992, défini le cadre général de la participation de la République française à la construction européenne dans l'article 88-1 de la Constitution. Cette disposition s'avère importante car elle montre la difficulté qu'il y a à trouver un équilibre entre l'engagement dans un système régional d'intégration et le maintien de l'autonomie constitutionnelle française. De ce point de vue, on peut dire que cette nouvelle disposition constitutionnelle comporte un certain caractère ambivalent[2]. Il apparaît en effet que le constituant, en adoptant la formule de l'article 88-1 de la Constitution, a voulu concomitamment consacrer la spécificité ou, du moins, l'ancrage constitutionnel irréfutable de l'engagement européen[3] et marquer le caractère, pour l'heure, indépassable du rôle des Etats souverains dans la perpétuation de cet engagement. Ceci dit, il convient de préciser que seuls seront analysés ici les éléments de l'article 88-1 qui contribuent à montrer l'option retenue quant à la portée du principe de la souveraineté de l'Etat dans le cadre de la construction communautaire[4].

La participation de la France à l'intégration européenne revient, aux termes de l'article 88-1 à « exercer en commun certaines [...] compétences ». Avant d'analyser ce membre de phrase plus au fond, il est important de faire une mise au

---

[1] Cf. Loi constitutionnelle n° 99-49 du 25 janvier 1999 modifiant les articles 88-2 et 88-4 de la Constitution, *JORF*, 26 janvier 1999, p. 1343.

[2] Pour M. T. de BERRANGER : *Constitutions nationales et construction communautaire, op. cit.*, pp. 89-90, il s'agit d'une disposition à double tranchant.

[3] Voir par exemple M. G. CARCASSONNE : *La Constitution, introduction et commentaires*, 3e éd., éd. du Seuil, 1999, p. 327.

[4] Sur l'aspect « Préservation de l'autonomie constitutionnelle » de l'article 88-1, se reporter au chapitre I du titre II de cette partie.

point préliminaire. Comme cela a été dit ci-dessus, il ne fait aucun doute que « cet article 88-1 constitue un chef d'œuvre d'ambiguïté politico-juridique »[1]. On veut montrer qu'il s'agit là d'une formulation largement euphémique. En effet, il est clair que la notion d'exercice en commun de compétences renvoie à une logique intergouvernementale telle qu'elle se matérialise dans les second et troisième piliers de l'Union européenne. En s'en tenant à cette interprétation littérale, il est indéniable que l'article 88-1 de la Constitution n'illustre pas à proprement parler l'hypothèse d'une délégation de l'exercice de certaines compétences souveraines aux institutions communautaires. Cela étant, il est permis d'adopter une argumentation plus approfondie qui tient à montrer qu'outre l'hypothèse d'une maladresse de rédaction[2], l'article 88-1, « en évoquant l'exercice en commun de certaines compétences [...] falsifie une réalité juridique plus radicale, celle des transferts »[3]. On peut donc légitimement parler du « caractère illusoire et trompeur de la notion d'« exercice en commun des compétences »[4]. Les constituants de 1992 ont ainsi, à certains égards, mis sous le boisseau la réalité communautaire qui est celle d'« un transfert de compétences de la part des Etats membres, celles-ci étant exercées par des institutions distinctes et indépendantes des Etats, disposant d'un réel pouvoir de décision... »[5].

Ainsi, au-delà de la volonté affichée par le constituant, qui est celle de la logique intergouvernementale de la construction européenne, nous pensons que l'article 88-1 contient une face cachée : en mentionnant la participation de la République aux Communautés européennes notamment et en faisant allusion pour partie aux traités fondateurs[6], cette disposition avalise sans le dire le consentement de l'Etat aux transferts de certaines compétences aux institutions communautaires. Autrement dit, et comme le soutient Mme F. CHALTIEL, cette nouvelle disposition constitutionnelle « contient implicitement le principe des transferts de compétences »[7]. Les développements qui suivent sont donc inspirés par une considération simple : en évoquant l'exercice en commun de certaines compétences à l'article 88-1, le constituant a implicitement mais réellement reconnu (voire

---

[1] Mme F. CHALTIEL : *La souveraineté de l'Etat et l'Union européenne, op. cit.*, pp. 244-245. Voir aussi sur le caractère ambivalent de la formulation retenue à l'article 88-1, M. C. STEPHANOU : « Models for the institutional structure of the Union », dans *Actes du Colloque des chaires Jean Monnet sur la CIG de 1996*, Luxembourg : OPOCE, 1997, pp. 93-94.

[2] M. J. ROUX : « Commentaire de la décision du 31 décembre 1997 », dans *Le traité d'Amsterdam face aux Constitutions nationales, op. cit.*, p. 115, parle d' « imperfection rédactionnelle ».

[3] M. J. ROUX : *Le principe de la souveraineté de l'Etat dans la jurisprudence du Conseil constitutionnel, op. cit.*, p. 561.

[4] *Ibid.*, pp. 72-73.

[5] M. J.-C. MASCLET : « Où en est l'Europe politique ? », *PPS*, n° 721-722, 11/25 février 1994, p. 4.

[6] Ceci s'applique de façon générale au pilier communautaire de l'Union européenne.

[7] Mme F. CHALTIEL : « La Constitution française et l'Union européenne. A propos de la révision constitutionnelle du 25 janvier 1999 », *RMC* 1999, p. 231.

donné son aval) le phénomène de l'exercice de certaines compétences nationales par les institutions communautaires dans l'intérêt commun.

Le constituant semble donc admettre que, par hypothèse, certaines compétences appartenant à la sphère étatique sont attribuées à l'Europe communautaire, organisme au sein duquel ces compétences sont exercées par des institutions indépendantes des Etats membres. Il en découle que l'option retenue en 1992 est celle de la « souveraineté-puissance publique » conçue comme contenu, c'est-à-dire comme l'ensemble des pouvoirs dont dispose l'autorité étatique, pouvoirs qui sont prévus par les principes et règles de valeur constitutionnelle. En adoptant implicitement une telle conception le pouvoir constituant dérivé se place assurément dans le prolongement de l'approche adoptée par le Conseil constitutionnel dans sa décision du 9 avril 1992. Il s'agirait donc d'une concrétisation constitutionnelle du concept de « souveraineté-compétence » mis en lumière par le juge constitutionnel français[1]. M. F. LUCHAIRE ne dit pas autre chose lorsqu'il constate que l'article 88-1 de la Constitution « a pour conséquence de donner un fondement constitutionnel solide à une affirmation du Conseil constitutionnel qui ne reposait que sur sa jurisprudence ». Ceci d'autant plus qu'on pourrait considérer que la mise en commun de compétences envisagée par cet article « suppose à l'évidence » l'existence de transferts de compétences dont parle le Conseil constitutionnel[2]. Il est donc possible de parler d'un mouvement de clarification qui se traduirait par un attachement à la souveraineté de l'Etat, attachement non exclusif de transferts de certaines compétences y afférant au profit de l'ordre juridique communautaire[3].

Cette nouvelle approche bénéficie d'une illustration ou plutôt d'une confirmation au niveau communautaire. En effet, la conception française semble avoir été entérinée par le Conseil européen, à deux reprises notamment, et à peu près dans les mêmes termes que ceux de l'article 88-1 de la Constitution. Ainsi, lors des Conseils européens d'Edimbourg en décembre 1992 et de Corfou en juin 1994, les chefs d'Etat et de gouvernement ont affirmé que la construction européenne se caractérise principalement par l'exercice en commun de certaines compétences par les Etats membres[4]. Au même titre que l'article 88-1 de la

---

[1] M. S.-L. FORMERY : *La Constitution commentée article par article*, 4e éd., Hachette Livre, 1998, p. 145, considère ainsi que : « L'article 88-1 prend acte de la jurisprudence fixée par la décision du 9 avril 1992, en affirmant le choix solennellement effectué par la France d'exercer ses compétences avec les autres Etats membres de l'Union européenne ».

[2] M. F. LUCHAIRE : « Le traité d'Amsterdam et la Constitution », *RDP* 1998, p. 337.

[3] On retrouve une telle approche dans les débats autour de la révision constitutionnelle préalable à la ratification du traité d'Amsterdam, cf. par exemple les interventions de M. C. ESTIER et de Mme E. GUIGOU, dans *J.O.* n° 104, S. (C.R.) - séance du 17 décembre 1998, pp. 6534 et 6537.

[4] Cf. *Bull. des C.E.*, n° 12/1992, p. 26 et n° 6/1994, p. 8. Il faut rappeler qu'aux termes d'un passage de la résolution politique du Congrès de la Haye (7 au 10 mai 1948) : « L'heure est venue pour les nations de l'Europe de transférer certains de leurs droits souverains pour les exercer en commun... »,

Constitution française, ces déclarations comportent une certaine ambivalence. En effet, le « réaménagement des souverainetés » qu'implique la construction européenne est librement accepté par des « Etats indépendants et souverains » (ce qui suppose un nécessaire maintien de l'autonomie constitutionnelle de ces Etats, de la liberté de décider de leur avenir). Il n'en demeure pas moins qu'il faut appliquer à ces déclarations du Conseil européen, le même raisonnement implicite que celui retenu pour l'article 88-1 de la Constitution française. M. C. BLUMANN le résume ainsi : « ...La formule [de l'article 88-1] n'est pas aussi réductrice et minimaliste qu'il y paraît au premier abord, puisqu'elle évoque une mise en commun de compétences et par conséquent un exercice partagé de certains éléments de la souveraineté »[1]. Autrement dit, ces différentes formulations, bien que retenant explicitement une logique de coopération, comportent cependant de façon sous-jacente une acceptation de la démarche intégrationniste. Cette dernière a été pertinemment présentée par M. W. GANSHOF VAN DER MEERSCH pour qui, dans les Communautés européennes, « ...les Etats ont renoncé à gérer souverainement certains secteurs déterminés de l'activité étatique et transféré leur pouvoir et leurs compétences dans ces domaines à une organisation appelée par eux à gérer ces matières en commun »[2]. Deux étapes apparaissent donc dans ce qu'il convient de qualifier de concrétisation de la notion de « souveraineté-compétence »[3]. Une attribution de compétences de la part des Etats membres de l'Union européenne ; une gestion commune de ces compétences par les instances communautaires (étant entendu que les Etats membres y participent, notamment au sein du Conseil des ministres)[4]. Même si dans cette deuxième phase il ne s'agit pas forcément de pouvoirs identiques aux compétences étatiques transférées[5], l'important est que les premières soient la résultante des secondes.

---

cité dans M. P. SABOURIN : *L'Etat-nation face aux Europes, op. cit.*, p. 164. Déjà en 1948, on voit apparaître la nécessité de faire évoluer le principe de la souveraineté de l'Etat au contact d'une entreprise d'intégration régionale très poussée.

[1] M. C. BLUMANN : « La ratification par la France du traité de Maastricht », *op. cit.*, p. 399.

[2] M. GANSHOF VAN DER MEERSCH : « L'ordre juridique des Communautés européennes et le droit international », *RCADI* 1975-V, tome 148, p. 200 ; également M. J.-M. FAVRET : *Droit et pratique de l'Union européenne*, 2e éd., *op. cit.*, pp. 27 et 129.

[3] On peut rapprocher cette position de la situation décrite par M. H. LESGUILLONS : *L'application d'un traité-fondation : le traité instituant la CEE, op. cit.*, p. 104 : « La compétence commune est le fruit de deux actes juridiques simultanés coexistant dans un même instrument : une renonciation par les Etats à l'exercice national de certaines compétences internes et externes ; la création, *ex nihilo*, de compétences nouvelles s'étendant aux domaines et aux sujets précédemment couverts par les compétences étatiques abandonnées et comportant précisément cet abandon ». Pour lui, il est indéniable que « la gestion commune n'est [...] possible que si les Etats acceptent, [...], de renoncer à l'exercice de leurs compétences souveraines dans les domaines correspondants », p. 97.

[4] M. P. SOLDATOS : *Le système institutionnel et politique des Communautés européennes dans un monde en mutation. Théorie et pratique*, Bruylant, Bruxelles, 1989, p. 26.

[5] Voir sur cet aspect de la question : M. D. SIMON : *Le système juridique communautaire, op. cit.*, p. 84 ; M. V. CONSTANTINESCO : *Compétences et pouvoirs dans les Communautés européennes*

La position française n'est nullement isolée en l'espèce. En effet, une attitude assez semblable a été adoptée par le constituant portugais.

2)- Une démarche semblable à celle du constituant portugais

Sous réserve d'une différence de degré, on peut trouver une formule analogue à celle de l'article 88-1 dans l'article 7-6 de la Constitution portugaise, introduit par la révision du 25 novembre 1992 consécutive à la ratification du traité de Maastricht. Il convient en effet de préciser que cette disposition de la Constitution portugaise équivaut à une habilitation générale à l'égard de la poursuite ou de l'approfondissement de la construction communautaire. Alors que l'article 88-1 de la Constitution de 1958 contribue essentiellement à offrir une base constitutionnelle à la participation de la France à l'intégration européenne, surtout au processus antérieur au *TUE*. Sous cette réserve, il est permis de constater qu'aux termes de l'article 7-6 de la Constitution du 2 avril 1976 : « ...Le Portugal peut passer des conventions sur l'exercice en commun des pouvoirs nécessaires à la construction de l'Union européenne »[1]. De ce point de vue, un rapprochement peut être effectué, nous semble-t-il, entre cette disposition et l'article 88-1 dans la mesure où l'objet des conventions dont la conclusion est prévue par la Constitution se résume à « l'exercice en commun des pouvoirs » dans la perspective du développement de l'intégration européenne. Cet exercice en commun des pouvoirs étant nécessaire à la construction de l'Union européenne, il faut bien entendu y intégrer les hypothèses de gestion de certaines compétences souveraines par les institutions communautaires. Au Portugal comme en France, des compétences étatiques sont donc transférables. Ceci n'est rien d'autre que la traduction juridique et concrète du concept de « souveraineté-compétence ».

Il n'est pas exagéré de dire que la présence d'une telle conception de la souveraineté est de plus en plus perceptible au sein des Etats membres de l'Union européenne. A notre avis, il s'agit là des implications de la participation de ces Etats à une organisation internationale intégrée. En effet, peut-on encore participer à la construction communautaire tout en conservant sa souveraineté intacte ? De toute manière, il est clair que la vision classique de la souveraineté (en tant que bloc inaltérable, monolithique et intangible) s'avère difficilement compatible avec

- *Contribution à l'étude de la nature juridique des Communautés*, LGDJ, Paris, 1974, pp. 249-251 ; G. ISAAC : *Droit communautaire général*, 7e éd., *op. cit.*, pp. 39 et 326.

[1] La conclusion de ce type de conventions est possible « dans des conditions de réciprocité, dans le respect du principe de subsidiarité et en vue de la réalisation de la cohésion économique et sociale... ».

l'existence du « système institutionnel communautaire »[1]. Est significative à cet égard la situation en Espagne. Il est incontestable que le Royaume d'Espagne, à travers sa Constitution du 27 décembre 1978, a introduit certaines dispositions dans la perspective de son entrée dans la Communauté européenne. Ainsi, l'article 93 de la Constitution a-t-il pu servir de base à la ratification du traité d'adhésion du 12 juin 1985. On y trouve une consécration d'une conception souple de la souveraineté. Autrement dit, bien que « la souveraineté nationale réside dans le peuple espagnol... » (article 1-2 de la Constitution), l'article 93 dispose qu'«une loi organique pourra autoriser la conclusion de traités attribuant à une organisation ou à une institution internationale l'exercice de compétences dérivées de la constitution »[2]. Il faut noter que l'attribution de ces compétences aux institutions communautaires concerne seulement leur exercice.

Au total, on peut dire que le droit constitutionnel français en matière européenne adopte désormais une approche beaucoup plus souple du principe de la souveraineté de l'Etat. A ce titre, l'analyse qui vient d'être menée montre que le constituant dérivé a implicitement repris ou s'est aligné sur la nouvelle « doctrine » du Conseil constitutionnel. Un tel prolongement de la position du Conseil constitutionnel transparaît de façon beaucoup plus nette dans la rédaction de l'article 88-2 de la Constitution qui a permis au constituant de lever certains obstacles identifiés par la Haute instance dans sa décision *Maastricht I* (B). Il faut noter que la même démarche a été suivie par la loi constitutionnelle du 25 janvier 1999 préalable à la ratification du traité d'Amsterdam.

B/- Une habilitation explicite dans l'article 88-2 de la Constitution

L'article 88-2 de la Constitution de 1958 (dans sa version datée de la loi constitutionnelle du 25 juin 1992) comporte une autorisation constitutionnelle explicite à déléguer l'exercice de certaines compétences souveraines françaises à des institutions communautaires au premier rang desquelles, la Banque centrale européenne. Pareille consécration du caractère divisible de l'exercice des droits souverains se retrouve également dans la Loi fondamentale de Bonn de 1949 dans sa rédaction issue de la révision constitutionnelle de décembre 1992.

---

[1] Voir en ce sens M. J.-P. JACQUE : « Cours général de droit communautaire », *RCADE* 1990, vol. I-1, pp. 262 et 265.

[2] Soulignons également que la Constitution grecque permet de reconnaître « des compétences prévues par la Constitution à des organes d'organisations internationales » ou encore « des restrictions à l'exercice de la souveraineté nationale », cf. articles 28-2 et 28-3 de la Constitution du 9 juin 1975, Mme C. GREWE et M. H. OBERDORFF, *op. cit.*, p. 266.

1)- Des transferts de compétences régaliennes constitutionnellement autorisés

Le juge constitutionnel français, dans sa décision du 9 avril 1992, avait considéré que l'entrée de la France dans la troisième phase de l'union économique et monétaire contribuerait à la priver « de compétences propres dans un domaine où sont en cause les conditions essentielles d'exercice de la souveraineté nationale ». De même, l'abandon de la règle de l'unanimité à compter du 1er janvier 1996 dans le domaine de la politique commune des visas aurait pour effet d'« affecter l'exercice par l'Etat de compétences qui relèvent des conditions essentielles de la souveraineté ». Les dispositions et les principes de la charte fondamentale de l'ordre juridique français constituaient donc un obstacle à l'entrée en vigueur du traité de Maastricht. L'une des modalités de levée de cet obstacle consistait à réviser la Constitution préalablement à la ratification dudit traité. Il s'agissait là incontestablement de domaines considérés traditionnellement comme faisant partie des pouvoirs régaliens de l'Etat, en l'occurrence le pouvoir de battre monnaie et les pouvoirs de haute police (mesures relatives à l'entrée et à la circulation des ressortissants des pays tiers à l'intérieur de l'espace communautaire)[1]. La déclaration de contrariété à la Constitution du droit de vote et d'éligibilité des citoyens de l'Union aux élections municipales en France peut être, ici, mise de côté. En effet, elle concerne la participation à l'exercice de la souveraineté nationale de ressortissants autres que les nationaux français (ce qui est une exception au lien entre nationalité et citoyenneté[2]) ; et ne constitue donc pas en tant que tel une hypothèse de transfert de compétences.

Le choix retenu par les autorités françaises fut de réviser la Constitution afin de pouvoir ratifier le traité signé à Maastricht le 7 février 1992. La loi constitutionnelle du 25 juin 1992 comporte ainsi un article 88-2 dérogeant à l'exercice national des attributs de la souveraineté. En d'autres termes, cette disposition autorise la France à consentir « aux transferts de compétences nécessaires à l'établissement de l'union économique et monétaire européenne ainsi qu'à la détermination des règles relatives au franchissement des frontières extérieures des Etats membres de la Communauté européenne »[3]. La construction

---

[1] J. BODIN évoquait déjà les « vraies marques de souveraineté » : pouvoir de juger et de légiférer, de battre monnaie et de lever l'impôt, de faire la guerre et la paix, cf. M. G. COTTEREAU : « La souveraineté dans les mailles du filet européen », *Géopolitique* 1996, *op. cit.*, pp. 111-112. Sur un recensement de ces fonctions régaliennes de l'Etat, cf. M. J. ROUX : *Le principe de la souveraineté de l'Etat dans la jurisprudence du Conseil constitutionnel, op. cit.*, pp. 200-208.

[2] Cf. sur cette question, M. L. FAVOREU(Sous la direction de) : *Droit constitutionnel*, 3e éd., Dalloz, 2000, pp. 883-886.

[3] Pour M. F. LUCHAIRE : «L'Union européenne et la Constitution - 3e partie », *RDP* 1992, p. 979, on peut estimer, à juste titre, que l'article 88-2 est assimilable à une « ...acceptation constitutionnelle des transferts de compétences dans des domaines qui d'après le Conseil constitutionnel touchent aux conditions essentielles de la souveraineté nationale... ».

communautaire, représentée en l'espèce par le traité de Maastricht, implique ainsi des attributions de compétences à certaines instances communautaires (à la Banque centrale européenne notamment). De plus, les autorités françaises seront, à terme, privées de compétences nationales en matière de contrôle et de franchissement des frontières extérieures de l'Etat. Ces différentes compétences transférées seront, par hypothèse, exercées en commun au niveau communautaire par des institutions indépendantes des Etats membres. L'article 88-2 de la Constitution apparaît donc comme une concrétisation d'une nouvelle conception de la souveraineté qui est nécessairement conciliable avec les exigences de l'intégration européenne. Autrement dit, certaines prérogatives relevant du pouvoir régalien de l'Etat français peuvent être exercées en dehors de la sphère nationale. Dans le même ordre d'idées, il faut souligner que, afin de surmonter les obstacles relevés par le Conseil constitutionnel dans sa décision n° 97-394 DC du 31 décembre 1997, les autorités exécutives françaises ont déposé un projet de loi constitutionnelle tendant à modifier l'article 88-2 de la Constitution. La modification proposée se situe dans le droit fil de la logique retenue par le constituant en 1992. En effet, il ressort de ce projet de loi constitutionnelle que la France peut donner son consentement aux « transferts de compétences nécessaires à la détermination des règles relatives à la libre circulation des personnes et aux domaines qui lui sont liés »[1]. Ainsi, s'inspirant des formulations de 1992, le projet de réforme constitutionnelle adopte-t-il une approche de la souveraineté française qui ne s'oppose nullement à un exercice, autre que national, de compétences étatiques. Bien que prudente et ponctuelle, cette solution qui a été entérinée par la loi constitutionnelle n° 99-49 du 25 janvier 1999 modifiant les articles 88-2 et 88-4 de la Constitution, s'assimile[2], une fois de plus, à une consolidation de la notion de « souveraineté-compétence ». Une même approche fut retenue par le pouvoir de révision constitutionnelle en République fédérale d'Allemagne.

2)- Une conception partagée par le constituant allemand

La loi constitutionnelle du 21 décembre 1992 a ajouté une seconde phrase à l'article 88 de la Loi fondamentale du 23 mai 1949[3]. Aux termes de cette modification, les « missions et compétences [de la Bundesbank] peuvent, dans le cadre de l'Union européenne, être transférées à la Banque centrale européenne, qui

[1] Cf. projet de loi constitutionnelle, n° 1072, enregistré à la Présidence de l'Assemblée nationale le 30 juillet 1998, pp. 4-5 ; T. BREHIER, Le Monde du 30 juillet 1998, p. 26.

[2] *JORF*, 26 janvier 1999, p. 1343 ; Mme C. GREWE et M. H. OBERDORFF : *Les Constitutions des Etats de l'Union européenne, op. cit.*, p. 252.

[3] Avant 1992, cet article disposait : « La Fédération crée une banque d'émission en tant que banque fédérale ».

est indépendante et dont l'objectif principal est de maintenir la stabilité des prix ». Il faut d'abord noter que le passage à la troisième phase de l'union économique et monétaire n'étant pas automatique, le constituant allemand a peut-être voulu en tenir compte dans la rédaction retenue (il s'agit d'une faculté et non d'une obligation)[1]. Il est ensuite intéressant pour notre démarche de constater que la Constitution allemande, comme la Constitution de 1958, prévoit de transférer les compétences monétaires de la République fédérale d'Allemagne, et donc de la banque fédérale, à la Banque centrale européenne. Et cette situation résulte des engagements contractés par ces deux pays « dans le cadre de l'Union européenne ». Cette dernière contribue donc largement à l'adoption d'une approche souple de la souveraineté dans les divers Etats membres. Ceci justifie d'autant plus l'affirmation selon laquelle : « ...Si la souveraineté continue de s'exercer de manière classique pour les engagements internationaux de la France, de manière dérogatoire, elle est partagée dans le cadre des traités communautaires et de l'Union européenne... »[2]. Il en résulte que les bases d'un exercice partagé de certains éléments de souveraineté[3] sont désormais perceptibles à la fois dans la jurisprudence du Conseil constitutionnel et dans l'attitude du constituant dérivé français. Il convient d'en apprécier les contours (Paragraphe 2).

Paragraphe 2 : L'effet induit d'une telle solution : l'admission du caractère divisible des modalités d'exercice de la souveraineté

La possibilité du transfert de certaines compétences à une organisation internationale, et particulièrement à la Communauté européenne, concerne très exactement les modalités d'exercice de la souveraineté de l'Etat. En d'autres termes, l'essence même de cette souveraineté n'entre pas en considération, en l'état actuel de l'intégration européenne, dans l'opération d'attribution (A). Il n'en demeure pas moins que la question du seuil[4] peut se poser : à partir de quel

---

[1] Il convient aussi de préciser que la Cour constitutionnelle fédérale (décision du 12 octobre 1993) abonde dans le même sens dans la mesure où elle considère que le passage à la troisième phase de la monnaie unique ne constitue pas une obligation juridique. Une probable intervention du législateur allemand est de surcroît envisagée. Sur la constitutionnalité du passage à cette troisième phase, cf. M. R. ARNOLD : « L'union monétaire européenne et la Constitution allemande », *RDP* 1998, p. 649.

[2] M. H. OBERDORFF : « La France : Etat membre de l'Union européenne », dans G. DUPRAT(Sous la direction de) : *L'Union européenne - Droit, politique, démocratie*, PUF, 1996, p. 90.

[3] Mme J. DUTHEIL de la ROCHERE : « La souveraineté de l'Etat et l'Union européenne », dans R. DRAGO(Sous la direction de) : *Souveraineté de l'Etat et interventions internationales*, éd. Dalloz, 1996, p. 52, parle à ce propos d'« une ère nouvelle de compétences partagées ».

[4] Pour M. J.-Y. MORIN, intervention au Colloque du 26 juin 1987 sur *La souveraineté au XXIe siècle, Cahiers de documentation et de recherche européennes de la Faculté de droit de l'Université Jean*

moment peut-on dire que le changement dans les modalités d'exercice de la souveraineté retentit sur l'essence même de la souveraineté et entraîne, par voie de conséquence, un changement de Constitution ? (B).

A/- La distinction entre la détention de la souveraineté et son exercice

Dans la conception révolutionnaire, et donc dans la tradition constitutionnelle française, « le principe de toute souveraineté réside essentiellement dans la nation » (article 3 de la Déclaration des droits de l'Homme et du citoyen de 1789). Ce fondement national de la souveraineté a été confirmé dans la Constitution du 4 octobre 1958 par une formule de compromis[1]. Sous la Ve République le principe est donc celui du caractère national du fondement comme de l'exercice de la souveraineté. Il n'en demeure pas moins que le préambule de la Constitution de 1958 tient compte de la tradition républicaine en rappelant notamment l'attachement du peuple français « aux principes de la souveraineté nationale tels qu'ils ont été définis par la Déclaration de 1789, confirmée et complétée par le préambule de la Constitution de 1946 ». Et il ressort de ce texte de 1946 qu'il est possible d'apporter une exception au principe de l'exercice national de la souveraineté. En effet, aux termes du treizième principe politique, économique et social particulièrement nécessaire à notre temps : « Sous réserve de réciprocité, la France consent aux limitations de souveraineté nécessaires à l'organisation et à la défense de la paix ». On peut donc y voir une volonté d'adapter l'exercice de la souveraineté de l'Etat aux réalités de la société internationale, cette dernière étant caractérisée par la création et le développement d'organisations internationales faisant l'objet d'une centralisation croissante.

De ce point de vue, on peut dire que le droit constitutionnel français en matière internationale a désormais pris l'exacte ampleur de ce phénomène et des conséquences qu'il implique sur l'aménagement de l'exercice de la souveraineté. Autrement dit, il apparaît que le concept de « transfert de compétences » (concrétisation des limitations de la souveraineté de l'Etat) permet d'affirmer que seul l'exercice de certaines compétences souveraines est transféré alors que l'essence même de la souveraineté relève encore du cadre national[2]. La

---

Moulin Lyon III, 1988, p. 35, cette question du seuil est « probablement l'une des grandes questions du XXIe siècle ».

[1] Il s'agit, schématiquement, du compromis entre la souveraineté nationale (exercice par les représentants du peuple) et la souveraineté populaire (exercice par la voie du référendum).

[2] M. J. ROUX : *Le principe de la souveraineté de l'Etat dans la jurisprudence du Conseil constitutionnel, op. cit.*, pp. 10-19, préfère, pour sa part, parler de souveraineté démocratique qui reste intacte dans son essence et de la souveraineté de l'Etat dont certaines compétences sont

souveraineté en elle-même ne peut donc faire l'objet d'un exercice par les institutions communautaires ; seuls certains éléments qui la composent sont ici concernés. Ceci revient à dire qu'il faut distinguer entre le titre de la souveraineté (qui reste national) et l'exercice de certaines de ses compétences (qui sont en principe transférables). On peut ainsi considérer, à juste titre, que selon la nouvelle doctrine du Conseil constitutionnel, il est clair que la souveraineté peut être limitée dans l'exercice de compétences par l'Europe communautaire mais que dans sa possession et dans son titre, elle ne peut être transférée[1]. Il faut par ailleurs noter que l'éminent juriste strasbourgeois R. CARRE de MALBERG estimait déjà que : « ...Les limitations qu'un Etat peut par traité consentir à son indépendance, n'ont pas habituellement pour effet de supprimer sa souveraineté... »[2]. En outre, il ressort expressément des débats parlementaires relatifs à la révision constitutionnelle du 25 juin 1992 que la majorité de la représentation nationale ne considère pas une mise en commun des compétences au sein de l'Union européenne comme une négation de l'existence de la France en tant qu'Etat souverain.

Ainsi, le député P. CLEMENT fait-il un recours, très démonstratif, au droit privé pour exprimer la distinction qui existe entre le titre et l'exercice de la souveraineté : « Pour reprendre une distinction chère aux civilistes, la souveraineté serait la nue propriété et les compétences seraient l'usufruit. On peut donner l'usufruit à l'Europe, on gardera la nue propriété »[3]. Cette approche fut également soutenue au Sénat par J. LECANUET : « ...La nation peut déléguer des compétences ; elle ne cesse par pour autant d'être souveraine »[4]. Dans cette même perspective, il convient de souligner la prise de position de M. M. VAUZELLE (Garde des sceaux en 1992) : « Seuls les éléments, l'objet sur lesquels s'exerce la souveraineté peuvent être gérés en commun, le principe lui-même ne peut être

---

transférables à des autorités internationales. La souveraineté de l'Etat apparaît donc comme étant la forme internationale d'exercice de la souveraineté du peuple.

[1] M. T. de BERRANGER : *Constitutions nationales et construction communautaire, op. cit.*, p. 275. Pour une approche identique, voir notamment : Mme M.-F. LABOUZ : « Rapport introductif » du Colloque sur *Les accords de Maastricht et la Constitution de l'Union européenne*, éd. Montchrestien, 1992, p. 43 ; M. J. BOULOUIS : « Le sort des noyaux durs de la souveraineté nationale », *Administration*, n° 149, 15 octobre 1990, p. 22 ; Mme J. DUTHEIL de la ROCHERE : « La souveraineté de l'Etat et l'Union européenne », *op. cit.*, pp. 48-53. Fidèle à sa distinction entre souveraineté quantitative et souveraineté qualitative, M. J.-Y. MORIN : « La souveraineté et l'Etat », dans *La souveraineté au XXIe siècle, Cahiers du Centre de documentation et de recherche européennes de l'Université de Lyon III*, 1988, pp. 14 et 19, considère que la première est limitée alors que la seconde est intacte.

[2] R. CARRE de MALBERG : *Contribution à la théorie générale de l'Etat*, tome 1, *op. cit.*, p. 89. Sur une telle conception retenue par une juridiction constitutionnelle étrangère, cf. M. A. SALL : « Note sur la décision n° 3/C/93 du Conseil constitutionnel du Sénégal en date du 16 décembre 1993 », *Rec. Pénant*, n° 827, mai à août 1998, p. 227.

[3] *JORF*, 2e séance du 12 mai 1992, n° 26 (2), A.N. (C.R.), p. 1029.

[4] *JORF*, séance du 2 juin 1992, n° 41, S. (C.R.), p. 1434.

remis en cause »[1]. Il ressort de tous ces éléments que la distinction entre le titre et l'exercice de la souveraineté peut parfaitement être tirée de la jurisprudence du Conseil constitutionnel mais également de la volonté du constituant dérivé français. Cette distinction, nous semble-t-il, s'impose au regard de l'environnement technico-économique mondial. Consentir à transférer l'exercice de certains éléments de la souveraineté revient à « reconquérir, en la partageant, une influence que les nations européennes ne sont plus en mesure d'exercer seules »[2]. En d'autres termes, une conception aussi éloignée de l'acception traditionnelle de la notion de souveraineté paraît en phase avec le phénomène de « recomposition de l'espace par la mondialisation de l'économie »[3].

La distinction qui vient d'être relevée se retrouve dans d'autres Etats membres de l'Union européenne. En ne prenant que l'exemple du Luxembourg, il apparaît que l'article 49 bis de sa Constitution « précise que la délégation de pouvoirs ne se rapporte qu'à l'exercice et pas au fondement même de la puissance souveraine... »[4]. Cette prise de position de la Commission pour la révision de la Constitution est similaire à celle du Conseil d'Etat luxembourgeois. M. M. THEWES rappelle ainsi que, lors des travaux préparatoires, ce dernier avait considéré en substance que : La souveraineté « n'est pas modifiée dans son essence si l'exercice des pouvoirs est concédé librement soit à des organes nationaux, soit à des organes internationaux. En définitive, une habilitation des organes internationaux ne met pas en cause la souveraineté, mais l'exercice de la souveraineté par les pouvoirs nationaux »[5]. Cette contribution montre clairement que l'interprétation de la situation française est loin d'être isolée[6]. Elle l'est d'autant moins qu'elle permet de constater la pertinence ou la persistance du

---

[1] *Ibid.*, p. 1426 ; s'agissant des débats relatifs à la révision constitutionnelle du 25 janvier 1999, cf. par exemple *J.O.* n° 104, S. (C.R.) - séance du 17 décembre 1998, pp. 6534 et 6537.

[2] M. D. BOCQUET : « Le paradoxe de l'Europe politique », *Le Débat*, n° 87, novembre/décembre 1987, p. 55. Pour un tel argument politique et stratégique justifiant une conception réaliste de la souveraineté, cf. M. P. SABOURIN : *L'Etat-nation face aux Europes, op. cit.*, p. 221.

[3] M. S. Mohamed MAMOUD : « Mondialisation et souveraineté de l'Etat », *JDI* 1996, pp. 613, 623, 644 et 646. Dans le même sens, M. J.-L. LEVET : « Une conception renouvelée de la souveraineté nationale », *Défense nationale*, janvier 1997, p. 59.

[4] M. M. THEWES : « Luxembourg », dans J.-C. MASCLET et D. MAUS : *Les Constitutions nationales à l'épreuve de l'Europe*, La Documentation française - Paris, 1993, p. 191. Aux termes de l'article 49 bis : « L'exercice d'attributions réservées par la Constitution aux pouvoirs législatifs, exécutifs et judiciaires peut être temporairement dévolu par traité à des institutions de droit international ».

[5] *Ibid.*

[6] Les Pr. C. GREWE et A. WEBER : « Le traité sur l'Union devant les juridictions constitutionnelles », *AIJC*, 1993-IX, p. 23, affirment que le Tribunal constitutionnel espagnol, dans sa déclaration du 1er juillet 1992 « précise que l'autorisation vise l'exercice des compétences et non leur détention ». Ce qui est compréhensible dès lors que l'article 93 de la Constitution envisage seulement le transfert de compétences dérivées de la Constitution et non de ce qui constitue leur raison d'être : l'essence même de la puissance souveraine.

principe de la souveraineté de l'Etat français en dépit de l'approfondissement de la construction européenne. Néanmoins des réserves peuvent être soulevées concernant la délicatesse ou la subtilité d'une telle distinction au regard de ses effets potentiels sur la viabilité du principe de la souveraineté lui-même (B).

B/- Le caractère non dirimant des réserves avancées à l'encontre de cette distinction

Le fait de considérer la souveraineté comme « l'ensemble des compétences de l'Etat »[1] a entraîné l'émergence de certaines critiques tenant aux implications et à la portée même de cette conception. En effet, ces interrogations visent à faire ressortir le caractère subtil ou non objectivement mesurable de l'impact de la distinction entre l'essence et l'exercice de la souveraineté sur le principe lui-même. De ce point de vue, il apparaîtrait délicat de savoir à quel moment l'ensemble des compétences souveraines transférées contribuerait à affecter l'essence même ou le titre de la souveraineté. Autrement dit, comme le note M. T. DAUPS, « la création des compétences communautaires pose le problème de la limite à partir de laquelle la quantité des compétences transférées entraîne la perte de la qualité souveraine de l'Etat »[2]. Il reprend en cela une interrogation de M. J.-Y. MORIN à propos du seuil au-delà duquel l'importance du transfert de pouvoirs de l'Etat (souveraineté quantitative) entraîne « l'effacement de la souveraineté qualitative » (la compétence de la compétence)[3]. Il nous semble néanmoins que cette « question du seuil au-delà duquel l'érosion quantitative des pouvoirs de l'Etat signifierait la disparition de l'Etat »[4] ne constitue pas une remise en cause de la conception réaliste de la souveraineté de l'Etat. Tout au plus met-on l'accent sur la difficulté qu'il y a à déterminer des critères théoriques contribuant à clarifier cette question du seuil[5]. A l'inverse, certaines critiques sont le reflet d'une conception étroite de

---

[1] M. B. POULLAIN : *La pratique française de la justice constitutionnelle*, éd. Economica, 1990, p. 219.

[2] M. T. DAUPS : *L'idée de Constitution européenne*, Thèse, 1992, *op. cit.*, p. 744. Dans le même sens, voir M. T. de BERRANGER, *op. cit.*, pp. 28 et 275 ; M. O. GOHIN, *op. cit.*, *RFDA* 1999, pp. 85-87 ; M. L. FAVOREU(Sous la direction de) : *Droit constitutionnel*, 3e éd., *op. cit.*, p. 58.

[3] M. J.-Y. MORIN : « La souveraineté de l'Etat », dans *La souveraineté au XXIe siècle*, Colloque du 26 juin 1987, *op. cit.*, p. 21. Il faut dire dès maintenant que cette idée de compétence de la compétence sera pour nous la réponse décisive à la question du seuil. En effet, lorsque l'Etat ne sera plus en mesure de définir l'étendue de ses propres compétences, il aura perdu sa qualité souveraine ; en ce sens, M. J.-Y. MORIN, *ibid.*, p. 35.

[4] Mme V. GÓESEL-Le BIHAN : *La répartition des compétences en matière de conclusion des accords internationaux sous la Ve République*, éd. A. Pedone, Paris, 1995, pp. 133-134.

[5] Cf. M. S. MUÑOZ MACHADO : « Espagne », dans *Les Constitutions nationales à l'épreuve de l'Europe, op. cit.*, p. 64 ; M. J.-Y. MORIN, *op. cit.*, p. 21, ajoute qu'« un tel seuil est fort malaisé à déterminer d'un point de vue théorique ». Voir également M. C. STEPHANOU : *Réformes et*

la souveraineté ; critiques dont il conviendra de montrer qu'elles peuvent être relativisées.

1)- Des interrogations traduisant une certaine opposition à l'égard de la conception réaliste de la souveraineté

Il faut rappeler que la démarche désormais prédominante en droit constitutionnel français est celle qui considère la souveraineté comme une « addition de compétences », ainsi que le montre notamment la notion de « transfert de compétences » retenue à la fois par le Conseil constitutionnel et par le constituant français depuis 1992. Et l'interprétation qui nous a semblé logiquement découler de cet état des choses est qu'il convient désormais de faire le départ entre le titre de la souveraineté (qui est inaliénable) et son exercice (en principe transférable). Mais l'interrogation fondamentale que l'on retrouve alors consiste à se demander si l'ampleur des compétences transférées à l'Europe communautaire a ou non une incidence sur l'indépendance souveraine de la République française. Le cas de figure que l'on va examiner concerne les réserves qui s'assimilent beaucoup plus à une mise en cause explicite ou implicite du concept de « souveraineté-compétence ».

Ainsi M. P. SEGUIN relève-t-il l'habileté de la méthode qui consiste à décomposer la souveraineté « en menus morceaux » : « En présentant chaque abandon parcellaire comme n'étant pas décisif, on peut se permettre d'abandonner un à un les attributs de la souveraineté sans jamais convenir qu'on vise à la détruire dans son ensemble [qu'on finit par vider la souveraineté de son contenu] »[1]. Cela étant, il faut noter que cette critique se fonde sur une conception de la souveraineté en tant que « notion globale, indivisible, comme un nombre premier ». En d'autres termes, pour l'ancien président de l'Assemblée nationale, la souveraineté est par essence un absolu car « cela ne se divise pas, cela ne se partage pas non plus et, bien sûr, cela ne se limite pas ». Ceci revient, en pratique, à n'accepter « seulement [que] des délégations [temporaires] de compétences qui pourront tout naturellement être réinterprétées, reformulées ou amendées dès lors que notre parlement le décidera dans l'intérêt national »[2].

En outre, et dans la même logique, les sénateurs ayant saisi le Conseil constitutionnel le 14 août 1992 afin qu'il examine la compatibilité du traité de

---

mutations de l'Union européenne, op. cit., p. 11 ; M. A. PELLET, *Les Cahiers du Conseil constitutionnel*, n° 4/1998, p. 122. Sur la nécessaire fixation d'un seuil aux transferts de compétences, voir Mme L. BAGHESTANI-PERREY : *Le titulaire de la souveraineté nationale et son exercice dans la jurisprudence du Conseil constitutionnel, op. cit.*, pp. 163-165.

[1] M. P. SEGUIN : *Discours pour la France*, Grasset, 1992, pp. 19-20.

[2] M. P. SEGUIN, *ibid.*, pp. 20-22, 26 et 93.

Maastricht avec la Constitution révisée, l'invitèrent à trancher sur cette délicate question. Pour eux, « le Conseil constitutionnel devrait fixer un seuil au-delà duquel la révision constitutionnelle serait toujours possible, mais devrait avoir pour objet la réforme d'ensemble de l'Etat et le changement de nature de celui-ci »[1]. Précisons tout d'abord que la Haute instance, dans la décision *Maastricht II* du 2 septembre 1992, se fondant strictement sur la compétence que lui confère l'article 54 de la Constitution, va signifier « que la question posée par les auteurs de la saisine ne vise nullement le point de savoir si le *TUE* comporte une stipulation qui serait contraire à la Constitution, que l'argumentation en cause est par suite inopérante » (considérant 45 de la décision). Le juge constitutionnel français s'abstient ainsi d'apporter un éclaircissement à ce débat très important.

Il apparaît ensuite indéniable que le concept de souveraineté est inhérent à la qualité même d'Etat, d'où l'acuité de ce débat. Il nous semble tout de même que la thèse de M. SEGUIN cadre beaucoup plus avec le fondement et l'essence même de la souveraineté. En effet, il est évident que le transfert de l'essence même de la souveraineté (souveraineté démocratique) contribuerait à « changer la nature de l'Etat ». Par ailleurs, on peut ajouter que cette conception étroite et absolue de la souveraineté est plutôt concevable s'agissant des organisation internationales traditionnelles de coopération qu'à l'égard des organismes d'intégration comme la Communauté[2]. Il apparaît également que toutes ces critiques et interrogations assimilent implicitement tout transfert de compétences à une perte sèche, à « un rétrécissement pur et simple de la souveraineté nationale ». On reste ainsi, semble-t-il, dans la logique de la distinction posée en 1976 par le Conseil constitutionnel entre limitations et transferts de souveraineté. Or, on peut soutenir, à certains égards, qu'« à côté de ce que l'on perd par le transfert, il y a ce que l'on gagne par la mise en commun [de droits souverains] et [par] le droit de se mêler ainsi des affaires des autres Etats membres »[3]. On en revient à la notion d'exercice partagé des compétences nationales qui n'entraînerait qu'une limitation de la souveraineté ou qui s'assimilerait plus à un encadrement communautaire de certaines compétences nationales qu'à un abandon pur et simple de la souveraineté. A notre avis, cet autre aspect du problème est plus ou moins sous-estimé par les tenants de la conception traditionnelle et classique de la souveraineté de l'Etat.

---

[1] *JORF*, 3 septembre 1992, p. 12107.

[2] Cf. le point de vue assez sévère de M. J.-C. CASANOVA, *Pouvoirs locaux*, n° 15, décembre 1992, p. 16, selon lequel : « ...[Il] trouve un volontarisme abstrait excessif dans la thèse de la souveraineté absolue, une volonté d'éterniser la réalité par une sorte d'invocation magique ».

[3] M. P. SOLDATOS : *Le système institutionnel et politique des Communautés européennes dans un monde en mutation. Théorie et pratique, op. cit.*, p. 26 ; voir aussi M. O. WAEVER : « Etat, souveraineté et survie », dans A. M. le GLOANNEC(Sous la direction de) : *Entre Union et Nations : l'Etat en Europe*, Paris : *PFNSP*, 1998, p. 109.

Face à ces critiques, la notion de « souveraineté-compétence », désormais retenue par le droit positif français, et qui implique une distinction entre le titre et l'exercice de la souveraineté, nous semble la réponse la plus pertinente. Il convient tout au plus et fondamentalement de tenter d'apporter des éléments de réponse ou d'avancer des critères à la question du seuil au-delà duquel la « souveraineté qualitative » peut être considérée comme atteinte. Une réponse strictement juridique ou objective, et incontestable, reste difficile à apporter à partir du moment où l'on se trouve face à un concept, la souveraineté, plus politique que juridique. Certaines voies méritent tout de même d'être explorées. La solution que l'on retiendra *in fine* sera la suivante : l'Etat demeure titulaire de la qualité souveraine tant que la compétence de la compétence n'aura pas été transférée à une instance juridique qui lui est supérieure, ici, l'Europe communautaire.

2)- Des réserves juridiquement surmontables : la persistance de la « souveraineté qualitative » de l'Etat français

L'une des solutions envisageables serait de considérer que la souveraineté (synonyme d'indivisibilité de la puissance publique) constitue une limitation matérielle du pouvoir constituant dérivé. C'est ce qui est proposé principalement par M. O. BEAUD : « Si la loi constitutionnelle de révision [notamment celle du 25 juin 1992] est impuissante à lever l'obstacle de la souveraineté nationale c'est parce que celle-ci doit être interprétée comme faisant partie des dispositions intangibles de la Constitution française ». Il considère par exemple qu'un Etat ne peut perdre sa souveraineté monétaire sans cesser d'être un Etat[1]. Cette théorie juridique, plutôt dogmatique ou matérielle que positiviste, ne dispose pas, à notre avis, de base solide dans les textes de référence de l'ordonnancement juridique français. De plus, le Conseil constitutionnel, dans sa décision du 2 septembre 1992, a estimé, outre que le constituant dérivé est souverain, mais surtout, a énuméré les seules limitations constitutionnellement prévues dans le texte de 1958 (considérant 19 de la décision)[2]. Il en résulte donc que de telles limitations, y compris celle

[1] M. O. BEAUD : « La souveraineté de l'Etat, le pouvoir constituant et le traité de Maastricht », *RFDA* 1993, pp. 1050-1062 ; cf. *infra* titre II, chapitre II, section II (paragraphe 2).

[2] Il y est dit en effet que : « Considérant que sous réserve, d'une part, de limitations touchant aux périodes au cours desquelles une révision de la Constitution ne peut être engagée ou poursuivie, qui résultent des articles 7, 16 et 89, alinéa 4, du texte constitutionnel, et d'autre part, du respect des prescriptions du cinquième alinéa de l'article 89 en vertu desquelles « la forme républicaine du gouvernement ne peut faire l'objet d'une révision », le pouvoir constituant est souverain ; qu'il lui est loisible d'abroger, de modifier ou de compléter des dispositions de valeur constitutionnelle dans la forme qu'il estime appropriée ; qu'ainsi rien ne s'oppose à ce qu'il introduise dans le texte de la Constitution des dispositions nouvelles qui, dans le cas qu'elles visent, dérogent à une règle ou à un

concernant l'interdiction de réviser la forme républicaine de gouvernement, ne peuvent être considérées comme insusceptibles de faire l'objet d'une modification de la part du constituant dérivé[1]. Par ailleurs, il est clair que n'existe pas en France une disposition constitutionnelle similaire à celle que l'on trouve à l'article 79, alinéa 3 de la Loi fondamentale allemande ; disposition qui considère notamment comme intangibles les droits fondamentaux ou encore le principe démocratique. La solution proposée par M. O. BEAUD n'est donc pas, à notre avis, juridiquement fondée et envisageable pour notre propos[2]. Au demeurant, il faut ajouter que cela pose le problème de l'existence ou non de principes supraconstitutionnels dans l'ordre juridique français[3].

Il faut dès lors partir de la constatation simple qui est la suivante : aujourd'hui, la France - Etat membre de l'Union européenne, demeure un Etat souverain. En d'autres termes, la libre détermination du sort de la nation reste entre les mains du souverain, c'est-à-dire du peuple[4]. A partir du moment où tout approfondissement de la construction communautaire reste subordonné au libre consentement des Etats membres, et donc de la France, on peut affirmer que le titre, l'essence ou encore le fondement de la souveraineté restent intacts[5]. Autrement dit, l'indépendance même de l'Etat français n'est pas entamée ou compromise du fait du transfert d'un certain nombre de compétences souveraines[6]. La limite pourrait donc être dépassée lorsque les Etats ne disposeront plus du « monopole de l'exécution et de la contrainte »[7] ; lorsque le « pouvoir suprême de commandement sera affecté »[8] ou encore lorsqu'existera une atteinte grave à « la capacité de l'Etat à effectuer des choix [importants pour] la nation »[9]. Ceci se traduit concrètement selon nous par la liberté pour l'Etat français de conduire une politique extérieure et de défense autonome. En effet, en dehors des pouvoirs

---

principe de valeur constitutionnelle ; que cette dérogation peut être aussi bien expresse qu'implicite ».

[1] Cf. M. J. ROUX : *Le principe de la souveraineté de l'Etat..., op. cit.*, pp. 262-336.

[2] Pour un tel point de vue, cf. notamment Mme C. HAGUENAU : *L'application effective du droit communautaire en droit interne - Analyse comparative des problèmes rencontrés en droit français, anglais et allemand*, Bruylant, éd. de l'Université de Bruxelles, 1995, p. 62.

[3] Cf. *infra* titre II, chapitre II, section II (paragraphe 2).

[4] Voir en ce sens, M. B. POULLAIN : *La pratique française de la justice constitutionnelle*, *op. cit.*, p. 219.

[5] M. S. MUÑOZ MACHADO, *op. cit.*, p. 64 ; MM. O. de SCHUTTER et Y. LEJEUNE, *CDE* 1996, p. 574 ; M. J.-V. LOUIS : *L'Union européenne et l'avenir de ses institutions*, Presses interuniversitaires européennes, Bruxelles, 1996, p. 58.

[6] Cf. R. CARRE de MALBERG : *Contribution à la théorie générale de l'Etat, op. cit.*, p. 89.

[7] Mme J. DUTHEIL de la ROCHERE : « La souveraineté de l'Etat et l'Union européenne », *op. cit.*, p. 49.

[8] M. G. COTTEREAU : « La souveraineté dans les mailles du filet européen », *op. cit.*, p. 116.

[9] Mme M.-J. AGLAE : «La souveraineté transfigurée », *RRJ* 1995-3, p. 950 ; voir également M. T. de BERRANGER, *op. cit.*, p. 24.

essentiels en matière monétaire, de sécurité, de coercition et de haute police, il apparaît que la politique étrangère et la politique de défense sont des éléments indispensables à la qualité d'Etat. Tant que cette « assise de l'Etat pour le droit international » dépendra de l'échelon national, il semble qu'on ne pourrait pas parler d'Etat fédéral européen ; là peut se situer le seuil concret[1] à ne pas dépasser[2],sous réserve d'un consentement du peuple français par le biais d'un référendum constituant.

Pour le reste, il ne faut pas perdre de vue le fait que juridiquement, la limite réside dans la détention par l'Etat du titre même de la souveraineté. Il s'agit ici d'un impératif démocratique en rapport avec le dernier mot qui doit être laissé au constituant originaire, c'est-à-dire au peuple. Ce concept de liberté souveraine est rappelé par le Pr. J. COMBACAU en ces termes : « Ce qui interdirait à l'Etat de se conserver, ce n'est pas tant que [des] pouvoirs lui manquent, [...], c'est qu'ils appartiennent à un autre sujet - organisation internationale ou Etat, peu importe - qui, en les exerçant à son égard, lui ferait perdre sa position suprême et le rabaisserait d'un degré dans l'échelle des sujets. Privation de liberté et non privation de puissance... »[3]. L'exigence démocratique revient à considérer comme indispensable l'existence d'une décision du peuple souverain par le biais d'un référendum constituant. De ce point de vue, on rejoint volontiers M. O. BEAUD lorsqu'il affirme que seul le peuple peut en tant que souverain aliéner sa souveraineté, et donc porter atteinte à la « nature étatique » de la République française[4]. En effet, la Constitution du 4 octobre 1958 ayant été adoptée par la voie du référendum, il est indispensable d'y recourir à nouveau car l'intégration de l'Etat français au sein d'une entité fédérale reviendrait à changer de Constitution. Nul autre que le souverain initial, en l'occurrence le peuple français, ne serait habilité à y procéder de façon régulière.

Le contenu de cette notion de souveraineté politique reste tout de même difficile à déterminer. Il n'en demeure pas moins qu'on devrait y comprendre la politique monétaire, la politique extérieure et de défense[5]. Cela étant, on peut se

---

[1] Au-delà de cette approche quantitative, il reste que, comme on le verra par la suite, la véritable réponse à la question du seuil va résider dans la mise en valeur de la notion de compétence de la compétence.

[2] Pour un tel point de vue, cf. notamment Mme C. HAGUENAU : *L'application effective du droit communautaire en droit interne – Analyse comparative des problèmes rencontrés en droit français, anglais et allemand*, Bruylant, éd. de l'Université de Bruxelles, 1995, p. 62.

[3] M. J. COMBACAU : « Pas une puissance, une liberté : la souveraineté internationale de l'Etat », *Pouvoirs* 1993, n° 67, p. 58.

[4] M. O. BEAUD, *RFDA* 1993, notamment pp. 1048 et 1063.

[5] Ce contenu est en effet largement retenu par la doctrine ; cf. notamment La consultation de six professeurs de droit public sur la *CED* (1954), *Droits* 1992, n° 16, p. 105 ; M. P. SOLDATOS : *Le système institutionnel et politique des Communautés européennes dans un monde en mutation, op. cit.*, p. 220 ; M. M. TELO : « Le développement de l'union politique européenne », dans M. F. DURAND - A. de VASCONCELOS(Sous la direction de) : *La politique extérieure et sécurité*

demander si ce « noyau dur » de la souveraineté de l'Etat ne tend pas à s'amenuiser sous l'influence des différentes vagues récentes d'approfondissement du phénomène communautaire. En d'autres termes, depuis le *TUE* du 7 février 1992 et le traité d'Amsterdam du 2 octobre 1997, l'Europe communautaire n'a-t-elle pas acquis une certaine souveraineté politique, dès lors que « ...le domaine de l'intégration [...] s'est progressivement rapproché de l'exercice des compétences tenues pour indissolublement liées à la souveraineté de l'Etat, tels le pouvoir monétaire, la police ou la politique étrangère »[1] ? Il est incontestable que l'entrée en vigueur de la troisième phase de l'union économique et monétaire depuis le 1er janvier 1999, permet à la Communauté européenne de disposer d'un élément essentiel de la puissance souveraine d'un Etat à savoir, le droit de battre monnaie[2]. Pour le reste, il convient de savoir si désormais « l'expression habituelle de la sécurité étatique, en tant qu'enjeu de la souveraineté est réduite au minimum »[3] ; ou encore si avec l'existence du second (*PESC*) et du troisième (*JAI*) piliers, on n'assiste pas à « une profonde remise en cause d'un principe clef : le monopole étatique national de la violence légitime, à l'intérieur de son propre territoire et vis-à-vis des autres Etats souverains »[4].

Il faut dire d'emblée qu'il n'existe pas encore de véritable encadrement communautaire des compétences nationales en matière de politique extérieure et de sécurité. En effet, contrairement à la compétence monétaire qui a été définitivement transférée aux institutions communautaires les deuxième et troisième piliers du traité de Maastricht demeurent à dominante intergouvernementale, car les compétences y sont encore exercées en commun par les Etats membres[5]. Concernant par exemple le domaine de la politique extérieure et de sécurité commune, l'article J 8, point 2 du *TUE* (article 18, Nouvelle numérotation) prévoyait que les décisions du Conseil européen étaient prises à l'unanimité. Le fait de prévoir à l'article J 3, point 2 (article 13, Nouvelle numérotation) que certaines décisions relatives aux actions communes pouvaient être prises à la majorité qualifiée ne changeait rien à cet état des choses. Il faut même préciser que seule une décision à l'unanimité permettrait d'ouvrir une telle possibilité. Au total, le titre V du traité de Maastricht n'apportait aucun bouleversement fondamental par rapport à la coopération politique de l'Acte

---

commune : ouvrir l'Europe au monde, Paris : *PFNSP*, 1998, p. 93 ; M. C. STEPHANOU : *Réformes et mutations de l'Union européenne, op. cit.*, p. 12.

[1] M. L. DUBOUIS : « France », dans *Les Etats membres de l'Union européenne, op. cit.*, p. 215.

[2] Mme J. DUTHEIL de la ROCHERE : « La souveraineté de l'Etat et l'Union européenne », *op. cit.*, p. 51.

[3] M. O. WAEVER : « Etat, souveraineté et survie », *op. cit.*, p. 114.

[4] M. A. VALLADAO : « *Europe : moteur d'une action internationale post souveraine* », dans *La politique extérieure et sécurité commune : ouvrir l'Europe au monde, op. cit.*, p. 57.

[5] Sur la logique intergouvernementale de ces deux piliers, voir Mme F. CHALTIEL : *La souveraineté de l'Etat et l'Union européenne, L'exemple français, op. cit.*, pp. 229-232.

unique européen[1]. Quant au traité d'Amsterdam, il est clair qu'il communautarise une partie du troisième pilier en introduisant un titre III A au *TUE* (titre IV, Nouvelle numérotation du traité instituant la *C.E.*) intitulé : « Visas, asile, immigration et autres politiques liées à la libre circulation des personnes »[2]. Outre le fait que l'éventuel transfert de certaines de ces matières dans le pilier communautaire reste subordonné à une décision du Conseil à l'unanimité, il faut souligner que certaines dispositions du titre VI du traité sur l'Union européenne, notamment celles relatives à la coopération policière et judiciaire en matière pénale, demeurent régies par une logique intergouvernementale. Quant à la *PESC*, il est vrai que le traité d'Amsterdam y a fait une large place à la prise de décision à la majorité qualifiée. Celle-ci concerne néanmoins (article J 13, point 2 ; article 23, Nouvelle numérotation) les actions ou positions communes adoptées sur la base d'une stratégie commune, ou encore les décisions mettant en œuvre une action ou une position commune. Cela a trait donc principalement à des mesures d'application de décisions prises à l'unanimité, car tel demeure le principe en matière de prise de décision dans ce domaine (article J 13, point 1)[3]. De plus, sont exclues de la majorité qualifiée les questions ayant des implications militaires ou relevant du domaine de la défense. Ceci montre a contrario que ni le *TUE* ni le traité d'Amsterdam n'ont établi une défense européenne commune[4].

En définitive, l'instillation d'une dose de communautarisation dans les deux piliers intergouvernementaux du *TUE*[5] reste prudente et soucieuse de ménager les préoccupations nationales liées à la préservation de l'identité constitutionnelle. A tout le moins faut-il souligner qu'en France, le Conseil constitutionnel, gardien parfois sourcilleux de la souveraineté de l'Etat, n'a pas entendu se prononcer, à la fois dans la décision *Maastricht I* et dans la décision *traité d'Amsterdam*, sur la plupart des matières relevant du second et du troisième piliers. On ne pouvait

[1] Voir notamment sur la *PESC*, Mme E. ZOLLER, dans *Traité sur l'Union européenne - Commentaire article par article*, éd. Economica, 1995, p. 781.

[2] Cf. M. H. LABAYLE, *RTDE* 1997, p. 813 ; MM. B. VAN SIMAEYS et J.-Y. CARLIER : « Le nouvel espace de liberté, de sécurité et de justice », dans Y. LEJEUNE(Etudes coordonnées par) : *Le traité d'Amsterdam – Espoirs et Déceptions, op. cit.*, pp. 227-285.

[3] Cf. M. P. de NERVIENS : « Le traité d'Amsterdam - Les relations extérieures », *RTDE* 1997, p. 901 ; M. T. de WILDE d'ESTMAEL : « La réforme de la PESC » et M. P. d'ARGENT : « Le traité d'Amsterdam et les aspects militaires de la PESC », dans M. Y. LEJEUNE(Etudes coordonnées par) : *Le traité d'Amsterdam – Espoirs et Déceptions, op. cit.*, respectivement pp. 365-381 et pp. 383-404. Sur les notions de stratégie, de positions et d'actions communes, voir notamment M. Ph. MANIN : *Les Communautés européennes - L'Union européenne*, 5e éd., *op. cit.*, p. 280.

[4] La majorité qualifiée peut même être évitée lorsqu'un Etat membre justifie de raisons politiques nationales importantes.

[5] Voir par ailleurs l'argumentation assez fine de M. C. BLUMANN : « Quelques réflexions sur la notion de communautarisation dans le cadre de l'Union européenne », dans *Mél. Ph. ARDANT*, LGDJ, 1999, pp. 69-76.

mieux présumer de la non remise en cause de la souveraineté politique de l'Etat français. Egalement déterminante apparaît la considération selon laquelle la construction européenne ne peut encore se passer de l'existence et de l'action des entités souveraines que sont les Etats car ces derniers demeurent les « maîtres » des traités. Il convient dès lors de partager l'analyse selon laquelle l'Europe communautaire, « à la différence des Etats, ne bénéficie pas d'une compétence de principe ou présumée », ceci d'autant plus que « ...les Etats membres de la Communauté ou de l'Union européenne restent, en l'absence d'une véritable Constitution européenne, directement soumis au droit international »[1].

Ceci nous amène immanquablement à évoquer ce qui constitue, pour nous, la réponse la plus nette à cette question du seuil : la compétence de la compétence. En effet, cette idée qui provient de la doctrine allemande (*Kompetenz-Kompetenz*) assimile la souveraineté « qualitative » à la « faculté pour un Etat de déterminer lui-même l'étendue des compétences qu'il entend exercer »[2]. Dans cette optique, il est clair que l'Union européenne ne dispose pas encore de la compétence de la compétence car elle ne détient que des pouvoirs qui lui sont limitativement attribués par les Etats membres dans le cadre des traités communautaires en vigueur[3]. Il en résulte que l'érosion quantitative des compétences souveraines appartenant à l'Etat français ne lui fait pas perdre cette qualité incontournable de la souveraineté qui est celle de pouvoir définir le contenu de ses propres compétences. Tant que cette « compétence de principe ou présumée » ne sera pas transférée à une autre entité juridique, on ne saurait soutenir que la France a perdu sa qualité d'Etat souverain.

La compétence de la compétence ne peut être cédée, en France, que par le peuple souverain qui en est le véritable détenteur. On retrouve ici l'exigence démocratique évoquée au début de ces développements. En effet, il est indéniable que la décision ultime quant à une éventuelle perte de la qualité d'Etat souverain de la France réside entre les mains du peuple souverain. Ainsi, l'on ne peut régulièrement renoncer à l'essence même de la souveraineté (la compétence de la

---

[1] M. C. STEPHANOU : *Réformes et mutations de l'Union européenne, op. cit.*, pp. 13-14, ou encore dans « L'Union européenne et la souveraineté des Etats membres », dans *Mél. en l'honneur de N. VALTICOS - Droit et justice*, éd. A. Pedone - Paris, 1999, pp. 359-362. Ces différents éléments avaient déjà été évoqués par Ch. ROUSSEAU : « L'indépendance de l'Etat dans l'ordre international », *RCADI* 1948-II, tome 78, pp. 195-196.

[2] Définition avancée par HÄNEL et citée par M. J.-Y. MORIN : « La souveraineté et l'Etat », *op. cit.*, p. 14 ou encore dans *L'Etat fédéral en droit international*, Cours de l'Institut des Hautes Etudes internationales, Université de Paris, 1961/1962, p. 23 ; voir aussi G. JELLINEK : *L'Etat moderne et son droit*. IIe Partie, *op. cit.*, p. 126 ; M. O. BEAUD : *La puissance de l'Etat*, PUF, 1994, pp. 198 et 463.

[3] Ceci a été remarquablement mis en exergue par la deuxième chambre du Tribunal constitutionnel fédéral allemand dans sa décision du 12 octobre 1993, cf. la traduction faite par Mme C. GREWE, *RUDH*, 15 décembre 1993, vol. 5, n° 7-8, pp. 290-291.

compétence) que par le biais d'un référendum constituant[1], expression de la souveraineté démocratique. Un tel abandon du titre même de la souveraineté est, pour l'heure, inconcevable car les Etats membres de l'Union européenne, dont la France, détiennent toujours la compétence de leur propre compétence en ceci qu'ils demeurent les « maîtres » des traités. Or l'on sait que les compétences d'attribution dont bénéficient les institutions communautaires résultent d'engagements librement consentis, en vertu de leur souveraineté, par les Hautes parties contractantes de ces instruments internationaux que sont les Etats membres[2].

Au vu de tous ces éléments, on peut considérer que l'acuité de la question du seuil au-delà duquel l'Etat cesse d'être souverain ne prive pas, nous semble-t-il, de sa pertinence la distinction désormais prédominante en droit positif français entre le titre et l'exercice de la souveraineté, distinction découlant de la notion de « souveraineté-compétence ».

Conclusion du Chapitre I

Le principe cardinal de la souveraineté de l'Etat ne constitue nullement un obstacle à la poursuite de la construction européenne. En effet, la démarche consistant à mettre en lumière la conception assouplie de la souveraineté a permis de montrer son adéquation avec les exigences de l'intégration communautaire. Autrement dit, le concept de « souveraineté-compétence », bien que discuté et critiqué, appréhende désormais au mieux les implications de ce processus. On peut donc dire que la notion de « transfert de compétences » et la mise en commun de certaines compétences souveraines[3] qui en découle offrent une assise beaucoup plus claire et nette au droit communautaire dans l'ordre juridique interne. Ce constat mérite d'être renforcé par l'analyse de certaines solutions et interprétations

[1] Voir en ce sens, M. J. ROUX : *Le principe de la souveraineté de l'Etat..., op. cit.*, p. 323.

[2] Voir aussi à ce sujet l'argumentation éclairante de M. F. LUCHAIRE : *Le Conseil constitutionnel. Tome III - Jurisprudence, op. cit.*, pp. 66-67 et 82. La jurisprudence intégrationniste de la *CJCE*, tout comme l'article 235 du traité de Rome (article 308, Nouvelle numérotation) ne peuvent permettre de remettre en cause une telle assertion. En ce qui concerne plus particulièrement cette dernière disposition, le contournement à la procédure de révision des traités qu'elle représente est limité aux aspects économiques des traités. Ceci veut dire par exemple que les matières hautement régaliennes des deuxième et troisième piliers du *TUE* ne peuvent être comprises comme rentrant dans le champ d'application de l'ex article 308 du traité instituant la *CE*.

[3] Il faut rappeler que la construction européenne implique justement cette mise en commun des compétences. Ainsi dans son Rapport sur le fonctionnement du *TUE* du 10 mai 1995, la Commission européenne estimait que : les Etats « ont mis en commun, dans des domaines déterminés, leurs droits souverains... », dans Centre européen de sciences politiques : *La CIG. Enjeux et documents, PFNSP*, 1996, p. 111. Dans ce même ouvrage il est affirmé que : « La construction communautaire procède [...] par intégration des Etats membres, qui exercent en commun leur souveraineté au sein du Conseil », p. 377.

arrêtées par le droit constitutionnel français. Le phénomène communautaire, outre le fait qu'il influence plus ou moins nettement ces dernières, en sort légitimé et consolidé (Chapitre II).

CHAPITRE II : L'EXISTENCE D'ELEMENTS DE LEGITIMATION CONSTITUTIONNELLE DE L'ORDRE JURIDIQUE COMMUNAUTAIRE

Il est difficile de relever dans le droit constitutionnel français en matière internationale une attitude globale de différenciation entre le droit communautaire et le droit international classique. En d'autres termes, la position originelle et prégnante de l'ordre juridique constitutionnel français consiste à considérer que les engagements communautaires de la France font partie de la catégorie générique des engagements internationaux (terme utilisé à l'article 54 de la Constitution de 1958). Cela étant, la présence de certains indices, respectivement dans la jurisprudence du Conseil constitutionnel et dans le texte constitutionnel lui-même, essentiellement depuis 1992, fait apparaître une relative légitimation de la démarche intégrationniste par l'ordre juridique français. En premier lieu, plusieurs éléments permettent de fonder et de soutenir l'affirmation selon laquelle il existe au profit de l'intégration européenne une consolidation constitutionnelle, à la fois relativement singulière et largement confirmative et implicite (Section I). En second lieu, il ressort de la jurisprudence de la Haute instance un renforcement de l'interprétation, utile, faite de certaines normes de référence du contrôle français de la constitutionnalité des engagements internationaux (Section II). En effet, si comme on l'a vu[1], l'alinéa 15 du préambule de 1946 ne constitue pas un fondement constitutionnel exemplaire pour le droit communautaire, il n'en reste pas moins que la « neutralisation » par le juge constitutionnel des conditions mises à la constitutionnalité des « limitations de souveraineté » apporte un élément supplémentaire à la légitimation constitutionnelle de l'ordre juridique communautaire.

---

[1] Cf. chapitre I du titre I de la première partie de cette étude. La même remarque vaut donc bien évidemment pour l'article 88-1 de la Constitution. Ceci ne saurait surprendre en raison du caractère ambivalent de cette disposition constitutionnelle.

Section I : La relative consécration constitutionnelle de la singularité de l'intégration européenne

Il convient tout d'abord de rappeler que le droit positif français s'appuie sur la notion plus compréhensible de « transfert de compétences » lorsqu'est en cause un texte communautaire. Ensuite, notons que notre démonstration tiendra compte, en grande partie, de la réelle mutation qu'a constituée, en la matière, l'avancée constitutionnelle impliquée par le traité de Maastricht. Il faut néanmoins préciser que cette évolution est plus synonyme d'un changement de degré que de nature s'agissant de la relative acceptation par le droit constitutionnel français de la spécificité du phénomène communautaire (Paragraphe 2). Il paraît encore prématuré, nous semble-t-il, de soutenir que le droit constitutionnel national en matière européenne reprend désormais, de manière intégrale, la thèse de la *CJCE* posée dans la première moitié des années 1960 et relative à la nature juridique originale de l'ordre communautaire. L'évolution, de parcellaire en ce qui concerne la spécificité du droit communautaire, semble être d'une ampleur nettement plus perceptible concernant l'affirmation solennelle de la participation de la France à la construction européenne (paragraphe 1). La Constitution française est en quelque sorte sortie de son « mutisme » à l'égard du processus d'intégration européenne.

Paragraphe 1 : la consolidation constitutionnelle de la participation de la France à l'Europe communautaire

L'objectif ici est de savoir si l'engagement communautaire de la France est convenablement validé ou, de manière générale, consolidé dans l'ordre juridique constitutionnel. De ce point de vue, il faut reconnaître que le principe d'un tel engagement n'a été en aucune manière entériné de façon expresse par les constituants de 1958. Au demeurant, l'une des particularités du droit français réside dans l'existence d'un contrôle préventif de la constitutionnalité des engagements internationaux, notamment dans le cadre de l'article 54 de la Constitution. Et cette procédure permet, à certains égards, aux engagements communautaires de disposer d'une assise solide et incontestable dans l'ordre juridique interne[1]. Le rôle du Conseil constitutionnel s'avère donc, à ce titre, déterminant relativement à l'analyse qui va être ici menée : d'un côté dans la mise en place d'une politique jurisprudentielle rarement préjudiciable à la poursuite de l'intégration européenne

[1] A rapprocher de l'opinion de M. L. FAVOREU : « Le contrôle de constitutionnalité du traité de Maastricht et le développement du « droit constitutionnel international », *RGDIP* 1993, p. 64.

(A), et de l'autre dans la reconnaissance positive de la compatibilité de principe avec la Constitution de la construction communautaire (B).

A/- Une consolidation longtemps demeurée indirecte et implicite

Avant la décision n° 92-308 DC du 9 avril 1992[1], la jurisprudence du Conseil constitutionnel n'avait jamais opposé de véritable obstacle au développement de la construction européenne. En dépit de certaines constructions contestables, comme en 1976 dans la décision *Assemblée européenne*, le contrôle de constitutionnalité de certains engagements communautaires, tout comme l'absence de contrôle, ont contribué à valider l'intégration européenne, tout au moins par le truchement de certaines de ses avancées.

1)- La non remise en cause de certaines avancées impliquées par la logique communautaire

Malgré certaines interprétations parfois exigeantes à l'égard du phénomène communautaire, il est indéniable que le Conseil constitutionnel n'a jamais été à l'origine d'un conflit véritable entre la Constitution française et l'ordre juridique communautaire. Ses décisions ont plutôt conduit à une validation indirecte mais certaine de la construction communautaire. Ainsi, on peut constater que, de manière générale, le juge constitutionnel français n'a jamais, avant 1992, conclu à la contrariété à la Constitution d'un engagement communautaire[2]. A ce titre, il ressort respectivement des décisions du 19 juin 1970 et du 30 décembre 1976 que le traité du 22 avril 1970, la décision du 21 avril 1970 ainsi que la décision du Conseil des Communautés européennes du 20 septembre 1976 et l'Acte qui y est annexé « ne comportent pas de clauses contraires à la Constitution »[3].

S'agissant de la décision du 19 juin 1970[4], la non-contrariété, pour le traité de Luxembourg, se fondait sur le fait que ce dernier ne contenait « que des

---

[1] *RJC*-I, 497.

[2] Constatation mise en exergue par M. B. GENEVOIS : « Le droit international et le droit communautaire », dans *Conseil constitutionnel et Conseil d'Etat*, éd. Montchrestien, 1988, p. 217.

[3] Le traité du 22 avril 1970 portait modification de certaines dispositions budgétaires des traités institutifs et du traité instituant un Conseil et une Commission uniques des Communautés européennes. La décision du 21 avril 1970 était relative au remplacement des contributions financières des Etats membres par des ressources propres aux Communautés. Quant à la décision du 20 septembre 1976 et l'Acte qui y était annexé, ils prévoyaient l'élection des membres de l'Assemblée des Communautés européennes au suffrage universel direct et en fixaient certaines modalités.

[4] Décision n° 70-39 DC, *RJC*-I, 21.

dispositions relatives au fonctionnement interne des Communautés modifiant la répartition des compétences entre les divers organes de celles-ci... ». L'équilibre des relations entre les Communautés et les Etats membres ne s'en trouvait pas pour autant affecté. En ce qui concerne la décision du Conseil des Communautés du 21 avril 1970 relative aux ressources propres, elle n'avait pas, selon le Conseil constitutionnel, valeur de principe : il s'agissait tout simplement d'une mesure d'application des dispositions des traités fondateurs, notamment de l'article 201 du traité *CEE* (article 269, Nouvelle numérotation prévoyant le passage progressif d'un système de contributions des Etats membres à un régime de ressources propres). Il en résulte que toute avancée de l'intégration européenne entrant dans le cadre prévu à l'origine par les traités de base ne constitue nullement une atteinte à la Constitution française[1]. Dès lors que l'équilibre entre les Communautés et les Etats membres n'est pas affecté c'est-à-dire, en l'absence de transferts de compétences nouveaux et d'une certaine ampleur, les institutions communautaires disposent d'un champ d'intervention non négligeable[2]. La consolidation indirecte et implicite qui en découle pour l'intégration européenne, à travers certains de ses prolongements logiques, est, ici, nettement perceptible.

Une conclusion assez proche peut également être tirée de la décision du 30 décembre 1976[3] examinant la constitutionnalité de la décision du Conseil des Communautés relative à l'élection de l'Assemblée des Communautés au suffrage universel direct[4]. Il est vrai que cette décision, de par ses motifs, a le caractère d'un « arrêt de règlement »[5]. De plus, on a largement considéré qu'elle pouvait être analysée comme un examen de la compatibilité avec la Constitution du principe même de l'élection du Parlement européen au suffrage universel direct[6]. Il n'en demeure pas moins que la Haute instance va, dans l'un des motifs de sa décision, considérer que cette élection au suffrage universel direct n'a pas « pour objet de modifier les compétences et pouvoirs limitativement attribués dans le texte des traités aux Communautés européennes, et en particulier, à leur Assemblée par les Etats membres ou de modifier la nature de cette Assemblée qui demeure composée

---

[1] M. M. DARMON : « Juridictions constitutionnelles et droit communautaire », *RTDE* 1988, p. 235.

[2] Voir en ce sens M. F. HERVOUËT, *RDP* 1992, p. 1267, concernant la notion de « conditions essentielles »; également M. R. CHAPUS : «Les fondements de l'organisation de l'Etat définis par la Déclaration de 1789 et leurs prolongements dans la jurisprudence du Conseil constitutionnel et du Conseil d'Etat », dans *La DDHC et la jurisprudence*, PUF, 1989, p. 186.

[3] Décision n° 76-71 DC, RJC-I, 41.

[4] Voir par exemple M. L. FAVOREU, *RRJ* 1977, p. 80 ; Mme J. DUTHEIL de la ROCHERE : « La souveraineté de l'Etat et l'Union européenne », *op. cit.*, p. 47.

[5] M. F. HERVOUËT: « L'incidence de la jurisprudence de la CJCE sur la hiérarchie des normes en droit français », *op. cit.*, p. 34.

[6] Pour l'irrégularité d'un tel contrôle voir notamment M. L. PHILIP, Le Monde du 13 novembre 1976, p. 10 ; M. G. VEDEL, Le Monde du 25 décembre 1976, p. 5 ; M. C. DEBBASCH, Le Monde du 29 décembre 1976, p. 5.

de représentants de chacun des peuples de ces Etats ». On peut y voir une acceptation indirecte du processus d'intégration engagé par les traités communautaires de base et ce, malgré la mise en perspective, discutable en l'espèce, du principe de l'élection au suffrage universel du Parlement européen posé notamment à l'article 138-3 du traité *CEE* (article 190, Nouvelle numérotation des traités).

Avant 1992, les dispositifs des décisions du Conseil constitutionnel ont toujours été favorables à l'intégration européenne. En effet, malgré certaines motivations parfois audacieuses, exigeantes et critiquables, il faut dire que le juge constitutionnel français « a finalement œuvré dans un sens positif et en faveur de l'application des décisions communautaires »[1]. Un tel constat est largement dû au souci qu'a eu le juge constitutionnel français, malgré les craintes des « souverainistes », notamment en 1976 à propos de l'élection au suffrage universel direct du Parlement européen, de ne pas remettre directement en cause certains principes posés par les traités fondateurs. De plus, le caractère peu opérationnel de sa grille de lecture du moment (limitations de souveraineté - transferts de souveraineté ; limitations affectant les conditions essentielles d'exercice de la souveraineté nationale) a indirectement permis à différents textes communautaires de franchir les « mailles du filet constitutionnel »[2]. Cette absence de remise en cause de la logique communautaire se retrouve également dans des hypothèses où le Conseil constitutionnel n'est pas saisi d'un texte communautaire. Il en a été ainsi de la première grande révision des traités fondateurs, en l'occurrence l'*A.U.E.* Précisons à ce niveau que ce cas de figure reste, pour l'instant, relativement unique dans le droit constitutionnel français en matière européenne.

2)- La ratification de l'A.U.E. : une volonté assez convergente de renforcement de l'engagement européen de la France

Il est permis de voir dans « l'épisode » de la ratification de l'*A.U.E.*[3] une manifestation d'un certain consensus concernant la politique européenne de la France[4]. Ceci découle du fait que ce traité communautaire n'a pas été soumis au

[1] M. G. VEDEL : « L'attitude des juridictions françaises envers les traités européens », Université de la Sarre, Institut européen, 1987, p. 9.

[2] Les réserves de souveraineté étant devenues assez opérationnelles depuis 1992, le Conseil constitutionnel a en quelque sorte été obligé de faire évoluer sa motivation (les dispositifs étant désormais moins favorables) dans le sens d'une consolidation et d'une meilleure prise en compte de la construction européenne.

[3] *A.U.E.* signé les 14 et 28 février 1986 au Luxembourg et entré en vigueur le 1er juillet 1987.

[4] M. le doyen G. VEDEL : « L'attitude des juridictions françaises envers les traités européens », *op. cit.*, p. 15, estime ainsi que : « Dans un pays qui connaît des luttes politiques extrêmement vivaces, la France, il existe un consensus national de haut niveau sur la construction européenne, au point

contrôle du Conseil constitutionnel, ce que M. R. HADAS-LEBEL qualifie de « hasard habilement concerté »[1]. En effet les quatre autorités de saisine de l'époque (Président de la République, Premier ministre et Présidents des deux Assemblées) avaient sans doute estimé que le traité modificatif de 1986 ne posait pas de véritable problème constitutionnel. De plus, les parlementaires opposés au traité ne purent, pour diverses raisons (les unes tenant à la discipline majoritaire et les autres, au nombre insuffisant de membres au sein du groupe parlementaire) saisir le Conseil constitutionnel[2]. Nonobstant cet état de fait, certains auteurs ont tout de même pu regretter cette absence de saisine du juge constitutionnel[3] en arguant de la contrariété de certaines dispositions de l'*A.U.E.* à la Constitution française.

Il faut tout d'abord prendre en compte l'argumentation du Pr. R. CHAPUS selon laquelle, de façon générale, les dispositions relatives au vote à la majorité qualifiée devraient être considérées comme entraînant un transfert partiel de la souveraineté, d'où leur incompatibilité « avec le respect dû à la souveraineté nationale »[4]. Cet argument est difficile à admettre car les modalités de prise de décision au sein des institutions communautaires ne peuvent être à elles seules déterminantes. En effet, l'objet sur lequel portent ces éventuels transferts de pouvoirs à l'Europe communautaire devrait, nous semble-t-il, être également pris en compte[5]. On en veut pour preuve, a posteriori, l'argumentation générale utilisée par le Conseil constitutionnel dans ses décisions *Maastricht I* du 9 avril 1992 et *traité d'Amsterdam* du 31 décembre 1997. Dans ces deux décisions la Haute instance a, en substance, considéré qu'en règle générale il fallait combiner le critère formel (modalités de prise de décision au sein des institutions communautaires) avec le critère matériel (nature et ampleur des compétences transférées). En ne prenant pour exemple que la politique commune des visas, nul ne peut soutenir qu'il ne s'agisse là d'un domaine éminent de la souveraineté des Etats. Le passage à la majorité qualifiée pour la prise de décision dans cette matière ne pouvait donc qu'affecter les conditions essentielles d'exercice de la souveraineté nationale. Il arrive même parfois que les modalités de prise de décision soient indifférentes à la

---

que les oscillations électorales entre la droite et la gauche ne peuvent, dans ce domaine, avoir une grande influence ».

1 Cité dans A. HEYMANN-DOAT : « Les révisions constitutionnelles de la Ve République », *PPS*, n° 705, 28 mai 1993, p. 24.

2 Voir en ce sens, Mme E. ZOLLER : *Droit des relations extérieures*, PUF, 1992, p. 269 ; voir aussi sur cette question, M. J.-L. QUERMONNE : « L'adaptation de l'Etat à l'intégration européenne », *RDP* 1998 - n° spécial : *Les 40 ans de la Ve République*, pp. 1405-1406.

3 Mme ZOLLER, *ibid.*, parle, par exemple de révision déguisée de la Constitution.

4 M. R. CHAPUS : « Les fondements de l'organisation de l'Etat... », *op. cit.*, pp. 186-187.

5 Dans cette direction, voir M. F. LUCHAIRE, dans *La DDHC et la jurisprudence*, PUF, 1989, p. 208. Sur l'extension des matières devant relever de la procédure de décision majoritaire par l'*A.U.E.*, voir notamment M. J. de RUYT : *L'Acte unique européen*, 2e éd., éd. de l'Université de Bruxelles, 1989, pp. 112-114.

déclaration d'inconstitutionnalité. Ainsi en a-t-il été par exemple du fait de priver l'Etat français de compétences propres en matière de politique monétaire.

Pour autant, certains juristes notamment F. GOGUEL ont invoqué la contrariété à la Constitution des dispositions des articles 99 (nouvelle rédaction) (article 93, Nouvelle numérotation) et 100 A nouveau du traité *CEE* (article 95, Nouvelle numérotation). Il était affirmé que la suppression de la référence aux articles 100 (article 94, Nouvelle numérotation) et 101 (article 96, Nouvelle numérotation) dans le nouvel article 99 allait permettre au Conseil d'agir par voie de règlements (il est vrai à l'unanimité) en matière d'harmonisation des contributions indirectes. Ceci contrevenait à l'article 34 de la Constitution de 1958, notamment au pouvoir du Parlement de fixer l'assiette, le taux et les modalités de recouvrement des impositions de toute nature[1]. En outre, l'article 100 A pose le principe du vote à la majorité qualifiée en matière de rapprochement des dispositions nationales « qui ont pour objet l'établissement et le fonctionnement du marché intérieur ». Il a été soutenu que cet article permettrait également au Conseil des Communautés européennes d'adopter des règlements dans le domaine de l'article 34 de la Constitution[2]. Des réponses peuvent être apportées à ces arguments, à l'instar de ce qui a été fait par M. G. CABANEL dans son Rapport au Sénat[3]. Il convient de soutenir tout d'abord que la suppression incriminée (de l'expression « sans préjudice des articles 100 et 101 ») n'apporte aucun changement de fond : le choix de l'instrument juridique (règlement ou directive) revient comme par le passé au Conseil des Communautés. S'agissant de l'article 100 A, il faut préciser que l'unanimité reste exigée dans le domaine de la fiscalité. En outre, une déclaration annexée à l'Acte final prévoit que le recours à la directive sera privilégié « si l'harmonisation comporte, dans un ou plusieurs Etats membres, une modification des dispositions législatives ». Au demeurant, l'article 100 A concernerait pour l'essentiel des domaines relevant du pouvoir réglementaire.

On peut donc dire en bref que le choix de l'instrument juridique, les modalités de prise de décision et les domaines concernés ne conduisent pas fondamentalement à reconnaître que l'*A.U.E.* contenait des dispositions contraires à la Constitution[4]. Ceci est d'autant plus plausible que la possibilité d'édicter des règlements communautaires dans des domaines relevant du pouvoir législatif (voir

---

[1] M. F. GOGUEL : « L'A.U.E. et la Constitution », Le Monde du 11 octobre 1986, p. 2 ; également dans *Conseil constitutionnel et Conseil d'Etat*, colloque des 21 et 22 janvier 1988 au Sénat, LGDJ - Montchrestien, 1988, pp. 239-240.

[2] Argumentation reprise lors des débats législatifs sur l'autorisation de ratification de l'*A.U.E.*, cf. *Ratification de l'A.U.E. : Travaux préparatoires*, vol. 2 : France, Luxembourg : OPOCE, 1993, notamment M. J. FOYER, pp. 705 et 759 et les exceptions d'irrecevabilité soutenues par le groupe communiste à l'Assemblée nationale par M. R. MONTDARGENT, pp. 727-731 et au Sénat par M. C. LEDERMAN, pp. 891-896.

[3] Rapport n° 88, dans *Ratification de l'A.U.E., op. cit.*, pp. 843-845.

[4] *Ratification de l'A.U.E., op. cit.*, cf. notamment pp. 612, 613, 617, 845-846.

par exemple le règlement n° 1111/77 du 17 mai 1977 qui a déterminé l'assiette et le taux d'un prélèvement à l'importation et d'une cotisation à la production d'isoglucose : décision du Conseil constitutionnel n° 77-90 DC du 30 décembre 1977[1]) était déjà contenue dans les traités institutifs, devenus constitutionnellement inattaquables.

Au-delà de cette controverse juridique, l'essentiel pour notre réflexion consiste à montrer que l'absence de saisine du Conseil constitutionnel a été la marque d'un réel consensus à l'égard de la construction européenne ; consensus d'autant plus remarquable que l'on se trouvait en période de cohabitation ou de coexistence institutionnelle[2]. Il faut noter tout d'abord que l'on a fortement insisté sur le fait que l'*A.U.E.* constituait « un minimum indispensable pour permettre la poursuite de la construction européenne »[3]. En outre, à certaines interrogations de M. J. FOYER relatives à une éventuelle saisine du Conseil constitutionnel par le Premier ministre[4], le ministre délégué aux affaires européennes, M. B. BOSSON, estima en substance que l'*A.U.E.* ne modifiait pas fondamentalement le traité de Rome et que le Conseil d'Etat n'avait émis aucun avis défavorable s'agissant de la constitutionnalité de ce traité modificatif[5]. De ce point de vue, l'absence de saisine du Conseil constitutionnel reflète une volonté convergente de réaffirmation de la participation active de la France à la construction européenne[6].

A travers la ratification de l'*A.U.E.* s'est implicitement mais nettement manifesté un consensus sur l'ancrage en France du processus engagé par les traités fondateurs et sur la nécessité de le renforcer ou de permettre sa viabilité (en évitant son enlisement)[7]. Avec le *TUE* signé à Maastricht le 7 février 1992, ce consensus s'est quelque peu effrité en France en raison, nous semble-t-il, de l'ampleur des

---

1 *RJC*-I, 55.

2 Sur une telle analyse, cf. M. B. GENEVOIS, dans *Conseil constitutionnel et Conseil d'Etat, op. cit.*, p. 243.

3 M. J. DELORS lors de son audition devant la Commission des affaires étrangères de l'Assemblée nationale ; également M. B. BOSSON lors de son audition devant la même Commission, dans *Ratification de l'A.U.E., op. cit.*, respectivement pp. 101 et 689. M. J. de ROHAN, au Sénat, estimera que l'*A.U.E.* en tant « complément limité du traité de Rome, contribuera, s'il est appliqué, à faire progresser la construction européenne », p. 887.

4 *Ratification de l'A.U.E., op. cit.*, spéc. pp. 694 et 761.

5 *Ibid.*, pp. 696-697, 770 et au Sénat, p. 894.

6 Idée soutenue notamment par le rapporteur du projet de loi d'autorisation à l'Assemblée nationale, M. J. de LIPKOWSKI, dans *Ratification de l'A.U.E., op. cit.*, p. 683 ; *idem* pour J. LECANUET, p. 870 ; M. J. B. RAIMOND (ministre des affaires étrangères), p. 898. Voir pour une manifestation « ironique » et tangible de ce consensus, la fausse suggestion de M. G. CABANEL à M. C. LEDERMAN : « Saisissez le Conseil constitutionnel ! Malheureusement vous êtes insuffisamment nombreux pour le faire. Je vous conseille, dans ces conditions, de vous adresser au Président de la République que vous avez élu et qui, aujourd'hui, vous propose d'adopter l'A.U.E. », p. 894.

7 La loi n° 86-1275 du 16 décembre 1986 portant autorisation de ratification de l'*A.U.E.*, *JORF*, 17 décembre 1986, p. 15107 fut adoptée à une large majorité au Parlement.

modifications prévues par ce traité (dans le domaine monétaire notamment) et de l'accentuation des clivages, dépassant les frontières des camps politiques, déjà perceptibles dès les années 1950 avec la création des Communautés[1]. Ceci n'empêche pas de relever que la ratification du traité de Maastricht a été pour la République française l'occasion d'affirmer solennellement et de manière explicite son engagement européen (B). En effet, on peut considérer qu'à partir de 1992 a été amorcée une rupture fondamentale par rapport à la situation antérieure qui, il faut le rappeler, s'analysait en une consolidation prétorienne, à la fois implicite et indirecte, de l'ordre juridique communautaire dans le droit constitutionnel français.

B/- La nette reconnaissance constitutionnelle de la participation de la République française à l'Europe communautaire

Le *TUE* signé à Maastricht le 7 février 1992 réalisait des progrès décisifs pour l'intégration européenne. A ce titre, il fut soumis pour examen au Conseil constitutionnel par le Président de la République le 11 mars 1992[2]. Avant tout examen véritable de la constitutionnalité des stipulations du traité de Maastricht, la Haute juridiction a tenu à adopter une position de principe quant à l'articulation entre le droit communautaire et la Constitution française. Il en a résulté une affirmation très nette par le juge constitutionnel français de la constitutionnalité de la participation de la France à la construction européenne. Cette approche générale et positive à l'égard de l'intégration communautaire a été confortée par l'intervention du constituant dérivé en juin 1992.

1)- La décision *Maastricht I* et la reconnaissance explicite de la compatibilité de principe de la construction communautaire avec la Constitution

Dans cette décision, le Conseil constitutionnel a d'abord tenu à rappeler les normes de référence gouvernant le contrôle de constitutionnalité des textes internationaux et européens (considérants 9 à 12). C'est de l'interprétation de ces principes essentiels de la tradition républicaine française que découle l'affirmation de principe contenue au treizième considérant de la décision Maastricht I. En effet,

[1] Pour M. H. de CHARRETTE, *RPP* 1995, n° 979, p. 53 : « Maastricht a été un moment utile [...], mais un moment difficile parce qu'il a été le moment où en Europe et particulièrement en France, le consensus européen s'est rompu pour la première fois depuis la *CED*, après une longue période de consensus sur l'Europe ».

[2] Il s'agit de la quatrième saisine de la Haute instance sur la base de l'article 54 de la Constitution. Les trois premières furent l'œuvre du Premier ministre en 1970, du Président de la République en 1976 et en 1985.

avant l'examen plus concret de la constitutionnalité du *TUE*, la Haute instance posera solennellement le principe suivant : « ...Il résulte de ces textes de valeur constitutionnelle que le respect de la souveraineté nationale ne fait pas obstacle à ce que, sur le fondement des dispositions précitées du préambule de la Constitution de 1946, la France puisse conclure, sous réserve de réciprocité, des engagements internationaux en vue de participer à la création ou au développement d'une organisation internationale permanente, dotée de la personnalité juridique et investie de pouvoirs de décision par le fait de transferts de compétences consentis par les Etats membres ».

Il faut observer en premier lieu que le raisonnement du Conseil constitutionnel prend pour point d'ancrage principal le quinzième alinéa du préambule de la Constitution de 1946. Mais la nouveauté réside dans le fait qu'il raisonne désormais de façon positive et non plus a contrario comme il l'avait fait dans sa décision du 30 décembre 1976[1]. Ceci le conduit en second lieu à reconnaître de manière générale la constitutionnalité des transferts de compétences. Et ces transferts sont consentis par les Etats membres en vue de créer ou de développer une « organisation internationale permanente », le principe de la souveraineté de l'Etat ne s'opposant nullement à la participation à ce type d'organisation internationale. Il apparaît, à notre avis, évident de dire qu'à travers cette qualification donnée à certaines organisations internationales, le juge constitutionnel français fait une allusion certaine et nette à la Communauté européenne ; ceci d'autant plus qu'était en cause en l'espèce un traité communautaire modificatif.

Outre le fait que cette formulation a été reprise dans la décision n° 97-394 DC du 31 décembre 1997 (considérant n° 6), il faut bien admettre, après la décision n° 98-408 DC du 22 janvier 1999 sur le traité portant statut de la *CPI*[2], qu'elle se rapporte uniquement, voire exclusivement, au processus de construction européenne. En effet, après avoir rappelé les normes de référence applicables à son contrôle et qui sont, à quelques exceptions près[3], les mêmes que dans les décisions *Maastricht I* et *traité d'Amsterdam*, le Conseil constitutionnel va utiliser une formulation de principe qui se démarque de celle citée plus haut à propos de la

---

[1] Faisant une interprétation audacieuse et hautement contestable de l'alinéa 15 du préambule de la Constitution de 1946, le Conseil constitutionnel avait conclu en 1976 que : « ...Aucune disposition de nature constitutionnelle n'autoris[ait] des transferts de tout ou partie de la souveraineté nationale à quelque organisation internationale que ce soit ».

[2] *JORF*, 24 janvier 1999, p. 1317 ; *Rec. D.C.C.*, p. 29.

[3] Outre le fait que le Conseil ne mentionne nullement l'article 88-1 de la Constitution, il faut bien dire qu'il fait allusion à deux nouvelles normes de référence : la 1ère phrase du préambule de la Constitution de 1946 en tant qu'il reconnaît valeur constitutionnelle au principe de la sauvegarde de la personne humaine contre toute forme d'asservissement et de dégradation ; l'article 55 de la Constitution qui pose le principe de la supériorité des traités sur les lois internes, sous réserve de réciprocité.

constitutionnalité du *TUE*. La Haute instance parle ainsi d'engagements internationaux qui sont conclus « en vue de favoriser la paix et la sécurité du monde ». Cette formule de principe de la décision n° 98-408 DC fait plus penser aux conventions internationales à vocation universelle, du type de la Charte des Nations Unies, qu'à l'« organisation internationale permanente dotée de la personnalité juridique et investie de pouvoirs de décision par le fait de transferts de compétences consentis par les Etats membres », à l'exemple notamment des Communautés européennes. Le Conseil constitutionnel a donc voulu adapter son considérant de principe à cette juridiction internationale à caractère permanent qu'est la *CPI* ; juridiction qui « ne représente qu'une forme inédite de coopération internationale en matière pénale... »[1]. A l'évidence, ceci confirme implicitement mais nettement le lien, semble-t-il, exclusif qui existerait entre la formulation de principe des décisions n° 92-308 DC et 97-394 DC et le processus d'intégration communautaire. En d'autres termes, ce considérant de principe doit être compris comme se rapportant très étroitement aux Communautés européennes. Cela met d'autant plus en lumière l'apport notable de la jurisprudence *Maastricht I* à la consolidation constitutionnelle de l'engagement européen de la France. La « doctrine défensive » de la décision *Assemblée européenne* de 1976 est désormais abandonnée au profit d'une conception de la souveraineté de l'Etat qui est compatible (ou en phase) avec la possibilité qu'a la France « de participer à la création ou au développement d'une organisation internationale permanente, dotée de la personnalité juridique et investie de pouvoirs de décision par le fait de transferts de compétences consentis par les Etats membres ».

Enfin, il faut convenir que ce considérant de principe de la décision *Maastricht I* apparaît plus ou moins équivalent à une formule générale d'autorisation de transferts. A ce titre, il vaut à la fois pour le passé et pour l'avenir[2]. Pour le passé dans la mesure où il contribue à consacrer a posteriori les traités communautaires antérieurs à 1992[3]. Pour l'avenir, en ce sens qu'il convient dorénavant de considérer que la construction communautaire elle-même est par principe compatible avec la Constitution. Aussi retrouve-t-on des affirmations doctrinales comme celle selon laquelle : « ...Le Conseil constitutionnel formule pour la première fois la reconnaissance positive et explicite de la compatibilité de

---

[1] Cf. M. P. WECKEL : « La CPI - Présentation générale », *RGDIP* 1998, p. 986.

[2] G. ISAAC : *Droit communautaire général*, 7e éd., *op. cit.*, p. 192, estime ainsi qu'« il valide rétroactivement la « création » des Communautés et surtout ouvre explicitement la voie à un « développement » de celles-ci ».

[3] Ainsi M. G. GOUZES, *Rapport n° 2676 fait au nom de la Commission des lois de l'Assemblée nationale*, mai 1992, p. 20, considère-t-il que : « ...Le Conseil constitutionnel valide en quelque sorte, a posteriori, l'ensemble de la construction européenne, y compris les transferts de compétences auxquels elle a pu donner lieu depuis la mise en application de ses textes fondateurs » ; voir également M. J. LARCHE, *Rapport n° 375 fait au nom de la Commission des lois du Sénat*, mai 1992, p. 19.

principe avec la Constitution de la construction européenne »[1]. Il ne fait en effet aucun doute, nous semble-t-il, que les implications et les exigences de la construction européenne sont désormais mieux perçues par la Haute instance. Cette dernière offre ainsi une assise constitutionnelle confortable aux traités fondateurs et à celles de leurs avancées qui en constituent l'exact prolongement.

Un pas supplémentaire est donc franchi : d'un raisonnement implicite et parfois a contrario, on passe à une approche positive et explicite ; la constitutionnalité de principe des transferts de compétences résulte en toute logique de la consolidation solennelle du processus d'intégration européenne. L'article 88-1 du texte de 1958 constitue à cet égard un appoint nécessaire et tangible.

2)- Une reconnaissance confortée par la prise de position du constituant en 1992

Le projet de révision constitutionnelle, adopté en Conseil des ministres le 22 avril 1992, fut élaboré afin de surmonter exclusivement les obstacles constitutionnels à la ratification du traité de Maastricht, décelés par le Conseil constitutionnel dans la décision du 9 avril 1992[2]. Les articles 88-1 et 88-2 se bornaient, dans ce cadre, à prévoir des transferts de compétences dans les domaines de l'union économique et monétaire et de la politique commune des visas, et à poser le principe du droit de vote et d'éligibilité des ressortissants communautaires aux élections municipales en France. Ce projet gouvernemental fut néanmoins complété et amendé au cours des débats parlementaires. L'un des amendements déterminants en l'espèce visait à faire mention de l'intégration européenne dans le texte constitutionnel français[3].

En effet, pour les députés de l'opposition, sous l'impulsion de M. A. LAMASSOURE, il s'agissait de « faire entrer plus nettement l'Europe dans la Constitution... »[4] tout en essayant d'en définir les contours. M. LAMASSOURE justifiait l'amendement de l'opposition comme suit : « ...Puisque c'est la première fois que nous avons l'occasion de faire entrer l'ordre juridique européen dans les institutions de la République française, ne le faisons pas de manière honteuse... »[5]. On ne peut dès lors manquer d'observer l'existence implicite d'une continuité nécessaire entre cet amendement parlementaire et la décision du 9 avril 1992 : le

---

[1] M. D. SIMON : « Le Conseil constitutionnel et le traité sur l'Union européenne », *Europe*, mai 1992, p. 2 ; également M. R. ETIEN, *RA* 1992, pp. 126-127.

[2] Voir notamment M. D. MAUS : « La pratique institutionnelle française 1er avril - 30 juin 1992 », *RFDC* 1992, pp. 497 et s.

[3] Cf. Mme C. GREWE : « La révision constitutionnelle en vue de la ratification du traité de Maastricht », *RFDC* 1992, p. 431.

[4] M. A. LAMASSOURE, *JORF*, n° 26 (3), A.N., 3e séance du 12 mai 1992, p. 1074.

[5] *JORF*, n° 24 (2), A.N., 2e séance du 6 mai 1992, p. 927.

constituant dérivé, comme l'a fait la Haute instance, marque sa volonté de reconnaître et de consacrer de manière explicite la participation de la France aux institutions communautaires[1]. De ce point de vue, l'article 88-1 de la Constitution, qui fait suite à l'amendement parlementaire, se trouve à l'origine d'une incontestable nouveauté. Cette nouvelle disposition constitutionnelle prévoit en effet que : « La République française participe aux Communautés européennes et à l'Union européenne, constituées d'Etats qui ont choisi librement, en vertu des traités qui les ont instituées, d'exercer en commun certaines de leurs compétences ». Il en résulte que l'engagement de l'Etat français dans l'entreprise de construction communautaire, mise en place dans les années 1950, est désormais clairement et constitutionnellement établi.

Dans cette perspective on peut dire, à l'instar de ce qui a été constaté au sujet du considérant de principe de la décision *Maastricht I*, que l'article 88-1 vaut à la fois pour le passé et pour l'avenir[2]. Il a tout d'abord valeur confirmative car il valide a posteriori les traités antérieurs à 1992, notamment et surtout les traités fondateurs[3]. Cette consolidation rétroactive repose sur l'utilisation par le constituant de l'expression « Communautés européennes » en relation avec les « les traités qui les ont instituées » ; il en est de même du passé « ont choisi »[4]. Il faut également y voir une consécration implicite mais certaine de la jurisprudence constante du Conseil constitutionnel relative à l'incontestabilité de l'acquis communautaire, notamment des traités communautaires définitifs[5]. En ce sens le droit constitutionnel français s'est rapproché de la situation irlandaise dans laquelle, par le biais de l'ex article 29-4-5° de la Constitution[6], le droit communautaire définitif et ses actes nationaux d'application sont protégés de tout recours constitutionnel. La seule différence entre les deux situations consiste en ceci que la protection a un caractère explicite en Irlande alors qu'en France le constituant dérivé conforte indirectement et de façon implicite une jurisprudence du Conseil constitutionnel.

---

[1] Pour une analyse de l'article 88-1 comme un prolongement de la décision *Maastricht I* du 9 avril 1992, voir Mme C. HAGUENAU : *L'application effective du droit communautaire en droit interne*, *op. cit.*, p. 51.

[2] Voir en ce sens M. J.-V. LOUIS : *L'ordre juridique communautaire*, 6e éd., Luxembourg : OPOCE, 1993, p. 178.

[3] Nous tenons à rappeler tout simplement que les traités de base de 1951 et de 1957 ont été conclus sous la IVe République. Or nous savons que la Constitution du 27 octobre 1946 n'avait prévu aucun contrôle de constitutionnalité des engagements internationaux.

[4] Dans le même sens, M. G. GOUZES, *JORF*, n° 26 (3), A.N., 3e séance du 12 mai 1992, p. 1080.

[5] Voir une confirmation de cette jurisprudence aux considérants 5 à 8 de la décision du 9 avril 1992. Pour une explication de cette jurisprudence, cf. MM. L. FAVOREU et P. GAÏA : « Les décisions du Conseil constitutionnel relatives au traité sur l'Union européenne », *op. cit.*, pp. 404-405.

[6] Cf. M. H. OBERDORFF : *Les Constitutions de l'Europe des douze*, 2e éd., La Documentation française, 1994, p. 235.

L'article 88-1 de la Constitution de 1958 vaut ensuite pour l'avenir car la construction européenne est désormais appréhendée par le droit constitutionnel français comme une exigence hautement impérieuse. Pour autant, cette disposition comporte, nous semble-t-il, une portée beaucoup plus déclaratoire qu'habilitante[1]. En effet, elle paraît beaucoup plus en retrait par rapport à la formule générale utilisée par le Conseil dans la décision *Maastricht I* ; formule équivalant, il faut le rappeler, à une autorisation de transferts de compétences nécessaires à la création et au développement d'une organisation internationale permanente, sous réserve du respect des règles et principes de valeur constitutionnelle. Au total, il convient de dire que, conformément à la volonté du législateur constitutionnel, l'intégration de la République française dans l'Europe communautaire « devient une obligation constitutionnelle »[2]. L'ancrage constitutionnel de l'engagement européen de la France se trouve, de ce point de vue, totalement affirmé et avéré. Cette intégration du processus de construction communautaire dans la Constitution, qui vient compléter la consolidation prétorienne de cette même construction, induit-elle ou va-t-elle de pair avec une reconnaissance globale de la spécificité du droit communautaire ? Il est permis d'en douter au vu de la réponse relative et nuancée qu'y a apporté le droit constitutionnel français (paragraphe 2).

Paragraphe 2 : Une admission progressive mais parcellaire de la spécificité de l'ordre juridique communautaire

Ici également, il faut tenir compte pour notre démonstration de la situation avant et après la ratification du traité de Maastricht. En effet, face à la spécificité du droit communautaire prônée par la *CJCE*, le droit constitutionnel français conserve une position empreinte d'une certaine circonspection. La démarche quant à la prise en compte de la nature spécifique originale de l'ordre juridique communautaire n'est pas globale en France[3]. Un rappel s'avère nécessaire : la Constitution du 4 octobre 1958 n'avait pas explicitement appréhendé l'entreprise de construction européenne mise en place en 1951 avec la *CECA* puis en 1957 avec

---

[1] Une telle formule de principe se retrouve dans l'article 23 de la Loi fondamentale allemande, dit article « Europe » : « Pour l'édification d'une Europe unie, la République fédérale d'Allemagne concourt au développement de l'Union européenne... ». Pour servir cet objectif, des droits souverains peuvent être transférés aux institutions communautaires.

[2] M. NGUYEN VAN TUONG : « La révision constitutionnelle de 1992 et la mise en vigueur du traité de Maastricht », *ALD* 1993, p. 93. M. H. OBERDORFF : « La France : Etat membre de l'Union européenne », *op. cit.*, p. 90, parle, quant à lui, de « constitutionnalisation de l'Europe ».

[3] Cf. notamment M. G. DRAGO : *Contentieux constitutionnel français, op. cit.*, p. 339 ; M. P. GAÏA : « L'unification européenne et le droit constitutionnel : la Constitution française face à l'Union européenne », *op. cit.*, pp. 273-274.

la *CEE* et la *CEEA*[1]. Aussi la spécificité n'est-elle pas pour le juge constitutionnel français une donnée de base de son raisonnement. On en veut pour preuve sa position originelle de défiance vis-à-vis de la reconnaissance d'une telle spécificité (A). Mais, une fois de plus, il est permis d'observer une amorce d'évolution de la part du droit constitutionnel français. En d'autres termes, il semble que la démarche actuelle, bien qu'elle soit assez pragmatique et fragmentaire, se démarque à certains égards de l'attitude initiale de grande réserve de l'ordre juridique constitutionnel français à l'égard de la théorie de la spécificité (B).

A/- Une attitude initiale de défiance vis-à-vis de la spécificité du droit communautaire

On veut tout simplement montrer que la position française, ou plus précisément celle du Conseil constitutionnel, est apparue très éloignée de celle prônée par la *CJCE* au début des années 1960. Ceci découle sans doute du « mutisme » dont a fait preuve le constituant de 1958 au sujet de la reconnaissance constitutionnelle du phénomène communautaire. Le juge constitutionnel français pouvait ainsi difficilement reconnaître, comme le soutient la *CJCE*, une nature spécifique originale au droit communautaire, alors que la Constitution ne faisait aucune différence entre le droit international classique et l'ordre juridique communautaire[2].

1)- La spécificité du droit communautaire dans la jurisprudence de la CJCE

On veut ici rappeler de manière très brève la jurisprudence, fort connue, de la Cour de justice de Luxembourg concernant la spécificité du droit communautaire[3]. C'est sur la base de cette dernière qu'ont été mis en place les principes essentiels de l'ordre juridique communautaire. Afin de montrer que le droit communautaire avait vocation à créer des droits et obligations non seulement à l'encontre des Etats mais également à l'égard de leurs ressortissants, la *CJCE* va considérer la Communauté comme étant « un nouvel ordre juridique de droit

---

[1] Nous verrons néanmoins dans le titre suivant que certains mécanismes mis en place dans la Constitution de 1958 sont dus à la méfiance des constituants à l'égard de la supranationalité.

[2] Une telle argumentation est soutenue avec force par M. X. PRETOT : « La non-conformité à la Constitution du traité sur l'Union européenne », dans *La Constitution et l'Europe*, éd. Montchrestien, 1992, p. 341.

[3] Voir par exemple M. L. CONSTANTINESCO : « La spécificité du droit communautaire », *RTDE* 1966, p. 1 ; M. Ph. MANIN : *Les Communautés européennes - L'Union européenne*, 4e éd., *op. cit.*, pp. 309 et s.

international » dans l'arrêt *Van gend en Loos* du 5 février 1963[1]. L'objectif consistait à affirmer l'autonomie du droit communautaire à la fois par rapport au droit international et vis-à-vis des ordres juridiques nationaux. Mais cette affirmation n'allait pas sans inconvénient : l'idée d'une séparation stricte entre ordre juridique communautaire et droits nationaux pouvait légitimement être soutenue. D'où une évolution vers plus de précision dans l'arrêt *Flaminio Costa c/ ENEL* du 15 juillet 1964[2] : bien qu'étant autonome le droit communautaire a tout de même vocation à s'intégrer dans les ordres juridiques des Etats membres. Dans cet arrêt de 1964, il est soutenu également que le traité *CEE* (à l'exemple, bien entendu, des autres traités communautaires) a, « à la différence des traités internationaux ordinaires », « institué un ordre juridique propre ». Dès lors on peut considérer que le droit communautaire est « issu d'une source autonome » et qu'il dispose d'une « nature spécifique originale ». Autrement dit, l'autonomie de l'ordre juridique qui découle des traités fondateurs implique forcément sa spécificité[3]. En outre, il n'est pas exagéré de parler d'une « constitutionnalisation de l'ordre juridique communautaire » car la *CJCE* évoque désormais l'existence d'une « Communauté de droit » disposant d'une « charte constitutionnelle de base »[4]. Ceci va sans doute dans le sens d'un renforcement et d'une consolidation de la spécificité du droit communautaire.

Ainsi brièvement présentée, la spécificité de l'ordre juridique communautaire a permis de poser les fondements de ce dernier : la primauté et l'effet direct du droit de l'intégration. Cet effet utile de la doctrine de la spécificité ne devrait donc pas être sous-estimé dans le débat sur la reprise intégrale ou non de cette doctrine par le droit constitutionnel français. La question qui mérite à cet égard d'être posée est la suivante : le juge constitutionnel français a-t-il, à l'origine, explicitement pris position sur cette question ? Une réponse nuancée doit être apportée à cette interrogation.

---

[1] Aff. 26/62, *Rec.*, p. 1.

[2] Aff. 6/64, *Rec.*, p. 1141.

[3] Sur les notions d'ordre juridique propre et d'autonomie du droit communautaire, voir M. Ph. MANIN : *Les Communautés européennes - L'Union européenne, op. cit.*, pp. 310-311.

[4] Voir en ce sens, CJCE 23 avril 1986, *Parti écologiste « Les Verts » c/ Parlement européen*, aff. 294/83, *Rec.*, p. 1339 ; Avis 1/91 du 14 décembre 1991 sur le projet d'accord visant à instituer l'Espace économique européen, cf. *RTDE* 1992, pp. 556-557 et le commentaire de J. BOULOUIS, p. 457.

2)- La « banalisation » de l'intégration européenne par le Conseil constitutionnel

De toute évidence la politique jurisprudentielle de la Haute instance a souvent consisté, avant 1992, à ne tirer aucun compte de la doctrine de la spécificité de l'ordre juridique communautaire. En effet, on ne trouve dans aucune décision du Conseil constitutionnel, notamment celles de 1970 et 1976, un élément pouvant permettre d'envisager un ralliement du juge constitutionnel à cette théorie posée par la *CJCE*[1]. Bien au contraire, il est possible de soutenir que le Conseil n'applique en principe aucun traitement spécifique au droit communautaire, fidèle en cela à la vision originelle du constituant de 1958 s'agissant du droit constitutionnel en matière internationale. On peut en trouver une illustration dans la décision du Conseil constitutionnel du 30 décembre 1976[2]. Invité à examiner la constitutionnalité de textes communautaires de septembre 1976 instituant l'élection de l'Assemblée des Communautés européennes au suffrage universel direct, le Conseil va, dans un considérant de principe, assimiler les Communautés européennes à une quelconque organisation internationale. Il énonce ainsi fermement que : « Si le préambule de la Constitution de 1946, confirmé par celui de la Constitution de 1958, dispose que, sous réserve de réciprocité, la France consent aux limitations de souveraineté nécessaires à l'organisation et à la défense de la paix, aucune disposition de nature constitutionnelle n'autorise les transferts de tout ou partie de la souveraineté nationale à quelque organisation internationale que ce soit ». Au vu de ce passage, il apparaît nettement que toute spécificité était déniée aux Communautés européennes. On aurait pu objecter que cette position ne concernait en l'espèce que la qualification donnée aux organisations créées en 1951 et en 1957. Il n'en demeure pas moins qu'une telle prise de position comporte logiquement des répercussions sur l'ordre juridique mis en place par les traités fondateurs. Autrement dit à partir du moment où l'on considère les Communautés comme une simple organisation internationale, toute « nature spécifique originale » de l'ordre juridique qui y est issu s'en trouve par conséquent exclue[3].

Cette démarche principale n'était pour autant pas exclusive de certains infléchissements. En effet, il existe des situations dans lesquelles le Conseil constitutionnel reconnaît une sphère d'activités autonome au profit du droit communautaire. Il en est ainsi de la jurisprudence qui circonscrit uniquement au système institutionnel communautaire les effets de certaines évolutions contenues

---

[1] En ce sens, M. J. RIDEAU : *Droit institutionnel de l'Union et des Communautés européennes*, 3e éd., LGDJ, 1999, p. 977.

[2] Décision n° 76-71 DC, *RJC*-I, 41.

[3] Cf. M. L. FAVOREU, *RRJ* 1977, p. 80. Sur l'assimilation des Communautés aux organisations internationales classiques, voir aussi M. C. BLUMANN : « L'article 54 de la Constitution et le contrôle de constitutionnalité des traités en France », *RGDIP* 1978, pp. 598-607.

dans des décisions du Conseil des Communautés européennes[1]. On en veut pour preuve notamment, l'affirmation contenue dans la décision du Conseil constitutionnel du 19 juin 1970[2] selon laquelle : le traité du 22 avril 1970 « ne contient que des dispositions relatives au fonctionnement interne des Communautés modifiant la répartition des compétences entre les divers organes de celles-ci... ». Ou encore dans la décision du 30 décembre 1976, le fait d'estimer que l'Assemblée des Communautés européennes « n'appartient pas à l'ordre institutionnel de la République française... ». Quoiqu'il ne s'agisse pas *stricto sensu* d'une reconnaissance de la théorie de la spécificité, il ne fait aucun doute que l'autonomie de l'ordre juridique communautaire, notamment celle de son système institutionnel, se trouve à cet égard indirectement consacrée par le juge constitutionnel français.

Plus tangible est la reconnaissance du caractère spécifique de certains instruments juridiques de mise en œuvre des règles prévues par les traités fondateurs. Il s'agit en l'occurrence d'une conséquence nette de deux décisions du Conseil constitutionnel du 30 décembre 1977 (n° 77-89 DC et 77-90 DC)[3]. Deux règlements communautaires en date du 17 mai 1977 avaient établi un prélèvement à l'importation et une cotisation sur la production d'isoglucose, et un prélèvement de coresponsabilité dans le secteur du lait et des produits laitiers. Le Conseil constitutionnel fut saisi par des députés du groupe socialiste au motif que les dispositions de deux lois de finances ayant pour objet d'autoriser ou de fixer les modalités de recouvrement de ces prélèvements étaient non conformes à la Constitution. Ce fut l'occasion pour la Haute instance d'affirmer de façon ferme et définitive l'interdiction de tout contrôle des règlements communautaires au regard de la Constitution. Cette affirmation reposait sur la nature spécifique des règlements communautaires ; le Conseil citant, en cela, de manière explicite, l'article 189, alinéa 2 du traité du 25 mars 1957 (considérant n° 3 de la décision n° 77-90 DC). Toute intervention du Parlement, en dehors de celle prévue expressément par les règlements eux-mêmes, était donc exclue : « ...Qu'il suit de là que la force obligatoire qui s'attache aux dispositions qu'ils [les règlements] comportent n'est pas subordonnée à une intervention des autorités des Etats membres et, notamment, du Parlement français... ». Le juge constitutionnel reconnaît ainsi à la fois la valeur « obligatoire » des règlements communautaires et leur caractère directement applicable dans tout Etat membre[4]. Une telle

---

[1] Voir M. J. BOULOUIS : « Droit interne, droit communautaire, droit international », *RIDC*, n° spécial - vol. 13, p. 27.

[2] Décision n° 70-39 DC, *RJC*-I, 21.

[3] *RJC*-I, 54-55.

[4] Voir l'explication qui en a été donnée par M. P. GAÏA : *Le Conseil constitutionnel et l'insertion des engagements internationaux...*, *op. cit.*, p. 232 ou encore « L'unification européenne et le droit constitutionnel... », *op. cit.*, pp. 265-266.

reconnaissance semblait inévitable car était en cause le respect d'une disposition (l'article 189 *CEE*) dont le dispositif avait été prévu par les traités de base. Autrement dit, la démarche du Conseil constitutionnel, en l'espèce, se justifierait par l'existence d'une disposition dont le sens apparaît clair, indiscutable et définitif.

Au total, la politique jurisprudentielle de la Haute instance avant 1992 a été remarquablement résumée par J. BOULOUIS : « ...Tout en ne reconnaissant pas la spécificité du droit communautaire comme une donnée de principe qui voudrait qu'il soit distingué du régime constitutionnel applicable au droit international général, tel que ce régime le conçoit, la jurisprudence n'en ignore pas certaines caractéristiques dont elle n'affecte pas les conséquences »[1]. On peut dès lors se demander si cette constatation reste pertinente après « l'épisode » Maastricht, et de surcroît après la décision du Conseil constitutionnel du 31 décembre 1997. Disons qu'on serait en présence d'une différence de degré et non de nature s'agissant de la démarche actuelle : un pas important vers la singularisation de l'ordre juridique communautaire aurait été franchi sans toutefois pouvoir être assimilé à une reconnaissance pure et simple de la spécificité du droit communautaire (B).

B/- L'évolution limitée mais compréhensible enregistrée en la matière depuis 1992

La démarche engagée par le Conseil constitutionnel et confortée par le constituant peut sembler difficile à mettre au clair. Cela étant, elle ne saurait être assimilée à une reconnaissance explicite et solennelle de la spécificité du droit communautaire ; en cela, elle est limitée. Mais une approche comparative de la question permet de soutenir qu'une telle solution apparaît, à certains égards, justifiable.

1)- Une évolution limitée

La marque de cette évolution réside dans la formule de principe utilisée par le Conseil constitutionnel dans la décision du 9 avril 1992[2]. Il est possible en effet pour la République « de conclure, [...], des engagements internationaux en vue de

---

[1] J. BOULOUIS : « Droit interne, droit communautaire, droit international », *op. cit.*, pp. 27-28. Voir également dans l'ouvrage collectif : *L'application du droit international par le juge français*, Librairie Armand Colin, 1972, p. 14, la constatation suivante : « Il est plus facile de démontrer la spécificité du traitement accordé au droit communautaire « dérivé » que pour les chartes constitutives elles-mêmes ».

[2] Décision n° 92-308 DC, *RJC*-I, 497.

participer à la création ou au développement d'une organisation internationale permanente, dotée de la personnalité juridique et investie de pouvoirs de décision par l'effet de transferts de compétences consentis par les Etats membres » (considérant 13 de la décision). La remarque préliminaire qui s'impose ici est la suivante : le juge constitutionnel français entreprend, dans sa décision *Maastricht I*, une description ou plutôt une qualification d'un certain type d'« organisation internationale permanente ». Ceci étant posé, il faut reconnaître que plusieurs interprétations ont pu être avancées quant à la portée à donner à cette formule de principe.

La formulation de la Haute instance emprunterait au Mémorandum du gouvernement français au Secrétaire général des Nations Unies en date du 10 janvier 1953, aux termes duquel : « La pratique française interprète l'expression « traités concernant l'organisation internationale » comme s'appliquant aux seuls traités créant une organisation internationale permanente investie de pouvoirs de décision ou imposant des renonciations ou des limitations de souveraineté ». Certains concluent dès lors à la consécration par le Conseil de cette définition officielle du gouvernement français[1] ; ceci d'autant plus que cette interprétation gouvernementale est encore invoquée sous la Ve République[2]. Nul doute qu'elle a servi de source d'inspiration essentielle sinon exclusive au Conseil constitutionnel. Mais des différences de rédaction peuvent être relevées : à côté de la création, le Conseil ajoute l'hypothèse d'un développement d'une organisation internationale permanente ; les expressions « renonciations ou [...] limitations de souveraineté » sont remplacées par celle de « transferts de compétences consentis par les Etats membres ». Il faut souligner également qu'en 1992 l'organisation internationale permanente est censée être dotée de la personnalité juridique, et les pouvoirs de décision dont elle est investie sont la résultante des « transferts de compétences consentis par les Etats membres ». Le recours à la notion de « personnalité juridique » permet peut-être au Conseil constitutionnel de bien montrer que sa formulation de principe s'applique essentiellement aux Communautés européennes et non à l'Union européenne[3]. Le juge constitutionnel a donc, semble-t-il, voulu

---

[1] Voir Mme V. GOESEL-Le BIHAN : *La répartition des compétences en matière de conclusion des accords internationaux sous la Ve République, op. cit.*, p. 144.

[2] Cf. la réponse du ministre des affaires étrangères à une question de M. COUSTE, *JORF*, débats Assemblée nationale, 2e séance du 9 avril 1975, p. 1478, dans laquelle il est dit que : « ...L'interprétation donnée par les gouvernements successifs sous la IVe République est également apparue raisonnable à ceux de la Ve ».

[3] A propos du débat sur la personnalité juridique de l'Union européenne, cf. notamment M. J.-C. GAUTRON : « L'Union européenne et le concept d'organisation internationale », dans D. DORMOY(Sous la direction de) : *L'Union européenne et les organisations internationales, op. cit.*, pp. 15-23 ; M. A. TIZZANO : « La personnalité internationale de l'Union européenne », *RMUE* 1998/4, p. 11. M. J. RIDEAU : *Droit institutionnel de l'Union et des Communautés*

adapter la formulation de 1953 au processus de construction européenne[1]. La « mise à l'heure » européenne de l'interprétation de 1953 est d'autant plus implacable que la Haute instance était justement invitée à examiner un développement ou un approfondissement de la construction communautaire. Le « statut constitutionnel »[2] qui est ici conféré à certaines organisations internationales concerne donc, au premier chef, la Communauté européenne[3].

Cette dernière considération peut conduire à faire un rapprochement entre la position du Conseil constitutionnel et celle de la *CJCE* dans son célèbre arrêt *Costa* de 1964. En effet, la Cour de Luxembourg avait affirmé : « ...En instituant une Communauté de durée illimitée et dotée d'institutions propres, de la personnalité, de la capacité juridique, d'une capacité de représentation internationale et plus particulièrement de pouvoirs réels issus d'une limitation de compétence ou d'un transfert d'attributions des Etats à la Communauté, ceux-ci ont limité, bien que dans des domaines restreints, leurs droits souverains ». Le constat paraît clair à première vue : les deux juridictions suprêmes font allusion à un certain type d'organisation internationale bénéficiant de transferts d'attributions ou de compétences, de limitations de compétences de la part des Etats membres ; organisation qui dispose de surcroît de la personnalité juridique. Pour autant, on ne pourrait soutenir que le Conseil constitutionnel « prend acte de la situation existante et conforme sa jurisprudence à celle de la *CJCE* »[4]. Il est vrai que le phénomène communautaire, et donc la jurisprudence de la Cour de Luxembourg, ne sont pas étrangers à la nouvelle formulation du Conseil. Mais on ne saurait occulter le fait qu'a été principalement prise en compte, en l'adaptant, l'interprétation gouvernementale de 1953. Ceci nous pousse à considérer que le juge constitutionnel français n'entérine nullement et globalement la spécificité de l'ordre juridique communautaire telle qu'elle est prônée par la *CJCE.* En l'état actuel des choses, cette conception du juge communautaire ne saurait servir de valeur de référence à l'encontre de la Constitution française. Tout au plus la Haute instance adopte-t-elle une solution qui contribue implicitement à singulariser la Communauté européenne par rapport aux organisations internationales ordinaires[5].

---

européennes, 3e éd., *op. cit.*, pp. 245-247, soutient, quant à lui, l'idée d'une « personnalité juridique internationale émergente de l'Union européenne ».

[1] Ceci d'autant plus que dans la réponse ministérielle de 1975, il était dit qu'il fallait restreindre la portée de l'interprétation gouvernementale de 1953 aux « traités relatifs aux organisations internationales et même à ceux relatifs à certaines organisations internationales seulement », *ibid.*

[2] Mme C. HAGUENAU : *L'application effective du droit communautaire en droit interne, op. cit.*, p. 51.

[3] Cf. Mme F. CHALTIEL : « Commentaire de la décision du Conseil constitutionnel relative au traité d'Amsterdam », *RMC* 1998, p. 77.

[4] Cf. M. P. PACTET : *Institutions politiques/Droit constitutionnel*, 18e éd., *op. cit.*, p. 357.

[5] Pour une analyse plus tranchée en faveur de la reconnaissance de la spécificité de la construction européenne ; reconnaissance résultant de la nouvelle doctrine du Conseil constitutionnel, voir

Là intervient l'aspect limité et parcellaire de l'évolution du droit constitutionnel français. Ceci n'exclut pas de souligner malgré tout que la Haute instance en arrive à avaliser certains instruments juridiques particuliers du système communautaire. Tout d'abord l'évolution du juge constitutionnel se manifeste dans le considérant 34 de la décision *Maastricht I* au sujet du Parlement européen qui « appartient à un ordre juridique propre, qui, bien que se trouvant intégré au système juridique des différents Etats membres des Communautés, n'appartient pas à l'ordre institutionnel de la République française ». Certes, le Conseil constitutionnel veut montrer que le Parlement européen relève d'un ordre juridique distinct de l'ordre juridique français ; il reste que cette formule rappelle bien évidemment un passage de l'arrêt *Costa* selon lequel : « ...Le traité *CEE* a institué un ordre juridique propre, intégré au système juridique des Etats membres... ». En ne perdant pas de vue que le Conseil veut en l'espèce montrer que la nature juridique du Parlement européen n'a pas été modifiée par le traité de Maastricht, on peut tout de même constater qu'il en vient indirectement à reconnaître le thème de l'autonomie de l'ordre juridique communautaire. En effet, il s'agit d'un ordre juridique d'une nature propre qui s'intègre au système juridique de l'Etat français tout en n'appartenant pas à cet ordre institutionnel. La notion d'ordre juridique propre, pour la Haute instance, est donc plus synonyme en l'espèce d'autonomie de l'ordre juridique communautaire que de spécificité de ce même ordre juridique[1].

En outre, concernant le considérant 17 relatif à la garantie des droits et libertés des citoyens, le juge constitutionnel va se référer à l'article F 2 du *TUE* (article 6-2, Nouvelle numérotation de ce traité) qui consacre solennellement la protection juridictionnelle des droits fondamentaux mise en place par la *CJCE*[2]. De plus, le Conseil constate « que leur respect est assuré par la *CJCE*, notamment à la suite d'actions engagées à l'initiative des particuliers ». Dans son raisonnement, il n'intègre nullement le fait que l'article L du traité de Maastricht (article 46, Nouvelle numérotation) exclut implicitement l'article F 2 de la compétence de la *CJCE*. Ceci donne d'autant plus de force à la référence qui y est faite au rôle de la Cour de Luxembourg dans la protection des droits fondamentaux. Par ailleurs, il est clair depuis l'arrêt *Van Gend en Loos* de 1963 que le droit communautaire est susceptible d'être invoqué par les ressortissants des Etats membres devant les juridictions nationales. Aussi, dès lors que le Conseil constitutionnel se satisfait du

---

notamment G. ISAAC : *Droit communautaire général*, 7e éd., *op. cit.*, p. 192 ; M. Ph. MANIN : « L'application du droit international et du droit communautaire en France, aspects récents », *RIDC* 1993, n° spécial - vol. 15, p. 121.

[1] M. O. BEAUD, *RFDA* 1993, p. 1066, considère par contre que, par ce biais, le Conseil constitutionnel « rejoint [...] la thèse de la spécificité de l'ordre juridique communautaire ».

[2] Aux termes de cet article : « L'Union respecte les droits fondamentaux, tels qu'ils sont garantis par la Convention européenne des droits de l'Homme et des libertés fondamentales signée à Rome le 4 novembre 1950, et tels qu'ils résultent des traditions constitutionnelles communes aux Etats membres, en tant que principes généraux du droit communautaire ».

respect des droits fondamentaux assuré par la *CJCE*, « notamment à la suite d'actions engagées à l'initiative des particuliers », il est légitime de penser à l'article 177 du traité instituant la Communauté européenne relatif au renvoi préjudiciel, et même à la consolidation de l'immédiateté du droit communautaire. Cette allusion implicite ou indirecte de la Haute instance à une procédure communautaire induit forcément un « approfondissement » ou une prise en compte implicite de la spécificité des mécanismes communautaires. On ne peut pour autant pas conclure à une acceptation explicite et solennelle par le droit constitutionnel français, notamment le Conseil constitutionnel, du principe même de la spécificité du droit communautaire[1]. Une telle situation n'est néanmoins préjudiciable ni au statut du droit communautaire en France ni à sa pénétration dans l'ordre juridique français. En cela cette solution, même s'il est convenu de dire qu'elle est limitée, mérite d'être appréciée à sa juste mesure.

Le droit constitutionnel français a incontestablement évolué dans la manière dont il appréhende l'ordre juridique communautaire. En effet, le mouvement de légitimation de cet ordre, entrepris par le Conseil constitutionnel, a reçu une consécration éclairante dans la singularisation de l'engagement communautaire de la France par l'article 88-1 de la Constitution. Cette singularisation se manifeste notamment à travers la présentation qui est faite dans cette disposition constitutionnelle d'un type d'organisation internationale très proche de l'organisation d'intégration que représente la Communauté européenne. Au demeurant, il faudrait souligner que l'individualisation de l'Europe communautaire qui est ainsi opérée n'induit pas nécessairement la reconnaissance de la spécificité de l'ordre juridique qui en découle par le droit constitutionnel français. Il est clair malgré tout que, de manière symbolique, l'existence d'un titre spécialement consacré à l'Europe communautaire dans la Constitution (titre XV) montre déjà, en elle-même que « la France est constitutionnellement devenue un Etat membre d'un ensemble plus vaste »[2]. Comme en République fédérale d'Allemagne[3], l'approfondissement de la construction communautaire est désormais un objectif constitutionnellement garanti[4]. Selon nous, il s'agit d'une position intermédiaire entre la solution pragmatique et minimaliste de la Constitution irlandaise

---

[1] En ce sens voir M. J.-P. JACQUE : « Commentaire de la décision du Conseil constitutionnel », *op. cit.*, p. 253 ; M. J. RIDEAU : « France », dans *Les Constitutions nationales à l'épreuve de l'Europe, op. cit.*, p. 83.

[2] M. H. OBERDORFF : « La France : Etat membre de l'Union européenne », dans G. DUPRAT(Sous la direction de) : *L'Union européenne - Droit, politique, démocratie, op. cit.*, p. 90. Pour M. Ph. MANIN : *Les Communautés européennes - L'Union européenne, op. cit.*, p. 61, « ...la reconnaissance de la spécificité du groupement marquée en particulier par la formule - « exercice en commun de certaines compétences » - est incontestable ».

[3] Cf. l'« article Europe » de la Loi fondamentale allemande (article 23), dans Mme C. GREWE et M. H. OBERDORFF : *Les Constitutions des Etats de l'Union européenne, op. cit.*, p. 30.

[4] Sur un tel rapprochement, voir M. Ph. MANIN, *ibid.*, p. 63.

(notamment les paragraphes 3, 4 et 5 de l'article 29-4) et l'approche portugaise dans laquelle est prévue une base constitutionnelle spécifique « à la construction de l'Union européenne » (article 7-6 de la Constitution du 2 avril 1976). Ceci étant précisé, il convient de rechercher les justifications de la position actuelle du juge constitutionnel français à l'égard de la spécificité de l'ordre juridique communautaire.

2)- Une évolution compréhensible

Rappelons que la Haute instance adopte en la matière une position pragmatique : de manière générale elle fait référence à certains indices ou à certaines conséquences de la spécificité du droit communautaire, non pas pour consacrer cette dernière en tant que telle mais essentiellement pour en apprécier l'impact sur l'ordre juridique constitutionnel français. Autrement dit, il apparaît que la reprise de l'ordre juridique communautaire par le Conseil constitutionnel est circonstancielle : elle sert à légitimer ou à conforter la solution qu'il pose dans l'espèce examinée[1]. Au vu de ce constat, on pourrait incliner à penser que la prise en compte par les pays du Benelux de la spécificité du droit communautaire servirait de modèle au droit constitutionnel français en matière européenne. Les hautes juridictions de la Belgique, du Luxembourg et des Pays-Bas ont généralement repris la thèse de la nature propre du droit communautaire, issue de la jurisprudence de la *CJCE*. En effet la Cour de cassation belge dans un arrêt du 27 mai 1971, *Etat belge c/ Fromagerie franco-suisse Le Ski*, et le Conseil d'Etat luxembourgeois dans un arrêt du 21 novembre 1984, *Ballion* ont utilisé une formule identique aux termes de laquelle : « Les traités qui ont créé le droit communautaire ont institué un nouvel ordre juridique au profit duquel les Etats membres ont limité l'exercice de leurs pouvoirs souverains dans les domaines que ces traités déterminent »[2]. Notons tout d'abord que les juges belge et luxembourgeois parlent de limitation de « l'exercice » des pouvoirs souverains de l'Etat alors que la *CJCE*, dans l'arrêt *Costa*, utilisait l'expression « limitation définitive » des droits souverains des Etats. Ensuite, et plus fondamentalement, il s'agit ici de juges ordinaires et non de juridictions constitutionnelles ; et ceux-ci étaient invités à donner une effectivité à la règle de la primauté du droit

[1] Voir *infra*.

[2] Pour la Belgique, voir notamment M. H. BRIBOSIA : « Applicabilité directe et primauté des traités internationaux et du droit communautaire. Réflexions générales sur le point de vue de l'ordre juridique belge », *op. cit.*, p. 63 ; pour le Luxembourg, cf. M. M. THILL : « La primauté et l'effet direct du droit communautaire dans la jurisprudence luxembourgeoise », *RFDA* 1990, p. 979 ; pour les Pays-Bas, cf. M. S. PRECHAL : « La primauté du droit communautaire aux Pays-Bas », *RFDA* 1990, p. 981.

communautaire sur les règles infraconstitutionnelles, notamment législatives. Or, il ressort de la jurisprudence de la *CJCE* que la spécificité de l'ordre juridique communautaire permet principalement d'offrir un fondement « communautaire », et non « internationaliste », aux caractéristiques essentielles de cet ordre que sont la primauté et l'effet direct. Ceci permet donc d'apprécier à sa juste mesure la convergence entre les jurisprudences de ces trois pays et celle de la *CJCE*. Or l'on sait que le Conseil constitutionnel n'intervient ni dans les mêmes circonstances ni dans le même contexte.

On peut aussi objecter que certaines juridictions constitutionnelles ont reconnu la nature propre du droit communautaire, en particulier le Tribunal constitutionnel fédéral allemand dans une ordonnance du 18 octobre 1967[1] et la Cour constitutionnelle italienne dans sa sentence *Frontini* de 1973[2]. Or il faut dire que ces Cours suprêmes interviennent dans le cadre d'un contrôle a posteriori ; contrôle qui est beaucoup plus préjudiciable à l'application uniforme du droit communautaire. A notre avis, la reconnaissance de la spécificité du droit communautaire sert, ici, à remédier aux inconvénients de l'approche dualiste des relations entre le droit international et le droit interne, et de l'existence d'un contrôle approfondi de constitutionnalité qui prévalent dans ces deux Etats membres originaires de la Communauté européenne.

Tout ceci contribue à montrer que le cadre dans lequel intervient le Conseil constitutionnel n'est pas identique aux expériences que l'on vient de relever. En effet, le contrôle du juge constitutionnel français n'est pas, par essence, préjudiciable à l'application uniforme du droit communautaire, de par son caractère préventif. N'ayant, de plus, pas à garantir, à ce stade, la primauté et l'effet direct du droit communautaire, la Haute instance peut, nous semble-t-il, légitimement faire l'économie de la reconnaissance générale de la spécificité de ce droit[3]. Au demeurant, il faut rappeler que le Conseil utilise de manière fragmentaire cette spécificité afin de donner leur exacte portée à certaines implications de la construction communautaire. Il accorde ainsi un statut à certaines organisations internationales dans le considérant de principe de sa décision du 9 avril 1992 pour mieux consolider la compatibilité de principe de la construction européenne avec le principe de la souveraineté de l'Etat. De plus, toujours dans cette même décision, il renvoie à l'autonomie de l'ordre juridique communautaire et au concept d'« ordre

[1] Voir notamment M. R. STOTZ, *RFDA* 1990, p. 204 ; Ph. MANIN : *Les Communautés européennes...*, *op. cit.*, pp. 59-60.

[2] Cf. notamment M. Ph. MANIN, *ibid.*, p. 60.

[3] Intervenant dans le même cadre que le Conseil constitutionnel, le Tribunal constitutionnel espagnol, dans sa sentence du 1er juillet 1992, n'a pas eu recours à l'argument de la nature propre du droit communautaire. En France, cette problématique de la reconnaissance de la spécificité du droit communautaire semble beaucoup plus impérieuse pour les juges du fond (Conseil d'Etat et Cour de cassation notamment).

juridique propre » pour bien montrer que le Parlement européen fait partie du système institutionnel communautaire et n'affecte donc pas l'indépendance du système institutionnel français. Par ailleurs, il fait allusion à la force obligatoire et à la spécificité des règlements communautaires dans sa décision n° 77-90 DC du 30 décembre 1977 pour écarter une éventuelle intervention du législateur français s'agissant de leur mise en œuvre. De même reprend-il, dans la décision n° 98-400 DC du 20 mai 1998, un principe général de l'ordre juridique communautaire, le principe de non-discrimination, pour mieux montrer que la loi organique examinée n'entrait pas en contradiction avec les « normes communautaires de référence » pertinentes en l'espèce[1]. Encore faut-il rappeler que dans l'hypothèse avancée ici, la reprise n'a été possible que de par la volonté expresse du constituant (article 88-3 de la Constitution de 1958).

A ce stade, on peut se demander si la singularisation de l'Europe communautaire dans la Constitution française en 1992 fera évoluer la position du Conseil constitutionnel dans le sens d'une reconnaissance globale et définitive de la spécificité de l'ordre juridique communautaire. Cela nous semble invraisemblable et, au stade actuel de la construction européenne, peu pensable. En effet, ce serait avaliser la subordination générale du droit constitutionnel au droit communautaire puisque la théorie de la primauté absolue est impliquée par la spécificité de l'ordre juridique communautaire. En d'autres termes, cela reviendrait à lui reconnaître une valeur de référence au niveau national au détriment de la nécessaire identité constitutionnelle de l'Etat français. Aussi longtemps que ne sera pas créé, au niveau européen, un Etat fédéral, nous pensons que demeure satisfaisante et suffisante la description qu'ont faite le Conseil constitutionnel et, dans une moindre mesure, le constituant, en 1992, d'un certain type d'organisation internationale qui se rapproche à n'en pas douter de la Communauté européenne. Ceci est d'autant plus vrai que le juge constitutionnel français, malgré la mention qui est faite dans la décision n° 97-394 DC du 31 décembre 1997[2] à l'article 88-1 de la Constitution de 1958, n'a pas modifié son considérant de principe, et donc l'état du droit en matière de reprise de l'ordre juridique communautaire par le droit constitutionnel français, résultant de la décision *Maastricht I* du 9 avril 1992. Il faut rappeler de surcroît qu'on peut tirer de l'absence de reprise, par la décision

---

[1] Sur cette reprise du principe de non-discrimination par le Conseil constitutionnel, cf. M. B. GENEVOIS, *RFDA* 1998, p. 676 ; pour MM. E. AUBIN et P.-Y. MONJAL, *op. cit.*, *LPA* 12 mai 1999, n° 94, p. 11, il s'agit d'un « principe communautaire constitutionnalisé » ; la même démonstration est menée de manière approfondie par M. E. AUBIN : *La France face à la construction de la citoyenneté européenne*, Thèse, *op. cit.*, pp. 532-537. Voir aussi l'interprétation qui est faite par MM. B. MATHIEU et M. VERPEAUX, *JCP* 1998, I, 179, de la formulation utilisée par le Conseil constitutionnel dans le considérant 11 de sa décision n° 98-402 DC du 25 juin 1998 - *Loi portant diverses dispositions d'ordre économique et financier*, et à propos du principe communautaire de libre circulation des biens et des services au sein de l'Union européenne.

[2] Considérant n° 5 de la décision, *RJC*-I, 727.

n° 98-408 DC du 22 janvier 1999[1], du considérant de principe de la décision *Maastricht I* une confirmation implicite mais nette du lien singulier qu'il faut désormais établir entre ladite formulation de principe et la construction européenne. Un tel rapport singulier, voire exclusif, apparaît sans aucun doute comme une consolidation constitutionnelle de la démarche intégrationniste par l'ordre juridique français.

Le Conseil constitutionnel, en matière de spécificité du droit communautaire, adopte ainsi une politique jurisprudentielle à la fois pragmatique et conforme à la logique du système français de contrôle de constitutionnalité. Cette marque de l'autonomie des dispositifs constitutionnels français n'en contribue pas moins à légitimer les implications de l'intégration européenne. Par ailleurs, l'engagement communautaire de la France est désormais singulièrement perçu par la Constitution[2] ; résultat évident de l'influence qu'exerce le processus de construction européenne sur l'évolution des solutions internes. Une telle configuration des rapports entre le droit communautaire et la Constitution française apparaît également dans la manière dont la démarche intégrationniste a influé sur l'interprétation de certaines exigences constitutionnelles. La légitimation, et donc l'ancrage du phénomène communautaire, se résumera donc ici à considérer comme presqu'automatiquement satisfaite la compatibilité du droit communautaire avec certaines normes de référence servant de base à son contrôle (Section II).

Section II : L'impact de la démarche intégrationniste sur l'interprétation de certaines normes de référence utilisées par le Conseil constitutionnel

Certaines solutions retenues par le droit constitutionnel français peuvent être analysées comme une manifestation de confiance à l'égard du système juridique mis en place par les traités fondateurs. Il faut en cela noter que le processus de construction européenne lui-même n'est absolument pas étranger à l'adoption de telles solutions. En d'autres termes, les hypothèses qu'il convient d'analyser dans cette section abondent clairement et nettement dans le sens d'une légitimation constitutionnelle du phénomène d'intégration engagé depuis les années 1950. Tout

---

[1] Décision relative au traité portant statut de la *CPI*, *JORF*, 24 janvier 1999, p. 1317 ; *Rec. D.C.C.*, p. 29.

[2] Cette singularisation est d'autant plus plausible que le projet de loi constitutionnelle n° 1462 relatif à la *CPI* et insérant un article 53-2 dans la Constitution accentue la différenciation entre le titre VI concernant ce que l'on peut appeler le droit constitutionnel en matière internationale, et le titre XV que l'on peut qualifier de droit constitutionnel en matière européenne. L'individualisation des Communautés européennes et de l'Union européenne dans la Constitution reste donc préservée. Ce projet de loi constitutionnelle a été adopté en première lecture, et en termes identiques à l'Assemblée nationale et au Sénat respectivement les 6 et 29 avril 1999, cf. loi constitutionnelle n° 99-568 du 8 juillet 1999, *JORF* 9 juillet 1999, p. 10175.

d'abord, le juge constitutionnel français a adopté une approche formelle dans l'appréciation de deux des conditions de la constitutionnalité des « limitations de souveraineté » consenties par la France que sont, la notion d'organisation et de défense de la paix et la réserve de réciprocité (Paragraphe 1). Ensuite la Haute instance, essentiellement dans sa décision *Maastricht I* du 9 avril 1992, a estimé que l'Europe communautaire, au regard de la politique jurisprudentielle de la *CJCE*, garantit de façon satisfaisante la protection des droits et libertés des citoyens (Paragraphe 2).

Paragraphe 1 : La construction européenne et les conditions de « limitations de souveraineté » posées par l'alinéa 15 du préambule de 1946

Il n'est pas inutile, à ce stade, de rappeler intégralement les termes de l'alinéa 15 du préambule de la Constitution du 27 octobre 1946 : « Sous réserve de réciprocité, la France consent aux limitations de souveraineté nécessaires à l'organisation et à la défense de la paix ». Cette disposition rend ainsi possibles des limitations à l'exercice de la souveraineté française à la condition que celles-ci soient réciproques et qu'elles concourent à l'organisation et à la défense de la paix. Mais la pratique jurisprudentielle du Conseil constitutionnel a montré que ces exigences constitutionnelles ont toujours été interprétées de manière libérale[1]. En effet, la Haute juridiction adopte une conception purement formelle de la condition de réciprocité, aucune réciprocité matérielle n'étant recherchée (A). En outre, l'exigence finaliste tenant à l'organisation et à la défense de la paix est toujours considérée comme implicitement et automatiquement remplie (B).

A/- Le caractère formel de la réserve constitutionnelle de réciprocité à l'égard de la construction européenne

Il est largement reconnu que la réserve de réciprocité s'apprécie au moment de la conclusion des engagements internationaux, notamment communautaires et non lors de leur application. Cette exigence constitutionnelle ne doit donc pas être entendue « au sens de l'application en droit interne d'un traité international... »[2],

---

[1] Ainsi pour M. P. PACTET : *Institutions politiques/Droit constitutionnel*, 18e éd., *op. cit.*, 1999, pp. 354-355 : « ...Les conditions imposées par l'alinéa 15 - réserve de réciprocité et finalité tendant à l'organisation et à la défense de la paix - vont toujours de soi dans le cadre communautaire ». Voir également l'argumentation convaincante de M. J. ROUX : *Le principe de la souveraineté de l'Etat dans la jurisprudence du Conseil constitutionnel*, Thèse, *op. cit.*, pp. 109-128.

[2] M. J.-C. GAUTRON : « A propos de la décision du Conseil constitutionnel du 9 avril 1992 : le dit et le non-dit », dans *La Constitution et l'Europe, op. cit.*, p. 344 ; aussi M. P.-H. TEITGEN : « Le

c'est-à-dire conformément à l'article 55 de la Constitution qui soumet l'applicabilité en France, avec rang de priorité, d'un engagement international à la condition « de son application par l'autre partie ». Il n'en reste pas moins qu'il faudra se demander si la réciprocité de l'article 55 de la Constitution (réciprocité au stade de l'application de l'engagement international) comporte un certain intérêt en matière communautaire. Par ailleurs, la République française n'est pas le seul Etat membre de l'Union européenne à poser cette condition de réciprocité à la constitutionnalité d'un engagement international ou communautaire. On peut rappeler en premier lieu que l'article 11 de la Constitution italienne, rédigé en des termes quelque peu semblables à ceux de l'alinéa 15, pose le principe selon lequel l'Etat ne peut limiter sa souveraineté qu'« à condition de réciprocité par les autres Etats... »[1]. Il convient en second lieu de citer l'exemple de l'article 28-3 de la Constitution hellénique qui rend possible des « restrictions à l'exercice de la souveraineté nationale » lorsque ceux-ci sont « effectués sur la base du principe de l'égalité et sous la condition de réciprocité »[2]. Notons enfin que l'article 7-6 de la Constitution portugaise pose certaines conditions, dont la réserve de réciprocité, à la conclusion de conventions relatives à « l'exercice en commun des pouvoirs nécessaires à la construction de l'Union européenne »[3]. Dans ce dernier exemple, la condition de réciprocité est posée spécifiquement à l'égard des textes qui contribueraient à approfondir la construction européenne.

Cette condition de fond de la constitutionnalité des engagements internationaux en France a été interprétée par le Conseil constitutionnel de manière assez souple. En effet, ce dernier ne recherche pas si les engagements contractés par la France l'ont été de manière identique par ses partenaires[4]. C'est en cela que l'on considère que son approche ou sa conception de la réciprocité est formelle et non matérielle[5]. Plusieurs décisions de la Haute instance permettent d'apporter une illustration à cette constatation. Ainsi, dans la décision n° 70-39 DC du 19 juin 1970 (considérant n° 3), se fondant implicitement sur la réserve de réciprocité de l'alinéa 15 du préambule de 1946, le Conseil, à propos du traité du 22 avril 1970, va considérer que « les engagements contenus dans les dispositions soumises à

---

préambule de la Constitution de 1958 - Les relations internationales », dans *La Constitution de la République française, op. cit.*, p. 106.

[1] Cf. Mme C. GREWE et M. H. OBERDORFF : *Les Constitutions des Etats de l'Union européenne, op. cit.*, p. 323.

[2] Mme C. GREWE et M. H. OBERDORFF, *op. cit.*, p. 266.

[3] *Ibid.*, p. 377.

[4] Voir néanmoins M. T. de BERRANGER : *Constitutions nationales et construction communautaire, op. cit.*, p. 75, qui considère que « le consentement de la France à une limitation de souveraineté est conditionné par un engagement identique de tous ses partenaires à la convention en cause... » ; cf. également M. V. COUSSIRAT-COUSTERE, *AFDI* 1976, p. 817.

[5] Voir en ce sens, M. X. PRETOT : « Constitution et Communauté », dans *Répertoire de droit communautaire*, tome 1, éd. Dalloz, 1992 ; M. J. RIDEAU, *RFDC* 1990, p. 285.

[son] examen [...] ne prennent effet qu'après le dépôt du dernier instrument de ratification et qu'ils ont donc le caractère d'engagements réciproques ». En outre l'expression « au surplus » utilisée dans ce considérant montre que la condition de réciprocité est, en l'espèce, relevée de manière surabondante. En d'autres termes, pour le juge constitutionnel, on aurait pu faire l'économie de cette affirmation : elle conforte tout simplement la conclusion à laquelle aboutit le Conseil, en l'occurrence, la non contrariété des dispositions du traité de 1970 avec la Constitution[1].

La même conception formelle de la réciprocité est reprise dans la décision *Maastricht I* du 9 avril 1992[2] mais, cette fois, de manière légèrement plus argumentée. Le Conseil constitutionnel fait référence dans son raisonnement à l'article R du *TUE* (article 48, Nouvelle numérotation de ce traité) pour montrer que le traité lui-même, les protocoles qui lui sont annexés et les déclarations adoptées par les conférences des représentants des gouvernements ne prendront « effet qu'après le dépôt du dernier instrument de ratification »[3]. Il va déduire de l'existence de cette disposition qui prévoit les formalités de ratification et d'entrée en vigueur du traité de Maastricht que : « Il suit de là que ces instruments internationaux ont le caractère d'engagements internationaux réciproques. Il en est ainsi satisfait à la condition de réciprocité prescrite par le quinzième alinéa du préambule de la Constitution de 1946 »[4]. L'essentiel pour la Haute instance est donc qu'existent des formalités de ratification permettant à chaque Etat membre de l'Union européenne de confirmer l'engagement pris à l'égard de ses partenaires et réciproquement. Se raccrocher à cette simple formalité prévue dans les dispositions finales de tout traité communautaire revient à transformer l'exigence constitutionnelle en une simple clause de style (contenue dans les décisions du Conseil constitutionnel).

Or, comme le note à juste titre J. BOULOUIS : « ...Les droits et obligations des différentes parties ne sont pas définis dans les mêmes termes, ni dans le traité

---

[1] Le Conseil constitutionnel, dans le considérant n° 6 de la même décision, juge également que la condition de réciprocité est remplie en ce qui concerne la décision du 21 avril 1970 relative au remplacement des contributions financières des Etats membres par des ressources propres aux Communautés.

[2] Décision n° 92-308 DC, considérant n° 16.

[3] Le paragraphe 2 de cette disposition prévoit que : « Le présent traité entrera en vigueur le 1er janvier 1993, à condition que tous les instruments de ratification aient été déposés, ou à défaut, le premier jour du mois suivant le dépôt de l'instrument de ratification de l'Etat signataire qui procédera le dernier à cette formalité ». Le *TUE* est entré en vigueur le 1er novembre 1993, à la suite de la décision de la Cour constitutionnelle fédérale allemande du 12 octobre 1993 qui déclare ledit traité non contraire à la Loi fondamentale de Bonn de 1949.

[4] Il convient de faire mention de la portée conférée à cette exigence de réciprocité par la décision du Conseil constitutionnel n° 91-294 DC du 25 juillet 1991. Il y est dit qu'elle s'applique également à la procédure d'adhésion de nouveaux membres aux Accords de Schengen et à la modification desdites stipulations conventionnelles, cf. spécialement M. P. GAÏA, *RFDC* 1991, pp. 710-711.

lui-même ni dans certains de ses protocoles et partant ne sont pas équivalents »[1]. De ce point de vue, constatons tout simplement que certaines clauses d'exemption (*opting out*) ou des clauses dérogatoires ont été accordées au Royaume Uni et au Danemark dans le cadre du *TUE*[2]. De plus, après le référendum danois du 2 juin 1992, certaines dispositions ont été arrêtées lors du Conseil européen d'Edimbourg de décembre 1992 en vue « de répondre aux préoccupations danoises et qui s'appliquent donc exclusivement au Danemark... ». Ces dispositions concernaient notamment la non participation du Danemark à la monnaie unique et à la mise en œuvre des décisions et des actions ayant des implications en matière de défense[3]. On aurait pu en déduire que les engagements pris par la République française dans le cadre de l'Union européenne n'étaient pas identiques à ceux de certains de ses partenaires, entraînant ainsi une atteinte à la condition de réciprocité. Une telle interprétation, en apparence fondée, peut être néanmoins contestée. En effet, il est indéniable que toutes ces dérogations et clauses d'exemption accordées à certains Etats membres ont reçu l'assentiment des différentes Parties contractantes, dont la France. Seul suffit donc, à cet égard, un accord de l'ensemble des Etats membres de l'Union européenne, au moment du consentement aux divers engagements communautaires, sur les droits et obligations qui incombent à chacun, clauses dérogatoires et clauses d'exemption y compris. Pour résoudre cette difficulté, il convient peut-être d'avoir recours à la notion d'« engagements interdépendants » soutenue par M. J. COMBACAU d'après laquelle : « ...Le consentement de chacun a pour cause juridique celui de tous les autres et [...] celui-ci est donc la condition de celui-là ; c'est bien de cela qu'il s'agit dans le traité sur l'Union européenne »[4]. En tout état de cause, il s'agit peut-être là d'une première illustration d'une Europe différenciée qui permettrait à certains Etats membres, avec le consentement des

---

[1] J. BOULOUIS : « Le juge constitutionnel français et l'Union européenne (1991-1993) », *CDE* 1994, p. 515 ; il veut montrer que la réciprocité, dans la jurisprudence internationale ou européenne du Conseil, est formelle et non substantielle.

[2] Voir par exemple les protocoles sur certaines dispositions relatives au Royaume Uni et au Danemark concernant notamment l'union économique et monétaire ; et le protocole sur la politique sociale concernant la non participation de la Grande Bretagne, cf. MM. L. DUBOUIS et C. GUEYDAN : *Grands textes de droit communautaire et de l'Union européenne*, 4e éd., Dalloz, 1996, pp. 20-23. Le gouvernement travailliste britannique ayant accepté les dispositions de l'accord sur la politique sociale annexé au traité de Maastricht, ces dernières ont été intégrées par le traité d'Amsterdam au traité instituant la Communauté et ce, aux articles 117 à 125 (articles 136 à 146, Nouvelle numérotation du traité). Ces dispositions sont désormais applicables à tous les Etats membres de l'Union européenne ; cf. MM. M. FALLON et H. LECLERCQ : « Vers une dimension nouvelle du marché intérieur », dans Y. LEJEUNE(Etudes coordonnées par) : *Le traité d'Amsterdam – Espoirs et Déceptions, op. cit.*, pp. 305-307.

[3] *Bull. des C.E.*, n° 12/1992, pp. 7, 26-29.

[4] M. J. COMBACAU : « Pas une puissance, une liberté : la souveraineté internationale de l'Etat », *op. cit.*, p. 55.

autres, à approfondir l'intégration dans un certain nombre de domaines (ici, les domaines monétaire et social principalement).

Dans le prolongement de ce qui vient d'être dit, il convient de signaler que le Conseil constitutionnel, dans sa décision du 31 décembre 1997 - *traité d'Amsterdam* a implicitement confirmé l'approche formelle de l'exigence de réciprocité telle que retenue dans ses décisions précédentes de 1970 et de 1992. En effet, il n'apparaît nulle part dans cette décision n° 97-394 DC une quelconque allusion à la réserve de réciprocité. De ce point de vue, nonobstant les dispositions dérogatoires prévues par ce traité en faveur du Royaume Uni, de l'Irlande et du Danemark[1], on peut dire qu'un tel silence traduit le maintien d'une conception de la réciprocité qui reste beaucoup plus formelle que matérielle[2]. On peut ainsi parler, concernant spécifiquement l'ordre juridique communautaire, de l'effet utile ou de la souplesse d'une telle conception de la réserve de réciprocité de l'alinéa 15 du préambule de 1946[3]. Cette réciprocité dans les engagements ne signifie nullement identité desdits engagements.

Mais pouvait-on se satisfaire d'un tel état des choses ? Autrement dit, ne convient-il pas de considérer, afin de pallier le caractère non identique des engagements des différents Etats membres dans les traités communautaires, que l'article 55 de la Constitution est applicable en la matière ? Cette interrogation s'impose d'autant plus que le constituant de 1992, malgré le fait que le Conseil constitutionnel avait déjà statué en faveur du caractère réciproque du consentement initial de la France dans le cadre de l'Union européenne, a posé dans les articles 88-2 et 88-3 une (nouvelle ?) réserve de réciprocité au consentement de l'Etat à certains transferts de compétences au profit de l'Europe communautaire[4]. Disons d'emblée que l'état du droit positif antérieur à ce cas de figure ne nous permet pas de trancher clairement en faveur de l'applicabilité de la clause de réciprocité de l'article 55 de la Constitution en matière communautaire. En effet, la décision n° 80-126 DC du 30 décembre 1980[5] concernait simplement la question de savoir si le non-respect par certains Etats membres de leurs obligations communautaires avait pour effet d'empêcher le législateur français de se mettre en conformité avec lesdites obligations. Le Conseil constitutionnel décidera que la règle de réciprocité

[1] Voir par exemple, M. C. D. EHLERMANN, *RMUE* 3/1997, pp. 74-78.

[2] Voir en ce sens, M. F. LUCHAIRE, *RDP* 1998, p. 336.

[3] Cf. M. F. LUCHAIRE : « La réserve constitutionnelle de réciprocité », *RDP* 1999, p. 46. Il s'interroge néanmoins, eu égard à la non prise en compte par le Conseil constitutionnel de ces aspects matériels si l'on « pourrait [...] se satisfaire d'une telle réciprocité purement formelle » au cas où « un traité imposait des charges beaucoup plus lourdes à la France que celles acceptées par les autres Etats signataires... ».

[4] Ces articles commencent tous par la formule suivante : « Sous réserve de réciprocité... ».

[5] *Rec. D. C. C.*, p. 53 ; *RJC*-I, 89.

de l'article 55 n'est pas une condition de la conformité d'une loi à la Constitution, mais une condition d'applicabilité du traité[1].

Mais avec les articles 88-2 et 88-3 de la Constitution, on peut se demander si la clause de réciprocité qui y est prévue est assimilable à l'obligation posée à l'article 55 du texte de 1958, de l'« application par l'autre partie » des conventions internationales régulièrement incorporées dans l'ordre juridique français. Cette question va faire l'objet d'une controverse juridique à l'occasion de l'examen par les parlementaires de la loi organique déterminant les conditions d'application de l'article 88-3 de la Constitution et portant transposition de la directive du 19 décembre 1994[2]. Pour le rapporteur du projet de loi organique au Sénat, M. P. FAUCHON, « ...la réciprocité réside, non pas dans la ratification du traité, mais dans la transposition de la directive qui en fixe les conditions de mise en œuvre. La clause de réciprocité serait ainsi satisfaite à partir du moment où les Etats auraient transposé la directive dans leur législation nationale propre »[3]. A l'inverse de cette conception qui assimile l'article 88-3 et l'article 55 de la Constitution s'agissant de la clause de réciprocité, M. C. CARESCHE, rapporteur du projet à l'Assemblée nationale va pencher pour une conception de la réciprocité conforme à celle retenue par le Conseil constitutionnel : « ...L'exigence de réciprocité ne concerne que le traité lui-même et se trouve donc satisfaite depuis le dépôt de ses instruments de ratification par le dernier Etat signataire »[4]. D'un côté on invoquait la nécessaire application effective du *TUE* par les partenaires de la France (réserve de réciprocité particulière, distincte de celle de l'alinéa 15 du préambule de 1946)[5] et de l'autre, on avait le souci d'éviter toute remise en cause de l'ensemble de l'édifice communautaire[6].

Dans sa décision n° 98-400 DC du 20 mai 1998 (considérant n° 5)[7], le Conseil constitutionnel donnera, nous semble-t-il, raison à la conception défendue à l'Assemblée nationale et par le gouvernement, tout en veillant à apporter des réponses aux inquiétudes des sénateurs. Il rappelle tout d'abord sa jurisprudence constante selon laquelle, en l'espèce, dès lors que tous les instruments de ratification du *TUE* ont été déposés au 13 octobre 1993, il faut considérer que la clause de réciprocité de l'article 88-3 est désormais satisfaite. Il estime de surcroît

---

[1] Voir sur cette question, M. R. ABRAHAM : *Droit international, droit communautaire et droit français, op. cit.*, pp. 84-85.

[2] Sur la présentation de ce désaccord, M. J.-M. PONTIER, *RA* 1998, p. 514 ; Mme C. HOUTEER, *Gaz Pal* 26 au 28 décembre 1999, pp. 9-10.

[3] M. P. FAUCHON, *Rapports* n° 415, pp. 20, 21, 29 et 37 ; n° 38, p. 3 ; n° 368, p. 8.

[4] *Rapport* n° 232, Assemblée nationale, p. 14 ; ce fut également la thèse défendue par le gouvernement, cf. *J.O.*, n° 31, S. (C.R.), séance du 21 avril 1998, p. 1722 ; *J.O.*, n° 40, S. (C.R.), séance du 17 février 1997, p. 2156.

[5] M. P. FAUCHON, *Rapport* n° 38, p. 3 et *Rapport* n° 368, p. 8.

[6] M. C. CARESCHE, *Rapport* n° 232, p. 14 et *Rapport* n° 589, p. 6.

[7] *JORF*, 26 mai 1998, p. 8003; *Rec. D.C.C.*, p. 251.

qu'il y a identité entre l'exigence de réciprocité de cette nouvelle disposition constitutionnelle et celle posée par l'alinéa 15 du préambule de la Constitution de 1946. On en reste donc à une conception formelle de la réciprocité (réciprocité des engagements et non, réciprocité dans leur application)[1]. Au demeurant, on serait très près de soutenir que la réciprocité des articles 88-2 et 88-3 de la Constitution apparaît redondante ou superfétatoire[2].

Nonobstant cette orthodoxie jurisprudentielle de la part du Conseil constitutionnel, ce dernier a tout de même fait allusion dans le second membre de phrase de son considérant à la réciprocité au stade de l'application des textes communautaires. Il a ainsi dénié toute pertinence à la clause de réciprocité de l'article 55 de la Constitution en matière communautaire[3]. Sa motivation en l'espèce a consisté en un renvoi aux procédures communautaires relatives au manquement d'un Etat membre à ses obligations découlant du traité. Autrement dit, il considère, à l'image de la *CJCE*, « que le non-respect par un Etat de l'exécution de ses propres obligations communautaires ne peut dispenser un autre Etat de l'exécution de ses propres obligations, en raison de l'existence de procédures organisées permettant d'assurer le respect du traité par l'ensemble des Etats membres »[4]. Il convient néanmoins de constater que le Conseil constitutionnel a voulu, en quelque sorte, apaiser les craintes de certains parlementaires relativement à l'absence de transposition de la directive du 19 décembre 1994 par certains partenaires européens de la France, en l'occurrence la Belgique et la Grèce. De telles inquiétudes ont donc très certainement pesé sur la rédaction ou l'ajout de ce passage de la décision n° 98-400 DC.

La question de l'assimilation ou non des clauses de réciprocité de l'alinéa 15 du préambule de 1946 et de l'article 55 de la Constitution peut également être

---

[1] Cf. M. J.-E. SCHOETTL, *AJDA* 1998, p. 487 ; pour une critique du raisonnement du Conseil constitutionnel, M. J.-M. FAVRET, *Europe*, juillet 1998, p. 5. Cet auteur considère que « ...l'article 88-3 reprend sur ce point la condition de réciprocité de l'article 55... » ; voir aussi le raisonnement de MM. B. MATHIEU et M. VERPEAUX, *LPA* 30/11/1998, n° 143, p. 22. Voir enfin sur cette question, la contribution récente de M. F. LUCHAIRE, *op. cit.*, *RDP* 1999, pp. 42-46.

[2] Sur un tel raisonnement, M. F. LUCHAIRE, *RDP* 1992, pp. 939 et 962. Cette clause de réciprocité a été maintenue par la loi constitutionnelle n° 99-49 du 25 janvier 1999 modifiant les articles 88-2 et 88-4 de la Constitution, *JORF*, 26 janvier 1999, p. 1343.

[3] Pour une analyse antérieure allant dans ce sens, cf. M. F. HERVOUËT : « L'incidence de la jurisprudence de la CJCE sur la hiérarchie des normes en droit français », *op. cit.*, p. 20 ; cf. aussi l'intervention de M. F. LUCHAIRE, dans les « Travaux préparatoires » des institutions de la Ve République, vol. III, La Documentation française - Paris, 1991, pp. 160, 370-371. Voir plus récemment, M. V. CONSTANTINESCO : « La justice dans l'Union européenne », *Philosophie politique*, n° 9/1998, pp. 101-105.

[4] Cf. M. B. GENEVOIS, *RFDA* 1998, p. 676 ; M. J.-E. SCHOETTL, *op. cit.*, p. 488. Il convient aussi d'y voir, avec Mme M.-F. VERDIER, *op. cit.*, *RTDE* 1999, pp. 77-78, « ...une consécration solennelle par le Conseil constitutionnel de la jurisprudence communautaire... ». Ceci nous renvoie à la question de la reconnaissance par la Haute instance de certains mécanismes particuliers du système communautaire.

posée au vu de la prise de position du Conseil constitutionnel dans sa décision n° 98-408 DC du 22 janvier 1999, à propos du traité portant statut de la *CPI*[1]. Il convient de constater tout d'abord que l'article 55 de la Constitution a été intégré dans les normes de référence applicables au contrôle de ce traité (considérant 11 de la décision). Constatons ensuite que l'expression « sous réserve de réciprocité » (alinéa 15 du préambule de 1946) contenue dans les considérants de principe des décisions *Maastricht I* et *traité d'Amsterdam* a disparu pour laisser place à des développements sur le caractère inapplicable de « la réserve de réciprocité mentionnée à l'article 55 de la Constitution » aux engagements internationaux ayant pour objet « la création d'une juridiction internationale permanente destinée à protéger les droits fondamentaux appartenant à toute personne humaine... » (considérant 12). Le Conseil constitutionnel a-t-il voulu dire que la réserve de réciprocité de l'alinéa 15 (au stade de la conclusion des engagements internationaux) était équivalente à celle de l'article 55 (au stade de leur application)[2] ? Il ne nous semble pas : conformément à sa jurisprudence antérieure, la condition de réciprocité de l'alinéa 15 sera satisfaite à partir du moment où soixante Etats signataires du traité de Rome du 18 juillet 1998 l'auront ratifié. Plus qu'une maladresse ou qu'un raidissement de la part de la Haute instance, il faut considérer que cette dernière a voulu « solder les comptes » de la controverse juridique née de sa décision *IVG* de 1975[3]. Elle avait en effet estimé que le contrôle de la conformité de la loi en cause à une disposition de la *CEDH* n'entrait pas dans sa compétence au titre du contrôle de constitutionnalité, eu égard au caractère « relatif et contingent » du premier de ces contrôles. Certains auteurs avaient critiqué cette motivation en avançant l'idée, difficilement contestable, selon laquelle la réserve de réciprocité ne pouvait s'appliquer ni aux conventions humanitaires ou relatives aux droits de l'Homme (à l'exemple de la *CEDH*) ni au droit communautaire[4]. Ayant déjà pris position sur cette question s'agissant de l'ordre juridique communautaire dans sa décision n° 98-400 DC du 20 mai 1998 (considérant 5)[5], le Conseil constitutionnel a donc tout simplement voulu affirmer

---

[1] *JORF*, 24 janvier 1999, p. 1317 ; *Rec. D.C.C.*, p. 29. En ce qui concerne les conventions humanitaires, l'on peut renvoyer à l'article 60, &5 de la Convention de Vienne sur le droit des traités qui pose la règle de la non pertinence de la réserve de réciprocité à l'égard des « dispositions relatives à la protection de la personne humaine contenues dans des traités de caractère humanitaire... ».

[2] M. R. BADINTER : *Rapport* n° 318, avril 1999, Sénat, pp. 23-24, semble pencher pour une telle assimilation.

[3] Décision n° 74-54 DC, *RJC*-I, 30. Voir en ce sens, Mme L. BAGHESTANI-PERREY, M. B. MATHIEU et M. M. VERPEAUX, *LPA* 20 septembre 1999, n° 187, pp. 12-13.

[4] Pour un rappel, récent, de cette argumentation, cf. M. D. de BECHILLON, *RFDA* 1998, pp. 235-236. En rapport avec la décision *IVG* du 15 janvier 1975, cf. M. A. PELLET, *Gaz Pal* 1976, I, p. 27.

[5] Voir supra ; Sur l'exclusion de la condition de réciprocité s'agissant du droit communautaire en général, cf. Mme L. POTVIN-SOLIS : *L'effet des jurisprudences européennes sur la jurisprudence du Conseil d'Etat, op. cit.*, pp. 56-57.

de façon ferme et définitive que les conventions internationales « destinées à protéger les droits fondamentaux appartenant à toute personne humaine » ne sont pas assujetties, quant à leur applicabilité dans l'ordre juridique français, à la condition de réciprocité de l'article 55 de la Constitution[1]. Ainsi a-t-il soutenu que : « ...Eu égard à cet objet, les obligations nées de tels engagements s'imposent à chacun des Etats parties indépendamment des conditions de leur exécution par les autres Etats parties... ». Même si une telle incise n'était pas strictement nécessaire à l'examen de la constitutionnalité du traité portant statut de la *CPI*, il faut reconnaître qu'elle vient mettre un terme au débat qu'avait suscité la décision *IVG* du 15 janvier 1975. On ne saurait pour autant y percevoir l'amorce ou la voie ouverte à l'inclusion de ce type de conventions internationales au bloc de constitutionnalité. Par ailleurs, seule reste pertinente pour l'examen de la constitutionnalité des engagements communautaires, la réserve de réciprocité de l'alinéa 15 du préambule de 1946 et non celle de l'article 55 de la Constitution de 1958.

Au total, le Conseil constitutionnel, dans son appréciation de la condition de réciprocité, considère que seule s'impose l'existence, à la base, de consentements interdépendants de la part des Etats. Une fois ces consentements obtenus et transcrits sous la forme d'engagements dans les traités communautaires, la recherche d'une éventuelle réciprocité substantielle n'a plus lieu d'être. Une même attitude, empreinte de souplesse, a été adoptée concernant l'exigence constitutionnelle d'organisation et de défense de la paix. En effet, le Conseil constitutionnel la considère comme implicitement et logiquement remplie dans le cadre de la construction européenne (B).

B/- L'organisation et la défense de la paix : une exigence largement satisfaite et intégrée par l'Europe communautaire

L'exigence constitutionnelle d'organisation et de défense de la paix constitue une finalité posée à tout engagement international impliquant des limitations de l'exercice de la souveraineté française. Il devrait donc s'agir d'une condition de fond de la constitutionnalité du droit international et communautaire en France. Il faut par ailleurs souligner que cette aspiration politique à dépasser le climat conflictuel ayant régné dans le monde en général et en Europe en particulier, notamment dans la première moitié du XXe siècle, se retrouve également dans la plupart des autres Etats membres de l'Union européenne. Ainsi l'article 11 de la

[1] Voir en ce sens, M. A. VIDALIES : *Rapport* n° 1501, AN, mars 1999, p. 33 ; S. SCIORTINO-BAYART, *RFDC* 1999, p. 317. Sur des réserves à propos de cette partie de la décision n° 98-408 DC, cf. M. B. GENEVOIS, *op. cit.*, *RFDA* 1999, pp. 292-293 et 307.

Constitution italienne consent-il aux limitations de souveraineté « nécessaires à un ordre qui assure la paix et la justice au sein des nations... » ; tout en précisant que : « l'Italie aide et favorise les organisations internationales qui poursuivent un tel but ». De plus, le préambule de la Loi fondamentale allemande de 1949 affirme « la volonté de servir la paix du monde en qualité de membre égal en droits dans une Europe unie... »[1]. Il est indubitable que toutes ces dispositions marquent une volonté de dépasser les rivalités entre Etats européens, dont la deuxième guerre mondiale fut l'une des illustrations les plus récentes[2]. De tels objectifs, plus politiques que juridiques, furent également considérés comme l'un des motifs du lancement de la construction européenne[3]. C'est ainsi que les alinéas 4 et 5 du préambule du traité de Paris d'avril 1951 instituant la *CECA* marquèrent le souci des Hautes Parties contractantes de faire progresser les « œuvres de paix » et de « substituer aux rivalités séculaires une fusion de leurs intérêts essentiels... »[4]. En effet, dans sa Déclaration du 9 mai 1950, à l'origine de la création de la *CECA*, R. SCHUMAN va souligner l'importance d'une construction européenne basée sur des « réalisations concrètes créant d'abord une solidarité de fait ». Celle-ci devait servir à poser « les premières assises d'une fédération européenne indispensable à la préservation de la paix »[5]. Les objectifs d'organisation et de défense de la paix sont donc largement pris en compte dès la naissance de l'Europe communautaire[6]. Cette préoccupation est remarquablement mise en exergue par M. D. SIMON lorsqu'il affirme que : « ...Le « plan Schuman » avait un objectif résolument politique, la sauvegarde de la paix par la réconciliation franco-allemande et l'unité européenne, et [...] la création de la *CECA* n'apparaissait que comme un moyen au service de cette fin »[7]. Tout ceci montre que la garantie de la paix a été et demeure

---

[1] On peut également renvoyer aux articles 7-2 de la Constitution portugaise et 29-1 de la Constitution irlandaise, cf. Mme C. GREWE et M. H. OBERDORFF, *op. cit.*, pp. 377 et 310.

[2] En ce sens M. H. LESGUILLONS : *L'application d'un traité-fondation..., op. cit.*, p. 69 ; également M. B. POULLAIN : *La pratique française de la justice constitutionnelle, op. cit.*, p. 210.

[3] Voir notamment M. M. TELO : « Démocratie internationale et démocratie supranationale », dans *Démocratie et construction européenne*, éd. de l'Université de Bruxelles, 1995, pp. 20-21.

[4] Sur ces dispositions, voir M. V. CONSTANTINESCO : « Les noms de l'Europe (Des Communautés européennes à l'Union européenne) », dans *Recueil d'études à la mémoire de J. SCHWOB*, Bruylant, Bruxelles, 1997, pp. 313-315.

[5] Cf. M. P. GERBET, Mme F. de la SERRE et M. G. NAFILYAN(Documents rassemblés par) : *L'Union politique de l'Europe. Jalons et textes*, La Documentation française, Paris, 1998, pp. 54-55 ; voir également M. S. BERSTEIN : « Le legs de la IVe République », *Pouvoirs* 1996, n° 76, p. 125.

[6] Voir M. C. BLUMANN : « L'article 54 de la Constitution et le contrôle de constitutionnalité des traités en France », *RGDIP* 1978, p. 596. Cela étant, MM. T. S. RENOUX et M. de VILLIERS : *Code constitutionnel, op. cit.*, p. 211, estiment que la construction européenne « est une entreprise politique ne se rattachant à l'organisation et à la défense de la paix que sur un plan très général... ».

[7] M. D. SIMON : *Le système juridique communautaire*, 2e éd., *op. cit.*, p. 48.

un facteur déterminant dans l'entreprise de construction communautaire et dans son approfondissement ou son élargissement[1].

Cette situation n'est pas étrangère à l'adoption, par le Conseil constitutionnel, d'une position souple concernant l'interprétation de l'exigence constitutionnelle d'organisation et de défense de la paix. En effet, l'existence d'une telle finalité étant présumée dans la Communauté européenne, la Haute instance s'est toujours abstenue de vérifier ne serait-ce que de façon formelle si le droit communautaire a bien pour finalité l'organisation et la défense de la paix. En outre, le juge constitutionnel ne mentionne le quinzième alinéa du préambule de 1946, et donc la notion d'organisation et défense de la paix, que pour poser un principe (en 1976, la distinction entre les limitations et les transferts de souveraineté) ou pour relever qu'il s'agit d'une norme de référence de son contrôle (considérants 11 de la décision *Maastricht I* et 3 de la décision *traité d'Amsterdam*). Aucune confrontation explicite n'a été par conséquent effectuée entre un texte communautaire et l'exigence d'organisation et de défense de la paix. On doit donc en déduire qu'« en réalité, cette condition a été très largement interprétée par le Conseil constitutionnel qui l'a toujours, du moins implicitement, considérée comme satisfaite »[2].

Il faut néanmoins se demander, comme le fait M. R. CHAPUS, si cette exigence « conserve une signification »[3]. Faut-il dès lors considérer cette exigence finaliste comme une simple pétition de principe permettant d'affirmer la « profession de foi internationaliste » de la République française au sortir de la deuxième guerre mondiale ? Cette interrogation apparaît d'autant plus pertinente qu'il est permis d'établir un certain lien entre la première phrase du préambule de la Constitution de 1946, qui mentionne « la victoire remportée par les peuples libres sur les régimes qui ont tenté d'asservir et de dégrader la personne humaine... », et la proclamation, par le même préambule, de certains principes politiques, économiques et sociaux nécessaires à notre temps, dont fait partie l'alinéa 15. Il nous semble malgré tout que le Conseil constitutionnel n'a pas jugé utile de rechercher si l'exigence d'organisation et de défense de la paix était remplie dans le cadre de l'intégration européenne dans la mesure où « ...il est aisé de démontrer qu'en somme toute fondation concourt pour partie au développement

---

[1] La promotion et le maintien de la paix sont définis dans le *TUE* comme des objectifs majeurs de la *PESC*, cf. le préambule dudit traité et l'article J-1-2 du même texte, dans MM. L. DUBOUIS et C. GUEYDAN : *Grands textes de droit de l'Union européenne...*, *op. cit.*, pp. 3-4 et 7-8.

[2] *GERJC* : « Chronique de jurisprudence constitutionnelle - France », *AIJC*, VII-1991, p. 561. Sur les conséquences d'une telle interprétation, voir M. F. HERVOUËT : « Réception du droit communautaire par le droit interne », *RDP* 1992, p. 1267.

[3] M. R. CHAPUS : « Les fondements de l'organisation de l'Etat définis par la Déclaration de 1789 et leurs prolongements dans la jurisprudence du Conseil constitutionnel et du Conseil d'Etat », *op. cit.*, p. 186.

de la paix et à la promotion de la justice entre les nations... »[1]. La préservation de la paix et de la stabilité peut être présumée comme étant acquise dans le cadre de la construction européenne. Le silence du Conseil constitutionnel en la matière s'assimilerait donc à une manifestation tangible de l'ancrage du phénomène communautaire en France.

Au surplus, il est permis de penser que cette exigence finaliste dispose encore d'une certaine signification concernant les engagements internationaux classiques. C'est ainsi, semble-t-il, qu'il faut comprendre la rédaction retenue par le Conseil constitutionnel dans le considérant de principe de sa décision n° 98-408 DC du 22 janvier 1999 concernant le traité portant statut de la *CPI*[2]. Le Conseil considère en effet que la France peut conclure « des engagements internationaux en vue de favoriser la paix et la sécurité du monde et d'assurer le respect des principes généraux du droit public international ». Il est vrai que les rédacteurs du traité de Rome du 18 juillet 1998 ont eu pour objectif, en créant cette juridiction internationale permanente, de lutter contre les crimes les plus graves qui sont de nature à menacer « la paix, la sécurité et le bien-être du monde » (considérant n° 1 de la décision). Autrement dit, il s'agit d'une « reconnaissance des conséquences entraînées par les violations massives des droits de l'Homme sur la paix et la sécurité internationale »[3]. On peut, de ce point de vue, soutenir que le Conseil constitutionnel a clairement estimé, à travers la formulation de principe utilisée dans la décision n° 98-408 DC, que le traité en cause satisfaisait à l'exigence constitutionnelle d'organisation et de défense de la paix. Le traité de Rome serait ainsi l'un des premiers exemples caractéristiques de la finalité recherchée par les constituants de 1946 lors de l'édiction de la disposition qui est devenue l'alinéa 15 du préambule du texte de la IVe République.

En définitive, les exigences constitutionnelles de réciprocité et d'organisation et de défense de la paix, plutôt qu'une entrave ou un obstacle, constituent un excellent facteur de légitimation de l'intégration européenne. En effet, le fait pour le droit communautaire de satisfaire presqu'automatiquement à ces deux conditions de fond s'assimile, semble-t-il, à une présomption quasi irréfragable au regard de la jurisprudence du Conseil constitutionnel en matière européenne. Dans une perspective assez proche, le juge constitutionnel français a procédé à une consolidation explicite du rôle déterminant de la *CJCE* dans la protection des droits et libertés des citoyens au niveau communautaire (Paragraphe 2).

---

[1] M. H. LESGUILLONS : *L'application d'un traité-fondation, op. cit.*, p. 69 ; cf. également M. F. LUCHAIRE : *Le Conseil constitutionnel. Tome I, op cit.*, p. 228.
[2] *JORF*, 24 janvier 1999, p. 1317 ; *Rec. D.C.C.*, p. 29.
[3] Cf. M. P. WECKEL, *RGDIP* 1998, p. 985.

Paragraphe 2 : La protection communautaire des droits fondamentaux : une construction jugée satisfaisante par le Conseil constitutionnel

La protection des droits et libertés des citoyens fait partie intégrante de la tradition républicaine française. Cette tradition, originellement représentée par la *DDHC* de 1789, a été solennellement confirmée dans le préambule de la Constitution de 1958. Il y est en effet dit que : « Le peuple français proclame solennellement son attachement aux droits de l'Homme [...] tels qu'ils ont été définis par la Déclaration de 1789, confirmée et complétée par le préambule de la Constitution de 1946 ». Par ailleurs, les droits fondamentaux peuvent être considérés comme l'une des valeurs constitutionnelles communes aux Etats membres de l'Union européenne[1]. En dehors du fait qu'il existe dans presque tous ces Etats des dispositions garantissant les droits et libertés, il faut noter par exemple que la Constitution de la République de Grèce consent « à des restrictions à l'exercice de la souveraineté nationale dans la mesure où cela [...], ne lèse par les droits de l'Homme et les fondements du régime démocratique... »[2]. On comprend dès lors l'importance de la place de la protection des droits et libertés des citoyens dans les rapports entre le droit communautaire et les Constitutions nationales. En ce qui concerne l'étude de ces rapports en France, il faut observer que la question des droits fondamentaux demeure une préoccupation impérieuse. Cela étant, la juridiction constitutionnelle française a, en 1992, reconnu le caractère satisfaisant, au regard des exigences constitutionnelles (B), de la protection juridictionnelle des droits fondamentaux mise en place par la *CJCE* (A).

A/- La prise en compte par la CJCE des exigences nationales tenant à la nécessaire garantie des droits fondamentaux

Cette question étant largement connue et ayant été en grande partie exposée plus haut[3], nous nous contenterons ici de présenter les grandes étapes de la garantie des droits fondamentaux au sein de l'Europe communautaire.

---

[1] Voir M. B. de WITTE : « Droit communautaire et valeurs constitutionnelles nationales », *Droits* 1991, n° 14, p. 87. Voir aussi à cet égard, le nouvel article 6-1 du *TUE* introduit par le traité d'Amsterdam, aux termes duquel : « L'Union est fondée sur les principes de la liberté, de la démocratie, du respect des droits de l'Homme et des libertés fondamentales, ainsi que de l'Etat de droit, principes qui sont communs aux Etats membres ».

[2] Article 28-3 de la Constitution hellénique ; voir également pour une disposition analogue dans l'ordre juridique suédois, M. O. RUIN : « Suède », dans *Les Etats membres de l'Union européenne*, *op. cit.*, p. 441. Il s'agit de l'alinéa 1er de l'article 5 du chapitre X de la Constitution du 27 février 1974, Mme C. GREWE et M. H. OBERDORFF, *op. cit.*, p. 464.

[3] Cf. *supra* Première partie, titre II, chapitre I (section II). Sur cette question voir notamment l'étude de Mme C. DUPARC : *La Communauté et les droits de l'Homme*, Luxembourg : OPOCE, 1993,

Le point de départ de la présentation reste le suivant : les traités communautaires fondateurs n'ont pas prévu de dispositions spécifiquement consacrées aux droits fondamentaux. Il n'en demeure pas moins que, dans les premières années de la construction européenne, la *CJCE* fut saisie de recours de particuliers invoquant certains droits fondamentaux consacrés par leur Constitution nationale. La réaction de la Cour de Luxembourg, dans un premier temps, consista à écarter tout contrôle de validité du droit communautaire sur la base du droit constitutionnel des Etats membres ; réaction logique au regard de la nécessité de garantir une application uniforme du droit communautaire sur l'ensemble du territoire de la Communauté[1].

Dans un second temps, au vu des réticences de certaines Cours constitutionnelles (notamment allemande et italienne), le juge communautaire va s'employer à reconnaître que « le respect des droits fondamentaux fait partie intégrante des principes généraux du droit » dont il assure le respect[2]. Cette nouvelle approche sera précisée dans l'arrêt *Internationale Handelsgesellschaft* du 17 décembre 1970 et dans l'arrêt *Nold* du 14 mai 1974 où il est fait allusion aux « traditions constitutionnelles communes aux Etats membres » et aux « instruments internationaux sur les droits de l'Homme auxquels les Etats membres ont adhéré ou coopéré »[3]. La *CJCE* considérait donc désormais que les droits fondamentaux, en tant que principes généraux du droit, faisaient partie intégrante des normes de référence de son contrôle, et donc de la superlégalité communautaire. Cette construction prétorienne a été progressivement légitimée et consacrée non seulement par les institutions communautaires mais également par différents traités communautaires modificatifs[4].

C'est sur l'ensemble de ce processus que va se prononcer le Conseil constitutionnel lors de l'examen du traité de Maastricht. A cette occasion, la Haute instance apportera une caution interne au système de protection des droits fondamentaux mis en place au sein de l'Europe communautaire (B). Le résultat auquel on aboutit dans ce domaine se rapproche de façon notable des solutions finalement adoptées par les Cours constitutionnelles allemande et italienne.

63p ; également M. J. RIDEAU : « Le rôle de l'Union européenne en matière de protection des droits de l'Homme », *RCADI* 1997, tome 265, pp. 9-480.

[1] Voir notamment *CJCE* 15 juillet 1960 - *Comptoirs de vente de la Ruhr, Rec.*, p. 890.

[2] Cette première démarche, prudente, résulte de l'arrêt *Stauder* du 12 novembre 1969, aff. 29/69, *Rec.*, p. 419.

[3] Aff. 11/70, *Rec.*, p. 1125 et 4/73, *Rec.*, p. 491. Pour une référence explicite à la *CEDH*, voir l'arrêt *Rutili* du 28 octobre 1975, aff. 36/75, *Rec.*, p. 1219. Pour un rappel récent de la position traditionnelle de la *CJCE* à l'égard des droits fondamentaux, cf. arrêt *F. Kremzov c/ Republik Österreich* du 29 mai 1997 (point 14), aff. C-229/95, *Rec.*, I-2629.

[4] Voir *supra* point A du paragraphe 2 de la section II du chapitre I du titre II de la première partie.

B/- Une attitude bienveillante du Conseil constitutionnel à l'égard d'une telle construction

La garantie des droits et libertés des citoyens constitue depuis une quinzaine d'années un élément déterminant de la jurisprudence du Conseil constitutionnel en matière internationale ou européenne. Autrement dit, la protection des droits fondamentaux est prise en compte dans le contrôle de constitutionnalité des engagements internationaux[1]. Ainsi, dans la décision n° 85-188 DC du 22 mai 1985, le juge constitutionnel a-t-il considéré la garantie des droits et libertés des citoyens comme faisant partie intégrante des conditions essentielles d'exercice de la souveraineté nationale[2]. Pour autant, aucune convention internationale n'a encore été jugée contraire à la Constitution pour atteinte aux règles et principes à valeur constitutionnelle relatifs aux droits fondamentaux. Il convient en effet de rappeler que, dans la décision du 17 juillet 1980, le Conseil a estimé que le principe de l'indépendance de l'autorité judiciaire et le droit d'asile étaient respectés par la Convention franco-allemande additionnelle à la Convention européenne d'entraide judiciaire en matière pénale du 20 avril 1959[3]. En outre la Haute juridiction constatera dans la décision du 25 juillet 1991 que la Convention d'application de l'Accord de Schengen ne porte atteinte ni aux libertés individuelles, ni aux droits de la défense, ni enfin au droit d'asile[4].

De ce point de vue, même si le Conseil constitutionnel, dans sa décision du 9 avril 1992, utilise l'expression globalisante de « garantie des droits et libertés des citoyens », il apparaît indéniable que son raisonnement se situe dans le prolongement de sa jurisprudence antérieure. Il existe néanmoins un infléchissement dans sa démarche : les droits fondamentaux sont, en 1992, examinés à part et de manière spécifique. Cette nouvelle attitude renforce incontestablement la place qu'occupe la protection des droits fondamentaux dans l'examen de la constitutionnalité du droit international et communautaire[5]. Dans

---

[1] Pour une analyse approfondie de cette affirmation, voir notamment M. P. GAÏA, *RFDC* 1991, pp. 711 et s.

[2] Cette sentence était relative au Protocole n° 6 additionnel à la Convention de sauvegarde des droits de l'Homme et des libertés fondamentales concernant l'abolition de la peine de mort, *Rec. D.C.C.*, p. 15 ; *RJC*-I, 224. Voir cependant M. J. ROUX : *Le principe de la souveraineté de l'Etat dans la jurisprudence du Conseil constitutionnel, op. cit.*, pp. 155-159, pour qui, la notion de « garantie des droits et libertés des citoyens » contenue dans cette décision se rapporterait à l'article 16 de la *DDHC* de 1789 aux termes duquel : « Toute société dans laquelle la garantie des droits n'est pas assurée, ni la séparation des pouvoirs déterminée, n'a point de Constitution ». Elle ne serait donc pas une composante des « conditions essentielles ».

[3] Décision n° 80-116 DC, considérants 4 et 5, *RJC*-I, 80.

[4] Cf. M. J. RIDEAU, *AIJC*, VII-1991, p. 54.

[5] Il faut préciser dans ce sens que, dans sa décision n° 98-408 DC du 22 janvier 1999 - *Traité portant statut de la CPI* (considérant 13), le Conseil constitutionnel inclut, à côté de la contrariété à la Constitution et de l'atteinte aux conditions essentielles d'exercice de la souveraineté nationale, la

cette perspective, la Haute instance tient à s'assurer que le *TUE* ne porte pas atteinte « aux règles et principes de valeur constitutionnelle » qui contribuent, en France, à garantir la protection des droits fondamentaux. Ceci va la conduire à prendre en compte le paragraphe 2 de l'article F du traité de Maastricht dont « les stipulations [...] conjuguées avec l'intervention des juridictions nationales statuant dans le cadre de leurs compétences respectives, sont à même de garantir les droits et libertés des citoyens »[1]. Il résulte en premier lieu de cette affirmation que le fait que l'article F 2 ne soit pas justiciable de la *CJCE* n'est pas déterminant pour le Conseil constitutionnel[2]. L'article F 2 ne manque pour autant pas d'intérêt car il consacre de façon évidente la jurisprudence de la *CJCE* relative aux droits fondamentaux. Et le Conseil constitutionnel lui-même abonde dans ce sens puisqu'il estime que le respect des droits de l'Homme « est assuré par la *CJCE* notamment à la suite d'actions engagées à l'initiative des particuliers »[3]. Non seulement il reconnaît que les particuliers peuvent bénéficier de droits et d'obligations sur la base de dispositions communautaires, mais surtout il donne un « satisfecit au système communautaire » de protection des droits de l'Homme[4]. Ceci revient à dire que l'exigence de la garantie des droits et libertés des citoyens est reconnue par la Cour de Luxembourg, qui en assure le respect. Il s'agit donc là d'une « simple reconnaissance par le Conseil constitutionnel de l'existence d'une protection effective des droits fondamentaux dans l'ordre juridique communautaire »[5].

---

remise en cause des droits et libertés constitutionnellement garantis dans les réserves françaises de constitutionnalité. Il est vrai qu'il s'agissait d'un traité concernant particulièrement la question des droits fondamentaux ; d'où de très nombreux passages de la décision consacrés à l'examen de la compatibilité des stipulations du traité de Rome du 18 juillet 1998 avec les « principes constitutionnels applicables au droit pénal et à la procédure pénale » (considérants 18 à 28) ; Voir sur ce point Mme L. BAGHESTANI-PERREY, M. B. MATHIEU et M. M. VERPEAUX, *LPA* 20 septembre 1999, n° 187, pp. 13-14.

[1] Sur cette question, voir Mme C. BLONDIAU(Sous la direction de) : « Chronique de jurisprudence nationale (1992 à 1994) », *CDE* 1996, p. 102.

[2] L'article L du *TUE* (article 46, Nouvelle numérotation) précise que la *CJCE* n'est compétente, notamment, que sur les dispositions des « articles L à S » du traité. Voir M. J.-P. JACQUE, *RTDE* 1992, p. 257 ; M. B. GENEVOIS, *RFDA* 1992, p. 385.

[3] Pour M. F. LUCHAIRE, *RDP* 1992, p. 596, « ...le Conseil constitutionnel a admis que le respect des droits de l'Homme et des libertés fondamentales des citoyens pouvait être, dans le cadre de la Communauté, assuré par la *CJCE*... ».

[4] Cf. M. J.-P. JACQUE, *ibid.* Concernant l'action des particuliers, M. B. GENEVOIS, *ibid.*, estime que l'affirmation du Conseil constitutionnel est en harmonie avec l'idée selon laquelle « la vigilance des particuliers intéressés à la sauvegarde de leurs droits » est nécessaire à la construction européenne (CJCE 5 février 1963 - *Van Gend en Loos*, *Rec.*, p. 3).

[5] M. O. B. DORD : *Cours constitutionnelles nationales et normes européennes, op. cit.*, p. 402 ; voir M. H. LABAYLE : « Droits fondamentaux et droit européen », *AJDA* 1998 - n° spécial : *Les droits fondamentaux, une nouvelle catégorie juridique ?*, p. 80.

La juridiction constitutionnelle française fait ressortir, en second lieu, « l'intervention des juridictions nationales statuant dans le cadre de leurs compétences respectives ». Il nous paraît improbable qu'un tel rôle puisse être exercé dans le cadre de l'article 55 de la Constitution. En effet, cette disposition permet tout simplement aux juridictions ordinaires d'assurer le respect de la supériorité du droit international et communautaire sur les lois internes. Il faut ajouter de surcroît que ces juges n'ont nullement compétence pour contrôler le « respect des droits fondamentaux par les institutions communautaires »[1]. Au demeurant, il apparaît que la seule possibilité qui appartient aux juges ordinaires français à cet égard est de poser une question préjudicielle, à l'occasion d'un litige, visant à l'appréciation, par la *CJCE*, de la validité d'un texte communautaire au regard du respect des droits fondamentaux[2]. Ceci aboutit également à conforter le rôle de la Cour de Luxembourg et, par ricochet, sa construction jurisprudentielle relative à la protection des droits fondamentaux.

Il nous semble également intéressant de faire apparaître que la Commission des droits de l'Homme du Conseil de l'Europe, dans une décision du 9 février 1990, *M. and Co c/ Allemagne*, a implicitement jugé que la protection communautaire des droits fondamentaux était à peu près équivalente à celle assurée par la *CEDH*[3]. Néanmoins, il ne faut pas occulter le fait que la Cour européenne des droits de l'Homme se reconnaît la possibilité de contrôler les actes nationaux d'application du droit communautaire[4]. Il en a été notamment ainsi lors d'un arrêt du 15 novembre 1996 - affaire *Cantoni c/ France*, arrêt dans lequel la Cour de Strasbourg affirmait que l'existence d'une directive communautaire n'empêchait pas l'examen de la « conventionnalité » de la loi française de transposition de cette directive. Mais il faut reconnaître que, par ce biais, la protection communautaire des droits fondamentaux n'a jamais été véritablement remise en cause[5]. Il ressort

[1] Voir M. J. RIDEAU, *RAE* 1992/3, p. 19.

[2] *Ibid.* Le Pr. J. RIDEAU estime néanmoins que des divergences de jurisprudence sont concevables entre le juge communautaire et les juges nationaux, lorsqu'il s'agit pour ces derniers d'examiner la légalité d'un texte national d'application du droit communautaire.

[3] Sur ce point, cf. M. V. di BUCCI : « Droits fondamentaux », dans *Dictionnaire juridique des Communautés européennes, op. cit.*, p. 417 ; M. J.-P. JACQUE : « Communauté européenne et CEDH », *op. cit.*, p. 93. Sur la question des interférences éventuelles entre le système de protection de Strasbourg et celui de Luxembourg, cf. M. J. RIDEAU : « Le rôle de l'Union européenne en matière de protection des droits de l'Homme », *op. cit.*, pp. 337-344.

[4] M. J.-P. JACQUE, *ibid.*, pp. 92-94.

[5] Cf. à ce sujet, M. Y. PETIT : « Médicament, droit français, droit communautaire et Convention européenne des droits de l'Homme », *Europe*, mars 1997, p. 7. Il faut néanmoins signaler l'existence de l'arrêt *Matthews c/ Royaume Uni* de la Cour européenne des droits de l'Homme en date du 18 février 1999, cf. notamment Mme J. HADDAD, *RGDIP* 1999, pp. 453-454 ; M. A. POTTEAU, *RTDH* 1999, pp. 877-888. Ce dernier auteur estime avec justesse que : « La Cour considère en effet que les Etats parties ont l'obligation de garantir que les compétences, qu'ils transfèrent aux organisations internationales, seront exercées en conformité avec les droits reconnus

par ailleurs de l'adoption du traité d'Amsterdam un « renforcement incontestable et considérable du système communautaire des droits fondamentaux »[1] ; même si une telle situation ne tire pas toutes les conséquences de l'Avis 2/94 de mars 1996 de la *CJCE* qui considérait que la Communauté européenne ne pouvait adhérer à la *CEDH*, sauf révision formelle des traités communautaires. Ce traité modificatif inclut désormais l'article 6-2 du *TUE* dans la compétence de la *CJCE*[2]. Cette dernière circonstance justifie peut-être le silence du Conseil constitutionnel, dans la décision n° 97-394 DC du 31 décembre 1997, concernant la garantie des droits et libertés des citoyens. La Haute juridiction juge peut-être désormais, comme étant amplement (et définitivement ?) satisfaisant, le système communautaire de protection des droits fondamentaux.

L'approche adoptée par le Conseil constitutionnel dans le domaine des droits fondamentaux rejoint, quant aux résultats, les jurisprudences des Cours constitutionnelles allemande et italienne. En effet, il a déjà été dit que ces deux Cours suprêmes privilégiaient, dans leur examen de la constitutionnalité du droit communautaire, la sauvegarde du niveau de protection des droits fondamentaux consacré par leurs Constitutions respectives[3]. A ce propos, il convient de rappeler que ces deux juridictions constitutionnelles ont tenu compte du développement de la protection des droits fondamentaux par la *CJCE* pour lever leurs réserves de constitutionnalité[4]. Les réserves ainsi posées sont dès lors devenues théoriques ou

---

par la Convention. Si tel n'était pas le cas, il serait donc possible d'estimer que cette obligation n'est pas remplie, et par conséquent que les Etats en sont responsables », p. 888. Voir en dernier lieu, MM. G. COHEN-JONATHAN et J.-F. FLAUSS, *RTDE* 1999, pp. 637 et s. ; Mmes G. GORI et F. GAZIN, *Europe*, janvier 2000, p. 4.

[1] Cf. M. J. ANDRIANTSIMBAZOVINA, *Europe*, octobre 1998, p. 4. M. F. SUDRE, *JCP* 1998, I, 100, adopte par ailleurs une argumentation assez stimulante qui contribue à montrer que : « Le traité [d'Amsterdam] consacre sans équivoque la volonté de l'Union européenne de construire son propre système de protection des droits de l'Homme, largement bâti sur une absorption de la *CEDH* ». Dans le prolongement de cette idée, la *CJCE* dans son arrêt du 17 décembre 1998 - *Baustahlgewebe GmbH c/ Commission des Communautés européennes,* semble vouloir faire évoluer sa jurisprudence dans le sens d'une application directe dans l'ordre communautaire de la *CEDH*, telle qu'interprétée par la Cour européenne des droits de l'Homme, aff. C-185/95P, *Rec.*-I, 8485, cf. notamment M. D. SIMON, *Europe*, février 1999, pp. 12-13 ; M. F. SUDRE : « Droit communautaire des droits fondamentaux - Chronique de la jurisprudence de la CJCE (1998) », *RUDH* 1999, pp. 487-493. Pour une conclusion beaucoup plus nuancée, M. J.-F. FLAUSS et autres, *RDIDC* 1999/2, pp. 124 et 139-142.

[2] Cf. article 46, point d du traité sur l'Union européenne.

[3] Voir *supra* Première partie, titre II, chapitre I (section II).

[4] Voir notamment M. J.-V. LOUIS : *L'ordre juridique communautaire*, 6e éd., *op. cit.*, pp. 168-174 ; M. M. DARMON : « Juridictions constitutionnelles et droit communautaire », *RTDE* 1988, pp. 237 et s. Il faut dire également que la décision de la Cour de Karlsruhe du 12 octobre 1993 ne revient pas fondamentalement sur l'état du droit antérieur concernant les droits fondamentaux. En effet, elle précise seulement que la *CJCE* sera compétente pour assurer leur protection au cas par cas alors qu'elle sera chargée de « veiller en général au respect du standard de protection des droits

encore extrêmement hypothétiques. Le résultat auquel aboutissent le Conseil constitutionnel d'un côté et les Cours constitutionnelles allemande et italienne de l'autre est donc sensiblement le même : l'exigence du respect des droits fondamentaux est aujourd'hui largement satisfaite par l'Union européenne en général et par la jurisprudence de la *CJCE* en particulier[1]. Ceci montre l'influence ou l'impact de la démarche intégrationniste sur les solutions que peuvent adopter les juridictions constitutionnelles en général et le Conseil constitutionnel en particulier. Apparaît dès lors fondé le constat selon lequel : « Les solutions adoptées ont ce point commun qu'elles préservent en principe le droit national, tout en faisant application en réalité de règles qui n'entrent pas en contradiction avec celles mises en avant par la Cour de justice »[2]. Pour revenir principalement à la situation française, il s'agit là d'un excellent révélateur de l'ancrage du phénomène communautaire dans l'ordre juridique interne.

Conclusion du titre I

Au terme des développements qui précèdent, il ne fait désormais aucun doute que l'intégration européenne dispose de points d'ancrage tangibles dans le droit constitutionnel français. Ces points d'ancrage ne sont que le reflet de l'assez nette légitimation dont bénéficie le phénomène communautaire dans l'ordre juridique français. Un élément est pour autant demeuré sous-jacent tout au long de notre analyse dans ce titre premier : l'attitude du droit constitutionnel français à l'égard du droit communautaire est fondamentalement conciliatrice. L'évolution ci-dessus constatée ne va pas sans une perceptible volonté de maîtrise ou de prudence de la part de l'ordre juridique constitutionnel français. Ce dernier se réserve en effet la possibilité d'exiger du droit communautaire le respect de certains principes et règles de valeur constitutionnelle. On peut en déduire que l'autonomie de l'ordre

---

fondamentaux », cf. Mmes C. GREWE - H. RUIZ FABRI *: Droits constitutionnels européens, op. cit.*, pp. 132-133. Elle ne fait pour autant pas renaître sa jurisprudence *Solange I.*

[1] Voir en ce sens, M. J.-P. JACQUE, *RTDE* 1992, p. 258 ; M. M. FROMONT : « Le traité sur l'Union européenne et le juge constitutionnel en France et en Allemagne », dans *Mél. G. PEISER*, Presses universitaires de Grenoble, 1995, pp. 239-240. L'état du droit en la matière est remarquablement présenté par M. G. DRAGO : *Contentieux constitutionnel français, op. cit.*, pp. 360-361, qui estime que le Conseil constitutionnel ne fait pas de cette réserve relative à la nécessaire protection des droits fondamentaux constitutionnellement garantis « un obstacle au développement des transferts de compétences aux institutions communautaires dans la mesure où, selon [lui], le cœur de la souveraineté nationale n'est pas atteint et où ces droits fondamentaux bénéficient d'une protection au moins égale en droit communautaire à ce qui existe en droit français. L'attitude de la Haute juridiction demeure donc prudente et sa résistance au droit communautaire paraît moindre que celle des autres Cours constitutionnelles européennes. Il n'empêche que le conflit reste latent... ».

[2] M. F. HERVOUËT, *op. cit.*, *RDP* 1992, p. 1264.

juridique constitutionnel français reste malgré tout préservée et continuellement mise en exergue (titre II).

TITRE II

L'AUTONOMIE DE L'ORDRE JURIDIQUE CONSTITUTIONNEL FRANCAIS EN VUE DE LA SAUVEGARDE DE LA SOUVERAINETE DE L'ETAT

A première vue, l'intégrité de la Constitution française fait l'objet d'une sollicitation extrême de la part du système juridique qui découle du processus d'intégration européenne. En effet, la Communauté européenne fait partie de la catégorie des organisations internationales intégrées du fait notamment de l'existence en son sein d'un système institutionnel très élaboré et d'un ordre juridique, à certains égards, conquérant. Une telle configuration des choses n'est pas sans incidences sur les ordres et systèmes juridiques des Etats membres de l'Europe communautaire. Cela étant, le système communautaire ne postule pas encore une soumission ou une subordination totale des ordres juridiques nationaux à l'ordre juridique communautaire[1]. Autrement dit, en l'état actuel de l'intégration communautaire, les ordres juridiques constitutionnels des Etats membres demeurent autonomes et incontournables. De ce point de vue, le phénomène communautaire contribue à la fois à malmener cette autonomie constitutionnelle des Etats membres et à révéler son indéniable survivance.

Nous considérons l'autonomie de l'ordre juridique constitutionnel comme la maîtrise par les Etats de l'ouverture de leur ordre juridique au droit communautaire[2]. Il est clair que les Constitutions nationales demeurent le socle, voire la valeur de référence des ordres juridiques internes. L'ordre juridique communautaire n'est donc pas encore en mesure de prétendre au bénéfice d'un tel statut. En l'absence d'une quelconque Constitution européenne (fédérale par nature), il est légitime et logique pour les Etats membres de chercher à encadrer la pénétration des normes communautaires dans leurs ordres juridiques respectifs.

---

[1] Voir NGUYEN QUOC DINH, MM. P. DAILLIER, A. PELLET : *Droit international public*, 6e éd., *op. cit.*, p. 422.

[2] Sur la dépendance de l'Europe communautaire vis-à-vis des Etats, cf. Mme F. CHALTIEL : *La souveraineté de l'Etat et l'Union européenne, L'exemple français, op. cit.*, pp. 453-457.

Ainsi, s'agissant de la France, il est intéressant de montrer que le droit constitutionnel reste exigeant quant à la sauvegarde de certains principes constitutionnels essentiels[1]. Et ces verrous ou obstacles constitutionnels[2] gravitent principalement autour du principe de la souveraineté de l'Etat, concept majeur de l'identité constitutionnelle de la nation française. Aussi, confronté au processus de construction communautaire, convient-il de savoir quels sont les moyens mis en œuvre par le droit constitutionnel français pour marquer la prégnance de l'indépendance de l'Etat. Nous évoquerons tout d'abord la préoccupation récurrente du constituant français, depuis 1958, qui est de contenir la pénétration des normes communautaires dans l'ordre juridique français. Au stade actuel de l'intégration européenne, une telle volonté de marquer la persistance de l'autonomie constitutionnelle française s'avère digne d'intérêt (chapitre I). Il faudra ensuite souligner l'importance du contentieux constitutionnel dans la préservation de « l'orthodoxie constitutionnelle française ». En effet, le Conseil constitutionnel, par le biais de l'interprétation des textes constitutionnels pertinents en matière internationale, a toujours tenu, de diverses manières, à rappeler l'exigence constitutionnelle de sauvegarde de l'indépendance souveraine de la France (chapitre II). Il ne restera plus, tout au long de notre réflexion, qu'à mesurer la portée et l'efficacité réelles des verrous constitutionnels français.

---

[1] MM. C. EMERI et J.-C. GAUTRON : « Chronique constitutionnelle et parlementaire française », *RDP* 1971, p. 174, parlent de la « protection de l'orthodoxie constitutionnelle ».

[2] Voir M. O. B. DORD : *Cours constitutionnelles nationales et normes européennes*, Thèse, 1996, *op. cit.*, p. 202.

CHAPITRE I : LA CONSTANCE DE L'EXIGENCE DE PRESERVATION DE L'INDEPENDANCE SOUVERAINE DE L'ETAT PAR LE POUVOIR CONSTITUANT

Les traités fondateurs des Communautés européennes ont été conclus sous l'empire de la Constitution de la IVe République. Et il a été démontré que « l'orientation générale de la Constitution de 1946 était nettement internationaliste »[1]. Outre les articles de la Constitution consacrés aux relations internationales[2], il suffit pour cela de se référer aux alinéas 14 et 15 du préambule du même texte aux termes desquels : « La République française, fidèle à ses traditions, se conforme aux règles du droit public international [...]. Sous réserve de réciprocité, la France consent aux limitations de souveraineté nécessaires à l'organisation et à la défense de la paix ». A l'inverse, soucieux de ne pas renouveler certaines expériences d'intégration de la première moitié des années 1950, le constituant de 1958 va apporter un certain infléchissement au monisme juridique de la IVe République. En effet, outre le fait que le texte de la Constitution du 4 octobre 1958 est désormais centré sur la notion d'« indépendance nationale » (représentée essentiellement par le principe de la souveraineté nationale)[3], ses rédacteurs vont instituer certains mécanismes permettant d'en assurer la sauvegarde (section I). Une préoccupation sensiblement similaire dictera certains choix du constituant lors de la révision constitutionnelle du 25 juin 1992, préalable à la ratification du traité de Maastricht ; choix repris par la révision constitutionnelle du 25 janvier 1999, préalable à la ratification du traité d'Amsterdam (section II). La préoccupation semble être la même : marquer la nécessaire prise en considération de l'indépendance souveraine de la France dans l'approfondissement de la construction européenne[4].

---

[1] NGUYEN QUOC DINH : « La Constitution de 1958 et le droit international », *RDP* 1959, p. 516.

[2] Voir les articles 26 à 28 du titre IV (« Des traités diplomatiques ») de la Constitution du 27 octobre 1946, dans *Les Institutions de la IVe République*, Documents d'études, n° 1. 1, La Documentation française, éd. 1995, p. 20.

[3] Voir par exemple M. T. de BERRANGER : *Constitutions nationales et construction communautaire*, *op. cit.*, pp. 84-85 ; M. D. ROUSSEAU : « Les grandes avancées de la jurisprudence du Conseil constitutionnel », dans *Mél. J. ROBERT : Libertés*, éd. Montchrestien, 1998, p. 304 ; NGUYEN QUOC DINH, *op. cit.*, *RDP* 1959, p. 518.

[4] M. P. GAÏA : « L'unification européenne et le droit constitutionnel : la Constitution française face à l'Union européenne », *op. cit.*, p. 265.

Section I : Les mécanismes procéduraux de sauvegarde de l'identité de l'ordre juridique constitutionnel français

La philosophie des constituants de 1958 était empreinte de réserve voire d'hostilité à l'égard d'une approche intégrationniste (fédéraliste ?) de l'unification européenne. Il fallait dès lors instituer certains instruments visant à contenir ou à maîtriser les effets de la construction communautaire sur la souveraineté de l'Etat. La principale traduction de cet esprit des constituants de 1958 est l'instauration d'un contrôle de constitutionnalité des engagements internationaux à l'article 54 de la Constitution. Une même volonté de protection du « noyau constitutionnel français » présidera à l'adoption d'une procédure d'autorisation de ratification de certains traités par la voie référendaire[1]. Tous ces instruments sont, nous semble-t-il, tributaires des conceptions et de l'esprit des inspirateurs des institutions de la Ve République (Paragraphe 1). Ce souci de protection de l'identité constitutionnelle française est censé se pérenniser par le biais d'un renforcement des mécanismes de régulation des rapports entre le droit communautaire et la Constitution (Paragraphe 2). Ainsi, dans l'optique d'aboutir à un examen plus effectif du droit international et communautaire, le contrôle des engagements internationaux fut élargi par le Conseil constitutionnel ; et, en 1992, le prétoire du juge constitutionnel fut ouvert à soixante parlementaires dans le cadre de la procédure de l'article 54. Il ne faut pas perdre de vue ici que l'objectif, avoué ou non avoué, est de permettre, à travers la canalisation de la construction européenne, une meilleure sauvegarde de l'indépendance souveraine de la France.

Paragraphe 1 : L'inspiration des articles 54 et 11 de la Constitution de 1958 : une volonté sous-jacente d'encadrement de l'intégration européenne

Les articles 11 et 54 de la Constitution sont la principale manifestation d'une inflexion de la philosophie internationaliste de la République précédente. On peut se contenter, à ce stade, de dire que, sous la IVe République, aucun contrôle de constitutionnalité des engagements internationaux n'était prévu par la Constitution[2]. L'introduction d'un tel contrôle dans le texte de 1958 constitue donc une nouveauté voire une rupture par rapport au droit positif antérieur.

---

[1] L'article 11 de la Constitution dispose en effet que : « Le Président de la République, [...] peut soumettre au référendum tout projet de loi [...] tendant à autoriser la ratification d'un traité qui, sans être contraire à la Constitution, aurait des incidences sur le fonctionnement des institutions ».

[2] Seul un pseudo-contrôle de constitutionnalité existait à l'alinéa 3 de l'article 91 : « Le Comité constitutionnel examine si les lois votées par l'Assemblée nationale supposent une révision de la Constitution ». Pour les modalités de ce contrôle, voir les articles 92 et 93 de la Constitution de 1946, dans *Les Institutions de la IVe République*, Documents d'études, n° 1. 10, *op. cit.*, p. 23.

Evoquer ces dispositions revient, non pas à s'appesantir sur des problèmes de procédure, mais à montrer comment les articles 11 et 54 de la Constitution ont été mis au service d'un dessein, en l'occurrence la protection de l'identité constitutionnelle française. Nous tenterons ainsi de vérifier que la rédaction de ces deux dispositions constitutionnelles fut motivée, bien entendu, par le « souci de préserver ce qui subsiste de la souveraineté et du domaine français... »[1]. Seules les étapes marquantes de l'adoption de chacune de ces deux dispositions au fil des débats constitutionnels de l'été 1958 seront passées en revue. Il faudra en outre, à chaque fois, se demander si des considérations communautaires avaient été prises en compte lors de l'écriture de ces articles. En d'autres termes, y a-t-il eu des raisons communautaires à leur adoption ? Il s'avérera par voie de conséquence intéressant de mettre en exergue les justifications, implicites ou explicites, tenant à l'existence de chacun de ces deux mécanismes.

Il faut, à ce stade, avancer l'hypothèse selon laquelle : instruits par les expériences d'intégration du début des années 1950, les inspirateurs de la Constitution de 1958 ont, à travers les articles 11 et 54, entendu préserver l'autonomie constitutionnelle de la France, et donc son indépendance souveraine. En effet, un accent semble avoir été mis par les inspirateurs de la Constitution de 1958 sur les concepts de souveraineté et d'indépendance nationales[2]. Ainsi, dès le premier alinéa du préambule de la Constitution de la Ve République on retrouve une proclamation solennelle de l'attachement du peuple français « aux principes de la souveraineté nationale ». A cela s'ajoute le fait que plusieurs dispositions du texte de 1958 comportent un lien plus ou moins direct avec les notions de souveraineté et d'indépendance nationales. A titre d'illustration on peut notamment citer les articles 3 sur le principe de souveraineté nationale et ses modalités d'exercice, 5 sur le rôle du Président de la République en tant que garant de l'indépendance nationale et du fonctionnement régulier des pouvoirs publics, 16 sur les pouvoirs exceptionnels du chef de l'Etat en cas de menace grave et immédiate sur l'intégrité institutionnelle et territoriale de la France et sur l'indépendance de la nation française[3]. Important apparaît dès lors le constat selon lequel : « ...A sept reprises [...], la Constitution mentionne soit la souveraineté, soit l'indépendance de la France, soit encore l'intégrité du territoire ». Ceci résulte tout

---

[1] M. A. COCATRE-ZILGIEN : « Constitution de 1958, droit international, relations extérieures et politique étrangère », *AFDI* 1958, p. 648 ; voir aussi, et concernant spécialement l'article 54 de la Constitution, Mme I. RICHIR : *Le Président de la République et le Conseil constitutionnel*, PUF, 1998, p. 303.

[2] Voir en ce sens M. B. POULLAIN : *La pratique française de la justice constitutionnelle*, éd. Economica, 1990, p. 210 ; M. P. LARDY : *La force obligatoire du droit international en droit interne*, Paris, LGDJ, 1966, p. 97.

[3] Pour M. J.-M. TORCHEUX : « Le statut de la souveraineté dans la Constitution de 1958 », dans *De la souveraineté, Cahiers Louis XVI*, n° 5, 1991, p. 50, il s'agit tout simplement d'un ensemble qui façonne « le système de souveraineté propre à la nouvelle République ».

simplement du fait que « la souveraineté et l'indépendance de la France étaient des idées fondamentales exprimées par le général de Gaulle en 1958... »[1]. En d'autres termes, l'orientation générale de la Constitution de la Ve République apparaît assez nettement : préserver de manière impérieuse l'indépendance souveraine de l'Etat français. D'où la formule des Pr. R. KOVAR et D. SIMON aux termes de laquelle : « Le maintien de l'indépendance nationale est un impératif catégorique. La coopération internationale doit lui être strictement subordonnée »[2]. Deux éléments transparaissent clairement à ce stade de notre réflexion :

- L'accent mis sur la nécessaire intégrité de la souveraineté française paraît indéniable ;
- la Constitution de 1958 s'avère par conséquent légèrement en retrait par rapport à l'orientation « nettement internationaliste » de la Constitution du 27 octobre 1946.

Un élément semble avoir été déterminant dans cette nouvelle orientation constitutionnelle : le contexte du début des années 1950, en l'occurrence la création des Communautés européennes. Les pères fondateurs de la Ve République auraient ainsi, à travers l'adoption de certaines dispositions constitutionnelles, marqué leur méfiance à l'égard de l'approfondissement de ces Communautés.

Il est évident pour la grande majorité de la doctrine que l'intégration européenne a été le moteur principal de l'adoption des articles 11 (en ce qui concerne l'autorisation de ratification des traités) et 54 de la Constitution[3]. En effet les débats autour de la constitutionnalité du traité instituant la *CED* sont le plus souvent avancés pour servir de justification à l'existence de ces deux dispositions[4]. En somme, les articles 11 et 54 de la Constitution auraient été instaurés afin de sauvegarder l'intégrité de la Constitution (et donc de la souveraineté française) de l'emprise de certaines constructions supranationales comme celle de la *CED*. Que révèlent à ce sujet les « travaux préparatoires » de la Constitution de 1958 ? Une

---

[1] M. F. LUCHAIRE : « Commentaire du Préambule de la Constitution », dans *La Constitution de la République française*, 2e éd., Economica, 1987, p. 99.

[2] MM. R. KOVAR et D. SIMON, *RTDE* 1977, p. 681.

[3] Voir notamment NGUYEN QUOC DINH, *RDP* 1959, p. 543 ; M. V. COUSSIRAT-COUSTERE, *AFDI* 1976, p. 808 ; MM. C. EMERI et J.-C. GAUTRON, *RDP* 1971, p. 173 ; M. C. BLUMANN, *RMC* 1994, p. 398 ; R. PELLOUX, dans *Mél. BASDEVANT*, éd. A. Pedone, 1960, p. 400 ; G. BERLIA, dans *Mél. Waline,* tome 1, Paris, LGDJ, 1974, p. 140 ; G. ISAAC : *Droit communautaire général*, 6e éd., *op. cit.*, p. 190 ; M. B. POULLAIN, *op. cit.*, p. 210 ; MM. L. FAVOREU et L. PHILIP : *Les GDCC*, 10e éd., Dalloz, 1999, p. 327 ; A. COCATRE-ZILGIEN, *AFDI* 1958, p. 648 ; M. D. CARREAU : *Droit international*, 5e éd., *op. cit.*, p. 112 ; M. O. B. DORD : *Cours constitutionnelles nationales et normes européennes, op. cit.*, pp. 41 et 50.

[4] Pour un aperçu de cette controverse juridique au sein de la doctrine, voir notamment « La querelle constitutionnelle sur la *CED* (1954) », *Droits* n° 16, 1992, pp. 101-118. Le traité de Paris du 27 mai 1952 avait été rejeté à la suite de l'adoption d'une question préalable, le 30 août 1954, par l'Assemblée nationale, cf. M. M. MOPIN : *Les grands débats parlementaires de 1875 à nos jours*, La Documentation française, Paris, 1988, pp. 220-223.

telle intention de la part des rédacteurs de la Loi fondamentale de la Ve république est-elle nettement perceptible ? Il convient de le rechercher dans un premier temps à travers l'analyse de la genèse de l'article 54 de la Constitution (A) et dans un second temps à travers l'examen de l'origine de l'article 11 du même texte (B).

A/- Une volonté principalement exprimée à travers la mise en place de l'article 54 de la Constitution

Il faut tout d'abord examiner ici les différentes étapes qui ont mené à l'adoption de l'article 54. On montrera ensuite que ce mécanisme a été principalement institué dans l'objectif de protéger l'intégrité de la Constitution française. La méfiance à l'égard d'une construction européenne de type supranational n'était pas tout à fait étrangère à l'instauration de cette procédure de contrôle préventif de la constitutionnalité des engagements internationaux.

1)- L'évolution de la rédaction de l'article 54 de la Constitution

Cette disposition n'a pas subi beaucoup de modifications tout au long du processus d'élaboration de la Constitution du 4 octobre 1958. Ceci ayant été mentionné, il faut dire que le premier projet d'articles relatifs aux relations internationales ne contenait pas de dispositions prévoyant un contrôle de constitutionnalité des engagements internationaux[1]. Il n'en demeure pas moins que le jurisconsulte du ministère des affaires étrangères, André GROS, en avait évoqué l'éventualité dans un projet de lettre du 26 juin 1958. Il s'était pour cela inspiré de l'expérience néerlandaise : « Si votre pensée s'inspire des débats sur la constitutionnalité de certains traités, je dois vous indiquer les précautions prises à cet égard aux Pays-Bas : lorsqu'un traité comporte modification de la Constitution, il ne peut être conclu avant que la Constitution n'ait été révisée dans les formes prévues à l'article... »[2]. Notons qu'est déjà présent ici le fait que l'institution éventuelle d'un contrôle de constitutionnalité des engagements internationaux était influencée, au vu du projet de lettre d'André GROS, par le souvenir de la querelle constitutionnelle sur la *CED*. En d'autres termes, un tel contrôle pourrait servir à encadrer un semblable approfondissement de la construction européenne[3]. Mais,

[1] *Documents pour servir à l'histoire de l'élaboration de la Constitution du 4 octobre 1958*, vol. I, La Documentation française, Paris, 1987, p. 290.

[2] *Ibid.*, p. 289.

[3] Voir ainsi P. BASTID : *Cours de droit international public*, Les Cours du droit, Paris V^e^, 1976-1977, p. 609, qui estime que « ce texte [futur article 54] a été introduit pour tenir compte des difficultés qu'avait soulevées le traité concernant la *CED* ».

même si cette disposition préfigure l'article 54, il ne s'agit pas encore d'un contrôle de constitutionnalité en tant que tel : aucune instance n'est prévue afin de constater qu'un « traité comporte modification de la Constitution ».

Aussi va-t-on trouver dans l'article 48 de l'avant-projet de Constitution du 19 juillet 1958 la disposition suivante : « Lorsqu'un engagement international comporte une clause contraire à la Constitution ou à une loi organique, l'autorisation de le ratifier ou de l'approuver ne peut intervenir qu'après la révision de la Constitution ou la modification de la loi organique »[1]. En outre, la possibilité de saisir le Conseil constitutionnel en cas de difficulté d'application de l'article 48 sera mentionnée à l'article 57 du même avant-projet, sans indication concernant les modalités de cette saisine[2].

Le pas décisif sera franchi au cours des discussions au sein du Comité consultatif constitutionnel. En effet, la proposition déterminante quant à l'écriture de l'article 54 demeure celle de P. COSTE-FLORET dans un amendement présenté le 1er août 1958, amendement aux termes duquel : « Si le Conseil constitutionnel saisi par l'une des autorités énumérées à l'article 58 a déclaré qu'un engagement international comporte une clause contraire à la Constitution, ou à une loi organique, l'autorisation de le ratifier ou de l'approuver ne peut intervenir qu'après la révision de la Constitution ou la modification de la loi organique »[3]. L'étape définitive dans la rédaction de l'article 54 a consisté en la suppression de toute mention à la loi organique, à l'initiative de M. MORELLET. Ce dernier arguait de l'éventuelle contradiction qu'il y aurait à prévoir la primauté des traités sur les lois internes (lois organiques comprises) à l'article 50 (actuel article 55 de la Constitution) et à subordonner la ratification ou l'approbation de certains engagements internationaux à la modification de la loi organique, à l'article 49 (actuel article 54 de la Constitution)[4]. La numérotation définitive de la disposition relative au contrôle de constitutionnalité des engagements internationaux fut acquise dans le projet de Constitution du 4 septembre 1958[5].

Au terme de ce rapide survol de l'écriture de l'article 54 de la Constitution, il apparaît, notamment à travers le projet de lettre du jurisconsulte du ministère des

---

[1] *Documents pour servir à l'histoire de l'élaboration de la Constitution du 4 octobre 1958*, vol. I, *op. cit.*, p. 466.

[2] *Ibid.*, p. 467. La saisine du Conseil constitutionnel par les quatre autorités traditionnelles de la République (Président de la République, Premier ministre, Présidents des assemblées) fut retenue dans l'avant-projet des 26/29 juillet 1958, *ibid.* pp. 511-512.

[3] *Documents pour servir à l'histoire de l'élaboration de la Constitution du 4 octobre 1958*, vol. II, La Documentation française, Paris, 1988, p. 119. Les quatre autorités de saisine furent nommément désignées dans le texte du rapporteur de la Commission constitutionnelle du Conseil d'Etat, cf. vol. III, La Documentation française, Paris, 1991, p. 33.

[4] *Ibid.*, p. 49. Prise en compte de cet amendement dans l'avis du Conseil d'Etat du 28 août 1958 adopté sur le projet de Constitution, p. 480.

[5] *Documents pour servir à l'histoire de l'élaboration...*, vol. III, p. 618.

affaires étrangères, A. GROS, que des préoccupations communautaires n'en étaient pas complètement absentes. Elles ont même eu, semble-t-il, un rôle déterminant en la matière, quoique largement implicite. Il faut pour cela approuver M. L. FAVOREU lorsqu'il estime que la rédaction de la Constitution, dans ce domaine, est « incontestablement marquée par la prise en compte de considérations contingentes : la construction européenne, qui, l'année précédente, a franchi une étape décisive... »[1]. Il convient dès lors de montrer que de telles visées contingentes transparaissaient des « travaux préparatoires » de la Constitution de la Ve République.

2)- La portée « instrumentale »[2] dévolue à l'article 54 de la Constitution

A travers cette disposition, le constituant de 1958 voulait, à n'en pas douter, marquer le souci de contenir certaines tentatives de construction politique de l'Europe, à l'instar de l'expérience de la *CED*[3]. Ainsi pour l'un des participants aux « travaux préparatoires » de la Constitution de 1958, l'article 54 « témoigne de l'esprit « gaullien » de l'un des principaux rédacteurs de la Constitution, M. DEBRE qui, très attaché à l'« indépendance nationale » voulait mettre un verrou aux tendances supranationales des partisans d'une fédération européenne »[4]. Autrement dit, l'article 54 de la Constitution est ici conçu comme un moyen devant permettre, aux yeux du garde des Sceaux de l'époque, de préserver la souveraineté française.

Cela étant, il est possible, à la lumière des « travaux préparatoires » de la Constitution de 1958, de relativiser l'influence souvent attribuée à M. DEBRE dans la genèse de cette disposition. En effet dans l'avant-projet de Constitution préparé à la mi-juin par le garde des Sceaux, on ne trouve aucune disposition pouvant être

---

[1] M. L. FAVOREU : « Le droit international », dans *L'écriture de la Constitution de 1958*, éd. Economica, 1992, p. 592.

[2] Cf. M. C. POLLMANN : « La révision de l'article 54 de la Constitution : nouvelle avancée de la juridicité, nouvel échec de l'instrumentalisme juridique », *RDP* 1994, p. 1080. Pour cet auteur, « l'instrumentalisme juridique » revient à appréhender le droit comme un simple moyen.

[3] Cf. M. L. FAVOREU : « Le droit international », dans *L'écriture de la Constitution de 1958, op. cit.*, p. 591.

[4] M. F. LUCHAIRE : *Le Conseil constitutionnel. Tome I - Organisation et attributions, op. cit.*, pp. 213-214 et 239. Pour M. J. LARCHE : *Rapport n° 375*, mai 1992, Sénat, p. 12 : « Le principe de l'article 54 s'explique par les progrès de la construction européenne et les inquiétudes que celle-ci suscitait chez les tenants de la nécessité de préserver l'intégrité de la souveraineté nationale ». Voir également NGUYEN QUOC DINH, MM. P. DAILLIER, A. PELLET : *Droit international public*, 6e éd., *op. cit.*, p. 155 ; M. D. RUZIE, *JDI* 1977, p. 69 ; M. B. GENEVOIS : *La jurisprudence du Conseil constitutionnel - Principes directeurs*, éd. STH, Paris, 1988, p. 363 ; L. TROTABAS, dans *Mél. BASDEVANT*, éd. A. Pedone, 1960, p. 495 ; C. VALLEE, *RGDIP* 1981, p. 213.

rapprochée de l'actuel article 54[1]. Au demeurant, une trace de l'attachement de M. DEBRE à la préservation de l'autonomie constitutionnelle peut être décelée dans son refus, lors de la réunion du groupe de travail du 8 juillet 1958, « à ce que soit inscrit dans la Constitution le principe de la supériorité des conventions internationales sur les lois internes ». Ce qui serait revenu, selon le Pr. LUCHAIRE, « pratiquement à faire disparaître les Communautés européennes... »[2]. A ce sujet, on peut se demander si l'article 55 de la Constitution qui pose finalement le principe de la supériorité des traités sur les lois n'est pas une relative entorse à la sauvegarde de la souveraineté nationale[3]. Le refus, ci-dessus mentionné, de M. DEBRE aurait dans cette optique contribué à éviter que « l'expression législative » de la souveraineté nationale ne soit atteinte par un engagement international. Une telle question mérite d'autant plus d'être soulevée que, de façon rétrospective, et à la suite de l'arrêt d'Assemblée du Conseil d'Etat, *Nicolo* en date du 20 octobre 1989[4], certains parlementaires à l'instar de M. P. MAZEAUD ont soutenu que « ...la sauvegarde de la souveraineté nationale nécessite une limitation de l'autorité supérieure des traités sur les lois »[5]. Il est vrai que l'article 55 de la Constitution peut être considéré comme une preuve déterminante du caractère moniste de la République française, et donc un hommage au droit international[6]. Mais, au risque de revenir à un contexte de « sacralisation » de la loi (la loi étant l'expression de la volonté générale), nous pensons, comme M. Ph. PORTET, que « ...l'autorité supérieure des traités internationaux et des règlements sur les lois postérieures n'a pas pour effet pour l'Etat de transférer sa souveraineté à une quelconque organisation internationale »[7].

Revenant à l'article 54 de la Constitution, il faut dire au demeurant que la formule qui a été finalement retenue, n'était pas sans lien avec « les souvenirs des difficultés passées... » (allusion aux débats sur la *CED*)[8]. Aussi, adopter une disposition telle que celle de l'article 54 devait-il servir à pérenniser l'intégrité de la Constitution française face à certains approfondissements de la construction communautaire. L'article 54 s'inscrit donc en réaction voire en rempart face aux

---

[1] *Documents pour servir à l'histoire de l'élaboration de la Constitution de 1958*, vol. I, *op. cit.*, p. 256.

[2] *Ibid.*, p. 382. Le compte rendu de la réunion a été établi par M. F. LUCHAIRE. Pour une prise de position de M. DEBRE sur le traité instituant la *CED*, cf. NGUYEN QUOC DINH, *RDP* 1959, p. 543.

[3] M. C. BLUMANN, *op. cit., RGDIP* 1978, p. 538, estime par exemple que la subordination de la loi « au droit international n'affecte qu'indirectement la souveraineté étatique ».

[4] Cf. notamment *RFDA* 1989, p. 813 avec les concl. de M. P. FRYDMAN.

[5] Cf. M. Ph. PORTET : « Les propositions de loi constitutionnelle sous la Ve République », *RRJ* 1998-3, p. 1033.

[6] Voir par exemple les déclarations de M. P.-H. TEITGEN, dans *Documents pour servir à l'histoire...*, vol. II, pp. 138 et 683.

[7] M. Ph. PORTET, *ibid.*

[8] Formule d'A. GROS, *ibid.*, p. 289.

entreprises du type de la *CED*. Ceci explique l'intervention du Vice-président du Conseil d'Etat, René CASSIN, pour qui cette disposition devait être comprise comme étant « l'histoire non écrite de la *CED* »[1].

Au total, on pourrait dire que l'aspect instrumental de l'article 54 de la Constitution est évident : préserver l'autonomie constitutionnelle française, et donc la souveraineté étatique. Il reste néanmoins que l'influence, souvent relevée, de M. DEBRE apparaît au plus indirecte, sinon diffuse. En d'autres termes, elle « a sans doute été importante, mais il convient de nuancer l'appréciation... »[2].

A côté de ce mécanisme principal de sauvegarde de la Constitution, les rédacteurs de la Loi fondamentale de 1958 ont institué un autre verrou constitutionnel à la pénétration des normes internationales dans l'ordre juridique français : l'article11.

B/- Une volonté complétée par l'institution du référendum d'autorisation de ratification de l'article 11

Il convient, comme cela vient d'être fait pour l'article 54, de présenter les grandes lignes de sa rédaction et de rechercher si sa mise en place était également inspirée par des considérations communautaires. Il faudra ainsi montrer que l'article 11 s'inscrit en complément de la logique d'inspiration de l'article 54 de la Constitution de 1958.

1)- L'écriture de l'article 11 de la Constitution

L'article 11 de la Constitution de 1958 a trait au référendum législatif[3]. Ce dernier peut avoir pour objet l'autorisation de ratification de certains traités internationaux. C'est à ce titre que cette disposition intéresse la confrontation entre le droit communautaire et la Constitution française. Au début des « travaux préparatoires » à l'élaboration de la Constitution, le référendum fut considéré comme une voie de recours permettant de surmonter un éventuel refus opposé par

---

[1] *Documents pour servir..., op. cit.*, vol. III, p. 159. Voir également M. P.-H. TEITGEN qui considère « que les auteurs [de l'article 54] ont fait preuve d'un inquiétant nationalisme juridique, qui [...] paraît un peu démodé... » ; et P. COSTE-FLORET pour qui « on cherche[rait] une mauvaise querelle rétrospective qui n'est vraiment plus de saison », cf. Documents pour servir..., *op. cit.*, vol. II, pp. 133-134, et p. 77 (intervention de P. REYNAUD).

[2] M. L. FAVOREU : « Le droit international », *op. cit.*, p. 591.

[3] Le domaine d'application de cet article fut élargi par la loi constitutionnelle n° 95-880 du 4 août 1995 aux projets de loi portant « sur des réformes relatives à la politique économique ou sociale de la nation et aux services publics qui y concourent », *JORF*, 5 août 1995, p. 11744.

le parlement à un projet de loi relatif notamment à « toute question fondamentale pour la vie de la nation »[1]. Puis le domaine du référendum fut étendu à tout projet de loi « tendant à autoriser la ratification d'un traité diplomatique »[2]. Cette formulation a été précisée dans l'avant-projet de Constitution du 26 juillet 1958 (remis au Comité consultatif constitutionnel) : on parle désormais de « ratification d'un traité touchant aux institutions »[3]. La rédaction quasi définitive de ce membre de phrase de l'actuel article 11 fut proposée par le rapporteur de la Commission constitutionnelle du Conseil d'Etat. En effet, le référendum de ratification devrait concerner les « traités, qui sans être contraires à la Constitution, auraient des incidences sur le fonctionnement des institutions »[4]. Mais dans l'avis adopté le 28 août 1958 sur le projet de Constitution, le Conseil d'Etat ajoutera une mention aux lois organiques, sans doute pour marquer la complémentarité des articles 10 (actuel article 11 de la Constitution) et 49 (actuel article 54)[5]. Une préoccupation semblable commandera la suppression des mots « ou à la loi organique » lors du Conseil des ministres du 3 septembre 1958, qui adoptera la numérotation définitive de cette disposition[6]. Avant d'aborder plus amplement cette question dans la suite de nos développements, il convient dès à présent de mentionner qu'ici aussi les rédacteurs de l'article 11 ont tenu compte du processus de construction européenne engagé dans les années 1950. En effet, il fut d'abord fait allusion au début des « travaux préparatoires » à l'approbation par le parlement d'un projet de loi comportant « approbation d'un accord à caractère fédéral »[7]. La mention d'un tel accord renvoie, nous semble-t-il, à la perspective d'adoption d'un engagement international, tel la *CED*, visant à opérer une translation de la souveraineté de l'Etat français. Plus tangibles sont à cet égard les interventions de JANOT et LATOURNERIE devant l'Assemblée générale du Conseil d'Etat[8] ; interventions qui, pour M. R. DRAGO, « montrent qu'en rédigeant cette formule [de l'article 11] on pensait à la *CED*, mais aussi au Marché commun »[9]. L'écriture de l'article 11 de la Constitution est donc, elle aussi, marquée par des préoccupations inhérentes à la volonté de canaliser le phénomène communautaire. Il faut donc montrer le poids des inspirateurs de la Constitution de 1958 sur le rôle assigné à l'article 11.

---

[1] Voir à titre exemple, le projet d'articles relatifs au Président de la République du 18 juin 1958, *Documents pour servir à l'histoire...*, vol. I, p. 266.

[2] Article 8 du projet d'articles relatifs au Président de la République soumis au Conseil interministériel du 30 juin 1958, *ibid.*, p. 304.

[3] *Ibid.*, p. 503.

[4] *Documents pour servir à l'histoire...*, vol. III, p. 27.

[5] *Ibid.*, p. 470.

[6] *Ibid.*, p. 572.

[7] *Documents pour servir à l'histoire...*, vol. I, p. 282.

[8] *Documents pour servir...*, vol. III, pp. 315-317.

[9] Intervention de M. R. DRAGO lors de la Journée d'étude au Sénat sur *La Constitution et l'Europe*, *op. cit.*, p. 266.

2)- Une réponse supplémentaire aux inquiétudes suscitées par la logique supranationale de la construction européenne

On part également ici du postulat selon lequel c'est la méfiance des rédacteurs de la Constitution de 1958 à l'égard de la construction européenne qui a conduit à l'instauration d'une procédure référendaire d'autorisation de ratification de certains traités. Il s'agirait en effet d'une sorte de « verrou - en seconde ligne [...] à l'encontre des traités dits « d'intégration » et de l'organisation européenne conçue dans une perspective supranationale »[1]. Il faut tout de même noter que l'origine du référendum d'autorisation n'est pas aisément identifiable[2]. En effet la mention de l'autorisation référendaire de « ratification d'un traité diplomatique » apparaît pour la première fois dans le projet d'articles relatifs au Président de la République du 23 juin 1958, sans que l'on sache véritablement qui en a été l'inspirateur[3].

La seule certitude réside dans le lien entre cette disposition et l'intégration européenne : elle s'inscrit dans la ligne de méfiance des inspirateurs de la Constitution de 1958 à l'égard des traités d'intégration. On peut donc, à juste titre, affirmer que : « ...Dans l'esprit des rédacteurs de notre Constitution, les dispositions de l'article 11 visaient les traités communautaires et le précédent de la *CED* était encore dans les esprits... »[4]. Les débats constitutionnels lors de l'élaboration de la loi fondamentale de la Ve République, en particulier au sein du Conseil d'Etat, en attestent largement. Ainsi le Président LATOURNERIE estime-t-il qu'il est légitime de prévoir un référendum dans l'hypothèse où certains instruments internationaux (il fait allusion notamment à la *CED* et au Marché commun) viendraient à diminuer « la souveraineté française, en appliquant le transfert d'une fraction de cette souveraineté à des organismes transnationaux ou supranationaux »[5]. Cette précaution prise par les rédacteurs de la Constitution de 1958 prend tout son sens dans la portée reconnue à l'expression « traité qui, sans être contraire à la Constitution, aurait des incidences sur le fonctionnement des

[1] MM. C. EMERI et J.-C. GAUTRON, *op. cit.*, *RDP* 1971, p. 173.
[2] En ce sens, M. L. FAVOREU, *ibid.*
[3] *Documents pour servir...*, vol. I, p. 282.
[4] M. D. BREILLAT : « Les problèmes constitutionnels posés en France par la ratification du traité de Maastricht », dans *Evolutions récentes du droit en France et en Allemagne*, Herausgegeben Von Hans G. Leser, Marburg 1993, p. 61. Pour M. D. MAUS : « La répartition des compétences en matière de politique étrangère dans l'élaboration de la Constitution sous la Ve République », dans *La conduite de la politique étrangère sous la Ve République*, Presses universitaires de Bordeaux, p. 120 : « Il est clair que les auteurs du texte ont en pensée l'évolution de l'Europe... ».
[5] *Documents pour servir...*, *op. cit.*, vol. III, p. 315.

institutions ». Il faut d'emblée remarquer qu'il s'agit d'une formulation non dénuée d'ambiguïté et difficile d'appréciation[1].

Comme l'observe en effet A. GROS, « ...il n'y a pas de traité international qui ne touche pas d'une manière ou d'une autre aux institutions françaises... »[2]. Pour autant, le commissaire du gouvernement, R. JANOT, va estimer, en faisant allusion à la *CED* et au Marché commun, qu'il faut « éviter un certain nombre de pièges et que des majorités de hasard ne risquent d'engager très gravement l'avenir[...] ; que certains accords puissent [...] avoir des conséquences extrêmement redoutables en des cas où, précisément, ces accords seraient susceptibles d'affecter les institutions »[3]. La référence à la construction européenne y est sous-jacente mais nette ; et tous les traités y afférant, du moment où ils auraient une grande importance (à l'exemple des traités de base et du traité *CED*), devraient être soumis à référendum avant leur ratification[4].

Cette disposition vient de surcroît en complément de l'article 54 s'agissant du souci de préserver l'intégrité de la Constitution française. Il est en effet aisé de montrer que l'article 11 peut, en cas de doute sur la constitutionnalité d'un traité, être subordonné à l'article 54 de la Constitution[5]. Autrement dit, il serait possible de cumuler les deux procédures[6], dans la mesure où, en cas d'interrogation sur la compatibilité d'une convention internationale avec la Constitution, cette dernière « ...fait évidemment le devoir [au Président de la République] de suivre la procédure de l'article 49 [actuel article 54] »[7].

Ainsi la conjonction logique des articles 11 et 54 fait ressortir la préoccupation majeure des constituants de 1958 en matière internationale : sauvegarder l'autonomie constitutionnelle de l'emprise du phénomène communautaire revient à protéger l'indépendance souveraine de la France. Ceci

---

[1] Voir notamment MARTIN (rapporteur, Assemblée générale du Conseil d'Etat) et GROS, *Documents pour servir...*, vol. III, pp. 313-314. Pour remédier à cette ambiguïté LATOURNERIE va proposer un amendement qui parle d'un référendum « ...qui porte sur l'organisation des pouvoirs publics ou qui tend à favoriser la ratification d'un traité touchant à l'étendue, au fonctionnement desdits pouvoirs ». « A l'étendue » se réfère à l'hypothèse de la *CED* ou du Marché commun, pp. 315-316.

[2] *Ibid.*

[3] *Ibid.*

[4] Pour des interprétations allant dans ce sens, voir NGUYEN QUOC DINH, MM. P. DAILLIER, A. PELLET : *Droit international public, op. cit.*, p. 155.

[5] M. F. LUCHAIRE, *RTDE* 1979, p. 397 estime néanmoins que « ...rien ne peut empêcher le chef de l'Etat de proposer une loi référendaire modifiant la Constitution, il peut en soumettant une telle loi au peuple français, faire sauter cette barrière ». Dans le même sens, M. B. BRANCHET : *La révision de la Constitution sous la Ve République*, LGDJ, Paris, 1994, p. 172. On peut tout simplement observer que, d'un point de vue strictement juridique, une telle procédure n'est pas tout à fait orthodoxe.

[6] M. BRANCHET, *op. cit.*, p. 129 estime pourtant que le renvoi mutuel des articles 11 et 54 n'est que « virtuel ou mieux tacite ».

[7] R. JANOT, *op. cit.*, pp. 316-317.

découle de l'accent mis par les inspirateurs du texte de 1958 sur les concepts de souveraineté et d'indépendance nationales. On pourrait dès lors avancer qu'une certaine corrélation existe entre la prise en compte de précédents tels que ceux de la *CED* lors des débats constitutionnels et la volonté de protéger l'identité constitutionnelle française à travers les articles 11 et 54 de la Constitution[1]. Ces deux dispositions s'analysent comme des moyens mis au service d'un objectif. A ce titre, l'esprit et l'environnement international immédiat de la Constitution de 1958 semblent avoir retenti de façon plus ou moins indirecte sur la portée instrumentale de ces mécanismes constitutionnels. Cette vision sera suivie, à échelle variable, par les réformes concernant le contrôle de constitutionnalité des engagements internationaux. En effet on peut y déceler un élément de continuité : permettre la maîtrise, par le droit constitutionnel français, de la pénétration des normes communautaires dans l'ordre juridique interne (Paragraphe 2).

Paragraphe 2 : Le renforcement progressif du maillage procédural[2] autour du droit communautaire

A titre de rappel, il faut dire que le contrôle de constitutionnalité des engagements internationaux mis en place en 1958 s'inscrivait principalement dans une perspective de sauvegarde du primat de la Constitution. Le rôle du Conseil constitutionnel apparaît par conséquent ici primordial. En effet élargir sa compétence revient, par hypothèse, à renforcer les exigences du droit constitutionnel national à l'égard du droit international et européen. En d'autres termes, le renforcement de ce filtre constitutionnel est censé mieux protéger la souveraineté française. Il convient dès lors de présenter d'un côté les diverses évolutions quant aux modalités de saisine et de contrôle du Conseil constitutionnel (A) et de l'autre, les propositions tendant à élargir l'étendue du contrôle des normes communautaires (B).

A/- Les élargissements successifs de 1976 et 1992

En 1958 le contrôle de constitutionnalité des engagements internationaux a été exclusivement attribué au Conseil constitutionnel, et ce, dans le cadre de l'article 54 de la Constitution. On pouvait donc légitimement considérer que cette disposition faisait figure de voie de contrôle exclusive de la constitutionnalité des

---

[1] Cf. M. C. BLUMANN : « La ratification par la France du traité de Maastricht », *RMC* 1994, p. 398.

[2] Voir sur ce maillage procédural étroit des procédures constitutionnelles, M. P. GAÏA : « L'unification européenne et le droit constitutionnel... », *op. cit.*, pp. 274-276.

textes internationaux. Pourtant, par le biais d'une interprétation ambitieuse et pragmatique, le juge constitutionnel va élargir sa compétence aux lois d'autorisation d'approbation ou de ratification des traités ou accords internationaux. Dans un même souci de rendre plus effectif le contrôle du droit international en général et du droit communautaire en particulier, la saisine de la Haute instance par le biais de l'article 54 sera étendue à soixante députés ou soixante sénateurs.

1)- La promotion par le Conseil constitutionnel de la procédure de l'article 61, alinéa 2 en matière internationale

Suite à une démarche volontariste, le Conseil constitutionnel va instituer une seconde voie de contrôle des engagements internationaux. Nonobstant la prise de position en ce sens de M. A. COCATRE-ZILGIEN[1], il était difficile de considérer, comme l'a fait le juge constitutionnel en 1976, l'article 61, alinéa 2 comme une procédure de contrôle indirect de l'insertion en droit interne des engagements internationaux. En effet, il est généralement admis que le contrôle de constitutionnalité des lois concerne les lois ordinaires et les lois organiques. De plus et surtout, on peut soutenir que les lois d'autorisation et les lois ordinaires n'ont pas un caractère identique. M. L. SAÏDJ constate, dans cette optique, que les premières n'ont pas de caractère normatif : « ...En votant une telle loi le Parlement n'édicte pas de règle, ne fait pas « œuvre de législateur »... »[2]. D'autres arguments sont également le plus souvent avancés :

- Seul le gouvernement détient l'initiative en matière d'autorisation d'approbation ou de ratification des engagements internationaux ;
- le parlement ne peut qu'accepter ou rejeter en bloc le texte qui lui est soumis : le droit d'amendement est proscrit ;
- les lois d'autorisation sont généralement constituées d'un article unique : « Est autorisée la ratification (ou l'approbation) de... »[3] ;
- l'acte d'approbation ou de ratification demeure de la compétence discrétionnaire de l'exécutif, notamment du Président de la République.

---

[1] M. A. COCATRE-ZILGIEN : « Constitution de 1958, droit international, relations extérieures et politique étrangère », *AFDI* 1958, pp. 650-651 estimait en effet que : « ...A supposer, [...], que la ratification ou l'approbation d'un engagement [international] ait été autorisée par une loi, celle-ci [...] n'en sera pas moins susceptible d'être déférée au Conseil constitutionnel, pourvu que les délais de promulgation (article 10, alinéa 2) ne soient pas expirés ».

[2] M. L. SAÏDJ : *Le Parlement et les traités. La loi relative à la ratification et à l'approbation des engagements internationaux*, Paris, LGDJ, 1979, pp. 46 et 50.

[3] Cf. M. J. DHOMMEAUX : « Le rôle du Parlement dans l'élaboration des engagements internationaux : continuité et changement », *RDP* 1987, pp. 1470-1475 ; voir également M. C. BLUMANN, *RGDIP* 1978, pp. 551-552.

Tous ces éléments auraient pu constituer des obstacles ou des objections possibles à la consécration de l'article 61, alinéa 2 de la Constitution comme voie de contrôle parallèle à l'article 54 du même texte. Or il résulte expressément du quatrième considérant de la décision des 29-30 décembre 1976 que : « Toutes transformations ou dérogations ne pourraient résulter que d'une nouvelle modification des traités susceptible, de donner lieu à l'application tant des articles figurant au titre VI que de l'article 61 de la Constitution ». En mentionnant le titre VI, le Conseil constitutionnel renvoie principalement aux articles 53 et 54 de la Constitution de 1958. Mais la nouveauté réside dans l'utilisation éventuelle de l'article 61, alinéa 2, c'est-à-dire du contrôle de constitutionnalité des lois, en matière internationale. Le juge constitutionnel français semble donc admettre un contrôle de la conformité à la Constitution d'une loi autorisant la ratification ou l'approbation d'un engagement international[1]. Par ce biais, un droit de saisine a pu être ouvert indirectement aux parlementaires, notamment à ceux de l'opposition[2].

Une telle « extension prétorienne » du droit de saisine du Conseil constitutionnel en matière internationale se fonde, semble-t-il, sur une conception formelle de la loi, cette dernière étant considérée comme un texte voté par le Parlement. A notre avis, il ne pouvait en être autrement car l'article 61, alinéa 2 de la Constitution utilise le pluriel « lois », et la seule condition imposée est de saisir le Conseil constitutionnel avant leur promulgation. Ceci inclut sinon expressément mais implicitement les lois d'autorisation dans la compétence du juge constitutionnel français. De plus, le Conseil constitutionnel, lorsqu'il a invoqué son incompétence à l'égard des lois référendaires, s'est fondé sur le fait que : « ...Il résulte de l'esprit de la Constitution qui a fait du Conseil constitutionnel le régulateur de l'activité des pouvoirs publics que les lois que la Constitution a entendu viser dans son article 61 sont uniquement les lois votées par le Parlement... »[3]. On ne peut par ailleurs légitimement soutenir qu'« ...aucun délai ne s'impose pour la promulgation d'une loi autorisant la ratification d'un traité ou l'approbation d'un accord... »[4]. En effet, la pratique dans ce domaine a montré que la plupart des lois d'autorisation ont été promulguées dans le délai prévu à l'article

---

[1] Pour une première application de cette jurisprudence, cf. décision n° 78-93 DC du 29 avril 1978 à propos de la loi autorisant l'augmentation de la quote-part de la France au *FMI*. Cette jurisprudence peut également être utilisée à l'encontre des mesures législatives d'application de certains actes communautaires, cf. décisions n° 77-89 DC et 77-90 DC du 30 décembre 1977, à propos des règlements communautaires.

[2] M. L. FAVOREU, *AFDI* 1977, pp. 100 et 104-105 considère que le Conseil constitutionnel a réparé l'omission des constituants de 1974 car ces derniers avaient uniquement élargi la saisine dans le cadre de l'article 61, alinéa 2 et non dans celui de l'article 54.

[3] Voir décision n° 62-20 DC du 6 novembre 1962, confirmée par la décision n° 92-313 DC, *RJC*-I, 510.

[4] M. C. BLUMANN, *RGDIP* 1978, pp. 551-553 ; il émet de grandes réserves quant à la constitutionnalité de l'extension opérée par le Conseil constitutionnel en 1976.

10, alinéa 1er de la Constitution, c'est-à-dire dans les quinze jours[1]. La conclusion qui s'impose est donc celle selon laquelle : la compétence du Conseil constitutionnel « s'étend, [...], à toutes les lois votées par le [Parlement] quels que soient par ailleurs leur appellation formelle, leur objet, ou même les particularités de leur régime juridique »[2].

Cela étant, une question fondamentale méritait d'être posée s'agissant de la portée de ce nouveau contrôle. Devait-il se cantonner au seul examen de la loi d'autorisation ? Ou allait-il conduire logiquement à l'examen de la constitutionnalité de l'engagement international lui-même ? A ce sujet, M. V. COUSSIRAT-COUSTERE estimait déjà en 1976 que : « Force est de constater que, pour que la décision du Conseil constitutionnel garde une signification, il faut l'interpréter comme étendant le contrôle du Conseil au texte même du traité annexé à la loi »[3]. On aurait néanmoins pu penser que la procédure de l'article 61 se limitait exclusivement au contrôle de la constitutionnalité des lois d'autorisation de ratification ou d'approbation des engagements internationaux, ces derniers restant hors d'atteinte de ce contrôle indirect. Mais le juge constitutionnel en a décidé autrement dans une sentence du 17 juillet 1980 à propos de l'examen de la loi autorisant la ratification de la convention franco-allemande additionnelle à la Convention européenne d'entraide judiciaire en matière pénale du 20 avril 1959. En effet, des députés communistes avaient, sur la base de l'article 61, alinéa 2 de la Constitution, saisi directement le Conseil de la constitutionnalité de la Convention franco-allemande additionnelle elle-même et non de la loi d'autorisation. Or un tel contrôle direct ressortissait par hypothèse, et avant l'adoption de la loi d'autorisation, de la procédure de l'article 54. Mais la Haute instance a, de sa propre initiative rectifié les termes de la demande en affirmant dès le premier considérant de sa décision : « Qu'une telle demande doit s'entendre comme concernant la loi autorisant la ratification et entraîne, par voie de conséquence, l'examen de la Convention franco-allemande signée le 24 octobre 1974 ». Il s'agit là d'une extension prétorienne de sa compétence par la Haute juridiction. Cette extension s'inscrit peut-être dans une volonté de renforcement des mécanismes visant à encadrer la pénétration des normes internationales dans l'ordre juridique interne. On n'est donc pas très loin de soutenir que cette solution permet de perpétuer l'objectif de sauvegarde de la souveraineté de l'Etat. En tout cas, au lieu

---

[1] Pour deux exemples, voir les lois d'autorisation d'approbation des dispositions relatives à l'élection des représentants à l'Assemblée européenne au suffrage universel direct, n° 77-680 du 30 juin 1977, *JORF*, 1er juillet 1977, p. 349 ; et de ratification de l'*A.U.E.*, n° 86-1275 du 16 décembre 1986, *JORF*, 17 décembre 1986, p. 15107.

[2] M. P. GAÏA : *Le Conseil constitutionnel et l'insertion des engagements internationaux dans l'ordre juridique interne, op. cit.*, p. 144.

[3] M. V. COUSSIRAT-COUSTERE : « Le Conseil constitutionnel et l'élection au suffrage universel de l'Assemblée européenne », *AFDI* 1976, p. 815. Dans le même sens, M. J. DHOMMEAUX, *op. cit.*, p. 1482.

de conclure à l'irrecevabilité de la saisine, le juge constitutionnel a, de façon audacieuse, estimé que le contrôle exercé sur la loi d'autorisation devait également entraîner un examen au fond de l'engagement international. Ceci revient à combler indirectement l'absence de saisine parlementaire dans le cadre de l'article 54 de la Constitution[1].

L'essentiel à ce stade consiste alors à tenter de mettre en exergue les motifs qui ont conduit à l'« extension prétorienne » de 1976, parachevée en 1980. Il ne fait aucun doute que l'élection de l'Assemblée européenne au suffrage universel direct a entraîné des controverses tant sur le plan politique que juridique[2]. Le contexte politique, notamment les arguments des adversaires de cette élection, ont dès lors eu un certain impact sur la prise de position du Conseil constitutionnel[3]. En d'autres termes, des considérations relatives à la défense de la souveraineté nationale n'ont pas été absentes de la « solution de compensation »[4] finalement adoptée par la Haute instance. En définitive, la position audacieuse du Conseil devait contribuer, semble-t-il, à apaiser les craintes des adversaires des textes en cause, notamment M. DEBRE et J. BOITREAUD[5]. M. GAÏA peut donc affirmer, à juste titre, que : « Cette incidente était surtout destinée en la circonstance à rassurer ceux qui craignaient à l'avenir un nouveau dérapage concernant les pouvoirs des institutions communautaires et qui faisaient valoir que les précautions prises en l'espèce n'étaient pas suffisantes pour mettre un frein aux risques de dérive supranationale »[6]. On contribuait ainsi, volontairement ou non, à renforcer le « filtrage constitutionnel » des normes internationales et européennes, de façon à mieux sauvegarder le primat de la Constitution et la souveraineté française. Ce même souci d'effectivité et d'efficacité du contrôle du droit communautaire va commander la réforme de l'article 54 de la Constitution en 1992. Concernant cette réforme, on ne saurait exclure qu'elle ôte, à l'avenir, une partie de son intérêt, notamment pour les parlementaires opposés à la construction européenne en cours, au mécanisme de contrôle de constitutionnalité indirect des engagements internationaux résultant de l'évolution jurisprudentielle de 1976. Il faut néanmoins constater que tel n'est pas encore le cas à l'heure actuelle.

---

[1] Pour une présentation synthétique des conséquences de cette extension, voir M. L. FAVOREU, *RDP* 1980, p. 1643.

[2] Pour un aperçu de ces controverses, cf. les références des principaux articles de presse relatifs à l'affaire du Parlement européen recensés par MM. FAVOREU et PHILIP, *RDP* 1977, pp. 176-180.

[3] *Ibid.*, p. 143.

[4] Cf. M. J. BOULOUIS, *CDE* 1977, p. 464 ; également M. C. BLUMANN, *RGDIP* 1978, p. 550.

[5] MM. L. FAVOREU et L. PHILIP, *RDP* 1977, pp. 150-152. M. DEBRE et J. BOITREAUD craignaient notamment que l'Assemblée européenne, renforcée par son élection au suffrage universel direct, ne revendique à terme une certaine souveraineté européenne.

[6] M. P. GAÏA : *Le Conseil constitutionnel et l'insertion..., op. cit.*, p. 143.

2)- La révision constitutionnelle du 25 juin 1992 et l'élargissement du droit de saisine du Conseil constitutionnel en matière internationale

La modification de l'article 54 de la Constitution pouvait être considérée comme un sujet n'ayant qu'un lien indirect avec la révision constitutionnelle de juin 1992, dans la mesure où cette dernière visait essentiellement à permettre la ratification du *TUE.* Il n'en demeure pas moins qu'il s'agit d'une disposition constitutionnelle ayant trait aux relations internationales de la France. Par ailleurs, il était loisible au constituant de 1992 d'entreprendre, de manière souveraine, une modification des modalités de saisine du Conseil constitutionnel dans le cadre de l'article 54.

Avant d'évoquer la réforme proprement dite, il faut rechercher le rôle qu'a joué la construction européenne dans la volonté parlementaire d'extension du contrôle des engagements internationaux. En d'autres termes, l'intégration communautaire ne peut-elle pas faire figure d'élément moteur dans le renforcement du « filtrage constitutionnel » en matière internationale ? Une réponse positive peut être apportée à cette interrogation : il a déjà été mentionné que l'admission par le Conseil d'Etat dans l'arrêt *Nicolo* de 1989 de la supériorité des conventions internationales sur les lois internes postérieures a joué un rôle dans l'émergence d'un certain nombre de propositions de loi constitutionnelle visant à limiter une telle supériorité[1]. A cela, il convient d'ajouter le « foisonnement » de la législation communautaire devant résulter de la mise en œuvre de l'Acte unique européen de 1986, avec notamment l'adoption de plus de deux cents directives communautaires[2]. L'enjeu pouvait donc être résumé comme suit : «Comment encadrer à l'avenir la progression, un peu désordonnée, de ce droit européen naturellement conquérant ? »[3]. Les propositions d'extension du droit de saisine ou encore de l'étendue du contrôle du Conseil constitutionnel peuvent donc être considérées comme une certaine réponse à un tel enjeu[4]. Autrement dit, il s'agit pour les auteurs de ces propositions de « contribuer, [à travers l'encadrement du processus de construction communautaire qu'elles postulent], à la réhabilitation du

---

[1] Cf. M. Ph. PORTET, *RRJ* 1998-3, pp. 1032-1033 ; M. F. HERVOUËT : « L'incidence de la jurisprudence de la CJCE sur la hiérarchie des normes en droit français », *op. cit.*, p. 38 ; Mme D. MEYER : *Le contrôle du Parlement français sur la politique communautaire..., op. cit.*, pp. 249-253.

[2] Cf. *Rapport public 1992 du Conseil d'Etat sur « Considérations générales sur le droit communautaire »*, *EDCE*, n° 44, La Documentation française - Paris, 1993, pp. 15-24.

[3] *Ibid.*, p. 24.

[4] Voir sur ce point, M. L. DUBOUIS : « Le contrôle de la compatibilité des décisions de l'Union européenne avec la Constitution française », *op. cit.*, p. 333. Dans le même ordre d'idées, M. P. JAN : *La saisine du Conseil constitutionnel*, LGDJ, 1999, p. 228, estime que : « ...La faculté pour les parlementaires d'invoquer une incompatibilité d'un traité avec la Constitution doit davantage au développement de la construction européenne qu'à la nécessité de combler une omission ».

principe de souveraineté »[1]. C'est à la lumière de cette considération que doit être présentée la réforme de l'article 54 de la Constitution intervenue en 1992.

Ceci étant posé, il est donc clair que l'extension de la saisine directe du Conseil de la constitutionnalité d'un engagement international résulte d'un amendement parlementaire. A cet égard, il est intéressant de préciser qu'une première tentative a eu lieu en juin 1990 lors du débat sur le projet de loi constitutionnelle visant à instituer un contrôle de constitutionnalité par voie d'exception. En effet, des sénateurs avaient proposé un amendement tendant à étendre la saisine du Conseil constitutionnel, en application de l'article 54, à soixante députés ou soixante sénateurs. Mais, du fait de l'importance des divergences entre l'Assemblée nationale et le Sénat, la procédure de révision n'a pu être menée à son terme[2]. En 1992, c'est un amendement sénatorial qui sera à l'origine de la réforme de l'article 54 de la Constitution[3]. Désormais soixante députés ou soixante sénateurs, aux termes de l'article 2 de la loi constitutionnelle du 25 juin 1992, peuvent saisir directement la Haute instance de la constitutionnalité d'un engagement international. L'omission manifeste[4] des constituants de 1974 a par conséquent été réparée : un parallélisme intégral est dorénavant établi s'agissant des autorités de saisine des articles 54 et 61 de la Constitution. De ce point de vue, il sera intéressant à l'avenir d'observer l'usage qui sera fait de ces différentes voies de droit concernant la contestation de la constitutionnalité des engagements internationaux[5]. Certains auteurs pensent déjà que la nouvelle possibilité ouverte à l'article 54 de la Constitution aux parlementaires (de l'opposition notamment) sera préférée au contrôle de constitutionnalité des lois d'autorisation de l'article 61, alinéa 2 du même texte[6]. A l'évidence, le contrôle des normes internationales et européennes deviendra plus effectif[7] car il pourrait être exercé à trois moments ; même si « l'autorité de la chose jugée réduira au fur et à mesure, le champ du contrôle »[8] :

---

[1] M. Ph. PORTET, *op. cit.*, p. 1034.

[2] Voir notamment M. C. BIGAUT : *Les révisions de la Constitution de 1958*, Documents d'études, n° 1.20, La Documentation française, 1995, p. 41.

[3] Cf. *J.O.*, n° 45 - Sénat (C.R.), séance du 10 juin 1992, pp. 1453 et s. De nombreux amendements semblables, dont celui de M. P. MAZEAUD, avaient été rejetés à l'Assemblée nationale.

[4] M. E. DAILLY, *J.O.*, n° 45 - Sénat (C.R.), op. cit., p. 1545, a ainsi déclaré que : « ...Lorsqu'en 1974 [il a] rapporté le projet de loi de saisine du Conseil constitutionnel par soixante députés ou soixante sénateurs, [il a] omis de faire figurer cette possibilité de saisine dans l'article 54 de la Constitution ».

[5] M. C. POLLMANN, *RDP* 1994, p. 1118 envisage une « multiplication des saisines contestatrices ».

[6] Voir notamment M. P. PACTET : *Institutions politiques/Droit constitutionnel*, 18e éd., *op. cit.*, p. 551 ; M. D. ROUSSEAU : *Droit du contentieux constitutionnel*, 5e éd., Montchrestien, 1999, p. 192 ; M. L. FAVOREU(Sous la direction de) : *Droit constitutionnel, op. cit.*, p. 314.

[7] Voir en ce sens M. P. MAZEAUD : *Droit communautaire et Constitutions nationales*, Rapport d'information n° 2630, Délégation de l'Assemblée nationale pour l'UE, mars 1996, p. 11.

[8] M. L. FAVOREU, *RGDIP* 1993, p. 39. Cet auteur parle d'un contrôle à « triple détente ».

- Après la signature de l'engagement international et avant le vote de la loi autorisant sa ratification ou son approbation (article 54) ;

- après la révision constitutionnelle exigée par une première décision du Conseil constitutionnel pour vérification de la non contrariété de l'engagement international avec la Constitution révisée (article 54) ;

- enfin, après le vote de la loi ordinaire autorisant l'approbation ou la ratification de l'engagement et avant sa promulgation (article 61, alinéa 2).

Le renforcement du contrôle apparaît ici indéniable : il sera désormais difficile pour un engagement communautaire dont la constitutionnalité est douteuse de passer entre les mailles du « filet constitutionnel ». On éviterait par là que certains traités communautaires ne viennent modifier indirectement la Constitution. Telle semblait être en effet la volonté des constituants de 1992, volonté à travers laquelle transparaissait une nouvelle tentative d'« instrumentalisme juridique ». En d'autres termes, l'insistance des parlementaires quant à l'extension de la saisine du Conseil constitutionnel paraît résulter d'une prise de conscience de l'importance de la réglementation communautaire[1] ; Mme N. CATALA évoquant par exemple le fait qu'on assisterait « aujourd'hui à une inflation des textes communautaires... »[2]. Cette volonté d'augmenter les moyens de contrôle du droit communautaire s'avère être la traduction de l'existence de nombreuses « ...inquiétudes relatives à la souveraineté de la France, notamment face à l'ampleur croissante de la réglementation communautaire »[3]. Ainsi, une fois de plus, la construction européenne sert-elle de catalyseur à des initiatives tendant à renforcer la préservation de la souveraineté française ; renforcement du contrôle de constitutionnalité des textes internationaux rimant implicitement avec affirmation de plus en plus exigeante de l'autonomie constitutionnelle française. Une telle perspective peut également se rencontrer dans des propositions récentes, axées exclusivement sur l'accentuation des exigences tenant au contrôle du droit communautaire dérivé (B).

B/- Vers un contrôle de constitutionnalité du droit communautaire dérivé en France ?

L'acuité du débat en la matière est indéniable[1]. Avant de l'aborder, il est important de rappeler que les traités fondateurs, ayant été conclus à une période où n'existait pas de véritable contrôle de constitutionnalité en France, c'est-à-dire sous

---

[1] Pour des prises de position de parlementaires lors des débats constitutionnels de 1992, voir notamment MM. LARCHE et MASSON, *J.O.*, n° 45 - Sénat (C.R.), *op. cit.*, pp. 1544 et 1546.

[2] *J.O.*, n° 26 (2), A.N. (C.R.), 2e séance du 12 mai 1992, p. 1037.

[3] M. C. POLLMANN, *RDP* 1994, pp. 1068-1069.

la IVe République, ne peuvent plus être contestés sur le plan constitutionnel du fait de l'immunité reconnue aux engagements internationaux définitifs. Quant aux traités communautaires modificatifs, ils peuvent toujours être déférés au Conseil constitutionnel par la voie des articles 54 et (ou) 61, alinéa 2 de la Constitution de 1958.

Le problème ici se pose principalement au regard du droit communautaire dérivé. En effet, en dépit de l'immunité constitutionnelle proclamée par la Haute instance notamment à l'égard des règlements communautaires[2], il est apparu à certains que ces actes de droit dérivé méritaient d'être soumis à un examen de leur compatibilité avec les principes et règles de valeur constitutionnelle. Avant de rechercher si les solutions avancées en ce sens depuis le début des années 1990 sont réalisables ou praticables, il faut s'interroger sur le caractère justifiable ou non du principe de l'instauration d'un tel contrôle. Nos développements feront, en tout état de cause, ressortir que des doutes persistent quant à l'utilité ou au bien fondé de ce type de propositions.

1)- Un contrôle justifiable dans son principe

L'hypothèse de départ est celle d'une éventuelle non compatibilité d'un texte communautaire de droit dérivé avec une norme contenue dans le bloc de constitutionnalité. Ainsi estime-t-on par exemple qu'un acte adopté selon le principe de la décision majoritaire pourrait méconnaître la Constitution d'un Etat membre contre la volonté expresse de ses représentants[3]. Il faut noter à cet égard que le contrôle de constitutionnalité des propositions d'actes communautaires est souvent justifié par l'ampleur de la réglementation qui en découle[4]. Celle-ci bénéficie, selon la *CJCE*, de la suprématie sur le droit interne, même constitutionnel. Dans cette optique M. MAZEAUD s'inquiète « de la possibilité de

---

[1] Cf. ce qui a été dit *supra*, point B-3, paragraphe 1, section II, chapitre II, titre II de la première partie. Cette question est en effet de plus en plus appréhendée par le monde politique et par la doctrine, cf. notamment M. P. MAZEAUD : *Droit communautaire et Constitutions nationales*, Rapport d'information n° 2630, mars 1996, 89p ; M. O. PASSELECQ et autres : « Les Constitutions nationales face au droit européen », *RFDC* 1996, p. 675 ; M. J. ROBERT : « Le Conseil constitutionnel en Europe », *Les Cahiers du Conseil constitutionnel*, n° 1/1996, pp. 34-36 ; M. T. MEINDL, *RDP* 1997, *p. 1665 ; M. D. G. LAVROFF : Le droit constitutionnel de la Ve République,* 3e éd., *op.* cit., pp. 193-196 ; voir tout récemment la Conférence organisée par le Conseil constitutionnel sur « Contrôle de constitutionnalité et droit communautaire », *Les Cahiers du Conseil constitutionnel*, n° 4/1998, pp. 51-104.

[2] Voir les décisions n° 77-89 DC et 77-90 DC du 30 décembre 1977, *RJC*-I, 54-55.

[3] M. P. MAZEAUD : *Droit communautaire et Constitutions nationales, op. cit.*, pp. 11-12.

[4] Voir récemment, à ce propos, l'argumentation de M. R. ANDRE, *J.O.* n° 109, AN (C.R.), 3e séance du 24 novembre 1998, pp. 9468-9469.

voir ainsi s'imposer des réglementations allant à l'encontre de nos principes constitutionnels, puisque de tels conflits sont actuellement résolus par la *CJCE* au détriment de ces derniers »[1].

Par ailleurs, la mise au point d'un tel « mécanisme d'alerte constitutionnelle »[2] permettrait par exemple d'éviter que les droits et libertés des citoyens soient contrariés par des règles de droit communautaire dérivé. A ce titre, les partisans du contrôle de ce droit invoquent, de manière générale, le troisième pilier de l'Union européenne concernant les dispositions sur la coopération dans les domaines de la justice et des affaires intérieures. En effet, des droits fondamentaux pourraient être touchés par une législation prise dans ce domaine, lié notamment à la haute police, à la sécurité intérieure et plus généralement à des compétences hautement fondamentales de l'Etat français[3]. Au total, on pourrait dire que les motivations en faveur d'un tel contrôle sont doubles : montrer son attachement en faveur de la souveraineté nationale ; exprimer un « doute sur le caractère pleinement satisfaisant du niveau de garantie juridictionnelle offert aux citoyens européens pour la protection de leurs droits fondamentaux »[4].

Il n'en demeure pas moins qu'il est possible d'apporter un certain nombre d'objections aux justifications avancées à l'appui de la nécessité d'instaurer un contrôle de constitutionnalité du droit communautaire dérivé. En premier lieu, la plupart des auteurs s'accordent à reconnaître qu'il s'agit d'un cas de figure « totalement hypothétique »[5], « statistiquement peu probable »[6]. Il est clair ensuite qu'aucune des Cours constitutionnelles européennes (notamment allemande et italienne) pratiquant un tel contrôle n'a encore « rendu [de] décision constatant la contrariété entre norme constitutionnelle et norme communautaire de droit dérivé »[7]. De plus, et concernant plus particulièrement la France, une telle

---

1 *Rapport n° 2630, op. cit.*, pp. 61, 8 et 24. Par ailleurs, il est dit dans le troisième considérant des conclusions adoptées par la Délégation de l'Assemblée nationale pour l'Union européenne que : « ...Le développement de la construction européenne conduit à ce qu'une part de plus en plus importante des normes applicables sur le territoire national sont élaborées par les institutions de l'Union européenne », p. 73 du *Rapport MAZEAUD*.

2 Expression de M. X. ROUX, dans *RFDC* 1996, p. 690.

3 Voir M. P. MAZEAUD, *ibid.*, pp. 31-32 ; et M. D. MAUS, *RFDC* 1996, p. 691.

4 Cf. M. O. B. DORD : « Contrôle de constitutionnalité et droit communautaire dérivé : de la nécessité d'un dialogue entre les juridictions suprêmes de l'Union européenne », *Les Cahiers du Conseil constitutionnel*, n° 4/1998, p. 98. Sur les motivations et les limites d'un tel contrôle, cf. M. L. DUBOUIS : « Le contrôle de la compatibilité des décisions de l'Union européenne avec la Constitution française », *op. cit.*, pp. 344-352.

5 Cf. M. L. COHEN-TANUGI, *RFDC* 1996, p. 678 ; *idem* M. P. MOSCOVICI, *Les Cahiers du Conseil constitutionnel*, n° 4/1998, p. 56.

6 Cf. M. D. MAUS, *RFDC* 1996, p. 681. M. MAZEAUD lui-même, *op. cit.*, pp. 12 et 23, parle de « cas extrêmes, donc rares » et de questions peu fréquentes.

7 M. R. DUMAS, *Les Cahiers du Conseil constitutionnel*, n° 4/1998, p. 55 ; M. J.-E. SCHOETTL, *ibid.*, p. 90. Un tel problème de contrariété ne s'est pas concrètement posé en France, cf. M. J.-L. SAURON : *Droit communautaire et décision nationale*, LGDJ, 1998, p. 112.

éventualité de conflit n'a été, à notre connaissance, décelée qu'une seule fois. En effet, le projet de directive communautaire relatif à « la protection des personnes physiques à l'égard du traitement et de la circulation des données à caractère personnel » aurait pu comporter des garanties moindres que celles contenues dans la loi du 6 janvier 1978 - informatique et libertés, assurant la protection de certains principes constitutionnels que l'on retrouve dans la jurisprudence du Conseil constitutionnel[1]. Le Conseil d'Etat fut saisi pour avis par le gouvernement, en application des circulaires du 31 juillet 1992 de P. BEREGOVOY et du 21 avril 1993 de M. E. BALLADUR[2], dans le but de savoir s'il s'agissait de dispositions de nature législative, auquel cas elles devraient être transmises aux assemblées parlementaires dans le cadre de la procédure prévue à l'article 88-4 de la Constitution. L'Assemblée générale du Conseil d'Etat, dans un avis du 10 juin 1993, a signalé le risque d'inconstitutionnalité qu'aurait pu comporter une future loi faisant transposition d'une éventuelle directive communautaire prise en cette matière[3]. Le gouvernement a tenu compte de cet avis dans les négociations avec ses partenaires européens lorsqu'il a fallu solliciter la modification du projet de directive.

Au vu de cette réalité purement statistique, on constate que les difficultés constitutionnelles posées par le droit communautaire dérivé restent infimes. Il n'en demeure pas moins que le risque d'une violation de la Constitution par un acte communautaire de droit dérivé est réel, et que le débat est désormais lancé autour d'un certain nombre de propositions, dont il nous revient maintenant de discuter la teneur.

2)- Un contrôle controversé quant à sa réalisation

Puisque les actes de droit communautaire dérivé ne peuvent pas être déférés au Conseil constitutionnel du fait de leur immunité constitutionnelle, certains ont proposé que l'examen de constitutionnalité s'exerce à l'égard des propositions d'actes communautaires. Ce qui importe, c'est de régler « ...la question du sort du droit communautaire dérivé qui contiendrait une disposition contraire à la

[1] Cf. Mme A. MEYER-HEINE, *RFDC* 1995, p. 637.

[2] Sur l'ensemble du dispositif associant le Conseil d'Etat et le Parlement dans le cadre de la procédure de l'article 88-4 de la Constitution, cf. M. J.-L. SAURON : *Droit communautaire et décision nationale, op. cit.*, pp. 98-108 ; également M. R. DENOIX de SAINT-MARC, *RDP* 1998 - n° spécial : *Les 40 ans de la Vᵉ République*, p. 1328.

[3] Sur cet avis, cf. M. B. STIRN, dans *Les grands avis du Conseil d'Etat*, éd. Dalloz, 1997, p. 399.

Constitution »[1]. C'est ainsi notamment que Mme N. CATALA avait, lors du débat sur la révision constitutionnelle préalable à la ratification du traité de Maastricht, proposé un amendement tendant à soumettre, par voie de question préjudicielle, les actes communautaires de droit dérivé au contrôle de constitutionnalité[2]. Il en a été sensiblement de même s'agissant d'un amendement de MM. PASQUA et MASSON au Sénat : élargir la compétence du Conseil constitutionnel, dans le cadre de l'article 54, aux propositions d'actes communautaires[3]. Ceci dit, il convient de présenter de manière plus ample deux propositions émises au cours de l'année 1996 : l'une de M. P. MAZEAUD dans un Rapport d'information de mars 1996 sur les relations entre le droit communautaire dérivé et les Constitutions nationales[4] et l'autre de M. D. MAUS à l'occasion d'une Conférence-débat du 12 juin 1996 sur « Les Constitutions nationales face au droit européen »[5]. Il est à noter que ces deux propositions écartent toutes l'idée d'un contrôle a posteriori des actes communautaires[6].

M. MAZEAUD, tout d'abord, propose d'instituer un contrôle « en amont du processus de décision de l'Union européenne, c'est-à-dire avant que les textes européens ne soient adoptés »[7]. Il s'agirait donc d'insérer un article 88-5 dans le titre XV de la Constitution de 1958 aux termes duquel : « Si le Conseil constitutionnel, saisi par le Président de la République, le Premier ministre, le Président de l'une ou l'autre Assemblée ou par soixante députés ou soixante sénateurs, a constaté qu'un projet ou proposition d'acte des Communautés ou de l'Union européenne comporte une disposition contraire à la Constitution, le gouvernement ne peut l'approuver qu'après révision de la Constitution ». Ce serait donc un contrôle qui se voudrait à la fois préventif et exhaustif : il pourrait concerner des propositions d'actes ressortissant du domaine de la loi ou du domaine réglementaire ; on y inclurait non seulement les projets d'actes relevant du

---

[1] M. P. MAZEAUD : *Droit communautaire et Constitutions nationales*, Rapport d'information n° 2630, *op. cit.*, p. 21 ; également M. D. MAUS : Intervention à la Conférence-débat du 12 juin 1996 sur « Les Constitutions nationales face au droit européen », *RFDC* 1996, p. 681.

[2] *Rapport d'information n° 2630, op. cit.*, pp. 29-30.

[3] *J.O.*, n° 45 - Sénat (C.R.), séance du 10 juin 1992, p. 1543.

[4] M. P. MAZEAUD : *Droit communautaire et Constitutions nationales, op. cit.*, 89p. Dans le prolongement de ce *Rapport*, de nouvelles propositions ont été émises lors des débats sur la révision constitutionnelle du 25 janvier 1999, voir notamment : *J.O.* - n° 110, A.N. (C.R.), 2e séance du 25 novembre 1998, p. 9581 et *J.O.* - n° 104, S. (C.R.), séance du 17 décembre 1998, pp. 6579-6580. Sur la présentation de ces propositions de 1999, cf. M. J.-L. SAURON : « Le contrôle parlementaire de l'activité gouvernementale en matière communautaire en France », *RTDE* 1999, pp. 194-195.

[5] *RFDC* 1996, op. cit., pp. 681-683. Sur d'autres solutions envisageables pour la résolution de tels conflits potentiels, cf. M. G. DRAGO : *Contentieux constitutionnel français, op. cit.*, pp. 362-370.

[6] Voir notamment M. D. MAUS, *op. cit.*, pp. 682 et 691.

[7] M. P. MAZEAUD : *Rapport d'information n° 2630, op. cit.*, pp. 23 et 30. Pour lui, un tel contrôle sauvegarderait la stabilité et l'unité du droit communautaire et éviterait à la France d'être condamnée pour manquement à ses obligations communautaires, p. 31.

pilier communautaire mais également ceux se rapportant aux deux piliers intergouvernementaux de l'Union européenne (*PESC* et coopération dans les domaines de la *JAI*). Pour que ce contrôle puisse être exercé de manière efficiente, le nouveau membre du Conseil constitutionnel propose de « faire jouer, au sein du Conseil de l'Union européenne, une réserve d'examen constitutionnel » qui s'appliquerait également si une révision constitutionnelle était engagée[1]. Enfin, dans l'hypothèse où une telle révision aurait été rejetée, l'illustre parlementaire (nouveau membre du Conseil constitutionnel) envisage de faire jouer le Compromis de Luxembourg[2]. Dans le prolongement de cette initiative, une proposition de loi constitutionnelle tendant à compléter le titre XV de la Constitution afin d'instituer un contrôle de constitutionnalité des propositions d'actes des Communautés et de l'Union européenne a été déposée par MM. P. MAZEAUD et R. PANDRAUD le 13 mars 1996[3].

Quant à la proposition du Pr. D. MAUS, on peut dire qu'elle introduit un peu plus de souplesse et de subtilité par rapport au mécanisme proposé par M. MAZEAUD. Il n'en reste pas moins que les différentes alternatives auxquelles on aboutit demeurent largement similaires, même si l'examen de constitutionnalité envisagé par M. MAUS concerne uniquement les propositions d'actes communautaires ou de l'Union européenne touchant la matière législative[4]. La réforme proposée consiste à compléter le dispositif prévu par l'actuel article 88-4 de la Constitution. En effet, lorsque le parlement est saisi dans le cadre de cet article, il aurait la possibilité de déférer une proposition d'acte européen au Conseil constitutionnel qui rendrait un avis, et non une décision, dans un délai compris entre huit jours et un mois. Le juge constitutionnel français serait amené à répondre à la question suivante : « Est-ce que, en l'état, le projet européen pose un problème de compatibilité avec les règles de valeur constitutionnelle applicables en France ? »[5]. Si l'avis du Conseil concluait à la non-compatibilité, le gouvernement

---

[1] *Ibid.*, p. 33.

[2] Voir la formulation proposée de ce Compromis, *Rapport* précité, p. 39.

[3] Voir le texte de cette proposition dans *RFDC* 1996, pp. 705-706. L'échec connu par des propositions semblables lors des discussions ayant abouti à l'adoption de la loi constitutionnelle du 25 janvier 1999 montre que la proposition de MM. MAZEAUD et PANDRAUD avait peu de chances d'être mise en place.

[4] La proposition de M. MAUS, par rapport à celle de M. MAZEAUD, minimise peut-être le fait que des propositions d'actes communautaires ressortissant du domaine réglementaire peuvent, elles aussi, être contraires à la Constitution. Cette circonstance est peut-être due au fait que le mécanisme proposé se situe dans le prolongement de l'article 88-4 de la Constitution, qui concerne l'information des parlementaires s'agissant des propositions d'actes de la Communauté ou de l'Union européenne relevant du domaine de la loi. Peut-être est-ce aussi une manière, un souci de ne pas empiéter sur le domaine de compétence du pouvoir exécutif. Sur un tel risque, cf. *Rapport NALLET sur le projet de loi constitutionnelle (n° 1072) modifiant l'article 88-2 de la Constitution*, novembre 1998, p. 32.

[5] Cf. M. D. MAUS, dans *RFDC* 1996, pp. 682-683.

aurait le choix entre, obtenir la modification du projet d'acte communautaire et, proposer une modification de la Constitution. Il pourrait même, « à la limite », utiliser le Compromis de Luxembourg[1].

Au total, ces propositions visent soit à combler une lacune dans le contrôle de constitutionnalité du droit communautaire soit à prévenir un éventuel conflit entre le droit communautaire dérivé et les principes et règles de valeur constitutionnelle. Cela étant une appréciation critique des arguments ou des motifs avancés à l'appui de leur nécessaire mise en place mérite d'être entreprise.

Tout d'abord, il faut dire que la prise d'une décision communautaire à la majorité qualifiée ne suffit pas à conclure à son éventuelle inconstitutionnalité, dès lors que la matière concernée n'a pas de lien étroit avec l'exercice de la souveraineté de l'Etat. Ceci d'autant plus que les domaines dans lesquels des règlements ou des directives sont adoptés bénéficient déjà d'un transfert de compétences consenti par les Etats membres lors de la conclusion des traités communautaires[2]. Autrement dit, contrôler le droit communautaire dérivé, bien qu'il s'agisse de simples propositions, revient à remettre en cause les engagements communautaires définitifs de la France, et donc à violer la règle *pacta sunt servanda* ; ou plus précisément le principe de loyauté communautaire[3]. Dans cette même perspective, les arguments tirés des cas de l'Allemagne et de l'Italie, pays dans lesquels une possibilité reste ouverte pour un contrôle a posteriori du droit communautaire dérivé ne sont pas déterminants[4]. En effet, il faut dire que le mécanisme français, loin de remettre en cause la primauté absolue du droit communautaire, constitue plutôt une sérieuse entorse à l'autonomie du processus législatif communautaire.

A cet égard et en second lieu, avoir consenti à l'adoption des articles 189 à 189 C du traité instituant la Communauté européenne (articles 249 à 252, Nouvelle numérotation) notamment[5] signifie avoir reconnu une marge de manœuvre autonome aux institutions communautaires dans l'édiction d'une législation

[1] *Ibid.*, p. 683.

[2] Voir les argumentations développées par MM. L. COHEN-TANUGI et F. LUCHAIRE lors de la Conférence-débat du 12 juin 1996, *RFDC* 1996, pp. 679 et 686-687 ; également la critique de M. M. FROMONT : « Le droit constitutionnel national et l'intégration européenne », *RAE* 1997/2, p. 206. M. LUCHAIRE évoque en outre le risque que soit ouverte une sorte de « boîte de Pandore », *RFDC* 1996, p. 685 ; dans le même sens, M. A. JUPPE, dans *Rapport* n° 2630, p. 89 ; voir aussi les critiques de M. R. BADINTER, *J.O.* - n° 103, S. (C.R.), séance du 16 décembre 1998, p. 6515.

[3] Sur l'incontestabilité constitutionnelle du droit communautaire définitif (ou la théorie du « traité-écran »), voir les considérants 5 à 8 de la décision *Maastricht I* du 9 avril 1992.

[4] Voir à ce sujet M. D. GRIMM, *Les Cahiers du Conseil constitutionnel*, n° 4/1998, p. 73 ; M. O. B. DORD, *ibid.*, p. 102.

[5] Ces articles concernent les différents types d'actes que peuvent adopter les institutions communautaires ; règlements et directives communautaires en sont les plus importants.

propre[1]. Législation qui est censée bénéficier, en principe, de la couverture des traités communautaires quant à leur immunité constitutionnelle. De ce point de vue, tout écart entre un acte communautaire et un traité institutif ou modificatif relève de la compétence de la *CJCE*[2]. Il est vrai que la Cour de Luxembourg a parfois été encline à étendre les compétences des institutions communautaires[3] ; mais ceci ne s'est pas fait forcément (et très directement) au détriment des compétences nationales. On ne peut donc très clairement conclure à un empiétement véritable des compétences des autorités nationales qui porterait, à coup sûr, atteinte aux conditions essentielles d'exercice de la souveraineté nationale[4]. En l'état actuel des choses, il reste clair que « ...même s'il outrepasse les compétences transférées aux institutions communautaires, un acte de droit dérivé ne peut avoir qu'un seul juge, qui est le juge communautaire »[5]. Par ailleurs, une proposition d'acte communautaire ne pourrait pas, à notre avis, être mise sur le même plan qu'un engagement international non encore ratifié vis-à-vis du contrôle de constitutionnalité. En effet, les « projets » d'engagements internationaux ou communautaires, qui peuvent être déférés au Conseil constitutionnel, ont déjà été signés au niveau international ; la signature constitue ici une « ...authentification du texte » par les parties contractantes[6]. La procédure de ratification qui est prévue, précédée éventuellement d'un examen de constitutionnalité du texte international, outre qu'il s'agit d'une modalité d'entrée en vigueur de l'acte sur le plan interne, ne peut en aucun cas servir de prétexte à la modification de cet acte. En effet, soit l'engagement est intégré dans l'ordre juridique interne, soit il est, le cas échéant, rejeté. Même s'il s'agit d'un autre ordre juridique, il faut observer qu'en règle

---

[1] Sur la procédure législative communautaire, voir M. C. BLUMANN : *La fonction législative communautaire*, LGDJ, 1995, pp. 33 et s.

[2] Cf. M. F. LUCHAIRE, *op. cit.*, pp. 686-687.

[3] Cf. par exemple la construction jurisprudentielle sur les pouvoirs implicites mise en place par les arrêts AETR (CJCE 31 mars 1971 - *Commission c/ Conseil*, aff. 22/70, *Rec.*, p. 263) et *Kramer* (CJCE 14 juillet 1976, aff. jointes 3, 4 et 6/76, *Rec.*, p. 1308) ; voir aussi Mme J. DUTHEIL de le *ROCHERE : «* La jurisprudence de la CJCE et la souveraineté de l'Etat *», dans La Constitution et l'Europe*, éd. Montchrestien, 1992, p. 233.

[4] Pour pallier un tel état des choses, M. T. MEINDL, *RDP* 1997, spéc. pp. 1689-1692, propose un mécanisme assez subtil qui consisterait pour le Conseil constitutionnel à subordonner l'applicabilité du droit communautaire dérivé en France au fait que ce dernier s'inscrive dans le cadre des traités fondateurs. Le juge constitutionnel serait « incompétent pour exercer un contrôle de constitutionnalité du droit communautaire dérivé par l'article 54 « tant que » le droit communautaire dérivé est conforme au traité originaire ». Ce serait tout de même embarquer le Conseil constitutionnel dans une sorte de contrôle de constitutionnalité a posteriori mais déguisé. On est déjà très loin du système français de constitutionnalité qui reste très largement a priori et abstrait.

[5] M. J.-E. SCHOETTL, « Rapport général », *Les Cahiers du Conseil constitutionnel*, n° 4/1998, pp. 93-94. Voir également sur cette question, M. J. ROUX : *Le principe de la souveraineté de l'Etat dans la jurisprudence du Conseil constitutionnel*, Thèse précitée, pp. 480-482.

[6] MM. J. COMBACAU/S. SUR : *Droit international public*, 3e éd., Montchrestien, Paris, 1999, pp. 117-120.

générale, dans la procédure législative communautaire, une proposition d'acte reste « un simple acte préparatoire qui ne peut faire l'objet d'un recours en annulation devant la Cour de justice » et ce, « ...même si le contenu du texte peut se trouver dorénavant, dans certains domaines, plus étroitement conditionné que par le passé »[1]. Dès lors, un éventuel examen de la constitutionnalité des propositions d'actes communautaires s'analyserait non seulement comme un contrôle de textes n'ayant aucune portée normative mais surtout comme une participation du parlement et (ou) du Conseil constitutionnel au processus législatif communautaire. Ce serait même perdre de vue le fait qu'est susceptible d'être déféré au juge constitutionnel tout texte communautaire dont l'entrée en vigueur est subordonnée à son approbation par chaque Etat selon ses propres procédures constitutionnelles. Ceci est loin d'être le cas des propositions d'actes communautaires. L'autonomie de la prise de décision par les autorités communautaires en serait, à l'évidence, largement contrariée[2]. Ou peut-être est-ce indirectement une méfiance à l'égard de la Commission des Communautés européennes qui, on le sait, dispose du quasi-monopole au niveau de l'initiative législative.

En troisième lieu, des précautions existent quant au risque que constitueraient les matières du troisième pilier de l'Union européenne pour la garantie des droits et libertés des citoyens. Il est vrai que l'article L du traité de Maastricht (article 46, Nouvelle numérotation) excluait à la fois la *PESC* et la coopération dans les domaines de la *JAI* de la compétence de la *CJCE*. De plus, le point b de l'article L du même traité a prévu une exception à cette incompétence du juge communautaire. Ce dernier peut en effet être compétent, comme le prévoit le troisième alinéa de l'article K 3, paragraphe 2, point c (article 31, Nouvelle numérotation), pour interpréter ou statuer sur tout différend relatif à l'application des conventions conclues entre les Etats membres dans les secteurs de la coopération judiciaire et des affaires intérieures énumérées à l'article K 1 du *TUE* (article 29, Nouvelle numérotation). Il n'est pas exclu que ces conventions, une fois signées, soient soumises au Conseil constitutionnel, à l'instar de la Convention d'application des Accords de Schengen de juin 1990, dans la mesure où elles doivent normalement « avoir été ratifiées par tous les Etats membres en conformité avec leurs règles constitutionnelles respectives ». Enfin, les deuxième et troisième piliers du traité de Maastricht concernent des « grandes questions de souveraineté et d'ordre public » pour lesquelles les Etats membres disposent encore d'une sphère de compétences propres[3]. Il est vrai que le traité d'Amsterdam communautarise en partie le troisième pilier du *TUE*. Mais ceci ne modifie pas

[1] Cf. M. C. BLUMANN : *La fonction législative communautaire, op. cit.*, pp. 41 et 43.

[2] De ce point de vue, le Pr. J. RIDEAU, *RAE* 1992/3, p. 47, a raison, nous semble-t-il, de soutenir que ce serait faire preuve « d'une incompréhension totale, sans doute volontaire, du système communautaire... ».

[3] Cf. M. L. COHEN-TANUGI, *RFDC* 1996, p. 679.

fondamentalement la répartition des compétences entre les institutions communautaires et les Etats membres. La majeure partie des matières relevant des deux piliers intergouvernementaux du traité de Maastricht demeure encore régie par des mécanismes de coopération qui tiennent compte de la souveraineté des Etats membres. De plus, aux termes de l'article 46 du *TUE* (modification apportée par le traité d'Amsterdam), l'activité des institutions communautaires est désormais soumise à la *CJCE* au titre de la sauvegarde des droits fondamentaux[1]. Il faut donc conclure sur ce point en disant que « la construction européenne n'a [...] pas ouvert une brèche dans le dispositif de protection des droits fondamentaux ». Le contrôle de constitutionnalité des propositions d'actes communautaires apparaît donc difficilement justifiable « compte tenu de la communauté de valeurs inspirant nos traditions constitutionnelles »[2] auxquelles se réfère très largement la jurisprudence communautaire en matière de protection des droits fondamentaux[3].

En définitive, on retrouve avec les propositions de MM. MAZEAUD et MAUS des préoccupations relatives à la préservation de l'autonomie constitutionnelle française (souveraineté de l'Etat et garantie des droits et libertés des citoyens). On en revient là à la permanence en France de la recherche de mécanismes permettant, de diverses manières, de sauvegarder l'indépendance nationale. Ce qui transparaît dans la volonté de soumettre les propositions d'actes des Communautés et (ou) de l'Union européenne au contrôle de constitutionnalité[4], c'est, nous paraît-il, le souci de marquer la prégnance et le caractère impérieux de

---

[1] Il est vrai que le justiciable n'est pas encore habilité à saisir directement la CJCE de la conformité d'un acte communautaire de droit dérivé notamment aux droits fondamentaux, en tant que principes généraux du droit communautaire, voir sur ce point M. O. de SCHUTTER : « Les droits fondamentaux dans le traité d'Amsterdam », dans Y. LEJEUNE(Etudes coordonnées par) : *Le traité d'Amsterdam, op. cit.*, pp. 167-170. Pour une telle proposition, cf. M. M. J. RIDEAU : « Le rôle de l'Union européenne en matière de protection des droits de l'Homme », *op. cit.*, pp. 207-208.

[2] M. J.-E. SCHOETTL : « Rapport général », *op. cit.*, p. 93.

[3] Il faut rappeler également que le traité d'Amsterdam a contribué, de manière générale, à renforcer la protection des droits fondamentaux au sein de l'Union européenne, cf. notamment M. F. SUDRE, *op. cit.*, *JCP* 1998, I, 100 ; M. J.-F. FLAUSS et autres, *RDIDC* 1999/2, pp. 121-132. Ne perdons pas non plus de vue que, dans l'arrêt *Baustahlgewebe GmbH* du 17 décembre 1998, aff. C-185/P, *Rec.*-8485, la CJCE tend désormais à « appliquer de façon directe » la *CEDH* dans l'ordre communautaire, voir notamment M. D. SIMON, *Europe*, février 1999, pp. 12-13 ; M. F. SUDRE, *op. cit.*, *RTDH* 1999, pp. 487-493. Pour une position beaucoup plus nuancée, cf. M. J.-F. FLAUSS et autres, *op. cit.*, p. 124. En tout état de cause, il faut noter avec M. L. DUBOUIS : « Conclusions générales », dans M R. MEHDI(Sous la direction de) : *L'avenir de la justice communautaire : enjeux et perspectives*, La Documentation française, Paris, coll. « Monde européen et international », 1999, p. 123 que : « ...Le juge communautaire est parvenu à garantir que le transfert de compétences aux institutions communautaires ne s'accompagne pas de la diminution de la protection des droits fondamentaux des personnes privées... ».

[4] Cet aspect des choses a été souligné par M. R. BADINTER, *RDP* 1998 - n° spécial : *Les 40 ans de la Ve République*, p. 1336. Voir aussi sur cet aspect de la question MM. P. JAN et J.-P. ROY : *Le Conseil constitutionnel vu du Parlement*, Ellipses, 1997, p. 19, et les contributions de MM. J. ROSSETTO, p. 93 ; P. MOUZET, pp. 102-103 ; P. AVRIL, pp. 165-167.

l'identité constitutionnelle française. En effet, l'exposé des motifs de la proposition de loi constitutionnelle présentée par MM. MAZEAUD et PANDRAUD dispose que : « La Constitution représente, dans toute démocratie, l'expression supérieure de la souveraineté et de l'Etat de droit et assure la garantie des droits et libertés des citoyens ». En d'autres termes, l'article 88-5 proposé « apparaît nécessaire pour protéger notre souveraineté, c'est-à-dire nos institutions fondamentales... »[1]. Le mécanisme envisagé permettrait ainsi de « réconcilier souveraineté nationale et construction européenne »[2]. Cela étant, l'approfondissement de la logique du système français de contrôle de constitutionnalité a priori ne rend pas, nous semble-t-il, irréprochable le système qui est proposé. Au contraire, un respect rigoureux de l'orthodoxie communautaire nous incline à penser que ce mécanisme comporterait plus d'inconvénients que d'avantages. Il apparaît dès lors nécessaire de ne pas « accréditer dangereusement l'idée que le contrôle de constitutionnalité peut constituer, en fin de compte, un obstacle à la construction communautaire... »[3].

Au total, il serait préférable de s'en remettre au dispositif de l'article 88-4 de la Constitution qui vise à associer le parlement français au processus communautaire d'élaboration des normes[4]. En effet, comme on l'a montré plus haut s'agissant du projet de directive communautaire relatif « à la protection des personnes physiques à l'égard du traitement et de la circulation des données à caractère personnel », il conviendrait de privilégier une procédure qui combine avis du Conseil d'Etat et intervention du parlement dans le cadre de l'article 88-4 de la Constitution. Une telle solution est, à notre avis, largement préférable à l'institution d'un véritable contrôle (même préventif) de constitutionnalité du droit communautaire dérivé. Autrement dit, elle semble être « d'une grande efficacité préventive puisqu'elle permet d'alerter le gouvernement sur les problèmes constitutionnels susceptibles de se poser »[5]. De ce point de vue, ce mécanisme nous

---

[1] M. P. MAZEAUD : *Droit communautaire et Constitutions nationales, op. cit.*, p. 87.

[2] Voir *RFDC* 1996, pp. 705-706.

[3] M. J. ROBERT, *RDP* 1998, p. 978.

[4] Cette solution est d'autant plus envisageable que la loi constitutionnelle du 25 janvier 1999 permet désormais la soumission au Parlement des « projets ou propositions d'actes des Communautés européennes et de l'Union européenne comportant des dispositions de nature législative ». Ceci élargit donc le champ d'application de l'article 88-4 aux actes des second et troisième piliers.

[5] « Rapport français à la Conférence des 25 et 26 septembre 1997 », *Les Cahiers du conseil constitutionnel*, n° 4/1998, p. 64. Pour une meilleure illustration de l'influence de ce mécanisme de « veille constitutionnelle » (expression de M. R. DENOIX de SAINT-MARC), voir M. M. LONG : « Mon expérience de la fonction consultative du Conseil d'Etat de 1987 à 1995 », *RDP* 1998 - n° spécial : *Les 40 ans de la Ve République*, pp. 1437-1438. Une considération très proche est également avancée par M. L. JOSPIN, *Les Cahiers du Conseil constitutionnel, op. cit.*, p. 53. Par ailleurs, M. J.-L. SAURON, *op. cit., RTDE* 1999, p. 195, considère, à juste titre, que : « Une proposition comme celle suggérée par M. MAZEAUD fait, semble-t-il, double emploi avec la mise en œuvre de l'article 88-4 de la Constitution ». Une autre piste consisterait peut-être à renforcer la

semble beaucoup plus respectueux de l'orthodoxie communautaire que les propositions visant à introduire un contrôle de constitutionnalité du droit communautaire dérivé[1]. On peut le soutenir d'autant plus que « dans le cadre de [la] procédure [de l'article 88-4], le Conseil d'Etat et le Parlement sont en mesure d'appeler l'attention du gouvernement sur des dispositions qui leur paraissent contraires à la Constitution pour que ce dernier évite leur intégration dans le texte communautaire finalement adopté »[2].

Conclusion de la Section I

Les mécanismes constitutionnels de contrôle de la constitutionnalité du droit international et européen, au-delà de leur caractère parfois technique, ont pratiquement tous été conçus comme des instruments de sauvegarde de l'autonomie constitutionnelle française, dont l'expression la plus tangible est le principe de la souveraineté étatique. Cette préoccupation, comme le montrent les propositions émises en 1996, demeure lancinante et récurrente même s'il faut relativiser le caractère de verrou constitutionnel qui est généralement assigné à ces dispositions, notamment à l'article 54 de la Constitution. Ces dernières apparaissent dès lors beaucoup plus comme « des procédures d'adéquation technique de l'ordre constitutionnel à la construction européenne... »[3]. Aussi, tout récemment, le constituant a-t-il voulu marquer la persistance de l'indépendance souveraine de la France dans le cadre du processus d'intégration communautaire. Ceci s'est traduit par la mise en exergue de l'importance de l'autonomie constitutionnelle française à la fois dans l'évolution du phénomène communautaire mais également dans la maîtrise de cette évolution (Section II).

---

coopération entre Cours constitutionnelles et *CJCE*, à travers le renvoi préjudiciel de l'article 177 du traité de Rome (article 234, Nouvelle numérotation), cf. M. R. DUMAS, *ibid.*, p. 97. Mais ceci se heurterait sûrement à de sérieux obstacles tant juridiques que pratiques tenant notamment à la spécificité de la juridiction constitutionnelle française, M. J.-E. SCHOETTL, *ibid.*, p. 95. Voir cependant pour un premier exemple de ce nécessaire dialogue entre les juges, la première saisine de la *CJCE* par une Cour constitutionnelle, en l'occurrence la Cour constitutionnelle autrichienne, d'une question préjudicielle, *RUDH*, 30/09/1999, vol. 11, n° 1-3, pp. 121-124.

[1] Voir aussi sur cette question, M. F. HAMON et Mme C. WIENER : *La loi sous surveillance*, éd. O. Jacob, février 1999, pp. 242-243.

[2] M. J.-L. SAURON : *Droit communautaire et décision nationale, op. cit.*, p. 112.

[3] Cf. M. O. B. DORD : *Cours constitutionnelles nationales et normes européennes, op. cit.*, p. 60 ; *idem* M. L. FAVOREU : « *Le droit international* », *op. cit.*, p. 594.

Section II : La traduction récente du souci de protection de l'autonomie constitutionnelle française

La révision constitutionnelle du 25 juin 1992 recèle des potentialités qui vont au-delà de la simple adéquation de la Constitution française au *TUE* signé à Maastricht le 7 février 1992. En effet, le constituant de 1992 a entendu accorder une portée significative aux nouvelles dispositions constitutionnelles, notamment les articles 88-1 à 88-3 du titre XV de la Constitution de 1958. Il a ainsi songé à circonscrire les habilitations contenues dans les articles 88-2 et 88-3 de la Constitution à ce que requiert, strictement, la ratification du traité de Maastricht[1] (Paragraphe 1). De plus, le constituant a adopté, dans l'article 88-1, une approche qui fait incontestablement ressortir la « dimension étatique de la construction européenne »[2] (Paragraphe 2). Ces choix effectués en 1992 traduisent, à certains égards, une continuité dans le souci affiché par le droit constitutionnel français relativement à la préservation de l'autonomie constitutionnelle, et donc de la souveraineté de l'Etat.

Paragraphe 1 : La formulation des articles 88-2 et 88-3 de la Constitution : un « garde-fou » à l'encontre de l'évolution des institutions communautaires

Les articles 88-2 et 88-3 de la Constitution de 1958 (dans la version datant de la loi constitutionnelle du 25 juin 1992) contiennent des autorisations de transferts de compétences ou des dérogations constitutionnelles dans les trois domaines dont la contrariété à la Constitution ou l'atteinte aux conditions essentielles d'exercice de la souveraineté nationale a été relevée par le Conseil constitutionnel dans sa décision *Maastricht I* du 9 avril 1992. Il s'agit respectivement du droit de vote et d'éligibilité des citoyens de l'Union aux élections municipales en France, de l'établissement d'une politique monétaire et de change uniques et de la politique commune des visas[3]. Cela étant, ce qui mérite d'être retenu ici c'est la référence qui est faite dans chacune de ces deux dispositions constitutionnelles au traité de Maastricht. En effet, les transferts de compétences susvisés sont consentis non pas de manière abstraite ou intemporelle mais en rapport avec « les modalités prévues par le *TUE* signé le 7 février 1992 ». Il convient dès lors d'établir la genèse de cette référence au traité de Maastricht (A)

---

[1] Cette solution a été également retenue par la loi constitutionnelle du 25 janvier 1999, révision constitutionnelle préalable et nécessaire à la ratification du traité d'Amsterdam du 2 octobre 1997.

[2] Expression de M. J. RIDEAU : « Introduction », dans *Les Etats membres de l'Union européenne : Adaptations - Mutations - Résistances*, LGDJ, 1997, p. 1.

[3] Cf. considérants 19 à 50 de la décision n° 92-308 DC, *RJC*-I, 497.

et d'en préciser la portée au regard de l'objectif de protection de la souveraineté française (B). Il restera à souligner très rapidement que la révision constitutionnelle du 25 janvier 1999, modifiant les articles 88-2 et 88-4 de la Constitution, s'inspire très exactement de la logique retenue par le constituant de 1992.

A/- L'origine de la référence au TUE dans les articles 88-2 et 88-3 de la Constitution

Découvrir cette origine revient à suivre l'évolution de la rédaction de ces deux dispositions lors de la procédure de révision constitutionnelle d'avril/juin 1992. Cet exercice mérite d'être corroboré par la détermination des raisons ayant commandé à l'adoption d'une référence à un traité communautaire daté dans le texte de la Constitution. A ce sujet il faut dire que le texte gouvernemental qui avait été soumis au Conseil d'Etat[1], pour avis, ne contenait aucune mention au *TUE*. En effet les articles 88-1 et 88-2 de cet avant-projet de révision se contentaient de permettre, sous réserve de réciprocité, des transferts de compétences en matière d'union économique et monétaire et de politique commune des visas, et l'octroi aux ressortissants des Etats membres de l'Union européenne résidant en France du droit de vote et d'éligibilité aux élections municipales. Le projet de loi constitutionnelle adopté en Conseil des ministres va, à l'instigation du Conseil d'Etat[2], comporter un ajout par rapport à la formulation originelle des articles 88-1 et 88-2. Désormais l'autorisation constitutionnelle des transferts de compétences en cause est entreprise « pour l'application du traité sur l'Union européenne signé le 7 février 1992 ». Le gouvernement a donc suivi le Conseil d'Etat dans son souci de faire apparaître le caractère limité et exclusif de l'autorisation constitutionnelle française[3]. Etait-ce opportun ? En tout état de cause, on se trouvait là devant une nouvelle manifestation de la volonté de maîtrise par le droit constitutionnel français de la progression de la construction européenne. Il ne fallait ni donner une carte blanche à de nouveaux transferts de compétences, ni conférer une sorte « de blanc-seing pour d'autres élargissements des compétences communautaires »[4]. Ainsi M. M. VAUZELLE (Garde des Sceaux) estimait-il que : « ...Le projet de loi constitutionnelle [qui est présenté au Parlement] est un texte court, entièrement

---

[1] L'avant-projet de loi constitutionnelle fut transmis au Conseil d'Etat le 13 avril 1992 et l'Assemblée générale rendit un avis favorable le 16 avril.

[2] Voir M. F. LUCHAIRE : « L'Union européenne et la Constitution », *RDP* 1992, p. 936.

[3] Selon M. J. RIDEAU, *RAE* 1992/3, p. 33 : « L'Assemblée générale [était] animée par la volonté de restreindre le plus étroitement possible le champ des autorisations projetées... ».

[4] Cf. M. F. LUCHAIRE, *op. cit.*, pp. 936-937 ; M. D. MAUS : *La pratique constitutionnelle française (1er octobre 1991 - 30 septembre 1992)*, Les Cahiers constitutionnels de Paris I, La Documentation française - Paris, 1995, p. 19.

« traduit » de la décision du Conseil constitutionnel et composé essentiellement des dispositions strictement nécessaires à la mise en conformité de la Constitution avec le traité de Maastricht »[1]. Le juge constitutionnel français joue donc en la matière un rôle d'aiguillage s'agissant de l'ampleur de la révision constitutionnelle[2]. On peut par voie de conséquence soutenir que le gouvernement a scrupuleusement tiré les conséquences de la décision du Conseil constitutionnel du 9 avril 1992[3]. Le gouvernement, et avec lui l'Assemblée nationale en première lecture, a donc voulu répondre limitativement aux déclarations d'inconstitutionnalité relevées par la Haute instance. Tout en conservant la même inspiration, les sénateurs vont reformuler cette référence au traité de Maastricht et lui donner sa forme définitive.

L'examen du projet de loi constitutionnelle en première lecture au Sénat sera bouleversé par le résultat négatif du référendum danois de ratification du *TUE*, du 2 juin 1992. En effet, d'aucuns considéraient que, du fait du rejet du traité par l'un des douze Etats signataires, il n'y avait plus matière à délibérer en France. La procédure de révision constitutionnelle devenait, de ce fait, caduque. Mais finalement, cette dernière a été poursuivie au motif qu'il s'agissait d'un événement qui n'influait ni sur l'existence du traité ni sur l'autonomie de la procédure française de ratification des engagements internationaux. Il n'en demeurait pas moins que la formulation de la référence au traité de Maastricht méritait d'être revue en prévision des éventuelles adaptations qui seraient apportées à ce texte afin de tenir compte du verdict du peuple danois.

Dans cette perspective, il sera proposé de substituer à la formule « Pour l'application du traité sur l'Union européenne signé le 7 février 1992 », la rédaction suivante : « Selon les modalités prévues par le traité sur l'Union européenne signé le 7 février 1992 »[4]. Cette nouvelle rédaction apparaissait beaucoup plus souple que la précédente car cette dernière supposait une autorisation constitutionnelle strictement limitée à ce que prévoyait le texte du traité adopté en février 1992. Or la nouvelle formulation permettait d'envisager une adaptation du traité de Maastricht à la seule condition qu'elle demeure dans la logique de ce qui avait déjà

---

[1] *J.O.*, n° 41, Sénat (C.R.), séance du 2 juin 1992, p. 1424 ou encore *J.O.*, n° 51, A.N. (C.R.), séance du 18 juin 1992, p. 2543.

[2] Cf. T. BREHIER : « De Maastricht à la révision de la Constitution », Le Monde du 11 avril 1992, p. 9 ; M. S. PIERRE-CAPS, *RDP* 1998, pp. 422-423. Voir également sur cette question : M. D. MENNA : « L'emprise du Conseil constitutionnel. La révision de la Constitution sous Haute surveillance : les débats parlementaires de 1992 et 1993 », dans AFDC et Université de Bourgogne : *IIIe Congrès français de droit constitutionnel* - Dijon, 13, 14 et 15 juin 1996, tome 2, dact., pp. 854-856.

[3] Voir en ce sens M. R. ETIEN, *RA* 1992, p. 220 ; également M. J. RIDEAU, *RAE* 1992, *op. cit.*, p. 37. Pour une argumentation beaucoup plus détaillée quant à l'adjonction de cette référence au traité de Maastricht, voir M. F. LUCHAIRE, *ibid.*

[4] M. J. LARCHE estimait que du fait du vote danois, le traité, « en l'état », ne pouvait entrer en vigueur, *J.O.*, n° 49, Sénat (C.R.), séance du mardi 16 juin 1992, pp. 1695 et 1709. M. F. LUCHAIRE, *RDP* 1992, p. 952, se félicitait de la plus grande clarté de cette correction.

été inscrit dans le traité. Ceci excluait inéluctablement une renégociation ou une modification fondamentale du *TUE*. Ainsi, comme l'a affirmé M. D. MAUS, « il s'agit [...], d'atténuer la référence au traité du 7 février pour faire en sorte que si celui-ci doit être modifié, il ne soit pas nécessaire de procéder à une nouvelle révision constitutionnelle »[1]. Au cours de l'examen du texte en seconde lecture à l'Assemblée nationale, outre l'avis favorable du gouvernement, les députés vont se féliciter de cette modification apportée par les sénateurs. C'est ainsi que, pour le rapporteur du projet à l'Assemblée nationale, « cette modification importante, [...], permet [...] de continuer à faire référence comme il convient, au fond du traité, en ne soulevant plus, dans le texte constitutionnel lui-même, la question de l'application formelle du texte signé à Maastricht »[2]. Cette nouvelle rédaction conduisait sans nul doute à réitérer voire à renforcer les préoccupations tenant à l'exercice de la souveraineté française. En effet, elle rendait presqu'inopérante, voire illusoire une renégociation du *TUE* qui irait fondamentalement au-delà de la voie tracée par ledit traité lors de sa signature, au risque d'une réactivation des mécanismes français de protection de l'autonomie constitutionnelle[3].

Cette référence aux modalités prévues par le traité de Maastricht conduit à s'interroger sur ses conséquences relativement à la progression de la construction communautaire. En d'autres termes, circonscrire l'autorisation constitutionnelle qui est donnée à la ratification du traité ne peut-il pas être assimilé à une volonté de maîtriser l'évolution des institutions communautaires ? La même interrogation s'impose au regard de la référence qui est faite, dans le nouvel alinéa de l'article 88-2 introduit par la loi constitutionnelle du 25 janvier 1999, aux « modalités prévues par le traité instituant la Communauté européenne, dans sa rédaction résultant du traité signé le 2 octobre 1997 ».

B/- La portée de cette référence : une révision résolument minimale et « de contrôle »

Au-delà de l'aspect purement technique de la référence à un instrument communautaire dans le texte de la Constitution, il faut dire que la mention du traité

---

[1] M. D. MAUS : *La pratique constitutionnelle française, op. cit.*, pp. 31-32 ; voir dans le même sens l'argumentation de M. J. RIDEAU, *RAE* 1992, *op. cit.*, p. 48.

[2] *J.O.*, n° 50[1], A.N. (C.R.), 1ère séance du 18 juin 1992, p. 1540. Le rapporteur de la Commission des finances, M. E. ALPHANDERY était du même avis : « Le rejet du traité de Maastricht par le Danemark va imposer certaines modifications de forme, ce qui empêche que le traité puisse être directement visé par la loi constitutionnelle dans la forme qu'il a revêtue au jour de sa signature par les douze gouvernements de la Communauté[...]. La référence au traité de Maastricht est suffisamment indirecte pour qu'elle puisse garder toute sa validité... », *ibid.*, p. 2545.

[3] Voir les argumentations de M. J. LARCHE, *op. cit.*, pp. 1696-1697 et de M. ALPHANDERY, *ibid.*

signé le 7 février 1992 dans la Loi fondamentale de la Ve République participe de l'objectif de sauvegarde de l'autonomie constitutionnelle française. En effet, le caractère ponctuel de la révision constitutionnelle du 25 juin 1992, et notamment des habilitations constitutionnelles des articles 88-2 et 88-3, contribue à faire précéder, de manière quasi systématique, toute étape majeure de la progression de l'intégration communautaire d'une autorisation constitutionnelle française[1]. Cette considération découle étroitement des points de vue émis par les différentes autorités de révision constitutionnelle en mai/juin 1992. Le garde des Sceaux de l'époque, M. M. VAUZELLE estimait ainsi que : « ...La référence au traité implique bien qu'aucun transfert autre que ceux qu'entraîne celui-ci et qui sont mentionnés dans la décision du Conseil constitutionnel ne peut être consenti »[2]. Ce qui veut dire que l'autorisation constitutionnelle minimale des articles 88-2 et 88-3 de la Constitution ne couvre nullement des transferts de compétences ultérieurs qui porteraient atteinte aux conditions essentielles d'exercice de la souveraineté nationale. De tels transferts nécessiteraient une nouvelle intervention du Conseil constitutionnel et par voie de conséquence une révision de la Constitution[3]. Dans l'esprit du constituant de 1992, il fallait encadrer la poursuite du processus de construction européenne par l'adoption d'une révision qui ne soit pas assimilable à une autorisation générale de transferts. Par ce biais on entendait prendre des garanties quant à une éventuelle altération sensible du principe de souveraineté de l'Etat[4]. Par ailleurs, le caractère minimaliste ou ponctuel de la révision de 1992 et la volonté de maîtriser l'évolution des institutions communautaires ont été particulièrement et abondamment commentés par la doctrine. En effet, il ne fait aucun doute que « le choix de cette voie tient à la volonté politique de ne pas insérer dans la Constitution un texte qui permettrait de fonder d'autres transferts et de maintenir l'obstacle constitutionnel sous le contrôle du Conseil constitutionnel éventuellement appelé à déclarer que de nouveaux engagements internationaux comportent des transferts de compétences portant atteinte aux conditions essentielles d'exercice de la souveraineté en bloquant une éventuelle dérive

[1] M. C. EUZET : « Le traité de Maastricht et la révision constitutionnelle », *op. cit.*, pp. 124-125, considère que cette précaution prise, par le biais d'une référence directe au traité de Maastricht, contribuera à réduire « considérablement la permissivité de la norme constitutionnelle ».

[2] *J.O.*, n° 45, Sénat (C.R.), séance du 10 juin 1992, p. 1526.

[3] Voir notamment M. G. GOUZES : *Rapport n° 2676*, Assemblée nationale, pp. 42-43 ; les observations de M. J.-M. CARO au nom de la Commission des affaires étrangères de l'Assemblée nationale, dans *Ratification du TUE*, vol. 8, *op. cit.*, p. 678 ; l'argumentation de M. J. LARCHE en faveur de la conservation d'une référence au traité de Maastricht, *J.O.*, n° 49 - Sénat (C.R.), séance du 16 juin 1992, pp. 1696-1697.

[4] Pour M. GOUZES, *Rapport* précité, p. 66, l'architecture générale du projet est respectueuse de la souveraineté nationale ; voir également l'opinion de M. R. BARRE, *J.O.* - n° 24[2] - A.N., 2e séance du 6 mai 1992, p. 936.

fédérale »[1]. Malgré ce constat éclairant quant aux conséquences de la référence au traité de Maastricht dans les articles 88-2 et 88-3 de la Constitution, il convient de s'interroger sur la pertinence d'une telle solution.

Certains auteurs ont estimé que cette révision constitutionnelle n'appréhende pas, de manière globale, la question de l'appartenance de la France à l'Europe communautaire[2]. Aussi M. D. BREILLAT parle-t-il d'« une révision de défiance à l'égard de l'intégration européenne » car « on oblige toute évolution future à repasser par la procédure de la révision constitutionnelle »[3]. Ceci pourrait conduire à ce que « ...le vote de révisions successives encombre le texte constitutionnel de scories nécessitées par la ratification des traités rendant ces révisions nécessaires »[4]. M. RIDEAU considère en effet que la révision française s'apparente à la technique des référendums de ratification pratiqués en Irlande. Dans cet Etat, des articles additionnels ont été introduits dans la Constitution dans le but de ratifier respectivement le traité d'adhésion en 1972, l'*A.U.E.* en 1987, le *TUE* en 1992 et le traité d'Amsterdam en 1998[5]. Cet auteur estime qu'on aurait pu trouver une solution alliant compétence du Conseil constitutionnel et vote d'une loi constitutionnelle d'autorisation en cas de non compatibilité d'une disposition internationale avec la Constitution[6]. Cela étant, il est possible de dire que la construction européenne est parvenue à un stade où toute révision des traités aura vraisemblablement des incidences sur les conditions essentielles d'exercice de la souveraineté nationale[7]. De ce point de vue, même si la solution retenue en 1992

---

[1] M. J. RIDEAU, *RAE* 1992, *op. cit.*, p. 38. Parmi cette abondante doctrine, voir notamment M. F. LUCHAIRE, *RDP* 1992, pp. 940 et 960 ; MM. L. FAVOREU et L. PHILIP : *Les GDCC*, 10e éd., *op. cit.*, p. 830 ; M. D. MAUS, *RFDC* 1992, p. 498 ; M. B. MATHIEU, *LPA* 8/03/1995, n° 29, pp. 14-15 ; Mme J. DUTHEIL de la ROCHERE : « Les implications constitutionnelles pour un Etat de la participation à un processus d'intégration régional », *op. cit.*, p. 590.

[2] Sur cette question de l'articulation entre révision de la Constitution et progression de l'intégration européenne, cf. *infra*, la fin du chapitre II de ce titre.

[3] M. D. BREILLAT : « Les problèmes constitutionnels posés en France par la ratification du traité de Maastricht », dans Colloque franco-allemand Marburg - Poitiers, *op. cit.*, pp. 71-73 ; pour une analyse allant sensiblement dans le même sens, M. H. OBERDORFF : « La France : Etat membre de l'Union européenne », dans *L'Union européenne - Droit, politique, démocratie*, PUF, 1996, p. 91.

[4] M. J. RIDEAU, *RAE*, *op. cit.*, p. 38.

[5] Cf. article 29-4-3°, 4° et 5° de la Constitution irlandaise, dans Mme C. GREWE et M. H. OBERDORFF : *Les Constitutions des Etats de l'Union européenne, op. cit.*, p. 310. Pour M. RIDEAU, *op. cit.*, p. 37, les approches française et irlandaise apparaissent assez voisines nonobstant le fait qu'existe une différence entre elles : en Irlande on est en présence d'une autorisation constitutionnelle de ratification ; alors qu'en France il s'agit d'une révision constitutionnelle rendant possible une autorisation et une ratification ultérieures.

[6] M. J. RIDEAU, *ibid.* Il s'inspire ici de l'article 91, paragraphe 3 de la Constitution néerlandaise, cf. Mme C. GREWE et M. H. OBERDORFF, *op. cit.*, p. 365.

[7] M. M. VAUZELLE, *J.O.*, n° 41 - Sénat (C.R.), p. 1424, estimait ainsi lors des débats constitutionnels que : « Alors que nous passons d'un certain état de l'Europe à un autre, il est nécessaire que chacune des étapes, même si la procédure est un peu lourde, soit examinée et ratifiée

n'est pas totalement satisfaisante s'agissant de l'orthodoxie constitutionnelle, nous pensons que cette révision minimale permettra de rendre plus effective et plus singulière la maîtrise de l'évolution du processus communautaire par le droit constitutionnel français.

Cette révision « de contrôle » implique par conséquent que « les ajouts acquis [peuvent] éventuellement être au coup par coup complétés par d'autres, au fur et à mesure de la construction européenne... »[1]. On en a une illustration manifeste avec les premières phases du processus de ratification du traité d'Amsterdam du 2 octobre 1997. En effet, il ressort de la décision n° 97-394 DC du 31 décembre 1997 que, eu égard au caractère minimaliste de la révision constitutionnelle de 1992, toute évolution de la construction européenne qui porterait atteinte aux conditions essentielles d'exercice de la souveraineté nationale devrait désormais nécessiter l'assentiment préalable du constituant français. C'est ainsi que dans le considérant n° 9 de cette décision, il est clairement affirmé que : « ...Il résulte de cette disposition [article 88-2 de la Constitution] qu'appellent une nouvelle révision constitutionnelle les clauses du traité d'Amsterdam qui opèrent, au profit de la Communauté européenne, des transferts de compétences qui mettent en cause les conditions essentielles d'exercice de la souveraineté nationale... ». Une telle atteinte pourrait se produire dans deux hypothèses :

- « Soit que ces transferts interviennent dans un domaine autre que l'établissement de l'union économique et monétaire européenne ou que le franchissement des frontières extérieures communes... »[2] ;

- « soit que ces clauses fixent d'autres modalités que celles prévues par le *TUE* signé le 7 février 1992 pour l'exercice des compétences dont le transfert a été autorisé par l'article 88-2 précité »[3]. Ceci est d'autant plus vérifiable que les mesures, comme celles relatives à la liste des pays tiers dont les ressortissants sont soumis à l'obligation de visa court séjour et concernant le modèle type de visa (article 73 O, troisième paragraphe du traité), qui ne sont que la reprise de mesures déjà contenues dans le traité de Maastricht, se voient octroyer la couverture constitutionnelle représentée par l'habilitation de l'article 88-2 (considérant n° 27

---

par le peuple ou par ses représentants ». Voir aussi M. R. BADINTER, *Rapport n° 318, op. cit.*, p. 21.

[1] M. J. ROBERT, *RDP* 1998, p. 977.

[2] Cf. considérants n° 21 et 30 dans lesquels il est dit que les nouveaux transferts de compétences notamment en matière d'immigration, de franchissement des frontières intérieures et de contrôles des personnes aux frontières extérieures « ...n'entrent pas dans le champ de l'habilitation prévue par l'article 88-2 de la Constitution ».

[3] Ainsi, selon le considérant n° 28 de la même décision, pour les mesures concernant la délivrance des visas de court séjour et les règles applicables en matière de visa uniforme, le passage automatique à la règle de la majorité qualifiée et à la procédure de codécision « ...constitue, au regard du *TUE*, une modalité nouvelle de transfert de compétences... ».

de la décision)[1]. Pour les mesures, ci-dessus envisagées, n'entrant pas dans le champ d'application de cette habilitation constitutionnelle, les autorités exécutives françaises, tirant « les conséquences de la décision du Conseil constitutionnel » ont adopté le projet de loi constitutionnelle (n° 1072) modifiant l'article 88-2 de la Constitution. Il s'est agi de l'ajout d'un alinéa supplémentaire à cette disposition constitutionnelle. On a donc voulu rester dans la droite ligne de la rédaction retenue par la loi constitutionnelle du 25 juin 1992. La référence aux modalités prévues par le traité instituant la Communauté européenne demeure et avec elle, la volonté pour le constituant français de sauvegarder, par le biais de la maîtrise de la progression de la construction européenne, l'indépendance souveraine de la France. Il est clair en effet que la révision constitutionnelle du 25 janvier 1999, en tant qu'elle modifie notamment l'article 88-2 de la Constitution, « a entendu maintenir l'intervention du pouvoir constituant pour tous nouveaux transferts de compétences, lorsque ceux-ci s'avéreront nécessaires et affecteront les conditions d'exercice de la souveraineté nationale. C'est à la fois une méthode de travail, un choix juridique et une exigence politique »[2]. L'analyse des termes même du nouvel alinéa de l'article 88-2 permet de le confirmer. En premier lieu, le champ de l'habilitation est entièrement « calé » sur ce qu'exige le nouveau titre III A du traité instituant la Communauté européenne (titre IV, Nouvelle numérotation du traité). Ainsi, outre la référence aux modalités prévues par ce traité « dans sa rédaction résultant du traité signé le 2 octobre 1997 », la nouvelle disposition constitutionnelle fait allusion aux « transferts de compétences nécessaires à la détermination des règles relatives à la libre circulation des personnes et aux domaines qui lui sont liés ». Dans l'esprit du constituant, il était indéniable que, à travers cette rédaction, devaient transparaître à la fois les anciens transferts consentis en 1992 au titre de la politique commune des visas et les nouveaux transferts tels que prévus par le titre III A. L'habilitation constitutionnelle est donc strictement circonscrite[3]. Elle l'est d'autant plus que l'expression « la France consent... » est en l'espèce remplacée par les termes « peuvent être consentis ». Le constituant a voulu ainsi montrer que la nouvelle habilitation constitutionnelle ne concernait que le traité d'Amsterdam ; traité dans lequel il est clairement stipulé que les transferts impliqués par le nouveau titre III A ne sont que potentiels car subordonnés à une décision unanime du Conseil qui devrait intervenir cinq ans après l'entrée en vigueur du traité[4]. On ne pouvait mieux signifier que l'on s'en tenait, une fois de plus, à ce qui est strictement nécessaire à

---

[1] Voir par exemple M. P. GAÏA : « Droit constitutionnel et droit communautaire », *AIJC*, XIII-1997, pp. 648-649.

[2] Mme E. GUIGOU, *J.O.* - n° 109, AN (C.R.), 2e séance du 24 novembre 1998, p. 9451.

[3] Cf. notamment : *Rapport H. NALLET*, Assemblée nationale, n° 1212, pp. 26-27 ; *Rapport P. FAUCHON*, S., n° 102, pp. 29 et 34.

[4] Le traité d'Amsterdam est entré en vigueur le 1er mai 1999.

la ratification du traité communautaire[1]. Une telle logique minimaliste et « de contrôle » va sûrement de pair avec l'effort de définition de l'intégration communautaire effectué dans l'article 88-1 du même texte[2]. Définition qui s'attache à mettre en valeur le rôle important des Etats, et donc des différentes souverainetés étatiques, dans la perpétuation de l'Europe communautaire (Paragraphe 2).

Paragraphe 2 : L'approche essentiellement internationale du phénomène communautaire retenue dans l'article 88-1 de la Constitution

Les préoccupations relatives à la préservation de l'autonomie constitutionnelle française furent également présentes dans l'élaboration de l'article 88-1 de la Constitution et des discussions autour de son adoption[3]. Il convient à ce titre de rappeler que l'initiative concernant cette disposition provient d'un amendement de M. A. LAMASOURE au nom de l'intergroupe de l'opposition parlementaire (constitué de députés RPR et UDF)[4]. L'article 88-1 de la Constitution, adopté dans les mêmes termes en première lecture à l'Assemblée nationale et au Sénat dispose : « La République participe aux Communautés européennes et à l'Union européenne, constituées d'Etats qui ont choisi librement, en vertu des traités qui les ont instituées, d'exercer en commun certaines de leurs

---

[1] Voir sur cette nouvelle mise en adéquation minimaliste de la Constitution avec la construction communautaire, Mme F. CHALTIEL : « La Constitution française et l'Union européenne - A propos de la révision constitutionnelle du 25 janvier 1999 », *RMC* 1999, pp. 229-231. Il faut en outre signaler que le nouvel article 53-2 aux termes duquel : « La République peut reconnaître la juridiction de la *CPI* dans les conditions prévues par le traité signé le 18 juillet 1998 », même si cela ne concerne pas le droit communautaire, participe de la même logique minimaliste, cf. loi constitutionnelle n° 99-568 du 8 juillet 1999, *JORF* 9 juillet 1999, p. 10175. En effet, la formulation assez large qu'on y trouve semble ne servir qu'à couvrir de façon complète les inconstitutionnalités décelées par le Conseil constitutionnel dans sa décision n° 98-408 DC du 22 janvier 1999. Pour le reste, la référence aux « conditions prévues par le traité signé le 18 juillet 1998 » vise manifestement à signifier que tout amendement futur au traité portant statut de la CPI pourrait nécessiter, le cas échéant, une nouvelle modification du texte constitutionnel ; sur cette question, voir notamment M. R. BADINTER : *Rapport n° 318*, Sénat, avril 1999, p. 32.

[2] Cf. M. P. PACTET : *Institutions politiques/Droit constitutionnel*, 18e éd., *op. cit.*, pp. 361-362.

[3] Voir aussi lors des débats concernant la révision constitutionnelle du 25 janvier 1999, des amendements de certains députés, notamment de Mme N. CATALA, visant à modifier l'article 88-1 de la Constitution dans un sens plus restrictif, *J.O.* - n° 110, AN (C.R.), 2e séance du 25 novembre 1998, p. 9553.

[4] Voir notamment *J.O.* - n° 26[2], A.N. (C.R.) , 3e séance du 12 mai 1992, p. 1074. Il faut signaler qu'au sein de la Commission des affaires étrangères de l'Assemblée nationale, M. A. JUPPE avait déjà proposé un amendement « tendant à affirmer que ce sont les Etats membres qui consentent à l'exercice en commun de certaines compétences », dans *Ratification du TUE*, vol. 8, 1996, *op. cit.*, pp. 691-692.

compétences ». Il apparaît dès lors primordial de rechercher quelles ont été les intentions des rédacteurs de cette disposition constitutionnelle. La volonté de matérialiser la prégnance de l'indépendance souveraine de la République française n'y était-elle pas transparente ? La réponse à cette interrogation est contenue dans l'analyse qu'a effectuée M. LAMASSOURE des termes essentiels de l'article 88-1 de la Constitution. En effet, selon lui, on pouvait relever trois notions importantes dans la définition de l'Europe communautaire ainsi retenue :

- Il s'agit d'une Union fondée sur des Etats souverains : l'indépendance des Etats membres et leur libre consentement restent donc à la base de la construction européenne ;
- il n'y a pas de transfert de souveraineté mais simple délégation de compétences qui se traduit au niveau de l'Union européenne par un exercice en commun de ces compétences ;
- en tout état de cause, les institutions communautaires bénéficient d'une compétence d'attribution et non d'une compétence de droit commun[1].

Cette analyse est confortée par M. J. LARCHE. Pour lui, l'article 88-1 se fonde sur trois principes : « L'adhésion en vertu d'un libre choix ; l'absence de structure fédérale : l'Europe communautaire demeure une Communauté d'Etats ; l'exercice en commun de compétences : cet exercice en commun ne saurait s'analyser comme un transfert à l'Europe communautaire de la souveraineté des Etats qui la composent »[2]. Au total, les trois principes ou les trois thèmes qui composent l'article 88-1 contribuent à mettre l'accent sur le fait que n'existe pas encore une structure au niveau européen transcendant les entités étatiques et substituant par là même une souveraineté propre aux différentes souverainetés nationales. Cette approche vise à conforter la dimension internationale de la construction européenne au détriment d'une approche privilégiant la spécificité de l'ordre juridique communautaire[3]. C'est en effet dans ce sens qu'a conclu la majorité de la doctrine.

De nombreux auteurs s'accordent effectivement à dire que l'article 88-1 de la Constitution s'oppose, en l'état actuel des choses, à une éventuelle transformation de l'Union en Etat fédéral européen[4]. Ainsi par exemple pour M. J. RIDEAU, « la nature de l'Union est évoquée par l'article 88-1 en des termes se

---

[1] Cf. *J.O.* - n° 26[2], ibid. ; ou encore *J.O.* - n° 24[2], A.N. (C.R.), 2e séance du 6 mai 1992, p. 927.

[2] M. J. LARCHE, *Rapport n° 375*, Commission des lois du Sénat, mai 1992, p. 26. Cette qualification juridique de l'Europe communautaire autour de trois thèmes a également été mise en exergue par M. C. BLUMANN, *RMC* 1994, p. 399.

[3] Cf. notamment, M. B. GENEVOIS : « Le traité sur l'Union européenne et la Constitution révisée », *RFDA* 1992, p. 947 ; M. A. DECOCQ : « Le désordre juridique français », dans *Ecrits en hommage à J. FOYER*, PUF, 1997, p. 161.

[4] Parmi une abondante littérature, voir Mme C. GREWE, *RFDC* 1992, pp. 431-432 ; M. T. de BERRANGER : *Constitutions nationales et construction communautaire, op. cit.*, p. 89 ; Mme C. GOUAUD : « Le projet de Constitution européenne », *RFDC* 1995, pp. 289 et 291.

rattachant plus à dessein à une analyse internationale de l'Union et des Communautés européennes qu'à une analyse fédérale »[1].

Il n'en demeure pas moins qu'un doute subsiste quant à la portée juridique véritable de ce type de disposition constitutionnelle. Cette dernière peut-elle contribuer à une amorce de canalisation juridique du phénomène communautaire par les Etats membres ? Il apparaît, nous semble-t-il, que l'article 88-1 de la Constitution de 1958 rappelle une évidence ou une réalité juridique beaucoup plus qu'il ne pose une règle juridique nouvelle. C'est ce qui justifie sans doute les réticences voire les critiques d'un certain nombre de parlementaires ou d'auteurs à l'égard d'une telle disposition. Ainsi M. G. GOUZES estimait dans son rapport originel qu'un tel article avait beaucoup plus une portée politique que juridique. Il avait dès lors conclu au caractère inutile de l'amendement parlementaire proposé car pour lui il allait « de soi que c'est librement que les Etats participent à l'Europe et délèguent certaines compétences à ses institutions... »[2]. Par ailleurs, M. F. LUCHAIRE penchait pour une absence d'effet juridique de l'article 88-1, en y voyant « un pléonasme au moins pour ce qui concerne les Communautés : qu'est-ce qu'une Communauté sinon une mise en commun de l'exercice de certaines compétences ? »[3]. Au demeurant, il faut dire que la notion d'exercice ou de mise en commun des compétences n'est pas d'un maniement évident. Autant elle peut s'analyser non comme une perte sèche mais comme une mutation de l'exercice des compétences nationales faisant une large place aux Etats[4] ; autant on peut soutenir que « ...le droit correspondant ne peut plus émaner des autorités nationales privées de l'exercice de ces compétences et qu'il émane désormais des autorités communautaires, attributaires de cet exercice »[5]. C'est ainsi peut-être qu'il convient de comprendre l'opinion selon laquelle les raisonnements tels ceux de l'article 88-1 sont des « combats à retardement » dès lors que, sous-couvert d'exercice en commun des compétences, ils passent sous-silence l'attribution de

[1] M. J. RIDEAU : *Droit institutionnel de l'Union et des Communautés européennes*, 3e éd., *op. cit.*, p. 983. M. P.-Y. MONJAL parle, lui, d'une « qualification-réduction de l'Union... », *LPA* 1er février 1995, n° 14, pp. 25-26.

[2] *Rapport n° 2676*, Commission des lois de l'Assemblée nationale, mai 1992, p. 69. M. R. SAVY avait également jugé un tel amendement superfétatoire, car selon lui, « dans toute organisation internationale, par nature, des Etats souverains adhèrent librement et délèguent certaines compétences... », dans *Ratification du TUE*, vol. 8, *op. cit.*, p. 745.

[3] M. F. LUCHAIRE, *RDP* 1992, pp. 945 et 957. On peut simplement préciser que, dans le cadre de la Communauté, les compétences transférées par les Etats sont exercées, dans l'intérêt commun, par des institutions qui leur sont distinctes.

[4] G. ISAAC : *Droit communautaire général*, 7e éd., *op. cit.*, pp. 39 et 326.

[5] M. J. BOULOUIS : *Droit institutionnel de l'Union européenne*, 5e éd., Montchrestien, 1995, pp. 241-242.

celles-ci aux institutions communautaires[1]. Ainsi peut-on dire que le constituant français de 1992, en mettant en avant une vision intergouvernementale de l'Europe communautaire, a (volontairement ?) occulté le phénomène d'intégration qu'implique la délégation de compétences nationales aux institutions communautaires[2]. Pour autant, il demeure certain que l'article 88-1 de la Constitution représente pour l'instant un obstacle au fédéralisme. De ce point de vue, exercer en commun certaines compétences nationales ne signifie nullement transférer purement et simplement la souveraineté française. Telle est en tout cas l'interprétation irréductible de la nouvelle disposition constitutionnelle.

Au demeurant, une telle approche apparaît assez en phase avec la réalité actuelle du phénomène communautaire. Il est clair tout d'abord que le pilier principal ou « la source ultime du pouvoir dans l'Europe communautaire réside dans les Etats »[3]. Autrement dit, l'Union européenne et les Communautés européennes ne disposent pas encore de la « compétence de la compétence » et elles ne peuvent, en l'état actuel, se passer de la volonté politique des Etats membres[4]. Ensuite, la CJCE, malgré une construction jurisprudentielle assez audacieuse[5], n'est jamais allée jusqu'à revendiquer l'existence d'une souveraineté propre au profit de l'Europe communautaire. Enfin, il est permis de constater que la position retenue par l'article 88-1 de la Constitution française est quelque peu partagée dans les autres Etats membres de l'Union européenne. En ne retenant que la République fédérale d'Allemagne, qui est l'illustration la plus tangible de cette affirmation, on peut remarquer que la Cour constitutionnelle fédérale s'est inspirée de la disposition constitutionnelle française dans sa décision du 12 octobre 1993 sur le traité de Maastricht. En effet, pour soutenir que l'indépendance souveraine des Etats membres demeure impérieuse dans la construction européenne, la Cour considère que : « De même, l'article 88-1, récemment inséré dans la Constitution française en regard du traité d'Union parle d'Etats membres qui dans l'Union européenne et dans les Communautés européennes exercent certaines de leurs

---

[1] M. J.-V. LOUIS : *L'Union européenne et l'avenir de ses institutions*, Presses Interuniversitaires Européennes, Bruxelles, 1996, pp. 58 et 98. Voir *supra* ce qui a été dit à ce sujet, notamment paragraphe 1, section II, chapitre I, titre I de cette partie.

[2] Voir en ce sens, Mme F. CHALTIEL : « La Constitution française et l'Union européenne... », *op. cit.*, p. 231. Mme C. GREWE, *ibid.*, utilise l'expression de « diminution des compétences étatiques exclusives ».

[3] Cf. M. J.-V. LOUIS, *ibid.* ; MM. O. de SCHUTTER et Y. LEJEUNE, *CDE* 1996, p. 574 ; également M. J. RIDEAU : « Communauté de droit et Etats de droit », dans *Mél. R.-J. DUPUY*, éd. A. Pedone, Paris, 1991, p. 269.

[4] Voir en ce sens M. M. Salah M. MAHMOUD, *JDI* 1996, pp. 641, 647 et 660.

[5] Cf. notamment CJCE - 15 juillet 1964 - *Costa c/ ENEL*, aff. 6/64, *Rec.*, p. 1964 ; CJCE - Avis 1/91 du 14 décembre 1991, *Espace économique européen*, *Rec.*-I, 6079. La seule expression qu'elle ait jamais utilisé, et s'agissant de la *CEEA*, est celle de « pouvoir public commun », cf. Délibération 1/78 du 14 novembre 1978, *Rec.*, p. 2153.

compétences en commun »[1]. Tout ceci pour montrer que l'Union demeure une association ou un groupement d'Etats (*Staatverbund*)[2] « qui repose sur la volonté des Etats membres et respecte leur identité nationale »[3]. Autrement dit, les Etats membres restent les « maîtres des traités » communautaires, d'où la persistance de leur autonomie constitutionnelle[4].

En définitive, on peut dire que l'article 88-1 de la Constitution française témoigne d'une prise de conscience : l'évolution de la construction communautaire va désormais impliquer une plus grande sollicitation de la volonté politique des Etats membres. On comprend dès lors l'intérêt de mettre en exergue le rôle incontournable des différentes souverainetés étatiques dans l'accomplissement de ce processus, et par voie de conséquence de minimiser ou d'entériner les avancées quantitatives et qualitatives déjà accomplies par l'Europe communautaire[5]. Ceci fait montre d'un souci renouvelé de manifester la prégnance et la persistance de l'autonomie constitutionnelle française.

Conclusion du chapitre I

Il est permis, au terme de ce chapitre, de constater que les interventions du constituant concernant les relations internationales, notamment en 1958 et en 1992, recèlent une certaine dose de continuité. En effet, il n'est pas douteux que de nombreuses dispositions constitutionnelles, à l'instar des articles 11, 54, 88-1 à 88-

---

[1] Traduction et résumé de la décision par Mme C. GREWE, *RUDH* - 15 décembre 1993, vol. 5, n° 7-8, p. 290 ; voir aussi M. C. D. CLASSEN : « Allemagne », dans *Les Etats membres de l'Union européenne, op. cit.*, p. 17 ; M. H. VON MANGOLDT : « L'unification européenne et le droit constitutionnel : les Constitutions face à l'Union européenne », *op. cit.*, p. 279. Il faut noter en outre que l'un des passages de l'avis du Conseil d'Etat luxembourgeois du 26 mai 1992 dispose que : « Le traité sur l'Union européenne n'a pas pour objet de créer d'entité fédérale comportant une souveraineté dominante ayant pour effet de diluer les droits souverains des Etats membres. Comme par le passé, les rapports entre Etats membres restent donc régis par la Convention librement consentie entre parties souveraines et indépendantes », *Ratification du TUE*, vol. 12 : *Luxembourg*, OPOCE, 1996, p. 268.

[2] Sur cette notion, cf. Mme O. TAMBOU : *Les rapports entre l'ordre juridique communautaire et les ordres juridiques français et allemand, op. cit.*, pp. 53-57.

[3] Cf. MM. M. FROMONT et O. JOUANJAN, *AIJC*, IX-1993, p. 640 ; M. J. WIELAND, *EJIL* 1994, vol. 5, n° 2, p. 265 ; M. J. GERKRATH, dans G. DUPRAT(Sous la direction de) : *L'Union européenne - Droit, politique, démocratie, op. cit.*, p. 234.

[4] La Cour de Karlsruhe fonde son raisonnement sur le principe de subsidiarité et sur l'article F 1 du traité de Maastricht (article 6-3, Nouvelle numérotation) aux termes duquel : « L'Union européenne respecte l'identité nationale de ses Etats membres... ». Pour un lien indirect ou lointain entre l'article 88-1 et le principe de subsidiarité, voir M. J. RIDEAU, *op. cit.*, p. 525 et M. D. MAUS : *La pratique constitutionnelle française, op. cit.*, p. 27.

[5] Voir en ce sens, M. O. B. DORD : *Cours constitutionnelles nationales et normes européennes*, Thèse, *op. cit.*, p. 190.

3 de la Constitution, tiennent à mettre en valeur l'impératif de protection de l'identité constitutionnelle française face à l'emprise du droit international en général et du droit communautaire en particulier. Ceci traduit, nous semble-t-il, une certaine forme d'instrumentalisme juridique : mettre certains dispositifs constitutionnels au service de la maîtrise ou de la régulation de la pénétration des normes internationales et communautaires dans l'ordre juridique interne. A l'origine de manière diffuse ou implicite, la revendication de la nécessaire prise en compte de la sauvegarde de l'indépendance souveraine des Etats dans l'approfondissement de l'intégration communautaire transparaît désormais de manière nette dans le droit constitutionnel français. Mais ce rappel de l'exigence de protection de l'autonomie constitutionnelle française apparaît-elle comme un frein à la poursuite ou à la consolidation de la construction européenne ? La réponse à cette question fondamentale doit être recherchée dans l'œuvre internationale du Conseil constitutionnel ; car c'est principalement à ce dernier qu'a été assignée la délicate mission de préserver la souveraineté française à travers une canalisation de l'entrée des normes communautaires dans l'ordre constitutionnel français (Chapitre II).

CHAPITRE II : LA PERSISTANCE ET LE CARACTERE DESORMAIS OPERATIONNEL DES RESERVES FRANCAISES DE SOUVERAINETE

La Constitution du 4 octobre 1958, dans son article 54, a confié le contrôle de constitutionnalité des engagements internationaux au Conseil constitutionnel. Ce contrôle devait contribuer à réguler l'entrée des normes internationales dans l'ordre juridique français. A côté de cette procédure que l'on pouvait croire exclusive, a été adjointe une seconde : le contrôle des lois autorisant l'approbation ou la ratification des accords et traités internationaux. En effet, le juge constitutionnel français, au terme d'une démarche audacieuse, va considérer, dans sa décision du 30 décembre 1976[1], qu'il pourrait être saisi d'éventuelles modifications des traités communautaires sur la base de l'article 61, alinéa 2 de la Constitution[2]. Il en ressort que le contrôle de constitutionnalité des engagements internationaux se fait de manière directe à travers l'article 54 de la Constitution de 1958 et de façon indirecte par le biais de l'article 61, alinéa 2 du même texte. Le rappel de l'existence de ces deux procédures ne permet pas de conclure que les conséquences de leur mise en œuvre soient différentes au regard de la sauvegarde de la souveraineté de l'Etat. En d'autres termes, l'utilisation de ces deux procédures de contrôle de constitutionnalité participe du même objectif de protection de l'identité constitutionnelle de la République française.

Le contenu de la confrontation qui en résulte, du point de vue des rapports entre le droit communautaire et la Constitution française, révèle une préoccupation centrale : la préservation du « noyau dur » de la souveraineté française, même si en définitive elle s'effectue dans un souci d'équilibre avec la perpétuation de la construction européenne. Autrement dit, l'évolution qu'il conviendra d'analyser aura pour toile de fond la pérennité des réserves de constitutionnalité tenant essentiellement à la sauvegarde du principe de la souveraineté étatique. En effet, après des tâtonnements initiaux s'agissant de la portée de ce principe au regard de l'intégration communautaire, la ligne jurisprudentielle du Conseil constitutionnel s'est progressivement stabilisée. D'une position originelle retenant une conception étroite voire dogmatique de la souveraineté de l'Etat (Section I), la Haute instance s'est acheminée vers une conception plus réaliste de cette notion, prenant en

---

[1] *Rec. D. C. C.*, p. 15 ; *RJC*-I, 41.

[2] Pour une consécration éclatante de cette incidente, voir la décision n° 80-116 DC du 17 juillet 1980, *RJC*-I, 80.

compte les exigences ou les implications du phénomène communautaire (Section II). Il sera dès lors intéressant de savoir si cette évolution est teintée d'une relative continuité ou si elle marque plutôt une rupture avec l'état du droit antérieur. La relative rupture résiderait, semble-t-il, dans le contenu de la grille de lecture permettant d'examiner la constitutionnalité du droit communautaire. Mais il faudra relever l'existence d'une indéniable continuité : le Conseil constitutionnel a toujours cherché, même maladroitement comme en 1976, à préserver l'indépendance souveraine de la France.

Section I : La conception dogmatique du principe de souveraineté retenue à l'origine par le Conseil constitutionnel

La décision n° 76-71 DC du 30 décembre 1976 a longtemps fait œuvre de sentence de principe en matière de jurisprudence européenne du Conseil constitutionnel[1]. Ceci tient essentiellement à l'interprétation adoptée par la Haute instance concernant la principale norme de référence du contrôle de constitutionnalité des engagements internationaux, à savoir le principe de la souveraineté de l'Etat. Il faut brièvement rappeler que la « conception française » de la souveraineté résulte de l'héritage laissé par les solutions adoptées depuis l'époque révolutionnaire.

Par ailleurs, le concept de souveraineté est traditionnellement compris comme comportant une face interne et une face externe. On parle en ce sens de souveraineté dans l'Etat et de souveraineté de l'Etat[2]. La souveraineté interne représente généralement la puissance suprême de commandement dans l'ordre national, puissance qui dispose de « la compétence de la compétence », de l'exercice d'un certain nombre d'attributs. Cette souveraineté dans l'Etat est représentée dans le système français par les articles 3 de la *DDHC* de 1789 et 3, alinéa 1er de la Constitution de 1958. Il s'agit plus particulièrement de déterminer quel est le titulaire ou le détenteur de la puissance étatique. De ce point de vue, la souveraineté est considérée comme étant exclusivement nationale dans son fondement comme dans son exercice. Quant à la souveraineté internationale, elle concerne les rapports avec les autres Etats, dans le sens où l'Etat n'est soumis à

---

[1] Parmi l'abondante littérature relativement à la décision « *Assemblée européenne* », voir notamment : J. BOULOUIS, *CDE* 1977, p. 458 ; MM. O. DARRAS et O. PIROTTE, *RTDE* 1977, p. 696 ; MM. L. FAVOREU et L. PHILIP, *RDP* 1977, *chr.*, p. 129 ; M. C. FRANCK, *JCP* 1977, II, 18704 ; MM. R. KOVAR et D. SIMON, *RTDE* 1977, p. 665 ; M. J.-F. LACHAUME, *AFDI* 1977, p. 965 ; M. D. RUZIE, *JDI* 1977, p. 66 ; M. M. de VILLIERS, *JCP* 1978, I, 2895.

[2] Sur cette distinction, voir notamment M. J. GICQUEL : *Droit constitutionnel et institutions politiques*, 16e éd., Montchrestien, 1999, pp. 52-53 ; MM. S. SUR/J. COMBACAU : *Droit international public*, 4e éd., Montchrestien, 1999, pp. 228-229 et 251-252.

aucune autorité, qui lui serait par essence supérieure. Cette conception essentiellement négative recouvre ainsi la notion de souveraineté-indépendance. Autrement dit, seul l'Etat peut décider librement ou souverainement de s'engager au niveau international. Une telle possibilité d'« auto-limitation » se retrouve à l'alinéa 15 du préambule de la Constitution de 1946, auquel renvoie celui de la Constitution de 1958.

Il n'en demeure pas moins que dans la pratique française, notamment la jurisprudence du Conseil constitutionnel, il est difficile de démêler la part représentée par la souveraineté interne et celle représentée par la souveraineté internationale de l'Etat. Autrement dit, en utilisant les expressions de limitations et de transferts de souveraineté, de transferts de compétences ou encore de conditions essentielles d'exercice de la souveraineté nationale, à quelle face de la souveraineté renvoie le Conseil constitutionnel ? Il est possible ici de se ranger à l'argumentation selon laquelle la Haute instance pratiquerait une « assimilation jurisprudentielle de la souveraineté nationale et de la souveraineté de l'Etat ». En effet, même si la Haute juridiction envisage généralement les atteintes à la souveraineté nationale, il ne faut pas perdre de vue que les engagements internationaux, bien que négociés par les représentants du peuple français (titulaire de la souveraineté nationale), sont l'expression de la souveraineté de l'Etat ; et ces engagements internationaux « concerne[nt] la souveraineté nationale, dans la mesure où il[s] affecte[nt] les compétences internes de la nation »[1]. Il faut donc en déduire que les variations du Conseil constitutionnel concernant la teneur des réserves à la constitutionnalité du droit communautaire n'ont cherché qu'à marquer une certaine et même réalité : la nécessaire préservation de l'indépendance souveraine de la France.

C'est sur la base de cet éclairage qu'il faut, semble-t-il, comprendre le fait que, de manière relativement inattendue, le juge constitutionnel français ait adopté une interprétation restrictive voire sévère de l'alinéa 15 du préambule de 1946. On peut en ce sens parler d'une conception rigide de la souveraineté de l'Etat. La principale manifestation tangible en sera la mise en place de la célèbre distinction entre les limitations et les transferts de souveraineté (Paragraphe 1). De plus, cette décision de la Haute instance peut être considérée, dans sa motivation, comme étant plus ou moins réticente à l'égard de la construction européenne. De ce point de vue, elle n'apparaît pas en harmonie avec la réalité du phénomène communautaire (Paragraphe 2).

---

[1] Cf. Mme F. CHALTIEL, *RMC* 1998, p. 76. Voir aussi sur cette complémentarité, M. J. ROUX, dans *Le traité d'Amsterdam face aux Constitutions nationales*, *op. cit.*, p. 117. Mme L. BAGHESTANI-PERREY : *Le titulaire de la souveraineté nationale et son exercice dans la jurisprudence du Conseil constitutionnel*, *op. cit.*, pp. 64-70, insiste, quant à elle, sur le fait que « dans la jurisprudence du Conseil constitutionnel, le terme « nationale » n'est pas exclusif de l'aspect interne de la souveraineté ».

Paragraphe 1 : La distinction entre les limitations et les transferts de souveraineté

Il faut d'emblée affirmer que la distinction qui va être ci-dessous présentée et appréciée, apparaît maladroite et mal ficelée. On verra en effet que cette distinction n'a jamais été véritablement reprise par le Conseil constitutionnel. Cela est peut-être le reflet de son caractère peu opérationnel ou peu pertinent à l'égard de la construction communautaire. Mais les développements qui vont suivre restent incontournables dans la mesure où il convient de montrer que, à travers cette position de 1976, qui est loin d'être irréprochable, le Conseil a voulu préserver l'indépendance souveraine de l'Etat français. On verra dans la section suivante qu'il y est mieux parvenu avec la notion de transferts de compétences affectant les conditions essentielles d'exercice de la souveraineté nationale.

Ceci étant posé, l'on sait que la décision du 30 décembre 1976 fit suite à la seconde saisine du Conseil constitutionnel en application de l'article 54 de la Constitution[1]. En effet, la Haute instance fut saisie par le chef de l'Etat sur le point de savoir si la décision du Conseil des Communautés européennes du 20 septembre 1976 et l'Acte qui y est annexé étaient compatibles avec la Constitution. Il faut rappeler que cette décision communautaire apportait en quelque sorte une confirmation au principe selon lequel : « Les représentants, à l'Assemblée, des peuples des Etats réunis dans la Communauté sont élus au suffrage universel direct ». Quant aux règles relatives à ce scrutin et au statut de ces représentants, ce fut l'objet de l'Acte annexé à la décision du 20 septembre 1976.

Avant de procéder à l'examen proprement dit des textes concernés, le Conseil constitutionnel a, dans le second considérant de sa décision, adopté une position de principe quant aux rapports entre le droit communautaire et la Constitution française (A). Cette position influera largement sur les réserves ou considérations émises, par la suite, à la constitutionnalité des textes communautaires, et même à celle de textes nationaux d'application de ces actes (B). Une telle approche desdits rapports de la part de la Haute juridiction constitutionnelle dénote d'une volonté manifeste de protection de la souveraineté de l'Etat.

---

[1] Le Conseil fut saisi pour la première fois par le Premier ministre. Ceci donna lieu à la décision n° 70-39 DC du 19 juin 1970, *Rec. D. C. C.*, p. 15 ; *RJC*-I, 21. Sur les conditions de ces saisines, cf. M. P. GAÏA : *Le Conseil constitutionnel et l'insertion des engagements internationaux dans l'ordre juridique interne, op. cit.*, pp. 108-111.

A/- La décision du 30 décembre 1976 : la détermination par le juge constitutionnel de la portée du principe de souveraineté au contact de la construction européenne

Nonobstant les questions de recevabilité relativement à la compétence du Conseil constitutionnel à l'égard de certaines décisions du Conseil des Communautés européennes telles que celles qui lui étaient soumises en 1976, il convient de s'appesantir essentiellement sur la position de principe du Conseil quant aux rapports entre le droit communautaire et la Constitution française[1]. A ce sujet, le critère d'appréciation de ces rapports se trouve dans une affirmation particulièrement solennelle du second considérant de la décision n° 76-71 DC. La juridiction constitutionnelle française considère que : « ...Si le préambule de la Constitution de 1946, confirmé par celui de la Constitution de 1958, dispose que, sous réserve de réciprocité, la France consent aux limitations de souveraineté nécessaires à l'organisation et à la défense de la paix, aucune disposition de nature constitutionnelle n'autorise des transferts de tout ou partie de la souveraineté nationale à quelque organisation internationale que ce soit ». Le point de départ du raisonnement de la Haute instance réside dans le rappel de l'alinéa 15 du préambule de la Constitution de 1946 qui fait acte, implicitement mais indiscutablement, de fondement à la participation de la France « à quelque organisation internationale que ce soit ». Cette indication aurait peut-être suffi dans l'examen de la constitutionnalité de la décision communautaire du 20 septembre 1976 et de l'Acte annexé. Ceci aurait conduit le Conseil constitutionnel à rechercher si ces textes comportaient des limitations à l'exercice de la souveraineté française et, si oui, ces dernières satisfaisaient-elles à la réserve de réciprocité et à la finalité tenant à l'organisation et à la défense de la paix. Mais il était alors possible de s'interroger sur le fait de savoir comment il convenait d'apprécier des limitations de souveraineté qui ne répondraient ni à l'une des deux conditions posées par l'alinéa 15, ni même aux deux. Autrement dit, quelle qualification positive allait-on pouvoir attribuer à de telles limitations de souveraineté, par hypothèse, contraires à la Constitution ? De toute évidence, une telle contrariété à la Constitution pouvait être analysée comme une atteinte au principe de souveraineté. Et seule une révision de la Constitution aurait pu la surmonter. Pour le Conseil constitutionnel, des limitations de souveraineté non autorisées par la Constitution, devaient, semble-t-il, s'analyser comme étant des transferts de souveraineté. D'où la distinction entre les limitations de souveraineté autorisées et

---

[1] Sur cette question de la compétence du Conseil constitutionnel, voir l'ouvrage de M. P. GAÏA, *ibid.*, spéc. pp. 34 et s.

les transferts de souveraineté (limitations non autorisées) interdits, sauf révision constitutionnelle préalable[1].

Ce faisant, non seulement les textes constitutionnels ne donnaient aucune indication de ce qu'est une limitation de souveraineté, mais aussi et surtout, le Conseil constitutionnel crée un concept (les transferts de souveraineté interdits) alors qu'aucune règle ou aucun principe de valeur constitutionnelle, notamment l'alinéa 15 du préambule de la Constitution de 1946, n'y fait allusion. Tout au plus peut-on dire qu'il s'agit là d'une interprétation a contrario et audacieuse de cet alinéa du préambule du texte constitutionnel de la IVe République[2]. On pourrait en déduire que le juge constitutionnel s'est, comme il semble normal, beaucoup plus inspiré de l'esprit et des intentions du constituant de 1958 (sauvegarder l'indépendance et la souveraineté nationales) que des intentions des inspirateurs de la Constitution de 1946[3].

Il convient tout de même de se demander si le caractère non pertinent de la distinction de 1976 ne provient pas de la maladresse de rédaction de l'alinéa 15 du préambule de 1946, sur laquelle elle se fonde. En clair, que signifie l'expression « limitations de souveraineté » du point de vue du droit international ? Il faut considérer, nous semble-t-il, que l'Etat exerce sa souveraineté lorsqu'il décide de déléguer un certain nombre de compétences à des organisations internationales. Autrement dit, c'est parce que l'Etat est souverain qu'il peut librement consentir à limiter sa marge de manœuvre dans un certain nombre de matières. De ce point de vue, on ne peut parler de limitation de souveraineté qu'en tant que résultat d'une opération préalable de transfert de compétences. On retrouve ainsi la perspective finalement retenue par le Conseil constitutionnel dans sa décision *Maastricht I* du 9 avril 1992. Au demeurant, l'utilisation de l'expression limitation de compétences ou celle de limitation de l'exercice de droits souverains, en 1946, aurait été plus compréhensible que celle de « limitations de souveraineté ». On peut dès lors clairement penser que la rédaction de l'alinéa 15 est mauvaise et juridiquement peu pertinente. Autrement dit, la formule de « limitations de souveraineté » apparaît, au final, assez « impropre au regard du droit international »[4], d'où le caractère « impraticable » de la distinction posée par la Haute instance dans la décision n° 76-71 DC.

---

[1] Voir sur ce point l'approche assez semblable retenue par le Conseil constitutionnel du Sénégal dans une décision du 16 décembre 1993, avec les critiques de M. A. SALL, *Rec. Pénant*, n° 827, mai à août 1998, pp. 227-231.

[2] Voir en ce sens, M. D. RUZIE, *JDI* 1977, p. 82.

[3] Cf. l'ouvrage de M. P. GAÏA, *op. cit.*, p. 299 ; MM. R. KOVAR et D. SIMON, *RTDE* 1977, p. 681.

[4] Cf. MM. J. COMBACAU/S. SUR : *Droit international public*, 3e éd., *op. cit.*, p. 251 ; Mme S. MARIN-COMBEAUD : « Dans quelle mesure l'Union européenne impose-t-elle des restrictions à la souveraineté ? », dans P. DAILLIER et P. KOVACS : *Perspectives d'intégration des PECO aux institutions de l'Europe occidentale*, éd. Montchrestien, 1998, p. 179.

Un flou subsiste en effet concernant cette décision « *Assemblée européenne* » : le Haut Conseil n'a livré aucun critère de distinction entre les limitations et les transferts de souveraineté. Ceci donne beaucoup plus de pertinence au caractère d'« arrêt de règlement » souvent attribué à la décision du 30 décembre 1976. En effet il est permis de penser que le juge constitutionnel n'a eu « nul besoin de la distinction qu'il formule pour résoudre le problème qui lui était soumis... »[1]. Et pour M. R. ABRAHAM, toute une partie de cette décision « n'a d'autre finalité que d'exprimer la « doctrine » du Conseil afin que le gouvernement sache jusqu'où il peut aller, sans révision constitutionnelle, dans la voie de l'intégration européenne »[2]. Cette volonté d'établir « une sorte de charte de la souveraineté nationale qui engage l'avenir »[3] apparaît clairement dans les réserves ou les considérations posées à la constitutionnalité des dispositions communautaires en cause et même de leurs textes nationaux d'application (B).

B/- Les conséquences immédiates de cette conception étroite de la souveraineté de l'Etat

Dans la motivation détaillée de sa décision du 30 décembre 1976, le Conseil constitutionnel a utilisé, en matière européenne, la technique de la compatibilité sous réserve. Ceci contribue manifestement à matérialiser une sorte de méfiance vis-à-vis de l'approfondissement du processus communautaire et, par voie de conséquence, un souci de préservation de l'identité constitutionnelle française. Cette réserve se traduit dans les considérants de la décision de la Haute instance par l'affirmation de limites, hypothétiques pour certaines et potentielles pour d'autres, que devront respecter les textes d'application des engagements communautaires en cause et les modifications éventuelles des institutions communautaires. En d'autres termes, la validité sur le plan interne des modalités présentes et futures de l'élection des représentants français à l'Assemblée des Communautés européennes est subordonnée au respect des principes et règles à valeur constitutionnelle, dont le

[1] M. F. HERVOUËT : « L'incidence de la jurisprudence de la CJCE sur la hiérarchie des normes en droit français », *op. cit.*, p. 34.

[2] M. R. ABRAHAM : *Droit international, droit communautaire et droit français, op. cit.*, p. 60. Pour M. P. RAMBAUD : « L'approbation par la France des dispositions sur l'élection du Parlement européen au suffrage universel direct », *AFDI* 1977, p. 896 : « La leçon politique est claire : le Conseil se montre soucieux de rassurer les adversaires du projet en marquant nettement les limites de la compatibilité du développement de l'Union européenne avec la Constitution. C'est, sans équivoque, une condamnation d'une certaine conception de l'édification de cette Union qui était celle de R. Schuman, partisan avoué d'une supranationalité... ».

[3] M. A. LAURENS : « Des limites à la supranationalité », Le Monde du 1er janvier 1977, p. 4.

principe de l'indivisibilité de la République[1]. Par ailleurs, en posant certaines conditions à la constitutionnalité de l'évolution éventuelle du système institutionnel communautaire, le Conseil constitutionnel veut marquer le caractère désormais renforcé et quasi incontournable de son contrôle voué, comme l'on sait, à la défense de l'autonomie constitutionnelle française.

1)- La réserve « nationale » de validité des textes d'application de l'engagement communautaire du 20 septembre 1976

Cette réserve du Conseil constitutionnel à l'encontre des implications potentielles des dispositions communautaires en cause peut être doublement soulignée.

a)- Avec le considérant n° 5 de la décision du 30 décembre 1976, on se trouve devant des limites dont la portée juridique est discutable. En effet, l'Acte soumis au juge constitutionnel ne posait pas en lui-même de problème de constitutionnalité. Or, en dépit de ce constat qui devait se suffire à lui-même, il avança certaines considérations tenant principalement au nécessaire respect du principe d'indivisibilité de la République. De façon plus concrète, il est possible de relever trois étapes dans l'argumentation de la Haute juridiction :

- Elle affirme tout d'abord que le principe de l'indivisibilité de la République[2] n'est pas remis en cause par l'Acte annexé à la décision du Conseil des Communautés européennes du 20 septembre 1976. Plus précisément, et la précision est de taille ici, il n'y a pas d'atteinte à ce principe car les modalités du scrutin sont fixées de façon minimale par l'engagement communautaire[3]. Ceci laisse une marge de manœuvre beaucoup plus importante à la libre détermination par chaque Etat membre du système électoral applicable (article 7 de l'Acte portant élection des représentants du Parlement européen au suffrage universel direct, annexé à la décision du Conseil du 20 septembre 1976).

- Le Conseil constitutionnel effectue ensuite une interprétation neutralisante des termes de « procédure électorale uniforme » (dont l'entrée en vigueur est

[1] Cf. Mme C. GREWE : « L'unité de l'Etat : entre indivisibilité et pluralisme », *RDP* 1998 - n° spécial : *Les 40 ans de la Ve République*, p. 1351.

[2] L'article 2 de la Constitution de 1958 (devenu l'article 1er depuis la loi constitutionnelle du 4 août 1995) pose en sa première phrase que : « la France est une République indivisible... ».

[3] Elles ont trait notamment à la fixation du nombre de représentants élus dans chaque Etat membre (article 2 de l'Acte annexé), cf. MM. P. GERBET, F. de la SERRE, G. NAFILYAN(Documents rassemblés par) : *L'Union politique de l'Europe – Jalons et textes*, La Documentation française, coll. « Retour aux textes », Paris, 1998, pp. 210-212.

reportée)[1]. Et l'adoption éventuelle d'une telle procédure (élaboration par le Parlement européen, adoption par le Conseil à l'unanimité après avis conforme dudit Parlement) devrait nécessairement exclure toute forme d'atteinte au principe d'indivisibilité.

- Le juge constitutionnel considère enfin que la compétence qui est reconnue provisoirement aux Etats membres quant à l'adoption d'une procédure d'élection des représentants nationaux à l'Assemblée des Communautés européennes devra être exercée dans le respect des principes de valeur constitutionnelle, en particulier les principes de la souveraineté nationale et de l'indivisibilité de la République. Le respect de cette considération participe amplement, aux termes de l'article 1er du dispositif de la décision du Conseil constitutionnel, de la déclaration de non contrariété à la Constitution des textes communautaires examinés.

Cela étant, il convient dans un premier temps de préciser que l'adoption éventuelle d'une procédure électorale uniforme n'aura d'effet sur le plan interne qu'après avoir satisfait aux procédures requises pour la pénétration des engagements internationaux dans l'ordre juridique national. En effet les dispositions qui seraient arrêtées, devraient, aux termes du second alinéa de l'article 138-3 du traité de Rome, être adoptées définitivement « par les Etats membres, conformément à leurs règles constitutionnelles respectives ». Il en résulte que le Conseil constitutionnel, à la suite d'une saisine probable, pourra exercer un contrôle de constitutionnalité d'un tel engagement communautaire et faire vérifier le respect par ce dernier des principes et règles de valeur constitutionnelle. Le juge constitutionnel français a donc plus statué non par rapport à l'Acte communautaire qui lui était soumis mais surtout et, peut-être essentiellement, au regard de ses adaptations éventuelles. Autrement dit, s'agissant plus particulièrement des rapports entre procédure électorale uniforme et principe de l'indivisibilité, il est clair que « le Conseil constitutionnel [...] a statué sur la conformité du développement potentiel d'une clause de l'engagement international... »[2].

b)- Concernant dans un second temps la déclaration de conformité sous réserve du respect notamment du principe de l'indivisibilité de la République par les textes nationaux d'application de l'engagement communautaire du 20 septembre 1976, on peut y voir une considération ayant beaucoup plus une portée politique que juridique. On pourrait parler à cet égard d'une réserve hypothétique[3]. En envisageant les textes d'application de la décision communautaire, le Conseil avait sans doute à l'esprit la loi d'autorisation de ratification de cet engagement et

---

[1] Voir en ce sens, M. P. GAÏA, *ibid.*, p. 330.

[2] MM. L. FAVOREU et L. PHILIP : « Chronique constitutionnelle française », *RDP* 1977, p. 154.

[3] Concernant les hypothèses d'interprétation conforme de certaines stipulations conventionnelles par la Haute instance, cf. M. A. VIALA : *Les réserves d'interprétation dans la jurisprudence du Conseil constitutionnel*, LGDJ, 1999, pp. 60-63.

surtout le texte législatif ordinaire devant déterminer la procédure électorale de substitution à celle qui était censée être uniforme dans tous les Etats membres de l'Europe communautaire. Cette réserve a très largement été analysée en termes de modes de scrutin et de circonscriptions électorales. Ainsi M. DUVERGER considérait-il que le principe d'indivisibilité excluait « toute élection dans des cadres régionaux ». A partir de ce constat, il n'estimait comme juridiquement concevables que deux procédures : « La proportionnelle à l'échelle de la nation entière, ou un scrutin uninominal dans de petites circonscriptions dont aucune ne coïncide avec une région ou une sous-région »[1]. Dans cette même optique, M. P. GAÏA justifie également cette analyse du Conseil constitutionnel par la crainte d'un éventuel découpage de la République en grandes circonscriptions régionales[2]. Un tel découpage aurait pu avoir des incidences sur la nature de l'Assemblée des Communautés européennes et par conséquent, aurait consacré « le démembrement de la République française ». Il faut tout de même noter qu'il fait justice d'une telle idée en parlant d'un « risque plus potentiel que réel »[3].

Pour autant il s'agit, à notre avis, beaucoup moins d'une question de système électoral que d'un problème de représentation. En effet, le système représentatif implique que l'élu soit le représentant de l'ensemble de l'électorat[4], excluant ainsi, pour ce qui concerne les représentants français à l'Assemblée européenne, la représentation d'une hypothétique nation européenne. De ce point de vue, l'analyse de M. P. GAÏA apparaît comme étant la seule pertinente. Il explique en effet que le principe d'indivisibilité de la République en matière électorale traduit une exigence d'unité et d'indivisibilité de la représentation de la nation. Il en résulte qu'il faut d'un côté « ...que les circonscriptions créées se situent obligatoirement à l'intérieur du cadre géographique national... » et de l'autre que « ...quelle que soit la circonscription électorale de l'élu, ce dernier doit être réputé en toute circonstance représenter l'ensemble de la nation »[5]. Notons tout simplement que le législateur a

---

[1] M. M. DUVERGER : « Une victoire à la Pyrrhus », Le Monde du 4 novembre 1977, p. 5.

[2] De telles craintes ont également été exprimées par un certain nombre de députés lors de l'examen du *Rapport de M. M. DOLEZ, n° 1035 (juillet 1998), à propos du projet de loi n° 976 modifiant le mode d'élection des députés européens* (ce projet a finalement été abandonné par le gouvernement au cours de l'été 1998, en raison de diverses oppositions dans le monde parlementaire et notamment au sein de la majorité dite « plurielle »), voir spéc. pp. 19-21.

[3] Cf. l'ouvrage précité de M. GAÏA, p. 329. Il matérialise l'interdit, s'agissant du principe de l'indivisibilité de la République, en ce sens : « ...L'institution de circonscriptions « à cheval » sur une frontière, c'est-à-dire ayant leur assise territoriale dans deux Etats différents ou encore regroupant deux ou plusieurs Etats... », *ibid.*, p. 331. L. HAMON, *D.* 1977, p. 204, relativisait, lui, la prise de position du Conseil constitutionnel concernant le principe d'indivisibilité, en estimant que « le principe énoncé [...], tant qu'il n'aura pas été complété et précisé n'interdit que peu de choses en matière électorale ».

[4] M. L. FAVOREU(Sous la direction de) : *Droit constitutionnel*, 2e éd., Dalloz, 1999, p. 485.

[5] M. P. GAÏA, *op. cit.*, p. 332. Voir aussi sur ce point, Mme L. BAGHESTANI-PERREY : *Le principe de la souveraineté nationale...*, *op. cit.*, pp. 306-310.

choisi la solution qui répondait le plus étroitement aux considérations avancées par une partie de la doctrine. En effet la loi n° 77-729 du 7 juillet 1977 relative à l'élection des représentants de la France à l'Assemblée des Communautés européennes dispose en son article 3 que : « L'élection [de ces derniers] a lieu à la représentation proportionnelle... », et son article 4 que « le territoire de la République forme une circonscription unique »[1].

Au-delà de toutes ces interprétations, il faut souligner que le juge constitutionnel s'est montré sensible aux arguments beaucoup plus politiques que juridiques, qui craignaient la revendication par l'Assemblée européenne, du fait de son élection au suffrage universel direct, de pouvoirs qui auraient contribué à changer sa nature et par là même à faire apparaître une certaine souveraineté européenne. Ceci nous incline à penser que la réserve du Conseil constitutionnel quant au principe d'indivisibilité de la République participe aussi du souci de marquer la persistance du principe de souveraineté, exclusive de toute revendication ou de toute prétention à une quelconque souveraineté européenne. Ceci est d'autant plus vraisemblable que la Haute instance a été amenée dans la même décision de 1976, à prévoir un contrôle de constitutionnalité potentiel de l'approfondissement du système institutionnel communautaire.

2)- La revendication d'un examen potentiel de la constitutionnalité de dispositions conventionnelles

Le juge constitutionnel français a tenu, dans sa décision « *Assemblée européenne* » de 1976, à montrer, par une motivation surabondante, que le Parlement européen n'avait aucun titre à participer à l'exercice de la souveraineté nationale, ni aucune vocation à prétendre à l'existence d'une souveraineté, par définition européenne. Au demeurant, une augmentation des pouvoirs des institutions communautaires, notamment de l'Assemblée ou une modification de la nature de cette dernière (qui, à ce stade, était uniquement « composée de représentants de chacun des peuples des Etats »), devrait passer obligatoirement par l'assentiment des volontés souveraines des Etats. Il est bien entendu, pour le Conseil constitutionnel, qu'une telle situation ne pourrait résulter que d'une révision en bonne et due forme des traités (ancien article 236 du traité de Rome,

---

[1] *JORF*, 8 juillet 1977, p. 3579. Voir sur ce processus, M. P. RAMBAUD, *AFDI* 1977, p. 898. Il faut signaler l'existence du projet n° 976 tendant à modifier cette loi de 1977. En substance, il vise à découper la France en huit circonscriptions électorales interrégionales (circonscriptions formées d'un nombre entier de régions). Il a été fortement soutenu que ces circonscriptions n'avaient pas la qualité de circonscriptions administratives ; leur objet étant strictement électoral. Les élus ne seraient donc pas les représentants de ces circonscriptions mais ceux de la nation toute entière, cf. *Rapport de M. DOLEZ*, n° 1035, Assemblée nationale, pp. 16, 24 et 29.

devenu article N du traité sur l'Union européenne ; article 48 dans la Version consolidée des traités). La ratification d'un tel traité modificatif devrait s'effectuer conformément aux règles constitutionnelles pertinentes en la matière en France (notamment les articles 53 et 54 de la Constitution, et, de manière audacieuse, l'article 61, alinéa 2 du même texte).

Il ressort de tout ceci que la Haute instance a voulu surtout prendre des « gages » pour le futur. En d'autres termes, la solution de droit positif est quelque peu occultée par « les précautions que l'on croyait devoir prendre pour rassurer ceux qui auguraient les pires dangers du nouveau mode de désignation des membres du « Parlement européen »[1]. Cette analyse est d'autant plus pertinente que cet avertissement du juge constitutionnel, quant à la nature et aux pouvoirs de l'Assemblée européenne, a été pris en compte de façon éclatante par l'article 2 de la loi n° 77-680 du 30 juin 1977, autorisant l'approbation des dispositions annexées à la décision du Conseil des Communautés européennes du 20 septembre 1976[2]. L'important malgré tout reste de s'interroger sur la portée d'une telle garantie. En premier lieu, elle n'ajoute rien aux considérations avancées par le Conseil constitutionnel dans sa décision ; elle devient par là même superfétatoire. En second lieu, il n'est pas discutable que toute extension sensible des compétences de l'Assemblée européenne, contribuant par surcroît à modifier sa nature, ne peut être effectuée que par un nouvel engagement communautaire (« nouvelle modification des traités », dit le Conseil constitutionnel), dont l'intégration dans l'ordre juridique français devra se faire conformément aux principes et règles de valeur constitutionnelle. Il est donc logique d'en déduire qu'une telle disposition « ...énonce une évidence [...] sans portée normative... »[3].

---

[1] J. BOULOUIS : « Observations sur la décision du Conseil constitutionnel du 30 décembre 1976 », *CDE* 1977, p. 461. Pour lui en effet, « ...le Conseil constitutionnel a accepté de se placer sur un terrain où l'avenir prenait finalement plus d'importance que le présent... ». Et pour MM. FAVOREU et PHILIP, *RDP* 1977, p. 143, cet état des choses montre que le juge constitutionnel « s'est laissé influencer par les aspects politiques du problème aux dépens de ses aspects juridiques ». Voir aussi M. D. ROUSSEAU : *Sur le Conseil constitutionnel. La doctrine Badinter et la démocratie, op. cit.*, pp. 157-158.

[2] Ce texte est cité notamment par M. C. FRANCK : *Les grandes décisions de la jurisprudence. Droit constitutionnel*, PUF, coll. « Thémis », 2e éd., 2001, pp. 115-116. Il précise par ailleurs que, malgré cette concession accordée à certains parlementaires de la majorité, le Premier ministre avait dû recourir à la procédure de l'article 49, alinéa 3 de la Constitution ; cf. aussi M. P. RAMBAUD, *AFDI* 1977, pp. 897-898 et 901.

[3] Cf. M. J.-E. SCHOETTL, *AJDA* 1998, p. 136. En outre M. D. MAUS, *RDP* 1978, p. 1087, estime que cet article n'a qu'une « valeur [...] d'ordre psychologique et politique... ». Sa valeur en droit positif n'est donc que très incertaine. De son côté, M. A. VIALA : *Les réserves d'interprétation dans la jurisprudence du Conseil constitutionnel, op. cit.*, p. 62, considère qu'une telle réserve est applicable au seul droit interne et absolument inopposable aux autres parties de la convention internationale. Sur le plan externe justement, M. M. de VILLIERS, *JCP* 1978, I, 2895 en conclut que « ...cette garantie n'a aucune espèce de valeur internationale » ; voir aussi M. P. RAMBAUD, *ibid.*, p. 898. Les mêmes observations peuvent être faites à l'égard de l'article 2 de la loi n° 99-229

En définitive, tous ces aspects et implications de la décision du 30 décembre 1976 traduisent une certaine méfiance, quoique conditionnée par le contexte politique du moment, vis-à-vis de l'approfondissement de la construction européenne. On ne pense pas forcer le trait en disant qu'il s'agit de la matérialisation d'une volonté jalouse de préservation de la souveraineté étatique. Mais l'élément le plus transparent et le plus révélateur de cette matérialisation demeure la fameuse distinction entre les limitations de souveraineté (autorisées) et les transferts de souveraineté (prohibés). On ne saurait dès lors faire l'économie d'une discussion de sa pertinence au regard des exigences de l'intégration communautaire (Paragraphe 2). Sans perdre de vue que le Conseil constitutionnel, à travers cette distinction, a cherché à préserver la souveraineté de l'Etat français, il convient de savoir si cette distinction est adaptée au contexte communautaire. On ne peut dissimuler, à ce stade de la réflexion, que la recherche d'éventuels critères à cette distinction est loin d'être concluante.

Paragraphe 2 : L'inadaptation de cette distinction au contexte et aux implications de l'intégration européenne

Rien dans la décision du 30 décembre 1976 ne donne d'indication sur le ou les critères de démarcation entre les deux concepts de limitations et de transferts de souveraineté. A première vue, faire ressortir de tels critères semble chose aisée, comme le montre la prolifération de tentatives doctrinales de systématisation qu'il conviendra de présenter (A). Mais la pluralité de ces tentatives d'explication de la distinction montre déjà, en elle-même, l'extrême difficulté qu'il y a à trouver une analyse qui fasse véritablement autorité. Confrontée plus précisément à la logique de la construction européenne, cette distinction montre ses limites, eu égard à son caractère largement inadapté (B). Son caractère non pertinent ou peu opérationnel apparaît dès lors peu discutable.

---

autorisant la ratification du traité d'Amsterdam, *JORF*, 25 mars 1999, p. 4463. Cet article additionnel dont le contenu a été fixé par le gouvernement en concertation et en plein accord avec la représentation nationale est ainsi libellé : « La République française exprime sa détermination de voir réaliser, au-delà des stipulations du traité d'Amsterdam, des progrès substantiels dans la voie de la réforme des institutions de l'Union européenne, afin de rendre le fonctionnement de l'Union plus efficace et plus démocratique, avant la conclusion des premières négociations d'adhésion ». Contrairement au précédent de 1977, il ne s'agit pas d'une suite immédiate donnée à une décision du Conseil constitutionnel. De plus, une telle déclaration politique unilatérale, aussi solennelle soit-elle, ne peut lier juridiquement les partenaires européens de la France. Sur cette question, voir M. C. CONNAN. : « Les résolutions accompagnant les lois autorisant la ratification ou l'approbation des engagements internationaux – Réflexions sur l'opportunité de restaurer une prérogative parlementaire censurée par la Cinquième République », *RRJ* 2000, pp. 665-678.

A/- Les « efforts de systématisation » de la distinction entre limitations et transferts de souveraineté

Le « flou » observé par le Conseil constitutionnel dans sa décision n° 76-71 DC quant aux critères de démarcation entre les limitations et les transferts de souveraineté a été à l'origine de nombreuses interprétations doctrinales. Seul le passage en revue d'un certain nombre d'entre elles permet véritablement de montrer qu'il est difficile de mener une analyse satisfaisante de la distinction posée par la Haute instance en 1976. Il apparaît d'emblée hautement envisageable d'effectuer un rapprochement entre la position du juge constitutionnel en 1976 et l'opinion émise, en 1954, par six professeurs de droit public de la Faculté de droit de Paris à l'occasion de la querelle doctrinale sur le problème de la constitutionnalité du traité visant à instituer la *CED*[1]. Dans l'une de leur contribution, en effet, ils établissaient une distinction entre limiter la souveraineté de l'Etat français et transférer à un pouvoir supranational certaines compétences étatiques. Dans le premier cas, l'Etat s'engageait simplement à se conformer dans l'exercice de ses compétences à des règles conventionnelles. Alors que dans le second cas, il abandonnait son droit de décision, affectant ainsi sa structure ou encore bouleversant son organisation constitutionnelle[2]. Il est à noter tout d'abord que cette construction utilise indistinctement les expressions de souveraineté et de compétence, termes qui sont très différents. En effet, de la souveraineté dépend un certain nombre de compétences, et seules ces dernières peuvent être transférées à une organisation internationale. Autrement dit, les notions de limitations ou de transferts de compétences ne peuvent équivaloir à celle de transfert de souveraineté. Les premières participent d'un phénomène d'intégration alors que la seconde matérialise la dilution de la souveraineté de l'Etat au sein d'une entité étatique de type fédéral. Au demeurant, une telle situation contribuait tout simplement à montrer qu'on ne pouvait limiter une compétence nationale sans affecter la souveraineté de l'Etat. Plus fondamentalement ensuite, et ceci vaut à la fois pour les positions doctrinales de 1954 et pour la décision du 30 décembre 1976, poser une telle distinction était œuvre « ingénieuse doctrinalement. Mais elle ne trouve aucun appui dans les prescriptions constitutionnelles qui régissent en France, depuis 1946 [...] la conclusion des traités »[3].

---

[1] Sur cette controverse juridique, cf. *Droits* n° 16, 1992 : « La querelle constitutionnelle sur la CED (1954) », pp. 101-118.

[2] Cf. S. BASTID, G. BURDEAU, R. CAPITANT, C. EISENMANN, P. LAMPUE, M. SIBERT, Le Monde du 30 juillet 1954, p. 5. Une distinction assez proche a été retenue par Mme M.-F. GARAUD et M. P. SEGUIN : *De l'Europe en général et de la France en particulier*, Belfond - Le Pré aux Clercs, 1992, pp. 73-74.

[3] Cf. M. C. ROUSSEAU : « Un dernier mot sur la CED et la Constitution », Le Monde du 11 août 1954, p. 5.

Un certain nombre d'interprétations se fondent essentiellement sur la nature des pouvoirs accordés à l'organisation internationale ou tout simplement sur les modalités de prise de décision au sein des institutions communautaires. Ainsi assimile-t-on limitation de souveraineté et prise de décision à l'unanimité, « donc avec l'accord de la France ». Cette interprétation réduit le transfert de souveraineté au fait que des actes communautaires puissent être obligatoires pour un Etat membre après vote du Conseil des Communautés à la majorité même qualifiée[1]. Mais il faut noter qu'elle ne tient aucun compte ni du domaine concerné ni de l'ampleur de la délégation de compétences en cause. De ce point de vue, la position de MM. FAVOREU et PHILIP apparaît beaucoup plus subtile[2]. En effet, telle que présentée par M. C. BLUMANN, elle ferait intervenir deux critères :

- Un « critère formel fondé sur le destinataire du transfert : organisation de simple coopération ou organisation d'intégration ;
- un critère matériel fondé sur la durée et la solidité du transfert : simple délégation, précaire et révocable ou abandon définitif et irrévocable »[3].

A la lecture de cette interprétation, il serait possible de penser que le concept de transfert de souveraineté n'a été forgé que pour s'appliquer au processus de construction communautaire. En effet, l'Europe communautaire est assimilable à une organisation d'intégration ; et l'on sait en outre que les Etats membres, à travers les traités communautaires, à l'exception notable du traité *CECA*, conclu pour cinquante ans, se sont engagés pour « une durée illimitée ». Ces engagements sont donc par hypothèse définitifs et irréversibles. On peut dès lors se demander si le résultat inévitable auquel conduit la décision « *Assemblée européenne* » de 1976 n'est pas d'exclure toute situation intermédiaire entre une simple délégation de compétences (limitation) et une cession définitive de tout ou partie de la souveraineté française à une organisation, d'intégration essentiellement (au profit de laquelle serait reconnue, de ce fait, une nouvelle souveraineté).

C'est ce qui ressort en tout cas de positions doctrinales[4] pour lesquelles on se trouverait, à travers la distinction entre limitations et transferts de souveraineté, davantage devant une différence de nature que de degré. A titre d'illustration, il est possible de retenir trois auteurs dont la pensée fait transparaître la logique que sous-tend la décision du Conseil constitutionnel du 30 décembre 1976. Ainsi, M. C. LEBEN propose l'analyse suivante : « Le transfert-limitation de souveraineté

---

[1] L. HAMON, *D.* 1991, *chr.*, p. 302. M. C. FRANCK, *JCP* 1977, II, 18704, quant à lui, se fonde sur la nature de l'opération : les renonciations à certaines compétences souveraines sont permises alors que l'abandon d'une seule de ces prérogatives est prohibé.

[2] *RDP* 1977, pp. 160-161.

[3] M. C. BLUMANN, *RGDIP* 1978, pp. 591-592. Cet auteur juge malgré tout que cette interprétation ne correspond pas tout à fait à la lettre de la décision de la Haute instance.

[4] Voir par exemple M. B. POULLAIN : *La pratique française de la justice constitutionnelle, op. cit.*, p. 222.

par lequel un Etat consent à la centralisation d'un nombre plus ou moins important de ses compétences au profit d'une structure institutionnelle de l'ordre international, par opposition au transfert-abandon de souveraineté par lequel un Etat accepte une centralisation d'un tel degré qu'il disparaît en tant qu'Etat au regard du droit international pour laisser place à une nouvelle collectivité étatique »[1]. Cette interprétation montre bien que la création jurisprudentielle de 1976[2] conduit à un résultat inévitable : les situations intermédiaires dans lesquelles des « transferts-limitations de souveraineté » pourraient être contraires à la Constitution ne sont pas envisagées. En d'autres termes, le seuil de l'interdit se trouve cantonné dans une situation unique : le passage à une nouvelle collectivité étatique. C'est ce que J. BOULOUIS qualifie de « distribution différente des collectivités souveraines » faisant suite à un transfert de souveraineté synonyme d'altération du titre et de l'essence même de cette souveraineté. Pour cet auteur, « les limitations ne porteraient que sur l'exercice de certaines compétences attachées à la souveraineté... ». Par conséquent, le juge constitutionnel français « a entendu consacrer... » une différence de nature entre les deux notions, qui « ne vise qu'à faire obstacle au transfert compris comme le déplacement du plan national au plan international du fondement de la souveraineté ; autrement dit, à s'opposer à ce que l'organisation internationale puisse se considérer comme directement détentrice d'un titre qui n'appartient qu'aux Etats... »[3]. Par ailleurs, M. P. GAÏA aboutit à peu près au même résultat que J. BOULOUIS même si, à certains égards, l'interprétation qu'il propose se rapproche des critères formel et matériel posés par MM. FAVOREU et PHILIP. En tout état de cause, pour cet auteur, le concept de transfert de souveraineté évoque forcément une « véritable aliénation, [un] abandon sans retour de la souveraineté »[4].

Vue sous cet angle, la distinction retenue par le Conseil constitutionnel en 1976, ne prend finalement pas en considération le fonctionnalisme de la construction européenne, la méthode des « petits pas » chère à J. MONNET. En effet toute progression ou toute évolution des institutions communautaires n'aboutit pas automatiquement à une altération du « titre et de l'exercice de la compétence objet du transfert ». Autrement dit, les Etats peuvent rester souverains tout en ayant transféré un certain nombre de prérogatives attachées à ce titre. Au

---

[1] M. Ch. LEBEN : « A propos de la nature juridique des Communautés européennes », *Droits* n° 14, 1991, p. 72.

[2] Pour M. P. GAÏA : *Le Conseil constitutionnel et l'insertion..., op. cit.*, p. 299, il s'agit d'une distinction « créée de toute pièce par le Conseil constitutionnel... ».

[3] M. J. BOULOUIS, *CDE* 1977, p. 478. Voir également à titre d'illustration, l'interprétation très convaincante à cet effet de M. G. DRAGO : *Contentieux constitutionnel français*, PUF, 1998, p. 354.

[4] M. P. GAÏA, *ibid.*, p. 318. Cette logique, telle qu'impliquée par la décision du Conseil constitutionnel, est critiquée par MM. P. DAILLIER et A. PELLET : *Droit international public*, 6e éd., *op. cit.*, p. 115.

total, « la notion de transfert de souveraineté est mal construite » et « elle est susceptible de bloquer tout progrès notable de l'intégration européenne »[1]. Cette considération nous semble suffisante pour considérer que cette distinction n'est pas adaptée à la complexité, à la réalité du processus de construction communautaire (B).

B/- Une distinction aux antipodes de la réalité du phénomène communautaire

Il va de soi, après ce qui vient d'être avancé, que l'interprétation du préambule de la Constitution de 1946 par le Conseil constitutionnel, dans sa décision de 1976, pèche fondamentalement par manque de lisibilité entre les concepts de limitations et de transferts de souveraineté[2]. En effet, le juge constitutionnel français ne dit pas vraiment quel est le contenu ou quels sont les contours exacts de ces deux notions[3]. La ligne de séparation entre ces dernières apparaissant de ce fait difficilement identifiable, de nombreux auteurs ont, de manière assez convaincante, entrepris de montrer la nécessaire complémentarité entre elles, eu égard notamment aux exigences de la construction communautaire. Ces analyses, qu'il convient de présenter, peuvent être assimilées à une critique à la fois du manque de « cohérence juridique » de la distinction et de son caractère peu opportun au regard des implications de l'intégration européenne[4].

S'agissant dans un premier temps, de la complémentarité entre les deux notions, la démonstration est connue. M. F. LUCHAIRE considère en effet qu'« ...il n'y a pas de limitation sans transfert sinon de souveraineté, du moins de compétence... »[5]. Ceci revient à dire que « ...la notion de limitation contient nécessairement celle de transfert... »[6]. Une telle relativisation, ou plus précisément une pareille discussion de la pertinence de la distinction posée par la Haute

---

[1] Cf. M. M. FROMONT : « Le droit constitutionnel national et l'intégration européenne », *RAE* 1997/2, p. 192. Dans le même sens, voir M. C. BLUMANN, *RMC* 1994, P. 396. M. D. RICHARD, *Gaz. Pal.*, n° 168-169, 17 et 18 juin 1998, p. 3, considère même que cette décision de 1976 inclinait à penser que « ...tout progrès de la construction européenne était suspect d'inconstitutionnalité ».

[2] Voir notamment M. F. HERVOUËT : « L'incidence de la jurisprudence de la CJCE... », *op cit.*, pp. 34-35.

[3] Mme E.-F. BERTHET, C. BRESARD, M. JACASSON : « L'élection au suffrage universel direct des représentants à l'Assemblée des Communautés européennes », *RDP* 1979, p. 355.

[4] Cf. M. M. FROMONT, *ibid.*

[5] M. F. LUCHAIRE, dans *La Constitution de la République française*, 2e éd., Economica, 1987, p. 101. Dans une optique assez proche entrevue, déjà, au début des années 1950, P. REUTER : « Le Plan Schuman - La CECA », *RCADI* 1952-II, tome 81, pp. 543-544.

[6] M. F. LUCHAIRE, *RTDE* 1979, p. 420.

instance, est partagée par de nombreux auteurs[1]. Par ailleurs, et dans un second temps, mise en perspective avec la logique induite par les traités communautaires, cette distinction apparaît-elle opérationnelle ?

La réponse à cette question ne peut être que négative. Il convient de le démontrer. Il faut dire en effet que pour le droit communautaire, et notamment pour la CJCE, les traités ont conféré des « pouvoirs réels » aux institutions communautaires. Il est entendu que ces pouvoirs sont « issus d'une limitation de compétence ou d'un transfert d'attributions des Etats à la Communauté »[2]. Cette affirmation montre que l'octroi de certains pouvoirs aux institutions européennes par le biais « d'une limitation de compétence ou d'un transfert d'attributions des Etats » a contribué à limiter l'exercice de « leurs droits souverains ». En d'autres termes, une limitation de la souveraineté des Etats membres, dans le cadre de l'intégration européenne, ne peut que concrètement résulter d'un transfert de prérogatives étatiques à la Communauté. De ce point de vue, l'interprétation retenue par le Conseil constitutionnel nous semble donc très largement en inadéquation avec les exigences ou les implications de la construction européenne[3]. Cette approche peut être amplement étayée par les analyses de la doctrine. Ainsi M. L. DUBOUIS soutient-il que dans le cadre de l'intégration européenne, « ...les limitations de compétences ont pour raison d'être et pour conséquence le transfert de ces compétences à l'organisation »[4]. Aussi M. M.-R. SIMONNET s'interroge-t-il sur la question de savoir « ...à quoi cela sert-il qu'un Etat limite sa souveraineté, c'est-à-dire renonce à exercer l'une de ses compétences, si ce n'est pas pour la faire exercer par quelqu'un d'autre, notamment par une institution communautaire »[5]. Ces seuls exemples font clairement apparaître que la jurisprudence de 1976 n'est en aucune manière le reflet de la réalité communautaire.

La démonstration qui vient d'être menée s'avère d'autant plus pertinente dès lors qu'il s'agit de faire un examen, sur ce point, des jurisprudences en matière internationale ou européenne du Conseil constitutionnel d'un côté et de la Cour constitutionnelle italienne de l'autre. Il faut noter tout d'abord que les dispositions

---

[1] Voir par exemple M. D. RUZIE, *JDI* 1977, pp. 76-77 ; M. J. RIDEAU, *RAE* 1992/3, pp. 10-11 ; MM. J. COMBACAU/S. SUR : *Droit international public*, 4e éd., *op. cit.*, p. 252 ; M. D. ROUSSEAU : *Sur le Conseil constitutionnel. La doctrine Badinter et la démocratie, op. cit.*, p. 158.

[2] CJCE - 15 juillet 1964, *Costa c/ ENEL* (aff. 6/64), *Rec.*, p. 1141.

[3] Voir en ce sens M. T. de BERRANGER : *Constitutions nationales et construction communautaire, op. cit.*, p. 44 ; M. A. MANGAS MARTIN : *Derecho comunitario europeo y derecho español*, Tecnos, Madrid, 1986, p. 28.

[4] M. L. DUBOUIS : « Le juge français et le conflit entre norme constitutionnelle et norme européenne », dans *Mél. en hommage à J. BOULOUIS*, éd. Dalloz, 1991, p. 216.

[5] Cf. Rapport de M. M.-R. SIMONNET, dans *La souveraineté au XXIe siècle, Les Cahiers du Centre de documentation et de recherche européennes de la Faculté de droit de l'Université Jean Moulin Lyon III*, 1988, p. 30. On peut également citer les approches de M. J. PETOT : « L'Europe, la France et son Président », *RDP* 1993, p. 363.

légitimant les limitations de souveraineté en France et en Italie sont très proches non seulement quant à leur année d'édiction (respectivement 1946 et 1947), mais également et surtout relativement à leur formulation. Rappelons en effet qu'aux termes de l'alinéa 15 du préambule de la Constitution de 1946 : « Sous réserve de souveraineté, la France consent aux limitations de souveraineté nécessaires à l'organisation et à la défense de la paix ». Quant à l'article 11 de la Constitution italienne, il prévoit notamment que : « L'Italie [...] consent, à condition de réciprocité par les autres Etats, aux limitations de souveraineté nécessaires à un ordre qui assure la paix et la justice au sein des nations... ». Il faut constater ensuite que, nonobstant la quasi-similitude de ces deux dispositions, leur interprétation est longtemps demeurée matière à contraste. Autrement dit, la portée accordée à l'article 11 de la Constitution italienne par la Cour constitutionnelle est très différente, sinon opposée, de celle retenue par le Conseil constitutionnel s'agissant de l'alinéa 15 (distinction entre limitations et transferts de souveraineté en 1976). En effet, dans la sentence *Frontini e Pozzani* de 1973, le juge constitutionnel italien considère la formule de l'article 11 comme justifiant « les limitations des pouvoirs de l'Etat, quant à l'exercice de fonctions législatives, exécutives et juridictionnelles, rendues nécessaires par l'institution d'une Communauté entre Etats européens, c'est-à-dire d'une nouvelle organisation étatique de type supranational... »[1]. Il est donc clair pour la juridiction constitutionnelle italienne que les transferts de compétences souveraines à l'Europe communautaire entraînent corrélativement une limitation de l'exercice des droits souverains de l'Etat italien. Plus précisément, les limitations de la souveraineté de cet Etat impliquent nécessairement une attribution de certaines compétences étatiques aux institutions communautaires. Il n'est nullement besoin d'insister pour constater une différence d'approche entre les deux Cours constitutionnelles[2], avec pour le Conseil constitutionnel une position très en retrait, voire rétrograde, par rapport aux implications et à la réalité du phénomène communautaire.

Cela étant, l'absence de différenciation entre le droit international et le droit communautaire que l'on peut tirer de cet état des choses n'était peut-être pas susceptible d'être évité. On rappelle en effet que, avec l'utilisation de l'expression « quelque organisation internationale que ce soit » dans son considérant de principe de la décision n° 76-71 DC, le Conseil constitutionnel avait récusé toute nature spécifique originale à l'ordre juridique communautaire. A notre avis, le juge constitutionnel français ne pouvait pas raisonner différemment dans la mesure où le

---

[1] Sur l'analyse de cette décision, voir notamment MM. P. de CATERINI, *CDE* 1975, p. 114 ; S. NERI, *RTDE* 1974, p. 148 ; A. BARAV, *RTDE* 1985, p. 318.

[2] La doctrine a très justement fait ressortir cette interprétation contrastée de dispositions constitutionnelles formulées en termes quasi identiques, cf. notamment M. T. de BERRANGER, *op. cit.*, pp. 70, 107 et 145 ; M. B. GENEVOIS, *RFDA* 1992, p. 384 ; Mmes C. GREWE et H. RUIZ FABRI : *Droits constitutionnels européens, op. cit.*, p. 115.

texte constitutionnel de 1958, qui lui sert de valeur de référence, n'accordait lui-même aucune particularité au droit communautaire. Ce dernier était donc censé rentrer dans la catégorie des « traités et accords internationaux ». Le fait que le concept de « transferts de souveraineté » ait été en quelque sorte forgé pour servir de frein à l'amenuisement de la souveraineté de l'Etat que pouvait comporter en germe le phénomène communautaire ne change pas grand chose à la pertinence de ce constat.

En définitive, la position adoptée par le Conseil constitutionnel en 1976 était difficilement compatible avec les exigences de l'Europe communautaire. Il est vrai que la distinction entre limitations et transferts de souveraineté, qui formait la trame générale de cette jurisprudence, ne constituait que la manifestation d'une conception restrictive du principe de souveraineté. Une telle approche paraissait sans nul doute disproportionnée au regard de l'objectif qu'il était, implicitement possible de déduire de la jurisprudence de 1976 : « ...Prévenir tout caractère automatique à l'extension des institutions communautaires »[1]. L'esprit des constituants de 1958, tenant à la préservation de l'indépendance et de la souveraineté nationales, n'était peut-être pas, on l'a vu, tout à fait étranger à cette rigidité originelle du Conseil constitutionnel. Cet état des choses provenait, semble-t-il, aussi du fait que la Haute juridiction avait, à travers l'article 54 de la Constitution, la lourde charge de déterminer la portée de la souveraineté de l'Etat au contact de l'Europe communautaire, ce dont s'était abstenu de faire le constituant de 1958[2]. Des tâtonnements devenaient donc, sinon prévisibles, en tout cas compréhensibles. Ceci pousse par conséquent à examiner la recherche par le juge constitutionnel français d'une position d'équilibre entre la nécessaire sauvegarde de la souveraineté de l'Etat et la poursuite de l'intégration communautaire (Section II). Les développements qui suivent se résumeraient ainsi : le Conseil constitutionnel aurait pu faire l'économie de sa fameuse distinction de 1976, dans la mesure où il avait à sa disposition la notion de conditions essentielles d'exercice de la souveraineté nationale qui, finalement, lui a permis de mieux répondre à l'objectif de préservation de l'indépendance souveraine de la France. Au vu de cette dernière considération, il faut partager le point de vue de M. C. BLUMANN selon lequel cette distinction forgée en 1976 par le Conseil constitutionnel était « contestable et même erronée sur le plan juridique »[3].

---

[1] M. RUZIE, *op. cit.*, p. 77.

[2] Voir en ce sens Mme C. HAGUENAU : *L'application effective du droit communautaire en droit interne*, éd. Bruylant - éd. de l'Université de Bruxelles, 1995, pp. 46-47.

[3] Cf. la démonstration menée par cet auteur dans *RGDIP* 1978, pp. 593-597.

Section II : Une démarche progressivement clarifiée : le caractère impérieux mais surmontable des réserves françaises de souveraineté

La distinction entre limitations et transferts de souveraineté a très souvent occulté la richesse, sinon la complexité, de la jurisprudence du Conseil constitutionnel en matière internationale ou européenne. Or, dès 1970, la Haute instance a forgé le concept de conditions essentielles d'exercice de la souveraineté nationale ; concept qui n'était pas formellement inscrit dans les textes constitutionnels français. Avec le recul, cette norme de référence s'avérera comme étant la pierre angulaire de l'examen par le Conseil constitutionnel des rapports entre engagements internationaux et Constitution française et ce, au détriment de la fausse distinction de 1976. Elle permettra dans un premier temps au juge constitutionnel, notamment à travers ses décisions *Maastricht I* du 9 avril 1992 et *traité d'Amsterdam* du 31 décembre 1997, de moduler et de clarifier au mieux le contenu du verrou constitutionnel à l'égard du droit international et européen (Paragraphe 1). Le caractère opérationnel du résultat de cette nécessaire et progressive clarification sera, dans le même temps, mis à l'épreuve à travers l'examen du traité sur l'Union européenne signé à Maastricht le 7 février 1992[1] et du traité d'Amsterdam signé le 2 octobre 1997[2]. Le caractère opérationnel de la notion de « conditions essentielles » a pu également être vérifié lors du contrôle de la constitutionnalité du traité portant statut de la *CPI* ; même si la perspective retenue n'a pas été strictement la même que celle posée à l'égard du droit communautaire[3]. Ceci témoigne de la richesse de ce concept de « conditions essentielles ». Il est clair que cette situation n'est pas sans laisser une assez large marge de manœuvre au Conseil constitutionnel. En ce qui concerne plus particulièrement la construction européenne, il faut dire par ailleurs que le processus de ratification des deux instruments communautaires, ci-dessus mentionnés, a permis, dans le même temps, de mesurer l'exacte portée de ces réserves de constitutionnalité (Paragraphe 2).

Paragraphe 1 : Les variations autour de la notion de « conditions essentielles d'exercice de la souveraineté nationale »

Il convient de mettre en exergue deux étapes principales dans la recherche par le Conseil constitutionnel d'une doctrine stable et durable concernant l'examen au fond de la constitutionnalité des engagements internationaux, étant entendu que

---

[1] Ce traité modificatif est entré en vigueur le 1er novembre 1993.
[2] Le traité d'Amsterdam est en vigueur depuis le 1er mai 1999.
[3] Voir considérants n° 29 à 40 de la décision n° 98-408 DC du 22 janvier 1999, *Rec. D.C.C.*, p. 29.

la notion de « conditions essentielles » constitue le pilier majeur de cette recherche. En effet, on pouvait d'abord s'interroger sur l'articulation éventuelle entre cette dernière notion et la célèbre distinction entre les limitations et les transferts de souveraineté. En d'autres termes, pouvait-on les combiner ou les concevoir de manière exclusive l'une de l'autre ? Le concept de conditions essentielles d'exercice de la souveraineté nationale permettait-il de cerner, dans le sens d'une plus grande précision, la distinction discutable de 1976 ? (A). La réponse en pointillés qui résulte de ces interrogations a pu être ensuite partiellement actualisée par la « clarification conceptuelle »[1] découlant des épisodes Maastricht et Amsterdam (B). Au demeurant, il faut, à ce stade du raisonnement, rappeler que l'adoption d'une nouvelle doctrine, en matière internationale ou européenne, par le Conseil constitutionnel s'est faite par paliers successifs.

A/- A la recherche d'une articulation entre la notion de conditions essentielles d'exercice de la souveraineté nationale et la distinction limitations - transferts de souveraineté

Bien que la distinction limitations/transferts de souveraineté a longtemps fait œuvre de norme jurisprudentielle de principe du contrôle de constitutionnalité des engagements internationaux, elle ne saurait dissimuler l'existence d'une autre réserve de constitutionnalité : l'atteinte aux conditions essentielles d'exercice de la souveraineté nationale. A cet effet, deux étapes méritent d'être examinées :

- Une première représentée par la création par le Conseil constitutionnel de cette norme de référence en 1970, suivie par la relative détermination de son contenu en 1985 ;
- une seconde étape matérialisée par le recours, par le juge constitutionnel français en 1991, non seulement à la notion de transfert de souveraineté mais également au concept de conditions essentielles d'exercice de la souveraineté nationale. De toute manière, cette décision de 1991 n'apparaît pas clairement comme marquant un approfondissement de la distinction érigée en 1976 par la Haute juridiction constitutionnelle[2].

---

[1] Cette expression est empruntée à Mmes C. GREWE et H. RUIZ FABRI : « Le Conseil constitutionnel et l'intégration européenne », *RUDH* 30 septembre 1992, vol. 4, n° 8-9, p. 283.

[2] Voir notamment, M. F. HERVOUËT, *op. cit.*, *RDP* 1992, pp. 1267-1268.

1)- Les conditions essentielles d'exercice de la souveraineté nationale : une notion forgée et relativement définie par le Conseil

Cette notion a été mise en place par la décision n° 70-39 DC du 19 juin 1970[1], faisant suite à la première saisine du Conseil constitutionnel en application de l'article 54 de la Constitution. Le Conseil avait en effet été saisi, le 11 juin 1970, par le Premier ministre de la question de la constitutionnalité de deux textes communautaires :

- Une décision du Conseil des Communautés européennes du 21 avril 1970 relative au remplacement des contributions financières des Etats membres par des ressources propres des Communautés ;
- le traité de Luxembourg du 22 avril 1970 qui aménage la procédure budgétaire communautaire, dans le sens d'un certain accroissement des pouvoirs budgétaires de l'Assemblée des Communautés européennes.

La Haute instance, dans son dispositif, avait conclu à la non contrariété de ces dispositions communautaires avec la Constitution[2]. Mais il importe surtout d'insister sur la motivation retenue par le juge constitutionnel. S'agissant, très rapidement, du traité de Luxembourg, la Haute juridiction va considérer qu'il touche exclusivement au fonctionnement interne des institutions communautaires. L'équilibre des relations entre ces institutions et les Etats membres ne s'en trouvait pas par conséquent bouleversé. En ce qui concerne, plus fondamentalement, la décision « ressources propres » du 21 avril 1970, elle ne constitue pas, aux yeux de la Haute instance, une mesure ayant une portée de principe. En d'autres termes, il s'agit d'une simple décision d'application des traités communautaires institutifs[3]. Le Haut Conseil en déduit que, « dans le cas d'espèce », l'acte communautaire qui lui est soumis ne porte atteinte « ni par sa nature, ni par son importance, aux conditions essentielles d'exercice de la souveraineté nationale ». Il faut remarquer tout d'abord que le juge constitutionnel tient à circonscrire ou à relativiser l'ampleur d'un tel financement autonome de l'organisation communautaire. Ceci se traduit ensuite dans les critères retenus par le Conseil concernant l'appréciation de l'atteinte aux « conditions essentielles ». Ils tiennent à la nature et à l'importance de l'engagement en cause. En l'espèce, on est en effet en présence d'une simple mesure d'application qui s'avère liée, de surcroît, à l'établissement d'une politique commune au niveau communautaire. Il faut enfin noter que l'édiction de cette norme jurisprudentielle de référence en 1970 s'est réduite à une simple affirmation

---

[1] Voir notamment sur l'analyse de cette décision : MM. C. EMERI et J.-C. GAUTRON, *RDP* 1971, *chr.*, p. 171 ; MM. L. FAVOREU et L. PHILIP : *Les GDCC*, 1ère éd., Paris - Sirey, 1975, p. 257 ; M. J.-F. LACHAUME, *AFDI* 1971, p. 992 ; M. C. ROUSSEAU, *RGDIP* 1971, p. 239 ; M. D. RUZIE, *JCP* 1970, I, 2354.

[2] Voir *supra* point A, paragraphe 1, section I, chapitre II , titre I de cette partie.

[3] Le Conseil constitutionnel renvoie notamment à l'article 201 du traité de Rome de 1957.

de principe. Le Conseil constitutionnel ne donne aucune indication quant au contenu des conditions essentielles d'exercice de la souveraineté nationale. Un pas en ce sens sera franchi par la décision n° 85-188 DC du 22 mai 1985[1]. Il faut souligner que le texte examiné ici ne concernait pas le droit communautaire. Il s'agissait certes d'un engagement européen, car conclu dans le cadre des institutions du Conseil de l'Europe, mais il ne relevait pas *stricto sensu* du système juridique communautaire. Mais il convient d'y faire référence car, comme il a été mentionné plus haut, le droit constitutionnel français, et par voie de conséquence le Conseil constitutionnel, n'accordait à cette époque aucune particularité au droit communautaire. Ce dernier rentrait donc dans la catégorie générique des engagements internationaux. C'est la raison pour laquelle la décision du 22 mai 1985 doit être située dans le prolongement de la décision du 19 juin 1970.

Le Conseil avait été saisi par le Président de la République, de la question de la constitutionnalité du Protocole n° 6 additionnel à la Convention européenne des droits de l'Homme relatif à l'abolition de la peine de mort[2]. Dans cette décision très courte de 1985, le Conseil s'inscrit, semble-t-il, dans la continuité de la décision n° 70-39 DC. Il proclame en effet que le Protocole n° 6 ne porte pas atteinte aux conditions essentielles d'exercice de la souveraineté nationale. A travers l'expression « dès lors » figurant au début de son second considérant, on peut dire que ce constat ultime n'est que le résultat d'un examen de la compatibilité de cet engagement international « avec le devoir pour l'Etat d'assurer le respect des institutions de la République, la continuité de la vie de la nation et la garantie des droits et libertés des citoyens ». A ce propos, le lien établi entre les considérants deux et trois de la décision montre que le Conseil constitutionnel a tenu, à certains égards, à préciser les contours de la notion de « conditions essentielles »[3]. Mais l'on peut s'interroger sur la portée à assigner aux trois termes de l'énumération opérée par le Conseil[4]. La seule chose qui semble en tout cas certaine c'est qu'une telle définition reste vague. Certains auteurs ont ainsi pu soutenir qu'elle est susceptible de couvrir « à peu près tous les champs possibles de l'action

---

[1] *Rec. D.C.C.*, p. 15 ; *RJC*-I, 224. Voir à propos de cette décision, M. B. GENEVOIS, *AIJC*, I-1985, p. 430 ; M. L. FAVOREU, *AFDI* 1985, p. 868.

[2] Il s'agit de la troisième saisine du Conseil sur la base de l'article 54 de la Constitution.

[3] Il faut noter que M. J. ROUX : *Le principe de la souveraineté de l'Etat dans la jurisprudence du Conseil constitutionnel, op. cit.*, pp. 139-158, s'est attaché à « remettre en cause la lecture généralement admise de la décision du 22 mai 1985, c'est-à-dire [à] démontrer que le Conseil constitutionnel n'y a nullement cherché à éclairer la notion de « conditions essentielles d'exercice de la souveraineté nationale ». Il semble perdre de vue le fait que l'énumération de 1985 n'est pas exhaustive et donc ne lie pas le juge constitutionnel. La notion de « conditions essentielles » permet simplement à la Haute instance d'adapter sa décision à chaque cas d'espèce.

[4] Sur l'analyse approfondie de cette portée, cf. *infra* B-3 de ce paragraphe.

gouvernementale »[1]. A n'en pas douter, cette situation laisse une marge appréciable au Conseil constitutionnel dans l'examen au cas par cas de la constitutionnalité des textes internationaux. C'est dans cette perspective que peut être analysée la décision n° 91-294 DC. A ceci s'ajoute la question de savoir comment pourrait s'articuler la distinction entre limitations et transferts de souveraineté avec la notion de conditions essentielles d'exercice de la souveraineté nationale.

2)- Les « conditions essentielles » : une limite à la constitutionnalité des limitations de souveraineté ?

On pouvait légitimement se demander si les deux normes de référence mises en place par le Conseil constitutionnel, respectivement en 1970-1985 et en 1976, étaient complémentaires ou exclusives l'une de l'autre. Le fondement d'une telle interrogation repose sur les incertitudes que recouvre la décision n° 91-294 DC du 25 juillet 1991[2]. Le Conseil avait été saisi par une soixantaine de députés, avec à leur tête M. P. MAZEAUD, de la loi autorisant l'approbation de la Convention d'application de l'Accord de Schengen du 14 juillet 1985 relatif à la suppression graduelle des contrôles aux frontières communes. Cette saisine concerne une fois de plus un texte qui n'est pas strictement du domaine communautaire. Cela étant, il s'agit là d'un accord intergouvernemental signé par certains Etats membres de l'Union européenne. De plus, un protocole annexé au traité d'Amsterdam incorpore désormais l'acquis Schengen dans le système juridique et institutionnel communautaire[3]. Quatre moyens étaient avancés par les requérants à l'appui de leur demande : l'atteinte au principe de la souveraineté de l'Etat à travers l'existence de transferts de souveraineté ou la remise en cause des conditions essentielles d'exercice de la souveraineté nationale ; l'atteinte aux garanties des libertés individuelles et au droit d'asile ; la violation du principe d'indivisibilité de la République ; l'incompatibilité de l'Accord et de la Convention d'application

---

[1] M. L. FAVOREU, *AFDI* 1985, p. 873. Pour une confirmation de ce point de vue, cf. M. T. de BERRANGER : *Constitutions nationales et construction communautaire, op. cit.*, p. 255.

[2] *Rec. D.C.C.*, p. 91 ; *RJC*-I, 455. Sur cette décision, voir notamment M. P. GAÏA, *RFDC* 1991, p. 703 et *RRJ* 1992, p. 25 ; Mmes C. GREWE et H. RUIZ FABRI, *RUDH* 30 septembre 1992, vol. 4, p. 277 ; L. HAMON, *D.* 1991, p. 619 ; M. F. LUCHAIRE, *RDP* 1991, p. 1499 ; M. X. PRETOT, *RTDE* 1992, p. 194 ; M. D. ROUSSEAU, *RDP* 1992, chr., p. 92 ; M. G. VEDEL : « *Schengen et Maastricht* », *RFDA* 1992, p. 173.

[3] Cf. M. Y. GAUTIER : « *Le Protocole « intégrant l'acquis de Schengen dans le cadre de l'Union européenne* », *Europe*, août-septembre 1998, p. 4 ; Mme E. BRIBOSIA : « Le protocole sur le droit d'asile pour les ressortissants des Etats membres de l'Union européenne », dans Y. LEJEUNE(Etudes coordonnées par) : *Le traité d'Amsterdam, op. cit.*, pp. 189-194 ; M. P. DOLLAT : *Libre circulation des personnes et citoyenneté européenne : enjeux et perspectives*, Bruylant, Bruxelles, 1998, pp. 247-275.

avec les traités communautaires. Il convient ici d'étudier presqu'exclusivement la réponse du Conseil aux prétendues atteintes à la souveraineté étatique.

Le Conseil constitutionnel va tout d'abord considérer que le principe du franchissement par les personnes des frontières intérieures communes, prévu à l'article 2 de la Convention d'application, ne porte pas atteinte aux conditions essentielles d'exercice de la souveraineté nationale[1], ni n'emporte aucun transfert de souveraineté[2]. S'agissant des « conditions essentielles », il examinera de façon minutieuse le respect des trois composantes de l'énumération de 1985[3]. Il estimera ensuite que l'article 40 de la Convention ne remet pas en cause les conditions essentielles d'exercice de la souveraineté nationale, et enfin que les articles 20 et 41 n'entraînent aucun transfert de souveraineté[4]. De manière générale, la Haute instance se fonde sur la préservation des compétences territoriales de l'Etat français dans les domaines en cause pour réfuter toute l'argumentation des requérants. Il faut remarquer à cet égard que le Haut Conseil a tenu à répondre point par point, au cas par cas, à tous les moyens invoqués par les auteurs de la saisine[5]. En d'autres termes, il colle au plus près aux termes de la saisine comme le montrent amplement les considérants 5 à 8 de la décision du 25 juillet 1991. Dès lors, toute la question est de savoir ce qu'implique ou ce que recouvre une telle attitude de la part de la Haute juridiction constitutionnelle française.

Il est clair d'emblée qu'aucune nouvelle formulation de principe n'est adoptée ; on est donc en présence d'une décision d'espèce. Mais au-delà de cette première considération, la mention des notions de « conditions essentielles » et de transferts de souveraineté comporte-t-elle une quelconque signification quant à l'agencement des normes de référence applicables au contrôle de constitutionnalité des engagements internationaux ? Ceci pose immanquablement le problème de la combinaison éventuelle des deux normes de référence invoquées par la saisine. De toute évidence, aucune indication déterminante dans la décision ne peut pousser à conclure à un éventuel abandon de la distinction mise en place en 1976. Au demeurant, cette seule circonstance nous conduit à penser, comme M. X. PRETOT, que « conditions essentielles » et distinction entre limitations et transferts de souveraineté sont complémentaires[6]. En d'autres termes, les conditions essentielles d'exercice de la souveraineté nationale s'inséreraient, en la complétant, dans la

---

[1] Rappelons que dans la décision n° 91-293 DC du 23 juillet 1991, *Rec. D.C.C.*, p. 77 ; *RJC*-I, 455, le Conseil a estimé que la disposition législative ouvrant l'accès de certains corps et cadres d'emplois de la fonction publique aux ressortissants communautaires ne portait pas atteinte aux « conditions essentielles » car de telles attributions « sont séparables de l'exercice de la souveraineté ».

[2] Cf. considérants 10 à 15 et, 19 et 20 de la décision.

[3] Sur cette question, voir M. P. GAÏA, *RFDC* 1991, pp. 708-710.

[4] Se référer aux considérants 21 à 26 et 35 à 39 de la décision n° 91-294 DC.

[5] Voir sur cette question, M. P. DOLLAT : *Libre circulation des personnes et citoyenneté européenne : enjeux et perspectives, op. cit.*, pp. 238-239.

[6] Cf. M. X. PRETOT, *RTDE* 1992, p. 207.

distinction entre limitations et transferts. Elles matérialisaient le stade au-delà duquel toute limitation de souveraineté devrait être considérée comme contraire à la Constitution[1]. Cela étant, cette interprétation s'assimile en quelque sorte à une volonté de pallier le caractère non pertinent de la mauvaise distinction de 1976. Au demeurant, la reprise de la notion de « transferts de souveraineté » dans la décision de 1991 est fortement liée au fait que le Conseil constitutionnel a voulu répondre de façon circonstanciée aux auteurs de la saisine.

Une autre interprétation, beaucoup plus pertinente, mérite donc d'être relevée. En effet, il est possible de dire que l'absence de prise de position de principe du Conseil constitutionnel en 1991 se justifie par le fait qu'il se trouvait conditionné par la forte probabilité d'une soumission à son examen du *TUE*[2]. C'est, semble-t-il, dans ce sens qu'il faut comprendre l'approche casuistique, très dépendante des termes de la saisine, adoptée par la Haute instance dans la décision *Schengen* de 1991. On peut donc légitimement soutenir que « ...la décision *Schengen* doit être lue comme une décision de transition par laquelle le Conseil annonce, en douceur et indirectement, la recherche d'une nouvelle « doctrine »[3].

Peut-on pour autant parler d'un infléchissement de la jurisprudence antérieure ? Il ne le semble pas, même si dans l'indécision du juge constitutionnel français en 1991 il est possible d'entrevoir des éléments annonciateurs de l'évolution de 1992. En effet, on peut estimer que la Haute instance a entendu utiliser les « conditions essentielles » comme un obstacle ultime à la constitutionnalité des limitations de l'exercice des droits souverains, même si allusion est encore faite au concept peu opérationnel de transfert de souveraineté. Une telle allusion révèle tout simplement la valse hésitation du Conseil constitutionnel dans la recherche d'un critère d'appréciation, opérationnel, de l'examen de la constitutionnalité des engagements communautaires. Aussi serait-on en accord avec l'affirmation selon laquelle : « La « doctrine du Conseil constitutionnel » concernant le contenu du test de constitutionnalité des traités internationaux est longtemps apparue imprécise et oscillante »[4]. Après 1970 et 1985, le recours à la notion de conditions essentielles d'exercice de la souveraineté nationale, la met déjà, semble-t-il, en position de variable centrale relativement aux réserves de constitutionnalité opposables aux textes approfondissant la construction européenne. L'évolution notable enregistrée en 1992 et parachevée en 1997

---

[1] Voir en ce sens, M. P. GAÏA, *RFDC* 1991, pp. 707-708. Pour une présentation claire et synthétique de cette interprétation, cf. M. X. PRETOT : « Le principe constitutionnel de la souveraineté nationale et l'Europe », dans *La Constitution et l'Europe*, éd. Montchrestien, 1992, p. 44.

[2] Sur une telle approche, voir notamment, M. J. RIDEAU, *RAE* 1992/3, p. 16 ; M. G. VEDEL, *RFDA* 1992, pp. 174-177.

[3] M. D. ROUSSEAU : *Droit du contentieux constitutionnel*, 5e éd., *op. cit.*, p. 319 ou encore à la *RDP* 1992, pp. 94-95.

[4] M. D. RICHARD, *Gaz. Pal.*, 1998, n° 168-169, p. 3.

constitue donc, dans cette optique, le palier définitif, le stade final (?) de ce processus[1](B).

B/- Les conditions essentielles d'exercice de la souveraineté nationale : une variable de référence de l'appréciation de la constitutionnalité des engagements communautaires

En l'espace de cinq années, les traités communautaires de base ont connu deux révisions formelles successives : l'une en 1992 avec le *TUE* et l'autre ayant abouti en octobre 1997 avec la signature du traité d'Amsterdam. Ces deux engagements communautaires modificatifs ont donné l'occasion au Conseil constitutionnel de se prononcer sur des étapes significatives de l'intégration européenne et de clarifier par surcroît sa position concernant les réserves françaises de constitutionnalité. Cette clarification tient essentiellement à la systématisation de la référence à la notion de « conditions essentielles » comme point ultime ou seuil de l'interdit constitutionnel. Quels sont les termes de cette systématisation ? Quels critères permettent-ils d'actionner ce verrou constitutionnel ?

1)- La « clarification conceptuelle »[2] intervenue en 1992 et consolidée en 1997

La quatrième saisine du Conseil constitutionnel en application de l'article 54 de la Constitution fut l'œuvre du Président de la République. En effet, le juge constitutionnel fut saisi le 11 mars 1992 « de la question de savoir si, compte tenu des engagements souscrits par la France et des modalités de leur entrée en vigueur, l'autorisation de ratifier le traité sur l'Union européenne doit être précédée d'une révision de la Constitution ». La teneur de cette saisine fut précisée par une lettre du chef de l'Etat en date du 25 mars 1992. Cette lettre visait à notifier à la Haute instance l'étendue de son contrôle (l'ensemble des textes sur lesquels son contrôle

[1] Pour M. F. LUCHAIRE : *Le Conseil constitutionnel. Tome III, op. cit.*, p. 64 : « On peut penser qu'est arrivée à son terme l'évolution de la jurisprudence du Conseil constitutionnel concernant les Communautés et l'Union européenne ».

[2] L'expression est empruntée à Mmes C. GREWE et H. RUIZ FABRI : « Le Conseil constitutionnel et l'intégration européenne », *op. cit.*, p. 283.

devait porter). Un peu moins d'un mois plus tard[1], le Conseil rendit une décision importante (n° 92-308 DC), dite décision *Maastricht I*[2].

Le traité d'Amsterdam, signé le 2 octobre 1997, a constitué la sixième saisine sur la base de l'article 54[3]. Il s'agit d'une saisine inédite car effectuée de façon conjointe par le Président de la République et le Premier ministre. De ce point de vue, la troisième expérience de coexistence institutionnelle sous la Ve République n'y est peut-être pas tout à fait indifférente[4]. De plus la formulation de cette saisine apparaît très largement calquée sur les termes de celle du 11 mars 1992. En tout état de cause, elle a donné lieu à la décision n° 97-394 DC du 31 décembre 1997[5].

---

[1] Sur la question du délai dont dispose le Conseil pour prendre sa décision, voir notamment M. B. GENEVOIS, *RFDA* 1992, pp. 376-377 ; M. P. JAN : *La saisine du Conseil constitutionnel, op. cit.*, pp. 317-318.

[2] A propos de la décision du 9 avril 1992, voir entre autres : Mmes C. GREWE - H. RUIZ FABRI, *op. cit.*, p. 277 ; M. R. ETIEN, *RA* 1992, p. 126 ; MM. L. FAVOREU et P. GAÏA, *RFDC* 1992, p. 389 ; MM. L. FAVOREU et L. PHILIP : *Les GDCC*, 10e éd., *op. cit.*, p. 799 ; M. B. GENEVOIS, *op. cit.*, p. 373 ; M. J.-P. JACQUE, *RTDE* 1992, p. 251 ; M. F. LUCHAIRE, *RDP* 1992, p. 589 ; MM. B. MATHIEU et M. VERPEAUX, *LPA* 26 juin 1992, n° 77, p. 6 ; M. NGUYEN VAN TUONG, *JCP* 1992, II, 21853 ; M. J. RIDEAU, *RAE* 1992, *op. cit.*, p. 7 ; M. D. ROUSSEAU, *RDP* 1993, p. 14 ; M. D. SIMON, *Europe*, mai 1992, p. 1.

[3] La cinquième saisine, en août 1992, fut l'œuvre de sénateurs en application du nouvel article 54 résultant de la loi constitutionnelle du 25 juin 1992. Sur les saisines présidentielles, cf. Mme I. RICHIR : *Le Président de la République et le Conseil constitutionnel*, PUF, 1998, pp. 329-333 ; M. P. JAN : *La saisine du Conseil constitutionnel, op. cit.*, pp. 198-199.

[4] Sur la portée de cette saisine conjointe, cf. MM. L. FAVOREU/L. PHILIP : *Les GDCC*, 10e éd., *op. cit.*, p. 822. Ce type de saisine a été renouvelé en 1998 : la septième saisine du Conseil constitutionnel au titre de l'article 54 fut à nouveau œuvre conjointe du Président de la République et du Premier ministre, en date du 24 décembre 1998. Le Conseil fut saisi « de la question de savoir si, compte tenu des engagements souscrits par la France, l'autorisation de ratifier le traité portant statut de la *CPI* signé à Rome le 18 juillet 1998 doit être précédée d'une révision de la Constitution », cf. décision n° 98-408 DC du 22 janvier 1999, *Rec. D.C.C.*, p. 29. Le Conseil constitutionnel a été saisi pour la huitième fois le 20 mai 1999 par le chef de l'Etat « de la question de savoir si la ratification de la Charte européenne des langues régionales ou minoritaires, signée à Budapest le 7 mai 1999, doit être précédée, compte tenu de la déclaration interprétative faite par la France et des engagements qu'elle entend souscrire dans la partie III de cette convention, d'une révision de la Constitution », cf. décision n° 99-412 DC du 15 juin 1999, *JORF*, 18 juin 1999, p. 8964 ; *Rec. D.C.C.*, p. 71.

[5] A propos de cette décision, cf. notamment Mme F. CHALTIEL, *RMC* 1998, p. 73 ; M. J.-E. SCHOETTL , *AJDA* 1998, p. 135 ; Mme A. RIGAUX et M. D. SIMON, *Europe*, janvier 1998, p. 3 ; M. P. LONGUET, *RPP* novembre/décembre 1997, p. 47 ; M. T. LARZUL, *DA* février 1998, p. 17 ; M. A. PELLET, *Les Cahiers du Conseil constitutionnel*, n° 4/1998, P. 113 ; M. P. GAÏA, *RFDC* 1998, p. 141 ; Mme L. BAGHESTANI-PERREY, *LPA* 22 juin 1998, n° 74, p. 15 ; M. P. BON, *LPA* 19 juin 1998, n° 73, p. 17 ; M. D. RICHARD, *Gaz. Pal.*, n° 168-169, 17 et 18 juin 1998, p. 2 ; M. F. LUCHAIRE, *RDP* 1998, p. 331 ; les commentaires respectifs de MM. F. HAMON, F. LUCHAIRE, J. RIDEAU et J. ROUX, dans *Le traité d'Amsterdam face aux Constitutions nationales, op. cit.*, pp. 107-133.

L'un des points communs de ces deux décisions réside dans la similitude des considérations de principe au regard desquelles a été examinée la constitutionnalité des deux traités modificatifs en cause. Dans les deux décisions en effet, le Conseil constitutionnel commence par énumérer les normes de référence devant servir de fondements essentiels à son contrôle[1]. Sont ainsi mentionnés le préambule de la Constitution de 1958, les articles 3 de la Déclaration de 1789 et de la Constitution de 1958, l'article 53 du même texte en tant qu'il consacre l'existence de « traités ou accords relatifs à l'organisation internationale », et surtout les alinéas 14 et 15 du préambule de la Constitution de 1946[2]. Le Haut Conseil va dégager de l'ensemble de ces dispositions une considération de principe et à caractère général sur la constitutionnalité des transferts de compétences à une organisation internationale, et notamment à l'Europe communautaire (considérants 13 de la décision n° 92-308 DC et 6 de la décision n° 97-394 DC). L'utilisation de l'expression « transferts de compétences », en tant qu'elle se fonde principalement sur le préambule de la Constitution de 1946 (alinéa 15), montre que le juge constitutionnel français a, semble-t-il, voulu implicitement instituer une complémentarité avec les « limitations de souveraineté ». Autrement dit, les pouvoirs de décision dont sont investies les institutions communautaires contribuent à limiter l'exercice des droits souverains de la République française. Il existerait donc un lien de causalité entre les limitations de souveraineté/transferts de compétences et les attributions de pouvoirs consenties par la France aux Communautés et à l'Union européenne[3]. Il reste tout de même que l'expression de l'alinéa 15 n'est plus utilisée par le Conseil constitutionnel. Seule la notion de transferts de compétences a désormais sa préférence car elle « ...a le double avantage d'être politiquement plus neutre et juridiquement en congruence avec l'arrêt de la CJCE, *Costa/ENEL* »[4].

Nonobstant cette première analyse, il reste important de savoir quel est le seuil au-delà duquel les transferts de compétences deviennent contraires aux principes et aux règles de valeur constitutionnelle. Là encore une même réponse est donnée par les décisions n° 92-308 DC et 97-394 DC. En effet, respectivement dans les considérants 14 et 7 de ces décisions, il est dit que les transferts de

---

[1] Il s'agit plus précisément des considérants 9 à 12 de la décision *Maastricht I* et des considérants 1 à 5 de la décision « *traité d'Amsterdam* ».

[2] La seule nouveauté concerne la consécration de l'article 88-1 comme norme de référence du contrôle. Il faut rappeler que cette disposition, quelque peu ambivalente, constitutionnalise la participation de la France à l'Europe communautaire ; cf. Mme F. CHALTIEL, *RMC* 1998, p. 77 ; M. J.-E. SCHOETTL, *AJDA* 1998, p. 144.

[3] Ceci montre a posteriori la pertinence des critiques énoncées par le Pr. F. LUCHAIRE contre la décision n° 76-71 DC, cf. notamment *RDP* 1992, p. 596. Pour une analyse similaire de cette partie du considérant de principe de la décision *Maastricht I*, voir notamment Mmes C. GREWE et H. RUIZ FABRI, *RUDH* 30 septembre 1992, *op. cit.*, p. 282 ; MM. L. FAVOREU et P. GAÏA, *RFDC* 1992, p. 406.

[4] Cf. M. D. ROUSSEAU : *Sur le Conseil constitutionnel...*, *op. cit.*, p. 159.

compétences ne peuvent ni contrevenir directement à la Constitution[1] ni porter atteinte aux conditions essentielles d'exercice de la souveraineté nationale ; au préjudice d'une révision constitutionnelle préalable et nécessaire. Au-delà de l'éventuelle contrariété à la Constitution, on s'aperçoit, à travers cette identité de vue[2], du caractère désormais stable de la jurisprudence du Conseil constitutionnel en matière internationale ou européenne. Tout porte à croire que la promotion des « conditions essentielles » comme réserve de constitutionnalité majeure du droit international et européen[3] s'avère durable. Ceci est d'autant plus vrai que, concernant un engagement international, autre qu'un texte communautaire, le Conseil constitutionnel a à nouveau eu recours à la notion de conditions essentielles d'exercice de la souveraineté nationale. En effet, dans le considérant n° 13 de sa décision n° 98-408 DC du 22 janvier 1999 sur le traité portant statut de la *CPI*, le Conseil rappelle, entre autres, la nécessité de réviser la Constitution avant toute ratification d'un engagement international portant atteinte aux « conditions essentielles »[4]. Il s'agit donc d'une sorte de maturité jurisprudentielle qui pourrait être symbolisée par le caractère dorénavant prévisible[5] des décisions du Conseil constitutionnel en matière de contentieux de la constitutionnalité des engagements internationaux. Cela étant, cette étape ultime de la « doctrine internationale » du Conseil s'inscrit-elle en totale rupture avec l'état du droit antérieur ?

---

[1] Ceci montre que le contrôle du Conseil constitutionnel peut porter sur d'autres éléments que les « conditions essentielles ».

[2] M. D. ROUSSEAU, Le Monde du 6 janvier 1998, p. 14, parle de « continuité jurisprudentielle » ; également M. A. PELLET, *Les Cahiers du Conseil constitutionnel*, n° 4/1998, p. 113. Pour M. J.-E. SCHOETTL, AJDA *1998*, p. 137, la décision du 31 décembre 1997 « se situe dans le droit fil de la décision *Maastricht I...* » ; *idem* M. P. BON, *LPA* 19 juin 1998, n° 73, p. 23 ; M. J. RIDEAU, dans *Le traité d'Amsterdam...*, *op. cit.*, p. 110 ; M. J. ROUX, *ibid.*, p. 113.

[3] Sur le caractère déterminant de ce verrou constitutionnel, cf. M. G. C. RODRIGUEZ IGLESIAS : « Tribunales constitucionales y derecho comunitario », dans *Homenaje al profesor M. Diez de VELASCO*, éd. Tecnos, 1993, p. 1184.

[4] L'examen concret de la constitutionnalité des stipulations du traité de Rome du 18 juillet 1998 au regard du nécessaire respect des conditions essentielles d'exercice de la souveraineté nationale sera opéré dans les considérants 29 à 40 de la décision n° 98-408 DC.

[5] Cette affirmation pourra être vérifiée à l'occasion de l'étude des déclarations d'inconstitutionnalité contenues dans la décision n° 97-394 DC ; M. P. BON, *op. cit.*, p. 32 ; voir par ailleurs l'intervention assez caractéristique de M. R. BADINTER lors du débat sur la révision constitutionnelle préalable à la ratification du traité d'Amsterdam, *J.O.* - n° 103, S. (C.R.), séance du 16 décembre 1998, p. 6514.

2)- La portée de cette évolution

L'évolution consacrée en 1992 et en 1997 peut sembler, à certains égards, en rupture radicale avec la « doctrine » antérieure, notamment celle découlant de la décision n° 76-71 DC du 30 décembre 1976. C'est en ce sens, nous semble-t-il, qu'il faut comprendre les positions doctrinales qui penchent pour la thèse du revirement jurisprudentiel[1]. Ce revirement se fonderait essentiellement sur l'abandon pur et simple de la fameuse distinction entre limitations et transferts de souveraineté[2]. De façon plus nuancée et discutable, d'autres auteurs soutiennent qu'il s'agit beaucoup plus d'une « novation linguistique » importante que d'une différence de nature profonde avec les formulations jurisprudentielles antérieures[3].

Le Conseil constitutionnel aurait ainsi procédé à un changement terminologique sans pour autant révolutionner sa grille d'appréciation de la constitutionnalité des traités communautaires. Autrement dit, le concept de transfert de souveraineté aurait été en quelque sorte réintégré dans la catégorie des transferts de compétences qui ne sauraient porter atteinte aux conditions essentielles d'exercice de la souveraineté nationale[4]. Ainsi MM. FAVOREU et PHILIP estiment, de façon audacieuse, que la référence aux « conditions essentielles » serait due aux circonstances et au contexte. En outre et surtout, elle apparaît « plus large dans la mesure où elle peut s'appliquer à des situations sans transfert »[5]. Il n'en demeure pas moins que la Haute instance, dans sa décision du 31 décembre 1997, a confirmé la novation terminologique, et même conceptuelle, de la décision *Maastricht I.* Au demeurant, on pourrait concéder que, si le transfert de souveraineté est assimilable à la situation dans laquelle la France devient une simple composante d'une nouvelle entité étatique alors, bien évidemment, il s'agirait d'une atteinte extrême, sinon aux « conditions essentielles », mais plus fondamentalement au caractère étatique et souverain de la République française. C'est dans cette seule hypothèse qu'il peut être, à notre avis, permis de parler d'une réintégration de la notion de transfert de souveraineté dans le concept plus diffus de

---

[1] On peut notamment citer à l'appui d'une telle thèse, M. J.-P. JACQUE, *RTDE* 1992, p. 255 ; M. C. EUZET : « Le traité de Maastricht et la révision constitutionnelle », dans G. CAMILLERI(Sous la direction de) : *La construction de l'Europe, op. cit.*, p. 101. Par ailleurs, M. C. BLUMANN, *RMC* 1994, p. 396, évoque, lui, une asymétrie totale entre les décisions de 1976 et de 1992.

[2] M. P. BON, *op. cit.*, p. 29.

[3] Cf. MM. L. FAVOREU et P. GAÏA, *RFDC* 1992, p. 407 ; M. O. BEAUD, *RFDA* 1993, p. 1052, parle de façon plus radicale d'une reformulation, en termes différents, de la distinction de 1976. M. J. ROUX : *Le principe de la souveraineté de l'Etat..., op. cit.*, pp. 160-191, quant à lui, semble déceler une indéniable continuité jurisprudentielle, une « équivalence entre les formules jurisprudentielles passagères et la notion de « conditions essentielles ».

[4] Voir notamment M. J. RIDEAU, *RAE* 1992, op. cit., p. 17 ; Mme C. HAGUENAU : *L'application effective du droit communautaire en droit interne, op. cit.*, p. 53.

[5] MM. L. FAVOREU et L. PHILIP : *Les GDCC*, 10e éd., *op. cit.*, p. 825.

« conditions essentielles ». Il reste à préciser que la jurisprudence du Conseil constitutionnel ne fait nullement ressortir le seuil au-delà duquel la souveraineté française serait considérée comme définitivement transférée à une autre entité juridique.

En fait, il nous semble plus pertinent d'emprunter une voie médiane : celle de l'alliance entre un net infléchissement par rapport à la jurisprudence de 1976 et une certaine continuité jurisprudentielle au regard des décisions de 1970, 1985 et 1991[1]. S'agissant de l'infléchissement jurisprudentiel, il est clair que le juge constitutionnel opère une « relecture » des dispositions du préambule de la Constitution de 1946, en particulier de l'alinéa 15. Ceci se traduit par la substitution de la distinction limitations/transferts de souveraineté par la notion plus compréhensible de transferts de compétences. Le Conseil constitutionnel se détache ainsi du concept juridiquement peu pertinent de « limitations de souveraineté ». Cette mutation apparaît beaucoup plus en phase avec les exigences de la construction européenne. Elle met fin d'autant aux tâtonnements du Conseil constitutionnel quant à l'articulation (recherchée) entre la préservation de l'identité constitutionnelle française (représentée principalement par le principe de la souveraineté de l'Etat) et la progression de l'intégration européenne.

Un tel aboutissement ne va pas sans nécessaire continuité concernant la sauvegarde de la souveraineté de l'Etat. En effet, depuis 1970 et surtout depuis 1985, l'on sait que les « limitations de souveraineté » (transferts de compétences depuis 1992) ne doivent ni contrevenir directement à la Constitution ni remettre en cause les conditions essentielles d'exercice de la souveraineté nationale. Le Conseil constitutionnel s'est ainsi partiellement situé dans le prolongement de la jurisprudence antérieure. Au surplus, on peut dire qu'un engagement qui porte atteinte aux « conditions essentielles », dès lors que le principe de souveraineté est un principe à valeur constitutionnelle, devient par voie de conséquence contraire à la Constitution. Il est vrai que le Conseil constitutionnel a voulu montrer notamment dans sa décision n° 92-308 DC qu'à côté de l'atteinte aux « conditions essentielles », un engagement international est susceptible de violer directement une disposition constitutionnelle[2]. Ou plus simplement, et comme l'explique Mme

---

[1] Pour un tel point de vue, cf. notamment M. T. de BERRANGER, *op. cit.*, p. 254 ; M. B. GENEVOIS, *RFDA* 1992, pp. 402-403 ; M. F. LUCHAIRE, *RDP* 1992, p. 607.

[2] On pense ainsi au fait que le Conseil constitutionnel, dans la décision *Maastricht I*, a considéré que le droit de vote et d'éligibilité des ressortissants communautaires aux élections municipales remettait en cause la logique combinée des articles 3, 24 et 72 de la Constitution (cf. notamment, considérants 24 à 27 de la décision n° 92-308 DC). Il faut également ajouter que la Haute instance a, dans la décision n° 98-408 DC du 22 janvier 1999, déclaré contraires aux articles 26, 68 et 68-1 de la Constitution les stipulations de l'article 27 du statut de la *CPI* (considérants 15 à 17). Enfin, la décision n° 99-412 DC du 15 juin 1999 (considérants 9 à 12) fait ressortir que certaines dispositions de la Charte européenne des langues régionales ou minoritaires sont contraires aux articles 1er et 2, alinéa 1er de la Constitution de 1958. Elle porte ainsi atteinte aux principes constitutionnels

F. CHALTIEL, la formule de « conditions essentielles » lui permet un certain pragmatisme et une certaine souplesse vis-à-vis de l'intégration européenne ; surtout elle « lui évite de devoir déclarer la non-conformité du traité à des articles à forte charge symbolique, tels l'article 3 de la Déclaration des droits de l'Homme ou encore les articles 3 et 34 de la Constitution »[1]. Une telle ambiguïté contient de façon sous-jacente une interrogation sur ce que représente véritablement la notion de « conditions essentielles ». De manière plus précise, quels éléments permettent-ils de dire de dire que ces conditions sont remises en cause ?

3)- A la recherche des critères de l'atteinte aux « conditions essentielles »

Dans sa décision n° 85-188 DC du 22 mai 1985, le Conseil constitutionnel avait jugé que ne portait aucune atteinte aux conditions essentielles d'exercice de la souveraineté nationale, un engagement international ne remettant en cause ni le devoir de l'Etat d'assurer le respect des institutions, ni encore la continuité de la vie de la nation, ni enfin la garantie des droits et libertés des citoyens. Ce triptyque faisait penser inéluctablement à certaines expressions assez analogues utilisées notamment dans les articles 5 et 16 de la Constitution de 1958. Il y est en effet fait allusion à la continuité de l'Etat, au respect de la Constitution, au respect des institutions de la République ou encore à la continuité de la vie de la nation. On peut dès lors se demander, concernant plus particulièrement l'article 16 de la Constitution, si le Conseil constitutionnel n'a pas voulu indirectement répondre au doute de constitutionnalité avancé à l'encontre du Protocole n° 6 additionnel à la *CEDH* : interdire le rétablissement de la peine de mort reviendrait à empêcher le chef de l'Etat, dans le cadre de l'application de cet article, à punir certains crimes relatifs à la sûreté et à l'intégrité territoriale de l'Etat par une telle peine. Le Conseil constitutionnel a peut-être voulu montrer qu'à partir du moment où le Protocole n° 6 ne porte pas atteinte à certaines garanties dont l'article 16 est censé

---

suivants : l'indivisibilité de la République, l'égalité devant la loi, l'unicité du peuple français et celui selon lequel la langue de la République est le français, *Rec. D.C.C.*, p. 71 ; cf. MM. L. FAVOREU/L. PHILIP : *Les GDCC, op. cit.*, pp. 823-824 ; M. F. MELIN-SOUCRAMANIEN, *RDP* 1999, pp. 994-999.

[1] Mme F. CHALTIEL, *RMC* 1998, p. 77. Voir aussi l'interprétation éclairante de M. J. ROUX, dans *Le traité d'Amsterdam face aux Constitutions nationales, op. cit.*, p. 116. Il faut tout de même préciser que dans la décision *Amsterdam*, le Conseil établit un lien entre l'atteinte aux conditions essentielles d'exercice de la souveraineté nationale et la contrariété à la Constitution des stipulations litigieuses ; voir les considérants n° 25, 27 et 29 de la décision n° 97-394 DC. Notons également que dans sa décision n° 98-408 DC (considérant 40), le Conseil constitutionnel juge que : « ...Les stipulations du chapitre X du statut, relatives à l'exécution des peines, ne portent pas atteinte aux conditions essentielles d'exercice de la souveraineté nationale, non plus qu'à l'article 17 de la Constitution [relatif au droit de grâce du Président de la République] ».

rétablir le respect, il ne remet pas en cause les conditions essentielles d'exercice de la souveraineté nationale[1]. C'est, semble-t-il, la raison pour laquelle ce triptyque n'a pas été véritablement repris par la suite, sauf dans la décision du 25 juillet 1991 dans laquelle le Conseil constitutionnel s'était simplement appliqué à répondre très étroitement aux moyens avancés par les requérants à l'appui de cette saisine[2]. Pour ce faire, cette première définition sommaire du domaine des « conditions essentielles »[3] n'apparaît, semble-t-il, pas pertinente pour les engagements approfondissant la construction européenne. Autrement dit, la jurisprudence postérieure a malgré tout montré que la Haute instance ne se sentait pas forcément liée par le triptyque de 1985[4]. Il restait donc à déterminer les critères permettant d'apprécier l'atteinte ou la non atteinte aux « conditions essentielles » par des transferts de compétences consentis à une organisation internationale. On pouvait tout d'abord s'interroger sur la portée du principe de subsidiarité institutionnalisé par le *TUE* signé à Maastricht le 7 février 1992[5]. Pouvait-il faire œuvre d'élément constitutif de la grille de lecture du Conseil en matière de préservation de l'autonomie constitutionnelle française ? Bien qu'il s'agisse d'un « concept plus philosophique que juridique » pouvant donner lieu aux interprétations les plus contradictoires »[6], certains auteurs se sont interrogés sur la prise en considération de ce principe « comme instrument de la préservation des attributs irréductibles de la souveraineté nationale... »[7]. Mais la question est demeurée sans réponse véritable jusqu'à la décision n° 97-394 DC du 31 décembre 1997. En effet, dans l'examen des mesures relatives à l'asile, à l'immigration et au franchissement des frontières intérieures des Etats membres (considérant 22 de la décision), la Haute juridiction constitutionnelle penchera vers le caractère peu opérationnel du principe de subsidiarité au regard de l'objectif de sauvegarde des conditions essentielles d'exercice de la souveraineté nationale. Le constat est simple : la Haute instance

---

[1] Voir sur cette question, M. L. FAVOREU, *AFDI* 1985, p. 874.

[2] Voir pour illustration, les considérants 9 à 18 de la décision n° 91-294 DC.

[3] Sur une tentative d'explicitation de la notion de « conditions essentielles », cf. M. F. LUCHAIRE : *Le Conseil constitutionnel. Tome III, op. cit.*, pp. 30-34.

[4] Sur le caractère non exhaustif de cette énumération, on peut renvoyer à l'analyse infra de la constitutionnalité du traité de Maastricht.

[5] Ce principe a été posé par l'article 3 B du *TUE*, devenu article 5 dans la Version consolidée du traité instituant la Communauté européenne.

[6] Sur cette matière, voir notamment M. J.-L. CLERGERIE : *Le principe de subsidiarité*, Ellipses éd., 1997, spéc. pp. 5-6 et 105-106.

[7] Cette question a été soulevée de différentes manières par : M. T. de BERRANGER, *op. cit.*, p. 492 ; Mme L. BURGORGUE-LARSEN : *L'Espagne et la Communauté européenne*, éd. de l'Université de Bruxelles, 1995, p. 34 ; M. C. EUZET : « Le traité de Maastricht et la révision constitutionnelle », *op. cit.*, pp. 109-110. Sur la façon dont le problème est envisagé en Allemagne, M. J. RIDEAU : *Droit institutionnel...*, 3e éd., *op. cit.*, pp. 524-525.

fait mention de ce principe pour, aussitôt, en minimiser la portée ou l'efficacité[1]. Autrement dit, même si la mise en œuvre du principe de subsidiarité a été prise « en compte, dans la recherche d'une atteinte aux conditions essentielles d'exercice de la souveraineté nationale... »[2], on peut vraisemblablement penser que « ...l'inscription [de ce principe] en tant que mode de répartition des compétences concurrentes ne saurait donner l'illusion d'une souveraineté protégée... »[3].

Reste dès lors entière la question de savoir à partir de quel seuil un transfert de compétences à une organisation internationale est censé affecter les conditions essentielles d'exercice de la souveraineté nationale. A notre connaissance, M. L. DUBOUIS fut l'un des premiers auteurs ayant pu apporter un début de solution pertinente à cette interrogation. Il considérait en effet que pour qu'il y ait atteinte à la souveraineté, deux conditions devaient être réunies « concernant la perte de certaines compétences » (les deux éléments devant être, par hypothèse, combinés) :

- La nature et l'étendue des compétences abandonnées par l'Etat. Il s'agirait principalement de celles comportant un lien avec l'exercice de la souveraineté[4] ;

- les modalités de dessaisissement des compétences. S'agit-il d'un domaine où joue encore l'unanimité (les Etats y conservant alors un certain droit de regard), ou est-ce une matière dans laquelle s'applique le vote à la majorité qualifiée ?[5]. M. DUBOUIS n'avait pas précisé, dans la combinaison des critères matériel et procédural, lequel des deux constituait la variable déterminante de l'atteinte aux « conditions essentielles ». C'est ce qu'il conviendra de vérifier lors de l'examen concret des déclarations d'inconstitutionnalité du Conseil constitutionnel de 1992 et de 1997.

Pour l'heure, la pertinence de l'approche de cet éminent auteur apparaît confortée à la lumière des décisions *Maastricht I* et *traité d'Amsterdam*. En ce qui concerne la première décision, le Conseil constitutionnel évoque, pour l'examen des mesures relatives à l'établissement d'une politique monétaire et de change uniques et celles relatives à l'entrée et à la circulation des personnes, des éléments ayant trait à l'objet des compétences transférées et aux modalités de leur exercice

---

[1] Cf. M. H. NALLET : *Rapport n° 1212 au nom de la Commission des lois de l'Assemblée nationale*, *op. cit.*, p. 21.

[2] M. J.-E. SCHOETTL, *AJDA* 1998, p. 144.

[3] Mme F. CHALTIEL, *RMC* 1998, p. 78 ; Mme L. BAGHESTANI-PERREY, *LPA* 22 juin 1998, n° 74, p. 17. Voir aussi l'analyse de M. J. ROUX, *op. cit.*, pp. 121-122.

[4] MM. B. MATHIEU et M. VERPEAUX, *LPA* 26 juin 1992, n° 77, p. 7, citent par exemple les domaines suivants : monnaie, justice, politique étrangère, sécurité intérieure...Sur une définition des domaines relevant des « conditions essentielles » cantonnée aux fonctions régaliennes de l'Etat, cf. M. J. ROUX : *Le principe de la souveraineté de l'Etat...*, *op. cit.*, pp. 200-208. A propos des attributions régaliennes de l'Etat, voir également M. J. CHEVALLIER : *L'Etat*, éd. Dalloz, coll. « Connaissance du droit », 1999, pp. 76-78.

[5] M. L. DUBOUIS : « Le juge français et le conflit entre norme constitutionnelle et norme européenne », *op. cit.*, pp. 216-217.

au niveau communautaire[1]. S'agissant de la décision du 31 décembre 1997, les renvois à ces deux critères sont nombreux. Ainsi au considérant n° 9 de la décision, la Haute instance évoque le domaine concerné et les modalités d'exercice. Ceci renvoie d'une part aux matières ou aux transferts de compétences, d'une certaine ampleur, et « qui intéressent l'exercice de la souveraineté nationale... » et, d'autre part, à des modalités telles que la prise de décisions à la majorité qualifiée selon la procédure dite de « codécision » et la perte du pouvoir d'initiative par les Etats membres. Il faut noter que le recours à ces deux derniers éléments (perte d'initiative des Etats membres au profit de la Commission et procédure de codécision) apparaît comme étant une précision sinon une nuance par rapport à la décision *Maastricht I*[2]. A ce stade du raisonnement, il est donc clair que le Conseil constitutionnel, pour apprécier l'atteinte aux « conditions essentielles », s'en tient aux « critères d'ampleur et de modalités d'exercice des compétences » ; plus précisément, il retient des « éléments de définition, matériel et procédural »[3].

Il faut tout de même signaler que les conditions essentielles d'exercice de la souveraineté nationale ne constituent pas le seul fondement sur lequel le Conseil exerce son contrôle. Rappelons à cet égard que le juge constitutionnel est censé devoir exercer son contrôle au regard de la garantie des droits fondamentaux, de la condition de réciprocité et de l'organisation et de la défense de la paix. Mais, soit la compatibilité des engagements internationaux avec de telles exigences est purement et simplement présumée, soit le contrôle reste assez superficiel[4]. Les autres principes sur lesquels porte le contrôle ne sont que le prolongement ou des corollaires au principe de la souveraineté de l'Etat. Ainsi en est-il par exemple du principe selon lequel les nationaux peuvent seuls occuper des fonctions qui sont inséparables de l'exercice de la souveraineté nationale. On peut citer à titre d'illustration, des « fonctions d'autorité » dans certains corps et emplois de la fonction publique aux termes de la décision n° 91-293 DC du 23 juillet 1991 (considérant 11)[5], les fonctions juridictionnelles à la suite de la décision n° 98-399 DC du 5 mai 1998[6]. Dans cette dernière décision en effet, en énonçant le principe selon lequel : « Ne sauraient être confiées à des personnes de nationalité étrangère

[1] Pour une explication judicieuse de cette jurisprudence, cf. M. J.-E. SCHOETTL, *op. cit.*, pp. 138-139 ; M. A. PELLET, *op. cit.*, pp. 116-119 ; M. Ph. ARDANT : *Institutions politiques et Droit constitutionnel*, 12e éd., LGDJ, 2000, p. 29 ; MM. J. COMBACAU / S. SUR : *Droit international public*, 4e éd., *op. cit.*, pp. 252-253.

[2] M. J.-E. SCHOETTL, *ibid.*, p. 144.

[3] Mme F. CHALTIEL, *op. cit.*, pp. 78-79 ; voir également M. H. NALLET : *Rapport n° 1212, op. cit.*, p. 19 ; Mme E. GUIGOU, *J.O.* - n° 109, A.N. (C.R.), 2e séance du 24 novembre 1998, p. 9428.

[4] Cf. *supra* section II, du chapitre II du titre I de cette partie. Sur la question des droits fondamentaux, voir par exemple M. G. DRAGO : *Contentieux constitutionnel français, op. cit.*, pp. 360-361.

[5] *RJC*-I, 453.

[6] Sur cette décision, MM. B. MATHIEU et M. VERPEAUX, *JCP* 1998, I, 179, p. 2000 ; Mme L. BAGHESTANI-PERREY, *LPA* 30/11/1998, n° 148, p. 15.

ou représentant un organisme international, des fonctions inséparables de l'exercice de la souveraineté nationale, que tel est le cas en particulier des fonctions juridictionnelles, les juridictions nationales, tant judiciaires qu'administratives statuant au nom du peuple français », le Conseil constitutionnel vient souligner que les autorités juridictionnelles sont chargées de mettre en œuvre la souveraineté nationale[1].

Par ailleurs, la décision du Conseil constitutionnel n° 98-408 DC du 22 janvier 1999 vient de montrer à nouveau qu'à côté des conditions essentielles d'exercice de la souveraineté nationale, d'autres contrôles sont possibles. Il en est notamment ainsi du fait de veiller à ce que les engagements internationaux ne « mettent [nullement] en cause les droits et libertés constitutionnellement garantis... ». Ce contrôle au regard des droits fondamentaux s'est d'autant plus posé que le traité de Rome du 18 juillet 1998 aurait pu conduire à enfreindre certains « principes constitutionnels applicables au droit pénal et à la procédure pénale ». La Haute instance a ainsi soigneusement veillé à relever, dans ses considérants 18 à 28, la parfaite compatibilité à la Constitution, plus précisément à certains principes posés par la *DDHC* de 1789, de certaines stipulations du traité de Rome. Il s'agit par exemple de la conformité de ces clauses conventionnelles au principe de la légalité des délits et des peines, au principe de la non-rétroactivité de la loi pénale la plus sévère, au respect des droits de la défense ou encore à l'exigence d'impartialité et d'indépendance inhérente à toute juridiction[2]. Le contrôle de constitutionnalité d'un engagement international au regard du nécessaire respect des droits fondamentaux constitutionnellement garantis opéré, en l'espèce, par le Conseil constitutionnel pourrait avoir à jouer dans l'hypothèse d'une éventuelle communautarisation des dispositions de l'actuel titre VI du *TUE* relatives à la coopération policière et judiciaire en matière pénale[3]. Le contrôle du traité de Rome a permis également au Conseil constitutionnel de confirmer notamment sa décision n° 80-116 DC du 17 juillet 1980[4] dans la mesure où il considère que « le pouvoir reconnu au procureur de réaliser [certains] actes [d'enquête] hors la présence des autorités judiciaires françaises compétentes est de nature à porter

[1] Cf. Mme L. BAGHESTANI-PERREY : *Le principe de la souveraineté nationale et son exercice dans la jurisprudence du Conseil constitutionnel, op. cit.*, pp. 247-250.

[2] Voir sur cette décision : MM. J.-E. SCHOETTL, *AJDA* 1999, pp. 234-235 ; B. GENEVOIS, *RFDA* 1999, pp. 302-306 ; F. LUCHAIRE, *RDP* 1999, pp. 465-470 ; S. SCIORTINO-BAYART - L. FAVOREU, *RFDC* 1999, p. 315 ; Mme L. BAGHESTANI-PERREY, M. B. MATHIEU et M. M. VERPEAUX, *LPA* 20 septembre 1999, n° 187, pp. 13-14 ; Mme J. HADDAD, *RGDIP* 1999, p. 464 ; MM. J. GAUTRON et P.-Y. MONJAL, *RRJ* 1999-4, p. 1207.

[3] Sur les interactions entre droit pénal et droit communautaire, cf. MM. J. PRADEL - G. CORSTENS : *Droit pénal européen*, éd. Dalloz - 1999, pp. 405-443.

[4] Sur la portée de cette décision, cf. Mme L. BAGHESTANI-PERREY : *Le principe de la souveraineté nationale..., op. cit.*, pp. 49-53. Voir sur ce point, M. J.-E. SCHOETTL, *AJDA* 1999, p. 234 ; M. B. GENEVOIS, *RFDA* 1999, p. 301.

atteinte aux conditions essentielles d'exercice de la souveraineté nationale » (considérant 38 de la décision du 22 janvier 1999)[1]. Il faut préciser que le principe qui reconnaît aux autorités judiciaires françaises compétence exclusive pour accomplir sur le territoire national certains actes d'enquête est désormais rattaché à la notion de « conditions essentielles ». Or, en 1980, il était dit tout simplement que cette règle découlait du principe de la souveraineté nationale[2]. Tout ceci montre, en dernier ressort que, seul le contrôle concernant le respect des conditions essentielles d'exercice de la souveraineté nationale, en dehors de l'hypothèse de la garantie des droits fondamentaux, apparaît véritablement effectif[3].

Au total, la « doctrine » du juge constitutionnel en matière de réserves de constitutionnalité semble s'être stabilisée autour de la protection d'un « noyau dur » représenté par la notion de « conditions essentielles d'exercice de la souveraineté nationale ». Les décisions de 1992 et de 1997 montrent amplement que les critères d'atteinte à ce « noyau dur » sont désormais inscrits dans une perspective durable. Tout autre est la question de savoir s'ils sont opérationnels et efficaces. En d'autres termes, qu'en a-t-il été de l'application concrète de ces critères aux cas Maastricht et Amsterdam ? Peuvent-ils être considérés comme des éléments irréductibles et insurmontables de l'identité constitutionnelle française ? (Paragraphe 2).

---

[1] Voir aussi l'inconstitutionnalité relevée dans le considérant 34 de la décision n° 98-408 DC, à propos de la remise en cause des règles françaises d'amnistie et de prescription.

[2] A rapprocher de l'Avis n° 360 661 de la Section de l'intérieur du Conseil d'Etat en date du 20 mai 1997, dans lequel il est dit que : « ...La stipulation du projet d'accord [franco-suisse] qui permet d'autoriser une [...] escorte [d'un ressortissant étranger sur le territoire national par des agents appartenant à la police d'un Etat étranger, dans le cadre d'un transit consécutif à une mesure d'éloignement ou de refus d'entrée prise par cet Etat, en vue de l'acheminement de cette personne vers le pays de destination...] n'est conforme au principe de la souveraineté nationale que si les membres de l'escorte sont placés, pendant la durée de leur mission sur le territoire national, sous l'autorité des services français compétents », *EDCE*, n° 49, La Documentation française - Paris, 1998, p. 173.

[3] Voir par exemple, le « mutisme obstiné » relevé par M. A. PELLET, *op. cit.*, p. 120, relativement à la circonstance selon laquelle « le Conseil ne s'est jamais arrêté au fait que tous les progrès de la construction communautaire se sont faits au détriment de l'équilibre constitutionnel des pouvoirs, les compétences du Parlement se trouvant rognées en faveur de celles de l'Exécutif dont les membres, [...], représentent la France au sein des instances européennes ». Voir en outre M. L. LEVOYER : *L'influence du droit communautaire sur le pouvoir financier du Parlement français*, Thèse, Poitiers, 2000, pp. 211-219, qui s'attèle à démontrer le caractère constitutionnellement douteux d'une telle éviction du Parlement.

Paragraphe 2 : Des réserves de constitutionnalité non constitutives d'obstacles dirimants à la progression de la construction communautaire

Depuis le début de la construction européenne, seuls deux traités communautaires ont été déclarés contraires à la Constitution ; ou, plus précisément, leur autorisation de ratification a exigé une modification préalable de la Constitution. Il faut noter que ces premières déclarations de non compatibilité ont été émises de façon concomitante à l'adoption d'une nouvelle « doctrine » jurisprudentielle en matière internationale ou européenne[1]. Ainsi le seuil de l'interdit constitutionnel (principalement, l'atteinte aux conditions essentielles d'exercice de la souveraineté nationale) a-t-il été franchi une première fois par le traité de Maastricht du 7 février 1992 et une seconde fois par le traité d'Amsterdam du 2 octobre 1997[2] (A). Au-delà de cette matérialisation de la pérennité de la réserve de constitutionnalité tenant à la préservation de la souveraineté de l'Etat, il convient de se demander si une simple révision constitutionnelle, telle qu'impliquée par une application négative de l'article 54 de la Constitution y apporte une solution satisfaisante au plan des principes et du droit positif. A travers cette interrogation transparaît le débat sur le caractère révisable ou non du principe de la souveraineté de l'Etat (B).

A/- Des réserves impérieuses tenant à la sauvegarde des conditions essentielles d'exercice de la souveraineté nationale

Il a déjà été mentionné que les « conditions essentielles » ont été affectées par deux traités communautaires successifs dans l'intervalle assez réduit de cinq années. Dans un premier temps, le Conseil a considéré dans la décision *Maastricht I* que trois stipulations du *TUE* étaient contraires aux exigences constitutionnelles pertinentes :

---

[1] Les « conditions essentielles » apparaissent ainsi comme l'élément de l'identité constitutionnelle française qui est le plus exposé face à l'approfondissement de la construction communautaire.

[2] Il faut mentionner qu'une 3e déclaration d'inconstitutionnalité a concerné un traité, autre que communautaire. Il s'agit de la décision du Conseil constitutionnel n° 98-408 DC du 22 janvier 1999 sur le traité portant statut de la *CPI*, *Rec. D.C.C.*, p. 29. La quatrième déclaration de contrariété à la Constitution, toute récente, concerne la Charte européenne des langues régionales ou minoritaires, cf. décision n° 99-412 DC du 15 juin 1999, *Rec. D.C.C.*, p. 71, voir sur cette décision : M. J.-E. SCHOETTL, *AJDA* 1999, p. 573 ; M. M. VERPEAUX, *RFDC* 1999, p. 594 ; M. J.-M. LARRALDE, *D.* 1999, p. 598 ; M. F. MELIN-SOUCRAMANIEN, *RDP* 1999, p. 985 ; M. R. DEBBASCH, *JCP* 1999, II, 10198.

- Les dispositions relatives à la reconnaissance du droit de vote et d'éligibilité des ressortissants communautaires aux élections municipales en France ;

- les stipulations touchant à l'établissement de l'union économique et monétaire ;

- les clauses portant sur l'entrée et la circulation des personnes.

Dans un second temps, le juge constitutionnel a estimé qu'une grande partie des clauses contenues dans le titre III A du traité instituant la Communauté européenne (introduit par le traité d'Amsterdam)[1] pourrait contribuer à remettre en cause les « conditions essentielles »[2], et contreviendrait par voie de conséquence à la Constitution.

1)- L'inconstitutionnalité de certaines stipulations du traité de Maastricht

L'article 8 du traité de Rome (article 17, Nouvelle numérotation) a institué une citoyenneté au bénéfice de « toute personne ayant la nationalité d'un Etat membre ». Parmi les droits reconnus à tout citoyen de l'Union figure, aux termes de l'article 8 B (article 19, Nouvelle numérotation), le droit de vote et d'éligibilité dans l'Etat membre où il réside, aux élections municipales d'une part et aux élections au Parlement européen d'autre part. Un vice d'inconstitutionnalité fut décelé dans le premier cas mais pas dans le second.

a)- Une atteinte à l'exercice de la souveraineté dans l'Etat : le droit de vote et d'éligibilité des citoyens de l'Union aux élections municipales

Avant d'aborder en elle-même l'analyse entreprise par le Conseil constitutionnel dans cette hypothèse précise, il convient d'examiner assez rapidement les considérations concernant la compatibilité avec la Constitution de la participation des citoyens de l'Union aux élections européennes en France[3].

---

[1] Devenu titre IV de la Version consolidée des traités. Il a pour intitulé : « Visas, asile, immigration et autres politiques liées à la libre circulation des personnes ». Sur cette inconstitutionnalité, voir notamment M. E. AUBIN : *La France face à la construction de la citoyenneté européenne*, Thèse, *op. cit.*, pp. 401-416.

[2] Au-delà de la contrariété à certains articles de la Constitution de 1958, la Haute instance a considéré dans sa décision n° 98-408 DC du 22 janvier 1999 (considérants 34 et 38) que le traité de Rome du 18 juillet 1998 portait atteinte aux conditions essentielles d'exercice de la souveraineté nationale.

[3] C'est l'une des rares hypothèses dans lesquelles le Conseil constitutionnel, concernant l'examen des traités communautaires, précise les raisons qui le conduisent à conclure à la compatibilité avec la Constitution de certaines stipulations conventionnelles. Sur cette compatibilité, cf. M. E. AUBIN : *La France face à la construction de la citoyenneté européenne, op. cit.*, pp. 271-279. Sur la mise en

Précisons d'emblée que le raisonnement du juge constitutionnel en 1992 (considérants n° 28 à 35 de la décision *Maastricht I*) reprend, en substance, celui développé dans la décision « *Assemblée européenne* » de décembre 1976. L'argumentation est essentiellement basée à la fois sur le fondement juridique du Parlement européen et sur la nature juridique de cette institution communautaire. En effet, l'élection au suffrage universel direct des membres du Parlement européen ne peut nullement affecter le droit de suffrage des nationaux tel que prévu par la Constitution, d'autant plus que le fondement juridique de cette institution réside dans les traités communautaires. Elle « n'appartient pas [par conséquent] à l'ordre institutionnel de la République française ». Pour le Haut Conseil, la nature juridique du Parlement européen n'est pas davantage modifiée. Les dispositions du traité de Maastricht concernant notamment l'association étroite de cette institution au processus décisionnel communautaire[1] n'ont pu avoir pour objet de la transformer en « une assemblée souveraine dotée d'une compétence générale et qui aurait pour vocation à concourir à l'exercice de la souveraineté nationale ». L'équilibre des rapports entre les institutions communautaires et les Etats membres ne s'en trouve dès lors pas modifié[2]. Cela étant, le Parlement européen, du fait de la participation de personnes autres que les nationaux à la désignation des représentants de la France en son sein, n'est plus exclusivement censé assurer la représentation des peuples de chacun des Etats membres (conception retenue dans la décision de 1976). Il faut, semble-t-il, y voir « l'émergence d'une identité politique européenne »[3] ou encore une amorce de consécration du Parlement

---

place du droit de suffrage des citoyens de l'Union aux élections européennes, cf. la directive n° 93-109 du Conseil en date du 6 décembre 1993 fixant les modalités de l'exercice du droit de vote et d'éligibilité aux élections au Parlement européen pour les citoyens de l'Union résidant dans un Etat membre dont ils ne sont pas ressortissants, *JOCE*, L 329, 30 décembre 1993, p. 34. Cette directive a été transposée en France par la loi n° 94-104 du 5 février 1994 relative à l'exercice par les citoyens de l'Union européenne résidant en France, du droit de vote et d'éligibilité aux élections au Parlement européen, *JORF* 8 février 1994, p. 2154. Voir notamment sur tout le processus de concrétisation de ce droit de suffrage, Mmes M.-F. VERDIER, *LPA* 11 mai 1994, n° 56, p. 32 ; C. TOURET, *RFDC* 1995, p. 503.

[1] Voir par exemple l'extension du rôle « décisionnel » du Parlement européen par l'article 189 B du *TUE* (procédure de codécision). Il n'est pas devenu, du fait de cette extension, le véritable « législateur » communautaire. Sur cette question, cf. notamment M. C. BLUMANN : *La fonction législative communautaire*, LGDJ, 1995, pp. 62-66.

[2] Il s'agit d'une paraphrase ou d'un renvoi à la décision n° 70-39 DC du 19 juin 1970 quant à ses conclusions visant le traité de Luxembourg du 22 avril 1970 modifiant les pouvoirs budgétaires de l'Assemblée européenne. Engagement qui, pour le Conseil, ne « concern[ait] que le fonctionnement interne des Communautés européennes et la répartition des compétences entre les organes communautaires... ».

[3] Mme C. TOURET : « Le Parlement européen, symbole de l'Europe des citoyens ? », *LPA* 16 novembre 1998, n° 137, pp. 9-11.

européen comme représentant du « peuple européen »[1]. Mais cette institution communautaire demeure toujours, aux termes du traité (article 189, Version consolidée du traité instituant la Communauté européenne ; ex article 137), composée de « représentants des peuples des Etats réunis dans la Communauté ». On est dès lors très loin de l'émergence d'un hypothétique « peuple européen » d'autant plus que, sur le plan pratique, l'ouverture du scrutin européen aux citoyens de l'Union ne connaît encore qu'un retentissement très marginal[2]. En résumé, pour la Haute instance, le paragraphe 2 de l'article 8 B, conclu sur une base de réciprocité, « n'est contraire à aucune règle non plus qu'à aucun principe de valeur constitutionnelle »[3]. La situation sera tout à fait inverse s'agissant de la participation des citoyens de l'Union aux élections municipales en France.

Le paragraphe 1 de l'article 8 B du traité instituant la. *C E.* a constitué l'un des premiers cas de contrariété d'une stipulation conventionnelle avec des dispositions de la Constitution de 1958[4]. Aux termes de cet article : « Tout citoyen de l'Union résidant dans un Etat membre dont il n'est pas le ressortissant a le droit de vote et d'éligibilité dans l'Etat membre où il réside, dans les mêmes conditions que les ressortissants de cet Etat ». Il faut souligner, comme l'ont montré de nombreux auteurs, que le doute de constitutionnalité était transparent dans l'hypothèse ici envisagée[5]. On se trouvait en effet devant une dissociation flagrante du lien entre la qualité de national d'un Etat et l'exercice d'un droit politique

---

[1] Voir sur l'analyse d'une telle évolution, M. A. PLIAKOS : « Citoyenneté », dans *Répertoire de droit communautaire*, tome 1 ; M. X. PRETOT : « La non-conformité à la Constitution du traité sur l'Union européenne », *op. cit.*, pp. 332-333. Voir aussi l'interprétation de Mme L. BAGHESTANI-PERREY : *Le principe de la souveraineté nationale..., op. cit.*, pp. 311-318. Pour une approche assez similaire, cf. la situation du Grand-Duché du Luxembourg, Mme S. BEISSEL MERTEN, dans J. RIDEAU(Sous la direction de) : *Les Etats membres de l'Union européenne*, LGDJ, 1997, p. 342.

[2] Mme C. TOURET, *ibid.* ; MM. M. CROISAT et J.-L. QUERMONNE : *L'Europe et le fédéralisme*, *op. cit.*, pp. 129-131.

[3] Au Luxembourg, le Conseil d'Etat a également jugé, dans son avis du 26 mai 1992, que le droit de vote aux élections autres que celles concernant la chambre des députés (articles 50 à 57) et les communes (article 107), n'était pas régi par la Constitution, cf. Ratification du *TUE*, vol. 12, Luxembourg : OPOCE, 1996, pp. 287-288. *Idem* pour le Conseil d'Etat belge dans son avis du 6 mai 1992, *Ratification du TUE*, vol. I, OPOCE, 1996, p. 209.

[4] La décision n° 98-408 DC du 22 janvier 1999 (considérants 15 à 17) a relevé, par la suite, une contrariété entre l'article 27 du statut de la CPI et les articles 26, 68 et 68-1 de la Constitution, portant sur les régimes de responsabilité applicables respectivement aux parlementaires, au Président de la République et aux membres du gouvernement. Soulignons également que dans le considérant n° 40 de la même décision, le Conseil a estimé que les stipulations du chapitre X du statut n'étaient pas contraires à l'article 17 de la Constitution, concernant le droit de grâce du Président de la République. Il convient également de renvoyer aux considérants 9 à 12 de la décision n° 99-412 DC du 15 juin 1999 sur la Charte européenne des langues régionales ou minoritaires.

[5] A ce sujet, cf. M. F. HERVOUËT : « L'incidence de la jurisprudence de la CJCE sur la hiérarchie des normes en droit français », *op. cit.*, p. 37 ; Mme N. LUSSON-LEROUSSEAU : « Le droit de vote du citoyen européen aux élections municipales », *RJCO*, n° spécial - avril 1992 : *Vers l'Europe des citoyens*, pp. 100-103.

traditionnel[1]. Au soutien de la contrariété à la Constitution de cette dissociation, le Conseil constitutionnel a recours à trois articles de la Constitution de la Ve République :

- L'article 3, notamment son alinéa 4, qui réserve aux seuls nationaux français le droit de vote et d'éligibilité aux élections locales[2] ;
- l'article 24 qui fait du Sénat le représentant des collectivités territoriales, étant entendu que le collège électoral de la chambre haute en est largement l'émanation ;
- l'article 72 qui énumère la plupart des collectivités locales, dont les communes, et qui pose le principe de leur libre administration.

De l'ensemble de ces considérations, le juge constitutionnel va, pour l'essentiel, décider ce qui suit : « ...La désignation des conseillers municipaux a une incidence sur l'élection des sénateurs ; qu'en sa qualité d'assemblée parlementaire le Sénat participe à l'exercice de la souveraineté nationale... »[3]. En d'autres termes, c'est « l'association élections locales [en l'espèce, municipales] et souveraineté nationale par le biais de l'élection des sénateurs »[4] qui entraîne la contrariété formelle de l'article 8 B-1 du traité de Rome avec la Constitution française. Mais dans son argumentation, la Haute instance n'a pas envisagé la situation des exécutifs municipaux qui, dans leur rôle de représentant de l'Etat dans la commune, disposent d'une parcelle de puissance publique[5]. L'explication réside peut-être dans le fait que cette question ne relève pas de la matière constitutionnelle stricto sensu. Par ailleurs, notons aussi que la France n'a pas été le seul pays à voir dans ce droit de suffrage politique accordé aux citoyens de l'Union, un cas de friction constitutionnelle[6]. En plus de cette hypothèse de non compatibilité formelle

---

[1] Sur une telle dissociation sous l'impulsion du traité sur l'Union européenne, cf. M. L. FAVOREU(Sous la direction) : *Droit constitutionnel, op. cit.*, pp. 860-862.

[2] Rappelons que dans la décision n° 82-146 DC du 18 novembre 1982 « Quotas par sexe », *RJC*-I, 134, le Conseil avait jugé, dans une incidente, que l'élection des conseillers municipaux pouvait être qualifiée de suffrage politique. Sur le caractère politique des élections locales, cf. M. L. FAVOREU(Sous la direction de) : *Droit constitutionnel, op. cit.*, pp. 460-461.

[3] Sur cet aspect de la décision n° 92-308 DC, voir M. E. AUBIN, Thèse précitée, pp. 332-375 ; de façon plus générale, M. D. G. LAVROFF : *Le droit constitutionnel de la Ve République*, 3e éd., *op. cit.*, pp. 275-283.

[4] M. M. VERPEAUX : « La souveraineté nationale et les élections locales », *LPA* 28 août 1996, n° 104, p. 10. Il propose en outre une explication judicieuse de la motivation du Conseil en 1992 concernant le droit de suffrage aux élections municipales. . Au Luxembourg par exemple, l'existence d'un tel conflit a été niée sinon différée par le Conseil d'Etat dans l'avis du 26 mai 1992, cf. Mme S. BEISSEL MERTEN, *op. cit.*, pp. 340-341.

[5] Voir cependant à ce sujet, le considérant 20 de la décision n° 98-400 DC du 20 mai 1998, *Rec. D.C.C.*, p. 251.

[6] Voir pour partie la Déclaration du Tribunal constitutionnel espagnol du 1er juillet 1992, MM. ALBERTI, BON et MODERNE, *AIJC*, VIII-1992, p. 419 ; M. RUBIO LLORENTE, *RFDC* 1992, p. 651. Voir en outre l'avis du Conseil d'Etat belge du 6 mai 1992, *Ratification du TUE*, vol. I, *op. cit.*, pp. 208-209 confirmé par celui du 23 mars 1998, cf. M. F. DELPEREE, *op. cit.*, *RFDC* 1998,

d'une clause d'un engagement communautaire avec la Constitution, le Conseil a jugé que certaines autres dispositions affectaient ou portaient atteinte aux conditions essentielles d'exercice de la souveraineté nationale.

b)- L'atteinte aux « conditions essentielles » : la troisième phase de l'*UEM* et la politique commune des visas

Ces deux domaines correspondent pour le premier, à un cas de transfert irréversible d'une prérogative étatique éminente aux organes communautaires et, pour le second, à une hypothèse d'exercice, par les institutions communautaires, de compétences en matière d'entrée et de circulation des personnes.

- Pour ce qui est de la remise en cause par la politique monétaire et la politique de change uniques des conditions essentielles d'exercice de la souveraineté nationale, le Conseil constitutionnel s'est surtout focalisé sur la troisième phase de l'*UEM*. Il ressort de sa décision que « l'entrée dans la troisième phase entraîne en particulier la mise en œuvre aussi bien d'une politique monétaire unique que d'une politique de change unique ». L'objectif à terme, revenait ici, à la mise en place d'une monnaie unique, qui se substituerait aux différentes monnaies nationales des pays participants. En outre, les différentes banques centrales, dont la Banque centrale européenne, qui constituent le Système européen de banques centrales, définiront et mettront en œuvre, en toute indépendance, la politique monétaire de la Communauté. Or il est indéniable que la monnaie fait partie intégrante des attributs essentiels de la souveraineté. Par ailleurs, il résulte de l'article 34 de la Constitution de 1958 que seul le législateur national est compétent pour tout ce qui est relatif au « régime d'émission de la monnaie ». Il ne fait donc aucun doute pour le juge constitutionnel que l'Etat français sera « privé de compétences propres » dans « un domaine » relevant indiscutablement de sa puissance régalienne. Un domaine entier de la politique nationale (politiques monétaire et de change) est ainsi irrévocablement transféré à des institutions communautaires. Un tel transfert ne laissant à terme aucune prise ni aucune marge de manœuvre au profit des autorités nationales. Il en est d'autant plus ainsi que la France sera privée de la maîtrise de la parité de sa monnaie et de son système de change. C'est ce qu'avait en substance exclu le Conseil dans la décision n° 78-93 DC du 29 avril 1978 relative à la loi autorisant l'augmentation de la quote-part de

---

pp. 735-739. Le problème s'était déjà posé en Allemagne, en 1990, à propos de textes législatifs visant à accorder le droit de suffrage municipal aux étrangers dans deux Länder (Schleswig-Holstein ; ville de Hambourg), cf. notamment M. O. BEAUD, *RFDA* 1992, p. 409 ; en rapport avec le *TUE*, voir l'article 28-1 de la Loi fondamentale ajouté par la loi fédérale de décembre 1992, cf. Mme C. GREWE et M. H. OBERDORFF : *Les Constitutions des Etats de l'Union européenne, op. cit.*, p. 31.

la France au *FMI*[1]. En effet, dans le considérant n° 5 de cette décision, il était précisé que « le respect de la souveraineté des Etats membres est, [...], assuré par la liberté qui est reconnue à chacun d'eux de choisir tout système de change qu'il entend appliquer ». Or avec l'avènement, au 1er janvier 1999, de l'EURO, l'exercice d'une telle liberté se trouve manifestement annihilé.

Pour autant, ce cas d'inconstitutionnalité rentre-t-il dans la définition des « conditions essentielles » arrêtée par la décision n° 85-188 DC du 22 mai 1985 ? Autrement dit, on peut s'interroger sur le caractère limitatif ou non, exhaustif ou non du triptyque contenu dans cette décision. Une chose est sûre : dans la décision *Maastricht I*, le Conseil s'est lui-même détaché de cette énumération. En effet, la Haute instance a promu la garantie des droits et libertés des citoyens au rang de réserve de constitutionnalité à part entière (considérants 17 et 18 de la décision)[2]. Il apparaît en outre difficile de ranger la politique monétaire et la politique de change uniques dans « le devoir pour l'Etat d'assurer le respect des institutions de la République ou la continuité de la vie de la nation »[3]. De ce point de vue, plusieurs interprétations sont également soutenables : soit comme l'estime M. J. RIDEAU, le Conseil constitutionnel n'a pas jugé nécessaire de préciser sous quelle rubrique ranger cette atteinte aux « conditions essentielles », car elle a paru très évidente[4] ; soit, comme le considèrent Mmes C. GREWE et H. RUIZ FABRI, ceci renverrait à l'idée de « subordination de l'Etat » du fait précisément, ici, « de la disparition de compétences propres »[5]. En tout état de cause, le caractère irrévocable ou irréversible du transfert à l'Europe communautaire d'un domaine entier lié à l'exercice de la souveraineté de l'Etat n'est pas étranger à une telle motivation de la part du Conseil constitutionnel. Ce dernier ne se sentirait donc plus lié, s'il l'a même jamais été, par l'énumération retenue en 1985. Au total, on pourrait considérer soit qu'elle n'était pas exhaustive soit qu'elle serait non pertinente dans le cadre de l'intégration européenne.

---

[1] *RJC*-I, 58. Sur cette décision, voir notamment M. P. BRINGUIER : « La décision du Conseil constitutionnel du 29 avril 1978 - Quelques réflexions sur le Parlement et l'organisation internationale », *Annales de la Faculté de droit et de science politique de l'Université de Clermont I*, Fasc. 15, p. 3 ; M. L. PHILIP, *RDP* 1979, p. 465 ; M. D. RUZIE, *JDI* 1978, p. 577. Sur un tel rapprochement, cf. M. B. GENEVOIS, *RFDA* 1992, p. 396.

[2] La nécessité de respecter les droits et libertés des citoyens avait déjà été soulignée dans des décisions antérieures, notamment les décisions n° 85-188 DC et n° 91-294 DC. Il faut ajouter également que, dans sa décision n° 98-408 DC (considérant 13), la Haute juridiction a expressément inclus la sauvegarde des droits et libertés constitutionnellement garantis dans les réserves françaises de constitutionnalité, au même titre que la contrariété à la Constitution et l'atteinte aux conditions essentielles d'exercice de la souveraineté nationale.

[3] Voir à ce sujet, MM. FAVOREU et GAÏA, *RFDC* 1992, pp. 721-722.

[4] M. J. RIDEAU : *Droit institutionnel de l'Union et des Communautés européennes*, 3e éd., *op. cit.*, p. 983.

[5] Mmes GREWE et H. RUIZ FABRI, *RUDH* 30 septembre 1992, *op. cit.*, p. 285.

Enfin cette privation définitive, pour la France, d'une « compétence propre », constitue peut-être l'une des raisons pour lesquelles l'existence de prise de décisions à l'unanimité dans la troisième phase de l'*UEM* n'a nullement empêché le Conseil, de déclarer que les « conditions essentielles » étaient remises en cause[1]. En revanche, les modalités de prise de décisions au niveau communautaire concernant les mesures relatives à l'entrée et à la circulation des personnes, ont été décisives dans la conclusion à laquelle a abouti la Haute instance[2].

- L'article 100 C du traité de Rome (désormais abrogé) prévoyait la mise en place d'une politique commune des visas à l'égard des ressortissants de pays tiers. Le Conseil des ministres de l'Union européenne était ainsi chargé de « déterminer les pays tiers dont les ressortissants [devaient] être munis d'un visa lors du franchissement des frontières extérieures des Etats membres ». Or l'on sait depuis la décision du 25 juillet 1991 (considérant n° 14) que la politique de maîtrise des flux migratoires est l'un des attributs liés à l'exercice de la souveraineté[3]. Elle concerne par surcroît les « conditions essentielles » en ce qu'elle contribue au maintien de la continuité de la vie de la nation[4]. C'est ainsi que, pour le Conseil constitutionnel, l'unanimité prévue par le paragraphe 1er de l'article 100 C était de nature à préserver les conditions essentielles d'exercice de la souveraineté nationale car la France pouvait, en dernier ressort et par son veto, s'opposer à une éventuelle décision communautaire en la matière. Mais l'abandon de l'unanimité au profit de la majorité qualifiée, de façon automatique, à compter du 1er janvier 1996, était de nature à affecter ces « conditions essentielles » en ceci que l'Etat français pouvait désormais, dans ce domaine, se voir imposer une décision dont il n'avait pas voulu. Les dispositions du paragraphe 4 (obligation pour la Commission d'instruire toute demande de proposition du Conseil formulée par un Etat membre) et celles du paragraphe 5 (réserve de compétence nationale concernant le maintien de l'ordre public et la sauvegarde de la sécurité intérieure) ne modifiaient en rien le diagnostic retenu par le juge constitutionnel. On pouvait néanmoins se demander si le fait que la compétence soit exercée en commun dans ce domaine (c'est-à-dire à quinze) ne constituait pas à lui seul une atteinte aux « conditions essentielles », à partir du moment où l'Etat français n'était plus en mesure d'agir seul en cette matière[5]. La Haute instance a sans doute considéré la

---

[1] Pour une justification de cet aspect de la décision du Conseil constitutionnel, cf. M. J. ROUX : *Le principe de la souveraineté de l'Etat..., op. cit.*, pp. 237-238, 245-246 et 251-254.

[2] Sur cette question, M. E. AUBIN, Thèse précitée, pp. 378-400.

[3] Voir en ce sens, M. P. DOLLAT : *Libre circulation des personnes et citoyenneté européenne..., op. cit.*, p. 140.

[4] *GERJC*, *AIJC*, VIII-1992, p. 513.

[5] Pour certains auteurs, cette seule circonstance aurait peut-être dû pousser le Conseil à déclarer contraire à la Constitution le paragraphe 1 de l'article 100 C ; voir notamment M. J. RIDEAU : « La situation en France », *op. cit.*, p. 102 ; *GERJC*, *op. cit.*, pp. 513-514. Il faut dire néanmoins que la

prise de décision à l'unanimité au sein du Conseil comme constituant une garantie suffisante. Le critère formel apparaît dès lors déterminant en ceci que c'est le passage de l'unanimité à la majorité qualifiée qui devient ici décisif, au risque de relativiser le poids du critère matériel (c'est-à-dire la présence d'une matière intéressant l'exercice de la souveraineté étatique). Peut-être le Conseil constitutionnel a-t-il jugé en l'espèce que le transfert était de moindre ampleur que celui concernant la politique monétaire et de change uniques[1]. Autrement dit, l'exercice de la puissance souveraine de l'Etat était en l'espèce affecté de façon moins significative que dans le cadre de l'*UEM*. Au demeurant, il reste à souligner qu'à l'égard de la politique commune des visas, la Haute juridiction a appliqué de manière fidèle les critères d'atteinte aux « conditions essentielles » à savoir l'objet de la compétence transférée et les modalités de son exercice au niveau communautaire.

Au regard de toutes ces considérations, le Conseil constitutionnel a, pour la première fois, jugé que « l'autorisation de ratifier en vertu d'une loi [un engagement communautaire] ne [pouvait] intervenir qu'après révision de la Constitution ». Une telle conclusion allait être rééditée quelque cinq années plus tard après la décision *Maastricht I* du 9 avril 1992. En effet, le *TUE* lui-même avait prévu à l'article N, paragraphe 2 (article 48, Nouvelle numérotation) la convocation d'une Conférence des représentants des gouvernements des Etats membres en vue de sa révision. Cette *CIG* fut convoquée à Turin au mois de mars 1996. Elle vit son terme avec la signature le 2 octobre 1997 du traité d'Amsterdam. Soumis en France au processus de ratification des engagements internationaux, ce traité communautaire modificatif a été, pour certaines de ses clauses, déclaré contraire à la Constitution par la décision n° 97-394 DC du 31 décembre 1997[2].

2)- L'inconstitutionnalité de certaines clauses du traité d'Amsterdam

Le Conseil constitutionnel, il faut le rappeler, a été saisi le 4 décembre 1997 par une lettre conjointe du Président de la République et du Premier ministre. A la suite de cette saisine inédite, il a rendu un peu moins d'un mois plus tard[3], sa

Haute instance, dans le considérant n° 41 de la décision n° 92-312 DC du 2 septembre 1992, a conféré un brevet de constitutionnalité à cette disposition.

[1] En utilisant pour ce faire la grille de lecture de M. Ph. ARDANT : *Institutions politiques et Droit constitutionnel, op. cit.*, p. 29, on parlerait ainsi d'« abandon complet de compétences » pour l'union économique et monétaire et de « création de compétences partagées » pour la politique commune des visas.

[2] *RJC*-I, 727.

[3] Ceci confirme simplement que le Conseil se sent lié par le délai de droit commun (un mois) applicable notamment au contrôle de constitutionnalité des lois ordinaires. Le même délai d'un mois a été respecté s'agissant de la 7e saisine du Conseil constitutionnel au titre de l'article 54 de la

seconde décision de non-compatibilité d'un traité communautaire avec la Constitution française. Cette contrariété concerne uniquement « la communautarisation du processus décisionnel »[1] dans les matières du titre III A intitulé : « Visas, asile, immigration et autres politiques liées à la libre circulation des personnes »[2]. Afin d'analyser cette décision, il convient d'abord de déterminer la portée du traité d'Amsterdam par rapport au traité de Maastricht. Ensuite, il faudra examiner les déclarations d'inconstitutionnalité[3] concernant d'une part les mesures relatives à l'asile et à l'immigration et, d'autre part, les dispositions se rapportant au franchissement des frontières intérieures et extérieures des Etats membres.

a)- La portée du contrôle exercé par le Conseil constitutionnel sur le traité d'Amsterdam

Il s'agit de savoir dans quelle mesure le Conseil prend en compte les engagements communautaires antérieurs, en particulier le *TUE*, dans l'examen du traité modificatif qui lui est soumis. Il faut rappeler que, dans le considérant n° 8 de la décision *Maastricht I*, la Haute instance a considéré que son contrôle ne pouvait aucunement porter sur les mesures ou sur les stipulations devenues définitives, de par l'effet combiné de l'alinéa 14 du préambule de la Constitution de 1946 (règle *pacta sunt servanda*) et de l'article 55 de la Constitution de 1958. C'est à l'aune de ces considérations que le juge constitutionnel français a examiné la portée du traité d'Amsterdam. Des éléments d'illustration peuvent être fournis par deux considérants (9 et 27) de la décision n° 97-394 DC :

- Dans le considérant n° 9 de cette décision, le Haut Conseil a tenu à déterminer la portée de son contrôle sur le traité d'Amsterdam en fonction de l'habilitation constitutionnelle contenue dans l'article 88-2 du texte de 1958. Ce

---

Constitution. En effet, le Conseil a été saisi, une nouvelle fois, par une lettre conjointe du Président de la République et du Premier ministre en date du 24 décembre 1998, de la constitutionnalité du traité de Rome du 18 juillet 1998. Et sa décision n° 98-408 DC fut rendue le 22 janvier 1999, c'est-à-dire un peu moins d'un mois plus tard. Voir pour les différentes interprétations possibles à propos de cette question du délai, M. F. LUCHAIRE : « Le traité d'Amsterdam et la Constitution », *RDP* 1998, p. 335.

[1] Cf. M. T. LARZUL, *DA* février 1998, p. 18 ; Mme A. RIGAUX et M. D. SIMON, *Europe*, janvier 1998, p. 4 ; M. E. AUBIN, Thèse précitée, pp. 401-416.

[2] Sur l'analyse de cette communautarisation d'une partie du troisième pilier, cf. l'ouvrage de Mme J. MONTAIN-DOMENACH : *L'Europe de la sécurité intérieure*, éd. Montchrestien, coll. « clefs/politique », 1999, spéc. pp. 65-86.

[3] Sur la préfiguration des déclarations d'inconstitutionnalité prononcées par la décision n° 97-394 DC, cf. MM. J. RIDEAU, P. GAÏA, D. ROUSSEAU, dans *Le traité d'Amsterdam face aux Constitutions nationales, op. cit.*, respectivement, pp. 14-15, pp. 24-26 et pp. 44-45.

contrôle ne peut en effet porter que sur les transferts de compétences autres que ceux couverts par cette disposition constitutionnelle, ou sur l'existence d'autres modalités d'exercice des compétences transférées, que celles fixées par le traité de Maastricht. Le Conseil constitutionnel se focalise donc sur les compétences ou les modalités nouvelles consenties par les Etats membres dans le traité d'Amsterdam et qui pourraient conduire à ce que soient remises en cause les conditions essentielles d'exercice de la souveraineté nationale. Implicitement, le Conseil confirme sa jurisprudence sur l'immunité constitutionnelle des engagements communautaires définitifs.

- Cette constitutionnalité par ricochet transparaît dans l'examen des dispositions du troisième paragraphe de l'article 73 O (article 67, Nouvelle numérotation). Ces dispositions prévoient l'adoption, à la majorité qualifiée et dès l'entrée en vigueur du traité d'Amsterdam, des mesures concernant la liste des pays tiers dont les ressortissants sont soumis à obligation de visa et celles relatives à un modèle type de visa. Le Conseil constate que ces stipulations « se bornent à reprendre les règles de décision prévues par l'article 100 C [du traité instituant la Communauté européenne, notamment ses paragraphes 1 et 3] ». Il juge tout d'abord indirectement que l'inconstitutionnalité décelée par la décision *Maastricht I* à l'encontre de certaines de ces stipulations a été couverte par le constituant dans le cadre de la loi constitutionnelle du 25 juin 1992[1]. Il estime ensuite que sa décision du 2 septembre 1992 a conclu à la compatibilité des dispositions communautaires en cause avec l'habilitation constitutionnelle de l'article 88-2[2]. A cet égard, les dispositions du troisième paragraphe de l'article 73 O, qui ne constituent qu'une reprise de mesures bénéficiant déjà d'un « brevet de constitutionnalité » du fait de l'autorité de chose jugée des décisions du Conseil constitutionnel, ne peuvent à nouveau faire l'objet d'un contrôle de constitutionnalité. Lesdites stipulations bénéficient donc d'une réelle « immunité contentieuse »[3]. Ceci n'est pas le cas de l'application à certaines mesures relatives aux visas, à l'asile, à l'immigration et à la libre circulation des personnes, des règles de décision du pilier communautaire.

---

[1] L'article 88-2 de la Constitution de 1958, issu de cette loi constitutionnelle, disposait notamment que : la France consent aux transferts de compétences nécessaires « à la détermination des règles relatives au franchissement des frontières extérieures des Etats membres de la Communauté européenne ».

[2] Voir les considérants 38 à 40 de la décision n° 92-312 DC du 2 septembre 1992.

[3] Sur cette question, voir notamment : M. P. GAÏA, *RFDC* 1998, p. 150 ; MM. B. MATHIEU et M. VERPEAUX, *chr.*, *JCP* 1998, I, 137 ; M. J.-E. SCHOETTL, *AJDA* 1998, p. 143 ; M. J. ROUX, dans *Le traité d'Amsterdam face aux Constitutions nationales, op. cit.*, pp. 118-119.

b)- Les cas d'inconstitutionnalité décelés par la décision du 31 décembre 1997

- L'article 73 K du titre III A du traité instituant la Communauté européenne (article 63, Nouvelle numérotation) pose des mesures concernant l'asile, les réfugiés et les personnes déplacées et enfin la politique d'immigration. Ces matières intéressent assurément l'exercice de la souveraineté[1] et ne sont évidemment pas couvertes par l'habilitation constitutionnelle de l'article 88-2. Dans l'examen de la constitutionnalité de ces stipulations, le Conseil a d'abord fait appel au principe de subsidiarité qui, au regard du considérant n° 22 de la décision, ne peut être considéré comme une réserve de constitutionnalité en tant que telle[2]. Le plus déterminant a consisté ensuite dans la prise en considération des règles de décision applicables dans les matières concernées. Ces règles sont regroupées dans l'article 73 O du traité :

- Dans une première période, d'une durée de cinq ans après l'entrée en vigueur du traité d'Amsterdam, les décisions seront prises à l'unanimité du Conseil, sur proposition de la Commission ou à l'initiative d'un Etat membre ;
- à l'expiration de cette période transitoire, le Conseil pourra, aux termes du paragraphe 2 de cet article, décider, à l'unanimité, que ces domaines ou certains d'entre eux seront désormais soumis à la majorité qualifiée et à la procédure de codécision de l'article 189 B.

Cet état des choses a influé sur la motivation du Conseil constitutionnel. En effet, ce dernier a jugé que l'unanimité prévue au paragraphe 1 de l'article 73 O, pendant la période transitoire, permet, à l'exemple de ce qui avait été décidé pour la politique commune des visas dans la décision *Maastricht I*, de sauvegarder les « conditions essentielles » (considérant n° 23). A l'inverse, la combinaison, dans des domaines touchant à l'exercice de la souveraineté, de transferts d'une certaine ampleur, de la perte de l'initiative par les Etats membres[3], de l'applicabilité de la majorité qualifiée et de la codécision, contribuerait à ce que soient remises en cause les conditions essentielles d'exercice de la souveraineté nationale. La possibilité d'un maintien par un Etat membre de dispositions nationales dans les domaines concernés n'enlève rien à l'inconstitutionnalité constatée par la Haute instance[4]. Sont donc retenus ici le domaine, l'ampleur et les modalités d'intervention et d'exercice desdits transferts de compétences[5].

---

[1] C'est l'une des raisons pour lesquelles ces matières avaient été incluses dans l'un des piliers intergouvernementaux du traité de Maastricht (3e pilier : *JAI*).

[2] Cf. M. P. GAÏA, *RFDC* 1998, p. 150.

[3] Pour M. P. GAÏA, *op. cit.*, p. 147, il s'agit là d'un « élément surabondant de la démonstration ».

[4] Il faut préciser que de telles dispositions, prises au niveau national, doivent être compatibles avec le traité communautaire et avec les accords internationaux.

[5] M. P. GAÏA, *ibid.* Voir également M. H. NALLET : *Rapport n° 1212* précité, p. 19 ; Mme E. GUIGOU, *J.O.* n° 109 - A.N. (C.R.), *op. cit.*, p. 9428.

S'agissant de ces modalités, il est possible de s'interroger sur la portée de la mention en l'espèce de la procédure de codécision[1]. Une telle mention se justifierait par le fait que désormais le Parlement européen, à travers cette procédure, se trouverait associé à la prise de décision dans des matières intéressant l'exercice de la souveraineté nationale. Ceci n'était pas le cas par exemple, dans le cadre du *TUE*, pour l'*UEM* ou encore pour la politique commune des visas. On pourrait par conséquent inférer que seule l'application de la codécision « dans ces domaines sensibles de la souveraineté » impliquerait un reproche de constitutionnalité[2]. Par ailleurs, on se trouve peut-être dans une situation assez différente de celles de 1976 et 1992, dans lesquelles le Parlement européen était censé n'avoir pas « vocation à concourir à l'exercice de la souveraineté nationale ». Il reste vrai que, n'appartenant pas à l'ordre institutionnel de la République française, le Parlement européen ne peut toujours pas prétendre à l'exercice de la souveraineté interne de l'Etat. A l'inverse, tout indique désormais, au vu de l'approche retenue dans la décision « *traité d'Amsterdam* », que ledit Parlement peut être amené à participer, à travers la « faculté d'empêcher » dont il dispose de par l'article 189 B, à la prise de décision dans des domaines relevant des conditions essentielles d'exercice de la souveraineté nationale[3]. De ce point de vue, même s'il ne peut encore prétendre disposer d'une quelconque souveraineté, le Parlement européen est désormais partie prenante dans le processus décisionnel applicable à certaines compétences indissolublement attachées à la souveraineté de l'Etat[4]. Des griefs de constitutionnalité ont également été portés sur certaines mesures relatives à la libre circulation des personnes.

- Les stipulations des premier et troisième paragraphes de l'article 73 J (article 62, Nouvelle numérotation) relatives au franchissement des frontières intérieures des Etats membres ont fait l'objet du même grief de constitutionnalité que celles de l'article 73 K. Elles concernent d'une part la suppression de tout contrôle aux frontières intérieures à l'égard des citoyens de l'Union et des ressortissants des pays tiers et d'autre part, la fixation des conditions dans lesquelles ces derniers peuvent circuler librement sur le territoire des Etats membres pendant une durée minimum de trois mois. Ici également l'alliance entre les critères matériel et procédural a conduit à une déclaration de contrariété

---

[1] Sur la portée du mécanisme de codécision au regard de la déclaration d'inconstitutionnalité, cf. M. J. ROUX, *op. cit.*, pp. 126-127.

[2] Cf. Mme F. CHALTIEL, *RMC* 1998, p. 78.

[3] Mme F. CHALTIEL, *ibid.* M. F. LUCHAIRE, *RDP* 1998, pp. 339-340, relativise, à juste titre, la portée de cette évolution des rapports entre institutions communautaires d'un côté, et entre celles-ci et les Etats membres de l'autre.

[4] Il faut par ailleurs signaler que la Cour européenne des droits de l'Homme, dans son arrêt du 18 février 1999 - aff. *Matthews c/ Royaume-Uni*, a considéré que le Parlement européen constitue un « corps législatif » car il se trouve associé au processus législatif communautaire, cf. MM. G. COHEN-JONATHAN et J.-F. FLAUSS, *RTDE* 1999, pp. 651-653.

desdites clauses à la Constitution, dès lors que pourraient être affectées les « conditions essentielles ».

En ce qui concerne le franchissement des frontières extérieures, il faut noter que certaines mesures y afférant outrepassent le champ d'application de l'article 100 C du traité instituant la Communauté européenne tel que modifié par le *TUE*. Elles constituent donc « une modalité nouvelle de transfert de compétences dans des domaines où est en cause la souveraineté nationale ». Il s'agit plus précisément du passage automatique, au bout de cinq ans, à la procédure de l'article 189 B pour les règles et conditions de délivrance des visas par les Etats membres et les règles en matière de visa uniforme, ainsi que le prévoit le paragraphe 4 de l'article 73 O. Le Conseil constitutionnel applique en l'espèce, de manière fidèle, sa jurisprudence découlant de la décision n° 92-308 DC, relativement à la mise en œuvre, à compter du 1er janvier 1996, de la procédure de la majorité qualifiée dans le domaine de la politique commune des visas.

Comme les mesures relatives à l'asile et à l'immigration, au franchissement des frontières intérieures, celles concernant les normes et modalités auxquelles doivent se conformer les Etats membres pour effectuer les contrôles des personnes aux frontières extérieures (point a, du paragraphe 2 de l'article 73 J), dès lors qu'elles se verraient appliquer les dispositions de l'article 73 O, paragraphe 2, auraient pour conséquence d'affecter les conditions essentielles d'exercice de la souveraineté nationale (considérants 24, 25 et 29 de la décision n° 97-394 DC). Il reste tout de même à se demander si l'automaticité du passage à la majorité qualifiée (paragraphe 4 de l'article 73 O) peut être assimilée au caractère, cette fois simplement potentiel, du passage de l'unanimité à la majorité qualifiée (paragraphe 2 du même article). Autrement dit, le Conseil constitutionnel n'aurait-il pas dû prendre en considération, dans son examen, le « garde-fou » que constituerait l'unanimité exigée pour le passage d'une modalité de vote (l'unanimité) à une autre (procédure de l'article 189 B) dans ces matières intéressant l'exercice de la souveraineté ? M. P. GAÏA, critiquant la partie de la décision du Conseil qui a trait à cette question, estime en substance que le juge constitutionnel n'aurait pas dû « traiter sur le même plan d'un côté, le passage automatique à la règle de la majorité qualifiée et de l'autre le passage conditionné à cette même règle par une décision qui, en toute hypothèse, devra être prise à l'unanimité ». Pour cet auteur, cette seconde unanimité se suffirait à elle-même car « les transferts de compétences sont potentiellement bloqués à la source ». L'opposition fondamentale se situerait donc entre :

- « ...Les cas où la règle de l'unanimité s'applique - qu'il s'agisse des décisions au fond ou des modalités de modification de la procédure de vote ;

- à ceux où elle ne s'applique pas (passage « automatique » à la majorité qualifiée) »[1].

A ce sujet, le Conseil, dans la motivation adoptée au considérant n° 24 de la décision, insiste bien sur le fait que « le passage de l'unanimité à la procédure prévue par l'article 189 B s'effectuera sur simple décision du Conseil prise à l'unanimité... ». Ce qui veut bien dire que son entrée en vigueur ne sera nullement subordonnée à son adoption préalable « par les Etats membres conformément à leurs règles constitutionnelles respectives »[2]. Autrement dit, on sera en présence d'un acte communautaire de droit dérivé et non d'un engagement international au sens où l'entendent l'article 54 de la Constitution et la jurisprudence du Conseil constitutionnel qui en résulte[3]. Or il est de jurisprudence constante que les actes de droit dérivé ne peuvent faire l'objet d'aucun examen de constitutionnalité[4]. C'est, semble-t-il, la raison pour laquelle le juge constitutionnel a cru bon d'ajouter, peut-être de façon quelque peu surabondante, qu'il n'aurait pas, « le moment venu », la possibilité d'intervenir. A notre avis, dès lors que se trouve établie la combinaison entre l'objet, l'ampleur et les modalités d'exercice des transferts de compétences, il faut conclure que les conditions essentielles d'exercice de la souveraineté nationale s'en trouvent affectées. Ainsi, à partir du moment où existe une probabilité, même infime, pour que se réalise à terme (« l'effet bloquant » que relève M. GAÏA n'étant pas dirimant) un tel transfert de compétences, il faut à notre sens considérer, comme l'a fait le Conseil constitutionnel, que la souveraineté de l'Etat est mise à mal[5]. Au demeurant, dans les matières concernées, l'Etat français n'aurait plus la possibilité de décider seul, les autres Etats membres étant amenés à

---

[1] Sur ces critiques, M. P. GAÏA, *RFDC* 1998, pp. 150-152 ; voir également la conception de M. F. LUCHAIRE, *RDP* 1998, pp. 343-344. Par contre M. J.-E. SCHOETTL, *AJDA* 1998, p. 143, estime qu'un tel « argument est de peu de poids ».

[2] Une telle prescription est par exemple prévue dans la clause dite « passerelle » de l'article K 9 du *TUE* (article 42, Nouvelle numérotation) concernant l'éventuelle communautarisation de certaines matières relevant de la coopération policière et judiciaire en matière pénale. Voir M. F. LUCHAIRE, *RDP* 1998, p. 339. Ceci n'a pas empêché que certains parlementaires, lors de la discussion sur la révision constitutionnelle préalable à la ratification du traité d'Amsterdam, aient proposé l'hypothèse d'une éventuelle habilitation parlementaire préalablement à la décision de passer au vote à la majorité qualifiée et à la procédure de codécision. De telles propositions ont été logiquement contestées, cf. notamment M. P. FAUCHON : *Rapport n° 102 sur le projet de loi constitutionnelle, adopté par l'Assemblée nationale, modifiant les articles 88-2 et 88-4 de la Constitution*, pp. 56-57 ; *J.O.* - n° 103, S. (C.R.), op. cit., p. 6495. Voir par ailleurs le *Rapport de M. H. NALLET*, *op. cit.*, p. 22.

[3] M. J. RIDEAU : « Rapport introductif », dans *Le traité d'Amsterdam ...*, *op. cit.*, p. 14.

[4] Se référer notamment à la décision n° 77-90 DC du 30 décembre 1977, *RJC*-I, 55. Voir également *supra* chapitre I de ce titre, point B du paragraphe 2 de la section I (contestation de cette immunité) ; chapitre II du titre II de la première partie, point B du paragraphe 1 de la section II ; M. J.-E. SCHOETTL, *op. cit.*, pp. 140 et 143.

[5] Il faut même noter que le Conseil constitutionnel lui-même, au considérant n° 25 de sa décision, utilise le conditionnel.

statuer positivement ou négativement dans ces domaines touchant à l'exercice de la souveraineté française[1]. Au total, la Haute instance a pour rôle de constater, dès lors que les critères matériel et procédural sont réunis, le principe d'une atteinte aux « conditions essentielles » et non l'effectivité de la survenance d'une telle atteinte[2]. Au demeurant, cela pose indirectement la question du critère déterminant quant à l'atteinte aux conditions essentielles d'exercice de la souveraineté nationale.

c)- La valorisation discutable du critère procédural au léger détriment du critère matériel

Au-delà du cas concret représenté par cette inconstitutionnalité, il faut rechercher comment, de manière générale, le Conseil constitutionnel opère le balancement entre le critère matériel et le critère formel. Le premier de ces deux critères nous semble en tout cas incontournable dans la mesure où il existe des cas où il se suffit à lui-même (le critère formel étant indifférent). Ces cas représentent les situations dans lesquelles le domaine concerné par le transfert est une matière régalienne par excellence, étant entendu que l'ampleur de ce transfert confine à l'abandon de compétences. C'est ainsi que le Conseil constitutionnel a par exemple considéré dans sa décision *Maastricht I* que le passage à la troisième phase de l'*UEM* allait contribuer à priver l'Etat français de « compétences propres » dans cette matière[3]. C'est sans doute cette manière de voir, c'est-à-dire que l'unanimité n'était pas à elle seule, et dans toutes les hypothèses, garante du respect de la souveraineté de l'Etat, que la Haute instance a prolongée lorsqu'elle a considéré que certaines stipulations relatives à l'asile, à l'immigration et au franchissement des frontières intérieures remettraient en cause les « conditions essentielles » (considérants 21 à 25, 29 de la décision n° 97-394 DC). Par là, il contribue à renforcer le critère matériel au détriment du critère formel[4].

On a vu malgré tout que dans la décision n° 92-308 DC, et concernant la politique commune des visas, la prise de position du Conseil constitutionnel contribuait à considérer le critère formel comme étant une variable déterminante de la déclaration d'inconstitutionnalité. On retrouve ce type de raisonnement dans la

---

[1] Cf. l'analyse très pertinente de M. J. ROUX, dans *Le traité d'Amsterdam...*, *op. cit.*, pp. 124-125.

[2] M. H. NALLET, *ibid.*, estime de ce point de vue que le Conseil constitutionnel « se contente d'une atteinte potentielle pour justifier sa décision de contrariété ».

[3] Sur un tel rappel, M. P. GAÏA lui-même, *op. cit.*, p. 151.

[4] Mme J. DUTHEIL de la ROCHERE : « Les implications constitutionnelles pour un Etat de la participation à un processus d'intégration régional », *op. cit.*, p. 592, parle d'« un raidissement de la part du Conseil constitutionnel dans la conception qu'il se fait des conditions essentielles d'exercice de la souveraineté nationale... ».

décision *Amsterdam* lorsque la Haute instance juge que le passage automatique à la majorité qualifiée et à la procédure de codécision pour la détermination des procédures et conditions de délivrance des visas de court séjour par les Etats membres et des règles applicables en matière de visa uniforme « pourrait conduire à ce que se trouvent affectées les conditions essentielles d'exercice de la souveraineté nationale » (considérant 28). On pourrait dire que le juge constitutionnel « se montre [ici] attentif... » au critère procédural dans la mesure où le transfert de compétences est de moindre ampleur, en ceci qu'il implique « simplement [...] l'ouverture d'une matière à l'exercice de compétences partagées entre institutions nationales et communautaires », et non la privation pure et simple de ces compétences au détriment de l'Etat français[1]. En tout état de cause, le critère matériel devient, dans cette circonstance, un élément nécessaire mais pas suffisant.

Il apparaît ainsi nettement que, dans la décision n° 97-394 DC, le Conseil constitutionnel considère comme étant décisif le passage à la majorité qualifiée et à la procédure de codécision dans les matières concernant l'exercice de la souveraineté[2]. Le critère procédural devient donc déterminant quant à l'atteinte aux conditions essentielles d'exercice de la souveraineté nationale. Cette démarche du juge constitutionnel suscite, pour notre part, certaines réserves. En effet, juger que l'unanimité est protectrice de la souveraineté fait apparaître le Conseil de l'Union européenne comme une instance intergouvernementale alors qu'il s'agit d'une institution communautaire au même titre que la Commission, le Parlement européen ou encore la Cour de justice[3]. Or il est possible de discuter du rôle protecteur, quant aux « conditions essentielles », de l'unanimité : une fois que la compétence souveraine est transférée aux instances communautaires, l'Etat ne peut plus décider seul. Il peut en effet être mis en minorité lorsque la décision est prise à la majorité qualifiée, comme sa volonté de prendre un acte peut être mise en échec par le droit de veto d'un de ses partenaires lorsque l'unanimité est exigée. De ce point de vue, et comme l'affirme très justement M. F. LUCHAIRE, « ...le vote à l'unanimité lui donne certes un droit de veto qui ne remplace évidemment pas l'exercice de [la] compétence [transférée] »[4]. Ceci est d'autant plus plausible que le

---

[1] Cf. M. J.-E. SCHOETTL, *AJDA* 1998, pp. 138-139.

[2] Cf. notamment, MM. D. ROUSSEAU, *op. cit.*, *RDP* 1999, p. 84 ; F. LUCHAIRE : *Le Conseil constitutionnel. Tome III, op. cit.*, pp. 61-62 ; Mme M.-F. CHRISTOPHE-TCHAKALOFF, *D.* 1999, *chr.*, p. 127, estime que : « ...L'unanimité est devenue la pierre angulaire de la constitutionnalité » ; idem, M. C. FRANCK : *Les grandes décisions de la jurisprudence – Droit constitutionnel*, PUF, 2e éd., 2001, p. 139.

[3] Il est vrai que le Conseil est une institution dont la composition est intergouvernementale, comme le montre l'article 146 du traité de Rome (article 203, Nouvelle numérotation) : « Le Conseil est formé par un représentant de chaque Etat membre au niveau ministériel, habilité à engager le gouvernement de cet Etat membre ».

[4] M. F. LUCHAIRE, *ibid.*, p. 69. Il convient enfin de renvoyer ici au raisonnement adopté par M. J. RIDEAU : « France », dans *Les Constitutions nationales à l'épreuve de l'Europe*,

Conseil constitutionnel lui-même, dans le considérant n° 24 de sa décision du 31 décembre 1997, a estimé que l'exigence de l'unanimité pour le passage à la majorité qualifiée dans certaines matières touchant à l'exercice de la souveraineté n'excluait nullement l'atteinte aux « conditions essentielles ». La justification avancée était la suivante : la décision du Conseil qui était ainsi prévue à l'expiration de la période transitoire de cinq ans constituait tout simplement un acte communautaire de droit dérivé dont toute contestation du point de vue constitutionnel ne pouvait lui être soumise.

Il aurait donc été hautement souhaitable que la Haute instance retint comme clef de son raisonnement, la distinction entre dynamique d'intégration et logique de coopération[1]. Cela aurait consisté par exemple à juger que dès lors que des compétences régaliennes de l'Etat ont été transférées aux instances communautaires, l'exercice de ses droits souverains s'en trouve limité[2]. Peu importe à cet égard la procédure de prise de décision au niveau communautaire ; l'essentiel étant que le pouvoir de décision appartient désormais à des institutions disposant d'une personnalité juridique distincte de celle des Etats membres. Sa jurisprudence, telle qu'elle découle de la décision du 31 décembre 1997, ne donnerait ainsi plus le sentiment d'une édulcoration très sensible de la portée du principe de la souveraineté étatique[3]. Au demeurant, une position telle que celle qui est suggérée ici aurait contribué, dans le cadre de la décision *Maastricht I* du 9 avril 1992, à déclarer contraire à la Constitution le transfert à la Communauté de la détermination des règles relatives au franchissement des frontières extérieures des Etats membres. Une telle jurisprudence considérerait la prise de décision à la majorité qualifiée comme une circonstance aggravante d'inconstitutionnalité.

A l'inverse, devraient être considérées comme ne portant pas atteinte aux « conditions essentielles » les hypothèses de répartition des compétences « consistant en l'exercice d'une compétence par plusieurs Etats de concert dans le cadre d'une structure intergouvernementale dépourvue de personnalité juridique »[4]. Dans ces hypothèses en effet, les compétences demeurent nationales et les

---

La Documentation française - Paris, 1993, pp. 101-102, à propos de la politique commune des visas telle qu'envisagée par le Conseil constitutionnel dans sa décision *Maastricht I.*

[1] Il est vrai que cette distinction est loin d'être tranchée, car comme le montre assez justement M. C. BLUMANN : « Quelques réflexions sur la notion de communautarisation dans le cadre de l'Union européenne », dans *Mél. Ph. ARDANT, op. cit.*, pp. 69-76, il existe des hypothèses de « pré-communautarisation » des piliers intergouvernementaux. Cela étant, les éléments caractéristiques de la communautarisation demeurent plus significatifs dans le cadre du pilier communautaire qu'au sein des deux piliers intergouvernementaux, *ibid.*, pp. 72-74.

[2] Ceci est d'autant plus vrai que certaines compétences nationales (comme la politique agricole, la politique commerciale ou encore celles de la santé publique et de la culture) ont été transférées à la Communauté sans poser de problème constitutionnel. Il s'agit sans doute de matières ne concernant que de façon très marginale l'exercice de la souveraineté.

[3] Cf. M. F. LUCHAIRE, *ibid.*, p. 81.

[4] M. J. ROUX : *Le principe de la souveraineté de l'Etat..., op. cit.*, p. 228.

domaines concernés restent, à l'image des second et troisième piliers de l'Union européenne, régis par une logique intergouvernementale. Au demeurant, le transfert de certaines de ces matières à la Communauté demeure subordonné au consentement souverain des Etats membres conformément à leurs règles constitutionnelles respectives.

Pour finir sur ce point, il est assez heureux de constater que, dans certains cas, le Conseil constitutionnel juge indifférente sinon peu pertinente la présence du vote unanime au sein du Conseil pour son diagnostic sur la remise en cause ou non des « conditions essentielles ». En effet, il nous semble que c'est principalement à l'aune du critère matériel que l'on sera amené à apprécier, le moment venu, que la France a définitivement transféré sa souveraineté à une autre entité juridique. Autrement dit, des transferts de compétences d'une certaine ampleur dans les domaines de la politique extérieure et de défense, à partir du moment où ils priveraient l'Etat français de compétences propres dans ces matières hautement régaliennes, pourraient être interprétés comme une atteinte à l'indépendance souveraine de cet Etat et, par voie de conséquence, s'analyseraient, pour la République française, en une perte de sa qualité souveraine[1].

d)- A propos du « non dit »[2] de la décision *traité d'Amsterdam*

Dans le considérant n° 30 de la décision n° 97-394 DC, comme d'ailleurs dans le considérant n° 51 de la décision n° 92-308 DC, il est précisé « qu'aucune des autres dispositions de l'engagement international soumis au Conseil constitutionnel au titre de l'article 54 de la Constitution n'est contraire à celle-ci »[3]. Il apparaît, au regard de cette affirmation, que le Conseil n'examine dans le détail et explicitement que les stipulations qu'il estime poser problème au regard de la Constitution[4]. Il ne motive en aucun cas la non contrariété des autres stipulations à la Constitution. Là réside le « non dit » de cette décision[1].

---

[1] Sous la seule réserve que le véritable seuil de mutation de l'Etat réside dans le transfert de « la compétence de la compétence » à l'Europe communautaire, cf. *supra* point B-2, paragraphe 2, section II, chapitre I, titre I de cette partie.

[2] Expression empruntée à M. J.-C. GAUTRON : « A propos de la décision du Conseil constitutionnel du 9 avril 1992 : le dit et le non-dit », dans *La Constitution et l'Europe, op. cit.*, p. 344.

[3] Semblable précision se retrouve dans le considérant 41 de la décision n° 98-408 DC du 22 janvier 1999 sur le traité portant statut de la *CPI*. Le « non-dit » pouvait essentiellement concerner, s'agissant du traité de Maastricht, les positions ou actions communes en matière de *PESC*. Mais il demeure clair que ce pilier reste à dominante, voire à essence, intergouvernementale. Sur cette question, cf. M. J.-E. SCHOETTL, *AJDA* 1998, p. 139. Voir aussi, M. J.-C. GAUTRON, *op. cit.*, p. 346 ; M. J. RIDEAU : « France », *op. cit.*, pp. 103-107.

[4] Il faut cependant souligner que la Haute instance a, dans la décision n° 98-408 DC (considérants 18 à 28), explicitement motivé les passages de sa décision ayant trait à la compatibilité de certaines

De ce point de vue, un certain nombre de questions ont été recensées par différents auteurs comme pouvant susciter un doute quant à leur constitutionnalité. On peut ainsi citer à titre principal : l'actuel article F 1 du *TUE* (article 7, Nouvelle numérotation) ; certains aménagements concernant la *PESC* (titre V) ; des dispositions du titre VI, s'agissant de la coopération policière et judiciaire en matière pénale ; l'intensité des pouvoirs de contrôle accordés à la Cour des Comptes européenne du fait de la modification de l'article 188 C du traité instituant la Communauté européenne (article 248, Nouvelle numérotation) ; certaines clauses du Protocole sur le droit d'asile pour les ressortissants des Etats membres de l'Union européenne[2]. Plusieurs éléments permettent cependant de lever les doutes de constitutionnalité qui pouvaient se faire jour :

- La plupart de ces matières relèvent des piliers intergouvernementaux, avec présence renforcée de l'unanimité (*PESC* ; coopération policière et judiciaire en matière pénale) ;

- pour celles d'entre elles, notamment la *PESC*, où peut être appliquée la majorité qualifiée, il faut dire que cela concerne surtout « des mesures d'application de décisions elles-mêmes prises à l'unanimité » (actions et positions communes ; décisions de mise en œuvre de ces mesures) ;

- étaient également prévues des clauses de sauvegarde, des clauses de réserve de souveraineté ou de réserve de compétence nationale. Il s'agit notamment de la possibilité pour les Etats de prendre des mesures nécessaires au maintien de l'ordre public et à la sauvegarde de la sécurité intérieure (article K 5 du titre VI ; article 33, Nouvelle numérotation), du dernier alinéa du protocole sur le droit d'asile qui préserve malgré tout la liberté pour les Etats de statuer au regard des exigences tenant au droit national, du passage obligé par les institutions nationales pour la mise en œuvre des pouvoirs de contrôle reconnus à la Cour des comptes européenne[3].

Quant l'actuel article F 1, il prévoit la possibilité, en cas de violation grave et persistante par un Etat membre des principes de la liberté, de la démocratie, du

---

stipulations du traité de Rome du 18 juillet 1998 aux « principes constitutionnels applicables au droit pénal et à la procédure pénale ».

[1] Pour un observateur privilégié de l'activité du Conseil constitutionnel, en l'occurrence M. J.-E. SCHOETTL, *ibid.*, p. 135 : « ...En dépit du silence de la décision sur la grande majorité des clauses du traité, le Conseil en a délibéré ». Il parle, à ce titre, de « questions non explicitement traitées par la décision du 31 décembre 1997 ».

[2] Cette énumération s'inspire des études respectives de Mme F. CHALTIEL, *op. cit.*, pp. 80-81 ; M. F. LUCHAIRE, *op. cit.*, pp. 340-343 ; M. A. PELLET, *op. cit.*, pp. 119-120 ; M. J.-E. SCHOETTL, *op. cit.*, pp. 144-147. Se référer également à M. D. ROUSSEAU et M. J. ROUX, dans *Le traité d'Amsterdam face aux Constitutions nationales, op. cit.*, respectivement pp. 41-43 et pp. 129-131.

[3] A ce sujet, il faut rappeler que seules les autorités (judiciaires notamment) ont compétence exclusive sur le territoire national pour tous ces actes pouvant mettre en cause la compétence territoriale de l'Etat, cf. décision n° 80-116 DC du 17 juillet 1980, *RJC*-I, 80.

respect des droits de l'Homme et des libertés fondamentales, ainsi que de l'Etat de droit, pour le Conseil (statuant au plus haut niveau) de prendre à la majorité qualifiée certaines sanctions à l'encontre de cet Etat, notamment la suspension des droits de vote du représentant du gouvernement au sein du Conseil. Cette disposition pouvait sembler remettre en cause la participation d'un Etat membre à l'exercice en commun de certaines compétences attachées à la souveraineté. Cela étant, on peut soutenir avec certains auteurs que non seulement la préservation de ces principes est inhérente à la tradition républicaine française mais aussi que cette disposition vise plutôt à renforcer les « garanties des droits et libertés sur lesquelles se fonde la Constitution » et « le fondement démocratique de la construction européenne... »[1]. En tenant compte de ce qui vient d'être dit, on comprend aisément pourquoi le Conseil constitutionnel n'a pas jugé bon de statuer explicitement sur ces questions : le doute sur la compatibilité de ces stipulations avec la Constitution n'était, semble-t-il, pas sérieux[2].

Au-delà de ces questions, il faut constater que pour la seconde fois, un traité communautaire a été considéré comme ayant franchi le seuil de l'interdit constitutionnel[3]. A cette occasion, seule la communautarisation de certaines stipulations antérieurement contenues dans l'un des piliers intergouvernementaux (3e pilier) s'avère entachée d'inconstitutionnalité, car remettant en cause la nécessaire préservation des conditions essentielles d'exercice de la souveraineté nationale. A ce propos, même si le juge constitutionnel français ne donne aucune définition véritable de ces « conditions essentielles »[4], il reste que les critères permettant de mesurer la portée de l'atteinte à ces conditions apparaissent désormais opérationnels. Pour autant, cette seconde déclaration d'inconstitutionnalité d'un engagement communautaire révèle une certaine accélération ou plutôt « ...une intensification de l'atteinte portée à la souveraineté »[5]. Ceci pose d'autant plus le problème, non de la persistance des réserves françaises de souveraineté, mais de leurs implications. Leur violation

---

[1] M. J.-E. SCHOETTL, *op. cit.*, p. 114 ; Mme F. CHALTIEL, *op. cit.*, p. 80 ; également M. F. LUCHAIRE, *op. cit.*, p. 342. Il ne faut pas non plus perdre de vue le fait qu'il faille établir une certaine corrélation entre l'édiction de cet article et la perspective de l'élargissement de l'Union européenne ; sur ce point, voir Mmes E. BRIBOSIA et A. WEYEMBERGH : « La consolidation de l'Etat de droit européen », dans M. TELO et P. MAGNETTE(Sous la direction de) : *De Maastricht à Amsterdam. L'Europe et son nouveau traité, op. cit.*, p. 76.

[2] Voir néanmoins sur la constitutionnalité douteuse de l'article F 1, M. J. ROUX, *op. cit.*, pp. 131-133.

[3] La troisième déclaration d'inconstitutionnalité a consisté, pour le Conseil constitutionnel, dans la décision n° 98-408 DC du 22 janvier 1999, à décider que : « L'autorisation de ratifier le traité portant statut de la *CPI* exige une révision de la Constitution ».

[4] Cette absence de définition véritable de cette notion montre tout simplement que le Conseil constitutionnel veut garder une certaine souplesse, une certaine marge de manœuvre dans l'examen de la constitutionnalité des engagements approfondissant la construction communautaire.

[5] Mme CHALTIEL, *ibid.*, p. 79.

entraîne-t-elle une révision nécessaire et préalable de la Constitution française ou, plus fondamentalement, constitue-t-elle un bouleversement du texte fondateur de la Ve République tel qu'une simple loi constitutionnelle deviendrait inappropriée ?

B/- Le caractère surmontable des réserves françaises de souveraineté

Les obstacles constitutionnels à l'approfondissement de l'intégration européenne, représentés en France principalement par la notion de conditions essentielles d'exercice de la souveraineté nationale, peuvent-ils être surmontés par une simple révision constitutionnelle ? Ceci pose plus globalement la question de la forme et de l'étendue d'une modification du texte constitutionnel, nécessaire à la ratification d'un traité communautaire. Autrement dit, qui du peuple ou du congrès est à même, juridiquement pour certains et politiquement, nous semble-t-il, de mener à bien l'adéquation de la Constitution française avec un engagement communautaire portant atteinte aux « conditions essentielles » ? Quelle serait la méthode la plus pertinente pour y parvenir ?

1)- Les « conditions essentielles d'exercice de la souveraineté nationale » : des obstacles constitutionnels intangibles ?

Il convient de savoir si une révision constitutionnelle, destinée à surmonter une atteinte aux « conditions essentielles », peut être régulièrement adoptée par le seul congrès ou, doit être nécessairement ratifiée par le peuple (alinéas 2 et 3 de l'article 89 de la Constitution de 1958). En d'autres termes, la Constitution établit-elle une différence de compétences, sinon de nature, entre le congrès et le peuple dans l'exercice du pouvoir constituant ? Cette différence serait-elle particulièrement notable et exigible s'agissant d'une loi constitutionnelle préfigurant la ratification ou l'approbation d'un engagement international emportant atteinte aux conditions essentielles d'exercice de la souveraineté ? A n'en pas douter, ces deux questions doivent être liées[1].

Ce débat a été suscité par certaines prises de position doctrinales en relation plus ou moins directe avec la décision n° 92-312 DC du 2 septembre 1992 (dite

[1] On peut le vérifier avec M. P. GAÏA, *RFDC* 1998, p. 153, pour qui, la question fondamentale est « de savoir si la disposition du principe de la souveraineté nationale n'appartient réellement qu'au seul pouvoir constituant (du peuple) en tant qu'il s'agit d'apporter à ce principe des dérogations par voie de traité international, ou si cette disposition peut être juridiquement entreprise en vertu d'un acte du « pouvoir de révision ».

Maastricht II)[1]. En effet, pour certains auteurs, en particulier M. O. BEAUD, il existe nécessairement une différence de nature entre le « pouvoir constituant et le pouvoir de révision constitutionnelle »[2]. Cette nécessaire hiérarchisation matérielle entre l'acte constituant et l'acte de révision implique donc que seul le premier soit habilité à procéder à une modification de la Constitution préalable à la ratification d'un « traité portant atteinte à la souveraineté de l'Etat et modifiant fondamentalement la Constitution ». Seul le pouvoir constituant (le peuple) peut déléguer des compétences attachées à la souveraineté car « celle-ci doit être interprétée comme faisant partie des dispositions intangibles de la Constitution française » ; elle appartiendrait « au contenu des limitations matérielles qui sont imposées au pouvoir de révision par le pouvoir constituant au nom de la préservation de l'identité de la Constitution »[3].

L'un des points d'ancrage de cette thèse se trouve au considérant n° 19 de la décision *Maastricht II*, dans lequel il est précisé que le pouvoir constituant est souverain sous réserve de certaines limitations temporelles (articles 7, 16 et 89, alinéa 4 de la Constitution) et matérielle (article 89, alinéa 5 du même texte). Certains y ont vu l'amorce d'une supraconstitutionnalité, ou plus précisément l'admission par le Conseil d'un contrôle des lois constitutionnelles adoptées par le congrès[4]. Or il semble bien que le Conseil constitutionnel ait tout simplement

[1] *Rec. D.C.C.*, p. 76 ; *RJC*-I, 506. Sur cette décision : M. R. ETIEN, *RA* 1992, p. 218 ; MM. L. FAVOREU et P. GAÏA, *RFDC* 1992, pp. 389 et 720 ; M. B. GENEVOIS, *RFDA* 1992, p. 937 ; M. F. LUCHAIRE, *RDP* 1992, p. 956 ; MM. B. MATHIEU et M. VERPEAUX, *LPA* 9 décembre 1992, p. 13 ; M. NGUYEN VAN TUONG, *JCP* 1992, II, 21943. Sur les termes de ce débat, cf. Mme C. GREWE, *RFDC* 1992, pp. 422-427.

[2] Pour un résumé de la thèse de M. O. BEAUD, cf. M. P. GAÏA, *ibid.* ; *contra* Mme F. CHALTIEL, *RMC* 1998, p. 82.

[3] Pour l'exposé détaillé de cette thèse, voir M. O. BEAUD : « La souveraineté de l'Etat, le pouvoir constituant et le traité de Maastricht », *RFDA* 1993, pp. 1045-1068, ou encore dans *La puissance de l'Etat*, PUF, 1994, pp. 470 et s. Dans le même sens, M. A. DECOCQ : « Le désordre juridique français », dans *Ecrits en hommage à J. FOYER*, PUF, 1997, pp. 161-162. Cette thèse est partagée en Allemagne par M. D. MURSWIEK, cf. M. J. GERKRATH : *L'émergence d'un droit constitutionnel pour l'Europe, op. cit.*, pp. 282-284. Pour une présentation et une critique concluante de cette thèse, voir M. J. ROUX : *Le principe de la souveraineté de l'Etat dans la jurisprudence du Conseil constitutionnel, op. cit.*, pp. 262-263.

[4] Voir notamment M. D. ROUSSEAU : *Droit du contentieux constitutionnel, op. cit.*, pp. 204-210 ; MM. FAVOREU et PHILIP : *Les GDCC*, 10e éd., *op. cit.*, pp. 843-845 ; M. L. CHABRIER : « Le contrôle éventuel de la révision par le juge constitutionnel », dans *IIIe Congrès français de droit constitutionnel*, Dijon, tome 2, *op. cit.*, pp. 585-586 ; *contra* M. T. de BERRANGER : *Constitutions nationales et construction communautaire, op. cit.*, pp. 277-278 ; M. B. GENEVOIS, *RFDA* 1992, p. 940. S'agissant du débat sur la supraconstitutionnalité, cf. MM. FAVOREU et VEDEL, *Pouvoirs*, n° 67, 1993, pp. 74 et 79 ; M. B. MATHIEU : « La supra-constitutionnalité existe-t-elle ?Réflexions sur un mythe et quelques réalités », *LPA* 8 mars 1995, n° 29, p. 12 ; Mme L. BAGHESTANI-PERREY : *Le principe de la souveraineté nationale et son exercice dans la jurisprudence du Conseil constitutionnel*, Thèse,. *op cit.*, pp. 193-208 ; M. D. G. LAVROFF : *Le droit constitutionnel de la Ve République*, 3e éd., *op. cit.*, pp. 125-131 et 186-189. Sur la question de la justiciabilité des

voulu rappeler les exigences constitutionnelles auxquelles doit se conformer le pouvoir constituant « lorsqu'il s'exerce sous la forme dérivée d'une révision... ». Au demeurant, rien dans la décision n° 92-312 DC ne permet de soutenir que le Conseil s'est reconnu compétent quant au contrôle des lois constitutionnelles votées par le congrès[1]. Tout au contraire est-il permis de penser que « les dispositions actuelles de la Constitution ne donnent pas compétence au Conseil constitutionnel pour apprécier la conformité à la Constitution d'une procédure de révision constitutionnelle »[2].

Même si l'on admettait l'éventualité d'un tel contrôle des lois constitutionnelles par le Conseil constitutionnel, il est clair qu'il serait limité. En effet, il est de jurisprudence constante que le Conseil ne peut contrôler les lois qui sont adoptées par le peuple français car elles sont l'expression de la souveraineté nationale[3]. Le contrôle ne concernerait donc que les lois constitutionnelles ratifiées par le congrès (lois constitutionnelles parlementaires) et non celles qui ont obtenu l'assentiment du peuple (lois constitutionnelles référendaires). De plus, la Haute instance ne pourrait effectuer un contrôle de ces lois constitutionnelles parlementaires qu'au regard des limitations tirées de la Constitution elle-même ; limitations énumérées de façon exhaustive dans le 19e considérant de la décision *Maastricht II.* Autrement dit, un tel contrôle serait fondé « ...dès lors que la révision ne peut intervenir que dans les limites et selon les modalités fixées dans la Constitution... »[4]. Mais comment le Conseil constitutionnel, pouvoir institué, peut-il censurer des lois émanant du pouvoir qui, bien qu'étant dérivé, reste souverain ? Cette question s'impose d'autant plus que ce pouvoir constituant dérivé peut, de lui-même, procéder à la révision des dispositions constitutionnelles posant certaines limitations à l'exercice de son pouvoir[5]. C'est la raison pour laquelle il serait exagéré de voir dans ces limitations l'existence de limites matérielles à l'exercice du pouvoir constituant[6]. Même l'interdiction de modifier la forme

---

lois constitutionnelles, voir enfin M. P. JAN : *La saisine du Conseil constitutionnel, op. cit.*, pp. 340-349.

[1] Voir par exemple, M. G. DRAGO : *Contentieux constitutionnel français, op. cit.*, p. 271.

[2] Pour une présentation judicieuse de l'état du droit positif en ce sens, M. R. BADINTER : « Le Conseil constitutionnel et le pouvoir constituant », dans *Mél. J. ROBERT : Libertés*, éd. Montchrestien, 1998, pp. 219-225 ; voir aussi les arguments et les difficultés à l'instauration d'un tel contrôle, avancés par M. B. GENEVOIS : « Les limites d'ordre juridique à l'intervention du pouvoir constituant », *RFDA* 1998, pp. 918-920. Cf. également M. O. JOUANJAN : « La forme républicaine du gouvernement, norme supraconstitutionnelle », dans B. MATHIEU et M. VERPEAUX(Sous la direction de) : *La République en droit français*, éd. Economica, 1996, pp. 283-284.

[3] Voir les décisions n° 62-20 DC du 6 novembre 1962, *RJC*-I, 11 et n° 92-313 DC du 23 septembre1992, *RJC*-I, 510.

[4] M. R. BADINTER : « Le Conseil constitutionnel et le pouvoir constituant », *op. cit.*, p. 222.

[5] *Ibid.*, pp. 219-220.

[6] Voir en ce sens, M. B. GENEVOIS, *RFDA* 1998, pp. 913-915.

républicaine du gouvernement (article 89, alinéa 5) qui pourrait, à cet égard, être comprise comme matérialisant l'existence de principes et valeurs essentiels inhérents à toute société démocratique, ne serait pas à l'abri de toute révision constitutionnelle. Il ne s'agirait pas d'une disposition qui, si elle était modifiée, saperait les fondements démocratiques de la République française[1]. Tout ceci pour dire que la question de la supraconstitutionnalité semble constituer, à l'heure actuelle en France, un faux débat[2]. Ceci est peut-être dû à l'inexistence d'une autorité habilitée à sanctionner les atteintes portées à d'éventuels principes supraconstitutionnels. En effet le Conseil constitutionnel, dans le second considérant de la décision *Maastricht III*, estime que sont uniquement justiciables devant lui les lois organiques et ordinaires à l'exclusion, par conséquent, des lois référendaires et des lois constitutionnelles. La Haute instance n'est donc pas, aux termes de cette interprétation, compétente pour contrôler la conformité à la Constitution des révisions constitutionnelles adoptées par la voie du congrès[3].

En tout état de cause, le pouvoir constituant, qu'il soit initial ou dérivé, est souverain. En effet il est précisé à l'article 3, alinéa 1er de la Constitution de 1958 que la souveraineté nationale, qui appartient au peuple, peut être exercée soit directement par ce dernier soit par ses représentants. C'est justement cette « égalité de compétences » entre le peuple et ses représentants que met en œuvre, en matière constitutionnelle, l'article 89 dans ses alinéas 2 et 3[4]. Ceci implique donc que le peuple comme le congrès sont également compétents pour adopter une révision constitutionnelle visant à surmonter des atteintes aux conditions essentielles d'exercice de la souveraineté nationale. Autrement dit, les « conditions essentielles » ne peuvent être considérées comme une limitation matérielle à la révision de la Constitution. La thèse de M. BEAUD aurait été hautement valable si le traité de Maastricht (ou, aujourd'hui, le traité d'Amsterdam) emportait la perte de « la qualité d'Etat souverain, sujet autonome de droit international » pour la République française. Ceci reviendrait en effet à changer de Constitution, et seul le pouvoir constituant originaire est, dans ce cas, habilité à intervenir car il ne faut pas perdre de vue, parallélisme des formes et des procédures obligeant, que la

---

[1] Sur la portée conférée par la doctrine à la limite relative à la forme républicaine du gouvernement, cf. M. B. GENEVOIS, *RFDA* 1998, pp. 912-913 et 915-916 ; Mme L. BAGHESTANI-PERREY : *Le principe de la souveraineté nationale..., op. cit.*, pp. 200-204.

[2] Se référer par exemple à M. L. FAVOREU, *ibid.*, pp. 112-113. En tout état de cause, pour Mme L. BAGHESTANI-PERREY, *ibid.*, p. 345, « adhérer à la thèse de la supra constitutionnalité reviendrait à nier l'existence d'un souverain dans l'Etat ».

[3] Il faut souligner en outre qu'un contrôle de la régularité externe de la révision constitutionnelle serait de faible portée au regard de ce qui nous occupe ici.

[4] Sur cette égalité de nature, M. G. VEDEL, *RFDA* 1992, p. 179 ; M. R. BADINTER, *op. cit.*, p. 219 ; M. P. GAÏA, *RFDC* 1998, pp. 153-154. Sur la faible distinction entre pouvoir constituant originaire et pouvoir constituant dérivé, cf. Mme F. CHALTIEL : *La souveraineté de l'Etat et l'Union européenne, Le cas français, op. cit.*, pp. 185-192.

Constitution de 1958 a été ratifiée par un référendum constituant. Or, on peut logiquement soutenir qu'au stade actuel de la construction européenne, et même après le traité d'Amsterdam, les Etats demeurent souverains en ce sens que le titre ou l'essence même de la souveraineté (la compétence de la compétence) n'a pas encore été transféré à l'Europe communautaire[1]. Dès lors, c'est uniquement dans l'hypothèse où l'Etat français viendrait à se fondre dans un éventuel Etat fédéral européen que serait exigée « l'intervention du titulaire exclusif de la souveraineté dans l'Etat c'est-à-dire le peuple »[2]. En l'état actuel des choses, un tel référendum constituant n'apparaît pas obligatoire ; une loi constitutionnelle adoptée par le congrès peut donc permettre de déroger, par voie de traité, aux conditions essentielles d'exercice de la souveraineté nationale[3].

Le droit positif, en l'occurrence la jurisprudence du Conseil, plaide en faveur d'une telle affirmation. En effet, la loi constitutionnelle n° 92-554 du 25 juin 1992 a permis, à travers ses articles 88-2 et 88-3 de la Constitution, de remédier aux inconstitutionnalités tenant à l'établissement de l'*UEM*, à la détermination des règles relatives à la politique commune des visas et à la reconnaissance du droit de vote et d'éligibilité des citoyens de l'Union aux élections municipales en France. A la suite de sa saisine par plus de soixante sénateurs le 14 août 1992 en application du nouvel article 54, le Conseil constitutionnel a été conduit à examiner la compatibilité du *TUE* à la Constitution révisée. Au terme de cet examen, il a jugé que le traité de Maastricht n'était pas contraire à la Constitution telle que modifiée par la loi constitutionnelle du 25 juin 1992. Sa ratification pouvait dès lors être autorisée « sur le fondement d'une loi »[4]. Autrement dit, les articles 88-2 et 88-3 de la Constitution, issus d'une loi constitutionnelle adoptée par la voie du congrès, ont eu « pour effet de lever [les] obstacles constitutionnels... » relevés par le Conseil dans sa décision *Maastricht I*[5]. Il est par conséquent clair que « ...le pouvoir

[1] Voir notamment M. A. PELLET, *Les Cahiers du Conseil constitutionnel*, n° 4/1998, p. 122.

[2] M. P. GAÏA, *op. cit.*, pp. 154-155.

[3] Voir sur ce point, M. J. ROUX : « Le législateur constitutionnel est-il compétent pour porter atteinte à la souveraineté de l'Etat ? », dans *IIIe Congrès français de droit constitutionnel*, tome 2, *op. cit.*, pp. 594-595 et 624-635. Par ailleurs, M. J. ROUX, dans sa thèse sur *Le principe de la souveraineté de l'Etat...*, *op. cit.*, pp. 303-336, montre très bien que la souveraineté de l'Etat, c'est-à-dire la forme internationale d'exercice de la souveraineté du peuple, reste un principe subordonné au législateur constitutionnel. Il n'en va pas de même de la souveraineté démocratique (essence ou fondement de la souveraineté) dont la disposition appartient exclusivement au peuple, par le biais d'un acte constituant.

[4] La ratification du *TUE* a été autorisée par la loi référendaire n° 92-1017 du 24 septembre 1992, après que le Conseil constitutionnel a conclu, dans la décision n° 92-313 DC du 23 septembre 1992 à son incompétence, *RJC*-I, 510. Ce traité a été publié par le décret n° 94-80 du 18 janvier 1994, *JORF*, 28 janvier 1994, p. 1521.

[5] Cf. M. L. CHABRIER : « Le contrôle éventuel de la révision... », *op. cit.*, p. 578.

constituant dérivé ne peut se voir opposer, en droit français, des normes supérieures tirées de la Constitution et protégeant la souveraineté »[1].

De ce point de vue, à la différence par exemple de la République fédérale d'Allemagne[2], il n'existe pas en France d'intangibilités constitutionnelles tenant à la préservation de la souveraineté étatique. Lorsque que le Conseil constitutionnel conclut à l'atteinte aux « conditions essentielles », il veut simplement indiquer la voie à suivre pour ratifier un engagement international qui emporterait pareilles conséquences. Autrement dit, les décisions de la Haute instance qui interviennent sur la base de l'article 54 du texte de 1958 ne constituent, toute proportion gardée, qu'une sorte d'aiguillon : si l'on veut franchir l'obstacle des réserves françaises de souveraineté, il faut emprunter la voie de la révision constitutionnelle[3]. Il n'en reste pas moins que l'on peut s'interroger sur la portée d'une telle révision constitutionnelle : la formule de la « révision-adjonction » est-elle satisfaisante au regard des différents enjeux en présence, en l'occurrence, autonomie constitutionnelle et poursuite de la construction européenne ? Il s'agit ici, comme l'explique M. P. GAÏA, d'évoquer le « débat de fond qui touche au degré d'implication qu'il convient de maintenir au profit du constituant national dans la maîtrise du processus d'intégration européenne »[4]. D'emblée, reconnaissons qu'il serait difficile d'opérer une conciliation parfaite entre les deux enjeux ci-dessus mentionnés : une grande révision « de confiance » s'analyserait comme un blanc-seing donné au préalable aux délégations de compétences au profit de l'Europe communautaire ; de petites révisions « au coup par coup » reviendraient assurément à privilégier l'autonomie constitutionnelle française[5].

---

[1] M. L. FAVOREU : « Souveraineté et supraconstitutionnalité », *Pouvoirs*, n° 67, 1993, p. 75.

[2] Voir par exemple les articles 79, paragraphe 3 et 23 de la Loi fondamentale de Bonn de 1949, dans Mme C. GREWE et M. H. OBERDORFF : *Les Constitutions des Etats de l'Union européenne, op. cit.*, pp. 43 et 30 ; pour une approche comparée des expériences française et italienne, voir M. B. GENEVOIS, *RFDA* 1998, pp. 910 et 921.

[3] Cf. Mmes C. GREWE et H. RUIZ FABRI : *Droits constitutionnels européens, op. cit.*, pp. 113 et 133. Elles font à ce propos un parallèle entre les situations espagnole et française ; M. S. PIERRE-CAPS, *RDP* 1998, pp. 422-423. On peut également mentionner l'article 53-1 (introduit dans la loi constitutionnelle du novembre 1993), qui a permis d'apporter une solution à l'opposition de fait, résultant de la décision du Conseil du 13 août 1993, entre les exigences européennes et constitutionnelles en matière d'asile. Sur cette question, voir notamment Mme A. LEVADE, dans *Les grands avis du Conseil d'Etat*, éd. Dalloz, p. 373 (spéc. pp. 384-385) ; M. J. ROSSETTO : « Les restrictions contemporaines apportées au droit d'asile », dans *Mél. Offerts à J. CAMPINOS*, PUF, Paris, 1996, pp. 101-103 ; Mme C. TEITGEN-COLLY, *AJDA* 1994, pp. 112-114 ; et l'article 53-2 de la Constitution relatif au traité portant statut de la *CPI*, *JORF*, 9 juillet 1999, p. 10175.

[4] M. P. GAÏA, *RFDC* 1998, p. 155.

[5] Voir sur ce dilemme, Mme L. BAGHESTANI-PERREY, *LPA* 22 juin 1998, n° 74, p. 20 ; M. P. BON, *LPA* 19 juin 1998, n° 73, p. 33 ; MM. O. DUHAMEL, D. MAUS et J. ROUX, dans *Le traité d'Amsterdam face aux Constitutions nationales, op. cit.*, respectivement pp. 11, 96 et 133.

2)- Révision de la Constitution et progression de l'intégration européenne

Depuis le *TUE* signé à Maastricht le 7 février 1992, il est possible de dire que tout traité modificatif ajoutera au processus d'« intensification de l'atteinte portée à la souveraineté »[1]. De plus, le caractère a priori stable et prévisible de la jurisprudence européenne du Conseil constitutionnel[2] souligne la nécessité de rechercher une meilleure adéquation de la Constitution française à l'Europe communautaire. Il en va d'autant plus ainsi qu'il devient de plus en plus évident que « ...la fonction constituante est désormais placée sous l'influence des aléas de la construction européenne »[3]. Sur un plan plus général, il faut dire que l'on connaît actuellement en France une période de relative « banalisation » de la révision constitutionnelle[4]. En effet, depuis 1992 et avant la révision constitutionnelle relative au traité d'Amsterdam, la République française a connu six révisions constitutionnelles[5]. Parmi ces modifications de la Constitution de 1958, trois d'entre elles ont été adoptées sous l'influence des normes internationales et européennes et une quatrième est envisagée, en rapport avec la décision du Conseil constitutionnel n° 98-408 DC du 22 janvier 1999 concernant le traité portant statut de la *CPI*[6]. En rapport avec le processus de ratification du traité d'Amsterdam, il faut donc s'interroger sur le meilleur contenu possible de la « révision-habilitation » exigée par la décision n° 97-394 DC. Plusieurs solutions pouvaient être envisagées, même si seules deux d'entre elles méritent une plus grande attention ; l'une comme l'autre comportent des avantages et des inconvénients[7]. Précisons dès à présent que c'est la solution de la « révision-adjonction »,

[1] Pour un tel point de vue, cf. M. M. VAUZELLE : *Rapport n° 1209 pour avis sur le projet de loi constitutionnelle (n° 1072), modifiant l'article 88-2 de la Constitution*, A.N., novembre 1998, p. 23.

[2] M. D. ROUSSEAU, interview au journal Le Monde du 6 janvier 1998, p. 14 ; constat nuancé par M. D. RICHARD, *Gaz. Pal.*, 17 et 18 juin 1998, p. 7.

[3] M. P. GAÏA, *ibid.* Idée déjà mise en exergue par MM. M. de VILLIERS et T. S. RENOUX : *Code constitutionn*el, éd. Litec, 1995, p. 616.

[4] M. L. CHABRIER, *ibid.*, p. 571.

[5] Sur toutes ces révisions constitutionnelles et celles en cours ou envisagées, cf. M. P. PACTET : *Institutions politiques/Droit constitutionnel, op. cit.*, pp. 538-539.

[6] Il s'agit des révisions du 25 juin 1992, du 25 novembre 1993 et du 25 janvier 1999. Sur cette problématique, cf. M. B. STIRN : « Droit national, droit européen, droit international », *Cahiers français*, n° 288, *op. cit.*, pp. 20-21 ; MM. J. GAUTRON et P.-Y. MONJAL, *RRJ* 1999-4, pp. 1221-1222. La loi constitutionnelle relative à la *CPI* et insérant, au titre VI de la Constitution, un article 53-2 a été promulguée dans le *JORF* du 9 juillet 1999, p. 10175. Une cinquième révision constitutionnelle aurait pu faire suite à la décision du Conseil constitutionnel n° 99-412 DC du 15 juin 1999 concernant la Charte européenne des langues régionales ou minoritaires. Mais le Président de la République a refusé de faire suite à la proposition de révision du Premier ministre, Le Monde du 25 juin 1999, p. 7 ; cf. M. P. PACTET : *Institutions politiques/Droit constitutionnel, op. cit.*, p. 539.

[7] Voir M. P. GAÏA, *ibid.*, P. 156 ; M. D. ROUSSEAU, *ibid.*

minimale, qui a été retenue par la loi constitutionnelle n° 99-49 du 25 janvier 1999[1].

Il faut tout de suite évacuer la solution séduisante, et économe en procédures, qui pourrait consister à voter une loi constitutionnelle d'autorisation de ratification du traité communautaire, par hypothèse en dehors de tout contrôle du Conseil constitutionnel. Une telle proposition, présentée par M. F. LUCHAIRE[2], a été vulgarisée par le doyen G. VEDEL. Elle aurait consisté pour le Président de la République à déposer « un projet de révision tendant tout simplement à habiliter le législateur à donner l'autorisation de ratifier le traité... »[3]. Même si rien dans la Constitution ne permettrait de sanctionner le recours à une telle procédure, il nous semble que sa régularité juridique apparaît discutable[4]. En effet, le dispositif des décisions d'inconstitutionnalité du Conseil condamne le recours à cette procédure qui revient « à concentrer en une seule opération la révision et la ratification... »[5]. La révision de la Constitution et l'autorisation de ratification doivent obligatoirement se succéder ; l'intervention de la seconde opération exigeant au préalable que la première fut menée à son terme[6].

Le second choix possible consisterait à s'aligner sur la méthode employée pour la révision constitutionnelle préalable à la ratification du traité de Maastricht. L'on sait en effet que le constituant de 1992 a opté pour une « révision-

---

[1] Pour une justification du choix de la « révision-adjonction », cf. Mme F. CHALTIEL : *La souveraineté de l'Etat, op. cit.*, pp. 176-179.

[2] M. LUCHAIRE considérait déjà en 1958 qu'il faudrait, pour autoriser la ratification d'un engagement international contraire à la Constitution, adopter une loi dans les formes prévues pour la révision de la Constitution, cf. *Documents pour servir à l'histoire de l'élaboration de la Constitution du 4 octobre 1958*, vol. I, La Documentation française - Paris, 1987, p. 533. Par ailleurs, on se souvient qu'en 1970, M. J. FOYER avait déposé une proposition de loi constitutionnelle allant à peu près dans le même sens ; sur cette proposition et pour une appréciation critique, voir M. J.-F. LACHAUME : « Jurisprudence française relative au droit international *public* (année 1970*)* », *AFDI* 1971, pp. 993-994. Cette solution d'une loi constitutionnelle permettant la ratification d'un traité a été reprise récemment par M. F. LUCHAIRE, *op. cit.*, *RDP* 1999, p. 470.

[3] M. G. VEDEL, *RFDA* 1992, p. 178 ; *contra* M. O. BEAUD : *La puissance de l'Etat*, *op. cit.*, pp. 470-472 ; M. P. GAÏA, *op. cit.*, p. 155 ; M. J.-E. SCHOETTL, *AJDA* 1998, p. 137. M. J. RIDEAU, *RAE* 1992/3, p. 38, quant à lui, s'inspirant partiellement de l'article 91, paragraphe 3 de la Constitution néerlandaise, propose une solution assez proche, mais uniquement « après le constat par le Conseil constitutionnel qu'un transfert de compétences projeté par un engagement international est contraire à la Constitution ».

[4] Voir cependant M. J. ROUX, Thèse précitée, pp. 368-373, qui conclut à la « validité juridique indéniable de la méthode de la « révision laconique ».

[5] M. L. FAVOREU : « Premières observations sur Conseil constitutionnel – Décision n° 92-308 DC du 9 avril 1992 », *RFDC* 1992, p. 341 ; également dans *Les GDCC*, *op. cit.*, pp. 816-817.

[6] C'est la conséquence inéluctable de la formule, consacrée, du Conseil constitutionnel selon laquelle : « L'autorisation de ratifier en vertu d'une loi le traité [...] ne peut intervenir qu'après révision de la Constitution ».

adjonction » minimale, « renvoyant au dernier état des traités européens »[1]. Le Conseil constitutionnel, dans sa décision *Maastricht II* du 2 septembre 1992, a de surcroît validé cette façon de faire en estimant « que ressortit exclusivement au pouvoir d'appréciation du constituant le choix consistant à ajouter à la Constitution une disposition nouvelle plutôt que d'apporter des modifications ou compléments à un ou plusieurs articles... »[2]. Mais la réédition éventuelle d'une telle formule n'est pas sans soulever un certain nombre de réserves. Il s'agit en premier lieu d'une option dérogatoire au regard de la tradition constitutionnelle française. En effet, et comme l'affirme à juste titre M. J. RIDEAU, elle « tranche avec les techniques habituelles de rédaction des Constitutions françaises très marquées par une tendance à la généralisation »[3]. Dans un second temps, il n'est pas sûr que cette solution aille de pair avec une meilleure lisibilité du texte fondamental de la République française. A ce titre, il faut évoquer le risque, mis en exergue par le doyen FAVOREU, d'une Constitution duale : « L'une correspondant à la conception traditionnelle de la souveraineté nationale et de son exercice indivisible par les représentants du peuple français et l'autre introduisant l'idée d'une souveraineté partagée et d'un Etat membre d'un ensemble plus vaste de type quasi-fédéral »[4]. En tout état de cause, ceci ne va pas dans le sens d'une meilleure cohérence du texte constitutionnel et d'un respect scrupuleux de « l'orthodoxie constitutionnelle française ».

Enfin, et dans le prolongement de la seconde réserve, on peut se demander si la succession de « révisions-adjonctions » visant à habiliter le transfert de compétences liées à l'exercice de la souveraineté ne conduit pas à terme à une dénaturation de cette dernière, voire à un changement insidieux de Constitution[5]. Il apparaît intéressant à cet égard de rappeler que, dans leur saisine d'août 1992, les sénateurs français avaient sollicité le point de vue du Conseil constitutionnel sur la question « de savoir jusqu'où peuvent aller des révisions de la Constitution entérinant des atteintes successives aux « conditions essentielles d'exercice de la

[1] M. J.-E. SCHOETTL, *op. cit.*, p. 137. M. D. MAUS, Le Monde du 14 janvier 1998, p. 16, considère qu'il serait logique d'adopter pour le traité d'Amsterdam une solution analogue à celle retenue en 1992. Cf. *supra* chapitre I de ce titre, paragraphe 1 de la section II.

[2] Cf. considérant n° 40 de la décision ; à rapprocher des considérants 19, 34 et 35 de la même décision.

[3] M. J. RIDEAU, *ibid.* La DDHC de 1789 en est l'exemple le plus patent.

[4] M. L. FAVOREU, *RGDIP* 1993, p. 49 ; confirmation de l'hypothèse déjà avancée dans Le Figaro du 15 mai 1992, p. 6. Dans le même sens, M. J. RIDEAU, *ibid.*, qui parle de « scories » en envisageant le risque d'une « coexistence des articles non modifiés et des articles permettant la ratification du *TUE* » ; également, M. A. PELLET, *Les Cahiers du Conseil constitutionnel*, n° 4/1998, p. 122. Voir enfin, sur les risques d'une Constitution duale, Mme L. BAGHESTANI-PERREY : *Le principe de la souveraineté nationale..., op. cit.*, pp. 285-287 ; et plus récemment, M. P. GELARD, *JO* - n° 38, S. (C.R.), séance du 29 avril 1999, p. 2573.

[5] Sur cette question, cf. M. O. BEAUD, *RFDA* 1993, p. 1056 ; M. T. de BERRANGER, *op. cit.*, p. 278 ; Mme F. CHALTIEL, *RMC* 1998, pp. 83-84.

souveraineté » (considérant n° 44 de la décision *Maastricht II*). Se fondant sur le fait qu'elle ne dispose que d'une compétence d'attribution, la Haute instance va juger une telle argumentation comme étant inopérante. Il est indéniable que cette question du seuil ou des « limites d'une adéquation de la Constitution à la construction européenne » reste fondamentale[1]. Mais, en l'état actuel de l'intégration européenne, les Etats membres disposent encore de prérogatives essentielles qui caractérisent le statut de sujet de droit international (la politique extérieure et de défense notamment). La souveraineté ne peut être considérée comme neutralisée ou inopérante tant que l'Etat français dispose encore du titre exclusif de disposer de sa propre compétence[2]. Il reste évident que la République française ne constitue pas encore une composante d'un Etat fédéral européen, qui se serait substitué aux collectivités nationales souveraines. Au demeurant, ces risques que comporte l'adoption de « révisions-adjonctions » successives, nécessitées par la ratification des engagements communautaires, pose de plus en plus le problème de la pertinence de l'introduction dans la Constitution française d'une clause générale d'autorisation de transferts[3].

Cette formule est très souvent suggérée comme un moyen d'éviter « de devoir réviser la Constitution de façon trop fréquente »[4], en s'inspirant entre autres d'un certain nombre de solutions retenues par des Etats membres de l'Union européenne[5]. Il s'agirait d'introduire dans la Constitution française un « article Europe » à l'exemple de ce qui a été accompli, spécialement en Espagne par l'article 93 de la Constitution de 1978, en Allemagne par la loi fédérale du 21 décembre 1992 (article 23-1 de la Loi fondamentale) et dans une moindre mesure au Portugal par la révision constitutionnelle du 25 novembre 1992 (article 7-6 de la Constitution)[6]. Il faut souligner tout d'abord que certaines de ces dispositions, en l'occurrence les articles 23-1 de la Constitution allemande de 1949 et 7-6 du texte

---

[1] Cf. Mme J. DUTHEIL de la ROCHERE : « Les implications constitutionnelles... », *op. cit.*, p. 585. Voir la réponse qui y a été apportée *supra*, point B-2, paragraphe 1, section II, chapitre I, titre I de cette partie.

[2] Voir encore à ce sujet, MM. F. HAMON et M. TROPER : *Droit constitutionnel*, 26e éd., LGDJ, 1999, p. 81.

[3] M. J.-E. SCHOETTL, *op. cit.*, p. 137.

[4] Mme F. CHALTIEL, *op. cit.*, p. 83.

[5] Voir par exemple, le journal Le Monde du 2 janvier 1998, p. 10.

[6] Sur le contenu de ces dispositions constitutionnelles : Mme C. GREWE et M. H. OBERDORFF, *op. cit.*, pp. 194, 30 et 377. Par ailleurs, M. A. PELLET, *op. cit.*, p. 122, propose par exemple l'inscription dans la Constitution de 1958 d'une formule habilitante, à portée générale. Cette dernière serait complétée notamment par l'exigence d'une majorité renforcée pour le vote des lois d'autorisation de ratification. Une suggestion similaire est faite par M. Ph. ARDANT : *Institutions politiques et Droit constitutionnel, op. cit.*, p. 31. Cet auteur reconnaît néanmoins que l'adoption d'une telle solution apparaît peu vraisemblable en raison de la volonté, qu'expriment notamment les adversaires de l'Europe communautaire, de garder un droit de regard sur chaque étape de la construction européenne.

constitutionnel portugais de 1976, posent des conditions sinon des réserves à ces autorisations expresses de transferts nécessaires à leur participation à l'Europe communautaire : les limitations matérielles de l'article 79, paragraphe 3 d'un côté, et les exigences de réciprocité et de respect du principe de subsidiarité de l'autre. De plus, il n'est pas sûr que tout risque de déclaration d'inconstitutionnalité, et même toute éventualité de survenance d'une révision constitutionnelle soient exclus[1]. On l'a vu par exemple avec la déclaration du Tribunal constitutionnel espagnol du 1er juillet 1992 à propos du *TUE* et la révision du paragraphe 2 de l'article 13 de la Constitution qui a en résulté, ou encore avec la modification de la Loi fondamentale de Bonn en date du 21 décembre 1992[2]. On peut dès lors souscrire à la conclusion selon laquelle : « ...Une clause générale de transfert de compétences vers l'Union risquerait de susciter une forte hostilité parlementaire susceptible de faire échouer la révision sans résoudre de façon nécessairement efficace les transferts de compétences à venir »[3].

Même si une telle solution apparaît logiquement souhaitable, le contexte politique français[4] rend néanmoins son adoption fortement invraisemblable. Dès lors l'option de la « révision-adjonction », qui ferait strictement référence aux transferts de compétences selon les modalités prévues par le traité d'Amsterdam du 2 octobre 1997, s'avère non seulement vraisemblable mais encore inéluctable. Il ressort en effet de la loi constitutionnelle n° 99-49 du 25 janvier 1999 modifiant les articles 88-2 et 88-4 de la Constitution[5] que les autorités constituantes françaises ont délibérément choisi de s'inscrire dans la voie tracée par la loi constitutionnelle du 25 juin 1992. Il est vrai que lors des débats sur ce projet de révision constitutionnelle, certains parlementaires se sont interrogés sur l'opportunité d'introduire dans la Constitution de 1958 une clause générale d'autorisation de transferts[6]. Mais l'option finalement retenue, et largement soutenue, a consisté à ajouter un alinéa supplémentaire à l'article 88-2 de la Constitution de 1958. Ainsi, à côté du premier alinéa qui ne concerne plus que les transferts de compétences nécessaires à l'établissement d'une politique monétaire et de change uniques, on

---

[1] Pour une relativisation de telles clauses d'intégration, cf. M. M. VAUZELLE : *Rapport n° 1209, op. cit.*, pp. 15-17.

[2] Mme C. GREWE et M. H. OBERDORFF, *op. cit.*, pp. 31 et 47 ; M. L. FAVOREU, Le Figaro des 10 et 11 janvier 1998, p. 6 ; M. P. GAÏA, *op. cit.*, p. 156.

[3] Mme F. CHALTIEL, *ibid.*

[4] Il suffit tout simplement, pour s'en convaincre, de renvoyer aux réticences et réserves parlementaires lors des débats autour de la révision constitutionnelle nécessaire à la ratification du traité de Maastricht, cf. notamment Mme C. GREWE, *RFDC* 1992, pp. 427-438. Voir également MM. F. HAMON et M. TROPER : *Droit constitutionnel*, 26 éd., *op. cit.*, pp. 454 et 466 qui relèvent un triple avantage à la formule des révisions « au coup par coup ».

[5] *JORF*, 26 janvier 1999, p. 1343.

[6] Voir par exemple, M. P. GELARD, dans *Rapport P. FAUCHON*, n° 102, Sénat, décembre 1998, pp. 57-58 ; MM. X. de VILLEPIN et H. DURAND-CHASTEL, *J.O.* - n° 103, S. (C.R.), séance du 16 décembre 1998, pp. 6504 et 6511-6512.

trouve un second alinéa formulé comme suit : « Sous la même réserve et selon les modalités prévues par le traité instituant la Communauté européenne, dans sa rédaction résultant du traité signé le 2 octobre 1997, peuvent être consentis les transferts de compétences nécessaires à la détermination des règles relatives à la libre circulation des personnes et aux domaines qui lui sont liés »[1]. La pratique des petites révisions « au coup par coup » est donc maintenue par le constituant français. Il est à ce titre aisé de soutenir que « ...ce nouvel alinéa supplémentaire tranche le débat de l'étendue de la révision constitutionnelle proposée au Parlement »[2]. Autrement dit, et comme le soutient Mme E. GUIGOU : « Se référant aux seules dispositions déclarées contraires à la Constitution, sans introduire une clause générale autorisant par avance des transferts de compétences ultérieurs, le projet de loi se « calait » très précisément sur la décision du Conseil constitutionnel »[3]. On ne pouvait mieux rapporter le choix des pouvoirs publics français en faveur d'une révision modeste, minimale et strictement limitée à ce que nécessite la ratification du traité d'Amsterdam, signé le 2 octobre 1997[4]. Au-delà des réserves mentionnées plus haut, cette formule maintient au profit du constituant français une réelle maîtrise du processus d'approfondissement de la construction communautaire[5]. Plus qu'un « simple choix d'une méthode tactique de révision »[6], il s'agit davantage et probablement de la seule qui permet au constituant de « calibrer » ou de canaliser l'ouverture de l'ordre juridique constitutionnel français à l'ordre juridique communautaire. On en revient ainsi au souci qu'a le droit constitutionnel français de marquer la persistance, voire la prégnance de l'autonomie constitutionnelle. Autrement dit, chaque étape significative de la construction européenne impliquera, au vu de la configuration actuelle des choses, l'intervention du pouvoir constituant[7].

---

[1] Cette modification a été adoptée dans les mêmes termes à l'Assemblée nationale et au Sénat, en première lecture, respectivement les 1er et 17 décembre 1998. Elle fut ratifiée par le Congrès du Parlement dans sa séance du 18 janvier 1999. Le traité d'Amsterdam a été publié par le décret n° 99-438 du 28 mai 1999, *JORF*, 30 mai 1999, p. 7988.

[2] M. H. NALLET : *Rapport n° 1212*, A.N., novembre 1998, p. 25.

[3] *J.O.* - n° 103, S. (C.R.), op. cit., p. 6494 ; voir aussi *J.O.* - n° 109, A.N. (C.R.), 2e séance du 24 novembre 1998, pp. 9428-9430, 9434 ; *Rapport P. FAUCHON*, n° 102, *op. cit.*, p. 27.

[4] Voir par exemple l'argumentation de M. R. BADINTER en faveur d'un tel choix, *J.O.* - n° 103, S. (C.R.), *op. cit.*, p. 514.

[5] Cf. *Rapport H. NALLET*, n° 1212, *op. cit.*, p. 26 ; Mme E. GUIGOU, *J.O.*, n° 109, A.N. (C.R.), *op. cit.*, p. 9451. Tout au plus peut-on suggérer l'intervention d'une modalité qui rendrait automatique et obligatoire l'enchaînement entre révision de la Constitution et référendum d'autorisation de ratification des développements importants de l'intégration européenne. Le peuple (souverain) serait ainsi plus impliqué par les avancées de l'Europe communautaire.

[6] C'est ainsi en tout cas que la question est présentée par M. J. ROUX : *Le principe de la souveraineté de l'Etat..., op. cit.*, pp. 366 et s.

[7] Cf. notamment M. F. HAMON, dans *Le traité d'Amsterdam face aux Constitutions nationales, op. cit.*, p. 107.

Conclusion du titre II

Confronter le droit communautaire avec la Constitution française revient, pour le droit constitutionnel à rechercher une certaine adéquation entre la garantie constitutionnelle et le renforcement de l'intégration européenne. Autrement dit, l'ancrage du phénomène communautaire que l'on a été amené à observer dans le titre premier de cette partie ne va pas sans une nécessaire réactivation des exigences constitutionnelles pertinentes. Il convient, à cet égard, de noter que, à la fois le Conseil constitutionnel et le pouvoir constituant ont toujours eu à cœur de rechercher un tel équilibre[1]. Une telle recherche constitue dès lors une constante, au mieux, une préoccupation « récurrente » dans le cadre de leurs interventions respectives. De ce point de vue, on peut penser que chaque nouvelle étape de la construction communautaire devrait désormais passer entre les mailles du « filet constitutionnel » français. Ceci contribuerait peut-être à approcher de façon très nette l'objectif d'une meilleure articulation entre l'ordre juridique constitutionnel français et l'ordre juridique communautaire. En tout état de cause, la protection de l'autonomie constitutionnelle reste, pour l'heure, aussi (voire plus) impérieuse que l'approfondissement de la construction communautaire. Tant que l'Europe communautaire sera dépendante des volontés souveraines des Etats membres, l'on ne saurait valablement discuter de la nécessité pour la France de perpétuer une exigence qui, pour l'heure, reste catégorique : la sauvegarde du « noyau dur » de son identité constitutionnelle.

[1] Voir par exemple, M. P. GAÏA : *Le Conseil constitutionnel et l'insertion des engagements internationaux dans l'ordre juridique interne*, *op. cit.*, p. 340.

CONCLUSION GENERALE

Cette étude a permis de montrer que la construction communautaire influe sans cesse, et de façon notable, sur les conceptions en vigueur dans l'ordre juridique constitutionnel français. Ce dernier apparaît donc, au final, fortement imprégné voire sollicité par cet ordre juridique en perpétuelle évolution qu'est l'ordre juridique communautaire. Mais cette marche en avant ne se fait pas sans à-coups ou, de façon plus expressive, sans « retours offensifs de la souveraineté »[1]. Il en ressort forcément de nombreuses interactions et confrontations qui, en l'état actuel des choses, ne peuvent mener que vers une nécessaire conciliation entre deux exigences également impérieuses : la poursuite de l'intégration communautaire et la sauvegarde de l'indépendance souveraine de la République française[2].

En tout état de cause, l'influence du processus communautaire sur les principes et normes constitutionnels français en matière internationale apparaît évidente. En effet, et sous réserve de l'hypothèse récente représentée par le traité portant statut de la CPI[3], il est aisé de constater que seuls les engagements ayant trait à la construction européenne ont jusqu'à présent engendré des problèmes de constitutionnalité en France. Il suffit à cet égard de renvoyer à la mise à l'épreuve, pour le texte constitutionnel, qu'a constitué le processus de ratification du *TUE* signé à Maastricht du 7 février 1992 et du traité d'Amsterdam signé le 2 octobre 1997. Comme l'exprime fort justement M. A. PELLET, « c'est donc, très logiquement, à propos de la construction communautaire que les problèmes les plus graves de compatibilité de normes non nationales se sont posés et c'est à leur

---

[1] Cf. M. C. de VISSCHER : *Théories et réalités en droit international public*, 4e éd., A. Pedone, Paris, 1970, p. 150.

[2] Sur cette nécessaire conciliation, voir en dernier lieu, M. H. OBERDORFF : Dialogue avec M. L. FAVOREU sur « Droit constitutionnel et droit communautaire – Les rapports de deux ordres juridiques », *RMC* 2000, p. 95.

[3] Il faut signaler par ailleurs la récente décision du Conseil constitutionnel n° 99-412 DC en date du 15 juin 1999, *JORF*, 18 juin 1999, p. 8964, cf. M. J.-E. SCHOETTL, *AJDA* 1999, p. 573. Dans cette décision en effet, la Haute instance juge que : « La Charte européenne des langues régionales ou minoritaires comporte des clauses contraires à la Constitution ».

propos que le Conseil a forgé l'essentiel de sa jurisprudence « internationale »[1]. Les mécanismes constitutionnels d'accueil du droit international et communautaire en droit français ont ainsi évolué de manière assez sensible. De ce point de vue, l'effet d'entraînement représenté par le droit communautaire est indéniable. Un tel rôle moteur doit en toute logique, retentir sur le droit international dans son ensemble[2]. On peut, dans cette perspective, renvoyer à la solution adoptée par le Conseil constitutionnel dans sa décision n° 98-408 DC du 22 janvier 1999 à propos du traité de Rome du 18 juillet 1998[3]. Il ressort en effet du considérant de principe de cette décision que le respect de la souveraineté de l'Etat n'est pas incompatible avec la conclusion d'engagements internationaux ayant pour objectif « de favoriser la paix et la sécurité du monde et d'assurer le respect des principes généraux de droit public international ». Ceci s'est traduit en particulier par « la création d'une juridiction permanente internationale destinée à protéger les droits fondamentaux appartenant à toute personne humaine... ». La reconnaissance de la compatibilité de principe avec la Constitution de ce type de coopération internationale en matière pénale montre que l'ouverture internationale du droit constitutionnel français n'est pas réductible au cas communautaire. Pour autant, on n'est pas très loin de soutenir que l'évolution de l'ordre juridique constitutionnel impliquée par les exigences de l'ordre juridique communautaire a servi de soubassement à la position de principe retenue par la Haute juridiction constitutionnelle dans la décision n° 98-408 DC. Au demeurant, il est permis d'observer, avec M. B. STIRN, que : « L'influence des traités sur la Constitution s'étend [...] au-delà du cadre européen »[4].

En revenant, plus fondamentalement, au droit communautaire, il est clair que le droit constitutionnel en matière internationale a été conduit à faire une certaine place au processus d'intégration européenne. Sont éclairants à cet égard à la fois la nouvelle doctrine « européenne » du Conseil constitutionnel engagée par la décision *Maastricht I* du 9 avril 1992 et le statut relativement singulier reconnu à la construction communautaire par la loi constitutionnelle du 25 juin 1992.

Cela étant, aucun élément ne peut pousser à conclure que le droit constitutionnel français a « baissé la garde » face à l'emprise du droit communautaire. Il faut bien reconnaître en effet que la Constitution française demeure, sinon la dernière, du moins la redoutable marche juridique à franchir pour l'ordre juridique communautaire. L'idée d'intégration représentée par ce dernier ne signifie nullement un renoncement aux exigences constitutionnelles inhérentes à la qualité d'Etat souverain de la République française. A partir du moment où le droit

---

[1] M. A. PELLET : « Le Conseil constitutionnel, la souveraineté et les traités », *Les Cahiers du Conseil constitutionnel*, n° 4/1998, p. 121.

[2] Cf. MM. J. COMBACAU/S. SUR : *Droit international public*, 4e éd., *op. cit.*, p. 182 ; M. A. PELLET, *ibid.*

[3] *JORF*, 24 janvier 1999, p. 1317.

[4] M. B. STIRN : « Droit national, droit européen, droit international », *op. cit.*, p. 21.

constitutionnel français en général et le constituant en particulier gardent un certain contrôle et une mainmise sur le processus d'approfondissement de la construction européenne, on ne peut parler d'un « renoncement formel des institutions et des citoyens nationaux à tout garde fou normatif préservant la souveraineté de l'Etat »[1].

Mais cette « mécanique constitutionnelle » au coup par coup, cette réaction pragmatique du droit constitutionnel français à la poursuite de l'intégration communautaire est-elle toujours adaptée ? Elle pourrait le rester tant que l'approfondissement de l'Europe communautaire n'aura pas été réorienté vers d'autres bases, notamment constitutionnelle. D'où la question suivante : ne faut-il pas élaborer une Constitution de l'Union européenne par la voie d'un acte constituant ? En d'autres termes, l'intégration européenne ne devrait-elle pas acquérir une dimension constitutionnelle ?[2]. Ceci est un autre problème qui dépend largement de la volonté politique et souveraine des Etats membres de l'Europe communautaire.

Il faut néanmoins noter que ce n'est pas une telle orientation constitutionnelle qui a été retenue par les chefs d'Etat et de gouvernement de l'Union européenne lors du sommet de Nice de décembre 2000. En effet, il est indéniable que le traité qui y a été adopté « à l'arraché » le 11 décembre apparaît comme un accord inachevé, destiné essentiellement à régler les « reliquats d'Amsterdam »[3]. Reste donc toujours d'actualité la question de l'ouverture d'un nécessaire débat constitutionnel concernant l'avenir des institutions communautaires[4]. Il serait ainsi possible de s'inspirer de la procédure qui a conduit à l'adoption du projet de Charte des droits fondamentaux de l'Union européenne ;

---

[1] Cf. M. C. LEQUESNE : « Les Etats membres de l'Union européenne : de la pertinence d'une approche institutionnelle », dans J. RIDEAU(Sous la direction de) : *Les Etats membres de l'Union européenne,* LGDJ, 1997, p. 479.

[2] Voir notamment à ce sujet : M. J.-C. PIRIS : « L'Union européenne a-t-elle une Constitution ? Lui en faut-il une ? », *RTDE* 1999, p. 599 ; M. T. DAUPS : *L'idée de Constitution européenne*, Thèse, Université de Paris-X Nanterre, 1992, 520p dact. ; l'ouvrage de M. J. GERKRATH : *L'émergence d'un droit constitutionnel pour l'Europe - Modes de formation et sources d'inspiration de la Constitution des Communautés et de l'Union européenne*, éd. de l'Université de Bruxelles, coll. « Etudes européennes », 1997, 425p ; la thèse de Mme F. CHALTIEL : *La souveraineté de l'Etat et l'Union européenne, L'exemple français – Recherches sur la souveraineté de l'Etat membre, op. cit.*, spéc. pp. 327-333 ; M. P. MAGNETTE(éd.) : *La Constitution de l'Europe*, éd. de l'Université de Bruxelles, 2000, 201p.

[3] Voir notamment sur ce point : MM. J. CLOOS : « Nice : une étape obligée », *RMC* janvier 2001, pp. 5-10 ; J.-C. ZARKA : « Le Conseil européen de Nice de décembre 2000 », *LPA* 4 janvier 2001, n° 3, pp. 9-12 ; F. BERROD et M. PIETRI : « Nice ou la victoire des Etats membres... », *Europe*, janvier 2001, pp. 3-6.

[4] Sur cette question, M. J. CLOOS, *op. cit.*, pp. 8-10.

Charte qui a associé des partenaires autres que les autorités « constituantes » traditionnelles de l'Union européenne[1].

Poitiers, le 30 janvier 2001.

[1] A propos de cette Charte proclamée à Nice en décembre 2000, voir notamment : Mme Fl. BENOIT-ROHMER(Sous la direction de) : *La Charte des droits fondamentaux de l'Union européenne*, *RUDH* 15 septembre 2000, vol. 12, n° 1-2, 84p ; REGARDS SUR L'ACTUALITE : *Vers une Charte des droits fondamentaux de l'Union européenne*, La Documentation française, août 2000, 115p ; M. G. BRAIBANT : « La Charte des droits fondamentaux », *Droit social*, n° 1, janvier 2001, pp. 69-75 ; Mme A. GRUBER : « La Charte des droits fondamentaux de l'Union européenne : un message clair hautement symbolique », *LPA* 22 janvier 2001, n° 15, pp. 4-17.

BIBLIOGRAPHIE GENERALE ET THEMATIQUE

La présente bibliographie ne prétend pas à l'exhaustivité. Elle ne comprend que les références essentielles ; certains ouvrages et articles cités en note n'y sont pas repris. Les références étrangères sont limitées. Les difficultés de traduction en sont la principale explication.

COURS, MANUELS, OUVRAGES GENERAUX

1)- Le système juridique international et communautaire

ALLAND D.(Sous la direction de) : *Droit international*, Paris, PUF, coll. « Droit fondamental », 2000, 807p.

BASTID S. : *Cours de droit international public*, Les Cours de droit, Paris V^e^, 1976-1977, 1396p.

BLUMANN C. : *La fonction législative communautaire*, Paris, LGDJ, coll. « Systèmes », 1995, 175p.

BOULOUIS J. : *Droit institutionnel de l'Union européenne*, 6e éd., Montchrestien, 1997, 408p.

CARREAU D. : *Droit international*, 5e éd., A. Pedone, Paris, 1997, 664p.

CARTOU L., CLERGERIE J.-L., GRUBER A., RAMBAUD P. : *L'Union européenne*, 3e éd., Dalloz, 2000, 688p.

CATALANO N. : *Manuel de droit des Communautés européennes (2e éd. revue et mise à jour*), Dalloz et Sirey, Paris, 1965, 663p.

CEREXHE E. : *Le droit européen - Les institutions*, éd. Nauwelaerts, Leuven, 1979, 362p.

COMBACAU J. / SUR S. : *Droit international public*, 4e éd., Montchrestien, 1999, 797p.

DOUTRIAUX Y. : *Le traité sur l'Union européenne*, A. Colin éditeur, Paris, 1992, 243p.

DUPUY P.-M. : *Droit international public*, 4e éd., Dalloz, 1998, 684p.

FAVRET J.-M. : *Droit et pratique de l'Union européenne*, 2e éd., Gualino éditeur, Paris - 1999, 430p.

GANSHOF VAN DER MEERSCH W. J. : *Droit des Communautés européennes*, Les novelles, Larciers éditeurs, Bruxelles, 1969, 1194p.

ISAAC G. : *Droit communautaire général*, 7e éd., A. Colin, Paris, 1999, 358p.

JOLIET R. : *Le droit institutionnel des Communautés européennes. Les institutions, les sources, les rapports entre les ordres juridiques*, 3e tirage, Faculté de droit, d'économie et de sciences sociales de Liège, 1990, 415p.

MANIN P. : *Les Communautés européennes - L'Union européenne*, 4e éd., A. Pedone - Paris, 1998, 471p.

NGUYEN QUOC DINH, DAILLIER P., PELLET A. : *Droit international public*, 6e éd., LGDJ, Paris, 1999, 1455p.

PESCATORE P. : *L'ordre juridique des Communautés européennes - Etude des sources du droit communautaire*, Presses universitaires de Liège, 1975, 316p.

RENUCCI J.-F. : *Droit européen des droits de l'Homme*, LGDJ, 1999, 570p.

RIDEAU J. : *Droit institutionnel de l'Union et des Communautés européennes*, 3e éd., LGDJ, Paris, 1999, 1092p.

SOLDATOS P. : *Le système institutionnel et politique des Communautés européennes dans un monde en mutation. Théorie et pratique*, Bruylant, Bruxelles, 1989, 305p.

TEITGEN P.-H. : *Cours de droit institutionnel communautaire*, Licence 4e année (Paris I et Paris II), Les cours de droit, Paris-Ve, 1970-1971, 453p.

VAN RAEPENBUSCH S. : *Droit institutionnel de l'Union et des Communautés européennes*, 2e éd., De Boeck et Larcier S.A., 1998, 643p.

VERHOEVEN J. : *Droit de la Communauté européenne*, De Boeck et Larcier éditeur S.A., Bruxelles, 1996, 448p.

ZOLLER E. : *Droit des relations extérieures*, PUF, coll. « Droit fondamental », 1992, 368p.

2)- Théorie générale de l'Etat et références générales sur l'ordre juridique constitutionnel français

ARDANT Ph. : *Institutions politiques et Droit constitutionnel*, 12e éd., LGDJ, 2000, 606p.

BEAUD O. : *La puissance de l'Etat*, PUF, 1994, 512p.

BURDEAU G. : *Traité de science politique, tome 2 : L'Etat*, 3e éd., LGDJ, 1980, 733p.

(BURDEAU G.), HAMON F., TROPER M. : *Droit constitutionnel*, 26e éd., LGDJ, 1999, 781p.

CARRE de MALBERG R. : *Contribution à la théorie générale de l'Etat, spécialement d'après les données fournies par le droit constitutionnel français*, tome I, rééd. CNRS, 1962, 837p.
CHAGNOLLAUD D. - QUERMONNE J.-L. : *Le gouvernement de la France sous la Ve République*, Fayard, 1996, 927p.
CHANTEBOUT B. : *Droit constitutionnel et science politique*, 16e éd., A. Colin, Paris, 1999, 640p.
DOCUMENTS POUR SERVIR A L'HISTOIRE DE L'ELABORATION DE LA CONSTITUTION DU 4 OCTOBRE 1958 :
Vol. I : Des origines de la loi constitutionnelle du 3 juin 1958 à l'avant-projet du 29 juillet 1958, La Documentation française, Paris, 1987, 613p.
Vol. II : Le Comité consultatif constitutionnel. De l'avant-projet du 29 juillet 1958 au projet du 21 août 1958, La Documentation française, Paris, 1988, 787p.
Vol. III : Du Conseil d'Etat au référendum : 20 août - 28 septembre 1958, La Documentation française, Paris, 1991, 777p.
FAVOREU L.(Coordonnateur) : *Droit constitutionnel*, 3e éd., Dalloz, 2000, 954p.
GICQUEL J. : *Droit constitutionnel et institutions politiques*, 16e éd., Montchrestien, 1999, 763p.
JELLINEK G. : *L'Etat moderne et son droit. Deuxième partie : Théorie juridique de l'Etat*, éd. M. Giard - E. Brière, 1913, 593p.
LAVROFF D. G. : *Le droit constitutionnel de la Ve République*, 3e éd., Dalloz, 1999, 1100p.
MEKHANTAR J. : *Droit politique et constitutionnel*, 2e éd., ESKA, 1999, 733p.
MIRKINE-GUETZEVITCH B. : *Droit constitutionnel international*, Librairie du recueil Sirey, 1933, 299p.
PACTET P. : *Institutions politiques / Droit constitutionnel*, 18e éd., A. Colin, Paris, 1999, 616p.
SEANCES DE LA COMMISSION DE LA CONSTITUTION : *Comptes rendus analytiques imprimés par l'Imprimerie nationale de l'Assemblée nationale constituante*, 1946, 2 vol. (797 p. et 808p.).

3)- Etudes générales et de droit comparé sur les rapports entre droit international et communautaire et ordres juridiques nationaux

GREWE C. - RUIZ FABRI H. : *Droits constitutionnels européens*, PUF, coll. « Droit fondamental », 1995, 661p.

COLLOQUES, OUVRAGES SPECIAUX, RAPPORTS, THESES

1)- Le système juridique international et communautaire

ACTES du Colloque des chaires Jean Monnet sur la Conférence intergouvernementale de 1996, Bruxelles, les 6 et 7 mai 1996, Luxembourg : OPOCE, 1997, 311p.

AMALRIC M. : *Mémento de jurisprudence communautaire,* Association pour la diffusion de la réalité européenne, 5e éd., 1993, 206p.

ASSOCIATION BELGE POUR LE DROIT EUROPEEN : *La Cour de justice des Communautés européennes*, éd. de l'Université de Bruxelles, 1981, 123p.

AUER A. et FLAUSS J.-F.(éd.) : *Le référendum européen*, Actes du Colloque international de Strasbourg, 21/22 février 1997, Bruylant, Bruxelles, 1997, 343p.

BLANQUET M. : *L'article 5 du traité CEE. Recherche sur les obligations de fidélité des Etats membres de la Communauté*, LGDJ, Paris, 1994, 502p.

BOULOUIS J. - CHEVALLIER R.-M. : *Grands arrêts de la CJCE*, tome I, 6e éd. par J. BOULOUIS, Dalloz, 1994, 434p.

COHEN-TANUGI L. : *L'Europe en danger*, Librairie A. Fayard, 1992, 258p.

COHEN-TANUGI L. : *Le choix de l'Europe*, Librairie A. Fayard, 1995, 225p.

COMBACAU J. : *Le droit des traités*, PUF, coll. « Que sais-je ? », 1991, 125p.

COMMENTAIRE MEGRET : *Le droit de la CEE, Vol. 10 : La Cour de justice. Les actes des institutions*, éd. de l'Université de Bruxelles, 1993, 666p.

CONSTANTINESCO V. : *Compétences et pouvoirs dans les Communautés européennes - Contribution à l'étude de la nature juridique des Communautés*, LGDJ, Paris, 1974, 492p.

CROISAT M. - QUERMONNE J.-L. : *L'Europe et le fédéralisme. Contribution à l'émergence d'un fédéralisme intergouvernemental*, 2e éd., Montchrestien, coll. « Clefs/Politique », 1999, 156p.

DAUPS T. : *L'idée de Constitution européenne*, Thèse, Université de Paris X-Nanterre, 1992, 520p dact.

DEHOUSSE R. : *La Cour de justice des Communautés européennes*, 2e éd., Montchrestien, coll. « Clefs/Politique », 1997, 160p.

DOLLAT P. : *Libre circulation des personnes et citoyenneté européenne : enjeux et perspectives*, Bruylant, Bruxelles, 1998, 560p.

DUBOUIS L. - GUEYDAN C. : *Grands textes de droit de l'Union européenne – Traités – Droit dérivé - Jurisprudence*, 5e éd., Dalloz, 1999, 1149p.

DUPARC C. : *La Communauté européenne et les droits de l'Homme*, Luxembourg : OPOCE, 1993, 63p.

DUTHEIL de la ROCHERE J. : *Introduction au droit de l'Union européenne*, 2e éd., Hachette Livre, « Les Fondamentaux », Paris, 1998, 160p.

FONTANAUD D. : *Les Accords de Schengen*, *PPS*, n° 763-764, 15 mars 1996, Paris, La Documentation française, 128p.

GAUTRON J.-C. : *Droit européen*, 9e éd., Dalloz, 1999, 314p.

GIRERD P. : *Aspects juridiques du traité « Communauté européenne »*, L'Harmattan, coll. « Logiques juridiques », 1996, 380p.

GREWE C.(Sous la direction de) : *Questions sur le droit européen*, Actes du Colloque de Caen (23 février 1996), Presses universitaires de Caen, 1996, 273p.

KOVAR R. : *Le pouvoir réglementaire de la CECA*, LGDJ, Paris, 1964, 384p.

LABOUZ M.-F. : *Le système communautaire européen*, Berger-Levrault, 1986, 350p.

LABOUZ M.-F.(Sous la direction de) : *Les Accords de Maastricht et la Constitution de l'Union européenne*, Actes du Colloque du 27 juin 1992 au Sénat, éd. Montchrestien, 1992, 241p.

LARZUL T. : *L'essentiel sur les institutions communautaires*, 2e éd., L'Hermès, 1995, 87p.

LECOURT R. : *L'Europe des juges*, Ets E. Bruylant, 1976, 321p.

LEJEUNE Y(Etudes coordonnées par) : *Le traité d'Amsterdam – Espoirs et Déceptions*, éd. Bruylant, Bruxelles, 1998, 498p.

LENAERTS K. : *Le juge et la Constitution aux Etats Unis d'Amérique et dans l'ordre juridique européen*, Bruylant, Bruxelles, 1988, 817p.

LESGUILLONS H. : *L'application d'un traité-fondation : le traité instituant la CEE*, LGDJ, Paris, 1968, 319p.

LOUIS J.-V. : *L'ordre juridique communautaire*, 6e éd., Luxembourg : OPOCE, 1993, 241p.

LOUIS J.-V. : *L'Union européenne et l'avenir de ses institutions*, Presses Interuniversitaires Européennes, Bruxelles, 1996, 192p.

MASCLET J.-C. : *Où en est l'Europe politique ?*, *PPS*, n° 721/722, La Documentation française, 1994, 101p.

MASCLET J.-C. : *L'union politique de l'Europe*, 7e éd. corrigée, PUF, coll. « Que sais-je ? », Paris, 1996, 127p.

MONTAIN-DOMENACH J. : *L'Europe de la sécurité intérieure*, éd. Montchrestien, coll. « Clefs/Politique », 1999, 158p.

MOUTON J.-D. et SOULARD C. : *La Cour de justice des Communautés européennes*, PUF, coll. « Que sais-je ? », 1998, 127p.

PESCATORE P. : *Droit international et droit communautaire - Essai de réflexion comparative*, Publications du Centre européen universitaire de Nancy, n° 5, 1969, 32p.

PESCATORE P. : *Le droit de l'intégration*, A. W. Sijthoof - Leiden, 1972, 99p.

PHILIP C. : *La Cour de justice des Communautés européennes*, PUF, coll. « Que sais-je ? », 1983, 127p.

PUISSOCHET J.-P. : *L'élargissement des Communautés européennes*, Ed. techniques et économiques, 1974, 640p.

QUERMONNE J.-L. : *Le système politique de l'Union européenne - Des Communautés économiques à l'Union politique*, 3e éd., Montchrestien, coll. « Clefs/Politique », 1998, 160p.

REGARDS SUR L'ACTUALITE n° 180, Avril 1992 : *Spécial Maastricht*, 60p.

RIDEAU J. : *Juridictions internationales et contrôle du respect des traités constitutifs des organisations internationales*, LGDJ, Paris, 1969, 382p.

RIDEAU J. : *Le droit de l'Union européenne*. PUF, coll. « Que sais-je ? », 2e éd., 1998, 127p.

SABOURIN P. : *Le destin du continent européen – Le chemin de la Grande Europe*, éd. Bruylant, coll. « Organisation internationale et relations internationales », Bruxelles, 1999, 345p.

SCHERMERS H. G. - WAELBROECK D. : *Judicial protection in the European Communities*, fourth edition, 1987, Kluwer law and taxation Publishers Deventer, The Netherlands, 510p.

SFDI: *Droit international et droit communautaire, perspectives actuelles*, colloque de Bordeaux, éd. A. Pedone, Paris, 2000, 404p.

SIMON D. : *Le système juridique communautaire*, 2e éd., PUF, coll. « Droit fondamental », 1998, 578p.

STEPHANOU C. : *Réformes et mutations de l'Union européenne*, Bruylant - Bruxelles, LGDJ - Paris, 1997, 270p.

VALLEE C. : *Le droit des Communautés européennes*, PUF, coll. « Que sais-je ? », 2e éd., PUF, 1986, 127p.

2)- Théorie générale de l'Etat et références générales sur l'ordre juridique constitutionnel français

AFDC et UNIVERSITE DE BOURGOGNE : *IIIe Congrès français de droit constitutionnel* - Dijon, 13, 14 et 15 juin 1996, 3 tomes, 1145p dact.

AVRIL P. - GICQUEL J. : *Chroniques constitutionnelles françaises 1976-1982. D'un septennat à l'autre*, PUF, 1983, 489p.

BAGHESTANI-PERREY L. : *Le titulaire de la souveraineté nationale et son exercice dans la jurisprudence du Conseil constitutionnel*, Thèse, Université de Dijon, décembre 1996, 419p dact.

De BECHILLON D. : *Hiérarchie des normes et hiérarchie des fonctions normatives de l'Etat*, éd. Economica, coll. « Droit public positif », 1996, 577p.

CAHIERS DU CENTRE DE DOCUMENTATION ET DE RECHERCHE EUROPEENNES DE LA FACULTE DE DROIT DE L'UNIVERSITE

3)- Etudes générales, étrangères et de droit comparé sur les rapports entre droit international et communautaire et ordres juridiques nationaux

Le BARBIER-Le BRIS M. : *Le juge espagnol face au droit communautaire*, éd. Apogée, 1998, 569p.

BEN ACHOUR R. et LAGHMANI S.(Sous la direction de) : *Droit international et droits internes, Développements récents*, Colloque de Tunis des 16-17-18 avril 1998, éd. A. Pedone, 1998, 318p.

De BERRANGER Th. : *Constitutions nationales et construction communautaire - Essai d'approche comparative sur certains aspects constitutionnels nationaux de l'intégration européenne*, LGDJ, 1995, 564p.

BON P., MODERNE F., RODRIGUEZ Y. : *La justice constitutionnelle en Espagne*, éd. Economica, coll. « Droit public positif », 1984, 284p.

BURGORGUE-LARSEN L. : *L'Espagne et la Communauté européenne, - L'Etat des autonomies et le processus d'intégration européenne,* éd. de l'Université de Bruxelles, 1995, 471p.

CERIC : *Droits nationaux, droit communautaire : influences croisées*, Actes du colloque d'Aix-en-Provence – 18 et 19 juin 1999 – en l'honneur de L. DUBOUIS, La Documentation française, Paris, 2000, 207p.

CONSEIL CONSTITUTIONNEL : *IXe Conférence des Cours constitutionnelles européennes, Paris - mai 1993 : Protection constitutionnelle et protection internationale des droits de l'homme : concurrence ou complémentarité ?*, 2 vol., 1994, 1080p.

CONSTANTINIDES-MEGRET C. : *Le droit de la CEE et l'ordre juridique des Etats membres*, LGDJ, Paris, 1967, 224p.

COTTIER B.(Sous la direction de) : *Conséquences institutionnelles de l'appartenance aux Communautés européennes*, Schulthess Polygraphischer Verlag, Zürich 1991, 416p.

DELPEREE F., VERDUSSEN M., BIVER K. : *Recueil des Constitutions européennes*, Bruylant, Bruxelles, 1994, 973p.

DORD O. D. : *Cours constitutionnelles nationales et normes européennes*, Thèse, 2 vol., Université de Paris X-Nanterre, 1996, 714p dact.

DONNER A. M., CHEVALLIER R.-M., WAELBROECK M., WOLF K., NERI S., BRINKHORST L. J. : *Le juge national et le droit communautaire*, A. W. Sijthoff's, N. V., Belgique, 1966, 131p.

EISEMANN P. M.(Sous la direction de) : *L'intégration du droit international et communautaire dans l'ordre juridique interne. Etude de la pratique en Europe*, Kluwer law international, La Haye - Londres - Boston, 1996, 587p.

FROMONT M. : *La justice constitutionnelle dans le monde*, éd. Dalloz, coll. « Connaissance du droit », 1996, 140p.

GAUDET M. : *Conflits du droit communautaire avec les droits nationaux*, Publications du Centre européen universitaire de Nancy, n° 4, 1967, 59p.

GERKRATH J. : *L'émergence d'un droit constitutionnel pour l'Europe. Modes de formation et sources d'inspiration de la Constitution des Communautés et de l'Union européenne*, coll. « Etudes européennes », éd. de l'Université de Bruxelles, 1997, 425p.

GREWE C. et OBERDORFF H.(Documents rassemblés et présentés par) : *Les Constitutions des Etats de l'Union européenne*, La Documentation française, coll. « Retour aux textes », Paris, 1999, 512p.

HAGUENAU C. : *L'application effective du droit communautaire en droit interne - Analyse comparative des problèmes rencontrés en droit français, anglais et allemand*, éd. Bruylant - éd. de l'Université de Bruxelles, 1995, 619p.

JOURNEE D'ETUDE DU 25 MARS 1992 AU SENAT : *La Constitution et l'Europe*, éd. Montchrestien, 1992, 372p.

KOROWICZ M.-S. : *Organisations internationales et souveraineté des Etats membres*, éd. A. Pedone, Paris, 1961, 349p.

LARDY P. : *La force obligatoire du droit international en droit interne*, Paris, LGDJ, 1966, 279p.

MANGAS MARTIN A. : *Derecho comunitario y derecho español*, Tecnos, Madrid, 1986, 302p.

MASCLET J.-C. et MAUS D.(Sous la direction de) : *Les Constitutions nationales à l'épreuve de l'Europe*, Colloque de Paris des 10 et 11 juin 1992, La Documentation française, 1993, 239p.

MAUS D. et PASSELECQ O.(Sous la direction de) : *Le traité d'Amsterdam face aux Constitutions nationales*, Actes du Colloque organisé le 10 décembre 1997, La Documentation française, Paris, 1998, 133p.

MODERNE F. : *Le droit constitutionnel de l'asile dans les Etats de l'Union européenne*, éd. Economica, coll. « Droit public positif », 1997, 174p.

OJANEN T. : *The European Way - The Structure of National Court Obligation under EC Law*, Gummerus Kirjapaino Oy, Saarijärvi 1998, 374p.

PEYROU-PISTOULET S. : *La Cour constitutionnelle et le contrôle de constitutionnalité des lois en Autriche*, éd. Economica, coll. « Droit public positif », 1990, 309p.

RIDEAU J.(Sous la direction de) : *Les Etats membres de l'Union européenne : Adaptations - Mutations - Résistances*, LGDJ, Paris, 1997, 540p.

RUEDA F. : *Le contrôle de l'activité du pouvoir exécutif par le juge constitutionnel – Les exemples français, allemand et espagnol*, LGDJ, 2000, 404p.

SABOURIN P. : *L'Etat-nation face aux Europes*, PUF, 1994, 304p.

SAINT-ESTEBEN R. : *Droit communautaire et droits nationaux*, PUF, 1967, 94p.

SAROT J., VANDERNOOT P., PEREMANS E. : *Dix ans de jurisprudence de la Cour d'arbitrage (5 avril 1985 - 31 août 1995)*, 2 vol., Bruylant, Bruxelles, 1995, 1315p.

SUY E. : *Les rapports entre le droit communautaire et le droit interne des Etats membres*, Cours 1964, éd. UGA, Heule (Belgique), 51p.

TAMBOU O. : *Les rapports entre l'ordre juridique communautaire et les ordres juridiques français et allemand*, Thèse, Université Robert Schuman – Strasbourg III, 31 octobre 1997, 672p dact.

VOLMERANGE X. : *Le fédéralisme allemand et l'intégration européenne*, L'Harmattan, coll. « Logiques Juridiques », 1994, 176p.

WAELBROECK M. : *Traités internationaux et juridictions internes dans les pays du Marché commun*, éd. A. Pedone, 1969, 348p.

4)- Droit international et communautaire et ordre juridique français

ABRAHAM R. : *Droit international, droit communautaire et droit français*, Paris, Hachette, 1989, 223p.

ALLAND D. : *Textes du droit de l'asile*, PUF, coll. « Que sais-je ? », 1998, 127p.

ANDRIANTSIMBAZOVINA J. : *L'autorité des décisions de justice constitutionnelle et européennes sur le juge administratif français - Conseil constitutionnel, CJCE et Cour européenne des droits de l'Homme*, LGDJ, 1998, 663p.

AUBIN E. : *La France face à la construction de la citoyenneté européenne*, Thèse, Université François Rabelais de Tours, janvier 1999, 674p dact.

BADINTER R. : *Rapport fait au nom de la Commission des loi du Sénat sur le projet de loi constitutionnelle, adopté par l'Assemblée nationale, insérant au titre VI de la Constitution un article 53-2 et relatif à la CPI*, n° 318, avril 1999, 86p.

BRACONNIER S. : *Jurisprudence de la Cour européenne des droits de l'Homme et droit administratif français*, Ets E. Bruylant, Bruxelles, 1997, 590p.

BUFFET-TCHAKALOFF M.-F. : *La France devant la CJCE*, éd. Economica, coll. « Droit public positif », 1985, 404p.

CARESCHE C. : *Rapports faits au nom de la Commission des lois de l'Assemblée nationale*, n° 232, septembre 1997, 57p ; n° 589, décembre 1997, 23p.

CHALTIEL F. : *La souveraineté de l'Etat et l'Union européenne, l'exemple français - Recherches sur la souveraineté de l'Etat membre*, Paris, LGDJ, 2000, 606p.

CONSEIL D'ETAT : *Droit communautaire et droit français*, Paris, La Documentation française, coll. « *NED* », n° 4679 à 4681, 1982, 287p.

CONSEIL D'ETAT : *Droit international et droit français*, Paris, La Documentation française, coll. « *NED* », n° 4803, 1986, 120p.

FAUCHON P. : *Rapports faits au nom de la Commission des lois du Sénat*, n° 415, septembre 1997, 93p ; n° 38, octobre 1997, 21p ; n° 368, avril 1998, 19p.

FAUCHON P. : *Rapport fait au nom de la Commission des lois du Sénat sur le projet de loi constitutionnelle, adopté par l'Assemblée nationale, modifiant les articles 88-2 et 88-4 de la Constitution*, n° 102, décembre 1998, 72p.

GAÏA P. : *Le Conseil constitutionnel et l'insertion des engagements internationaux dans l'ordre juridique interne. Contribution à l'étude des articles 53 et 54 de la Constitution*, éd. Economica, coll. « Droit public positif », 1991, 406p.

GARAUD M.-F. - SEGUIN P. : *De l'Europe en général et de la France en particulier*, Belfond - Le Pré aux clercs, 1992, 255p.

GOESEL-Le BIHAN V. : *La répartition des compétences en matière de conclusion des accords internationaux sous la Ve République*, éd. A. Pedone, Paris, 1995, 438p.

GOUZES G. : *Rapport fait au nom de la Commission des lois de l'Assemblée nationale*, n° 2676, mai 1992, 101p.

LARCHE J. : *Rapport fait au nom de la Commission des lois du Sénat*, n° 375, mai 1992, 137p.

LAVROFF D. G.(Sous la direction de) : *La conduite de la politique étrangère de la France sous la Ve République*, Presses universitaires de Bordeaux, avril 1995, 155p.

MASCLET J.-C. : *Les grands arrêts de droit communautaire*, PUF, coll. « Que sais-je ? », 1995, 127p.

MASSON P. : *Rapport fait au nom de la Commission des lois du Sénat*, n° 74, novembre 1993, 62p.

MAZEAUD P. : *Droit communautaire et Constitutions nationales*, Rapport d'information n° 2630, Délégation de l'Assemblée nationale pour l'Union européenne, mars 1996, 89p.

NALLET H. : *Rapport fait au nom de la Commission des lois de l'Assemblée nationale sur le projet de loi constitutionnelle (n° 1072) modifiant l'article 88-2 de la Constitution*, n° 1212, novembre 1998, 69p.

PHILIBERT J.-P. : *Rapport fait au nom de la Commission des lois de l'Assemblée nationale*, n° 646, octobre 1993, 63p.

RATIFICATION DE L'A.U.E. : *Travaux préparatoires, vol. 2 - France*, Luxembourg : OPOCE, 1993, P. 573-1326.

RATIFICATION DU TUE : *Travaux préparatoires, vol. 7 : France I et vol. 8 : France II*, Luxembourg : OPOCE, 1996, 560p et P. 561-1019.

REUTER P. et autres : *L'application du droit international par le juge français*, Librairie A. Colin, Paris, 1972, 126p.

RIDEAU J. : *Droit international et droit interne français*, Librairie A. Colin, Paris, 1972, 126p.

SAÏDJ L. : *Le Parlement et les traités - La loi relative à la ratification ou à l'approbation des engagements internationaux*, Paris, LGDJ, 1979, 191p.

SAURON J.-L. : *Droit communautaire et décision nationale*, LGDJ, coll. « Systèmes », 1998, 211p.

TEITGEN P.-H. - LESGUILLONS H. : *Mécanismes juridiques assurant la mise en œuvre de la législation communautaire par les autorités législatives ou exécutives nationales*, Rapport national français dans le cadre du 3e colloque de la FIDE, Paris, les 25, 26 et 27 novembre 1965, 41p.

VAUZELLE M. : *Rapport pour avis fait au nom de la Commission des affaires étrangères de l'Assemblée nationale sur le projet de loi constitutionnelle (n° 1072) modifiant l'article 88-2 de la Constitution*, n° 1209, novembre 1998, 37p.

VIDALIES A. : *Rapport n° 1501 fait au nom de la Commission des lois de l'Assemblée nationale sur le projet de loi constitutionnelle (n° 1462) insérant au titre VI de la Constitution un article 53-2 et relatif à la CPI*, mars 1999, 55p.

De VILLEPIN X. : *Faut-il ratifier le traité d'Amsterdam ? Les données et les enjeux du débat*, Rapport d'information n° 508 au nom de la Commission des affaires étrangères du Sénat, juin 1998, 174p.

ARTICLES ET CONTRIBUTIONS

1)- A propos du système international et communautaire

BARAV A. : Primauté, dans BARAV A. et PHILIP C.(Sous la direction de) : *Dictionnaire juridique des Communautés européennes*, PUF, 1993, p. 855-858.

BAZIADOLY S. et DALMAS D. : Le traité d'Amsterdam, *Regards sur l'actualité*, n° 241, mai 1998, p. 3-18.

BEAUD O. : L'Europe entre droit commun et droit communautaire, *Droits* n° 14, 1991, p. 3-16.

BERTRAND F.-G. : L'Europe du juge communautaire, *Géopolitique*, n° 65, mars 1999, p. 71-75.

BLUMANN C. : Le traité d'Amsterdam – Aspects institutionnels, *RTDE* 1997, p. 721-749.

BLUMANN C. : Quelques réflexions sur la notion de communautarisation dans le cadre de l'Union européenne, dans *Mél. Ph. ARDANT : Droit et politique à la croisée des cultures*, LGDJ, 1999, p. 61-76.

BOULOUIS J. : Le droit des Communautés européennes dans ses rapports avec le droit international général, *RCADI* 1992-IV, tome 235, p. 9-79.

BOULOUIS J. : De la compétence de la Communauté européenne pour adhérer à la CEDH. Avis 2/94 de la Cour des Communautés, *Mél. J. ROBERT : Libertés*, éd. Montchrestien, 1998, p. 315-322.

DI BUCCI V. : Droits fondamentaux, dans A. BARAV et C. PHILIP(Sous la direction de) : *Dictionnaire juridique des Communautés européennes*, PUF, 1993, p. 412-418.

CARTOU L. : Droit communautaire, sources et mise en œuvre, dans *Joly communautaire*, tome 1, GLN éditions, 1995.

CHALTIEL F. : L'Union européenne doit-elle adhérer à la CEDH ?, *RMC* 1997, p. 34-50.

CHARRIER C. : La Communauté de droit, une étape sous-estimée de la construction européenne, *RMC* 1996, p. 521-533.

CHAVRIER H., HONORAT E. et De BERGUES G. : La Communauté européenne et la CEDH (l'Avis 2/94 du 28 mars 1996), *AJDA* 1996, p. 739-741.

COHEN-JONATHAN G. : Les droits de l'Homme dans les Communautés européennes, dans *Recueil d'études en hommage à C. EISENMANN*, éd. Cujas, 1975, p. 399-418.

COHEN-JONATHAN G. : La Cour des Communautés européennes et les droits de l'Homme, *RMC* 1978, p. 74-100.

COLLAS P. : Les institutions européennes : essai d'identification, *LPA* 25 mars 1994, n° 36, p. 19-23.
COLLAS P. : L'Union européenne en marche vers le régime parlementaire ?, *RPP* 1994, p. 34-48.
CONSTANTINESCO L. : La spécificité du droit communautaire, *RTDE* 1966, p. 1-30.
CONSTANTINESCO V. : L'émergence d'un droit constitutionnel européen, *RUDH* 29 décembre 1995, vol. 7, n° 11-12, p. 445-450.
CONSTANTINESCO V. : L'Union européenne : par le droit vers le politique ? (*ad augusta per angusta* ?), dans G. DUPRAT(Sous la direction de) : *L'Union européenne - Droit, politique, démocratie*, PUF, 1996, p. 175-189.
CONSTANTINESCO V. : Les noms de l'Europe (Des Communautés européennes à l'Union européenne), dans *Le droit des organisations internationales, Recueil d'études à la mémoire de J. SCHWOB*, Bruylant, Bruxelles, 1997, p. 309-330.
CONSTANTINESCO V. : Vers quelle Europe ? Europe fédérale, Confédération européenne, Fédération d'Etats-nations ?, *Cahiers français*, n° 298, septembre-octobre 2000, p. 80-89.
DAGTOGLOU D. P. : La nature juridique de la Communauté européenne, dans *Trente ans de droit communautaire*, Luxembourg : OPOCE, 1982, p. 35-44.
DARMON M. : La prise en compte des droits fondamentaux par la Cour de justice des Communautés européennes, *Rev. Sc. Crim.* 1995, p. 23-34.
DAUSES M. A. : La protection des droits fondamentaux dans l'ordre juridique communautaire, *RTDE* 1984, p. 401-424.
DAUSES M. A. : La protection des droits fondamentaux dans l'ordre juridique des Communautés européennes. Position du problème, état actuel et tendances, *RAE* 1992/4, p. 9-21.
DELCOURT C., Le BARBIER M., MANSON F.-O., MEHDI R. : Droit communautaire et supraconstitutionnalité, *RIDC* 1993, n° spécial, vol. 15, p. 389-440.
EHLERMANN C. D. : Différenciation, flexibilité, coopération renforcée : les nouvelles dispositions du traité d'Amsterdam, *RMUE* 1997/3, p. 53-88.
FAVRET J.-M. : Le traité d'Amsterdam : une révision a minima de la « charte constitutionnelle » de l'Union européenne. De l'intégration à l'incantation ?, *CDE* 1997, p. 555-605.
FLAUSS J.-F. : Les droits de l'Homme, comme élément d'une Constitution et de l'ordre européen, *LPA* 30 avril 1993, p. 8-15.
FLAUSS J.-F., E. LAMBERT et C. SCIOTTI : Les droits de l'Homme dans l'Union européenne - Chronique d'actualité, *RDIDC* 1999/2, p. 109-161.
GANSHOF VAN DER MEERSCH W. J. : L'ordre juridique des Communautés européennes et le droit international, *RCADI* 1975-V, tome 148, p. 1-433.

GARCIA de ENTERRA E. : Les droits fondamentaux et la révision du traité sur l'Union européenne, *CDE* 1996, p. 607-612.
GARRON R. : Réflexions sur la primauté du droit communautaire, *RTDE* 1966, p. 28-48.
GAUTRON J.-C. : L'Union européenne et le concept d'organisation internationale, dans D. DORMOY(Sous la direction de) : *L'Union européenne et les organisations internationales*, éd. Bruylant/ éd. de l'Université de Bruxelles, 1997, p. 15-35.
GOUAUD C. : Le projet de Constitution européenne, *RFDC* 1995, p. 287-307.
HALLSTEIN W. : Discours prononcé en sa qualité de Président de la Commission de la CEE, novembre 1964, 14p.
HALLSTEIN W. : Intervention dans le débat juridique sur le Rapport DEHOUSSE relatif à la primauté du droit communautaire, *RTDE* 1965, p. 247-254.
HETSCH P. : Emergence des valeurs morales dans la jurisprudence de la CJCE, *RTDE* 1982, p. 511-555.
IGLESIAS BUIGUES J. L. : La nature juridique du droit communautaire, *CDE* 1968, p. 501-531.
ISAAC G. : Primauté du droit communautaire, dans *Répertoire de droit communautaire*, tome 3, éd. Dalloz, 1992.
JACQUE J.-P. : Cours général de droit communautaire, *RCADE* 1990, vol. I-1, p. 237-359.
JACQUE J.-P. : Communauté européenne et CEDH, dans L.-E. PETTITI, E. DECAUX et P.-H. IMBERT(Sous la direction de) : *La CEDH, Commentaire article par article*, 2e éd., Economica, 1999, p. 83-100.
JACQUE J.-P. : La Constitution de la Communauté européenne, *RUDH* 29 décembre 1995, vol. 7, n° 11-12, p. 397-428.
KOVAR R. : Ordre juridique communautaire, dans *Jurisclasseur Europe*, tome 1, fasc. 430, éd. techniques, 1991.
LABAYLE H. : La libre circulation des personnes dans l'Union européenne, de Schengen à Amsterdam, *AJDA* 1997, p. 923-935.
LABAYLE H. : Droits fondamentaux et droit européen, *AJDA* 1998 - n° spécial : *Les droits fondamentaux, une nouvelle catégorie juridique ?*, p. 75-91.
LEBEN C. : A propos de la nature juridique des Communautés européennes, *Droits* n° 14, 1991, p. 61-72.
LECOURT R. : Le rôle unificateur du juge dans la Communauté européenne, dans *Mél. offerts à P.-H. TEITGEN : Etudes de droit des Communautés européennes*, éd. A. Pedone, Paris, 1984, p. 223-237.
LEJEUNE Y. : L'idée contemporaine de confédération en Europe : quelques enseignements tirés de l'expérience de l'Union européenne, dans *Actes du Séminaire UniDem organisé à Santorin du 22 au 25 septembre 1994*, éd. du Conseil de l'Europe, 1995, p. 126-148.

LOUIS J.-V. : La primauté, une valeur relative ?, *CDE* 1995, p. 23-28.
LUCIANI M. : Supraconstitutionnalité et droit européen, *RIDC* 1993, n° spécial - vol. 15, p. 359-368.
MANCINI F. et DI BUCCI V. : Le développement des droits en tant que partie du droit communautaire, *RCADE* 1990, vol. I-1, p. 35-52.
MARCOUX Jr L. : Le concept de droits fondamentaux dans le droit de la Communauté européenne, *RIDC* 1983, p. 691-733.
MASCLET J.-C. : Vers une citoyenneté européenne, *Cahiers français*, n° 281, mai/juin 1997, p. 77-83.
MEGRET J. : La spécificité du droit communautaire, *RIDC* 1967, p. 565-577.
MERTENS de WILMARS J. : La jurisprudence de la Cour de justice comme instrument de l'intégration communautaire, *CDE* 1976, p. 135-148.
MONACO R. : Note sur l'intégration juridique dans les Communautés européennes, dans *Miscellenae W. J. GANSHOF VAN DER MEERSCH*, tome 2, Ets E. Bruylant, Bruxelles, LGDJ, Paris, 1972, p. 309-323.
MONJAL P.-Y. : L'Union européenne à la recherche d'une qualification juridique, *LPA* 1er février 1995, n° 14, p. 25-27.
MONJAL P.-Y. : La nature juridique de l'Union européenne : en attendant Godot (ou le droit institutionnel de l'Union à la recherche de son objet), *LPA* 12 mai 1995, n° 57, p. 17-20.
MONJAL P.-Y. : Le traité d'Amsterdam et la procédure en constatation politique de manquement aux principes de l'Union, *LPA* 10 juin 1998, n° 69, p. 8-15.
MOREAU DEFARGES P. : La Communauté au lendemain de Maastricht : l'unification européenne et l'Etat-nation, *Défense nationale*, mai 1992, p. 77-83.
NEEL B. : L'Accord de Schengen, *AJDA* 1991, p. 659-679.
PERRAKIS S. E. : Contribution au débat sur la protection communautaire des droits de l'Homme : la Déclaration des droits et libertés fondamentales du Parlement européen, *RMC* 1990, p. 467-474.
PESCATORE P. : Droit communautaire et droit national selon la jurisprudence de la CJCE, *D.* 1969, *chr.*, p. 179-184.
PESCATORE P. : L'apport du droit communautaire au droit international public, *CDE* 1970, p. 501-525.
PESCATORE P. : Les objectifs de la Communauté européenne comme principes d'interprétation de la Cour de justice. Contribution à la doctrine de l'interprétation téléologique des traités internationaux, dans *Miscellenea W. J. GANSHOF VAN DER MEERSCH*, tome 2, Ets E. Bruylant, Bruxelles - LGDJ, Paris, 1972, p. 325-363.
PESCATORE P. : Les exigences de la démocratie et la légitimité de la Communauté européenne, *CDE* 1974, p. 499-514.

PESCATORE P. : L'application judiciaire des traités internationaux dans la Communauté européenne et dans ses Etats membres, dans *Mél. offerts à P.-H. TEITGEN : Etudes de droit des Communautés européennes*, éd. A. Pedone, Paris, 1984, p. 355-406.

PESCATORE P. : Une révolution juridique. Le rôle de la Cour de justice européenne (Entretien avec H. CALVET), *Commentaire*, automne 1992, n° 59, p. 569-574.

PETITE M. : Le traité d'Amsterdam : Ambition et réalisme, *RMUE* 1997/3, p. 17-52.

PETTITI L.-E. : Droits de l'Homme, dans *Répertoire de droit communautaire*, tome 2, éd. Dalloz, 1992.

PHILIP C. : La CJCE et la protection des droits fondamentaux dans l'ordre juridique communautaire, *AFDI* 1975, p. 383-407.

PLIAKOS A. D. : Citoyenneté, dans *Répertoire de droit communautaire*, tome 1, éd. Dalloz, 1992.

PLIAKOS A. D. : La nature juridique de l'Union européenne, *RTDE* 1993, p. 187-224.

QUERMONNE J.-L. : Trois lectures du traité de Maastricht : essai d'analyse comparative, *RFSP* 1992, p. 802-817.

QUERMONNE J.-L. : Le retour du politique : l'Europe comme puissance ?, dans G. DUPRAT(Sous la direction de) : *L'Union européenne - Droit, politique, démocratie*, PUF, 1996, p. 193-207.

RASQUIN G. : La jurisprudence de la CJCE en matière de protection des droits fondamentaux, dans *Cahiers de l'I.D.E.D.H.*, Université de Montpellier, 1992-I, p. 97-111.

RENAUT-COUTEAU A. : La protection des droits de l'Homme dans l'ordre juridique communautaire, dans G. LEBRETON(Sous la direction de) : *Les droits fondamentaux de la personne humaine en 1995 et 1996*, L'Harmattan, 1998, p. 51-73.

RENUCCI J.-F. : Note sur CJCE, 28 mars 1996 - Adhésion de la Communauté européenne à la CEDH, *D.* 1996, p. 449-451.

REUTER P. : Le plan Schuman - La CECA, *RCADI* 1952-II, tome 81, p. 523-553.

RIDEAU J. : Le rôle de l'Union européenne en matière de protection des droits de l'Homme, *RCADI* 1997, tome 265, p. 9-480.

RIDEAU J. - RENUCCI J.-F. : Dualité de la protection juridictionnelle des droits fondamentaux : atout ou faiblesse de la sauvegarde des droits de l'Homme ?, *Justices (Revue générale de droit processuel)*, n° 6, avril/juin 1997, p. 95-116.

ROBERT J. : Les Accords de Schengen, *RAE* 1992/1, p. 5-15.

SABOURIN P. : L'Europe : fédération ou intégration d'Etats-nation ?, dans M. BOURJOL(Sous la direction de) : *La commune, l'Etat et le droit*, LGDJ, Paris, 1990, p. 241-256.

SASSE C. : La protection des droits fondamentaux dans la Communauté européenne, dans *Mél. F. DEHOUSSE, vol. 2 : La construction européenne*, éd. Labor, Bruxelles, 1979, p. 297-304.

SAURON J.-L. : Le traité d'Amsterdam : une réforme inachevée ?, *D.* 1998, *chr.*, p. 69-78.

De SCHUTTER O. et LEJEUNE Y. : L'adhésion de la Communauté à la CEDH. A propos de l'Avis 2/94 de la Cour de justice des Communautés, *CDE* 1996, p. 555-606.

SEBASTIEN G. : La citoyenneté de l'Union européenne, *RDP* 1993, p. 1263-1289.

SERVAN-SCHREIBER P. : La Cour de justice : pivot de la construction européenne, *Politique étrangère*, n° 1, printemps 1996, p. 87-97.

SIMARD M.-C. : La protection des droits fondamentaux au sein des Communautés européennes, *RQDI* 1987, p. 363-385.

SIMON D. : L'Avis 2/94 du 28 mars 1996 sur l'adhésion de la Communauté à la CEDH, *Europe*, juin 1996, p. 1-4.

SORASIO D. : Union européenne (traité de Maastricht), dans *Répertoire de droit communautaire*, tome 3, éd. Dalloz, 1992.

SOULIER G. : Union européenne et dépérissement de l'Etat, dans G. DUPRAT(Sous la direction de) : *L'Union européenne - Droit, politique, démocratie*, PUF, 1996, p. 289-314.

SUDRE F. : La Communauté et les droits fondamentaux après le traité d'Amsterdam : vers un nouveau système européen de protection des droits de l'Homme ?, *JCP* 1998, I, 100.

TAVERNIER P. : Le système de protection juridique des droits de l'Homme dans l'Union européenne et le système de la Convention européenne des droits de l'Homme, dans D. DORMOY(Sous la direction de) : *L'Union européenne et les organisations internationales*, éd. Bruylant/éd. de l'Université de Bruxelles, 1997, p. 131-149.

TAVERNIER P. : Coexistence des systèmes de protection des droits de l'Homme en Europe, dans T. CAO-HUY et A. FENET(Sous la direction de) : *La coexistence, enjeu européen*, PUF, 1998, p. 93-109.

TAVERNIER P. : La création de la Cour pénale internationale (entre le rêve et la réalité), *Arès* n° 43, vol. XVII - fasc. 3, juillet 1999, p. 79-90.

TELO M. : Démocratie internationale et démocratie supranationale en Europe, dans M. TELO(Sous la direction de) : *Démocratie et construction européenne*, éd. de l'Université de Bruxelles, 1995, p. 1-64.

TELO M. : Le développement de l'Union politique européenne, dans M.-F. DURAND - A. de VASCONCELOS(Sous la direction de) : *La PESC : ouvrir l'Europe au monde*, Paris : *PFNSP*, 1998, p. 93-134.

TIBEDAS J. : Police, justice : La réforme du « troisième pilier » de l'Union européenne, *Regards sur l'actualité*, n° 235, novembre 1997, p. 3-11.

VALLADAO A. : Europe : Moteur d'une action internationale post-souveraine, dans M.-F. DURAND et A. de VASCONCELOS(Sous la direction de) : *La PESC : ouvrir l'Europe au monde*, Paris : *PFNSP*, 1998, p. 55-89.

VERGES J. : Droits fondamentaux de la personne et principes généraux du droit communautaire, dans *Mél. en hommage à J. BOULOUIS : L'Europe et le droit*, éd. Dalloz, 1991, p. 513-531.

VERGES J. : Droits fondamentaux et droits de citoyenneté dans l'Union européenne, *RAE* 1994/4, p. 75-97.

VIDAL D. : Les transferts de souveraineté du traité sur l'Union européenne, *Gaz. Pal.* 2-3 septembre 1992, *chr.*, p. 2-5.

VIGNES D. : Une bouteille « à moitié vide ou à moitié pleine » : Amsterdam, *Mél. R. GOY*, Publications de l'Université de Rouen, 1998, p. 455-475.

WASCHMANN P. : L'Avis 2/94 de la Cour de justice relatif à l'adhésion de la Communauté européenne à la CEDH, *RTDE* 1996, p. 467-491.

WASCHMANN P. : Le traité d'Amsterdam – Les droits de l'Homme, *RTDE* 1997, p. 883-902.

WAELBROECK M. : Le rôle de la Cour de justice dans la mise en œuvre du traité CEE, CDE 1982, p. 347-380.

WAELBROECK M. : La Cour de justice et la CEDH, *CDE* 1996, p. 549-553.

WECKEL P. : La Cour pénale internationale - Présentation générale, *RGDIP* 1998, p. 983-993.

WEILER H. H. J. : Une révolution tranquille : la CJCE et ses interlocuteurs, *Politix*, n° 32, 1995, p. 119-138.

De WITTE B. : Retour à « Costa » - La primauté du droit communautaire à la lumière du droit international, *RTDE* 1984, p. 425-454.

2)- Etudes générales, étrangères et de droit comparé sur les rapports entre droit international et communautaire et ordres juridiques nationaux

ABRAHAMS R. : La supériorité du droit international conventionnel sur le droit interne dans la jurisprudence belge (A propos de l'arrêt de la Cour de cassation de Belgique du 27 mai 1971), *JDI* 1973, p. 334-345.

ALBERTI E., BON P. et MODERNE F. : Chronique de jurisprudence constitutionnelle - Espagne, *AIJC*, VIII-1992, p. 419-423.

ARNOLD R. : La Loi fondamentale de la République fédérale allemande et l'Union européenne : le nouvel article 23 de la Loi fondamentale, *RIDC* 1993, p. 673-678.

ARNOLD R. : L'Union monétaire européenne et la Constitution allemande, *RDP* 1998, p. 649-657.

ASTENGO F. : L'Irlande et l'intégration européenne, *RIDC* 1997/3, p. 657-677.

AUTEXIER C. : Le traité de Maastricht et l'ordre constitutionnel allemand, *RFDC* 1992, p. 625-641.

AUTEXIER C. - GENIUS-DEVIME B. : La Cour constitutionnelle fédérale, l'ordre constitutionnel allemand et le traité de Maastricht (A propos de la décision du 12 octobre 1993), *RFDC* 1994, p. 421-432.

BARAV A. : Cour constitutionnelle italienne et droit communautaire : le fantôme de *Simmenthal*, *RTDE* 1985, p. 313-341.

BEAUD O. : Le droit de vote des étrangers : l'apport de la jurisprudence constitutionnelle allemande à une théorie du droit de suffrage, *RFDA* 1992, p. 409-424.

BLONDIAU C.(Sous la direction de) : Chronique de jurisprudence nationale (1992-1994), *CDE* 1996, n° 1-2, p. 73-211 (spéc. p. 93-104).

BONICHOT J. et autres : L'application du droit communautaire dans les différents Etats membres de la CEE, *RFDA* 1990, p. 954-986.

BÖRNER B. : Droits fondamentaux allemands et droit communautaire - A propos de la décision de la Cour constitutionnelle fédérale du 29 mai 1974, dans *Mél. F. DEHOUSSE, vol. 2 : La construction européenne*, éd. Labor, Bruxelles, 1979, p. 193-203.

BRADLEY P. : L'Acte unique et la Constitution irlandaise, *RMC* 1988, p. 87-93.

BRIBOSIA H. : Applicabilité directe et primauté des traités internationaux et du droit communautaire - Réflexions générales sur le point de vue de l'ordre juridique belge, *RBDI* 1996, p. 33-89.

BROUWERS T. et SIMONART H. : Le conflit entre la Constitution et le droit international conventionnel dans la jurisprudence de la Cour d'arbitrage, *CDE* 1995, p. 7-22.

CARREAU D. : Droit communautaire et droits nationaux : concurrence ou primauté ? La contribution de l'arrêt *Simmenthal*, *RTDE* 1978, p. 381-418.

CARRILLO-SALCEDO J.-A. : Droit international et souveraineté des Etats, *RCADI* 1996, tome 257, p. 35-222.

CASSESE A. : Modern Constitutions and international law, *RCADI* 1985-III, tome 192, p. 331-475.

De CATERINI P. : Observations sur Cour constitutionnelle (Italie), 27 décembre 1973, *CDE* 1975, p. 114-118.

CHEVALLIER R.-M. - RASQUIN G. : De quelques problèmes soulevés par l'application du droit communautaire en droit interne, *RMC* 1964, p. 489-495.

COHEN-JONATHAN G. : Cour constitutionnelle allemande et règlements communautaires, *CDE* 1975, p. 149-206.

CONSTANTINESCO L. : L'introduction et le contrôle de la constitutionnalité des traités et en particulier des traités européens en droit allemand, *RBDI* 1969, p. 425-459.

CONSTANTINESCO L. : Droit communautaire et droit constitutionnel néerlandais, *RGDIP* 1969, p. 378-420.

CONSTANTINESCO V. : Cour constitutionnelle allemande, droits fondamentaux et droit communautaire : une musique nouvelle sur un air ancien, *RTDE* 1987, p. 537-553.

COUVREUR P. : L'adhésion de l'Espagne aux Communautés européennes : l'ordre juridique communautaire, dans *l'Espagne et les Communautés européennes. Problèmes posés par l'adhésion*, éd. de l'Université de Bruxelles, 1979, p. 135-175.

CZAPLINSKI W. : L'intégration européenne dans la Constitution polonaise de 1997, *RMC* 2000, p. 168-172.

DANIELE L. : Après l'arrêt *Granital* : droit communautaire et droit national dans la jurisprudence récente de la Cour constitutionnelle italienne, *CDE* 1992, p. 3-21.

DARMON M. : Juridictions constitutionnelles et droit communautaire, *RTDE* 1988, p. 217-251.

DARRAS J. et PIROTTE O. : La Cour constitutionnelle fédérale allemande a-t-elle mis en danger la primauté du droit communautaire ?, *RTDE* 1976, p. 415-438.

DEHOUSSE F. : La primauté du droit communautaire sur le droit des Etats membres, *RTDE* 1965, p. 212-246.

DELPEREE F. : La Belgique et l'Europe, *RFDC* 1992, p. 643-650.

DELPEREE F. : Les rapports de cohérence entre le droit constitutionnel et le droit international public. Développements récents en Belgique, *RFDC* 1998, p. 729-740.

DELPEREE F. : Le fédéralisme et l'Europe, *AIJC*, XV-1999, p. 327-337.

DORD O. B. : Contrôle de constitutionnalité et droit communautaire dérivé : de la nécessité d'un dialogue entre les juridictions suprêmes de l'Union européenne, *Les Cahiers du Conseil constitutionnel*, n° 4/1998, p. 98-104.

DUTHEIL de la ROCHERE J. : Les implications constitutionnelles pour un Etat de la participation à un processus d'intégration régional – Le cas de la France, *RIDC* 1998/2, p. 577-593.

DUTHEIL de la ROCHERE J. : Les fondements internationaux et européens du droit public moderne et leur formation, *REDP*, vol. 10 - n° 3, automne 1998, p. 593-618.

ECONOMIDES C. P. : La révision des dispositions de la Constitution hellénique concernant les relations internationales, dans *Mél. en l'honneur de N. VALTICOS - Droit et justice*, éd. A. Pedone - Paris,1999, p. 643-654.

EHLERMANN C. D. : Primauté du droit communautaire mise en danger par la Cour constitutionnelle fédérale allemande, *RMC* 1975, p. 10-19.

FENET A. : Nation française, nation allemande et construction européenne, dans T. CAO-HUY et FENET A.(Sous la direction de) : *La coexistence, enjeu européen*, PUF, 1998, p. 121-151.

FERRARI BRAVO L. : L'issue de l'affaire *Costa c/ ENEL* devant le Conciliatore de Milan (obs. sur Conciliatore de Milan, 4 mai 1966, *Costa c/ ENEL*), *CDE* 1967, p. 194-228.

FERRERES COMELLA V. : Souveraineté nationale et intégration européenne dans le droit constitutionnel espagnol, *Les Cahiers du Conseil constitutionnel,* n° 9/2000, p. 106-112.

FROMONT M. : Note sur Cour constitutionnelle fédérale (arrêt du 29 mai 1974), *RTDE* 1975, p. 316-336.

FROMONT M. : République fédérale d'Allemagne : les événements législatifs et jurisprudentiels survenus en 1974, *RTDE* 1976, p. 197-200.

FROMONT M. : La Cour constitutionnelle fédérale et le traité sur l'Union européenne, *Géopolitique*, hiver 1993-1994, n° 44, p. 76-79.

FROMONT M. : République fédérale d'Allemagne : la jurisprudence constitutionnelle en 1992 et en 1993, *RDP* 1995, p. 349-360.

FROMONT M. : Le traité sur l'Union européenne et le juge constitutionnel en France et en Allemagne, dans *Mél. en l'honneur du Pr. G. PEISER*, Presses universitaires de Grenoble, 1995, p. 229-240.

FROMONT M. : Le droit constitutionnel national et l'intégration européenne, *RAE* 1997/2, p. 191-208.

FROMONT M. et JOUANJAN O. : Chronique de jurisprudence constitutionnelle - République fédérale d'Allemagne, *AIJC*, IX-1993, p. 636-642.

GAÏA P. : Problématique générale sur droit constitutionnel, droit communautaire et droit européen, XIe Cours international de justice constitutionnelle, *AIJC*, XV-1999, p. 314-324.

GANSHOF VAN DER MEERSCH W. J. : Vues comparatives sur l'ordre juridique communautaire et l'ordre juridique national dans les droits belge, néerlandais et luxembourgeois, *RIDC* 1966, p. 797-829.

GERKRATH J. : Le traité sur l'Union européenne devant la Cour constitutionnelle fédérale allemande (A propos de l'arrêt du 2e Sénat du 12 octobre 1993), *Europe*, novembre 1993, p. 4-7.

GERKRATH J. : La critique de la légitimité démocratique de l'Union européenne selon la Cour constitutionnelle fédérale de Karlsruhe, dans G. DUPRAT(Sous la direction de) : *L'Union européenne - Droit, politique, démocratie*, PUF, 1996, p. 209-241.

GREWE C. : L'arrêt de la Cour constitutionnelle fédérale allemande du 12 octobre 1993 sur le traité de Maastricht : l'Union européenne et les droits fondamentaux, *RUDH* 15 décembre 1993, vol. 5, n° 7-8, p. 226-231.

GREWE C. et WEBER A. : Le traité sur l'Union européenne devant les juridictions constitutionnelles, *AIJC*, IX-1993, p. 11-30.

GRIMM D. : La Cour européenne de justice et les juridictions nationales, vues sous l'angle du droit constitutionnel allemand. Situation après la « décision Maastricht » de la Cour constitutionnelle fédérale, *Les Cahiers du Conseil constitutionnel*, n° 4/1998, p. 70-77.

GUASTINI R. : La primauté du droit communautaire : une révision tacite de la Constitution italienne, *Les Cahiers du Conseil constitutionnel*, n° 9/2000, p. 119-125.

HAHN J. H. : La Cour constitutionnelle fédérale d'Allemagne et le traité de Maastricht, *RGDIP* 1994, p. 107-126.

HANF D. : Le jugement de la Cour constitutionnelle fédérale allemande sur la constitutionnalité du traité de Maastricht - Un nouveau chapitre des relations entre le droit communautaire et le droit national, *RTDE* 1994, p. 391-423.

HAQUET A. : Les directives communautaires prévalent-elles sur les règles constitutionnelles ? – Note sur CJCE, 11 janvier 2000, *Tanja Kreil*, *DA*, février 2000, p. 22-24.

HERVOUËT F. : Politique jurisprudentielle de la Cour de justice et des juridictions nationales - Réception du droit communautaire par le droit interne des Etats, *RDP* 1992, p. 1257-1292.

ISOART P. : Souveraineté étatique et relations internationales, dans *La souveraineté au XXe siècle*, Librairie A. Colin, Paris, 1971, p. 13-45.

KAKOURIS C. N. : La relation de l'ordre juridique communautaire avec les ordres juridiques des Etats membres (quelques réflexions parfois peu conformistes), dans *Liber Amicorum P. PESCATORE*, Nomos Verlagsgesellschaft, Baden-Baden, 1987, p. 319-345.

KORTMANN C. : Les relations entre le droit international et le droit national dans le droit constitutionnel néerlandais, dans *Publications de la Faculté de droit et des sciences sociales de Poitiers*, tome XXI, PUF, 1992, p. 3-12.

KORTMANN C. : Souveraineté et contrôle de constitutionnalité, *RA* 1994, p. 574-578.

KOVAR R. : Rapports entre le droit communautaire et les droits nationaux, dans *Trente ans de droit communautaire*, Luxembourg : OPOCE, 1982, p. 115-158.

LOPEZ CASTILLO A. : Le contrôle des actes communautaires par les juridictions nationales, *AIJC*, XV-1999, p. 327-337.

LOUIS J.-V. : L'article 25 bis de la Constitution belge, *RMC* 1970, p. 410-416.

LOUIS J.-V. : La primauté du droit international et du droit communautaire après l'arrêt « *Le Ski* », dans *Mél. F. DEHOUSSE, vol. 2 : La construction européenne*, éd. Labor, Bruxelles, 1979, p. 235-242.

LOUIS J.-V. : Droit communautaire et loi postérieure : un revirement jurisprudentiel de la Cour constitutionnelle italienne (arrêt n° 170 du 8 juin 1984 - *Granital*), *CDE* 1986, p. 185-202.

LOUIS J.-V. et ALEN A. : La Constitution et la participation à la Communauté européenne, *RBDI* 1994, p. 81-109.

LUCHAIRE F. : L'Europe et la souveraineté des Etats, dans *Cahiers juridiques franco-allemands*, 1994, vol. 19, Université de la Sarre, p. 5-18.

MANESSIS A. : La Constitution au seuil du XXIe siècle, dans *Mél. en l'honneur de N. VALTICOS - Droit et justice*, éd. A. Pedone - Paris, 1999, p. 673-694.

MESTRE A. : Les traités et le droit interne, *RCADI* 1931-IV, tome 38, p. 237-306.

MIRKINE-GUETZEVITCH B. : Les tendances internationales des nouvelles Constitutions, *RGDIP* 1948, p. 375-386.

MORGAND D. : Les institutions politiques irlandaises, dans Y. GUCHET(Sous la direction de) : *Les systèmes politiques des pays de l'Union européenne*, A. Colin éditeur, Paris, 1994, p. 251-280.

MURPHY F. et CRAS A. : L'affaire *Crotty* : la Cour suprême d'Irlande rejette l'Acte unique européen, *CDE* 1988, p. 276-305.

NERI S. : Le droit communautaire et l'ordre constitutionnel italien, *CDE* 1966, p. 363-387.

NERI S. : Rapports entre le droit communautaire et le droit interne selon la Cour constitutionnelle (Italie), *RTDE* 1974, p. 148-159.

O'CONNOR J. : L'Acte unique européen et la Cour suprême irlandaise (l'affaire *Crotty*), *AFDI* 1987, p. 762-773.

O'CONNOR J. : L'Irlande et le traité sur l'Union européenne. Référendum - Neutralité - Avortement, *RMC* 1994, p. 228-233.

OLMI G. : Les rapports entre le droit communautaire et le droit national dans les arrêts des juridictions supérieures des Etats membres, *RMC* 1981, p. 178-191.

OLMI G. : Les hautes juridictions nationales, juges du droit communautaire, dans *Liber Amicorum P. PESCATORE*, Nomos Verlagsgesellschaft, Baden-Baden, 1987, p. 499-536.

ORBAN P.-M. : L'intégration européenne et la révision de la Constitution belge, *RIHPC* 1954, p. 21-33.

PESCATORE P. : L'application directe des traités européens par les juridictions nationales : la jurisprudence nationale, *RTDE* 1969, p. 697-723.

PESCATORE P. : Observations sur Cour de cassation (Belgique), 1ère chambre, 27 mai 1971 - Etat belge c/ S.A. « Fromagerie franco-suisse Le Ski », *CDE* 1971, p. 561-586.

PINTO R. : Le Conseil constitutionnel et la Cour suprême des Etats Unis confrontés au droit international, *JDI* 1994, p. 303-343.

PLOUVIER L. : La primauté du droit international et du droit communautaire en Belgique - Analyse de l'arrêt de la Cour de cassation du 27 mai 1971, *RMC* 1972, p. 171-184.

PRETOT X. : Constitution et Communauté, dans *Répertoire de droit communautaire*, tome 1, éd. Dalloz, 1992.

QUARITSCH H. : La souveraineté de l'Etat dans la jurisprudence constitutionnelle allemande, *Les Cahiers du Conseil constitutionnel*, n° 9/2000, p. 99-105.

REEH K. : L'Union européenne de Maastricht à Karlsruhe et au-delà. L'arrêt du Tribunal constitutionnel fédéral sur la constitutionnalité du traité sur l'Union européenne, *Politique étrangère*, été 1994, p. 517-536.

REQUEJO PAGES J. L. : Rapport espagnol sur le rang du droit international dans la hiérarchie des normes, dans P. BON(Sous la direction de) : *Etude de droit constitutionnel franco-espagnol*, éd. Economica, 1994, p. 249-257.

RESS G. : Les incidences du droit constitutionnel de la Communauté européenne sur les droits constitutionnels nationaux, en particulier sur la Loi fondamentale allemande, *RUDH* 29 décembre 1995, vol. 7, n° 11-12, p. 445-450.

RIDEAU J. : Constitution et droit international dans les Etats membres de la Communauté européenne - Situation dans les Etats membres autres que la France, *RFDC* 1990, p. 425-454.

RIDEAU J. : La coexistence des systèmes de protection des droits fondamentaux dans la Communauté européenne et ses Etats membres, *AIJC*, VII-1991, p. 11-64.

RIDEAU J. : Communauté de droit et Etats de droit, dans *Mél. R.-J. DUPUY : Humanité et droit international*, éd. A. Pedone, Paris, 1991, p. 249-269.

RIDEAU J : Les procédures de ratification du traité sur l'Union européenne, *RFDC* 1992, p. 611-624.

RODRIGUEZ IGLESIAS G. C. : Tribunales constitucionales y derecho comunitario, dans *Hacia un nuevo orden internacional y europeo, Homenaje al profesor M. Diez de VELASCO*, éd. Tecnos S.A., 1993, p. 1175-1200.

RODRIGUEZ IGLESIAS G. C. et PUISSOCHET J.-P. : Rapport de la CJCE à la Conférence des 25 et 26 septembre 1997, organisée par le Conseil constitutionnel, sur « Contrôle de constitutionnalité et droit communautaire dérivé », *Les Cahiers du Conseil constitutionnel*, n° 4/1998, p. 78-81.

ROSSETTO J. : Le droit d'asile en Europe : Evolution contemporaine, *AFDI* 1993, p. 919-935.

ROSSETTO J. : Les restrictions contemporaines apportées au droit d'asile, dans *Mél. offerts à J. CAMPINOS*, PUF, Paris - 1996, p. 85-104.

RUBIO LLORENTE F. : La Constitution espagnole et le traité de Maastricht, *RFDC* 1992, p. 651-662.

SALAH Mohamed M. M. : Mondialisation et souveraineté de l'Etat, *JDI* 1996, p. 611-662.

SALL A. : Note sur la décision n° 3/C/93 du Conseil constitutionnel du Sénégal en date du 16 décembre 1993, *Recueil Pénant*, n° 827, mai à août 1998, p. 225-234.

SCELLE G. : De la prétendue inconstitutionnalité interne des traités, *RDP* 1952, p. 1011-1028.

SCHOETTL J.-E. : Droit constitutionnel et droit communautaire dérivé : la question du conflit éventuel, Rapport général de la Conférence des 25 et 26 septembre 1997, *Les Cahiers du Conseil constitutionnel*, n° 4/1998, p. 90-95.

SCHUBEL I. : La primauté du droit communautaire en Allemagne - Une étude de la jurisprudence de la Cour constitutionnelle fédérale allemande et de la principale doctrine allemande, *RMC* 1997, p. 621-629.

SCHULZ P. et HAFNER G. : L'Autriche et l'Union européenne : technique et pratique du référendum, *RMC* 1994, p. 635-642.

SCHWARZE J. : La ratification du traité de Maastricht par l'Allemagne, l'arrêt de la Cour constitutionnelle de Karlsruhe, *RMC* 1994, p. 293-303.

SOULAS de ROUSSEL D. et ENGELS U. : L'intégration de l'Europe à l'heure de la décision de la Cour constitutionnelle fédérale du 29 mai 1974, *RIDC* 1975, p. 377-384.

SPERDUTI G. : Le principe de souveraineté et le problème des rapports entre le droit international et le droit interne, *RCADI* 1976-V, tome 153, p. 319-410.

STEPHANOU C. A. : L'Union européenne et la souveraineté des Etats membres, dans *Mél. en l'honneur de N. VALTICOS - Droit et justice*, éd. A. Pedone - Paris, 1999, p. 355-366.

STIRN B. : Etats nationaux, Etat fédéral ou confédéral, dans R. LENOIR et J. LESOURNE(Sous la direction de) : *Où va l'Etat ? - La souveraineté économique et politique en question*, Le Monde éd., Paris, 1992, p. 168-198.

TOMUSCHAT C. : Les rapports entre le droit communautaire et le droit interne allemand selon la jurisprudence récente de la Cour constitutionnelle allemande, *CDE* 1989, p. 163-178.

TORRELLI M. : La Cour constitutionnelle fédérale allemande et le droit communautaire, *RTDE* 1968, p. 719-723.

TREVES G. : Le droit des Etats membres et le droit des Communautés européennes, dans *Miscellenea W. J. GANSHOF VAN DER MEERSCH*, tome 2, Ets Bruylant, Bruxelles - LGDJ, Paris, 1972, p. 513-525.

TRUYOL Y SERRA A. : L'adhésion de l'Espagne aux Communautés européennes. Problèmes constitutionnels, dans *L'Espagne et les Communautés européennes*, éd. de l'Université de Bruxelles, 1979, p. 109-119.

VALTICOS N. : Expansion du droit international et Constitutions nationales, un cas significatif : le transfert de pouvoirs à des organisations internationales et la Constitution belge, *dans Hommage à P. de VISSCHER*, éd. A. Pedone, Paris, 1984, p. 9-22.

VANDERSANDEN G. : Primauté du droit communautaire sur le droit national (un arrêt de la Cour de cassation de Belgique), *RIDC* 1972, p. 847-858.

VAN PANHUYS J. H. F. : Pays-Bas - La révision récente des dispositions constitutionnelles relatives aux relations internationales, *RDP* 1955, p. 330-356.

VIGNES D. : L'amenuisement de la souveraineté des Etats membres des Communautés européennes et l'intégration régionale européenne, *Studia Diplomatica*, 1994, n° 2, p. 49-77.

VIRALLY M. : Sur un pont aux ânes : les rapports entre droit international et droits internes, dans *Mél. offerts à H. ROLIN*, éd. A. Pedone, 1964, p. 488-505.

De VISSCHER P. : Les tendances internationales des Constitutions modernes, *RCADI* 1952-I, tome 80, p. 515-576.

De VISSCHER P. : La Constitution belge et le droit international, *RBDI* 1986, p. 5-58.

VON MANGOLDT H. : L'unification européenne et le droit constitutionnel : les Constitutions face à l'Union européenne, dans *La coopération franco-allemande en Europe à l'aube du XXIe siècle*, PUAM - 1998, p. 279-286.

WAEVER O. : Etat, souveraineté et survie, dans A.-M. le GLOANNEC(Sous la direction de) : *Entre Union et nations : l'Etat en Europe*, Paris : *PFNSP*, 1998, p. 106-114.

WALTER C. : Le contrôle de constitutionnalité des actes communautaires de droit dérivé par la Cour constitutionnelle fédérale allemande, *RDP* 1997, p. 1285-1300.

WEBER A. : La révision constitutionnelle en Allemagne après la réunification allemande et le traité de Maastricht, *RRJ* 1993/3, p. 777-792.

WIELAND J. : Germany in the European Union - The Maastricht decision of the Bundesverfassungsgericht, *EJIL* 1994, vol. 5, n° 2, p. 259-266.

De WITTE B. : Droit communautaire et valeurs constitutionnelles nationales, *Droits* 1991, n° 14, p. 87-96.

3)- Théorie générale de l'Etat ; Rapports entre droit international et communautaire et ordre juridique constitutionnel français

a)- Théorie générale de l'Etat ; Etudes générales relatives à ces rapports

AGLAE M.-J. : La souveraineté transfigurée, *RRJ* 1995/3, p. 925-950.

ALLAND D. : Le droit international « sous » la Constitution de la Ve République », *RDP* 1998 - n° spécial : *Les 40 ans de la Ve République*, p. 1649-1670.

ARNE S. : Existe-t-il des normes supraconstitutionnelles ? Contribution à l'étude des droits fondamentaux et de la constitutionnalité, *RDP* 1993, p. 459-512.

AUBIN E. : La transposition dans l'ordre constitutionnel français du droit de vote et d'éligibilité des citoyens européens résidant en France aux élections municipales : vers une citoyenneté multiple ?, *LPA* 19 août 1998, n° 99, p. 3-10.

AVRIL P. - GICQUEL J. : L'apport de la révision constitutionnelle à la procédure parlementaire, *RFDC* 1992, p. 439-455.

BACOT G. : Remarques sur le référendum dans la ratification des traités, *RGDIP* 1978, p. 1024-1050.

BADIE B. et PIERRE-CAPS S. : Débat sur la Ve République et la souveraineté, *RDP* 1998 - n° spécial : *Les 40 ans de la Ve République*, p. 1474-1484.

BADINTER R. : Le Conseil constitutionnel et le pouvoir constituant, dans *Mél. J. ROBERT : Libertés*, éd. Montchrestien, 1998, p. 217-225.

BASTIEN F. : L'identité française et l'intégration européenne, *Relations internationales*, n° 90, été 1997, p. 203-220.

BEAUD O. : La souveraineté dans la « Contribution à la théorie générale de l'Etat » de CARRE de MALBERG, *RDP* 1994, p. 1251-1301.

BERLIA G. : Le référendum du 23 avril 1972, *RDP* 1972, p. 929-940.

BERLIA G. : Le juge et la politique étrangère, dans *Mél. M. WALINE*, tome 1, Paris, LGDJ, 1974, p. 139-148.

BERTHET E.-F., BRESARD C., JACASSON M. : L'élection au suffrage universel direct de l'Assemblée des Communautés européennes, *RDP* 1979, p. 347-373.

BERTRAND F.-G. : Que reste-t-il de notre souveraineté ?, *Géopolitique*, n° 49, 1995, p. 15-20.

BLAIZOT-HAZARD C. : Les contradictions des articles 54 et 55 de la Constitution face à la hiérarchie des normes, *RDP* 1992, p. 1293-1319.

BLUMANN C. : L'article 54 de la Constitution et le contrôle de constitutionnalité des traités en France, *RGDIP* 1978, p. 537-611.

BOULOUIS J. : Le sort des noyaux durs de la souveraineté nationale, *Administration*, n° 149, 15 octobre 1990, p. 21-23.

BOULOUIS J. : Droit interne, droit communautaire et droit international, *RIDC* 1991, n° spécial - vol. 13, p. 23-30.

BOULOUIS J. : Les changements récents de la Constitution en France, *RIDC* 1992, n° spécial - vol. 14, p. 399-404.

BREILLAT D. : Les droits de l'Homme déclarés solennellement, *Ecrits en l'honneur du Pr. J. SAVATIER*, PUF, 1992, p. 111-128.

BRUNET P. : A travers les débats parlementaires : le concept de souveraineté entre différences et répétitions, *RRJ* 1992/3, p. 605-615.

BURGORGUE-LARSEN L. : La politique de l'asile au service de la réglementation des flux migratoires, *Gaz. Pal.* 1994, n° 315 à 319, p. 2-10.

BURGORGUE-LARSEN L. : La réforme française du droit d'asile, *Regards sur l'actualité*, décembre 1994, p. 17-31.

CAYLA O. : Lire l'article 55 : Comment comprendre un texte établissant une hiérarchie des normes comme étant lui-même le texte d'une norme ?, *Les Cahiers du Conseil constitutionnel*, n° 7/1999, p. 77-86.

CHALTIEL F. : La loi française sur le droit de vote des citoyens européens aux élections européennes, *RMC* 1994, p. 528-532.

CHALTIEL F. : Droit constitutionnel et droit communautaire, *RTDE* 1999, p. 395-408.

CHALTIEL F. : Le pouvoir constituant, marque contemporaine de souveraineté – A propos du refus présidentiel de révision constitutionnelle, *D.* 2000, *chr.*, p. 225-228.

CHAPUS R. : Les fondements de l'organisation de l'Etat définis par la Déclaration de 1789 et leurs prolongements dans la jurisprudence du Conseil constitutionnel et du Conseil d'Etat, dans *La DDHC et la jurisprudence*, PUF, 1989, p. 180-207.

CHEVALLIER F. : L'exception d'inconstitutionnalité, l'Etat de droit et la construction de la Communauté européenne, *D.* 1989, *chr.*, p. 255-258.

CHRISTOPHE TCHAKALOFF M.-F. et GOHIN O. : La Constitution française est-elle encore la norme fondamentale de la République ?, *D.* 1999, *chr.*, p. 120-128.

CLAPIE M. : Les limites au pouvoir de révision du congrès du Parlement – A propos de la loi constitutionnelle du 25 janvier 1999, *LPA* 10 avril 2000, n° 71, p. 25-31.

COCATRE-ZILGIEN A. : Constitution de 1958, droit international, relations extérieures et politique étrangère, *AFDI* 1958, p. 645-659.

COCATRE-ZILGIEN A. : De l'élection du « Parlement européen » au suffrage universel direct - La « décision » et « l'Acte » du Conseil des Communautés européennes du 20 septembre 1976, *AFDI* 1976, p. 787-804.

COHEN-TANUGI L. : L'Etat dans la construction européenne : intégration juridique ou politique ?, dans R. LENOIR et J. LESOURNE(Sous la direction de) : *Où va l'Etat ? - La souveraineté économique et politique en question*, Le Monde éd., Paris 1992, p. 156-167.

CONSTANTINESCO V. et JACQUE J.-P. : L'application du droit international et communautaire au regard de la Constitution française, dans P. KOENIG et W. RÜFNER(Sous la direction de) : *Le contrôle de constitutionnalité en France et en R.F.A.*, Carl Heymans Verlag KG, 1985, p. 175-213.

COTTEREAU G. : La souveraineté dans les mailles du filet européen, *Géopolitique*, n° 53, 1996, p. 11-16.

DECOCQ A. : Le désordre juridique français, dans *Ecrits en hommage à J. FOYER*, PUF, 1997, p. 147-163.

DELBEZ L. : La CED et les principes du droit public, Paris, avril 1954, 26p.

DHOMMEAUX J. : Le rôle du Parlement dans l'élaboration des engagements internationaux : continuité et changement, *RDP* 1987, p. 1449-1488.

DONNEDIEU de VABRES J. : La Constitution de 1946 et le droit international, *D.* 1948, p. 5-8.

DROITS 1992, n° 16 : La querelle constitutionnelle sur la CED, p. 101-118.

DUTHEIL de la ROCHERE J. : La souveraineté de l'Etat et l'Union européenne, dans R. DRAGO(Sous la direction de) : *Souveraineté de l'Etat et interventions internationales*, éd. Dalloz - 1996, p. 47-56.

FAVOREU L. : Le Conseil constitutionnel et le droit international, *AFDI* 1977, p. 95-125.

FAVOREU L. : L'écriture des normes juridiques - Le droit international, dans D. MAUS, L. FAVOREU, J.-L. PARODI(Sous la direction de) : *L'écriture de la Constitution de 1958*, éd. Economica, 1992, p. 577-596.

FAVOREU L. : Supraconstitutionnalité et jurisprudence de la juridiction constitutionnelle en droit privé et en droit public français, *RIDC* 1993 - vol. 15, p. 461-471.

FAVOREU L. : Révision de la Constitution et justice constitutionnelle - France, *AIJC*, X-1994, p. 105-118.

FAVOREU L. et OBERDORFF H.(Dialogue entre) : Droit constitutionnel et droit communautaire – Les rapports entre les deux ordres juridiques, *RMC* 2000, p. 94-99.

FAVRET J.-M. : L'intégration européenne et la France : quelques réflexions sur la divisibilité de la souveraineté, *RDP* 1999, p. 1741-1764.

FLAUSS J.-F. : Le rang du droit international dans la hiérarchie des normes en droit français, *LPA* 10 juillet 1992, p. 17-25 et 15 juillet 1992, p. 17-24.

GAÏA P. : L'unification européenne et le droit constitutionnel : la Constitution française face à l'Union européenne, dans *La coopération franco-allemande en Europe à l'aube du XXIe siècle*, PUAM - 1998, p. 261-278.

GAÏA P. : La hiérarchie des normes entre droit communautaire et droit français, La *Revue de politique française*, n° 1/1998, Collège d'études politiques du Pôle universitaire Léonard de VINCI, p. 32-48.

GAUTIER Y. : Les Accords de Schengen et le droit d'asile à l'épreuve du débat constitutionnel, *Europe*, décembre 1993, p. 1-3.

GAUTRON J.-C. : Influence des Communautés européennes sur les structures du pouvoir politique français depuis 1958, dans *Mél. offerts à G. BURDEAU : Le pouvoir*, Paris, LGDJ, 1977, p. 421-440.

GAUTRON J.-C. : L'ordre juridique communautaire et la Constitution française, dans *Le constitutionnalisme aujourd'hui*, éd. Economica, 1984, p. 162-169.

GENEVOIS B. : Le droit international et le droit communautaire, dans *Conseil constitutionnel et Conseil d'Etat*, éd. Montchrestien, 1988, p. 191-218.

GENEVOIS B. : Normes de référence du contrôle de constitutionnalité et respect de la hiérarchie des normes en leur sein, dans *l'Etat de droit - Mél. en l'honneur de G. BRAIBANT*, éd. Dalloz - 1996, p. 323-339.

GENEVOIS B. : Les limites d'ordre juridique à l'intervention du pouvoir constituant, *RFDA* 1998, p. 909-921.

GOHIN O. : La Constitution française et le droit d'origine externe, *RFDA* 1999, p. 77-87.

GONDOUIN G. : Des mystères de la supra-constitutionnalité à la logique fédéraliste - Réflexions sur la jurisprudence du Conseil constitutionnel, dans *Mél. en l'honneur du Pr. G. PEISER*, Presses universitaires de Grenoble, 1995, p. 295-311.

GRANDEMANGE J.-P. : Quel droit de suffrage en matière politique pour la France du XXIe siècle ?, *RA* 1999, p. 72-82.

GREWE C. : L'actualité du droit constitutionnel ou la résurrection d'une discipline juridique, dans *Mél. R. GOY*, Publications de l'Université de Rouen, 1998, p. 85-95.

GRUBER A. : Faut-il avoir peur du traité d'Amsterdam ?, *LPA* 25/01/1999, n° 17, p. 6-16.

HAMON L. : La souveraineté nationale, la Constitution...et les négociations « européennes » en cours, *D.* 1991, *chr.*, p. 301-303.

HAQUET A. : La (re)définition du principe de souveraineté, *Pouvoirs* – 94, 2000, p. 141-153.

HERVOUËT F. : L'incidence de la jurisprudence de la CJCE sur la hiérarchie des normes en droit français, dans *Publications de la Faculté de droit et des sciences sociales de Poitiers*, tome XXI, PUF, 1992, p. 13-39.

JACQUE J.-P. : Constitution et organisations internationales : le problème de la supranationalité, dans *Droit constitutionnel et droits de l'Homme*, éd. Economica, 1987, p. 321-337.

JULIEN-LAFERRIERE F. : Le droit d'asile enterré à peine découvert, dans G. KOUBI(Sous la direction de) : *Le Préambule de la Constitution de 1946 - Antinomies juridiques et contradictions politiques*, PUF, 1996, p. 209-216.
LABAYLE H. : Le droit d'asile en France : normalisation ou neutralisation ?, *RFDA* 1997, p. 242-269.
LAGRANGE M. : Les obstacles constitutionnels à l'intégration européenne, *RTDE* 1969, p. 240-254.
LECLERCQ C. : La Constitution de 1958 face au droit international, dans *Etudes offertes à A. PLANTEY*, éd. A. Pedone, Paris, 1995, p. 1-15.
LESAGE M. : Les procédures de conclusion des accords internationaux de la France sous la Ve République, *AFDI* 1962, p. 873-888.
LEVET J.-L. : Une conception renouvelée de la souveraineté nationale, *Défense nationale*, janvier 1997, p. 59-70.
LUCHAIRE F. : La réserve constitutionnelle de réciprocité, *RDP* 1999, p. 37-46.
LUCHAIRE F. : La souveraineté, *RFDC* 2000, p. 451-461.
LUSSON-LEROUSSEAU N. : Le droit de vote du citoyen européen aux élections municipales, *RJCO*, n° spécial - avril 1992 : *Vers l'Europe des citoyens*, p. 87-119.
MANIN P. : L'application du droit international et du droit communautaire en France, aspects récents, *RIDC* 1992, n° spécial - vol. 15, p. 119-126.
MASSE M. : Chronique internationale – Droit pénal international : la souveraineté pénale, *Rev. Sc. Crim.* 1999, n° 4, p. 905-909.
MASSOT J. : L'application des traités internationaux dans le droit interne - Le point de vue du droit positif français, *RIDC* 1992, n° spécial - vol. 14, p. 421-435.
MATHIEU B. : La supra-constitutionnalité existe-t-elle ? Réflexions sur un mythe et quelques réalités, *LPA* 8 mars 1995, n° 29, p. 12-17.
MAUS D. : L'Assemblée nationale et lois autorisant la ratification des traités, *RDP* 1978, p. 1075-1088.
MEINDL T. : Le contrôle de constitutionnalité des actes communautaires de droit dérivé en France - La possibilité d'une jurisprudence *Solange II*, *RDP* 1997, p. 1665-1692.
MODERNE F. : Y a-t-il des sources complémentaires de la Constitution dans la jurisprudence constitutionnelle française ?, *LPA* 7 octobre 1992, n° 121, p. 7-15.
MONJAL P.-Y. : A mi-chemin de l'application du droit de vote et d'éligibilité des ressortissants communautaires, *LPA* 6 mars 1995, n° 28, p. 6-7.
NGUYEN QUOC DINH : La Constitution de 1958 et le droit international, *RDP* 1959, p. 515-551.
NGUYEN VAN TUONG : Le sommet de Maastricht des 9 et 10 décembre 1991 et la Constitution française, *ALD* 1992, p. 89-96.

NGUYEN VAN TUONG : L'intégration dans le système juridique français de la citoyenneté européenne, *LPA* 10 avril 1992, n° 44, p. 8-11.

NGUYEN VAN TUONG : Pourra-t-on ratifier les Accords de Maastricht des 9 et 10 décembre 1991 par référendum ?, *JCP* 1992, I, 3569.

NGUYEN VAN TUONG : La monnaie unique européenne et la souveraineté nationale française, *LPA* 25 mai 1992, n° 63, p. 13-20.

NGUYEN VAN TUONG : Les élections municipales à l'heure européenne, *LPA* 8 décembre 1993, n° 147, p. 24-26.

OBERDORFF H. : Les incidences de l'Union européenne sur les institutions françaises, *Pouvoirs* 1994, n° 69, p. 95-106.

OBERDORFF H. : La France : Etat membre de l'Union européenne, dans G. DUPRAT(Sous la direction de) : *L'Union européenne - Droit, politique, démocratie*, PUF, 1996, p. 81-107.

PACTET P. : Justice interne et justice internationale, 11ème session de l'Académie internationale de droit constitutionnel : *Constitution et justice*, Tunis 1995, Presses de l'Université des sciences sociales de Toulouse, 1996, p. 119-154.

PASSELECQ O., LENOIR N., LUCHAIRE F., COHEN-TANUGI L., De ROUX X., FAVOREU L. et MAUS D. : *Les Constitutions nationales face au droit européen*, Conférence-débat, 12 juin 1996, RFDC 1996, p. 675-701.

PELLOUX R. : Le Préambule de la Constitution du 27 octobre 1946, *RDP* 1947, p. 347-398.

PELLOUX R. : Quelques réflexions sur le Préambule de la constitution française de 1958, dans *Mél. BASDEVANT*, éd. A. Pedone, 1960, p. 389-401.

PETOT J. : L'Europe, la France et son Président, *RDP* 1993, p. 325-395.

PHILIP L. : La valeur juridique du Préambule de la Constitution du 27 octobre 1946 selon la jurisprudence du Conseil constitutionnel, dans *Mél. dédiés à R. PELLOUX*, éd. L'Hermès, 1980, p. 265-280.

POLLMANN C. : La révision de l'article 54 de la Constitution : nouvelle avancée de la juridicité, nouvel échec de l'instrumentalisme juridique, *RDP* 1994, p. 1079-1136.

PORTELLI H. : Le référendum sur l'Union européenne, *Regards sur l'actualité*, n° 184, septembre/octobre 1992, p. 3-12.

PREUSS L. : Droit international et droit interne dans la Constitution française de 1946, *RIHPC* 1951, p. 199-224.

QUERMONNE J.-L. : Souveraineté constitutionnelle des Etats membres et processus d'intégration européenne, dans J.-L. CLERGERIE(Sous la direction de) : *Le pouvoir judiciaire communautaire*, Presses universitaires de Limoges, 1999, p. 45-53.

RAMBAUD P. : L'approbation par la France des dispositions sur l'élection du Parlement européen au suffrage universel direct, *AFDI* 1977, p. 884-901.

RAMBAUD P. : Le Parlement et les engagements internationaux de la France sous la Ve République, *RGDIP* 1977, p. 617-666.

RAPPORT FRANÇAIS A LA CONFERENCE DES 25 ET 26 SEPTEMBRE 1997, organisée par le Conseil constitutionnel, sur « Contrôle de constitutionnalité et droit communautaire dérivé », *Les Cahiers du Conseil constitutionnel*, n° 4/1998, p. 59-69.

RIALS S. : La puissance étatique et le droit dans l'ordre international - Eléments d'une critique de la notion usuelle de souveraineté externe, *APD*, tome 32 : *Le droit international*, 1987, p. 189-218.

RIDEAU J. : Problématique générale des rapports entre droit constitutionnel et droit international, dans *Droit constitutionnel et droits de l'Homme*, éd. Economica, 1987, p. 205-248.

RIDEAU J. : Constitution et droit international dans les Etats membres des Communautés européennes - Réflexions générales et situation française, *RFDC* 1990, p. 259-296.

ROSSETTO J. : La Convention de Schengen : controverses et incertitudes françaises sur le droit d'asile, *RMC* 1994, p. 315-323.

ROUSSEAU C. : La Constitution de 1958 et les traités internationaux, dans *Hommage d'une génération de juristes au Président BASDEVANT*, éd. A. Pedone, 1960, p. 463-472.

ROUSSEAU D. : L'intégration de la CEDH au bloc de constitutionnalité, dans D. ROUSSEAU et F. SUDRE(Sous la direction de) : *Conseil constitutionnel et Cour européenne des droits de l'Homme*, Les éditions STH, 1990, p. 117-136.

ROUSSILLON H. : Traités, Constitution, lois : la pyramide infernale, dans *Mél. P. VELLAS : Recherches et réalisations*, éd. A. Pedone, 1995, p. 431-436.

RUDOLF B. : Considérations constitutionnelles à propos de l'établissement d'une justice pénale internationale, *RFDC* 1999, p. 451-482.

RUEDA F. : Le contrôle de constitutionnalité des engagements internationaux : souveraineté et droits fondamentaux, *Annales de l'Université des sciences sociales de Toulouse*, tome XLVI, 1998, p. 371-387.

SABOURIN P. : Parlement européen et Constitution française, *RMC* 1976, p. 305-306.

SAURON J.-L. : Le contrôle parlementaire de l'activité gouvernementale en matière communautaire en France, *RTDE* 1999, p. 171-200.

STIRN B. : Droit national, droit européen et droit international, *Cahiers français*, n° 288, octobre/décembre 1998, p. 19-26.

TEITGEN-COLLY C. : Le droit d'asile : la fin des illusions, *AJDA* 1994, p. 97-114.

TORCHEUX J.-M. : Le statut de la souveraineté dans la Constitution de 1958, dans *De la souveraineté*, *Cahiers Louis XVI*, n° 5, 1991, p. 81-103.

TOURET C. : L'exercice du droit de suffrage des citoyens de l'Union aux élections européennes, *RFDC* 1995, p. 503-524.

TROTABAS L. : L'attribution des compétences à caractère international dans la Constitution du 4 octobre 1958, dans *Mél. BASDEVANT*, éd. A. Pedone, 1960, p. 489-499.

VEDEL G. : Les racines de la querelle constitutionnelle sur l'élection du Parlement européen, *Pouvoirs* 1977, n° 2, p. 23-26.

VERDIER M.-F. : Le droit de vote et d'éligibilité des citoyens européens au Parlement européen : Première manifestation tangible de la citoyenneté européenne, *LPA* 11 mai 1994, n° 56, p. 32-36.

VERDIER M.-F. : Le droit de vote et d'éligibilité des citoyens de l'Union européenne aux élections municipales. Nouvelle manifestation concrète de la citoyenneté européenne, *RTDE* 1999, p. 59-80.

VERPEAUX M. : La souveraineté nationale et les élections locales, *LPA* 28 août 1996, n° 104, p. 4-10.

De VILLIERS M. : Norme constitutionnelle et norme internationale, *RA* 1981, p. 143-145.

ZAORSKI J.-M. : L'obstacle supranational : note à propos du conflit entre la souveraineté nationale et la supranationalité envisagé à travers l'exemple européen, *RRJ* 1977, n° 3 et 4, p. 75-78.

b)- Justice interne et constitutionnelle, pouvoir constituant et droit international et communautaire

ALLAND D. : Note sur Conseil constitutionnel, n° 93-325 DC du 13 août 1993, *RGDIP* 1994, p. 205-234.

ALLAND D. : Un nouveau mystère de la pyramide : remise en cause par le Conseil d'Etat des traités conclus par la France (Note sur *CE*, ass., 3 juillet 1996, *Koné*), *RGDIP* 1997, p. 237-247.

ALLAND D. : Consécration d'un paradoxe : primauté du droit interne sur le droit international (Réflexions sur le vif à propos de l'arrêt du *CE*, *Sarran, Levacher et autres* du 30 octobre 1998), *RFDA* 1998, p. 1094-1104.

AUBIN E. : Le Conseil constitutionnel face à la communautarisation des politiques liées à la libre circulation des personnes dans l'Union européenne (Visas, asile, immigration et franchissement des frontières), *TDP* 1998/1 – II, n° 3, p. 173-188.

AUBIN E. : Le Conseil d'Etat, l'application de l'Accord de Nouméa et les limites de l'exception d'inconventionnalité (*CE*, 30 octobre 1998), *LPA* 23 juillet 1999, n° 146, p. 11-19.

AUBIN E. et MONJAL P.-Y. : Radioscopie de la décision du 20 mai 1998 relative au droit de vote actif et passif des citoyens européens résidant en France aux élections municipales, *LPA* 12 mai 1999, n° 94, p. 11-17.
AVRIL P. - GICQUEL J. : Chronique constitutionnelle française, *Pouvoirs* 1977, n° 1, p. 212-215.
AVRIL P. - GICQUEL J. : Chronique constitutionnelle française, *Pouvoirs* 1992, n° 62, p. 180-184.
BACHELIER G. : La norme internationale et le droit interne devant le juge administratif : où en sommes-nous ?, *Rev. Crit. DIP* 2000, p. 1-27.
BAGHESTANI-PERREY L. : Chronique n° 18 (Groupe d'études constitutionnelles appliquées et comparées) - 2ème partie : Décision n° 97-394 DC du 31 décembre 1997 relative au traité d'Amsterdam, *LPA* 22 juin 1998, n° 74, p. 15-20.
BAGHESTANI-PERREY L., MATHIEU B. et VERPEAUX M. : Chronique n° 21 – 2e partie : Décision n° 98-408 DC du 22 janvier 1999 – *Traité portant statut de la CPI*, *LPA* 20 septembre 1999, n° 187, p. 8-15.
BEAUD O. : La souveraineté de l'Etat, le pouvoir constituant et le traité de Maastricht, *RFDA* 1993, p. 1045-1068.
BELLOUBET-FRIER N. : Chronique de droit constitutionnel français, *REDP* 1993, vol. 5 - n° 2, p. 375-381.
BEY E. M. : Observations sur Conseil constitutionnel, 15 janvier 1975, *JCP* 1975, II, 18030.
BLACHER Ph. : Chronique de jurisprudence constitutionnelle 1997-1998 – Les normes de contrôle, *RA* 1999, p. 485-491.
BLUMANN C. : La ratification par la France du traité de Maastricht, *RMC* 1994, p. 393-406.
BON P. : Le traité d'Amsterdam devant le Conseil constitutionnel, *LPA* 19 juin 1998, n° 73, p. 17-33.
BOULOUIS J. : Observations sur la décision du Conseil constitutionnel du 30 décembre 1976, *CDE* 1977, p. 458-481.
BOULOUIS J. : Le juge constitutionnel français et l'Union européenne (1991-1993), CDE 1994, n° 5-6, p. 505-522.
BRAUD C. : Note sur *CE* - ass., 3 juillet 1996, *Moussa Koné*, *RDP* 1996, p. 1751-1761.
BREILLAT D. : Les problèmes constitutionnels posés en France par la ratification du traité de Maastricht, dans colloque franco-allemand (Marburg - Poitiers) : *Evolutions récentes du droit en France et en Allemagne*, Herausgegeben Von Haus G. Leser, Marburg 1993, p. 59-77.
BRINGUIER P. : La décision du Conseil constitutionnel du 29 avril 1978 - Quelques réflexions sur le Parlement et l'organisation internationale,

Annales de la Faculté de droit et de science politique de Clermont I, fasc. 15, Paris, LGDJ, 1978, p. 3-52.

CARCASSONNE G. : Faut-il maintenir la jurisprudence issue de la décision n° 74-54 DC du 15 janvier 1975 ?, *Les Cahiers du Conseil constitutionnel*, n° 7/1999, p. 93-100.

CARREAU D. : L'augmentation de la quote-part de la France au FMI : la décision du Conseil constitutionnel du 29 avril 1978, *RGDIP* 1979, p. 209-219.

CHALTIEL F. : Commentaire de la décision du Conseil constitutionnel relative au traité d'Amsterdam, *RMC* 1998, p. 73-84.

CHALTIEL F. : La Constitution française et l'Union européenne : à propos de la révision constitutionnelle du 25 janvier 1999, *RMC* 1999, p. 228-237.

CHAUVAUX D. et GIRARDOT T.-X. : Chronique générale de jurisprudence administrative française - *CE* - ass., 3 juillet 1996, *M. Koné*, *AJDA* 1996, p. 722-728.

COMBACAU J. : La souveraineté internationale de l'Etat dans la jurisprudence du Conseil constitutionnel français, *Les Cahiers du Conseil constitutionnel*, n° 9/2000, pp. 113-118.

COUSSIRAT-COUSTERE V. : Le Conseil constitutionnel et l'élection au suffrage universel direct de l'Assemblée européenne, *AFDI* 1976, p. 805-821.

DARRAS J. et PIROTTE O. : La décision du Conseil constitutionnel du 30 décembre 1976 peut-elle freiner le processus de l'intégration politique européenne ?, *RTDE* 1977, p. 695-720.

DEBBASCH R. : Les obstacles constitutionnels à la ratification de la Charte européenne des langues régionales ou minoritaires – Note sur la décision du Conseil constitutionnel n° 99-412 DC du 15 juin 1999, *JCP* 1999, II, 10198.

DEHAUSSY J. : La Constitution, les traités et les lois : à propos de la nouvelle jurisprudence du Conseil d'Etat sur les traités, *JDI* 1999, p. 675-706.

DELARUE J.-M. : Conclusions sur l'arrêt *Moussa Koné* (*CE* - ass., 3 juillet 1996), *RFDA* 1996, p. 870-879.

DRUESNE G. : Le Conseil constitutionnel et le droit communautaire - A propos de la décision du 15 janvier 1975, *RMC* 1975, p. 285-295.

DUBOUIS L. : Le juge français et le conflit entre norme constitutionnelle et norme européenne, dans L'Europe et le droit, *Mél. en hommage à J. BOULOUIS*, éd. Dalloz, 1991, p. 205-219.

DUBOUIS L. : Le contrôle de la compatibilité des décisions de l'Union européenne avec la Constitution française, dans *Le droit des organisations internationales, Recueil d'études à la mémoire de J. SCHWOB*, Bruylant, Bruxelles, 1997, p. 331-352.

DUBOUIS L. : Les trois logiques de la jurisprudence *Sarran*, *RFDA* 1999/1, p. 57-66.

EMERI C. et GAUTRON J.-C. : Chronique constitutionnelle et parlementaire française (La construction européenne et les pouvoirs des assemblées parlementaires), *RDP* 1971, p. 158-182.

ETIEN R. : Note sur la décision n° 92-308 DC du 9 avril 1992, *RA* 1992, p. 126-132.

ETIEN R. : Les applications de la décision du 9 avril 1992 : *Traité de Maastricht sur l'Union européenne*, *RA* 1992, p. 218-221.

EUZET C. : Le traité de Maastricht et la révision constitutionnelle, dans *Cahiers de l'Université de Perpignan*, n° 13, 1992 : *La construction de l'Europe*, p. 93-128.

FAUPIN H. : Note sur la décision du Conseil constitutionnel n° 98-400 DC du 20 mai 1998, *JCP* 1998, II, 10154.

FAVOREU L. : Quelques perspectives de l'intégration européenne après la décision du Conseil constitutionnel des 29-30 décembre 1976, *RRJ* 1977, n° 3 et 4, p. 79-83.

FAVOREU L. : La jurisprudence du Conseil constitutionnel en 1980 - La décision du 17 juillet 1980 relative à la Convention franco-allemande d'entr'aide judiciaire, *RDP* 1980, p. 1640-1645.

FAVOREU L. : La décision du Conseil constitutionnel du 22 mai 1985 relative au Protocole n° 6 additionnel à la CEDH, *AFDI* 1985, p. 868-875.

FAVOREU L. : Premières observations sur la décision n° 92-308 DC du 9 avril 1992, *RFDC* 1992, p. 340-344.

FAVOREU L. : Le contrôle de la constitutionnalité du traité de Maastricht et le développement du « droit constitutionnel international », *RGDIP* 1993, p. 39-66.

FAVOREU L. : Jurisprudence du Conseil constitutionnel - Décision n° 93-325 DC du 13 août 1993, *Maîtrise de l'immigration*, *RFDC* 1993, p. 583-600.

FAVOREU L. : La prise en compte du droit international et communautaire dans la jurisprudence du Conseil constitutionnel, *Etudes offertes à A. PLANTEY*, éd. A. Pedone, Paris 1995, p. 33-44.

FAVOREU L. et GAÏA P. : Les décisions du Conseil constitutionnel relatives au traité sur l'Union européenne, *RFDC* 1992, p. 389-412.

FAVOREU L. et GAÏA P. : La jurisprudence du Conseil constitutionnel sur le traité de Maastricht, *RFDC* 1992, p. 720-747.

FAVOREU L. et PHILIP L. : Chronique constitutionnelle et parlementaire française - La décision du 15 janvier 1975, *RDP* 1975, p. 185-200.

FAVOREU L. et PHILIP L. : Chronique constitutionnelle française - Election au suffrage universel direct des membres de l'Assemblée européenne (décision des 29 et 30 décembre 1976), *RDP* 1977, p. 129-166.

FAVRET J.-M. : Le Conseil constitutionnel et le droit de vote et d'éligibilité des ressortissants communautaires aux élections municipales, *Europe*, juillet 1998, p. 4-5.

FLAUSS J.-F. : Contrôle de conventionnalité et contrôle de constitutionnalité devant le juge administratif (*CE*, ass., 30 octobre 1998, *MM. Sarran et Levacher et autres*), *RDP* 1999, p. 919-945.

FLAUSS J.-F. : Le contrôle de conventionnalité des normes constitutionnelles par les juridictions françaises. Epilogue devant la Cour de cassation à propos de la condition de résidence de dix ans applicable à l'électorat néo-calédonien ?, *Gaz Pal* 24-28 décembre 2000, p. 7-15.

De FOUCAULD A.-C. : Note sur *Cass. plén.*, 2 juin 2000, *Mlle Fraisse*, *JCP* 2001, II, 10453.

FRANCK C. : Le Conseil constitutionnel et les règles du droit international, *RGDIP* 1975, p. 1070-1085.

FRANCK C. : Observations sur la décision du Conseil constitutionnel du 30 décembre 1976, *JCP* 1977, II, 18704.

FROMONT M. : Le Conseil constitutionnel et les engagements internationaux de la France, dans *Mél. H. MOSLER*, Spingler Verlag, Berlin - Heidelberg - New York, 1983, p. 221-239.

GAÏA P. : Note sur la décision n° 91-294 DC du 25 juillet 1991, « *Accord de Schengen* », *RFDC* 1991, p. 703-716.

GAÏA P. : Commentaire de la décision du Conseil constitutionnel n° 91-294 DC du 25 juillet 1991, *RRJ* 1992/1, p. 25-44.

GAÏA P. : Jurisprudence du Conseil constitutionnel - Décision du 3 août 1993, *RFDC* 1993, p. 843-848.

GAÏA P. : Normes constitutionnelles et normes internationales, *RFDA* 1996, p. 885-891.

GAÏA P. : Commentaire de la décision n° 97-394 DC du 31 décembre 1997, *Traité d'Amsterdam*, *RFDC* 1998, p. 141-156.

GAÏA P. : Droit constitutionnel et droit communautaire - A propos de la décision n° 97-394 DC du 31 décembre 1997, *AIJC*, XIII-1997, p. 647-650.

GAÏA P. : Note sur la décision du Conseil constitutionnel n° 98-400 DC du 20 mai 1998, *RFDC* 1998, p. 763-764.

GAUTRON J. et P.-Y. MONJAL : La décision n° 98-408 du Conseil constitutionnel relative au statut de la CPI : Un soutien juridique aux réticences nationales ?, *RRJ* 1999-4, p. 1207-1235.

GENEVOIS B. : La jurisprudence du Conseil constitutionnel en 1985 - Les conditions d'admission de la conformité des traités à la Constitution, *AIJC*, I-1985, p. 430-433.

GENEVOIS B. : Le traité sur l'Union européenne et la Constitution - A propos de la décision du Conseil constitutionnel n° 92-308 DC du 9 avril 1992, *RFDA* 1992, p. 373-403.

GENEVOIS B. : Le traité sur l'Union européenne et la Constitution révisée - A propos de la décision du Conseil constitutionnel du 2 septembre 1992, *RFDA* 1992, p. 937-955.

GENEVOIS B. : Un statut constitutionnel pour les étrangers - A propos de la décision du Conseil constitutionnel n° 93-325 DC du 13 août 1993, *RFDA* 1993, p. 871-900.

GENEVOIS B. : Le droit de vote et d'éligibilité des citoyens de l'Union européenne aux élections municipales : un contrôle à quadruple détente ? - A propos de la décision du Conseil constitutionnel n° 98-400 DC du 20 mai 1998, *RFDA* 1998, p. 671-685.

GENEVOIS B. : Le Conseil constitutionnel et le droit pénal international. A propos de la décision n° 98-408 DC du 22 janvier 1999, *RFDA* 1999, p. 285-307.

GENEVOIS B. : Faut-il maintenir la jurisprudence issue de la décision n° 74-54 DC du 15 janvier 1975 ?, *Les Cahiers du Conseil constitutionnel*, n° 7/1999, p. 101-108.

GREWE C. : La révision constitutionnelle en vue de la ratification du traité de Maastricht, *RFDC* 1992, p. 413-438.

GREWE C. et RUI FABRI H. : Le Conseil constitutionnel et l'intégration européenne, *RUDH* 30 septembre 1992, vol. 4, n° 8-9, p. 277-293.

G.E.R.J.C. : Chronique de jurisprudence constitutionnelle - France, *AIJC*, VII-1991, p. 550-562.

G.E.R.J.C. : Chronique de jurisprudence constitutionnelle - France, *AIJC*, VIII-1992, p. 469-525.

GUIHEUX G. : L'impact de l'arrêt *Koné* sur la hiérarchie des normes (*CE* - ass., 3 juillet 1996), *LPA* 27 décembre 1996, n° 156, p. 12-16.

HADDAD J. : Décision du Conseil constitutionnel du 22 janvier 1999 : examen de la compatibilité du statut de la CPI avec la Constitution française, *RGDIP* 1999, p. 464-470.

HAMON L. : Note sur Conseil constitutionnel, 15 janvier 1975, *D.* 1975, p. 530-532.

HAMON L. : Note sur Conseil constitutionnel, 30 décembre 1976, *D.* 1977, p. 201-206.

HAMON L. : Note sur Conseil constitutionnel, 29 avril et 29 décembre 1978, *D.* 1979, p. 541-546.

HAMON L. : Note sur la décision du Conseil constitutionnel n° 91-294 DC du 25 juillet 1991, *D.* 1991, p. 619-623.

HOUTEER C. : Le droit de vote et d'éligibilité des citoyens européens aux élections municipales devant le Conseil constitutionnel – A propos de la décision n° 98-400 DC du 20 mai 1998, *Gaz Pal*, 26 au 28 décembre 1999, p. 2-16.

JACQUE J.-P. : Commentaire de la décision du Conseil constitutionnel n° 92-308 DC du 9 avril 1992, *RTDE* 1992, p. 251-264.

JAN P. : L'immunité juridictionnelle des normes constitutionnelles (*Cass.*, ass. plén., 2 juin 2000), *LPA* 11 décembre 2000, p. 11-16.

KOVAR R. et SIMON D. : A propos de la décision du Conseil constitutionnel français du 30 décembre 1976 relative à l'élection de l'Assemblée parlementaire européenne au suffrage universel direct, *RTDE* 1977, p. 665-694.

LACHAUME J.-F. : Jurisprudence française relative au droit international public (année 1970), *AFDI* 1971, p. 992-996 ; (année 1976), *AFDI* 1977, p. 965-967 ; (année 1991), *AFDI* 1992, p. 1038-1040 ; (année 1993), *AFDI* 1994, p. 963-967.

LACHAUME J.-F. : Droit international et Conseil constitutionnel, *Répertoire de droit international*, tome I, 2e éd., Dalloz, 1970-1998.

De LAMY B. et DEUMIER P. : La hiérarchie des normes : une pyramide à géométrie variable (*Cass., ass. plén.*, 2 juin 2000), *LPA* 9 octobre 2000, n° 201, p. 8-13.

LARRALDE J.-M. : La France et les langues régionales ou minoritaires : sept ans de réflexion...pour rien - Note sur la décision du Conseil constitutionnel n° 99-412 DC du 15 juin 1999, *D.* 1999, p. 598-603.

LARZUL T. : Le traité d'Amsterdam partiellement non conforme à la Constitution, *DA* février 1998, p. 17-18.

LEVADE A. : Commentaire de CE - Assemblée générale, Avis du 23 septembre 1993 - *Droit d'asile*, dans Y. GAUDEMET, B. STIRN, T. DAL FARRA, F. ROLIN : *Les grands avis du Conseil d'Etat*, éd. Dalloz - 1997, p. 373-385.

LIBCHABER R. : La vision du monde de la Cour de cassation (*ass. plén.*, 2 juin 2000), *RTDCiv*. 2000, p. 672-676.

LONGUET P. : Le traité d'Amsterdam : référendum ou congrès ?, *RPP* novembre/décembre 1997, p. 47-63.

LUCHAIRE F. : Le contrôle de constitutionnalité des engagements internationaux et ses conséquences relatives à la Communauté européenne, *RTDE* 1979, p. 391-428.

LUCHAIRE F. : Le contrôle préalable de la constitutionnalité en France, *RIDC* 1990, n° spécial - vol. 12, p. 11-24.

LUCHAIRE F. : Le Conseil constitutionnel et la souveraineté nationale, *RDP* 1991, p. 1499-1526.

LUCHAIRE F. : L'Union européenne et la Constitution - 1ère partie : la décision du Conseil constitutionnel, *RDP* 1992, p. 589-616.

LUCHAIRE F. : L'Union européenne et la Constitution - 2ème partie : la révision constitutionnelle, *RDP* 1992, p. 933-955.
LUCHAIRE F. : L'Union européenne et la Constitution - 3ème partie : commentaire de la loi constitutionnelle du 25 juin 1992, *RDP* 1992, p. 956-981.
LUCHAIRE F. : L'Union européenne et la Constitution - 4ème partie : le référendum, *RDP* 1992, p. 1587-1609.
LUCHAIRE F. : Le droit d'asile et la révision de la Constitution, *RDP* 1994, p. 5-43.
LUCHAIRE F. : Le traité d'Amsterdam et la Constitution, *RDP* 1998, p. 331-344.
LUCHAIRE F. : La Cour pénale internationale et la responsabilité du chef de l'Etat devant le Conseil constitutionnel, *RDP* 1999, p. 457-470.
MATHIEU B. et VERPEAUX M. : Le Conseil constitutionnel, la souveraineté nationale et l'Europe, *LPA* 26 juin 1992, n° 77, p. 6-9.
MATHIEU B. et VERPEAUX M. : Chronique de jurisprudence constitutionnelle (juillet 1992 - septembre 1992), *LPA* 9 décembre 1992, p. 13-15.
MATHIEU B. et VERPEAUX M. : Jurisprudence constitutionnelle - France, *REDP* 1995, vol. 7, n° 1, p. 173-217.
MATHIEU B. et VERPEAUX M. : La reconnaissance et l'utilisation des principes fondamentaux reconnus par les lois de la République par le juge : la contribution de l'arrêt *Koné* du Conseil d'Etat à l'analyse de la hiérarchie des normes en matière de droits fondamentaux, *D.* 1997, *chr.*, p. 219-224.
MATHIEU B. et VERPEAUX M. : Jurisprudence constitutionnelle - Chronique d'actualité, *JCP* 1998, I, 179.
MATHIEU B. et VERPEAUX M. : Note sur la décision du Conseil constitutionnel n° 98-400 DC du 20 mai 1998, *LPA* 30 novembre 1998, n° 143, p. 20-24.
MATHIEU B. et VERPEAUX M. : A propos de l'arrêt du Conseil d'Etat du 30 octobre 1998, *Sarran et autres* : Le point de vue du constitutionnaliste, *RFDA* 1999, p. 67-76.
MATHIEU B. et VERPEAUX M. : Jurisprudence constitutionnelle – Chronique d'actualité, *JCP* 2000, I, 201.
MATHIEU B. et VERPEAUX M. : Le régime électoral en Nouvelle-calédonie entre arrangements constitutionnels et exigences conventionnelles (*Cass., ass. plén.*, 2 juin 2000), *D.* 2000, p. 865-868.
MAUGÜE C. : L'accord de Nouméa et la consultation populaire - Concl. sur *CE,* ass., 30 octobre 1998 - *MM. Sarran, Levacher et autres*, *RFDA* 1998, p. 1081-1090.
MAUGÜE C. : L'arrêt *Sarran*, entre apparence et réalité, *Les Cahiers du Conseil constitutionnel*, n° 7/1999, p. 87-92.
MAUS D. : La pratique institutionnelle française (1er avril - 30 juin 1992), *RFDC* 1992, p. 493-515.

MELIN-SOUCRAMANIEN F. : La République contre Babel. A propos de la décision du Conseil constitutionnel n° 99-412 DC du 15 juin 1999, *Charte des langues régionales ou minoritaires*, *RDP* 1999, p. 985-1000.

MOLFESSIS N. : La hiérarchie des normes ressuscitée par le Conseil d'Etat – Observations sur *CE*, ass., 30 octobre 1998, *Sarran, Levacher et autres*, *RTDCiv.* 1999, p. 232-235.

NGUYEN QUOC DINH : La jurisprudence française actuelle et le contrôle de la conformité des lois aux traités, *AFDI* 1975, p. 859-887.

NGUYEN QUOC DINH : Le Conseil constitutionnel et les règles du droit public international, *RGDIP* 1976, p. 1001-1036.

NGUYEN VAN TUONG : Note sur la décision du Conseil constitutionnel du 9 avril 1992 (*Maastricht I*), *JCP* 1992, II, 21853.

NGUYEN VAN TUONG : Note sur la décision du Conseil constitutionnel du 2 septembre 1992 (*Maastricht II*), *JCP* 1992, II, 21943.

NGUYEN VAN TUONG : Note sur la décision du Conseil constitutionnel du 23 septembre 1992 (*Maastricht III*), *JCP* 1992, II, 21956.

NGUYEN VAN TUONG : La révision constitutionnelle de 1992 et la mise en œuvre du traité de Maastricht, *ALD* 1993, p. 93-97.

NGUYEN VAN TUONG : L'avis du Conseil d'Etat en matière d'asile, *LPA* 23 février 1994, n° 23, p. 12-14.

NGUYEN VAN TUONG : Le droit d'asile (loi constitutionnelle n° 93-1256 du 25 novembre 1993 relative aux accords internationaux en matière de droit d'asile), *ALD* 1994, p. 77-84.

ONDOUA A. : La Cour de cassation et la place respective de la Constitution et des traités dans la hiérarchie des normes (A propos de l'arrêt n° 450P, assemblée plénière, du 2 juin 2000 – *Mme Pauline Fraisse*), *RGDIP* 2000, p. 985-1001.

PELLET A. : Qui est juge constitutionnel en France ? Note sur la décision du Conseil constitutionnel du 15 janvier 1975, *Gaz. Pal.* 1976, I, p. 25-28.

PELLET A. : Le Conseil constitutionnel, la souveraineté et les traités – A propos de la décision du Conseil constitutionnel du 31 décembre 1997 (*traité d'Amsterdam*), *Les Cahiers du Conseil constitutionnel*, n° 4/1998, p. 113-122.

PELLISSIER G. : Le Conseil d'Etat pose un nouveau principe de valeur constitutionnelle (*CE* - ass., 3 juillet 1996, *Moussa Koné*), *LPA* 20 décembre 1996, n° 153, p. 19-26.

PHILIP L. : Chronique constitutionnelle française - La jurisprudence financière. Les saisines du printemps 1978, *RDP* 1979, p. 465-506.

PIASTRA R. : L'inconstitutionnalité de certaines clauses de la Charte européenne des langues régionales ou minoritaires (Conseil constitutionnel, 15 juin 1999), *LPA* 5 janvier 2000, n° 3, p. 8-13.

PICARD E. : Vers l'extension du bloc de constitutionnalité au droit européen ? - A propos de la décision du Conseil constitutionnel n° 92-312 DC du 2 septembre 1992 *« Traité de Maastricht »*, *RFDA* 1993, p. 47-54.

PICARD E. : Observations sur la décision du Conseil constitutionnel n° 92-313 DC du 23 septembre 1992, *AJDA* 1993, p. 151-153.

PICARD E. : Constitution et droit d'asile, *Administration*, janvier/mars 1994, p. 156-166.

PICARD E. : Les rapports entre le droit international public et la Constitution selon la jurisprudence du Conseil d'Etat, *RA* 1999, n° spécial : *Evolutions et révolution du contentieux administratif*, p. 15-46.

PIERUCCI C. : Extradition dans un but politique et norme conventionnelle internationale – Observations sur *CE*, ass., 3 juillet 1996, *Moussa Koné*, *RTDH* 1997, p. 762-779.

POIRAT F. : La primauté des dispositions de valeur constitutionnelle sur celle des traités internationaux : l'arrêt de la Cour de cassation du 2 juin 2000, *RGDIP* 2000, p. 821-824.

PRETOT X. : La conformité à la Constitution de la loi autorisant l'approbation de la Convention d'application de l'Accord de Schengen, *RTDE* 1992, p. 194-212.

PRETOT X. : Les principes fondamentaux reconnus par les lois de la République, les conventions internationales et le Conseil d'Etat, *JCP* 1996, II, 22720.

PRETOT X. : La Cour de cassation, la Constitution et les traités – A propos de l'arrêt de l'assemblée plénière du 2 juin 2000, *RDP* 2000, p. 1037-1049.

RAYNAUD F. et FOMBEUR P. : Chronique générale de jurisprudence administrative - *CE* - ass., 30 octobre 1998 - *M. Sarran, M. Levacher et autres*, *AJDA* 1998, p. 962-969.

RICCI J.-C. : La Constitution, le traité et le juge…, *RRJ* 1999/2, p. 285-288.

RICHARD D. : Le traité d'Amsterdam à l'épreuve du Conseil constitutionnel (A propos de la décision n° 97-394 DC du 31 décembre 1997), *Gaz. Pal.*, 17 et 18 juin 1998, p. 2-7.

RIDEAU J. : Le Conseil constitutionnel et l'autorité supérieure des traités en droit français, *CDE* 1975, p. 608-630.

RIDEAU J. : La recherche de l'adéquation de la Constitution française aux exigences de l'Union européenne, *RAE* 1992/3, p. 7-52.

RIGAUX A. et SIMON D. : Le Conseil constitutionnel et le traité d'Amsterdam, *Europe*, janvier 1998, p. 3-4.

RIGAUX A. et SIMON D. : Droit communautaire et constitution française : une avancée significative de la Cour de cassation – A propos de l'arrêt *Fraisse* du 2 juin 2000, *Europe*, août-septembre 2000, p. 3-6.

RIVERO J. : Note sur la décision du Conseil constitutionnel du 15 janvier 1975, *AJDA* 1975, p. 134-138.

ROBERT J. : La décision du Conseil constitutionnel du 15 janvier 1975 sur l'interruption volontaire de grossesse, *RIDC* 1975, p. 873-890.
ROUSSEAU C. : Jurisprudence française en matière de droit international public (Note sur Conseil constitutionnel, 19 juin 1970), *RGDIP* 1971, p. 239-244.
ROUSSEAU D. : Chronique de jurisprudence constitutionnelle (juillet 1989 - août 1991), *RDP* 1992, p. 37-109.
ROUSSEAU D. : Chronique de jurisprudence constitutionnelle 1991-1992, *RDP* 1993, p. 5-55.
ROUSSEAU D. : Chronique de jurisprudence constitutionnelle 1992-1993, *RDP* 1994, p. 103-155.
ROUSSEAU D. : Chronique de jurisprudence constitutionnelle 1997-1998, *RDP* 1999, p. 47-92.
ROUSSEAU D. : Chronique de jurisprudence constitutionnelle 1998-1999, *RDP* 2000, p. 17-75.
ROUX J. : Chronique de jurisprudence constitutionnelle – Les normes du contrôle, *RA* 1999, p. 476-484.
RUZIE D. : L'autonomie financière des Communautés européennes et l'accroissement des pouvoirs budgétaires du Parlement européen (A propos de la décision du Conseil constitutionnel du 19 juin 1970), *JCP* 1970, I, 2354.
RUZIE D. : La Constitution française et le droit international (A propos de la décision du Conseil constitutionnel du 15 janvier 1975), *JDI* 1975, p. 249-268.
RUZIE D. : Note sur Conseil constitutionnel, 30 décembre 1976, *JDI* 1977, p. 66-83.
RUZIE D. : Note sur Conseil constitutionnel, 29 avril 1978, *JDI* 1978, p. 577-587.
RUZIE D. : Note sur Conseil constitutionnel, 29 décembre 1978, *JDI* 1979, p. 79-85.
SCHOETTL J.-E. : Commentaire de la décision du Conseil constitutionnel n° 97-394 DC du 31 décembre 1997 - *Traité d'Amsterdam*, *AJDA* 1998, p. 135-147.
SCHOETTL J.-E. : Observations sur la décision du Conseil constitutionnel n° 98-400 DC du 20 mai 1998, *AJDA* 1998, p. 485-488.
SCHOETTL J.-E. : Commentaire de la décision du Conseil constitutionnel n° 98-408 DC du 22 janvier 1999 : *Traité portant statut de la CPI*, *AJDA* 1999, p. 230-235.
SCHOETTL J.-E. : Commentaire de la décision n° 99-412 DC du 15 juin 1999 : *Charte européenne sur les langues régionales ou minoritaires*, *AJDA* 1999, p. 573-579.

SCIORTINO-BAYART S. – FAVOREU L. : Commentaire de la décision n° 98-408 DC du 22 janvier 1999 relative au statut de la CPI, *RFDC* 1999, p. 315-324.
SIMON D. : Le Conseil constitutionnel et le traité sur l'Union européenne, *Europe*, mai 1992, p. 1-3.
SIMON D. : L'arrêt *Sarran* : dualisme incompressible ou monisme inversé ?, *Europe*, mars 1999, p. 4-6.
TEBOUL G. : Ordre juridique international et ordre juridique interne – Quelques réflexions sur la jurisprudence du juge administratif, *RDP* 1999, p. 697-718.
TREPOZ A. : Les sujets du droit international public dans la jurisprudence du Conseil constitutionnel, *RDP* 2000, p. 1629-1659.
VALLEE C. : A propos de la décision du Conseil constitutionnel du 17 juillet 1980, *RGDIP* 1981, p. 202-220.
VEDEL G. : L'attitude des juridictions françaises envers les traités européens, Université de la Sarre, Institut européen, 1987, 30p.
VEDEL G. : Schengen et Maastricht - A propos de la décision n° 91-294 DC du Conseil constitutionnel du 25 juillet 1991, *RFDA* 1992, p. 173-184.
VERDIER M.-F. : La révision constitutionnelle du 25 juin 1992 nécessaire à la ratification du traité de Maastricht et l'extension des pouvoirs des Assemblées parlementaires, *RDP* 1994, p. 1137-1163.
VERPEAUX M. : Jurisprudence du Conseil constitutionnel – Décision n° 99-412 DC du 15 juin 1999, *Charte européenne des langues régionales ou minoritaires*, *RFDC* 1999, p. 594-603.
De VILLIERS M. : Le Conseil constitutionnel et l'élection de l'Assemblée européenne au suffrage universel direct ou les pièges du politique, *JCP* 1978, I, 2895.

ANNEXES

II/- Liste chronologique des décisions essentielles du Conseil constitutionnel en matière internationale ou européenne

1)- Décisions prises sur la base de l'article 54 de la Constitution

- Décision n° 70-39 DC du 19 juin 1970, *Traité des Communautés européennes*, *Rec. D.C.C.*, p. 15 ; *RJC*-I, 21.
- Décision n° 76-71 DC des 29-30 décembre 1976, *Election de l'Assemblée européenne*, *Rec. D.C.C.*, p. 15 ; *RJC*-I, 41.
- Décision n° 85-188 DC du 22 mai 1985, *Abolition de la peine de mort*, *Rec. D.C.C.*, p. 15 ; *RJC*-I, 224.
- Décision n° 92-308 DC du 9 avril 1992, *Maastricht I*, *Rec. D.C.C.*, p. 55 ; *RJC*-I, 497.
- Décision n° 92-312 DC du 2 septembre 1992, *Maastricht II*, *Rec. D.C.C.*, p. 76 ; *RJC*-I, 506.
- Décision n° 97-394 DC du 31 décembre 1997, *Traité d'Amsterdam*, *Rec. D.C.C.*, p. 344 ; *RJC*-I, 727.
- Décision n° 98-408 DC du 22 janvier 1999, *Traité portant statut de la CPI*, *Rec. D.C.C.*, p. 29.
- Décision n° 99-412 DC du 15 juin 1999, *Charte européenne des langues régionales ou minoritaires*, *Rec. D.C.C.*, p. 71.

2)- Décisions prises en application de l'article 61, alinéas 1 et 2 de la Constitution

- Décision n° 74-54 DC du 15 janvier 1975, *Interruption volontaire de grossesse*, *Rec. D.C.C.*, p. 19 ; *RJC*-I, 30.
- Décisions n° 77-89 DC et 77-90 DC du 30 décembre 1977, *Loi de finances pour 1978 et Loi de finances rectificative pour 1977*, *Rec. D.C.C.*, pp. 44 et 46 ; *RJC*-I, 54-55.

- Décision n° 78-93 DC du 29 avril 1978, *Fonds monétaire international*, *Rec. D.C.C.*, p. 23 ; *RJC*-I, 58.
- Décision n° 78-99 DC du 29 décembre 1978, *Rec. D.C.C.*, p. 38 ; *RJC*-I, 64.
- Décision n° 80-116 DC du 17 juillet 1980, *Convention d'entraide judiciaire franco-allemande*, *Rec. D.C.C.*, p. 36 ; *RJC*-I, 80.
- Décision n° 91-293 DC du 23 juillet 1991, *Loi relative à l'accès des ressortissants communautaires à la fonction publique française*, *Rec. D.C.C.*, p. 77 ; *RJC*-I, 453.
- Décision n° 91-294 DC du 25 juillet 1991, *Accords de Schengen*, *Rec. D.C.C.*, p. 91 ; *RJC*-I, 455.
- Décision n° 92-313 DC du 23 septembre 1992, *Maastricht III*, *Rec. D.C.C.*, p. 94 ; *RJC*-I, 510.
- Décision n° 93-324 DC du 3 août 1993, *Statut de la Banque de France*, *Rec. D.C.C.*, p. 208 ; *RJC*-I, 537.
- Décision n° 93-325 DC des 12-13 août 1993, *Maîtrise de l'immigration*, *Rec. D.C.C.*, p. 224 ; *RJC*-I, 539.
- Décision n° 98-400 DC du 20 mai 1998, *Droit de vote et d'éligibilité des citoyens de l'Union aux élections municipales en France*, *Rec. D.C.C.*, p. 251.

TABLE DES MATIERES

Achevé d'imprimer par Corlet Numérique - 14110 Condé-sur-Noireau
N° d'Imprimeur : 709357 - Mars 2017 - Imprimé en France

www.ingramcontent.com/pod-product-compliance
Lightning Source LLC
LaVergne TN
LVHW010638051026
849532LV00001B/107